# 공자학의
# 현재적 담론

# 공자학의 현재적 담론

종교적 학문으로서의 유학(儒學), 학문적 종교로서의 유교(儒教)

© 송재국, 2020

1판 1쇄 인쇄 __ 2020년 02월 10일
1판 1쇄 발행 __ 2020년 02월 20일

지은이 __ 송재국
펴낸이 __ 홍정표

펴낸곳 __ 글로벌콘텐츠
        등록 __ 제25100-2008-000024호

공급처 __ (주)글로벌콘텐츠출판그룹
        대표 __ 홍정표  이사 __ 김미미  편집 __ 김봄 이예진 권군오 이상민 홍명지  기획·마케팅 __ 노경민 이종훈
        주소 __ 서울특별시 강동구 풍성로 87-6 전화 __ 02-488-3280 팩스 __ 02-488-3281
        홈페이지 __ www.gcbook.co.kr

값 26,000원
ISBN 979-11-5852-269-8 93150

# 공자학의
# 현재적 담론

## 종교적 학문으로서의 유학儒學
## 학문적 종교로서의 유교儒敎

송재국 지음

글로벌콘텐츠

나는 남들보다 늦은 나이에 대학 강단에 서게 되었지만, 나름으로 열심히 가르치고 부지런히 공부하면서, 이 나라 중원의 땅. 우암산 자락에 터 잡은 전통 깊은 청주대학교에서 내 인생의 가장 뜨거운 시절을 꿈결같이 보냈다.

이제 정년을 앞에 두고 보니 새삼 지나온 내 삶의 흔적을 되돌아보게 된다. 가끔은 어설픈 걸음걸이로 저자거리를 기웃댄 적도 없지는 않았지만 나 자신에게 딱히 크게 부끄러웠거나 민망했던 기억은 없는 듯하여 그나마 작은 위안을 삼게 된다.

나의 스승이신 관중(觀中) 선생님께서 가르쳐 주시고 내가 애써 배워 온 전부는 인류사에 등장하여 하늘의 사랑[德]을 인간이 알아들을 수 있도록 말씀[言]으로 전해주신 옛 성현의 기록인 유가(儒家)의 경전(經典)으로서 공자(孔子)께서 그 중심 자리에 있는 것이다.

이는 인간 생명의 대전제인 천지 자체[宇宙]의 존재 구조에 대한 해명으로서, 스스로 절대적이며 보편적인 창조와 주재의 권위를 갖는 존재 원리[天道]이기에, 인간에게 있어서는 마땅히 믿고 받들어 모셔야 할 하늘의 명령[天命]으로서의 유교(儒敎)인 것이며 역도(易道)가 그 바탕 자리에 있는 것이다.

실로 공자의 유학은 인간의 사변적 탐구 활동이 집중된 인간적 관심사의 어느 한 분야에 한정되는 것이 아니라, 실존적 인간이 추구하는 자신의 고유한 의지와 이상을 위해 기꺼이 순교자적 삶을 선택할 수 있을 만큼의 절대적 이념을 담보하고 있는 신념으로서의 학문적 체계인 것이며, 공자의 유교는 단순히 허구적이고 일방적일 수 있는, 그래서 때로는 무비판적 자아도취에 스스로 함몰되기도 하는, 대상적이고 의존적인 개별적 믿음의 경향에 한정되는 것이 아니라, 인간의 이성적 지평 위에서 보편적 사유기능으로 질서 있게 해명. 검증. 설명할 수 있는 논법으로, 범인류의 공동 인식체계에 납득. 수용될 수 있는, 현실적이고도 궁극적인 삶의 절대적 원리이며, 나아가 이에 근거한 삶의 양상을 인간의 도덕적 성정과 우주적 생명구조로써 합덕. 일체화 시킨, 인간 사회의 신앙생활 자체인 것이다.

진실로 유가 사상은 종교적 학문이요 학문적 종교인 것이다.

　이렇듯 공자의 가르침은 그 태초적 지향 자체가 이미 종교적 경지인 것이고, 이를 위한 일상적 삶의 과정 또한 이미 학문적 바탕을 전제하고 있는 것이다. 참으로 공자(孔子)의 언행(言行)과 관중(觀中) 선생님의 지도, 그리고 나의 배움[學]은 온전히 유학(儒學)이면서 또한 그대로 유교(儒敎)인 것이다.

둘러보니
아직 정리해 두지 못한 몇몇 학습 노트가 눈에 띈다.
여기 한자리에 모아 가죽 끈으로 묶어서
오랜 세월 기꺼이 벗해 주던 우암산 소나무들에게
고마움과 아쉬움의 정표를 남겨 두려 한다.

나 홀로 밤도와 뒤척이며 자문자답(自問自答)하던 필적(筆跡)이지만,
다른 공부꾼들에게도 그런대로 소용되는
한 줌 읽을거리가 되었으면 하는 소박한 바람이 있을 뿐이다.

오늘 아침 먼발치 어디에선가
귀에 익숙한 새소리가 들려온다.
창문 열고 내다보니
오호라, 천지에 가득 따스한 봄바람이 넘치는구나!

문득, 내 고향 언덕 노고봉(老姑峰)이 그리워진다.
잰 걸음으로 달려가 할미산 젖무덤 그 어디쯤에 안기어
온 몸에 투명한 햇살 가득 받고
새소리 물소리 벌레소리를 들으면서

나만의 무심(無心)한 휴식을 한 아름 누리고 싶다.

거기서 아주 오래도록
일월성신(日月星辰).
초목화조(草木花鳥).
조상신령(祖上神靈)님들과 동무되어
잠자듯, 꿈꾸듯, 그렇게 지낼 수 있기를
삼가 궤배(跪拜) 합장(合掌)하여 소망해 본다.

무술세(戊戌歲) 입춘절(立春節)에
상림(桑林) 소홍(素鴻)은
용각음(龍角音)에 취하여 빈우무(牝牛舞)를 걷는구나.

龍角靑音 牝牛紅舞 (용각청음 빈우홍무)
[귀 없는 푸른 용이 목청 높이 노래 하니
흥겨운 붉은 암소 굽다리 들고 춤을 추네]

2018년 3월
노고(老姑) 송재국 봉서(奉書)

# 차 례

# 제3부
## 인류사(人類史)에 있어서 '한민족(韓民族)'의 문명적 위상

제1부

# 역학에서 밝혀주는
# 본래의 '하늘 길'[天道]

일부(一夫) 김항(金恒) 성사(聖師)께서는 중니(仲尼) 종사(宗師)께서 이미 밝혀 놓은 인간 존재원리로서의 '사람 씨앗'[仁: 四德構造]과 관련하여, 그 비전(祕傳)된 오의(奧義)를 선포해야 할 우주사적 시의(時宜)에 따라, 우주 만물의 천도적 생명 원리까지를 새롭게 열어주면서, 천지역수변화의 신명적 경지를 정역송(正易頌)으로 찬술(撰述). 예찬(譽讚)하였고, 한국적 신도문화의 우주적 해법인 정역(正易)의 속살을 현대적 언설(言說)로 대독해 준 학산(鶴山) 이정호(李正浩) 선사(先師)와, 선생의 입지를 계승하여 일반 학계에 널리 포교한 관중(觀中) 유남상(柳南相) 은사는, 진실로 호학 근행하는 겸덕군자(謙德君子)의 표상이 되어, 오로지 연경(研經). 전교(傳敎)하는 학덕 일념으로 사명적 일생을 선성(先聖)께 헌신하고는, 숭덕성업(崇德 聖業) 속에서 기쁘게 생을 마치셨으며, 황해도(黃海道) 용각산(龍角山) 신령께 백일을 하루같이 소원. 헌작(獻酌)한 어미의 치성으로, 선천(先天)의 끝자락에서 박생(薄生)으로 태어나, 노고봉(老姑峰) 암소 바위 아래에서 청수(淸水) 한 모금으로 실같은 명(命)을 지켜낸 비재(菲才) 소학(素學)은, 마침내 선유(先儒) 조상님들의 은총으로 연역계명(緣易繼命)의 말석에 자리하게 되었다.

이제 때가 이르러 일월은 발걸음을 나란히 하고, 천지 만물도 제 얼굴을 곱게 씻고는, 모두가 제 흥에 겨워 춤추고 노래하니, 모옥(茅屋) 빈사(貧士)는 감읍(感泣)하여 천지간에 울림이 되는 새 생명의 교향곡을 삼가 받들어 모시면서, 소소반반(昭昭斑斑)하는 초목화조(草木花鳥)의 실상을 미숙한 필설로나마 기록하는 일세의 광영을 누리고 있는 것이리라.

그립고 그리워하던 새 봄, 새 땅이 드디어 내 집 앞에 멍석처럼 펼쳐지면서 천하 사해동포와 만영(滿盈) 금수조충(禽獸鳥虫)은 바야흐로 서로의 가슴을 얼싸안고, 일가 선경을 이루는구나.

칠흑 같은 어둠 속에서도 남몰래 심어둔 씨앗 하나 있었으니, 어느새 알차게 영글어 달디단 열매는 열 소쿠리 가득하다.

오호, 신령하고 청정한 본래의 하늘길이 이제사 온전하게 활짝 열리니, 그 풍광이 참으로 장엄하고도 우미(優美)하기 그지없구나.

오호라,

환하고 밝은 바람이여,

그래서 따뜻한 봄바람이여!

# 1

# 천지도수(天地度數)의 운행·성장·변화 원리

## 정역(正易)의 사역변화원리(四曆變化原理)

## Ⅰ. 주역(周易)이 있는데, 왜 또 정역(正易)인가?

역학은 변화의 원리인 역리에 대한 보편적(철학적) 학문체계이다. 본래 동방 고대인들의 복서(卜筮) 행위에 관한 점사(占辭)의 성격으로 기록되어 전해진 역경(易經)[卦辭. 爻辭]에 대하여, 공자는 십익(十翼)을 찬(纂)하여 보탬으로써, 역경의 본의와 효용을 보편학적 학문체계로 완비·완성시켰으며, 이후 동양정신의 원류인 주역의 위상으로 자리 잡아 오늘날에 전승되어 왔음은 주지의 사실이다.

그런데 공자 이후의 역학은 주역뿐이었으나, 19세기 후반 마치도 공자가 십익에서 명기한 "성언호간(成言乎艮)"[간방에서 역의 말씀은 완성된다]의 선언(先言)이 실제로 이루어지기라도 하듯, 지구촌의 간방[조선. 동이족의 살림터]에서 동이족(동이족의 혈연적, 문화적. 역사적 적통인 한민족)의 후예인 '일부 김항' 선생에 의하여, 새로운 이름의 역학서(易學書)인 정역이 반포된 것이다.

일찍이 공자는 주역에서 역도의 본의를 해설함에 있어, 여러 방식의 문장 표현 속에다 "새로운 역학의 미래적 출현"에 대한 다양한 시사점을 남겨두고 있었는데도, 공자 이후 정역의 출현 이전까지는 그 누구도 공자가 비장(祕藏)해 둔 오의(奧義)를 제대로 해득하지 못하였던 것이다.[1]

---

1) 정역팔괘도의 근거인 설괘전 6장에 대하여, 대유(大儒) 주자(朱子)마저도 '앞의 문왕괘도를 다시 설명한 것 같은데 그 진정한 뜻은 알 수가 없다'(未詳其義)라 한 것은 하나의 사례이며, 일부(一夫) 자신도 "(정역이 제시하는 근본 역리는) '과거 사람들은 생각이 이르지 못했던 경지이다'(古人意思不到處: 金火四頌)"라고 자술(自述)하고 있다.

다시 말하여 정역이 나타나게 되면서부터 비로소 역도의 본래적이고 근본적인 의미는 '새롭고도 바르게 해석될 수 있었다'고 볼 수 있는 것이다.

역학의 기본구조는 주역이나 정역을 막론하고, "천도와 인사와의 관계성에서 그 중도(中道)[시중지도(時中之道)]를 바르게 파악하는[윤집궐중(允執厥中)] 논리 체계"라 할 수 있다. 실로 천도와 인사의 문제는 우주 만물의 존재 원리를 천과 지의 범주로 나누어 설명한 것이니, 주역은 이를 사상(四象)과 사덕(四德). 또는 신명지덕(神明之德)과 만물지정(萬物之情) 등으로 구분하여 설파하고 있다.

공자는 인간의 현실적 삶의 문제[인도(人道)·인사(人事)·사덕(四德)·인륜(人倫)]을 중심으로 역도를 해설하고 있기에, 그 역리의 해설 방식 또한 역상(易象)을 기반으로 하여 "역자상야(易者象也)"[2]라는 입장을 취한 것이고, 이에 비하여 일부는 인간의 삶의 제반 문제의 생명적 존재 근거인 '천도 자체의 존재구조와 변화원리를 중심'으로 역도를 해명하고 있기에, 그 역도의 해명 방식 또한 역수(曆數)를 기반으로 하는"역자역야(易者曆也)"[3]의 입장을 취하고 있는 것이다.

본디 천도와 인사의 생명적 구조는 사상과 사덕의 상응 관계에서 보듯이 일체적이고 동질적인 것이기에, 인간의 존재 상황을 사덕원리의 생명적 전개로 볼 수 있다면, 천도의 존재 상황 또한 사상원리의 생명적 전개로 볼 수 있어야 마땅할 것이다. 이에 천도의 존재구조를 "사상적 생명 전개 법칙"으로 해설하여, 이를 "사역적(四曆的) 변화원리"로 규정한 것이 정역에서 제시하고 천명해 낸 역리의 핵심주제이며, 기본 논리인 것이다. 그러므로 역학의 본래적 의의를 충실하게 구명(究明)하고 해명하기 위해서는 주역적 시각(사덕적 관점)과 함께 정역적 시각(사상적 관점)이 동시에 연구되어야 마땅하다고 할 것이다.

그동안 정역에 관한 연구 성과는 주역의 그것에 비하면 매우 소략한 게 사실이다. 이는 아직까지도 정역에 대한 본격적이고도 심도 있는 연구 성과가 상당히 미흡함을 말하는 것이다.

이제 논자는 동양 정신문화의 바탕이라고 여겨지는 역학의 연구 분야에서, 존재의 근거인 시간성의 원리를 우주적 차원에서 해명한 정역의 "사역변화원리(四曆變化原理)"를, 정역이 제시하는 "역수변화(曆數變化)의 논리체계"에 근거하여, 소개·해설하고, 역학의 본래적 의의를 철학적 차원에서 한 차원 심화시켜 해석함으로써, 정역 연구의 철학적 지평을 한자락

---

2) 주역 계사전 하. 3장.

3) 정역. 대역서.

**14**

이나마 넓혀 보려는 것이다. 실로 "천도의 생명적 구조가 사역적 도수 변화에 근거함"을 수리적으로 해명한 정역의 새로운 선언은, 오늘날 동양학계 전반에서 회자되고 있는 "후천 개벽세계의 도래"에 대하여 학문적(수리적)으로 접근할 수 있는 보다 근거 있는 어휘[通路와 方式]로도 소용되는 효과가 있을 것으로 기대한다.

정역에서 제시한 중심주제는 천도와 인사. 역수(曆數)와 괘상(卦象). 사상과 사덕. 성인과 군자. 선천과 후천. 간지도수(干支度數)와 64서괘(序卦)원리. 십오존공(十五尊空)과 구륙합덕(九六合德). 성통(聖統)과 역수(曆數) 등 다양한 측면에서의 이해와 접근이 가능할 것이다.

본 논문은 그 중에서도 천지역수(天之曆數)의 사역변화원리(四曆變化原理)를 중심으로 하여, "천도 자체가 사역적 도수를 단계로 하여 생명적으로 변화 완성되어 가는 원리"를 소개·설명하는 것으로 한정할 것이며, 향후 점차적으로 다양한 주제로 논설을 확대하여 천착함으로써, 이 시대에 주어진 학역자로서의 소임에 부응하고자 한다.


## II. 역수(曆數)의 역학적(易學的) 의미

정역에서 말한 "사역변화"란 "천도가 운행해 가는 우주의 역사에 있어서, 역수가 변화하는 법칙과 질서를 네 단계의 관점에서 이해하고 규정함"을 일컫는 것이다. 여기서 문제가 되는 핵심적 명제는 "역수"라는 개념의 철학적 의미와 "역수 자체가 가지고 있는 역수원리"이다.

정역에서 선포한 역수의 본뜻을 바르게 이해하기 위해서는, 먼저 정역이 출현하기 이전에 언급되었던 역수에 관한 경전적 기록을 검토해 봄으로써, 그 철학적 의미와 성격을 정역의 역수 개념과 대비하여 구분하고 정리해 보아야 할 것이다.

서경에는 그 벽두에 '요임금이 역관에게 명하여 하늘의 운행 법칙을 살펴서, 이를 인간의 삶의 질서로 삼을 수 있도록 책력을 책정하는, 이른바 치천하사업(治天下事業)'이 명기되어 있는데, 그 요체를 요약하면 "역상일월성신(曆象日月星辰) 하여 경수인시(敬授人時)한 것" [하늘의 해와 달, 그리고 여러 별자리를 살펴서 백성들이 때에 맞추어 살아가도록 시간을 제정하여 내려주는 일]이라 할 수 있다. 여기서 "일월성신"이라 함은 하늘의 공능을 구현하는 모든 운행의 주체와 현상을 총칭한 것이니, 이를 "상(象)하였다"함은 그 하늘의 운행 현상을 인간이 관찰·인식·파지(把持)하여 하나의 그림[象]으로 표상하였음을 말한 것이고, 이를 "역(曆)하였다"함은 그러한 하늘의 운행 현상을 인간이 관찰·인식·파지(把持)하여 하나의 수적

(數的) 체계로 책정·규정·선포하였음을 일컫는다.

여기서 "하늘의 운행 현상을 인간이 수적 체계로 인식하고 규정하였다"는 것은 달리 말하여, 천도에 대한 인간의 시간적 이해를 말하는 것으로, 서경의 "曆象日月星辰"이 말하려는 바, 곧 "인간이 하늘의 모습[日月星辰: 天道]을 보고, 그 본질적 질서를 공간적으로도 인식·자각하고, 동시에 시간적으로도 체득·수용하였음을 언급한 것"이라 할 수 있다.

이때 인간이 하늘의 본질을 '공간적인 그림'으로 표상하면, 이는 역상(易象)[卦와 爻]으로 그려져 주역의 64 중괘상(重卦象)으로 정착되는 것이며, 인간이 하늘의 공능을 역(曆)으로 자득하면, 천행의 의미를 수적 체계[數理]로 표상하여 공간적 역상과 함께하는 시간적 역수로 규정하게 되는 것이다. 그러므로 인간이 하늘의 본질을 상(象)으로 표상하여, 주역의 64중괘상이 나타난 것이고, 동시에 이를 시간적 개념(수적 체계)인 역(曆)으로 체득하여 괘상과 일체화시켰던 것이다. 이 때문에 그림인 역상으로서의 음효(陰爻)와 양효(陽爻)를 六과 九라는 수로써 병칭(竝稱)하게 된 도구적 유용성이 필요했던 것이다.

이처럼 역상에는 처음부터 공간적 상(象)과 시간적 역(曆)의 의미가 공존하게 된 것이니, 주역은 특히 그 공간적 표상 체계를 위주로 삼은 역학이기에 "역자상야(易者象也)"라 이른 것이고, 정역은 그 시간적 변화원리를 위주로 삼은 역학이기에 "역자역야(易者曆也)"라 이른 것이다. 다시 말하면 역리를 담지하고 있는 상(象)과 역(曆)은 모두가 역도 자체의 상징적 표현인 것이다.

그런데 이 중에서 역상은 인간의 감각인 시각으로 그려볼 수 있으나, 역이 내포하고 있는 시간이라는 존재는 오로지 인간의 사유체계 속에서만 인식·파악되는 정신영역에 한정되는 것이기에, 이를 표현하고 논의하고 전달하기 위해서는 부득이 요청된 방식이 곧 수적 체계인 것이다. 역도에서 그 '시간의 문제'에 해당되는 실질적 대상을 '역수'라고 규정하게 되는 소이는 바로 여기에 있는 것이다.

하늘의 운행 법칙을 변화의 원리로 체득하고 수렴하여, 우주의 존재원리와 인간의 삶의 의미를 일체화시킨 총체적 학문체계가 곧 역학이라는 점에서, 역도를 논구함에는 괘상의 구조와 함께, 역수의 체계를 반드시 동시적으로 고찰해야만 역도를 바르고도 충실히 논구한 것이라고 할 수 있을 것이다.

역에 대한 기존의 연구 성과를 일별(一瞥)해 볼 때, 역상이 상징하는 의미를 설명한 부분에 대하여, 논자 또한 대체적으로 공감할 수 있으나, 역수에 관한 의미를 논설한 부분에 대하여는 정역적 시선을 통하여 (과거의 통상적인 해석에 머무르지 말고) 새롭게 규정해야 한다는 것이 본 논문의 '말하고자 함'인 것이다.

정역이 출현하기 이전의 '역수에 대한 주석이나 해설' 등을 보면, 역수의 본질을 우주적 차원에서 이해하지 못하고, 단순히 인간세계의 사회적 차원에서 해석함으로써, 역학에서의 역수가 표방하고 있는 본래적(본질적) 함의를 망각하게 된 것이고, 이로 인하여 역리 자체의 근본적 성격이나 이념을 제한·축소하게 된 것이다. 그러므로 정역이 출현하여 역수의 본래적 의미를 새롭게 천명하게 되면서부터 비로소 역학 자체가 가지고 있는 인류 문명사적 의미를 바르게 정립할 수 있게 된 것이다.

서경 "天之曆數 在汝躬…允執闕中"[4]이나, 論語 "天之曆數 在爾躬…允執其中"[5]에 대한 과거의 대표적인 주석을 살펴보면 이에 대한 정황을 확인할 수 있다.

공안국(孔安國)은 그의 상서주해에서 "역수란 하늘의 이치를 말한 것으로……순임금은 우의 치수하신 큰 공을 훌륭하게 여기어서 '하늘의 뜻이 그대에게 있으니 그대는 마침내 천자의 자리에 오르게 될 것이다'라고 말한 것이다"(曆數謂天道……舜善禹有治水之大功, 言天道在汝身, 汝終當升緯天子)[6]라고 말하여, 역수를 '천도'라고 해석하기는 하였으나, 그 개념을 천명의 존재근거로서의 '역수원리'로 보지 아니하고, 단순히 왕위를 승습하는 순·우 개인의 운수로만 보았던 것이다. 공영달(孔穎達) 역시 그의 『상서정의(尙書正義)』에서 "하늘의 운수가 천자의 자리를 그대에게 준 것이니 그대는 이제 천자의 자리에 오르게 될 것이다"(天之曆運之數, 帝位當在身, 汝終升此大君之位)[7]라 하여 역수를 천자지위(天子之位)에 오를 수 있는 천정(天定)의 운수로 풀이하였다. 또한 하안(何晏)은 논어집해(論語集解)서 "역수란 임금이 되는 순차를 말한 것이다"(曆數謂列次也)[8]라 해석하였고, 刑昺의 論語正義에서도 "요임금이 순에게 했던 말 '하늘의 운행원리가 그대에게 있다'는 것은 요임금이 순에게 명하여 말함에 있어서 그 말이 天命임을 밝힌 것으로…… 역수란 바로 임금 자리에 오르는 순서를 말한 것이다.…… 천자의 지위가 이제 그대에게 있으니 나는 그대에게 하늘의 명령을 대신하여 주는 것이다"(堯曰咨爾舜 天之曆數在咨爾躬者 此下是堯命舜以天命辭也…曆數謂列次也……言天位之列次 當在汝身 故 我今命授於汝也)라 하여 역수와 천명을 분리시켜 역수는 왕위 승계의 순

---

4) 서경. 대우모.

5) 논어. 요왈.

6) 공안국(孔安國), 『尙書孔氏傳』, 「大禹謨篇」, '天之曆數'의 註.

7) 공영달(孔穎達), 『尙書正義』, 「大禹謨篇」, '天之曆數'의 正義.

8) 하안(何晏), 『論語集解』, 「堯曰」, '天之曆數'의 註.

서로, 천명은 다만 천자의 직위에 대한 언사로 설명하였다.

　이러한 견해는 송대 유학자에게도 그대로 이어져 주희(朱熹)는 논어집주(論語集註)에서 "曆數, 帝王相繼之次第猶歲時氣節之先後也"라 하면서, 이를 다시 상세히 설명하여 "帝王相承 其次第之數. 苦曆之歲月日時 亦有先後之序然 聖人所以知 其序之屬於此人 亦以其人之德知之. 非若讖緯之說 姓名見於圖錄而爲言也"[9]라 하여, 주희 역시 역수를 이해하는 근본적인 시각은 왕위상승(王位相承)의 순서로 보는 하안과 형병의 견해와 일치하고 있다. 다만 그 앞선 견해들과 좀 다른 점이 있다면, 그것은 바로 왕위 승계의 차서를 결정하는 근거를 운수에 두지 않고 인간에 내재하는 덕성에 두었다는 점이다. 따라서 그 전의 보편적 견해였던 도참적(圖讖的) 운수설은 배제되었으나, '천지역수'를 단순히 자연과학적인 천문학적 차원에서 사시 변화의 법칙에 의한 책력에 불과한 것으로 보고, 왕위 상승(相承)의 차서와 책력의 사시 기절(氣節)의 선후적 순서를 대비하는 뜻으로 이해하였을 뿐, 천지역수의 원리가 바로 성인이 천명을 주체적으로 자각하는 직접적 근원으로서의 역철학적 내지 종교적 진리라는 사실에 상도(想到)하지는 못하였던 것이다.

　이상에서 보았듯이, 천지역수의 근본 성격을 물리적 차원 또는 운명적 차원의 천문학적 산술수로 이해함으로써, 역학에서 말하는 변화의 뜻을 단순히 천지만물의 공간적 변화 현상이나, 물리적 사시 운행의 질서로만 논의하게 되는 근본적 한계를 초래하게 된 것이며, 결국은 '공간적 변화 현상'의 철학적 원리가 '시간성의 변화 원리'임을 망각하게 되었던 것이다.

　역수에 대한 기존의 해석은 모두가 "인간사의 전개 법칙"이라는 인도적 차원에 한정되었던 것이니, 이는 정역이 제시한 역수의 본질, 즉 "역수란 천도 자체의 운행 도수를 지칭한 것"과는 근본적으로 차이가 있게 된 것이다.

　역수에 대한 이러한 이해는 역학 자체의 주제인 "변화지도"의 근본 성격을 해석함에 있어서도, 그 차원과 범주와 영역을 지극히 현상적이고 협소하게 제한하는 결과를 초래할 수밖에 없었던 것이다.

　이제 정역적 관점에서 역수의 본질 문제를 새롭게 궁구해 보면, 공자가 주역에서 설파한 "변화"와 "역수"의 본의가 결코 인사적 범주에 머물지 않고, 우주적 명제에 해당되고 있음을 합리적으로 납득할 수 있게 될 것이다.

---

9) 주희(朱熹), 『論語集註』, 「堯曰」, '天之曆數'에 관한 註 및 小註.

**18**

## III. 천도변화(역수변화 원리)에 대한 선진(先秦) 역학적 언표(言表)

역학의 중심 주제에 대하여 책임 있는 연구 논문을 일관하여 발표한 바 있는 유남상 교수는 선진 경전에서 말하는 "수와 일월 운행 자체의 근본적 내용이 모두 역수의 문제에 집중되고 있음"을 다음과 같이 피력하고 있다.

"周易 繫辭의 '天地之數'章에서, 一三五七九의 奇數는 天數라 하고, 二四六八十의 偶數는 地數라 구분하고, 天數五와 地數五를 陰陽配合시켜 五位에 配定하는 동시에 天數25와 地數30이 결합된 天地之數55라는 數理가 천지 만물을 변화시키고 鬼神之道를 운행시키는 所以然의 근본원리라 하였다. 그렇다면 천지만물을 생성 변화시키는 근본 원리로서의 數理란 과연 무엇을 말함인가? 이에 관하여 이어지는 '大衍之數'章과 '乾坤策數'章에서는 분명하게 이를 曆數原理로 규정하고 있는 것이다. 즉, '大衍之數'章에서 "大衍之數五十 其用四十有九…以象兩…以象三…以象四時…以象閏 五歲再閏 故再扐而後掛"라 하였는 바, 이에 관해 종래에는 "揲蓍求卦의 占筮法으로 보아 術數的인 해석"을 하고 있으나, 이는 어디까지나 三歲一閏과 五歲再閏되는 天之曆數原理를 근거로 하여 易의 六爻重卦가 구성되는 易哲學的 법칙을 말한 것이라 하겠다……그런데 六爻重卦는 64괘로 되어 있고, 그 중심기준이 되는 것은 乾卦와 坤卦이며, 바로 이 乾坤卦가 표상하는 易理를 설명하여 "乾之策二百一十有六 坤之策 百四十有四 凡三百有六十 當朞之日"이라 하였으니, 이는 천도의 운행 작용에 의해 형성된 陰陽 策數가 결합됨으로써, 陰陽 兩曆의 分離 근거와 合致 기준이 되어주는 中正曆數로서의 360朞數구성 원리임을 말한 것이다."[10]

"夏禹 以後 殷末까지의 易學思想을 가장 잘 요약하여 체계화시켰다고 볼 수 있는 箕子의 洪範九疇(書經 洪範篇)에서도 '五紀. 一曰歲 二曰月 三曰日 四曰星辰 五曰曆數', '庶徵. …王省惟歲 卿士惟月 師尹惟日. 歲月日時無易 百穀用成 乂用明 俊民用章 家用平康. 日月歲時既易 百穀用不成 乂用昏不明 俊民用微 家用不寧 庶民惟星 星有好風 星有好雨 日月之行則有冬有夏 月之從星則以風雨'라 이른 것은 천도운행의 기본원리를 역시 曆數라는 개념으로 보았던 것이다. 즉 '年月日時를 내용으로 하는 역수원리에 근거하여 日月運行과 四時之政이 전개되고, 寒暑風雨의 변화 현상이 일어나는데, 氣象의 過不及이 없고 時節이 조화를 이루게 되면 百穀이 成長하고 萬民이 平康할 수 있다는 것

---

10) 유남상. 易과 曆. 백제연구 제17집. pp.232~233. 충남대 백제연구소. 1976.

이다. 이는 箕子의 洪範 사상도 천도의 전개를 曆數의 개념으로 집약하고 있다는 실증인 것이다"[11]

한편 주역 혁괘(革卦)에서도 역수 자체의 기본 구조가 변화를 본질 내용으로 하고 있음을 시사하고 있는 바, 상전(象傳)에서 '군자는 마땅히 세상사를 다스리면서 변혁하는 때의 원리(역수의 본질)을 바르게 밝혀야 한다'(君子以 治歷明時)고 강조하면서, 단전(彖傳)에서는 '천도의 역수가 변혁하는 기일(己日)의 그 때가 올 것을 굳게 믿어야 한다'(己日乃孚 革而信之)고 확약하고 있다.[12]

천도의 역수가 변혁됨을 계기로 인간세상에서의 변혁도 병행하게 되는 것이니 "九五 大人虎變", "上六 君子豹變 小人革面" 등에서의 "변(變) 혁(革)"은 이를 지칭한 것이다.

또한 주역 건괘(乾卦) 단전에서는 직접 "하늘의 역수가 변화하여 세상 만물이 모두 제 바른 성정(性情)으로 올바르게 살아가게 되니, 이에 천지 만물이 조화되고 완성된 세상이 이루어진다"(乾道變化 各正性命 保合大和 乃利貞) 하였고, 곤괘(坤卦) 단전에서는 "시간적으로 '미래(未來)'-우리 말로는 '나중'에는 좋은 세상이 올 것이다"(乃終有慶)라 하여, 새롭게 변화된 세계를 예시하였으며, 곤괘(坤卦) 문언전에서는 직접 "천지가 변화하여 초목이 번성하리라"(天地變化 草木蕃)하여 "하늘의 모습이 바뀜"[天之曆數의 變化]을 거듭 시사하고 있다.

특히 계사 '건곤책수(乾坤策數)'장에서 "360도수를 당기지역수(當朞之曆數)"로 규정한 공자는 '天地之數. 大衍之數. 萬物之數'를 일관하여 설명한 계사 상(繫辭 上) 9장을 총결론 지어 말하기를 "천지역수의 변화원리를 아는 것이야 말로, 하늘의 신명지덕이 펼치고자 하는 우주사의 전개 과정을 아는 것이다"(子曰 知變化之道者 其知神之所爲乎)라고 단언하고 있다.

'신지소위(神之所爲)'의 주체인 '신'이란 천도(우주의 존재원리)의 인격적 의지를 표현한 개념이라 할 수 있으니, 이는 곧 "역수변화원리에 의하여 우주사의 실제적 운행 현상은 전개된다"는 점을 분명히 말한 것이다. 이러한 역수의 변화원리는 이미 주역의 곳곳에 말씀[言]으로 기록되었으니, 그 중에서도 특별히 설괘전(說卦傳) 3장과 5장은 역도의 생성 변화원리를 그린 복희팔괘도와 문왕팔괘도를 언어로써 설명한 것이고, 제6장에서는 "신이란 곧 우주의 인격적 의지(하느님의 뜻)로서, 이는 천지 만물의 음양불측(陰陽不測)의 신묘한 경지를

---

11) 유남상. 正易思想의 硏究(其一) p.81. 철학연구. 제23집. 1976.

12) 현행 주역본 中에는 '己日乃孚(기일내부)'가 '已日乃孚(이일내부)'로 잘못 표기된 경우가 있으나, 已(이)는 己(기)의 誤記로 봄이 타당하다. 己日乃孚의 己는 六甲에서의 天干의 己로서 正易에서 제시된 戊位皇極. 己位无極. 己位親政 등에 언급된 己와 同一한 것이다.

모두 담고 있는 "인간의 말씀[言]"으로 나타난다"(神也者 妙萬物而爲言者也)라 하여, 또 하나의 새로운 역리를 설명하고 있는 것이다. 그러나 설괘전 6장의 뜻은 앞서 언급한 주자의 경우와 같이[未詳其義] 오랫동안 비장(祕藏)되어 있다가 정역팔괘도를 통하여 비로소 세상에 드러나게 되었던 것이다.[13]

역학사(易學史)에 있어서 복희역과 문왕역에 이은 일부역이라는 세 단계의 과정이 전개된다는 "역수 변화원리를 말씀으로 설명하게 되는 우주사적 필연성"은, 이미 주역 혁괘에서도 시사되어 있는 바, "역수변화에 대한 성인의 말씀은 세 단계의 과정으로 나아가게 된다"(革言三就)는 혁괘 九三 효사는 이를 직설한 것이다. 천지의 덕과 나란히 하는 성인으로서의 공자는 이미 천지역수의 변화를 통관하여 내다보고, 그 완성된 세 번째 역도의 표상을 설괘전에 말씀으로 풀어두었던 것이고, 이를 계승하여 일부는 '정역팔괘도'를 그려냄으로써, 천지역수가 360도 정역도수(正曆度數)로 완성되는 '새로운 우주사의 필연적 도래'를 정역에 담아 인류 앞에 천명하게 된 것이다.

주역이 추구하는 가장 핵심적인 효용성에 대하여 계사에서는 다음과 같이 요약하고 있다. "懼以終始 其要无咎 此之謂 易之道也"[14] (마침과 이어서 새로이 시작되는 그 '변혁의 계기'를 두려워 걱정하고 대비하여 어려움과 허물이 없도록 하는 것이, 곧 역이 우리들에게 가르쳐주는 가장 으뜸되는 지혜이고 가치이다.)

인간의 일상적인 삶의 과정에는 선후로 구분되는 어떤 '변화의 계기"(실존적 상황에서 시간적·문화적·사회적·역사적으로 하나의 경향이나 조건·상태가 마무리되어 끝나고, 이어서 또 다른 성격의 환경으로 바뀌는 계기)가 있기 마련인데, 이때 그 변혁의 양단을 "먼저 앞서간 상황의 종(終)과 다시 시작되는 새 시대의 '시(始)'"라고 할 수 있으니, 인간은 누구나가 바로 그 종즉유시(終則有始)하는 변화의 어려운 과정을 잘 견디고 극복하여 새로운 세상으로 허물없이 건너갈 수 있기를 바라고 원하는 것이다. 주역의 여러 곳에서 거듭하여 언급되고 있는 "이섭대천(利涉大川)"(큰 내를 건너기에 이롭다.) "도제천하(道濟天下)", "만민이제(萬民以濟)"

---

13) 설괘전 6장의 내용이 정역팔괘도 출현의 근거임은 남명진 교수의 연구 "第三易卦圖 출현가능성의 논리적 근거"(유학연구 3집. 충남대유학연구소. 1995)에서 자세히 논증하고 있다. 아울러 남명진은 역수변화의 원리에 근거한 易學史의 전개과정을 始生易으로서의 복희팔괘도. 成長易으로서의 문왕팔괘도. 完成易으로서의 정역팔괘도로 정리하고 있다. 正曆으로의 완성역을 제시한 正易은 大易序와 상. 하편으로 나누어 편집되어 있는데, 上篇을 "十五一言". 下篇을 "十一一言"이라 이름하였고, 이것이 곧 天地言. 一夫言. 夫子之言으로 다름이 없다 하였으니, 이는 모두 "神之所爲"가 "爲言"으로 나타난 것으로 볼 수 있는 것이다.

14) 계사전 하. 10장

(역도로써 물에 빠진 천하의 백성들을 구제한다.) 등은 모두 이러한 역의 소용처를 집약한 표현이라 할 것이다. 그런데 주역의 육효중괘상(六爻重卦象)에서는 "구이종시(懼以終始)해야 하는 삶의 원리"를 "내괘(內卦)에서 외괘(外卦)로 넘어가는 3효와 4효의 상징과 관련하여 설명하고 있는 바, 건괘(乾卦) 3효와 4효의 계사는 그 대표적인 사례라 할 수 있다.

건괘 3효에 대하여 문언에서는 "君子 終日乾乾…知終終之 可與存義也"(군자는 언제나 굳건하게 자리하고서… 삶의 마디에 있어서 그 마침의 의미를 바르게 알고, 그 옳고 마땅한 뜻을 항상 간직하고 있어야 한다) 하여 그 '마침의 의미'를 강조하였고, 4효에 대한 문언에서는 "或躍在淵… 自試也"(앞서 몸담고 있던 연못에서 새로운 터전인 물 밖으로 나오고자 한다면, 무모하고 성급하게 뛰쳐나오지 말고, 신중하게 주변을 살피면서 조심하여 도약하여 솟아올라야 하는 것이다… 이것이 스스로를 거듭 시험해 보고 되새겨 보는 진정한 '시작의 태도'이다)라 하였다.

종즉유시(終則有始)의 계기인 3효와 4효를 통하여 이렇게 신중하게 '혹(或)'하고 '시(試)'해야 하는 근본 이유를 공자는 "천도의 역수변화와 관련하여 '3효와 4효의 자리가 상징하는 것'이 다름 아닌 '건도내혁(乾道乃革)[15]'이라는 천도 변화의 현장이기 때문"이라 단언하고 있다. 다시 말하여 주역에 말하고자 하는 '변화지도'의 참 뜻은 단순히 현상적인 시공간의 일상적 변화 사실을 말한 것이 아니라, 하늘의 운행 구조[乾道: 曆數原理 자체]가 이에[乃] 때가 되면 변혁의 계기를 갖게 된다는 우주적 사건을 언명한 것이다.

앞서 인용한 "乃終有慶", "己日乃孚", "乾道乃革"에 공통적으로 강조되어 있는 "내(乃)"라는 글자는 "앞으로 (언젠가는) 그렇게 된다"는 미래적 시간의 의미를 내포하고 있는 바, 이는 우주사에서, 그때가 되면 천지역수 자체가 변화되어 새로운 질서의 천도 운행이 도래한다는 점을 예견적으로 표현한 것이라 아니할 수 없다.

종래의 역학적 논의에서는 대체로 천지변화의 의미를 "사시의 계절적인 변화"(물리적 시공의 변화 현상)로 해석한 것과 마찬가지로 "종즉유시하는 변혁의 계기에 대처하는 삶의 원리" 역시 인도적 차원에 한정하여 이해함으로써, 인간의 삶의 태도[處世術]에서 갖추어야 하는 윤리적(도덕적) 기준을 교설하는 데에 치중하였다. 그러나 역학에서 말하고자 하는 '변화지도의 진정한 의미'는 어디까지나 '천도의 존재 구조 자체의 변화'를 밝히는 데 있다는 것을 분명하게 인식·자각해야 할 것이다. 역학의 중심 명제가 인도에만 있는 것이 아니라 인도의

---

15) 건괘 문언전 사효.

생명적 대전제이며 대근거인 천도 자체에 있음을 확연히 밝혀주었다는 데에 정역의 고유하고도 특별한 역학적 가치와 효용이 있는 것이다.

실상 주역에서도 변화지도의 의미가 인도적 범주에만 한정되지 않고 천도 자체와 관련되어 있음을 언급한 곳이 여러 문사(文辭) 속에서 산견(散見)되고 있는데, 다음의 인용은 이러한 예증(例證)이라 할 것이다.

"乾道變化 各正性命 保合大和 乃利貞"(乾卦. 彖傳)

"或躍在淵 乾道乃革"(乾卦. 文言傳)

"先天而天弗違 後天而奉天時"(乾卦. 文言傳)

"天地變化 草木蕃 天地閉 賢人隱"(坤卦. 文言傳)

"先甲三日 後甲三日 終則有始 天行也"(蠱卦. 彖傳)

"无初有終 先庚三日 後庚三日 吉"(巽卦. 九五爻象)

"天地革而 四時成"(革卦. 彖傳)

공자는 "원리적 역수로서의 360도수"를 역의 건곤책수(乾坤策數)에 근거하여 도출해 놓고는 "그러므로 360도수는 하늘이 운영하는 네 가지의 법칙에 따라서 이루어지는 것이니, 이를 통하여 역도는 최후적으로 완성될 것이다…. 역도가 모두 완성되면 천지 만물은 두루 그 하고자 하는 일을 능히 다 성취하여 마칠 수 있을 것이니, 그러므로써 진정한 역도는 세상에 드러나게 되고, 또한 하늘의 의지[하느님의 뜻: 神明之德: 우주의 존재원리]는 실현되는 것이다." (是故 四營而成易…天下之能事畢矣 顯道 神德行)[16]라 하여, 천도의 운행 구조가 360정역도수(正曆度數)로 완성되는 데에는 네 가지의 운영 원리가 내재되어 있음을 명시하고 있다.

이상의 몇 가지 인용을 통해 확인할 수 있듯이, 주역에는 이미 "천도의 운행 구조는 네 가지의 운영원리에 근거하여 변화하게 되며, 그 내용은 360도수로 완성되는 역수 자체의 변혁이다"라는 역학적 핵심 명제와 이념과 근거를 다양한 표현으로 명시하거나 시사하고 있는 것이다. 그렇지만 주역에서는 '역수 자체의 구체적인 변화 방식이 무엇인지' 또는 '천도 운행의 구조가 어떤 과정으로 변혁되는지'에 대한 더 이상의 논설은 하지 않고 있다. 다만 "역수변화 원리와 이에 따르는 천도의 변혁에 대한 내용 등. 역리를 완전하게 해명하는 최후의

---

16) 계사전 상. 9장.

완성된 말씀은 동북 지방인 간방(艮方)에서 이루어질 것이다"(艮 東北之卦也 萬物之所成終 而所成始也 故曰 成言乎艮)[17]이라 하여, 후세 성인이 간방에서 출현하여 "역도의 완성"을 선언·선포할 것으로 예언하고 예비해 두고 있을 뿐이다.

공자의 이러한 신명적 예견은 2천 수백 년이 지난 뒤, 19세기에 이르러 이 곳 간방 조선에 탄강하신 일부 김 항의 정역 선포로 실현되었으니, 이는 여천지(與天地)하는 선성(先聖) 부자(夫子)와 합기덕(合其德)하는 후세 성인이 여합(與合) 부응하여, 인류사에서 실현한, 일대 우주사적 사건이며 문명사적 필연이라 아니할 수 없다.

일찍이 공자께서는 미래에 도래할 후천의 세계를 감이수통(感而遂通)하고는, 아직은 때가 되지 않았기에 계사의 뒤편에 그 은밀한 비의(祕義)를 감추어 두었던 바, 이제 천지역수가 변화하게 되는 바로 그 '변혁의 때'가 가까워짐에, 이를 천하 만민에게 기꺼이 알려주어서, 천하 인류가 (終則有始하는) 그 변란(變亂)의 우주사적 계기를 무구(無咎)하게 건너서 새로운 후천의 세상을 살아갈 수 있도록 계도해야 하겠기에, 그 신묘(神妙)한 하늘적 사명을 받아서 일부 김 항은 간방에서 동이족의 후손으로 탄강하게 된 것이니, 이것이야말로 인간이 범접할 수 없는 신명지덕의 진수요, 신묘한 하늘의 절대 섭리라고 아니할 수 없는 것이다.

천지역수가 변화하여 새로운 천도의 운행구조가 이루어지는 우주적 사태를 역학에서는 "개벽(開闢)"이라 하고, 그렇게 개벽된 이후 전개되는 새로운 세상을 "후천"이라고 규정하고 있다. 그런데 우주의 개벽적 사건과 후천의 도래는 그 주체와 권능이 모두 하늘의 절대적 영역에 속한다는 점에서, 하늘 아래서 하늘이 내려주는 공능에 예속되어 살아갈 수밖에 없는 천하의 인류에게 있어서는, "개벽과 후천"이란 오로지 믿고 수용하고 따를 수밖에 없는 종교적 차원의 신앙적 대상에 해당하는 것이다. 실로 천지의 시공적 제한 속에서 생명성과 인격성을 구가해야 하는 (숙명적 존재인) 인간이 이른바 "하늘적 사건 자체"에 대하여 가질 수 있는 태도는 오로지 종교적 자세와 심성을 구비하고, 하늘의 권능과 은총에 순응하는 일 뿐이다.

그렇지만 한편으로 인간은 비록 천지가 내려준 시간과 공간이라는 제한(틀) 속에 구속되어 현실적으로는 이를 결코 탈피할 수 없다 하더라도, 인간의 자유로운 영혼과 의지 속에서는 (인간은 사유할 수 있는 신명한 존재이기도 하기 때문에) 얼마든지 초시공적 절대 자유를 꿈꾸고 희망하고 염원할 수 있는 것이다.

이러한 인간의 실존적 의식에 부응하여 하늘을 대신하여 인간의 심성을 위로해 주는 "인

---

17) 설괘전 5장.

간의 마당에 펼쳐진 하늘의 축제"가 다름 아닌 종교 행위이다. 그러므로 인류사를 통관하여 출현한 모든 종교적 교의에는 한결같이 "새로운 세상의 도래"에 대한 계획과 방식과 일정이 그들의 경전 속에 친절하게 구비되어 있는 것이며, 그러한 새로운 세상이 도래하는 정황과 계기를 믿고 기다리는 인간의 염원은 이른바 "개벽 사상"으로 수렴되고 있는 것이다.

이 점에서 볼 때, 개벽 사상은 인간의 미래적 기대치에 부응하고자 하는 종교가 갖추어야 하는 보편적 기능이고 장치이며, 본질적 조건이 된다 할 것이다. 실로 모든 종교가 예외 없이 개벽적 성격의 교설을 가지고 있는 이유도 여기에 있다. 기독교가 제시하고 있는 천국, 불교의 서방정토사상과 용화세계, 정역의 후천 사상 등은 모두 종교의 본질인 "개벽적 교설"의 범주에 포함된다. 그렇다면 정역의 후천 개벽 사상이 여타의 종교가 제시하는 개벽적 성격의 교설과 구분되는 점은 무엇인가?

기독교와 불교는 인간의 의식이 지향하는 신앙의 성격이 외향적이거나 또는 내향적으로 서로 간에 구분되기는 하더라도, 그 궁극적 이념에 도달하는 방식은 인간 개개인의 정서적 열정과 신념적 신앙심에 전적으로 의존하는 것으로, 개별적인 신앙생활의 성취와 더불어 그 종교적 성과를 향유하게 되는 것이다. (비록 기독교에서의 교의는 신앙인 개인의 의지와 상관없이, 하느님의 일방적 선택과 부름을 전제로 하고 있지만, 이 역시 하느님과 당사자 개인 간 "일대일의 관계"에서 성립하는 쌍무적 결단에서 출발한다는 점에서는 마찬가지 이다.)

궁극적으로 기독교와 불교의 개벽적 논설의 정당성은 신앙인 개인의 선택에(선택을 하든, 선택이 되든) 전적으로 좌우된다. 그런데 정역의 후천개벽사상은 인간과 우주의 미래적 상황에 대하여 "구체적인 도수"를 제시함으로써, 그 교설의 필연성과 당위성을 인간의 이성적 기반 위에서 확보하고 있다는 점이다. 아울러 개벽을 분기점으로 하여, 인간의 '선천에서의 삶의 결과'에 대한 엄격한 도덕적 판결이 내려지게 된다는 "종즉유시(終則有始)[先-後天 天之曆數 變革의 계기]의 과정에 내려지는 심판론"을 함께 천명하고 있는 것이다. 특별하게도 정역은 이러한 종교적 차원[신명적 경지. 우주적 영역]에서 이루어지는 개벽과 심판의 상황에 대하여, 객관적인 도수를 근거로 하고, 도덕원리의 보편성을 기준으로 하여, '인간의 언어와 숫자'로써 친절하게 설명해주고 있다.[18]

타종교에서는 그들의 종교적 교의와 일상의 과학적 논설 사이에는 건널 수 없는 배타적

---

18) 특별히 정역은 언어와 숫자의 통일적 기능을 간지도수(干支度數)[十干과 十二支]라는 논리적 구조(체계: 틀)로써 포괄하여 표현하고 있다.

평행이 존재한다는 점에서 볼 때, 정역의 교설은 이들과는 구분된다.

실로 정역에서 제시한 종교적 이념과 개벽에 대한 설명은 인간의 이성적(과학적)사유 속에서 이해되고 납득될 수 있다는 점에서, 이는 사실적이고 사건적이며, 그래서 개벽의 상황 자체가 하나의 독립적인 권위를 스스로 구비하고 있는 것이다.

정역의 개벽사상은 "신명적 차원의 우주사를 설명하는 고차원적인 미래학"이라는 점에서, 개인의 호오나 선택의 여부와 관계없이 [정역의 체계와 질서를 이성적으로 공감하는 경우에 한해서는] 그 역수 변혁의 이념과 사역 변화의 방식을 수긍하고 신앙할 수밖에 없는 절대적인 교설이 되는 것이다. 그러기에 정역에서 밝히는 후천의 세계는 정서적 이념이면서 그대로 실상이며, 개벽의 도래는 심정적 소망이면서 동시에 실제적 상황이 되는 것이다.

이상으로 역학에 있어서 "천도 변화"와 "역수", "변화지도"의 참다운 의미를 정역적 관점에서 (종래의 일반적 관점을 넘어서서) 새삼 정리해 볼 수 있었다.

그렇다면 정역의 핵심 주제인 "사역적 구조로 설명되는 천지역수의 변화원리"는 구체적으로 어떻게 설명되고 있는가?


## Ⅳ. 정역의 사역(四曆)변화

### 1. 정역의 기본 논리

#### 1) 천도의 존재 원리: 생명적 사상(四象)구조

주역은 역도 전체의 논설을 천으로부터 시작하면서, 천의 존재상(모습과 공능)을 '천행(天行)'으로 단정하고 있다. 이는 천지일월성신으로 구성되어 있는 천도(우주 전체의 존재원리)의 본질을 '시간성의 전개'(천체 운행에 의한 만물의 변화)로 확정하여, 이를 역학의 출발점이며 철학적 대근거로 삼았다는 증거이다. 우주 안에 존재하는 만물 중에서 시간성이라는 형이상학적 존재를 "의식(체득·자각·내면화)하고, 문제 삼을 수 있는 존재"는 오로지 이성적 사유 활동이 가능한 인간뿐이다.

인간은 그 삶의 영역에 있어서 '시간의 문제'에 가장 큰 관심을 둘 수밖에 없으니, 이는 시간이 전개시키는 모든 변화의 현상이 곧 인간의 생명성이 존립할 수 있는 가장 근원적인 토대이기 때문이다. 생명을 가진 존재는 그것이 무엇이든지 간에 항상 '변화'라는 현상 속에서 그 존재 의의가 드러나며, 그 생명적 변화의 모습은 일반적으로 크게 가름하여 "시생(始生)[씨]--장성(長成)--완성(完成)[열매]"의 과정을 순환·반복하면서, 우주 안에서 스스로의 생명적 가치와 생명적 의의를 단절없이(영원히) 실현하는 것이다. 계사의 "生生之謂易"[19]이란 바로 영원한 생명성의 실현 과정이 곧 변화지도인 역도의 으뜸되는 본질임을 밝힌 참으로 명쾌한 진술이다.

일반적으로 시간을 의식하거나 형용할 때는 "흐르는 것"이라고 말하지만, 실상 "시간의 흐름 그 자체"는 감각적으로 검증할 있는 것은 아니다. 그렇다면 인간은 초감각적인 시간의 존재를 어떻게 "흐르는 것"으로 확증하는가? 그것은 시간의 흐름이 "공간적 변화의 현상"으로 나타나기 때문이다. 그러므로 인간은 공간적 물상에서 시간의 존재를 의식하고, 시간의식 속에서 공간적 변화를 상정한다. 따라서 천지간에 가득 찬 만물과 간단없이 일어나는 만사(萬事)는 모두가 시간성과 공간성을 동시적 존재원리[존재근거]로 삼아 현현(顯現)되어 나타나는 것이다. 이를 요약하면 모든 존재의 존재 근거는 시간성과 공간성이라는 두 가지의 관점으로 동시에 파악해야 충분하다는 것이다.

그렇다면 존재자를 존재하게 하는 존재원리로서의 시산성과 공간성 중에서는 어느 것이 더 근원적인 것일까? 시간과 공간 중의 어느 한 편이 만물을 성립시키는 우선적인 요소라고 단정할 수는 없을 것이다. 왜냐하면 모든 존재자에 있어서 시간과 공간이라는 조건은 항상 동시적으로 자리하면서 결코 분리시킬 수 있는 것이 아니기 때문이다. 그러므로 존재적 차원에서의 시간과 공간은 선후나 경중으로 나누어 순서를 매길 수는 없는 것이다.[20] 그렇지만 존재론적으로 따져본다면 시간성이 공간성에 우선한다고 보는 것이 타당할 것이다. 왜냐하면 존재하는 만물의 실상을 궁구해 볼 때, 시간성은 공간을 포괄할 수 있지만, 공간성은 시간을 포괄하지 못하기 때문이다.[21] 그러므로 역지문(易之門)으로서의 건곤(乾坤)[22] 중에서도 건괘(乾卦)가 64서괘(序卦)의 수괘(首卦) 자리에 있는 것은 "천행(天行)"이라는 시간

---

19) 계사전. 상. 5장.

20) 주자의 이른바 "在物上看"의 "不可分開"라는 입장에 해당될 것이다.

21) 예를 들자면, 나뭇잎이 푸른색에서 붉은색으로 물들어 가는 공간적 물상의 변화 때문에, 시간이 여름에서 가을로 흘러가는 것은 아니며, 시간의 흐름(일조량의 변화 현상)에 따라서 나뭇잎이라는 공간적 실체는 변화해가는 것이기 때문이다.

22) 계사전. 하. 6장 "乾坤其易之門耶"

성이 "지세(地勢)"라는 공간성 보다 우선하는 원리이기 때문이다.[23]

　존재론으로서의 형이상학에 있어서 역학의 장점은, 모든 존재의 가장 근원적인 존재원리인 시간성의 존재구조를 밝힘으로써, 천하 만물 모두의 존재원리를 남김없이 해명할 수 있다는 것이다. 이러한 시간성의 존재론적 의미를 바탕으로하여 주역에서는 천행(우주의 시간성)의 역학적 주체인 건괘(乾卦)를 구조적으로 규정하여, 이를 '원-형-이-정'(元-亨-利-貞)이라는 사상(四象) 개념으로 표상하게 된 것이다. 이는 시간의 존재원리가 사상적 구조로 이루어져 있음을 단정한 것이고, 이로부터 천하 만물의 모든 존재에는 사상적 관점으로 해명할 수 있는 (해명해야 마땅한) 근본 지평이 제공된 것이라 할 수 있는 것이다.[24]

　또한 역학은 여기서 한걸음 더 나아가 천도(우주: 일월성신의 운행: 천행)와 지도(인간과 만물의 생명적 토대: 지세)가 인간에게 보여준 변화 현상의 본질적 성격을 "생명성의 자기 구현"(살아있음)으로 해석한다. 다시 말하자면 주역의 철학적 관점은 천도 자체를 생명적으로 규정하고 있다는 것이다. 그런데 모든 살아있는 생명적 존재는 그 생명원리만이 보여줄 수 있는 "변화 현상으로서의 질서 있는 생명적 절도(節度)[리듬]"를 반드시 가지고 있게 마련이고, 주역은 그 '살아있음의 증거인 생명성의 절도수(節度數)'를 네 가지 변화의 원리[사상적 구조]로 설명하고 있는 것이다. 실로 동양 정신문화의 근원인 역학의 장점과 특성과 가치는 바로 여기에 있는 것이니, 이에 대하여 좀 더 부연해보면 다음과 같다.

　인간은 인간 자신을 살아있는 생명적 존재라고 자각하고 있으며, 이는 그 의식성의 주체인 "인간 이성의 천부성"을 부정하지 않는 한, 자명하고 정당한 인식이다. 그러므로 인간의 삶 자체를 "생명성의 질서 있는 자기 전개 과정"이라 해도 같은 의미라 할 수 있다.

　그렇다면 천도(우주 자체)의 본질적인 실상은 어떤 모습일까? 천도와 인간 존재의 존재 구조가 한결같이 사상적으로 동일한 원리에 있다면, 인간에게 주어진 생명성이 천도에게도 있어야 하는 것은 당연한 전제이다. 주지하다시피 서양의 학문에서는 천도의 모든 구성체(일월성신)는 인간이 대상적으로 관찰하여 인식할 수 있는 물리적 공간체로서, 그것들이 생명을

---

23) 건괘. 대상전 "天行健 君子以 自强不息" 坤卦. 大象傳 "地勢坤君子以 厚德載物"

24) 1. 공자는 건괘 문언전에서 天道의 존재원리인 四象과 이에 근거한 人道의 존재원리인 四德과의 필연적 관계성을 설명하면서, 行此四德의 도덕적 當爲가 天行의 四象的 구조에 있음을 강조하고 있다.(송재국. 先秦易學의 人間 理解에 관한 연구. 충남대학교 박사학위논문. 1992. 참조.)

　2. 天道의 四象的 구조가 인간 생명의 생리적 현상을 주재하는 원리라는 점에 착안한 동양 의학의 事例가 조선 후기 東武 李濟馬가 창안한 '四象醫學'이다. 이 역시 '天人相應'의 四象的 구조를 前提한 醫學 이론이라 할 수 있다.

가지고 있다고는 인정하지 않는다. 그러므로 서구적 관점에서는 생명적 존재인 인간과 무생명적 현상체인 하늘은 일체적인 존재원리를 공유할 수 없다고 보는 것이다.

이에 비하여 동양의 정신세계에서는(전통적으로) 천도와 인간의 관계를 상호 생명적 교감의 현장으로 수용하고 직관해 왔다. 그리고 그러한 인간관은 천명사상, 천인감응설(天人感應說) 등을 통하여 인간 사회의 문물제도(문화현상) 전반에 전적인 영향을 행사하였다. 이렇게 하늘과 인간의 관계를 상호 생명적 동질성으로 수용한 동양의 전통 의식은, 실로 역사적으로 오래되었고 또 강력한 신념으로 자리매김되어온 것이다.[25] 이러한 동양적 우주관과 인간이해를 바탕삼아 정역이라는 새로운 역학에서는 (여기서 한 걸음 더 나아가) "천도 자체가 생명적으로(살아있는 모습으로) 태어나고[始生]-자라고[長成]-어른되는[完成] 실제의 변화 과정을 가지고 있다"고 주장한 것이고, 그 내용이 천도의 운행[天行] 구조인 사상적 변화이며, 그 변화의 원리가 곧 '천지역수의 사역적(四曆的) 변화원리'라는 것이다.

우리는 흔히 생명적 존재와 무생명적 존재를 쉽고도 당연한 듯이 구분하고 있다. 인간은 태어나서 자라는 (살아있는) 존재이기에 생명적 존재이고(동물과 식물도 마찬가지이다), 흙이나 물, 공기(산소) 같은 것들은 태어나거나 자라서 죽거나 하는 것이 아니기에 무생물이라고 단정한다. 사실 생물과 무생물을 나누고 구분하는 근거나 경계는 특별한 의문 없이도 누구나가 납득하고 있다.

그렇다면 진정으로 생물과 무생물은 완전히 별개의 존재이며, 근본적으로도 다른 것일까? 이런 문제에 대하여 우리는 다음과 같이 자문해 볼 수도 있을 것이다.

생명체로서의 인간은 그 생명성을 어떻게(무엇 때문에, 무엇을 가지고) 유지·발양할 수 있는가? 그것은 공기(산소)를 들이키고 물을 마시고 또 음식을 먹어서이다. 즉, 산소와 물과 음식(영양소)으로 살아가는 것이며, 산소와 물과 음식이 없으면(아니면) 인간은 살아갈 수 없다(생명성을 유지할 수 없다). 그러면 이때 인간이 들이키고 마시고 먹는 것들은 모두 살아있는 생명체들인가? 그렇지 않다. 그들은 모두 무생물들이다. 좀 더 세부적으로 들어가서 인간이 살아가는데 필수적인 여러 요소들(미네랄, 비타민, 햇빛, 중력 등) 역시 살아있는 생명체는 아니다.[26] 무생명(죽은 것)을 재료로 삼아야만(섭취해야만) 생명(살아있음)이 가능

---

25) 김일권, 『東洋天文思想』(하늘의 역사, 인간의 역사), 예문서원, 2007. 참조.

26) 혹자는 음식물의 재료인 '동물과 식물 자체는 생명체가 아니냐'고 반문할 수도 있으나, 인간이 이를 음식으로 만들어 영양분으로 흡수할 때는 이미 영양소의 상태이기에 생명적 존재는 아니다. 불에 익혀 먹은 음식은 분자와 원소로 소화되고, 이러한 영양소가 호흡으로 들어 온 산소와 결합하여 酸化(불태움)됨으로써, 에너지가

한, 이 엄연하고도 분명한 현상을 두고, 무생물과 생물과의 근본적인 구분(다름·경계)이 진정으로 가능한 것일까? 만약 산소와 물의 존재원리가 인간의 생명원리와 본질적으로 다른 것이라면, 인간은 결코 산소와 물을 근거로 살아갈 수는 없을 것이다. 그러므로 산소와 물의 존재원리와 인간이라는 생명적 존재원리는 적어도 본질적으로 같을 수밖에 없는 것이다. "생물과 무생물을 통관하여 같을 수밖에 없는 바로 그것"을 우리는 "생명성 또는 생명적 존재원리"라 이해할 수 있을 것이다. 실존적 인간으로서 데카르트적인 궁극적 회의 끝에서도 "나의 살아있음"을 결코 부정할 수 없다면, "같을 수밖에 없는 그것"을 "생명성"이 아닌 "무생명성"으로 수용할 수는 절대로 없을 것이다.

요약하면 천지 만물(무생물적 존재 현상)과 인간(생명적 존재 현상)에게 차별 없이 내재되어 있는 '그것'은 생명원리(살아있게 하는 근본 원리)라고 규정할 수밖에 없는 것이다. 즉, 생명의 현상적 관점에서는 죽은 것과 살아있음이 구분될 수 있으나, 그 생명성의 원리적 차원에서 보자면 우주 안에서 생명적이지 않은 존재는 하나도 없는 것이다. 따라서 지금 여기에 있는 실존적 인간이 "자신의 생명적 살아있음"(시생-장성-완성의 변화과정)을 부정할 수 없다면, 인간 생명의 근본 토대인 천도 자체(우주 전체) 또한 "그 생명적 살아있음"(시생-장성-완성의 변화 과정)을 부정해서는 안 될 것이다.

정역이 천도의 생명적 전개를 "실제로 살아있는 천지역수의 변화 과정"으로 파악하고 해명한 논점은 바로 여기에 있는 것이다. 정역은 '우주의 실상'(천행)을 보고서, 그것을 주역에서 이미 밝힌 사상적 구조로 전개되는 우주의 생명 현상으로 간파하고 있다. 만약 살아있지 않은 우주라면 결코 "살아있는 인간과 만물"을 낳아주는 부모 노릇(창조)을 할 수는 없었을 것이기 때문이다(우주 안에는 애초부터 생명적 존재가 생겨나지도 않았을 것이다).

살아있는 모든 생명적 존재의 부모를 하늘(천행)이라고 한다면, 하늘 역시 태어나고 자라는(살아 있는) 생명적 존재이어야 함은 자명한 논리이다. 살아있는 생명은 반드시 변화하는 것이고, 변화하는 현상만이 살아있음[生生之理]을 보장한다.

인간은 생겨나서 자라나 어른이 되고 늙어서 죽는다. 그러면서 죽기 전에는 반드시 자신과 같은 생명을 복제해 놓음으로써 그 생명성을 영원히 계승해 가고 있듯이, 우주 또한 탄생해서 자라나 어른으로 완성된 후, 종즉유시(終則有始)하는 천도의 원리에 따라, 다시금 새로운 우주를 탄생시킨다고 보는 관점은 지극히 자연스러운 발상이며, 순리에 어긋나지 않는

발생하여, 인간은 그 에너지를 생명의 원동력으로 소모하면서 생명을 유지할 수 있는 것이다.

사유인 것이다. 이에 정역은 우주(천도의 운행)의 생명적 전개 과정을 원-형-이-정이라는 사상적 구조로 설명하면서, 그 논리적 필연성으로 "역수의 변화 원리"를 제시하고 있는 것이다.

이제 정역에서 사역변화의 당위적 논리로서 제시된 "정역 고유의 도수 추연 방식"을 본체원리로서의 "십오존공(十五尊空)"과 발용 법칙으로서의 "구륙합덕(九六合德)"이라는 체용적 구조에서 상술해 보고자 한다.

## 2) 천행(天行)의 본체원리(本體原理): 십오존공(十五尊空)

생명적 존재의 변화 현상에는 반드시 그 변화의 원동력이 되는 에너지(원재료)가 소용된다. 그러므로 모든 생명의 탄생에는 탄생 이후에 소용될 "그 생명적 에너지"를 가지고 탄생하는 것이니, 실로 한 생명의 일생이란 "타고난 생명적 에너지(원천적 생명력)를 모두 소진해 가는 과정"으로 볼 수 있을 것이다. 그런데 모든 생명체에는 자신의 생명적 에너지를 모두 사용한 후에 맞이하게 되는 '생명에너지 소멸 상태(죽음)' 이전에, 반드시 자신의 생명과 동일한 또 하나의 생명적 존재[後孫]를 생산할 수 있는, 또 다른 원천적 능력이 주어져 있다. 이러한 생명 복제 능력[생식능력(生殖能力)]은 이미 태어날 때부터 구유(具有)하고 있는 선천적 능력이긴 하지만, 모두가 (자신의 일생 중에서) 그러한 능력을 실제로 다 실현할 수 있다는 것은 아니다. 왜냐하면 그 생명체가 자신의 생명성을 복제할 수 있기 위해서는, 스스로 어른 노릇을 할 수 있도록 자신의 생명성이 완성되어 있어야만 하기 때문이다. 즉, 모든 생명체가 생식능력을 타고 나왔지만, 아무 생명체나 그 생식능력을 발휘하고 실현할 수 있는 것은 아니라는 것이다. 새로운 생명성을 생산할 수 있는 것은, 자신의 생명적 변화가 비로소 완성적인 열매로 결실하였을 경우에만 해당되는 것이다. 다시 말해 잘 익은 열매만이 새싹을 틔울 수 있음(어른 노릇을 할 수 있음)을 말한 것이다. 만약 생명성의 전개 과정에서 제대로 자라지 못하게 되면 그 결실하는 바는 "쭉정이"가 되어 생명창조의 능력을 잃게 되는 것이기 때문이다(쭉정이는 자신의 생명성을 계승하지 못하기 때문에 그 자신의 죽음과 함께 영원히 자신의 생명성 자체도 소멸된다).

생명성의 본래적 성격을 요약해보면, "타고난 생명력을 성장하면서 바르게 소진하여 어른으로 결실하게 되면 후손을 생산할 수 있지만, 그렇지 못하는 경우에는 중간에 고사(枯死)하든지 열매가 열려도 쭉정이가 되어 결국 그 생명성은 단절된다"는 것이다. 이러한 생명적 전개의 본질인 생명 원리는 천하 만물에게는 물론이려니와 천하 만물에게 생명성을 부여한 천도 자체에게도 그대로 적용되는 보편적인(우주적인) 생명원리인 것이다.

정역은 우주의 생명적 전개과정을 설명함에 있어서, 우주가 처음으로 탄생할 때 가지고 나온 우주적 생명의 원동력을 십오도수(十五度數)로 규정하고, 이 십오도수가 우주사의 생명적 변화과정을 통하여 점차 소진·사용되면서, 우주 자신은 스스로의 완성적 결실을 향하여(우주가 어른 노릇하기 위하여) 성장해 나간다는 것이다.

특히 십오라는 우주의 도수가 성장하면서 단계적으로 사용·소진되어가는 과정을 정역에서는 귀체(歸體)·귀공(歸空)·존공(尊空)이라는 개념으로 설명하고 있다.

정역은 생명의 변화 현상 자체를, 그 생명적 도수원리가 "본래 생겨난 곳[이는 존재 자체의 근원적인 자리를 지칭한 것으로 정역은 이를 공(空) 또는 체(體) 등의 언사로 규정하고 있다.]으로 돌아가는[歸] 과정"으로 보고 있으며, 나아가 공(空)의 원력(原力)에 의하여 생겨난 자신들이 자신의 생명적 원력을 소진하면서 어른으로 바르게 자라게 되면, (자신을 낳아주신) 부모의 자리[空]는 높이 받들어 모시고[尊], 이제는 자신들이 나서서 부모의 뜻을 그대로 계승하여 세상을 경륜하며[親政] 살아간다는 것이다.

송재국 교수는 이러한 '십오존공'의 의미를 설명하면서 "계란에서 병아리가 부화하는 과정에서의 흰자와 노른자의 역할"을 통하여 비유하고 있는 데,[27] 이러한 비유는 비록 적절한 (논리적으로 적합한) 비유라고 할 수는 없지만, 적어도 십오존공의 정역적 변화원리를 이해하기에는 유용한 비유라고 생각하여, 논자는 이를 부연하여 다음과 같이 설명하고자 한다.

계란이 병아리로 부화하기 위해서는 이른바 어미닭이 계란을 품는 포란(抱卵)의 과정이 필수적이다. 생명적 과정을 이해함에 있어서, 편의상 계란을 '시(始)'라고 하면, 품는 과정은 '장(長)'이며, 부화된 병아리는 '성(成)'이라 할 수 있다. 또한 계란이라는 생명원은 크게 보아 노른자와 흰자로 구성되어 있다. 노른자는 탄생할 병아리의 '생명적 본질이며 특성(유전자를 가진 염색체)을 가진 씨앗'으로서, 생명원자가 21일간의 포란과정(성숙과정)을 거쳐 병아리로 완성되는 것이다. 이때 노른자를 감싸고 있는 많은 양의 흰자는 노른자의 생명적 변화에 절대적으로 소용되는 영양소(에너지)를 제공하면서, 단계적인 생명의 성장에 따라 점차 그 양이 소진되어 갈 것이며, 마지막으로 병아리가 완성되어 껍질을 깨고 부화할 때에는, 처음에 가득하던 흰자는 모두 소진(사용)되어 남아 있지 않게 될 것이다. 즉, 노른자가 성장하여 커지는[자라는: 潤] 현상과 흰자가 소진하여 줄어드는[潤] 현상은 일견 다른 양상(모습)으로 보이겠지만, 그 본질에 있어서는 모두가 생명의 완성(병아리의 부화)을 향한 일관되고

---

27) 宋在國. 송재국 교수의 역학담론: 하늘의 빛 정역. 땅의 소리 주역. p.429 주) 30. 예문서원 2010.

간단없는 생명적 변화 현상으로서 다르지 않은 것이다.

만약, 생명의 성장 과정 중에 어떤 사태가 발생하여 노른자의 성장이 멈추게 된다면, 영양분으로 쓰이는 흰자의 역할도 역시 동시에 멈추게 될 것은 자명하다(물론 계란의 껍질이 깨져 흰자가 흘러나와 영양을 공급하지 못하게 되는 경우에는 노른자의 성장도 동시에 중지되는 것 또한 자명하다).

정역은 우주의 성장과정을 설명하면서 씨로서의 우주 360도수가 열매로서의 우주 360도수로 완성되기 위해서는 그 성장을 가능케 하는 원동력으로서의 15도수가 주어져 있는 것이며, 우주의 성장을 주재·관장하는 15도수의 소진(탈락)과정[28]을 거치면서 우주의 생명적 변화의 과정은 완성된 우주를 향하여 성장한다는 것이다.

그러므로 우주사에 있어서 최초의 우주를 탄생시키는 우주의 원리수(原理數)[우주탄생의 本體原理度數]는, 처음으로 우주사에 심어서 싹으로 탄생시킬 우주의 씨앗도수 360도수와 그 우주의 씨앗을 우주의 열매로 키워내기 위한 영양소로서의 성장도수15도수[29]를 포함하여 375도수가 되는 것이니, 정역은 이를 본래적 '우주의 탄생원리 도수'라는 의미로 원역도수(原曆度數)라 이름 지은 것이다. 이러한 원역(原曆) 375도수는 복희씨의 작역(作易) 이후, 전역학사(全易學史)를 통관(通貫)하여 처음으로 밝혀진 획기적 역수원리로써, 이로부터 비로소 우주사의 과거와 미래에 대한 실체적 역수변화를 풀어낼 수 있는 철학적 바탕이 마련된 것으로 볼 수 있으니, 정역에서 제시한 도수 추연의 특별한 혜안은 참으로 (하느님이 설계한) 우주 자체의 실제적 운행 방식을 풀어내는 신명적 차원의 열쇠라고 아니할 수 없는 것이다.

이제 우주의 생명적 변화과정을 해명하는 일은 우주의 성장과정을 主宰하는 15도수의 소진[脫落, 歸空, 尊空] 과정을 논리적으로 설명하는 것과 다르지 않으니, 정역에서 밝히고자 하는 '역수 변화 법칙의 대근거와 역수 변화의 본체적 원리'는 곧 "15도수가 존공되는[우주의 성장과정이 일정한 도수의 변화 단계에 따라 전개되는] 우주적 성장 법칙"이라 할 수 있는 것이다. 유남상 교수는 이러한 15존공의 철학적 명제를 "15존공(尊空)위체원리(爲體原理)"라고 명칭하고 있는데,[30] 이는 "정역의 역수 변화원리는 15도수의 존공되는 법칙을 본체적 원리로 삼고 있음"을 일컫는 것이다.

---

28) 15도수의 脫落은 九九법칙에 따라 단계적으로 전개되는 데, 이에 대하여는 다음 章에서 설명한다.

29) 이것이 우주의 성장 과정을 주재하는 閏曆原理度數로서 다음 章에서 설명한다.

30) 유남상 편저. 周.正易經合編. 도서출판 연경원. 2011. p.105. 天之曆數原理圖說 참조.

### 3) 천행(天行)의 발용법칙(發用法則): 구륙합덕(九六合德)

천도 운행의 본체적 원리인 "십오존공"에서 '십오'라는 도수의 역학적 근거는 하도(河圖)중심수 十과 낙서(洛書) 중심수 五를 말한다. 무릇 역학의 도수는 계사전에서 말한 천지지수(天地之數)로서의 1. 2. 3. 4. 5 .6. 7. 8. 9. 10의 열개 수이며, 이 10개수는 "모든 역수 구성에 요구되는 기본수로서, 필요수인 동시에 충분수이다. 그러기에 정역에서도 역수의 기본수는 1에서부터 시작하여 10에서 그친다[31]고 전제한 것이다.

하도(河圖)는 1에서 10까지의 도수가 모두 나타남으로써 씨(1)에서 열매(10)까지의 생명적 전 과정을 주재하는 "생명원리 그 차체"를 모두 표상하고 있으며, 낙서는 씨(1)에서부터 시작하여 완성된 열매 이전(9)까지의 생명적 변화 현상을 표상하고 있다.

역학에서의 1은 태극수(太極數)로서 만물적 존재의 태초성(太初性)[씨]을 표상하고, 5는 황극수(皇極數)로서 존재의 인격적 주체성을 나타내고 있으며, 10은 무극수(无極數)로서 존재의 완전성과 완성성을 표상하면서 존재원리 자체의 신명적 경지를 대변하고 있다.

그런데 역학에서는 "존재원리의 자기 현현 과정"을 통관함에 있어서 "존재원리의 자기 개시(開示)"라는 관점과 "존재자의 변화 현상"이라는 두 가지의 입장을 동시적으로 견지하고 있다. 즉, 태극수 1에서 시작된 물리적 변화 현상의 성장 과정을 직접적 관찰 대상으로 하는 "역(逆)의 방향"과 존재원리 자체[32]가 무극수 10의 자리에서 자신의 존재의지를 1태극의 방향으로 개시하는 "순(順)의 방향"이 그것이다.[33] 생수 또한 태극수1과 무극수10 사이

---

31) 정역. 十五一言. "天地之度數止乎十".

32) 존재원리 자체는 이미 質的으로는 完全性. 量的으로는 完成性을 가지고 있는 바, 여기에 인격적 의미를 부여하면 神明之德. 天地義. 天地之心. 天命 등의 개념으로 확장된다 할 것이다.

33) 順과 逆에 대한 송재국 교수의 설명을 인용하면 다음과 같다. 앞의 책. pp.473~474.
　　"모든 생명의 현상은 외형상 씨(先天·太極1)에서 열매(後天·无極10)로 진행된다. 그러나 이러한 관점은 현상 차원의 진술로서는 유용한 것이지만, 생명현상이 내포하고 있는 '보이지 않는 이치'가 개시되는 또 하나의 방향'은 인식하지(사유하지·진술하지) 못하고 있는 것이다. 물론 모든 생명의 출발은 씨(출생)에서 시작한다. 그러나 한 번 더 숙고해 보자. 생명의 출발이 되는 그 씨는 어디에서 왔는가? 그것은 명백히 열매에서 온 것이다. 지난 가을에 딴 열매를 새 봄에는 씨로 심었기 때문이다. 씨가 자라서 열매가 되는 전 과정을 시간의 흐름에서 볼 때, '역逆의 방향'이라 한 것이고, 열매가 씨의 역할로 전화되는 내면적 성숙의 과정은 보이지 않는 생명원리(理致)가 자기의 본질을 개시하는 방향으로서, 이를 시간의 존재구조에서는 (逆과는 반대 방향인) 순(順)'이라 이름 지은 것이다. 씨가 열매가 되기 위해서 '가야 하는 길'(道)이 있다면, 그 길은 열매에서 볼 때는 '씨가 걸어오는 길'(道)이고, 열매가 씨를 맞이하기 위해 닦아 놓은 길이며, 이는 씨가 싹이 터서 열매를 향하여 첫걸음을 떼놓기 이전부터 이미 '깔려 있는(열려 있는) 길'이다. 다시 말하면 열매가 주체가 되어 (씨를 향하여) 씨가 올 수 있도록 '허용하고 다져 놓은 길'임이 분명하다. 씨로서는 그 열매를 맺기 위해서라면 반드시

의 기본수 10개는 그 존재론적 공능에 따라 황극수5를 기준으로 1. 2. 3. 4. 5 생수(生數)와 6. 7. 8. 9. 10 성수(成數)로 구분하고 있는데, 물리적 세계에서 실제로 현상화되는 수는 음양의 합덕이 이루어진 성수라야 그 존재상(存在相)을 충실히 표상할 수 있다. 하도(河圖), 낙서(洛書)의 역학적 의미와 생성수(生成數)와의 관계에 대하여 유남상 교수는 다음과 같이 정리하고 있다.

"河圖十數原理가 五를 전제로 하고 十九八七六의 成數를 중심으로 한 陰陽合德 원리라면, 주역 繫辭 '大衍之數' 節 一文에서 말한 것은 一에서 始原하여 二三四五까지의 生數가 蓄衍되는 陰陽 生長 원리를 기본적 내용으로 한 洛書九數 원리인 것이다. 그런데 낙서가 완전히 생장하려면 기 본수 五가 十數와 合德되는 데까지 도달해야 하며, 이미 五가 十數와 合德되었다면 이는 벌써 洛 書가 아닌 河圖로 변화된 것임으로, 洛書的 生長의 中位數인 五數까지 成長하기 위해서는 生數 一 二三四 成數 六七八九까지를 내포하게 되는 것이다. 따라서 낙서의 기본수 五가 성장하기까지의 裏面에는 벌써 生數 一二三四가 成數 六七八九와 合德되는 河圖的 원리가 前提되어 있는 것이다. 이에서 一二三四五인 생수의 낙서적 생장원리에는 성수인 六七八九의 하도적 成道원리가 깔리게 되고, 반대로 十九八七六의 하도적 成道원리에는 五四三二一의 낙서적 생장원리를 전제로 하고 있음을 알게 된다. 그러므로 하도가 數的으로는 단순히 낙서 九數에 十이라는 數가 加算된 것같 이 생각되지만, 낙서는 五數를 기본으로 하여, 一二三四를 六七八九로 생성시키는 생성위주의 원 리라면, 하도는 十數를 기본으로 하여 九八七六을 四三二一과 合德시키는 成道위주의 원리로서, 하도와 낙서는 그 원리적 내용이 질적으로 완전히 다른 것이다."[34]

위에서도 알 수 있듯이 하도적 원리의 존재 개시 방향은 순(順)이 되고, 낙서적 생장의 전개 방향은 역(逆)이 되는 것이다.

송재국 교수는 역학에 등장하는 주요 개념이 역수적(曆數的) 의미를 가지고 있다는 전제

---

가야만 하는 '정해진 길'이 미리 마련되어 있어야 하기 때문이다. 콩은 콩의 길을 가야만 콩으로 열매를 맺을 것이고, 팥은 팥에게 주어진 길을 가야만 팥으로 결실할 수 있다. 그러므로 생명의 출발점인 씨(출생)에게는 반드시 따라가야만 하는 (순응해야만 하는) 각각의 길이 주어져(정해져) 있는 것이며, 그것은 열매의 입장에 서 보자면, 씨를 향하여 '이리로 오라'고 손짓하면서, 씨가 싹트기 이전부터 이미 펼쳐 놓은(施) '넓고도 단단한 큰 길'(大道)인 것이다.

34) 유남상. 河洛象數論에 관한 研究(一) -正易의 象數論을 중심으로-. 인문과학 논문집. Ⅴ권 1호. 충남대인문과 학연구소. 1978. p.157.

하에 이를 구분하고 다음과 같이 도표로써 종합하여 상호간의 관계성을 정리하고 있다.[35]

| 1 | 5 | 10 |
|---|---|---|
| 太極 | 皇極 | 无極 |
| 地道 | 人道 | 天道 |
| 物極 | 人極 | 神極 |
| 生(씨) | 長(꽃) | 成(열매) |
| 本(始): 伏犧易 | (長): 文王易 | 末(終): 一夫易 |

또한 이러한 역학적 명제를 순역적(順逆的) 방향으로 구분하여 다음과 같이 종합하여 정리한 바도 있다.[36]

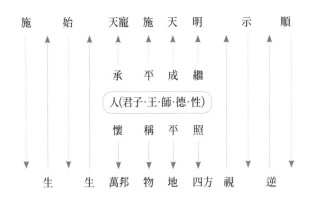

(終) 天·天道·天行·時行·天意·天地之心·神明之德·聖人之意·天命·誠·乾道 (末) (上)

(始) 地·地道·地勢·四方·地宜·庶物·萬物之精·百姓·民·萬國·坤道 (本) (下)

이상의 인용과 도표를 함께 요약해 보면, 존재의 생명적 존재 구조를 검토함에는 두 가지의 상이한 관점과 접근이 동시에 필요한 것이니, 첫째 1에서 5를 거쳐 10으로의 완성을 지향하는 물리적(공간적) 변화 현상이고, 둘째 10에서 5를 거쳐 1의 자리에서 현상화 시키려

---

35) 송재국. 앞의 책. p.387.

36) 송재국. 周易 風雷益卦 '天施地生'의 順逆的 理解. p.64. 동서철학연구 제60호. 동서철학회. 2011.

는 원리적(신명적. 시간적) 존재 개시(開示)의 변화 원리인 것이다. 달리 설명해 보면 변화 현상이란, "생명적 주체가 생수1의 태극 원리를 발판으로 삼고 자라나 5까지 도달하게 되면, 공간적 현상으로 드러날 수 있는 토대를 갖게 되고, 이제 이 5를 본체원리로 삼아서 6. 7. 8. 9를 거쳐 완성수 10을 향하여 성장하는 (역 방향의)생명적 전개 과정"이고, 변화 원리란 "완성수 10이라는 본체원리가 자신의 생명적 의지를 공간적 물상으로 드러나게 하고자 존재의 태초적 자리수인 1을 향하여, 그 이치를 개시하고 펼쳐내는 (순 방향의) 생명원리의 자기 구현 과정"인 것이다.

　여기서 생수와 성수의 존재론적 역할을 구분해 보면, 완성수 10은 태초수 1을 향하여 9. 8. 7. 6으로 개시하게 되고, 1. 2. 3. 4의 생수는 5를 근거로 하여 음양합덕이 이루어져야만 비로소 6. 7. 8. 9로 현상화할 수 있는 것이니, 주역은 이를 용육(用六)과 용구(用九)로 표기한 것으로, 그 실제적인 의미는 당연히 체십용구(體十用九)와 체오용육(體五用六)을 뜻하는 것이라 아니할 수 없다. 그러므로 역학에서 말하는 '용구'의 존재론적 의미는 '구수(九數)로 발용한다'는 뜻이니, 이는 "하도 본체수 10이 순의 방향으로 개시하여, 낙서수 9로 그 의지를 실현한다"는 것이고, '용육'의 존재론적 의미는 "낙서 본체수 5가 역의 방향으로 성장·변화하여 하도수 10으로의 완성을 지향한다"는 것이다. 그런데 모든 생명적 변화는 그 완성적 경지(열매로서의 어른 노릇)를 궁극적 지향처로 전제하고 성장하는 것인데, 그 완성적 존재의 공능이란 '열매로서 새 생명을 낳는 일'을 감당할 수 있을 때 발휘되는 것이며, 이는 오로지 음양적 합덕으로만 성사되는 것이기에, 용구와 용육이라는 역학의 발용 과정도 반드시 '용구용육합덕(用九用六合德)'을 이루어야만 그 태초적 생명원리가 모두 실현되는 것이다.

　유남상 교수는 이에 대하여 "용구와 용육이 합덕되는 존재원리의 발용구조"라는 의미를 함축시켜 "구륙합덕위용(九六合德爲用)"이라고 명칭한 것이다.[37]

### 4) 역수 추련(推衍)의 방식: 구구법칙(九九法則)

　천도의 운행이란 천지역수(天之曆數)의 생명적 변화과정이라 할 수 있는데, 이는 십오존공(十五尊空)을 본체로 하고, 구륙합덕(九六合德)을 지향하여 용구용육(用九用六)으로 발용하는 "천지도수(天地度數)의 체용적(體用的) 변화현상(變化現象)"임은 앞에서 살펴보았다.

　정역에서는 우주의 존재원리인 375도수에서 15도수가 존공(尊空)[脫落]되는 구체적 방식

---

37) 유남상. 앞 책. 天之曆數原理圖說 참조.

[形式]과 절차[단계]를 구구법칙(九九法則)으로 설명하고 있다. 실로 천지역수(天之曆數)의 변화 환경 속에서 삶을 영위해가야 하는 인간으로서는 (미래에 다가올) 역수 변화의 실상을 도수적으로 예견하고 대비할 수 있을 때, 오늘의 실존적 삶에서도 근원적 위안을 누릴 수 있는 것이다. 정역은 개권벽두(開卷劈頭)에서 천지역수(天之曆數)의 구체적 내용을 81. 72. 63 도수(度數)로 구분하여 단계적으로 제시함으로써, 도수적 변화의 질서에는 9도수 탈락이라는 일관된 법칙이 내재되어 있음을 암시하고 있으며, 구구음(九九吟)이라는 제하(題下)의 절(節)에서는 천지역수를 도수적으로 배열하고 분장(分張)하는 근거가 구구법칙임을 명기하고도 있다.[38] 정역에 나타난 구구의 도수적 의미는 비록 일부 선생에 의하여 역수 추련(推衍)[39]의 방식으로 우리에게 알려진 것이지만, 그렇다고 해서 이러한 구구법(九九法) 자체가 일부 선생의 독단적인 안출(案出)이거나 자의적으로 선택한 편의적 도구는 아니다.

일부 선생은 정역의 선포에 대하여 자신이 하늘을 대신하여 인간의 언어로써 하늘의 뜻을 풀어서 설명한 것이라고 자임하고 있다.[40]


오늘날 지구촌에 펼쳐져 있는 다양한 문명적 특성 중에는 특별히 북방(北方) 유목민 계열의 신명적(종교적) 문화권이 존재하는데, 이러한 문명권의 주체 세력이 한민족(韓民族)을 중심으로 하는 몽골·만주·여진·흉노·숙신 등의 동이족(東夷族)이라는 사실은 이미 역사적·고고학적 연구 성과를 통하여 증명·확인되고 있다.[41]

우실하 교수는 북방 동이족 계열의 신명적 문명과 남방 한족(漢族) 계열의 인문적 문명과는 특징적으로 상호 구분된다고 전제하면서, 북방 계통의 본질과 특성을 읽어내는 문화적 코드로서 "3수 분화의 세계관"을 제시한 바 있다.[42]

그가 3수 분화 현상과 관련하여 수집·조사·분석한 문화적 자료에는 9수에 대한 여러 가지

---

38) 정역. 九九吟 "三百六十當碁日 大一元三百數 九九中排列".

39) 추련(推衍)의 뜻에 대하여 權寧遠은 正易句解(상생출판. 2011. p.235)에서 "이치를 미루어 불린다"의 推理와 같은 의미라고 풀이함. "도수를 미루어 셈한다"는 뜻으로 볼 수 있으며, 정역에서는 "一元推衍數二百一十六", "推衍无或違正倫" 등에서 쓰이고 있다.

40) 正易. 9장. "天地言一夫言 一夫言天地言".

41) 현재 발해만을 중심으로 발굴·연구되고 있는 요하문명(홍산문화)은 이를 실증하고 있는 대표적인 현장의 하나이다. 참고할만한 도서로는 김운회 저. 대쥬신을 찾아서.(해냄. 2007). 우실하 저. 동북공정 너머 요하문명론(소나무. 2007) 등이 있다.

42) 우실하. 동북공정 너머 요하문명론. 소나무. 2007.

상징적 의미가 다양하게 소개되어 있는데, 이를 적출해 보면 다음과 같다.[43]

 * 81(9x9)은 현대인들에게는 특별한 의미로 다가오지 않는다. 그러나 3. 9(3x3). 81(9x9)을 聖數로 여기는 북방 샤머니즘에서는 더할 수 없이 지극한 完成數 곧 '우주적 완성수'로 사용된다. 81은 북방 소수 민족들의 신화. 전설. 샤먼 의례 등에 많이 보이는데, 81은 대부분 '완성수 9가 아홉 개 있는 것'으로 묘사된다. 그래서 한자문화권에서는 九九로 표현된다. 즉, 9x9=81은 '완성수 9'의 상징성을 극대로 연장한 "우주적 완성수"를 의미하는 것이다. … 九九法은 돈황에서 출토된 漢나라 때의 서적에도 보인다. 이 책에 따르면 九九法은 본래 9x9=81부터 1x1=1까지의 순서였다고 한다. 9x9=81에서 시작되었기에 구구법이라고 부른다는 것이다. … 동지에서 봄까지의 81일간의 겨울을 의미한다. … 몽골을 비롯하여 샤머니즘을 공유한 북방에서는 81일이 지나면 봄이 온다고 생각하였다. … 또한 구구는 "81마리의 가축'을 의미한다. 좋은 의미의 예물을 헌상하는 경우에 이를 九九之禮. 九九禮物이라고 부른다. (pp.133~135)

 * 몽골의 전통적인 천막집인 '게르'에는 우리나라의 서까래에 해당되는 우니(Uni)가 대부분 81개이며, 작은 게르는 72(9x8)개이다. … 신라 왕릉 계림호 14호분에서 출토된 장식 보검의 직사각형 테두리에는 금알갱이(金粒)가 각각의 三一太極 上下左右에 정확하게 9개씩 장식되어 72개(9x8)가 되는데, 이것은 3개의 삼일태극을 이루는 9수와 합쳐져서 우주적 완성수인 81수를 이루고 있다(pp.148~149)

 * 우리나라의 각종 민족 종교에서 경전으로 사용되는 天符經이 아홉자 씩 아홉 줄, 총 81자로 구성되어 있는 것은 道家. 神仙思想 계통의 黃帝內徑靈樞. 黃帝內徑素問. 道德經 등이 모두 81장으로 구성된 것과 軌를 같이하는 것이다. … 북방족인 만주족이 새롭게 건설한 북경의 天壇은 철저하게 '3수분화의 세계관'의 성수인 3. 9. 81의 數理구조로 이루어져 있다.(pp.151~152)

 * 동양의 전통음악에서 5음 12율을 만드는 黃鐘尺은 9進法에 기초한 九分尺을 사용하는데, 9의 제곱수인 81은 黃鐘尺 1尺의 길이로 黃鐘數라고 부른다.(pp.157~158)

이상의 자료를 검토한 우실하 교수는 "3수분화의 세계관을 바탕으로 한 성수(聖數)인 3. 9. 81이 응용된 사례들은 특히 북방 민족들의 기층문화에 풍부하게 남아있다"고 정리하고 있다.

---

43) 우실하. 3수분화의 세계관. 소나무. 2012.

이상에서 알 수 있듯이 동이족의 정신세계에는 전통적으로 구구적(九九的) 사유체계가 바탕 되어 있으며, 정역의 구구법칙(九九法則) 역시 이러한 문명적 유산의 역학적(易學的) 발현의 사례라고 아니할 수 없는 것이다.

이제 천지도수추련(天地度數推衍)의 논리적 근거라 할 수 있는 "십오존공위체(十五尊空爲體)"와 "구륙합덕위용(九六合德爲用)"이라는 체용구조 속에서 정역의 사역적 변화과정을 구구법칙에 따라서 구체적으로 논설해 보고자 한다.

## 2. 천지역수(天之曆數)의 사역적(四曆的) 변화 과정

### 1) 천지역수에 대한 정역적 해법

정역은 그 문자적 표현이 간결하고 문장의 구성 또한 시적이며 기존의 역학사에서는 인용되지 않았던 육십간지도수(六十干支度數)에 근거하여 천지역수를 추련(推衍)하였으며, 더구나 신명적 의미를 담고 있는 어휘와 개념이 사용되는 등 일반적인 독해로써는 그 참 뜻을 쉽게 이해하기 어려운 수사로 이루어져 있다.

그러므로 당시 일부 선생 문하에 출입하던 여러 제자들도 그 우주적 차원의 도수원리를 중심 주제로 하여 정역적 학문 체계를 연찬. 계승하기 보다는, 당시 조선 말기의 시대적 상황이나 현실적 조건에 부응하는 방향에서 정역의 가르침을 수긍하다 보니, "선후천(先後天) 개벽의 문제를 현실적 삶과 직접 상관시켜 해석하는, 이른바 종교적 차원의 논의에 집중"하게 되었고, 이는 자연스레 구한말 이 땅에 발흥한 여러 민족 종교의 철학적 기반으로 더욱 다양하게 원용(援用)되었던 것이다. 이후 일제 강점의 암울한 시대를 넘어 해방을 맞이하면서 이 땅에도 서구의 학문적 방법(과학적 연구 태도)이 도입됨으로써 여러 민족적 과제에 대해서도 순수 학문적 연구가 이루어지게 된 것이다.[44]

천지역수의 변화와 관련하여 정역에서 명기한 직접적인 주요 명제 들을 적출하여, 앞에서도 검토한 바의 논리적 관점에서 보다 구체적으로 해설해 본다면, 다음의 몇 가지가 우선적으로 거론될 수 있을 것이다.

---

44) 이정호. 正易硏究(1976)의 제6장 '一夫 先生傳'. 正易과 一夫(1985) 참조.

"初初之易 來來之易 所以作也"[45] (역학에는 본디 태초적 역수원리를 담고 있는 역학과 미래에 도래할 역수원리를 담고 있는 새로운 역학 두 가지의 있는 것이기에, 이미 이들은 모두 성인에 의하여 지어져서 인류사에 나타나게 된 것이다.)

"六十三 七十二 八十一 一乎一夫" (천도의 운행도수는 63도수. 72도수. 81도수에 근거하여 전개되는 것이니, 이 원리를 밝히는 것이 바로 일부의 사명이다.)[46]

"擧便无極十 十便是太極一. 一无十无體 十无一无用 合土居中五皇極"[47] [문득 무극의 원리를 들어보니 수로서는 10(완성수)인데, 그 무극수 10을 다시 살펴보니 또한 태극수(시생수) 1과 다름이 없구나. 태극수 1이 있어도 무극수 10이 없다면 이른바 본체원리가 없는 것이고, 무극수 10이 있어도 태극수 1이 없다면 본체원리가 발용할 수 없게 되는 것이다(이것이 곧 역수전개의 체용적 구조이다). 이에 10수와 1수가 상호 順逆的으로 志向함에 그 五行的 中央 土에서 만나는 것이니, 이것이 곧 우주적 인격주체성을 표상하는 皇極數 5인 것이다.]

"龍圖…倒生逆成 先天太極, 龜書…逆生倒成 後天无極"[48] [하도10수 원리는 도생으로 開示하여 (順방향으로 시작하여) 낙서1 物象으로 그 뜻이 드러나니, 그 나타난 세상 만물을 先天의 세계라 하고, 낙서 1수가 상징하는 만물의 태초적 시생은 逆生으로 生長 변화하여(逆방향으로 전개되어) 河圖數 10으로 완성되니, 그 본래적 이치가 모두 실현된 세상을 後天의 세계라 하는 것이다.]

"帝堯之朞 三百有六旬有六日. 帝舜之朞 三百六十五度四分度之一. 一夫之朞 三百七十五度 十五尊空 正吾夫子之朞 當其三百六十日"[49] (우주사에 전개되는 천지역수에는, 요임금 시대에 운행한 태초적 운행도수 366도수와, 여기에서 역수의 변화가 있게 되어 순임금 시대에 새로이 운행한 365도 1/4 도수가 있는 바, 이것이 현재까지 운행되고 있는 도수이고, 이제는 앞으로 새로운 역수의 변화가 이루어지면서, 그동안의 성장과정에 있던 우주의 생명적 전개는 역수에 있어서 음양합덕 도수인 360도수가 도래하게 될 것이니, 이것이 바로 일찍이 공자께서 밝히신(계사전. 상. 9장의 건책수 곤책수) 360 완성 역수인 것이다. 이러한 역수의 변화원리는 일부가 밝힌 375도수라는 우주의 존재원리에서 15존공이라는 본체원리에 바탕하고, 용구와 용육이라는 발용법칙을 통하여, 궁극적으로 용구와 용육이 합덕된 천도운행 도수인 360역수의 완성을 이루게 되는 것이다.)

---

45) 정역. 大易序

46) 정역. 十五一言

47) 정역. 十五一言

48) 정역. 十五一言

49) 정역. 金火五頌

"三百六十當其之日 大一元三百數 九九中排列, 无无位六十數 一六宮分張"[50] (360도수라는 1년 역수는 구구법칙에 따라 배열되는 대일원수 300도수와 일육궁 자리에 따라 나누어지는 무무위수 60도가 합해져서 구성되는 것이다.[51])

## 2) 정역의 역수원리에 대한 기존의 해석

한국 학계에서 정역의 문제를 최초로 책임 있게 소개·해석·전파한 학자는(전 충남대학교 총장) 이정호 박사이다. 그는 그의 저서 '정역연구'에서 다음과 같이 정리하고 있다.[52] (일부 문장은 필자가 요약함.)

"가장 중요한 문제가 "三百六十當其日", 즉 일년 365 1/4일의 閏曆이 어떻게 360일 正曆으로 들어서느냐의 문제이다. 이것은 천지자연의 역학적 대전환으로 이루어질 것이기에 인력의 미칠 바가 아니지만, 천지자연의 행정을 역학을 통하여 더듬어 보기로 한다.

주역에는 "三百六十當朞之日"이라는 말이 있다. 先儒는 이를 (現行曆數에 대하여) 대체적으로 말한 것이라 하였으나, 이는 正易八卦圖가 나타나기 이전의 해설로서, 360일의 정역이 들어서는 後天의 朞日數를 생각하지 못했기 때문이다. 주역은 그 밖에도 "天地以順動 故日月不過而 四時不忒", "觀天之神道而 四時不忒" 등을 말하고 있는데, 이들은 은연 중 후천의 360일 정역이 들어서서 1년 12월, 12월 4계절이 일호의 어긋남도 없이 정연하게 돌아감을 보여준 것이며…太陽의 四象分體度數(159=32+61+30+36)와 一元推衍數(216=63+72+81)의 합수인 375도수에서 15를 尊空하면 360을 얻게 되니, 이것이 一夫가 밝힌 正曆度數와 공자가 주역에서 言明한 乾坤策數가 일치하는 것이다. …正易詩에 "天地之數는 數日月이니 日月이 不正이면 易匪易이라 易爲正易이라사 易爲易이니 原易이 何常用閏易가"라 하였으니, 이는 日月爲易을 대전제로 하고 日月成道를 소전제로 하여 360일로 운행되는 正曆의 그날이 반드시 있다는 것을 결론지은 것이다. … 또한 "旣順旣逆하야 克終克始하니 十易萬曆이로다" 하였듯이, 伏犧易이 文王易으로, 다시 文王易이 終하고 一夫易으로 始하게 되니, 이것이 十易正曆으로 萬世의 冊曆이 된다는 것이다."

---

50) 정역. 九九吟.

51) 大一元數300은 一元數100을 三才之道로 乘한 것이고(100×3), 无无位數 60은 无位數 20(이것은 河圖本體數 15와 洛書本體數5를 합한 것이다)을 三才之道로 乘한 것으로(20×3) 이는 60干支度數와 동일한 數이다.

52) 이정호. 정역연구. pp.94~97.

유남상 교수는 이정호 박사의 연구 성과를 바탕으로 천지역수의 변화원리를 구구법칙에 따라 보다 구체적으로 추련(推衍)하여 다음과 같이 도수적으로 해설 정리해주고 있다.[53] (일부 문장은 필자가 요약함)

"舜의 朞數는 현행 陽閏曆數인 365 1/4 日 이지만, 書經의 기록에는 堯의 朞數 366日처럼 직접 숫자적으로 明示되어 있지 않으므로, 이에 堯朞366日을 舜朞365 1/4日의 槪算數로 보아 堯와 舜의 朞數를 혼동하게 됨으로써 요순시대의 曆數變易을 망각하게 된 것이다.

이러한 증거로는 漢初의 문헌인 淮男子에 '日行一度以周於天…反復三百六十五度四分度之一而成一歲[54] (하루는 1도씩 하늘을 돌아가는데…365 1/4일이 반복되면서 1년의 기수가 이루어진다)'라는 기록이 있어 이미 舜朞가 365 1/4일임을 明示하였음에도 불구하고, 漢代 以後 正易 以前의 數多한 學者들의 이에 대한 견해들이 한결같이 堯朞와 舜朞 사이의 曆數變化는 一言半句도 言及한 바가 없을뿐더러, 특히 唐代 孔穎達의 尙書疏와 宋代 蔡沈의 書經註가 공통적으로 舜朞 365 1/4일 曆數를 堯典篇의 堯朞 366일 속에서 설명함으로 인하여, 堯朞는 완전히 舜朞의 槪算數로 看做하게 된 것이다.[55]

그러나 한국 易學인 正易의 입장은 위에 말한 漢代以後 易學의 曆數 설명과는 달리 堯朞 366日과 舜朞 365 1/4日을 완전히 구분함과 동시에, 같은 閏曆原理內에서의 실제적인 역수변화를 인정하고, 366度에서 365 1/4度로의 변화가 있어 3/4度 즉 9時間이 歸空되었다고 보는 것이니, 이것이 바로 정역이 말하는 72閏度曆에서 63閏度曆으로의 曆數變化를 말한 것으로, 정역은 바로 이러한 宇宙史的 역수변화원리를 闡明하는 것이야말로 易學의 근본 사명임이라고 강조한다."[56]

"曆數變化 法則은 9x9=81. 9x8=72. 9x7=63. 9x6=54의 九九原理로 규정한다. 그러므로 15 閏度數는 九九法則에 의하여 歸空 變化하는 것이니, 原曆內의 閏度數全體인 9x9=81에서 9시간이 脫落 歸體되어 堯朞의 閏度數 9x8=72(正曆 360度를 기준한 閏度數 6日分에 해당하는 72時間)가 된 것이요, 이에서 다시 9時間이 歸體되어 舜朞의 閏度數 9x7=63(閏度數 5度 1/4日分에 해당하는 63時間)이 된 것이니, 이것이 오늘날까지의 現行 曆數인 것이다. 이제 여기서 다시 (미래에) 9時間이 歸體되어 9x6=54의 孔子之朞 正曆이 되면서, 曆數에 있어서의 乾策數[216도: 9(9+8+7)]

53) 유남상. 정역사상의 연구(其一). pp.80~81. 철학연구 제23집. 1976.

54) 회남자 券三, 天文訓.

55) 공영달. 尙書正義. 채침. 書經集傳 참조.

56) 유남상 앞의 책. pp.80~81.

의 政事는 完結되고, 坤策數[144도: 9(1+2+3+4+6)]로 넘어감으로써 15閏度數 全體가 현상적 존재로서의 天地日月 四象에 완전히 歸空되는 것이다.

이때 9x6=54正曆으로의 變易에 있어서는 (또 하나의) 閏度數 54시간으로 변화하는 것이 아니라, 63閏曆에서 54閏曆으로의 9時間이 脫落 歸體됨과 아울러, 閏度數 生成의 母胎的 地盤이었던 乾坤合德 一元數 99수[57]를 포함한 全體 162윤도수(9+54+99)가 一時에 脫落 歸空되는 것이니, 이 단계에 와서 보면 과거 原曆에서 72閏曆으로 變易시에 歸空된 9시간과 72閏曆에서 63윤역으로 變易시에 歸空된 9시간을 합한 18시간의 歸空된 윤도수까지 총 180度數(162+18)가 歸空된 것이니, 이는 곧 윤도수 15日度數(時間으로는 180度數)가 모두 尊空 歸體된 것으로, 이때부터는 완전히 360度數만이 用政하여 正曆을 完成하게 되는 것이다.

덧붙여 54坤策으로의 變易에 있어서 162시간이 일시에 歸體되는 이유를 좀 더 설명해 보고자 한다. 대체로 乾策數 216은 역사적 시간을 攝理.主管하는 時間性의 구조원리로서 用九원리가 되며, 坤策數 144는 현상적 존재를 攝理.主管하는 공간성의 구조원리로서 用六원리가 되는 것이니, 이 乾坤策數가 다같이 九九法則에 依하여 作用하는 것이다. 그러므로 시간성을 포괄한 우주의 존재론적 구조원리 안에서는 우주의 生成史를 섭리하는 81-72-63 -54로의 시간적 閏曆變化를 거쳐 존재의 현상적(공간적) 완성으로서의 正曆세계가 이루어지는 것이다. 그러므로 9x6=54로의 變易은 그 歸空法則에 있어서 閏度數의 時間的 生成 極限과 아울러 現象的 體成[58]을 뜻하는 공간성의 구조원리인 閏度數에서의 坤策數 전체를 포괄하여 體成. 歸體됨으로써, 15閏度數 全部가 완전히 脫落 歸空되는 것이다. 그런고로 54正曆으로의 變易은 시간성과 공간성의 合德成體로서 그 生長曆으로서의 閏曆이 終止符를 찍고, 完成曆으로서의 正曆이 출현하는 것이다."[59]

이상으로 정리된 선학(先學) 두 분의 연구 성과를 도표로 간략하게 요약하면 다음과 같다.

| 四象 | 元 | 亨 | 利 | 貞 |
|---|---|---|---|---|
| 四曆 | 原曆 | (陽)閏曆 | (陰) 閏曆 | 正曆 |
| 曆數 | 一夫之朞 375度 | 帝堯之朞 366度 | 帝舜之朞 365 1/4度 | 夫子之朞 360度 |
| 生命的 理解 | 曆數原理 | 始生曆 | 成長曆 | 完成曆 |

---

57) 존재원리 자체인 全體 一元數는 100이지만, 여기에는 태초적 생명의 씨앗으로 쓰이는 太極 1數가 포함되어 있는 것이기에, 태극1수를 탄생시키는 胎盤으로서의 乾坤合德(陰陽合德) 數는 99數가 되는 것이다.

58) 체성(體)成이란 근원적 本體의 完成과 동시에 현실적 事物의 完成, 즉 理事一致合德된 상태를 의미 한다

59) 유남상. 앞의 책. pp.86~87.

### 3) 사역변화원리(四曆變化原理)에 대한 보충적 해설

전절에서 소개한 선학(先學) 두 분의 연구 업적은 실로 천도의 존재 구조를 생명적 도수로 풀어서 철학적 체계로 설명해 낸 역학계(易學界)의 커다란 성과이다. 그렇지만 아직도 한국의 학문적 현실에서는 "정역의 학문적 가치와 문명적 소용에 대하여 충실한 논의와 친절한 해설이 매우 부족한 실정이다. 이는 일차적으로는 역학을 연구하는 전문가들이 정역적 제 문제를 널리 (한글 세대가 이해할 수 있는 환경으로) 소개하고, 쉽게 해설하는 등의 지속적인 노력이 부족했기 때문이기도 하다.

이에 본 절에서는 기존의 연구 성과에 대하여 간략한 보충적 해설을 덧붙임으로써, 일반 독자들에게 '천지역수의 변화 원리를 이해함에 있어서 요구되는 기초적인 도움'을 제공하고자 한다.

#### (1) 원역(原曆) 375도수의 성립 배경

원역 375도는 우주의 존재 자체를 도수적으로 표상한 것으로, 존재원리 전체수를 말하는 것이다. 이는 천도의 본체원리 360도와 존재를 존재하게 하는 원리 15도가 합해진 순수 형이상학적 본체도수를 말한다. 역도의 성립은 (하늘이 내려준) 신물로서의 하도와 낙서에 기초하고 있는 바, 하도의 본체수 10과 낙서의 본체수 5를 합한 15도수는 역도의 사상적 발용의 근거인 것이다.

역의 존재원리로서의 하도가 작용함에는 (순의 방향으로) "체십용구(體十用九)의 용구(用九)로 개시(開示)"하고, 역의 존재현상으로서의 낙서가 작용함에는 (역의 방향으로) "체오용육(體五用六)의 용육(用六)으로 실현(實現)"되는 것이니, 발용수(發用數)로서의 9와 6의 합은 15도수가 되어 이 또한 하도와 낙서의 본체수를 합한 15와 동일한 것이 된다. 이에 체수(體數)와 용수(用數)가 존재 근거에 있어서는 다르지 않으니, 역학에서 존재의 존재상을 해명하기 위한 논리적 방식은 곧 체용이론(體用理論)이라 할 수 있는 것이다.

#### (2) 시생역(始生曆)으로서의 형역(亨曆)[366日]

서경 「요전」에 "요임금께서 신하들에게 말씀하셨다.……'지금의 천도 운행도수는 366일이다. 이는 음력과 양력이 어긋나 운행하는 성장 과정에 해당하는 윤역(閏曆)도수이다. 그대들은 윤달을 넣는 방법으로써 백성들의 일상적 농사일과 사계절 운행의 기상 질서가 상호 일치하도록 책력을 조정하고, 음력과 양력이 어긋나 있는 시간의 질서를 조화롭게 바로 잡아

1년의 기본 시간을 완성하라"(帝曰……期三百有六旬有六日 以潤月 定四時 成歲)라고 밝혔다.

공자가 확인하여 서경에서 명기한 요임금 시대의 '천도운행도수 366일'은 동양의 문명사에서 서경과 공자의 존재를 인정하는 한 결코 부정할 수 없는 사실이다. 일부는 이에 대하여 "공자께서는 이미 알고 계셨던"[夫子先之] '역수원리(曆數原理)'라 하시며, 다만 말씀을 아니 하시고, 감추어 두었던 것을 이제 그 "말해야 할 때"가 가까이 다가오니, 일부 선생님 자신이 "그 소임을 다하기 위해 입을 열게 되었음"[一夫能之]을 고백하고 있다.[60]

그렇다면 우주사에서 1年 366日 역수가 전개되는 역학적 근거는 무엇일까? 광대무변의 우주적 혼돈 속에서, 처음으로 (인간과 만물이 더불어 살아가는) 지구 행성과 일월성신이 나타나는 실상[天之曆數(運行度數)의 誕生]은 어떻게 설명될 수 있을 것인가?

정역은 사역변화원리에 근거한 천도의 생성 단계를 설명하면서 "지구 행성의 태초적 운행 질서"를 형역(亨曆) 366도수로 규정하고 있다. 무릇 모든 존재의 생명적 탄생과 성장 과정 (변화)이란, 그 태초적 생명원리[생명원. 씨가 음양합덕을 계기로 하여, 모태 안에 수태(受胎)[懷妊]하게 된 후, 시간과 더불어 발아하기 시작하고 자라나는 것인데, 이는 우주 내에서의 지구행성(태양계)의 탄생 과정에서도 다르지 않은 것이다.[61] 모태기에서의 생명적 실상은 (비록 생명이 시작되기는 하였지만) 현상적인 출생 이전의 단계임으로(밖으로 드러나기 이전임으로) '사실 현상'(독립된 공간적 물상)으로 나타나서 보여 지는 것은 아니다.

이는 마치도 땅 속에 씨를 심으면 그 때부터 생명은 시작하는 것이지만, 처음 땅 속에 씨로서 심겨져 있는 상태에서는(지표 위로 싹이 나오기 이전의 단계에서는), 그 생명의 실체를 눈으로 직접 볼 수는 없는 것과도 마찬가지인 것이다.

우주사에 있어서도 태초적 생명원리의 개시는 9×9=81(80+1)의 1에서부터 시작하는바, 이것이 1태극수로서의 원역(元曆)단계이다. [9×9=81은 順으로서의 用九作用이면서, 동시에 逆으로는 用一作用이다. 그러므로 用九와 用一은 동시 合發 作用이 된다. 元曆 81度數(80+1) 에서의 太極1數는 母胎 안에 懷妊된 生命源으로서의 1數임으로(81도수 중 80수는 陰陽合德된 母胎를 말하는 것으로 볼 수 있다), 81度數가 그대로 현상적으로 나타나서 운행하는 것은 아니다.][62]

---

60) 정역. 大易序.

61) 이는 일찍이 복희씨가 作易의 근거로 삼은 "近取諸身"의 관점에서 이해 할 수 있다.

62) (補)  •1元數100=河圖全體數55(中心本體數15+四方發用數40)+洛書全體數45(中心本體數5+四方發用數40)  •
9×9=原曆度數81=生命의 始原인 陰陽合德: 懷妊太極數1+生命의 發用全體數80(河圖發用數40+洛書發用數40)

용구(用九) 다음의 단계란 당연히 순(順)으로는 용팔작용(用八作用)이며, 역(逆)으로는 용이작용(用二作用)일 것인즉, 9×8=72(70+2)는 우주사의 두 번째 단계로서, 이는 씨의 생명원리가 땅 위의(모태 밖의) 현상 사실로 출생하는(나타나는) 과정이다. [이것이 用八과 用二의 同時 合發 작용이다] 따라서 원역도수(元曆度數) 다음의 형역도수(亨曆度數)인 72도수가 천행의 실제적 운행 단계로서는 처음으로 등장하게 되는 (현상 사실로 나타나게 되는) "우주사에서의 첫 번째 현상도수[天之曆數]"가 되는 것이다. 72도수는 일수(日數)로는 6日에 해당됨으로(1일은 12시간), 결국 형역(亨曆)의 실제적인 운행역수(運行曆數)는 본체적(本體的) 기본원리 도수인 360도수와 발용적(發用的) 작용으로 나타난 윤역도수(閏曆度數) 6日이 합해진 366日이 되는 것이다.

이로써 형역(亨曆) 366일 요지기(堯之朞)가 선천의 사역변화원리(四曆變化原理)에서는 맨 먼저 윤역(閏曆)의 실상으로 우주 안에 등장하게 된 것이니, 이것이 곧 시생역(始生曆)으로서의 형역(亨曆)인 것이다.


### (3) 현행역(現行曆)으로서의 이역(利曆)(365 1/4日)

현재의 천체운행도수로서 365.2422일을 말한다. 제순지기(帝舜之朞)의 역수가 365 1/4도수로서 이것이 순(舜)임금 이후 현재까지 이어져 오는 천체의 현행 운행도수라고 한다면, 이는 요(堯)의 재위 시기와 순(舜)의 재위 시기 사이에, 9도수가 귀공(歸空)되는 천지역수의 실제적 변역(變易)이 있었음을 반증하는 것이라 아니할 수 없다.


### (4) 형역(亨曆)366도와 이역(利曆)365 1/4도의 윤역적(閏曆的) 의미

윤역('閏曆')에서의 '윤(閏)'은 "윤(潤)"과 상통하는 글자로서, '윤(潤)'이란 "불어남", "자라남"을 뜻하는 말이다.[63] 존재상(存在相)을 생명적 변화로 이해함에, 그 생명체의 시종(始終)이 되는 생명적 양단(兩端)을 '씨'와 '열매'로 규정할 때, 씨에서 열매로의 생장과정이란 생명적 현상의 '불어남'[이는 그 원리적 측면에서 보자면 생명의 원기(元氣)(생명성의 존재원리

---

63) '윤(潤)'이라는 글자에는 물이 한 방울씩 떨어져, 한 쪽은 불어나고 다른 한 쪽은 줄어든다는 뜻을 가지고 있다. 물방울이 떨어질 때에는 일정한 節度(리듬)에 따라 질서 있게 떨어지는 것이니, 그 節度수를 미루어 셈하는 것이 推算이고 推衍이다. 주역 계사전의 "大衍之數五十 其用四十有九"에서의 '衍'의 의미가 "歸奇於扐 以象閏"하고 "五歲再閏"하는 등의 閏度數를 셈하는 일과 관련되어 있음은, 衍과 潤의 意味에 우주의 생명적 節奏가 內包되어 있음을 示唆한다.

도수: 타고난 생명 에너지)가 점차 줄어드는(소진되는) 동시적 과정이기도 하다]이라고 할 수 있기에, 천도의 '자라남'을 대행하는 개념으로 '윤역(閏曆)'이라 한 것이다. 그런데 '자라남'의 목적은 '어른됨'에 있는 것이고, 어른됨이란 '어른 노릇'할 수 있는 역량(力量)[資格. 能力]을 발휘하는 것이니, '윤역도수(閏曆度數)'란 어디까지나 천도가 어른으로 완성되기까지의 성장 과정(단계)에 소용되는 것이기에, 성장 과정의 극한(極限)까지를 주관하는 천지역수가 되는 것이다. 무릇 만물의 어른 노릇이란 음-양[天-地. 父-母. 암-수]이 상호간에 서로의 생명성을 수용. 교통하는 "음양합덕의 행사(서로가 만나는 행위)"를 통해서만이 발휘되는 것이며, 그러한 음양일체적 행사의 결과로써 '새 생명의 창조'[後孫의 誕生]는 이루어지는 것이다.[64]

　음과 양의 만남이 이루어지기 위해서는, 반드시 '만남'[합덕] 이전의 음과 양은 따로 떨어져 있어야 한다. 무릇 생명적 존재가 성장하여 합덕으로 '어른 노릇'하기 위해서는 "합덕이전(合德以前)"에는 반드시 음과 양이 분리되어 있어야만 "합덕 일체"라는 '만남의 행사'가 가능해지기 때문이다. 그러므로 어른으로 성장하기 이전까지의 음과 양은 각개의 고유한 모습으로 따로 따로 분리되어 존재해 오는[성장 변화해 오는] 것이다. 모든 생명적 존재의 성장 과정이 음과 양이라는 두 가지 양상으로 분리되어 전개되는 것처럼, 우주의 생명적 전개과정[天行]에도 음력(陰曆)과 영력(陽曆)이라는 두 가지의 윤역도수(閏曆度數)가 각각 분리되어 운행되는 것은, 보편적 생명원리의 발현이라는 관점에서 볼 때, 지극히 당연한 현상인 것이다. 우주사에 있어서 윤역의 단계가 형역(亨曆)366도와 이역(利曆)365 1/4도라는 두 가지의 모습으로 전개되는 소이도 바로 여기에 있는 것이다.

### (5) 완성역(完成曆)으로서의 정역(正曆) 360日

　완성이란 처음의 바라던 바가 "다 이루어짐"을 말한다. 더 이상은 이루어질 것이 없기에 자라나는 데 쓰이기 위해 필요했던 "태생적 에너지"도 더 이상은 남아 있을 필요가 없게 되는 것이다. "다 이루어졌을 때"에는 '태생적 원기(元氣)'(에너지)가 "다 소진된 때"임으로, 우주의 생명적 변화에서도 윤역이 자라 완성역이 되면, 윤역의 원리도수(原理度數) 15日(시간으로는 180도수)은 모두가 소진[脫落]되는 것이다.

　생명적 존재는 일단 다 자라고 나면(완성되면) 더 이상 계속해서 자라는 것은 아니다(어른

---

64) 天地陰陽合德으로 萬物을 蒼生시키는 宇宙的 功能을 周易의 屯卦에서는 "雷雨之動 滿盈"이라 하여 실감있게 표현하고 있다.

이 되면 스스로의 권능으로 자신의 생명적 역량을 모두 발휘할 수 있기 때문이다). 모든 생명체는 죽기 전에 반드시 자신의 생명성을 복제하여 남기는 능력을 발휘하게 되는데, "후손의 창조"라는 방식으로 자신의 생명적 의의를 완전히 증거하고 난 후에는, 자신의 생명적 현상을 마감하게 된다. 죽음을 계기로 하여 특정한 생명적 현상은 소멸되지만, 특정한 그 생명성은 영원히 후손에게 계승되는 것이니, 변화지도로서의 역리의 참 뜻을 공자는 "生生之謂易"[65]으로 풀이했던 것이다.

천지역수가 정역(正曆) 360도로서 완성되는 단계에서는, 남아 있던 54도수를 포함한 윤역전채도수(閏曆全體度數)[15日=180時間]가 모두 일시에 탈락[歸空]되는 소이도 또한 여기에 있다.

용구(用九)는 십(十)을 체(體)로 삼은 건책수(乾策數)의 발용(發用) 과정이니, 순(順)의 방향으로[用九에서 …五數를 건너 뛰고…用一의 方向으로] 개시(開示)하고, 용육(用六)은 오(五)를 체(體)로 삼은 곤책수(坤策數)의 발용(發用) 과정이니, 역(逆)의 방향으로 [用一에서…五數를 건너 뛰고[66]…用九의 方向으로] 실현된다. 이때 천행(天行)의 건책수(乾策數) 用九의 '九'수와 지세(地勢)의 곤책수(坤策數) 用六의 '六'수가 만나는 자리가 곧 음양(陰陽)[乾坤] 합덕의 자리로서, 천지역수의 자리로는 윤도수(閏度數)[6×9] 54도 자리이다.

무릇 건도(乾道)의 시간적 원리는 공간적 물상(物象)를 향하여 개시(開示)하고, 곤도(坤道)의 공간적 현상은 시간적 원리를 향하여 성장하면서, 시간성의 작용 用九와 공간성의 작용 用六이 만나는 음양합덕의 자리에 오게 되면, 존재의 완성[體成]을 모두 이루게 되는 것이다.

이는 천행(天行)에 있어서는 천지역수가 63윤도수(閏度數)에서 9도수가 존공(尊空)되어 윤도수(閏度數)가 54도 되는 시점을 말하는 것으로, 체성(體成)과 더불어 남아있는 54도수가 모두 함께 존공되는 일대 '우주사(宇宙史)의 대변혁 사태가 발생'하게 되는 것이다[67]

---

65) 계사전 上. 5장.

66) 五數는 本體數임으로 用하지 않는 數이다.

67) 이러한 宇宙史의 劇的인 天之曆數 變革을 人類史的 관점에서는 開闢이라고 일컫는 것이다.

# V. 선천(先天) 주역의 문은 닫히고[終] 후천(後天) 정역의 문이 열린다[始]

'디지털'로 상징되는 21세기 지구촌의 신문명시대에서 "동양적"이라는 수사적 범주에 포함되는 가치와 의미. 그리고 유용성과 효율성 등은 동서양의 학계에서 새로운 관심과 주목을 받고 있다. 동양적 문화의 전통과 자원을 직접적인 배경으로 삼고 있는 중국이 급속한 국가적 성장과 문화적 잠재력을 내세우며, G2로 부상한 현실적 국제 정세는 이를 반영하는 하나의 분명한 事例라고 할 수 있을 것이다.

현재의 세계 인민이 중국적 의미와 유용성에 주목하는 내용의 중심은 이른바 "동양적 정신문화"로 대변할 수 있을 것이다. 그런데 그 '동양적 정신문화'의 대표적인 본질과 특성이 (역학을 철학적 바탕으로 삼고 있는) 유가사상이라는 점에서, "동양의 정신문화-유가 사상-역학에 대한 논의"는 점차 확대·심화되고 있다는 것이 오늘날 학계의 일반적 추세이다.

공자가 십익을 지어 역학의 철학적 지평을 다져놓은 이래, 2500년 동안 역학의 텍스트는 주역뿐이었다. 그런데 19세기 후반에 공자가 (이미) 언명했던 "성언호간(成言乎艮)"의 간방(艮方)인 조선에서 일부 김 항에 의하여 '한국적 역학 사상'이라고 할 수 있는 '정역'이 출현한 것이다,

본 논문은 주역의 중심적 주제와 정역의 핵심적 명제를 함께 포괄하여, 인류사에 등장한 "역학적 본질 내용 자체"를 논제로 삼아, 이를 정역적 논리와 관점으로 해설하고 정리해 본 것이다.

이를 위해 우주 자체를 생명적으로 전제하여 해설한 정역적 시선과 "천도의 생성 과정[(宇宙史)을 '천지역수의 사역적 도수 변화'로 해설한 논리적 근거를 설명하였으며, 이에 대한 기존의 연구 성과를 소개함과 아울러 이를 일반적 사유체계 속에서 좀 더 자세하고 구체적으로 설명함으로써, 정역적 명제를 보다 폭넓게 이해하고 논의 할 수 있는 기초적인 체계를 마련해 본 것이다.

정역의 핵심 명제인 "사역변화원리"를 보편적 사유의 지평에서 이해하고 수용할 수 있게 되면, 앞으로는 이러한 우주적 변화로서의 개벽적 사건이 인류사에게는 과연 어떠한 의미망(意味網)을 제시하고 있는 것인가에 대한 논의가 자연스레 부상하게 될 것이다.

이는 우주사의 생명적 변화에 따른 인류사의 생존적 명제와 관련된 과제로서, 정역은 이를 선천과 후천의 문제로 집약·수렴하여 설명하고 있다. 사실 선천과 후천이라는 우주사의

변혁이 인류에게 요구하는 생존적 판단과 기준은 (공자가 밝힌) 십익에서 "중정(中正)-인의(仁義)-도덕적(道德的) 삶의 기준이 되는 '도의지문(道義之門)'으로 이미 천명되어 있는 것이다. 이에 '도의지문'과 관련한 인류사의 미래적 삶의 문제는 앞으로의 연구 과제로 남기면서, 향후 정역의 이념이며 방식인 "후천 사상과 기위친정(己位親政)" 등을 직접 해설하는 별도의 논문으로 이를 예비하고자 한다.

# 후천 개벽시대가 도래하는
# 우주사적 필연(必然)과 당위(當爲)
### 한국 근대 신종교에 나타난 후천개벽사상 연구
### -근대 민간 역학의 성격을 중심으로-

## Ⅰ. 우리 민족의 내밀(內密)한 종교의식을 규지(窺知)해 본다

서구에서 먼저 시작된 인류 문명의 근대적 성과는 점차 그 세력이 동양으로 확대되면서 극동의 조선 사회 역시 근대적 기술로 무장된 서구 문명의 파급 효과를 정면으로 수용할 수밖에 없었으며, 이러한 외세의 강제적 침탈은 18세기를 전후한 조선 후기 사회를, 한국의 오천년 역사를 통틀어 그 어떤 시기보다도 가장 힘들고 어려운 고난과 격정의 현장으로 내몰았다. 인간은 외부에서의 강력한 도전이 있거나 새로운 환경의 변화와 맞서게 될 때, 이를 극복하기 위하여, 적극 대응하기 마련인데, 18세기 이후 조선이 당면한 외래적 환경과 강제적 여건에 대항하여 조선 사회가 마련한 '삶의 양태와 성격'을 한마디로 요약하면 '실학적 방식과 이념'이라 할 수 있을 것이다. 실학적 대응은 먼저 정신적인 면에서 시작하여, 민중의식의 자각과 인간 존엄성의 확대 등으로 나타났고, 실생활 면에서는 각종 부조리한 사회제도의 개혁과 실용적 기술의 수용 등으로 전개되었는데, 그 중에서도 특히 한국인의 본래적 심성에 점화되어 시대적 욕구와 함께 집단적 실천 운동으로 분출된 사회 현상으로서, 민족정신과 민중의식이 종교적 열정을 통하여 발현된 새로운 형태의 여러 종교가 출현하였으니, 이것이 곧 한국 근대에 등장한 신종교 운동인 것이다.

이에 본 논문에서는 한국의 근대 사회에서 강력한 사회 개혁 현상으로 등장한 신종교 운동의 본질적인 성격과 기능을 당시의 민중 의식 저변에 자리하고 있는 역학적 관점으로 해석해 봄으로써, 한국 근대 신종교의 궁극적 지향점인 후천 개벽사상의 철학적 근거를 고찰해보고, 민족종교이며 동시에 민중종교인 신종교의 시대적 의미를 정리해 보고자 한다.

이를 통하여 한국의 역사에서 가장 치열한 삶을 살아낸 한국 근대 사회의 민중적 실상을, 외형적 사회 현상과 더불어 그 내밀한 정신적 본질을 함께 관련하여 검토함으로써, 한국의 근대성을 이해하는 사상적 지평을 보다 확충시킬 수 있을 것이다.

## II. 근대 신종교 운동의 전개

무릇 역사 구분에 있어서의 근대 사회는 이른바 '역사적 근대성의 소산'이라는 점에서 볼 때, 18세기 이후의 조선 후기 사회에서 발흥하여 민중의식의 자각과 사회 개혁의 실천적 동력을 제공한 근대의 신종교 운동은 당시의 시대적 욕구가 종교적 방면으로 분출된 대표적인 사회 현상이라고 할 수 있다. 한국의 종교는 한국인이 가지고 있는 종교 의식의 반영이며, 한국의 신종교는 그러한 한국인의 종교의식이 새로운 시대와 환경에 부응하여 새롭게 표출된 종교현상이다. 또한 한국인에게는 일반적으로 나타나는 한국인의 특징적인 종교 의식과 종교적 성향이 있을 것인 바, 정규훈은 이에 대하여 다음과 같이 단언하고 있다.

"한민족은 종교적 민족이다. 어느 종교도 한국에서 무참히 실패하고 돌아간 적이 없으며, 누구나 종교적인 정서에서 완전히 자유롭다고 선언하기를 망설인다. 우리와 우리의 생각을 이해하기 위해서는 종교사상의 터널을 통과하지 않을 수 없다. 근대기에 화산처럼 분출한 동학 등 신종교들만 하더라도 고대로부터 형성, 잠재되어온 각종 사유체제를 압축적으로 담고 있다. 결국 근대 종교의 이해는 한국 정신사의 지표를 마련하는 일이라 하겠다"[1]

그렇다면 위의 인용에서 언급된 '(한민족의) 고대로부터 형성, 잠재되어온 각종 사유체제'의 구체적 내용과 성격은 과연 무엇인가? 이러한 '한민족의 사유체제에 대한 일반화 작업'은 한국의 제반 종교 현상을 이해하고 규정하는 기본적인 요소이며 전제적 요건이 아닐 수 없다. 이에 한국의 신종교를 탐구함에 있어서 '한국인의 일반적인 사유적 경향과 그 속에 내재된 종교적 특질을 살펴보는 일'은 한국적 종교 현장에 나아가는 첫 걸음이 될 수 있을 것이다.

---

1) 정규훈. 한국의 신종교. 서광사. 2012. p.9.

## 1. 한국인의 정신적 특징으로서의 종교 의식

　한국인의 본래적 정신세계를 찾아볼 수 있는 가장 신뢰할만한 원천적 자료는 한민족의 정신적 원형질(原形質)[遺傳因子]을 상징적으로 기록하고 있는 한민족의 고대 신화이다. 신종교의 성격이나 의미를 논의하는 일은 한민족의 정신 세계를 탐구하는 것이기에, 한국 신화를 분석·검토하게 되면, 그 속에 용해되어 있는 민족적 종교성의 특질이나 성향을 추출할 수 있을 것이다.

　이러한 기조 위에서 한국의 대표적인 신화인 단군의 개국신화, 고구려 주몽신화, 신라의 박혁거세 신화의 내용을 차례로 요약·인용하면 다음과 같다.[2]

　　"하늘에 사는 桓因의 아들 桓雄이 인간세계로 내려와서 인간이 되고자 염원한 곰의 뜻을 이루어주고, 인간이 된 熊女와 혼인하여 檀君을 낳으니, 이가 阿斯達에 도읍을 정하고 朝鮮을 開國하였다."

　　"扶餘의 金蛙王이 河伯의 딸인 柳花를 데려왔더니, 柳花의 몸에 하늘의 태양빛이 계속 비치고 이로 인하여 유화는 잉태하고 朱蒙을 낳았으며, 활을 잘 쏘는 朱蒙은 후일 高句麗를 開國하였다."

　　"新羅의 옛 땅인 辰韓의 여섯 부족이 모여 자신들의 王을 찾고자 하니, 이때 하늘에서 白馬가 알을 가지고 내려왔고 그 알에서 태어난 아이가 그들의 王인 朴赫居世가 되었다."

　위에 引用한 한국의 여러 신화[檀君, 朱蒙, 朴赫居世 神話]는 다음과 같은 공통적 구조와 요소를 가지고 있으며, 이는 한국인이 가지고 있는 태초적 의식 속에 뚜렷한 종교적 의지[宗敎的 特質]가 내포되어 있음을 적극적으로 반영하고 있다.

　① 한국 신화의 주체, 즉 우리 한민족의 조상은 그 태초적 인격성[인간의 자아의식]을 모두 하늘로부터 받은, 하늘의 자손으로 인식하고 규정하였다. 즉, 한민족의 천손의식(天孫意識)은 한민족의 원초적이며 보편적인 자기 이해이며, 이는 '하늘의 존재원리[天道]'를 한민족의 고유한 생명적 본질로 삼고 있음을 표방한 것으로, 한민족의 고유한 정신적 특질이 종교의식[宗敎性]에 근거하고 있음을 반영하고 있다.[3]

---

2) 삼국유사 참조.

3) 인간이 '하늘'(天)의 存在的 意味를 인격적으로 해석하고 규정한 궁극적 개념이 곧 神性이며, 인간이 神性에 대하여 갖게 되는 諸般 儀式과 行態가 곧 宗敎의 本領이다.

② 한국 신화에 등장하는 '하늘'의 의미는, '현상 자체로서의 하늘'[천문학적 대상인 자연천]이 아니다. 인간의 의미로 해석되고 수용된 '인격적인 천'으로 이른바 창조적 권능의 천[主宰的 權威의 天]이다. 이는 인간의 원초적 의식이 반영된 결과로서, 그들은 하늘을 일러 '하늘에 대한 인격적 호칭인 하느님'으로 규정하게 되는 것이다.

③ 한민족은 처음부터 하느님의 관심과 의지가 투영된 하느님의 자손으로 자아를 인식하고 규정한 것이니, 이는 한민족의 태초적 의식 자체가 곧 강력한 종교성을 본질로 삼고 있음을 증거하는 것이다.[4]

실로 인간은 천지지간(天地之間)의 만물지중(萬物之中)에서 인격적 삶을 내용으로 살아가는 하나의 존재이다. 인간은 '신명성'[靈魂]과 '예지성(叡智性)[理性]을 가진 형이상적(形而上的) 존재이기에 "뜻"[義. 意. 道. 理]을 본체로 삼고 있는 신(神)과 교통할 수 있고, 동시에 "몸"[身. 體. 器. 氣]을 가지고 있는 형이하적(形而下的) 존재이기에 동물의 본능성과 물질적 제한성에 구속될 수밖에 없는 숙명을 부여받고 있다 할 것이다. 그러므로 인간의 본질인 인성에는 이미 하늘의 신명지덕(神明之德)과 땅의 만물지정(萬物之情)을 함께 구유(具有)하고 있는 "신(神)·물(物) 양성의 인격주체성"이 내장되어 있다 할 것이다. 한민족의 태초적 인간이해(자아해명)에는 이러한 '천신(天神)과 지물(地物)의 통합적 인격성'이 명백한 구조로 제시되어 있다.

천신 환웅과 지물 곰이 인간 세계에서 교합하여 인격적 존재인 단군으로 탄생하여, 세상을 경륜하는 개국자(開國者)로 등장하고 있고, 하늘의 태양빛[日光]과 (땅의 본질을 상징하는) 유화(柳花)의 육신이 만나서 주몽이라는 인격성으로 화생(化生)하고 있으며, 땅에 사는 여섯 부족의 염원에 부응하여 하늘의 일광(日光)이 안내하여 백마가 전해 준 알에서 박혁거세가 태어나는 생명적 구도는, 한결같이 우주적 생명의 원재료가 인간의 인격적 본성으로 내재화되고 수렴. 조화. 통일되어 한민족의 본래적 사유체계가 완성되었음을 거듭하여 진술하고 있는 것이다.

이렇듯 한민족의 삶의 내용은, 천신만을 대상적으로 의지하고 추구하는 편향된 종교적 삶[西歐 歷史에서의 中世的 삶의 실체가 이러한 사례에 해당된다]에 치우치지 않을 수 있는

---

4) 어려운 戒律을 끝까지 지켜냄으로서 '인간으로 새로남(거듭남)'을 성취한 곰의 강렬한 의지와 노력은 종교성이 발현되는 가장 典型的이고 模範的인 事例이다.

것이고, 또한 물질적 가치만을 일방적으로 추구하고 탐닉하는[치우친] 과학적 삶[현대 사회에서의 科學萬能主義. 物神 敬拜 경향은 이러한 사례이다]에 구속되지 않을 수 있는, 보다 통합적이고 균형 있는 사유방식과 세계인식[이념적 總體]을 조화롭게 갖추고 있는 것이다.

## 2. 한국 근대 신종교 운동의 전개 양상

한국의 역사적 기록과 현장은 한국인의 자아의식이 한국의 시공적 좌표에 나타난 한국인의 자화상이다. 한국인의 자의식 속에 녹아 있는 원형적 기질이 무엇보다도 강력한 종교적 성향이라면, 한민족의 역사 현장에 종교적 열정과 지향이 간단없이 표출되고 기록되어 있을 것임은 짐작하기 어렵지 않다. 더구나 일상적 삶을 영위해 감에 있어서, 특정 시대의 실존적 상황이 당시의 종교적 열정을 현상으로 부화시키기에 필요하고도 충분한 여건을 갖추게 된다면, 이러한 종교성의 씨앗은 더욱 크고도 힘차게 싹을 틔울 수 있는 것이다.

한국의 역사적 지평에서 18세기 후반부터 20세기 초에 이르기까지의 민족적 삶의 상황은 한국인의 종교적 열정을 발아시켜 종교적 실천으로 꽃을 피우기에 적합한 본질적 요건를 충실히 구비하고 있었으며, 이에 따라 한민족의 '정신적 자각'이라 할 수 있는, 민중의 자기 개혁 운동은 종교적 방면으로도 나타나면서, 당시 한국의 신종교 운동은 요원의 불길처럼 퍼져나가 새로운 종교적 기대감을 현장에서 표출하고 또 향유하게 된 것이다.

### 1) 현실적 삶에 대한 종교적 대응으로서의 동학(東學)

18~19세기는 한국의 전역사(全歷史)를 통틀어 가장 극적인 '전환과 혼돈의 시기'라고 할 수 있다. 조선 오백년을 지탱하던 왕조 사회의 성리학적 질서가 흔들리면서 전통적 삶은 붕괴되고 있었고, 역사상 최초로 동서 문명 간의 충돌, 서양의 이질적인 근대 문명이 틈입함과 동시에 서양 제국주의의 폭력적 팽창으로 인한 국가적 존망의 위기는 민중들의 삶을 말할 수 없는 질곡(桎梏)으로 빠뜨렸다. 거의 유래 없는 이 역사적인 굴절에 민중들은 고통으로 신음하고 있었고. 정신적 아노미 상태에서 갈 길을 잃고 절규하고 있었다.[5]

동학은 이러한 사회적 대혼돈의 상황에서 한국 민중이 이를 탈피하고 희망의 새 시대를 갈망하는 민족적 몸부림으로 나타난 '한국적 갱생운동의 총체'라 아니할 수 없다.

---

5) 김용휘. 동학의 개벽사상과 새로운 문명. 한국종교 제35집. 원광대 종교문제 연구소. 2012. p.59.

동학의 개창자인 최제우(崔濟愚)는 그의 종교적 체험을 통한 내면적 성찰 이후에, 하늘에 대한 인식과 인간 자신(당시의 사회현실)에 대한 자각을 상호간에 통일적 관점에서 해석하여, 동학의 기치를 내걸었으며, 이는 당시의 사회적 요청과 부합하여, 민중의 실질적 삶의 개혁을 혁명적으로 추구한 동학혁명이라는 실천적 운동으로 전개되었던 것이다.

동학은 용담유사(龍潭遺詞)[안심가]에서 "십이제국 괴질 운수 다시 개벽 아닐런가. 태평성세 다시정해 국태민안 할 것이니"[6]라고 노래하면서 '다시개벽'과 '태평성대'라는 두 가지의 종교적 표제어를 제시하고 있는데, 이는 '새로운 우주질서에 대한 인간의 의식과 해석'을 '개벽'으로 수렴한 것이고, 나아가 인간 사회 현실에 대한 인간의 종교적 희망을 '태평'으로 선포한 것이라 할 수 있다.

다시 말해 하늘의 문제[天道]와 인간의 삶[人事]의 관계를 통일적으로 상관시켜 그 논리적 구조와 의미를 "하늘과 인간 사이의 생명적 관계"로 규정한 것이며, 이를 종교적 차원에서 '시천주(侍天主)'[하느님을 받들고 모심]라는 종교적 자세와 '다시 개벽'이라는 종교적 지향으로 종합하고 있는 것이다. 동학에서 제시한 천도와 인사와의 관계는 신종교 현상 전체를 아우르는 '본질적인 구도'인 동시에, 이는 범 인류사적 종교형식의 원천적 구도이기도 하며, 동시에 한국적 종교의식의 강력한 특징이기도 하다는 점에서, 한국의 동학 운동은 그 자체가 이미 세계사적 일반 의식의 보편적 실현 현상과 그 궤(軌)와 맥(脈)을 함께 공유하고 있는 것이다. 다시 말하여 한국의 동학운동은 처음부터 인류의 보편 의식이 지향하는 세계성을 가지고 출범하였던 것이다.

## 2) 종교적 대응의 이론적 근거로서의 정역(正易)

천도와 인사와의 필연적 관계성을 전제로 그 인간적 정서를 발현시킨 종교적 운동이 동학이라면, 일부의 정역은 천도와 인사[天人關係]의 생명적 상관성과 필연적 구조에 대하여 도수적 논리와 체계로써 해명해 낸 한민족의 철학적 성과인 것이다.

정역의 핵심적 주장은 천도 현상을 "천도 운행의 도수 자체가 실제적으로 성장"[(天之曆數의 變化]하는 우주의 생명적 전개 과정으로 이해하고, 그 철학적 논거를 수치(數値)[度數]로 체계화한 것으로, 이는 천도 이해에 대한 인간의 의식 지평을 새롭게 확장·심화하고 있는 것이다.

---

6) 용담유사(龍潭遺詞). 안심가.

우주의 생명적 전개 과정을 필연적인 천지도수(天之度數)[曆數]의 변화 단계로 확정하여 논증해냄으로써, 인간의 삶의 근거인 우주적 실체가 '그 생명성을 스스로 완성해 나가는 새로운 미래적 모습'[이것이 후천의 실상이다]으로 전개될 것임을 예견·확정하고 있는 것이다.

이는 미래에 대한 혁명적 신세계를 기대하던 당시 민중의 의식 지향에 강력하고도 확신적인 신념의 공고화를 가져다 준, 실로 획기적인 우주 인식으로 확산되어, 신종교의 전체에 이론적 근거로 널리 인용되었던 것이다. 이제 한국의 신종교는 종교적 열망과 더불어 그 종교적 논리 체계를 확보함으로써, 단순한 정서적 위안이나 일상적 기대감의 만족을 갈구하는 경계에 머무르지 않고, 실제적인 미래적 우주상을 논리적으로[理性的 計量에 依하여] 수용하고 신앙하며 예측할 수 있게 된 것이다. 이로써 한국의 신종교는 주장과 실제 사이의 원천적 간극을 혁명적 발상으로 무화(無化)시키고, 신앙과 생활을 일체화시킬 수 있는 '한국적 신앙의 바탕과 동력'을 마련할 수 있게 된 것이다.

정역에서 제시한 '천지역수변화(天之曆數變化)에 대한 전혀 새로운 해명'은 실로 인간에게는 영원한 생명적 전제이며 상념의 대상일 수밖에 없던 '우주 자체의 신명적 경지'를 인간의 눈앞에 펼쳐 보인 일대 혁명적 인식 전환이 아닐 수 없었던 것이며, 기존의 천도 이해와는 차원을 달리하는 정역으로의 새로운 발상은 '천도에 대한 한민족의 철학적 해석'이라 아니할 수 없는 것이니, 이는 한국의 신종교 운동을 근거 있게 주도해 낸, 사상적 지침이며 유용한 종교적 이정표가 되었던 것이다.

### 3) 인간 주체성의 종교적 발현으로서의 증산도

증산교(甑山敎)의 창교자(創敎者)인 증산(甑山) 강일순(姜一淳, 1891~1909)은 이 시대의 민중종교가 지니고 있는 대표적인 종교적 열망을 매우 독창적으로 표명하고 있다. 그의 사상은 분명 기성 종교의 전통과는 궤도를 달리하고 있음을 엿볼 수 있는 데. 강증산의 교설에 나타난 사상적 특징은 무엇보다도 신앙의 대상으로 자임(自任)되는 그의 위격(位格)에 있다.

그는 스스로가 고통 받는 민중을 구제하는 절대적이며 완전한 권능의 소유자임을 명시하고 있는 것이다.[7]

다음은 이를 직설적으로 선포한 대목이다.

---

7) 이경원. 강증산의 후천 개벽론. 한국종교 제35집. 원광대 종교문제 연구소. 2012. pp.144~147 참조.

"나는 …삼계를 개벽하여 선경을 열고, …무명의 약소민족을 도와서 만고에 쌓인 원을 풀어주려 하노라. 나를 좇는 자는 … 선경의 낙을 누릴 것이니, 이것이 참동학이니라.(典經)"[8]

"상제께서 '선천에서는… 원한이 쌓이고 맺혀 삼계를 채웠으니, 천지가 상도를 잃어 갖가지의 재화가 일어나고 세상은 참혹하게 되었도다. 그러므로 내가 천지의 도수를 정리하고 … 상생의 도로 후천의 선경을 세워서 세계의 민생을 건지려 하노라.(典經)"[9]

위의 선포는 창교주 강증산 자신이 '실제로 민중 앞에 나타난 하느님적 존재임'을 단정한 것으로, 실존적 개별자인 인간 강증산과 보편적 존재원리를 대변하는 하느님이 그 위격에 있어서 동일하다는 자기 권위의 절대성을 선포한 것이다.

이는 여타의 종교적 지도자가 '하느님의 대리자', '신의(神意)를 전달하는 인간의 역할'로 자리 매김 되는 일반적인 종교적 위상과는 구별되는 '증산이 스스로 규정한 자기의 종교적 본질'인 것이다. 한국 근대의 종교가 중에서 이처럼 '인간 자신을 신격으로 승화시킨 종교적 선언'이 출현할 수 있었던 배경에는 '인간 존재를 우주적 주체로 이해하고 있는 한국인의 사유적 특질'이 자리하고 있었기 때문이라고 여겨진다. 이는 '인간 존재를 신성(神性)[하늘]과 물성(物性)[땅]의 통일적 묘합체(妙合體)'로 해명하고 있는, 고대 한민족의 인간관에서 배태된 것이라 할 수 있는 것이다.

강증산이 자신의 인격성을 우주 만물의 창조자이며 주재자인 상제의 신격성과 일체화시킴으로써, 증산 자신은 실존적 창교주로서의 종교적 권능과 권위를 스스로 초월적 경지로까지 고양시켜 확보 하였는데, 이는 동시에 만민 구제라는 민중에 대한 '자신의 무한 책임을 자처하는 종교적 사명으로 자각·인식하게 되었고, 증산의 이러한 강력한 자기 확신은 또한 자연스레 증산의 교설을 신앙하는 많은 민중들의 종교적 요구에 무한대의 신뢰와 신앙적 위안을 제공할 수 있게 된 것이다. 종교적 신앙 체계의 구축은 합리적 이성에 근거하기 보다는 정서적 열정에 기초한다는 점에서, 천존(天尊)과 인존(人尊)을 동일 지평에서 조화시키고, 자신을 그 주체적 인격체로 자임하고 선포한 증산의 종교적 메시지는, 어려운 상황 속에서 힘겨운 삶을 꾸려가던 당시의 민중들에게는 매우 친근하고도 편리한 신앙적 귀의처가 될 수 있었고, 나아가 현실적 해방지가 되어 주기에 부족함이 없었던 것이다.

---

8) 전경(典經). 卷之 1~10.

9) 典經. 公事 1~3.

### 4) 인간 생명성의 종교적 향유로서의 원불교(圓佛敎)

종교의 본질은 신을 위한 신의 종교가 아니라 인간을 위한 인간의 종교이다. 그러므로 종교의 주체와 객체는 신이 아니라 오히려 인간이어야 한다.

신이 종교의 주체가 되고 인간이 종교의 객체가 되면, 실존적인 인간이 허상뿐인 신의 장식품이나 노예로 전락하게 되기 쉬우며, 거룩한 신의 이름은 자칫 인간에게 희망과 위로가 아닌 고통과 고난을 강제하기도 한다. 때로는 인간만이 종교의 주체가 되고 신은 객체가 되어 신이 오히려 인간의 이기적 도구[수단]로 이용되는 기형적 신앙 체계가 출현하기도 한다.

그러므로 진정한 신앙의 체계는 신과 인간이 모두 주체가 되고 동시에 모두 객체가 되는 이른바 '신인이화(神人以和)'[10]의 상생적 조화를 추구하는 것이다.

다만 형체를 가지고 있지는 않지만 형이상적 의지(뜻)를 가지고 있는 신은 인간이 희구하는 이념적 주체가 되고, 현실적 삶의 주체인 인간은 그 이념적 수혜자가 되어, 끝내 인간은 신의 은총을 일상에서 향유하는 '신앙적 생활'을 영위하게 되는 것이다.

한국의 여러 신종교 중에서도 원불교는 특별히 종교의 진정한 주체를 인간의 실제적 日常 생활과 일체화시켜 인간이 신앙생활로 누릴 수 있는 종교적 혜택[恩寵]을 강조하고 추구한 매우 '현실적인 생활 종교'를 구현하고 있다는 점에서, 친생활적이고 친대중적인 종교로 자리 잡게 된 것이다. 일상생활에는 물질적인 혜택이 필수적으로 요청되는 것이지만, 단지 물질적인 풍요와 편리만을 추구하다가는 진정한 인간의 행복을 향유할 수 없는 것이며, 이러한 물질 위주의 생활에 수반되는 한계는 오로지 종교적 도덕심의 발현으로만 극복할 수 있는 것이기에, 원불교 개창(開創)의 동기를 밝힌 정전(正典)의 첫머리는 이에 대하여 다음과 같이 선언하고 있는 것이다.

"과학 문명이 발달함에 따라… 사람이 도리어 저 물질의 노예 생활을 면하지 못하게 되었으니…, 진리적 종교의 신앙과 사실적 도덕의 훈련으로써 정신의 세력을 확장하고 물질 세력의 항복을 받아, 파란고해의 일체생령을 광대 무량한 낙원으로 인도하려 한다."(正典 제1 요약)[11]

원불교의 중심 강령은 '물질에 구속되지 않는 진정한 정신개벽'에 있다. 과학 기술의 발달로 인하여 물질문명이 크게 일어남에, 이를 정신적 개혁으로 통어하고 극복해야, 비로소 올

---

10) 書經. 舜典 "八音克諧 無相奪倫 神人以和" 참조.

11) 正典 제1. 총서편.

바른 인간의 삶을 향유할 수 있는 것이기에, 원불교의 종교적 구세(救世) 이념은 일상에서의 정신개벽 운동으로 나타나고 있는 것이다. 나아가 인간의 정신개벽 운동은 궁극적으로는 범인류세계의 참문명을 건설하게 되어, 끝내 종교적 이상세계를 실현할 수 있다는 것이다.

원불교의 개창자 소태산의 종교적 멧시지는 '인간을 개벽하여 참문명 세계를 건설하자'는 것으로, 이는 '도학(道學)과 과학. 공부와 사업을 함께 병진하여, 영(靈)과 육(肉)이 함께 온전하고, 정신과 물질이 조화된 참된 인간 세계'를 성취하자는 것이다. 다음을 이를 직설한 대목이다.

"우리가 건설할 회상은 … 큰 회상이라. 그러한 회상을 건설하자면 그 법을 제정할 때에, 도학과 과학이 병진하여… 모든 교법을 두루 통합해야 한다.(大宗經)"[12]

이처럼 원불교가 추구하는 참문명세계는 '개벽된 인간의 실천적 종교 운동'에 의하여 이루어진다는 점에서, 종교 일반이 제시하고 있는 이상적 이념과 대체적으로는 그 궤를 같이하고 있다. 그러면서도 특별히 주목할 수 있는 점은, 일반적인 생활인들로 하여금 안팎으로 정신을 수련하고 물질을 통어(統御)하게 되면, 영육(靈肉)이 모두 안락한 경지를 누릴 수 있음을, 보다 현실적인 교설로 안내하고 있는바, 원불교에서는 매우 일상적 삶과 밀착된 종교적 특성이 확인되고 있는 것이다.


## III. 신종교 운동의 주체와 이념

### 1. 일용적(日用的) 삶의 주체로서의 민중

근대의 시대정신을 주도한 인간 의식은 이른바 시민의식으로서 이는 사회 구성원의 다수인 서민 대중[民衆]의 정신 활동을 일컬음이다. 민중의 개념에 부합하는 유학적 인간 규정으로는 '백성'이라 할 수 있는데, 공자는 백성의 본질에 대하여 매우 다양하고 친절하게 그 본질적 특성을 설명하고 있으며, 그 핵심적 의미를 '일용성(日用性)'으로 집약하고 있다.

유학(儒學)의 최종적 이념은 천지간에 펼쳐진 인간사회에서 '개개인의 천부적 인격성을 현실적 삶의 현장에서 만끽하고 누리며 인간답게 살아가는 일'이다. 그러므로 유학의 제경전

---

12) 대종경(大宗經). 서품 8장.

에서는 '백성의 일용적 삶 자체'를 인간 사회에서 지향해야 할 궁극적이며 절대적인 생명적 가치로 거듭하여 강조하고 있는 것이다. 유학에서는 인간 사회의 삶의 주체로서 성인·군자·백성이라는 세 가지의 입장에서 인간상을 구분하여 규정하고 있다.

유가의 제경전에 성인·군자·백성 등이 대표적인 인간 규정으로 구분되어 등장하고 있다는 것은, 각각의 명칭에 해당되는 개념적 의미가 "상호 구분 되어야 한다"는 인식을 전제하고 있다고 볼 수 있는 것이다.

인식이란 어떤 개념에 대하여 '구별하여 설명할 수 있는 인간의 이성적 기능'이라 할 수 있으며, 인식의 최종적 대상은 '모든 이성적 기능의 궁극적 수렴처(收斂處)인 '원리(原理)[道自體]라고 이해할 수 있을 것이다. 따라서 인간의 이성적 기능이 '진리 자체'를 인식할 수 있느냐 없느냐의 여부는 인간의 본질적 성격이나 능력을 가늠하는 중요한 척도가 되는 것이다. 천지 만물 중에서 오로지 인간만이 인식의 주체자가 될 수 있는 이성적 존재라는 점에서, 이성적 기능의 발휘 정도는 인간 자체의 본질적 의미와 위상을 구별해볼 수 있는 기본적인 요건이 되는 것이다. 이러한 문제에 대하여 다음의 인용은 유가적 인간상을 이해하는 데 있어서 매우 유용한 통로를 제공하고 있다.

"中庸에서는 인간의 존재 상황을 세 가지 관점에서 구분하고 설명하고 있다. '或生而知之 或學而知之 或困而知之 及其知之 一也 或安而行之 或利而行之 或勉强而行之 及其成功 一也'"[13]

위의 인용은 認識(知)과 實踐(行)의 관점에서, 인간의 본질적 존재 의의를 세 가지로 구분하여 설명한 것으로, 이를 좀 더 詳述해보면 다음과 같다.

① 인간은 누구에게나 앎(知: 인식)이라는 이성적 보편 기능이 있는데,[14] 어떤 이는 그 이치(道)를 태어나면서부터 (배우지 않고도) 알고, 또 어떤 이는 그 이치를 (後天的으로) 배워서 알게 되며, 또 어떤 이는 그 이치를 알기 위해 힘을 들이고 애를 쓰고 어렵게 노력해야만 겨우 알게 된다.[15]

---

13) 중용 20장.

14) 여기서 앎의 내용은 "앎의 대상인 '그 것(之)'이라고 표현하고 있는 바, 여기서의 '그 것'이란 인식의 가장 포괄적이며 궁극적인 내용인 '道 자체(存在原理: 理致)'라고 이해할 수 있을 것이다.

15) 여기에는 '개인의 인위적 노력만 가지고는 그 이치를 알기가 매우 어렵다', '힘들게 애쓴다고 모두가 알게 되는 것은 아니다'라는 의미도 담겨 있다.

② 인간이라면 누구나 자기가 알고 있는 이치에 따라 살아가게 마련인 데, 어떤 이는 그 이치에 따라 편안하게 살고, 또 어떤 이는 천하 세상을 잘 살게 하기 위하여[16] 부지런히 그 뜻을 널리 실행하며 살아가며, 또 어떤 이는 남이 시켜야만 겨우 따라서 행위하며 살아가게 된다.

유가의 諸經典에는 인간을 규정하는 여러가지 명칭이 있음에도, 필자가 구태여 '聖人', '君子', '百姓'이라는 槪念語를 중심으로 그 인간적 의미를 논의하려는 이유는, 단순히 恣意的 선택이거나 論義의 便宜性 때문이 아니다.

孔子는 특별히 이 세 가지 類型의 人間像에 대하여는 그 개념적 의미를 철학적 관점에서 구분하여 설명하고, 각각의 人間像이 相互間에 구분되어야 하는 기준과 차원을 거듭 밝힘으로써, 각각의 본래적 存在像을 분명하게 제시하고 있기 때문이다. 예를 들면 "産萬物者 聖也"[17], "昔者 聖人之作易也"[18] 등은 이치를 밝힌 주체가 곧 '作易 聖人'임을 天道的 차원에서 말한 것이고, "君子 進德修業"[19], "君子 將有爲也 將有行也"[20] 등은 이치를 실천하는 '行易 君子'를 經世的 차원에서 일컬음이며, "民之質矣 日用飮食"[21], "百姓 日用而不知"[22] 등은 日常的 삶을 살아가는 '百姓'의 본래적 속성을 言明한 것이다."(송재국. 유가의 인간 규정에 대한 삼재적 의미. 제II장 참조)

그런데 혹자는 '百姓 日用而不知'의 본래적 의미를 단순히 문자적으로만 (피상적으로) 해석하여 '무지한 백성'이라는 의미로 격하하면서, 유학의 실천 이념인 '平天下事業'도 엘리트의 일방적 지배를 옹호하는 '중우정치의 사례'로 곡해하는 경우도 없지 않다. 이는 백성의 본질을 철학적 차원에서 규정한 '일용성'의 본래적 의미를 바르게 설정하지 못한 데에 그 원천적 오류가 있는 것이다. 이제 공자가 언급하고 있는 백성의 의미를 좀 더 천착해보면 다음과 같다.

---

16) '利而行之'에서 '利'의 문제는, 앞서의 '學而知之'라는 인식(知)의 차원에 상응하는 실천(行)의 문제로 이해할 수 있으며, 이는 유가 사상의 일반적 주제인 '好學君子의 利天下(經世治民) 사상'을 언급한 것으로 해석하였다.

17) 예기. 향음주의(鄕飮酒義).

18) 설괘전 1.

19) 건괘 문언전.

20) 계사전 상. 10.

21) 시경. 천보(天保).

22) 계사전 상. 5.

"공자가 주역에서 '百姓 日用而不知'라고 말한 뜻은 두 가지이다. 하나는 "백성이란 日用人"이란 점이요. 또 하나는 "百姓이란 不知人"이란 점이다. 日用人이란 사람들이 살아가는 평범한 삶의 형태를 말하는 것으로, 백성이란 무슨 특별한 사명이나 의지를 내세우는 존재가 아니라, 그저 자기 자신의 일상적 가치와 개별적 존엄과 자유 등을 귀하게 여기고, 이를 위해 자신들의 관심을 집중시키는 무리를 말한다. 한마디로 말하자면 백성이란 "먹고 사는 일에 충실한 보통 사람들"을 말하는 것이다. 세상에는 자신의 일보다는 국가와 사회의 문제에 더욱 관심이 많은 사람도 있고, 현재보다는 미래에 더욱 집착하는 사람도 있는 것인데, 日用人이란 이 부류의 사람들과는 달리 '지금, 여기에서의 자신의 삶의 문제'(實存 狀況)에 골몰하는 사람들을 말한다.

또한 詩經에서는 '民'의 본질을 다음과 같이 노래하고 있다.

"神之弔矣 詒爾多福 民之質矣 日用飮食"[23]

여기서 '日用飮食'이란 "하루하루 먹고 사는 일상적 삶"을 일컫는 것으로 이것이야말로 백성의 본질을 설명해주는 가장 분명한 형용이라는 것이다. 아울러 백성을 "不知人"으로도 설명하고 있는데, 이는 "백성은 살아가는 理致와 原理를 모르는 無識한 존재"라는 뜻이 아니라, 인간 사회의 근본적 이치 등에 대해서는 별도의 관심을 표명해야 할 어떤 의무나 固有한 役割이 주어져 있지 않은 존재가 바로 백성임을 언급하고 있는 것이다.

실로 백성이란 어떤 이치를 논리적으로 이해하면서 삶을 꾸려가는 존재가 아니라, 그저 주어진 자연적 질서에 따라 정서적으로 살아가는 존재일 뿐이다. 그러므로 백성을 다스려야 하는 人君은 백성의 이러한 본래적 의미와 속성을 파악하여 백성을 논리적으로 설득하려 하거나, 억지로 同意를 구하거나 하는 따위의 번거로운 일에 골몰하기 보다는, 그저 백성이 보고 배워서 따라하기에 쉽도록, 매사를 자발적이고 희생적으로 실천해야 한다는 것이다.[24]

이처럼 백성이 스스로의 마음에 말미암아 자율적으로 선택하도록 허용하는 정치 형태가 곧 王道 정치이며, 强要와 指示가 아닌 敎化와 感化를 정치의 방식으로 삼는 왕도 정치의 본질이 곧 德治 사상인 것이다."[25] (송재국. 儒家의 인간 규정에 대한 三才的 의미. 제III장 요약)

한국의 신종교 운동에서 지도자의 일방적 의지를 독단적으로 실현하기 위해 민중에게 종교적 교의를 강요하거나 또는 교리를 선전하기 위해, 민중의 삶을 일방적으로 동원하거나

---

23) 시경, 천보.

24) 논어, 태백. "民可使由之 不可使知之"는 이러한 공자의 언급이다.

25) 송재국. 儒家의 人間規定에 대한 三才的 意味. 동서철학 제77호. 한국동서철학회. 2015. p.125.

장식으로 이용하지 않고, 오로지 인민대중[眾生]의 일상적 행복을 기치로 내걸고, 국태민안과 태평성대를 추구한 이유는, 유학에서 지향하는 이념적 목표와 온전히 일치하는 것이다.

이는 사람이 종교를 위해 있는 것이 아니라 종교가 사람을 위해 있어야 한다는 인간 중심주의, 백성 우선주의를 종교적 현장에서 실천하는, 명백한 민중종교, 실천종교의 증거이며 실로 한국 신종교의 존재 의미와 문명적 가치도 여기에서 찾아야 할 것이다.

## 2. 미래적 삶에 대한 민중적 지향으로서의 후천 개벽 사상

사회적 삶의 계층적 위상에서 그 하부적 구조를 차지하고 있는 대다수의 민중은 그들에게 '현재적 삶은 언제나 고난과 역경' 속에 있으며, 그러하기에 또한 언제나 보다 행복한 '미래적 삶을 희망'하며 살아가고 있다. 따라서 '나의 미래적 삶이 어떻게 전개될 것인가'에 대한 기대와 관심은 민중들에게 있어서는 일상적 의식이며, '자신의 미래적 상황'을 알고 싶은 강력한 열망을 가지게 되는 것은, 또한 당연하고도 자연스러운 현상인 것이다.

동양사회에서 역학은 오랜 세월에 걸쳐 인간의 미래적 관심에 대하여 응답해주는 도구적 학문으로도 소용되어 왔다. 역의 본래적 기능이 '미래사(未來事)를 알고자 하는 인간의 바람'을 충족시켜주는데 있음은 주역에 직접 명시되어 있다.

"極數知來之謂占"[26] (시간의 수를 미루어 셈하여 미래의 일을 알고자 하는 것이 곧 점치는 행위를 말한 것이다.)

"知來者 逆 是故 易 逆數也"[27] (미래를 알고자 할 때는 역의 방향으로 수를 셈하는 것이다. 그러므로 역학에서는 시간의 물리적 전개 순서인 역의 방향을 위주로 하여 도수를 밝히고 있는 것이다.)

조선 후기 어렵고 힘든 고난의 시대를 살아온 당시의 민중들에게 '보다 행복한 미래적 삶을 희망하고 알아볼 수 있는 역학적 효용'은 그러므로 현재의 삶이 곤궁할수록 더욱 절실하게 요청되었던 것이다. 근대 신종교의 제반 양상을 논의함에 있어서 민중의 요청에 응답하던 역학적 쓰임과 의미를 함께 관련하여 검토해야 하는 이유가 여기에 있는 것이다.

본래 성인께서 역을 지으신[作易] 이유는 하늘의 자식으로 태어난 인류의 '미래적 삶'이 걱

---

26) 주역. 계사전 상. 5.

27) 주역. 설괘전. 3.

정되어서[憂天下來世] "천하 백성에게 어려운 사태[공간적으로는 험한 물길을 건넘: 利涉大川. 시간적으로는 先天에서 後天으로 넘어가는 曆數 變革의 계기를 무사히 살아냄]가 닥치더라도, 죽지 않고 잘 견디고 극복하여[懼以終始] 오래도록 허물없이[无咎] 살아갈 수 있도록 하기 위해,[28] 인간이 주체적으로 판단하고 결정할 수 있는 기준과 법도로서의 '올바른 때의 원리[時義. 時中之道: 易道]를 밝혀주고, 이를 인간에게 가르쳐주기 위함이다.[29]

동양의 정신사에서 역학은 공자 이후 주역뿐이었다. 그런데 19세기 간방(艮方) 조선에서 정역이 출현하였다. 정역이 세상에 나오게 된 철학적 근거로서의 우주사적 필연과 인류사적 당위가 주역 속에는 이미 비장되어 왔음이 정역의 출현으로 인하여 비로소 밝혀지게 된 것이다. 역학사에서 역도가 주역과 정역으로 나누어서 출현하게 된 철학적 의의는 무엇이며, 주역과 정역의 중심적 주제는 상호 어떻게 구분되는가? 이에 주역과 정역을 서로 간에 비교하면서 그 주제와 논리를 살펴보면 다음과 같은 몇 가지의 구분으로 정리할 수 있다.

### 1) 주역과 정역의 중심 주제

주역은 인간이 본래적으로 가지고 있는 인격성의 존재구조와 인격적 삶의 법칙을 밝힌 생명사상이며, 정역은 [인간을 낳아 주시고 살아갈 수 있도록 인간에게 생명성을 부여해 주신 인간의 부모인] 우주 자체가 가지고 있는 인격성의 존재의미[神明之德]와 우주 자체의 생명적 전개 법칙[曆數 自體의 變化原理]을 밝힌 생명사상이다. 부언하자면 인간 사회의 삶의 법칙을 중심으로 역도를 해설한 경전이 공자의 주역이며, 우주 자체[天道의 存在方式]의 생명적 전개 법칙을 중심으로 역도를 해설한 경전이 김 항의 정역이다.

하늘의 문제[神明性]는 생이지지(生而知之)한 성인[30]이 말씀[言]으로 밝혀 주는 것이며, 땅의 문제는 학이지지(學而知之)한 군자[31]가 행동[行]으로 경륜(經綸)하고 실천하는 것이다. 그러므로 하늘의 문제[天行]를 주제로 삼은 경전인 정역에서는 성인의 존재 의미를 중심으로 역리를 해설하고 있으며, 땅의 문제[人間萬事]를 주제로 삼은 경전인 주역에서는 군자의 사명을 중심으로 역리를 해설하고 있는 것이다.

---

28) 계사전 하. 11 "懼以終始 其要无咎 此之謂 易之道也".

29) 주역. 계사전 상. 4 "知周乎萬物而道濟天下" 참조.

30) 하늘의 뜻이 인격성으로 化하여 인간 세상에 인간의 모습으로 태어난 존재.

31) 성인의 말씀이 기록된 경전을 배워, 그 뜻이 자신에게 부여된 사명이라 자각하고, 이를 인간 세상에 실현하는 존재.

따라서 주역의 중심적 주제는 천도[元亨利貞]의 존재방식인 시간[春夏秋冬]과 공간[東南西北]의 존재구조를 전제하고, 이에 순응해서 살아가야 하는 인간의 당위적인 삶의 법칙[仁禮義智]을 설명함에 있고, 정역의 중심적 주제는 인간의 생명적 존재 근거가 되고 있는, 천도 자체의 생명적 전개 과정[天之度數: 曆數 自體의 變化 原理]을 모두 밝혀서, 본래 하늘이 의도하고 계획하고 설계한 하느님의 태초적 의지[神明之德]를 해명함에 있는 것이다.

## 2) 천도 자체의 변화 원리: 천지역수(天之曆數)

'역(易)'이란 글자는 "일월위역(日月爲易)"에서 알 수 있듯이, '일월지행(日月之行)'에 의한 사시(四時) 변역(變易)을 뜻하는 것이며, 동시에 시간의 변화에 따른 만물의 변화 현상을 말한다. 따라서 역학이란 변화에 대한 학문이며, 동시에 변화의 근거인 변화원리에 대한 탐구로서, 종합적으로 말하면 '변화지도(變化之道)를 내용으로 하는 학적 체계'인 것이다. 주역에는 '변화(變化)'와 관련한 표현이 매우 다양한데, "乾道乃革", "天地革而 四時成", "終則有始 天行也", "乾道變化", "天地變化" 등은 모두 "天地가 變化한다는 점"을 나타내고 있다. 주역에서 천도의 변화가 문제시되는 이유는 그것이 '인간의 삶의 모든 영역'과 밀접하게 관련되어 있기 때문이다.

십익을 찬술(贊述)하여 역도의 철학적 기틀을 다진 공자에게 있어서 가장 큰 관심은 "인간의 본질은 무엇이며, 인간은 어떻게 살아야 하는가"라는 철학적 명제에 있었고, 이에 대한 그의 해답을, 그는 "사상(四象)[元亨利貞]이라는 하늘적 존재구조에 의거하여, 사덕(四德)[仁禮義智]이라는 인간적 삶의 원리를 실현해야 한다"고 설파함으로써, 이른바 천-인 간의 도덕적 상응관계를 천명하였던 것이다. 공자의 십익을 바탕으로 삼은 역학은 한대 이후 유학이 관학(官學)으로 정착되면서 더욱 크게 연구되었지만, 역학의 중심 개념인 '변화지도(變化之道)'에 대한 일반적인 설명은 대체로 "천도와 인사 간의 존재론적 일체화를 언급한 건괘 문언전의 범주와 차원에 한정되어 있었다. 그런데 역학에서의 '변화지도'의 참된 의미가 "인간의 삶에 대한 존재론적 필요성 때문에 요청된 천도의 변화 현상"이라기보다는, 오히려 "천도 자체가 실제로 그 운행도수의 변화 단계를 거치는 생명적 과정을 통하여 성장한다"는 "우주사적 역수변화원리"라는 새로운 "역도해설(易道解說)"이 출현하였으니, 이것이 곧 19세기 후반 조선에서 선포된 일부 김 항의 정역인 것이다.

정역이 제시한 새로운 관점에서 '변화지도'의 의미를 궁구해 보면, 주역에 언명(言明)되어 있는 '변화'와 관련된 다양한 문구 등도 사실은 '천도 자체의 운행도수[天之曆數]의 변혁'을 시사하고 있음을 비로소 알게 된다는 것이다. 주역 건괘(乾卦)의 三爻와 四爻에 대한 공자의 설명은 이에 대한 분명한 사례의 하나이다.

주역의 괘상(卦象)은 내괘(內卦)와 외괘(外卦)로 되어 있는데, 내괘의 마지막 3爻에는 "知終終之", "无成而代有終也" 등 '종(終)'의 의미가 나타나 있고, 외괘의 첫 효(爻)인 4爻에서는 "乾道乃革", "天地變化" 등 '변혁'의 의미가 거듭되어 있는 것은, 천도가 '종즉유시(終則有始)하는 변혁'을 거쳐 '새로운 우주 질서가 등장함'을 표방하고 있는 것이다. 천도 운행의 본질이 종즉유시(終則有始)[32]이며, 인간사회의 변화는 마땅히 천도 운행의 변혁된 질서와 동행하게 되는 것이므로, 새로운 천도 변혁은 당연히 새로운 인도 변화를 수반하게 되는 것이다.

'앞선 마침'인 3효와 '뒤 이어 시작'하는 4효의 관계는, '종즉유시하는 천행'에 수반되어 '종즉유시하게 되는 인간 세상'을 표상하는 것으로, 이를 역학에서는 '먼저 하는 세상'으로서의 선천(先天)과 '다음으로 뒤에 따라오는 세상'인 후천(後天)으로 구분하여, 논설하고 있는 것이다.

### 3) 천도의 종시(終始) 구조와 선천-후천

주역은 작역(作易)과 흥역(興易)의 배경으로 역사적 사실을 거론하면서 '구이종시(懼以終始)하는 인간적 태도'를 통하여, 인간의 미래적 삶을 유지할 수 있다는 '우환의식(憂患意識)'을 강조하고 있는바, 다음의 인용은 이를 직접 언급한 사례들이다.

"易之興也 其於中古乎, 作易者 其有憂患乎"[33]

"易之爲書也⋯其出入以度外內使知懼 又明於憂患與故"[34]

"易之興也 其當殷之末世 周之盛德耶 當文王與紂之事耶⋯懼以終始其要无咎 此之謂易之道也"[35]

이처럼 주역은 '선천-후천'과 관련한 천도의 변혁에 대응하여, 인간은 언제나 '구이종시(懼以終始)해야 함'을 다음과 같이 시사하고 있다.

---

32) 주역. 고괘(蠱卦). 象傳 "先甲三日後甲三日 終則有始 天行也".

33) 주역. 계사전 하. 7장.

34) 주역. 계사전 하. 8장.

35) 주역. 계사전 하. 11장.

"易之爲書也 原始要終 以爲質也 六爻相雜 唯其時物也"[36] (六爻 괘상이 보여주는 핵심은 시간의 변혁 원리임을 강조함.)

"先甲三日 後甲三日 終則有始天行也"[37] (선천-후천의 종시 변혁이 천도 운행의 본질임을 언급함.)

"无初有終 先庚三日 後庚三日 吉"[38] (六甲에서의 庚日을 기준으로 바뀌는 역수 변화가 천도의 본래 모습임을 천명함.)


위의 언급을 종합적으로 이해하면 '구이종시(懼以終始)'에서 '구(懼)'해야 하는 내용은 인간사의 변화 사태에 한정된 것만이 아니라, 천행의 변혁인 '역수 자체의 변화 사태'를 걱정해야 한다는 것이다. 이러한 천도의 종시 문제를 염두에 두고, 천도의 선후천 변역을 공자는 다음과 같이 설명하고 있다.

"先天而天弗違 後天而奉天時 天且弗違而況於人乎 況於鬼神乎…知進退存亡而不失其正者 其唯聖人乎"

위의 언급을 정리해 보면, 첫째. 우주사의 전개는 선천과 후천으로 구분할 수 있고, 둘째. '선천에서 후천으로 변화하는 시간의 구조 자체'는 절대적인 것으로, 우주사와 인간사가 결코 그 원리를 벗어날 수 없다는 것이며, 셋째. 이러한 천도 변역의 절대적 원리를 알고, 이에 대처할 수 있는 인격적 존재는 오로지 성인일 뿐이라는 것이다. 그러므로 천하 백성이 천도 변혁의 계기를 살아내기 위해서는 성인의 가르침인 역경을 배우고 실천해야 마땅하다는 것이다.

정역 이전의 역학자들은 대부분 '구이종시'의 문제를 '인간사의 변동에 대응하는 처세 방식[處世術] 정도로 인식하였고, 공자의 이른바 '시중지도(時中之道)' 역시 인도적 차원에서만 설명했던 것이다. 그러나 정역적 관점에서 새롭게 보면, 주역의 '구이종시'가 담고 있는 문제도 우주사의 선후천 역수변화와 직접적으로 연관되어 있음을 충분히 짐작할 수 있다는 것이다. 공자는 "원리적 역수로서의 360도수"를 역의 건곤책수에 근거하여 도출해 놓고는 "四營而成易…天下之能事畢矣 顯道 神德行[39]라 하여, 천도의 운행 구조가 360정역도수로 완성되는 데에는 네 가지의 운영 원리가 내재되어 있음을 명시하고 있다. 그렇지만 '역수

---

36) 주역. 계사전 하. 9장.

37) 주역. 고괘(蠱卦) 象傳.

38) 주역. 손괘(巽卦) 九五爻辭.

39) 주역. 계사전 상. 9章.

자체의 구체적인 변화 방식이 무엇인지'에 대해서 주역에서는 더 이상 언급하지 않고 있다.

다만 "艮 東北之卦也 萬物之所成終而所成始也 故曰 成言乎艮"[40]이라 하여, 후세 성인이 간방에서 출현하여 "역도의 완성"을 선포할 것으로 예언하고 있을 뿐이다.

공자의 이러한 신명적 예견은 그 후 2천 수백 년이 지난 뒤, 19세기에 이르러 간방 조선에서 일부 김 항의 '천지역수(天之曆數) 변화원리'를 선포한 정역으로 저술·공표된 것이니, 그 핵심적 서술이 곧 우주사를 통관하는 실제적 선후천 역수 변화 원리'인 것이다.[41]

### 4) 역학의 궁극적 주제: 후천 개벽

천지역수가 변혁하여 새로운 천도의 운행 질서가 이루어지는 우주적 사태를 역학에서는 "개벽"이라 하고, 그렇게 개벽된 이후 전개되는 새로운 세상을, 개벽 이전의 세상인 '선천'과 구분하여 '후천'이라고 규정하고 있다. 그런데 우주의 개벽적 사건과 후천의 도래는 그 주체와 권능이 모두 '하늘'이라는 절대적 영역에 속한다는 점에서, 하늘 아래서 하늘이 내려주는 공능에 예속되어 살아갈 수밖에 없는 천하의 인류에게 있어서는, "개벽과 후천"이란 오로지 믿고 수용하고 따를 수밖에 없는 종교적 차원의 신앙적 대상에 해당하는 것이다. 실로 천지의 시공적 제한 속에서 생명성과 인격성을 구가해야 하는 [宿命的 存在인] 인간이 이른바 "하늘적 사건 자체"에 대하여 가질 수 있는 태도는 오로지 종교적 자세와 신앙적 심성을 구비하고, 하늘의 권능을 철저히 믿고 따르면서, 그 천도 운행 구조에 순응하는 일 뿐이다.

한편으로 인간은, 비록 천지[하늘]가 내려준 시간과 공간이라는 제한[틀] 속에 구속되어 현실적으로는 이를 결코 탈피할 수는 없다 하더라도, 인간의 자유로운 영혼과 의지 속에서는 [인간은 사유할 수 있는 신명한 존재이기도 하기 때문에] 얼마든지 초시공적 절대 자유를 꿈꾸고 희망하고 염원할 수 있는 것이다.

이러한 인간의 실존적 의식에 부응하여 하늘을 대신하여 인간의 심성을 위로해주는 "인간세상의 마당에 펼쳐진 하늘과의 만남의 축제"가 다름 아닌 종교 행위인 것이다. 그러므로

---

40) 주역. 설괘전 5장.

41) 정역에서는 天道 自體의 生成 變化 過程을 天之四曆度數의 段階的 運行으로 解明하고 있다. 宇宙의 本體 原理度數(元曆) 375度數가 十五尊空原理에 따라(十五尊空爲體原理) 九度數씩 歸體(脫落)되어 366度數(亨曆)와 365 1/4 度數(利曆)의 兩閏曆 成長 過程을 거쳐 乾道用九(해)度數와 坤道用六(달)度數가 合德 成道되어 閏度數가 모두 一擧에 脫落하고, 陰曆 陽曆이 모두 成道合德하여 天之度數가 360度數로 正曆 完成되는 宇宙의 生成原理와 存在構造를 說明함으로써(九六合德爲用法則) 正易은 後天到來의 必然性과 當爲 法則을 闡明하고 있다. 송재국 '易學으로 풀어보는 대한민국' (상생출판. 2015) 참조.

인류사를 통관하여 출현한 모든 종교적 교의에는 한결같이 "새로운 세상의 도래"에 대한 계획과 방식과 일정이 그들의 경전 속에 친절하게 구비되어 있는 것이며, 그러한 새로운 세상이 도래하는 정황과 계기를 믿고 기다리는 인간의 염원은 이른바 "개벽 사상"으로 수렴되고 있는 것이다. 이 점에서 볼 때, 개벽 사상은 인간의 미래적 기대치에 부응하고자 하는 종교가 갖추어야 하는 보편적 요소이고 장치이며, 본질적 조건이 된다 할 것이다.

실로 지구상의 모든 종교가 개벽적 의미를 담고 있는 나름의 교설을 가지고 있는 바, 기독교가 제시하는 천국, 불교의 서방정토와 용화세계, 정역의 후천 등 모두가 "개벽적 교설"의 범주에 포함된다. 그렇다면 정역의 후천 사상이 다른 종교가 제시하는 개벽적 교설과 구분되는 점은 무엇인가?

기독교와 불교는 비록 그 신앙하는 방식이 외향적이거나 또는 내향적으로 서로 간에 구분되기는 하더라도, 그 궁극적 이념에 도달하는 방식은 어디까지나 개인의 신앙심에 전적으로 의존하는 것으로, 개별적 신앙 생활의 성취와 함께 그 종교적 성과도 보장되는 것이다.

이처럼 기독교와 불교의 개벽적 논설은 신앙인 개인과 신앙적 대상 간의 선택에 전적으로 좌우된다. 그런데 정역의 후천개벽 사상은 인간과 우주의 미래적 상황에 대하여 "구체적인 도수"를 제시함으로써, 그 교설의 필연성과 당위성을 인간의 이성적 기반 위에서 확보하고 있다는 점이다. 특별하게도 정역은 이러한 종교적 차원에서 이루어지는 개벽의 상황에 대하여, 객관적인 도수를 근거로 하여 '인간의 언어와 숫자'로써 친절하게 설명해주고 있는 것이다.[42]

실로 정역에서 제시한 종교적 이념과 개벽에 대한 설명은 인간의 이성적 사유 속에서 이해되고 납득될 수 있다는 점에서, 이는 사실적이고 사건적이며 개벽의 상황 자체가 하나의 독립적인 권위를 스스로 구비하고 있는 것이다.

정역의 개벽사상은 "신명적 차원의 우주사를 설명하는 고차원적인 미래학"이라는 점에서 개인의 호오(好惡)나 선택의 유무와 관계없이 (정역의 체계와 도수적 법칙을 이성적으로 공감하는 경우에 한해서는) 그 역수 변혁의 이념과 사역 변화의 방식을 수긍하고 신앙할 수밖에 없는 절대적인 교설이 되는 것이다. 그러기에 정역에서 밝히는 후천의 세계는 정서적 이념이면서 그대로 실상이며, 개벽의 도래는 심정적 소망이면서 동시에 실제적 상황이 되는 것이다.

---

42) 특별히 正易은 言語와 숫자의 統一的 기능을 干支度數(十干十二支)라는 논리적 구조(체계: 틀)로써 포괄하여 표현하고 있다.

## Ⅳ. 근대 신종교 운동의 이념적 배경으로서의 민간 역학

인류문명사에 있어서 근대적 성격을 대변하는 용어는 대체로 '이성-과학-시민의식'이라고 할 수 있다. 인간 존재의 보편적 존재원리로서의 이성에 대한 자각과 선언, 이성적 기능에 토대한 인위적 문명 성취에 대한 과학적 세계관의 정초, 인간사회의 이념적 공동 가치로서의 시민의식의 대두 등은 근대라는 시대상을 응축하고 있는 대표적인 술어들이라 할 수 있다.

이러한 세계사적 추세는 급기야 극동의 조용한 나라 조선 사회로도 파급되어, 19세기 조선에서는 사회 전반에 걸쳐 이른바 '실학적 풍토'를 형성하게 되었고, 이는 조선의 민중들에게 새로운 삶의 방식과 가치와 이념을 촉구하게 되었던 것이다.

당시의 시대적 상황에 대한 다음의 서술은 이를 적절히 요약하고 있다.

"19세기 한국은 안으로 전근대적 지배 체제를 개혁하여 근대 국가를 건설해야 하는 과제와 밖으로 유럽과 일본 제국주의 열강의 국권 침탈에 맞서 독립 국가를 건설해야 하는 이중의 역사적 과제를 안고 있었다. 이와 같은 역사적 과제 수행을 위해 實學運動, 開化派, 衛正斥邪派, 東學農民 등 다양한 정치 세력과 정신 운동이 등장하여 각각 實學을 통한 개혁 운동. 甲申政變과 甲午改革, 義兵 運動, 東學農民運動, 愛國 啓蒙運動 등이 일어나 근대 한국사회의 새로운 변혁이 일어났다.…조선의 통치 이념인 정통 性理學的 신념 체계를 지키려는 통치세력과 儒敎를 시대와 民衆에 맞게 개혁하려 한 實學 세력과의 대립, 동양의 정신문화와 西學의 새로운 도입과 갈등, 士大夫를 중심으로 한 양반 지배 세력의 피지배 세력에 대한 무리한 과세와 폭정은 농민을 중심으로 한 항쟁을 유발시켰다."[43]

"19세기는 한국의 全歷史를 통틀어 가장 결정적인 전환의 시기라고 할 수 있다. 조선 오백년을 지탱하던 왕조 사회의 성리학적 질서와 전통적 삶은 붕괴되고 있었고, 역사상 최초로 동서의 충돌, 서양의 이질적인 근대 문명이 틈입함과 동시에 서양 제국주의의 폭력적 팽창으로 인한 국가적 존망의 위기는 민중들의 삶을 말할 수 없는 질곡으로 빠뜨렸다. 거의 유례가 없는 이 역사적인 굴절에 민중들은 고통으로 신음하였고, 정신적 아노미 상태에서 갈 길을 잃고 절규하고 있었다. 이런 대혼돈의 상황에서 이를 구제하고자 나온 것이 東學을 비롯한 한국 近代新宗敎이며 그

---

43) 박광수. 한국 신종교의 개벽사상 소고. 한국종교 제35집. 원광대종교문제연구소. 2012. pp.41~42.

들이 共通으로 내놓은 사상이 바로 **開闢思想이다.**"[44]

이러한 '근대적 삶이라는 변화된 환경'에 대한 민중적 요청은 조선 사회의 정신문화를 주도하고 있던 유학과 역학적 의식 전반에도 새로운 자각과 변용을 수반하게 되면서, 신종교 운동을 비롯한 사회적 개혁 운동과 사회 전반에 걸친 민중의식이 대두하였는데, 이를 한마디로 규정하면 '근대성의 사회적 소산'이라 할 수 있을 것이다. 근대의 사회적 변화에 따라 새롭게 등장한 민중의식의 핵심은 '민중의 주체의식'과 주체적 삶의 '실천적 경향'이라 할 수 있는 바, 이는 종래의 굴종적이고 숙명적인 삶의 굴레에서 벗어나 '우리[나]도 지금, 여기[現實]에서 인간답게[주인답게] 행복한 삶을 누리고 싶다'라는 '인간성의 자각과 선언'이었던 것이다.[45] 근대의 민중 의식과 삶의 열망에 부응하여 동학 등의 사회적 종교적 자각이 전개되었고, 여러 방면에서 제도적 개혁과 문물적 혁신이 촉발되었던 것이다. 그 중에서도 정감록 등의 예언서는 민중들에게 현실적 고난을 극복하고 미래적 새 삶을 소망할 수 있다는 정신적 위안처가 돼 주었으며, 동무(東武) 이제마(李濟馬)의 새로운 의학(醫學)[四象醫學: 醫術]은 역학의 철학적 생명원리와 윤리구조에 근거한 '생명현상의 치유 방식'으로서 한국적 풍토에 적합한 근대의학의 성과로서 사회에 정착할 수 있었다.

한편, 오랫동안 전통적인 권위와 가치로 여겨져 온 유학의 도덕원리와 역학의 변화원리 또한 일반 서민 대중[專門 官僚社會가 아닌 民間 社會: 百姓]의 일상적이고 현실적인 욕구에 부응할 수 있도록 구체적인 형식과 처방으로 도구화되면서 이른 바 '민간역학(民間易學)'으로서 활용되기도 하였으니, 이를 통칭하면 '역술(易術)의 일반화 경향'이라 말 할 수 있을 것이다. 조선 후기 혼란과 격동으로 점철된 근대적 사회에서 역학의 학문적 효용은 오히려 일반 사회[民間 社會]의 '역술적 가치'로 애용되었고, 이후 역동적으로 전개된 한국의 역사적 현장에는 끊임없이 그 일용적 가치와 쓰임이 확대. 심화되면서, 21세기 오늘의 역술적 환경에 이르기까지 그 실용적인 영향은 여전히 상존하고 있는 실정이다.

이에 본 절(節)에서는 민간역학에서의 일용적 가치로 기능하고 있는 역술의 본질적 성격이 본래적 역학[易道]과는 어떻게 구분하여 이해할 것인가에 대하여, 포괄적인 입장에서 간

---

44) 김용휘. 동학의 개벽사상과 새로운 문명. 한국종교 제35집. 원광대종교문제연구소. 2012. p.59.

45) 근대사회의 '시민'이나 '민중' 개념에 부합하는 유학적(역학적) 어휘로는 '백성'을 들 수 있다. 周易[師卦] '君子 以 容民畜衆', 孟子(盡心. 上) '行之而不著焉 習矣而不察焉 終身由之而 不知其道者 衆也"에 언급된 '民'과 '衆'은 '百姓'과 동의어로 볼 수 있기 때문이다.

략히 검토해 보고자 한다.[46]

## 1. 역도의 공의적(公義的) 본질

역(易)의 괘효사(卦爻辭)[易經]는 점사(占辭)의 기록이며 점사란 미래를 알아보고자 하는 인간의식의 반영이다. "極數知來之謂占"[47] (시간의 수를 미루어 미래의 일을 알고자 함이 곧 점치는 행위이다)은 점(占)치는 방식과 행위로서의 복(卜)과 서(筮)가 다름 아닌 '내일의 보다 나은 삶을 미리 알아보고자 하는 인간의 열망을 나타낸 것'임을 직접 언명(言明)한 공자의 해설이다. 이처럼 역의 태생적 기능에는 '미래를 미리 알고자 하는 인간의 점서행위(占筮行爲)'가 전제되어 있으며, "知來者 逆 是故 易 逆數也"[미래를 알고자 할 때는 역(逆)의 방향으로 셈하는 것이니, 주역에서는 시간의 물리적 전개 방향인 역(逆)의 방향을 위주로 하여 도수를 밝힌 것이다]는 이를 직접 설명한 것이다.

그런데 인간이 알고자 하는 대상으로서의 '미래적 삶의 내용'은 두 가지 관점으로 구분할 수 있으니, 이는 미래적 상황을 주간하는 이치로서의 '도(道)'[原理]와 미래적 상황을 구체적으로 드러내는 '현상으로서의 사건이나 물형(物形)'이 그것이다.

예기(禮記)에서 언명한 "人不學 不知道"[48] (사람은 배우지 않으면 도를 알지 못한다)는 "배워야만 도(道)를 알 수 있다" 또는 "도를 알고자 한다면 반드시 배워야만 한다"는 뜻을 포괄하고 있다. 다시 말하여 '배움[學問]'의 궁극적 지향처는 오로지 '도를 아는 일[知道]'에 집약됨을 강조한 것이다. 그러므로 '미래를 알고자 하는 방식으로서의 역(易)'을 배우고자 하는 인간의 본래적 관심사이며 의지인 '학역(學易)'의 본질적 지향은 '현재와 미래를 일관하는 도를 알고자 하는 일'과 다르지 않다는 점에서, 마땅히 '역의 이치인 력도(易道)'이어야 할 것이다.

공자는 역(易)의 생겨남 자체의 의미를 '천하의 내세(來世)를 걱정하는 우환의식(憂患意識)에 있음을 천명하고 있는데,[49] 이는 역(易)의 본래적 성격이 '천하라는 공의적(公義的) 실천

---

46) 역술(易術)의 체계나 내용. 그 학문적 근거나 배경 등에 대해서 論說하는 작업은 본 論文의 연구 범위를 벗어나는 것임으로 本 節에서는 단지 近代 民間 易學으로서의 易術이 本來的 易學의 學問的 性格과는 어떻게 구분하여 理解해야 하는가에 대한 觀察者的 案內에 머물고자 한다.

47) 계사전 상. 5.

48) 예기. 학기.

49) 계사전. 하. 7 "易之興也 其於中古乎 作易者 其有憂患乎".

현장'을 전제하고 있음을 분명히 밝힌 것이다. 유학(儒學)에서는 천하의 공의를 밝히고 실천해야 하는 인격적 주체로서 군자(君子)라는 인격체를 지칭하고 있는데, 이는 역의 본질적 효용성이 바로 군자가 천하를 경륜함에 있어서[50] 반드시 필요로 하는 '공의(公義)'의 철학적 근거인 '제세치민(濟世治民)의 대법(大法)'을 제공하고 있기 때문인 것이다.

주역의 64괘 중 천지의 이법(理法)을 인식하고 천하 만민을 경륜하는데 필요한 실천적 덕목을 표방한 대상전(大象傳)에서, 그 역도(易道)의 실천 주체를 '군자'로 단정한 곳이 53회나 등장하는 이유도 이를 반영하는 사례인 것이다.[51]

실로 군자는 역도를 배우고 익혀서 자신에게 부여된 현실적 사명을 자각·실천함으로서 천하에 공의를 구현하는 것이 진정한 '군자적 삶의 방식이며 표준'이 되었던 것이다.

그런데 군자가 알아야 할 '군자적 삶의 원리'인 역도(易道)는 실제로 점(占)을 쳐야만 [占事의 결과로 占卦가 드러나야만] 알 수 있는 것은 아니다. 인간이 점을 치는 이유는 미래사를 알아보기 위함이지만[占事知來[52]], 미래사란 결코 경험적인 대상이 아니기 때문에 그 '알고자 하는 대상'은 어디까지나 '이치로서의 역(易)[易道: 易理]을 말하는 것일 뿐, 구체적인 현상 자체를 실제로 알 수는 없는 것이다. 이치로서의 역리(易理)는 인간의 인식 작용[理性的 機能]을 통하여 알게 되는 것이며, 구체적인 복서행위의 결과로서 나타나는 물상(物象)은 아니다.

이는 단적으로 말하여 군자의 진정한 '학역'(學易)의 태도[知來하고자 하는 자세]는 실제적인 점사행위(占事行爲) 자체에 의존하는 것이 아니라는 점을 지적한 것이다. 다시 말해 천하에 공의(公義)를 밝히기 위하여 역도(易道)[易理]를 '알고자 함'에는 배움[學問]을 통하여 그 보편적 이치를 깨달으면 되는 것일 뿐, 굳이 점을 쳐서 그 나타난 물상(物象)[占卦]에 의탁하는 따위의 일은 불필요하다는 것이다. 왜냐하면 단지 물리적 점서행위(占筮行爲)의 결과를 가지고 초시공적 이치를 검증하거나, 물리적 현상 속에서 초현상적 원리를 담보하려는 것은, 그 자체가 범주상(範疇上)의 모순(矛盾)에 빠지는 경우가 되기 때문이다. 그러므로 이치를 알고자 하는 군자에 있어서의 학역(學易)하는 (올바른) 태도는 어디까지나 철저한 '배움의 과정[敎와 學의 方法]을 통한 진리의 체득(體得)'에 있는 것이지 물리적 점사(占事)에 예속될 수는 없다는 것이다.

---

50) 주역. 둔괘(屯卦) 大象傳 "君子以 經綸".

51) 주역 64괘 大象傳에 등장하는 人格 主體에는 君子 53회. 先王 7회. 后 2회. 上 1회, 大人 1회이다.

52) 주역. 繫辭傳 下. 12.

주역은 이를 두고 "未占有孚"[53](점을 치지 않아도 굳게 믿는 바가 있다)라 명시하고 있으며, 논어에서는 "不恒其德 或承之羞 子曰 不占而已矣"[54](주역에서 '덕을 일정하게 갖지 못하면 부끄러운 일을 초래한다'고 하였는데, 이는 구태어 점을 치지 않아도 알 수 있는 뻔한 일이다)라 하여, 인간이 가져야 할 역(易)에 대한 바른 시선을 '부점(不占)'의 입장에서 해설하고 있는 것이다.

## 2. 역술(易術)의 일용적 효용(效用)

미래를 알고자 하는 인간의 소박한 욕망은 실존적 개개인의 사적 영역에서 오히려 더욱 절실하고 요긴한 문제이다. 언제나 어디서나 남보다 힘들고 어렵게 살아가고 있다고 스스로 단정하는 인간군(人間群)의 대다수는 백성의 무리이며, 이와 같은 서민 대중의 일용적 삶의 현장에 있어서는, 오늘보다 나은 미래적 삶을 희구하게 되는 것은 매우 자연스러운 것이고, 미래를 알아보고자 하는 민중의 욕구와 함께, 민중적 방식에 부응하는 역(易)의 필요성 또한 더욱 강력하게 요청되는 것이다. 역술(易術)이란 바로 형이상적(形而上的) 개념으로서의 공의적(公義的) 이치에 근거하여 군자적 삶을 구현하는 방식보다, 당장 확인할 수 있는 형이하적(形而下的) 방식의 현상적 해결책을 통하여, 나의 사적 이익을 먼저 확보하길 바라는 수많은 민중들에게, 더욱 필요하고도 적합한 '역학(易學)의 현실적 변용(變容)'이라 할 수 있는 것이다. 한국 역사의 근대적 상황에서 새 봄의 들풀처럼 한꺼번에 발흥한 신종교의 공통된 이념은 미래에 대한 후천적 삶에 대한 간절한 기대였으며, 현재의 곤궁한 삶을 탈피하고 보다 행복한 미래의 삶을 추구하고자 애쓰던 당시의 민중들에게는, 막연한 공론(空論)으로서의 이치가 아니라, 구체적으로 체감(體感)하도록 제시해 주는 '역술적(易術的) 방식의 진술'이 더욱 커다란 위안과 희망'이 될 수 있었기에, 민간 사회에서의 역술적 효용은 계속하여 확산되었던 것이다.

이치는 형이상적(形而上的) 세계로서[55] 이는 군자의 이성적 인식체계에서 밝혀지는 공의적 개념이다. 그러나 현실[現象]은 형이하적(形而下的) 물형(物形)이며, 이는 인간 사회의 일

---

53) 혁괘(革卦). 九五 爻辭.

54) 논어. 자로편.

55) 계사전. 상. 12. "形而上者謂之道". 朱子 注 "形而上者指理".

용적 삶의 현장에서 전개되는 개별적 사안이다.[56] 또한 현실적 상황이란 구체적 시간과 공간의 좌표 위에서 물형적 사태로 드러나 있는 사건이나 사물을 일컬음인데, 역술의 효용은 바로 이러한 미래적 기대에 대한 구체적 상황과 이를 위한 현실적 해결책을 제시해 주는데 있는 것이다. 근대 조선 사회에서의 혹독한 현실에서 일반 대중의 민중의식[市民意識]이 자각(自覺). 고양(高揚). 발현(發現)되면서, 그들의 일상적 욕구와 이념을 구체적으로 위안해 줄 수 있는 '미래적 기대치'로서의 역술적 해법은, 일용적 삶에 구속되어 있으면서도 보다 행복한 미래를 추구하던 당시의 민중적 요청에 매우 적합한 응답으로써 기능하였던 것이며, 근대 이후 오늘에 이르기까지도, 현실적으로는 항상 약자일 수밖에 없는 다중의 민간 사회에서는 역술적 유용성은 여전히 상존해 온 것이며, 이는 일반의 민중의식이 역사적 현장에서 억압되거나 또는 발휘되는 정도에 비례하여 계속적으로 활용되어 왔던 것이다. 유가(儒家)의 인간 규정에서는 공적 가치(公的價値)를 실현해야 할 사명적 존재로서의 군자와 함께 일용적 백성의 천도적 의미를 상호 구분하여 논의하고 있는데,[57] 이는 역(易)을 배우고 활용하는 인간의 기본적 태도에 있어서도 상호 구분해야 함을 시사하고 있다.

다시 말하여 군자는 보편적 역리를 배워서 천하 백성의 대동적(大同的) 가치를 구현함을 목적으로 삼는데, 이것이 곧 본래 역도의 역할이며, 일반 백성은 역리에 담긴 개별적 유용성을 찾아내어 특정인에게 주어진 실존적 조건에 따라, 사적 이익을 충족시키는 방편으로 활용하는 것으로 이것이 곧 '역도(易道)의 일용적 쓰임'인 역술(易術)인 것이다. 일반 백성에게 있어서 역(易)의 효용은 '보이는 역술'이며, 군자에게 있어서 역(易)의 효용은 '보이지 않는 역도(易道)'라 할 수 있다. 앞에서 인용하였듯이 백성이란 본래 "困而知之"(힘들고 어렵게 애를 써야 겨우 알게 됨)하고, "勉强而行之"(남이 억지로 시켜야 마지못해 이를 행하는)하며, "終身由之而不知其道"(평생을 그 이치에 따라 살아가면서도, 그 본래적 원리는 알지 못하는)한 사람들임으로, 어떠한 근본 이치를 깨닫고 납득하였기 때문에 그 일에 참여한다거나, 매사

---

56) 상동. "形而下者謂之器" 朱子 注 "形而下者指事物". 朱子의 理와 氣는 周易의 道와 器에 根據하고 있는 바, 朱子는 形而下的 氣의 槪念을 직접 '事物'로 表記하고 있다. 器의 字形은 여러 개의 그릇(口)에 담겨 있는 맛있는 개고기(犬)를 나타내고 있으며, 氣는 쌀(米: 곡식)로써 밥을 지을 때 나오는 김(气: 수증기)의 모양을 나타내고 있다. 이들은 모두 구체적 物象과 形態를 表象하고 있는 글자이다. 또한 易術이란 未來事에 대하여 '언제 어디에서 어떤 일이 어떻게 일어날 것'이라는 현상인 陳述을 爲主로 한다. 易術에서의 '術'은 여러 갈래로 난 '삽주 뿌리'(朮)와 같은 다양한 삶의 방식에서, 구체적으로 어느 것이 나에게 有益하며, 어느 길(行)을 가야할 것인가 하는 구체적이고 현실적인 선택의 의미를 함축한 글자이다.

57) 송재국. 儒家의 人間 規定에 대한 三才的 意味. 동서철학연구 제77호. 한국동서철학회. 2015. 참조.

를 처리함에 있어서 전적으로 자율적 판단에만 의존하여 살아가는 것은 아니다. 구성원의 대부분을 차지하고 있는 서민 대중의 생활이 어렵고 곤궁한 사회일수록, 삶의 현장에서의 역술적(易術的) 쓰임은 더욱 더 유행하게 되는데, 이는 사회 전반의 일상적 현상[民間 社會의 關心]은 다수의 민중 의식[日用性]이 주도하는 것이기 때문이다. 일반적으로 말하여 백성이란 눈앞에 주어진 일용적 상황에 따라 마음을 바꾸며 살아가는 사람들이기에 역의 이치도 현상적 점괘(占卦)로 나타나는 역술적 방식을 더욱 신뢰하게 된다는 것이다.

이로써 군자의 학역(學易)[易道의 追求]과 민중의 역에 대한 관심(關心)[易術: 民間 易學]을 상호 견주어 살펴보았으며, 역도(易道)를 지향하는 군자적 삶의 자세와 역술(易術)을 활용하는 민중적 생활이 모두 역의 범주 안에서는 소중하고 필요한 공동의 삶의 원리임을 확인할 수 있었다. 특히 한국의 근대에서부터 오늘에 이르기까지 민간 사회에 널리 유행해 온 민간 역학으로서의 '역술적 쓰임'이 사회 전반에 걸쳐 꾸준하고도 강력한 생명력을 가지고 전파·유지되고 있는 시대적 의미를 역학의 본래성 및 한국 신종교와 관련하여 검토·정리할 수 있었다.


## V. 군자의 역도(易道)와 백성의 역술(易術)

한국의 역사에서 근대적 성격과 요건에 부합하는 시대라 할 수 있는, 18세기를 전후한 조선 후기 사회는 이른바 서세동점(西勢東漸)의 거대한 세계사적 도전 앞에서, 기존의 전통적 삶의 양식 전반에 대한 본질적인 성찰과 자각을 강요받으면서, 한편으로는 이에 대응하고 이를 극복하기 위한 처절한 자기 개혁과 새로운 삶의 방식을 모색하면서 정신적 혼돈과 사회적 격변의 와중에 처해 있었다. 특히 개항을 통한 세계 인식의 확장으로 인하여, 민중들은 점차 주체적이고 자존적인 인간의 존엄성을 고양하게 되었고, 근대적 과학 기술의 유용성과 가치를 공유하면서, 이른바 이용후생(利用厚生)의 실학적(實學的) 풍토가 새로운 삶의 방향과 이념으로 사회 전반에 정착되고 있었다. 그 중에서도 일본과 서구 열강은 무력과 세력을 앞세워 조선을 침탈하기 시작하였고, 이에 대한 현실적 위기의식과 민족적 자존의식은 조선의 민중들로 하여금 정신적 자각과 실천적 대응을 촉발하였으며, 나아가 범민중적 사회 개혁 의지는 한민족의 기질인 종교적 열망을 통하여 분출되면서, 동학(東學)을 비롯하여 천도교(天道敎)·증산교(甑山敎)·원불교(圓佛敎) 등 민족적 정서와 염원을 담고 있는 여러 갈래의 신종교를 탄생시켰던 것이다.

실로 신종교 운동은 현재적 고난과 절망 속에서 희망을 갈구하던 대다수의 사회구성원인 민중들에게 정서적 위안과 함께 미래의 새 삶을 소망할 수 있는 신념적 통로를 열어주었으며, 이는 당시의 민중들에게 '오늘보다 행복한 내일의 세상'에 대한 열망을 충족시켜주는 신앙적 이념으로 수용되면서, 이 땅에는 곧 '우리가 바라는 새로운 세상이 올 것이라는 [새로운 세상이 반드시 와야 한다는] 믿음'이 민중의식의 저변으로 확산되었고, 그러한 믿음의 논리적 근거와 철학적 체계로서, 전통적으로 역학이 표방해 온 '후천개벽사상'이 자연스레 민간 사회의 신앙적 의지를 지탱하는 초석으로 기여하였던 것이다.

이처럼 민간 사회에서 민중의 소박한 미래적 희망을 종교적 열정으로 수용하고 신앙할 수 있는 정서적 바탕에는 오래도록 조선 민중의 사유 방식과 의식 체계 저변에 생래적으로 용해되어 있는 유가(儒家)의 도덕적 이념과 그 사상적 논리 체계로서의 역학적 사고방식이 있었으니, 그 이유는 역학의 본래적 기능과 효용 자체가 '미래적 삶의 방향과 내용에 대한 선택의 방식'이었기 때문이다.

이러한 역학의 쓰임은 현상적인 판별을 선호하고 구체적인 해법에 의탁하기를 좋아하는 일반 대중들에게는 민간 역학으로서의 실제적인 방법론을 제시해 주는 역술의 방식으로 더욱 널리 활용되면서, 시대의 난제와 더불어 민중적 삶의 안내자이며 동반자로서 오늘에 이르기까지 그들의 일상생활 속에서 지속적으로 기능해 왔던 것이다.

본 논문은 한국의 역사에서 근대라고 불리는 특별한 대전환의 시기를 지내오면서도, 오히려 가장 역동적이고 실천적인 삶을 성취했던 조선 후기 사회 일반의 제문제[民衆의 自覺-社會改革 -新宗教의 發現-後天 開闢 理念의 追求-民間에서의 易術的 機能]를 조선의 전통 의식인 역학의 관점을 통하여 조감할 수 있었고, 한국의 근대사에 등장한 신종교 운동의 본질과 역사적 의미를 한 걸음 더 깊이 토론할 수 있는 학문적 지평을 마련해 본 것이다.

# 후천적(後天的) 삶으로 인도하는
# 안전하고 올바른 길라잡이

## 역학(易學)에 있어서의
## 선후천(先後天)과 도의지문(道義之門)

## I. 우리는 진정 새 세상으로 갈 수 있는 것일까?

역학(易學)은 변화의 원리[變化之道: 易道: 易理]를 중심으로 하여 그 내용과 이념을 인간의 삶과 관련하여 입론(立論)하고 연구하는 학문으로서, 이는 전통적으로 동양 정신문화의 기저로 존중되어왔음은 주지의 사실이다. 20세기까지 인류가 경험하고 이룩해 온 이른바 현대문명은 21세기를 맞이하면서 그 속성과 한계가 선명하게 부각되고 있는데, 이는 크게 두 가지 측면으로 구분하여 이해할 수 있을 것이다.

첫째 인간의 영혼을 위로하고 인간에게 궁극적 안식처를 제공해 줄 것으로 기대했던 종교적 이념과 가치가 종파간의 배타적 갈등으로 인하여, 오히려 인간의 생명적 파멸을 옹호하고 정당화시키는 허구적 도그마로 소용되는 현실과, 둘째 인간의 삶에 풍요로움과 편리함을 제공할 것으로 신앙했던 과학적 발전과 기술적 효율은 점차 인간의 일방적 이기심을 충족시키기 위한 편파적인 도구로 더욱 유용하게 쓰이게 되면서 오히려 인간의 삶을 파괴하는 위협과 공포로 등장하고 있는 실정이다.

이제 지구촌의 인류는 인간에게 있어서의 절대적 명제인 "생명적 가치와 의의"를 원천적으로 부정·왜곡·파괴하는 가장 비극적인 사태를 초래하는 주범이 다름 아닌 우리 자신이 성취한 현대문명의 결과라는 사실을 집단적으로 고백하지 않을 수 없게 된 것이다.

20세기의 문명적 속성을 체험하고 그 한계를 자각. 성찰하게 된 전 세계의 인민들은, 21세기 신문명시대를 맞이하면서 이 모순적 난제를 극복하기 위한 지구차원의 결단과 노력이 절실하다는 인류문명사적 당면과제를 선언하기에 이른 것이다.

이러한 지구촌의 절실하고도 시급한 요청이 "그 시원에서 부터 인간 존재와 우주 자체를 조화적인 생명원리로써 함께 해석해 온 동양적 세계관과 이념"에 특별히 주목하게 되는 것은 실로 자연스러운 학문적 귀결이라 아니할 수 없다. 나아가 동양적 삶의 지혜에 대한 탐구는 동양 정신문화의 일반적 기초이고 중심적 배경이라 할 수 있는 역학에 대한 관심으로 나타나고 있다.

동양의 정신사에서 공자 이후 역학의 텍스트는 십익(十翼)을 포함한 주역뿐이었다. 그런데 19세기 후반, 공자가 이미 설괘전(說卦傳)에서 "成言乎艮"이라 예견하였던 간방(艮方) 조선에서 일부 김 항에 의하여 새로운 역서인 정역이 선포된 것이다.

정역의 출현으로 인하여 역학의 중심논리와 핵심명제는 새로운 방식과 차원에서 해석할 수 있는 토대가 마련되었으니, 그 요체는 '변화'의 의미를 시간의 사시운행으로 인한 일상적인 [공간적 物相의] 변화 현상으로 이해한 기존의 관점에 한정되지 않고, 천도 자체의 운행질서[天之曆數]가 변화의 원리에 따라 근본적으로 변혁되어, 새로운 운행도수의 우주사적 변화 사건이 실제로 도래하게 됨을 천명한 점이다.

이러한 우주사적 변화[天之曆數의 變易]는 인류에게 새로운 삶의 방식을 강제하게 되는데, 그 운행도수의 변혁을 계기로 하여 이전의 세계를 선천으로 규정하고, 이후의 세계는 후천의 세계로 구분한다. 천행(天行)의 생명적 전개가 선천에서 후천으로 넘어가는 변혁의 계기에는 이에 부응하는 인간의 삶의 태도가 새롭게 요구되는 것이며, 이러한 우주적 변화에 순응하지 못하는 인간은 자신의 생명성을 후천의 세계로 계승하지 못하게 되는 것이다.

주역에서는 이러한 선후천(先後天)의 생명적 계승을 판단하는 기준을 선천에서의 인격적 삶[道德과 仁義]의 결과에 전적으로 의탁하고 있으면서, 이를 "도의지문(道義之門)"으로 표상하고 있다. 즉, 주역의 가르침은 종즉유시(終則有始)하는 선후천의 변화계기를 무구(無咎)하게 통과할 수 있도록, '인의(仁義)와 도덕(道德)'[性命之理]을 구체적 내용으로 하는 '인격적 삶의 원리'에 집약되어 있는 것이다.

본 논문에서는 정역적 관점으로 역학의 본래적 의미를 재해석해 보고, 이를 통하여 주역적 주제와 논리를 함께 포괄한 역학의 중심적 이념과 가치를 확대·심화시켜 정리해 봄으로써, 그동안 충실히 논의되지 못했던 선후천(先後天) 역수변화(曆數變化)의 우주사적 필연성과 이에 부합하는 인류사적 의의를 새삼 논구해보고자 한다. 아울러 천도의 개벽적 사건인 선후천 변역(變易)에 당면하여 인류가 감당해야 하는 진정한 삶의 태도가 무엇인지에 대하여, 그 당위적 기준과 원칙적 표준을 "도의지문(道義之門)"을 중심으로 검토하고자 한다.

또한 "우주사의 선후천 역수변화 원리[天道]"와 "인류사의 도덕적 삶의 질서[人道]"가 본래부터 하나의 생명적 존재원리로 일체화 되어 있음을 새로운 시선으로 확인할 수 있다면, 이는 역학의 철학적 지평을 새롭게 다지는 또 하나의 학문적 노력으로 기록될 수 있을 것이다.


## II. 변화지도(變化之道)로서의 천지역수(天之曆數) 변화원리(變化原理)

### 1. 주역의 천지변화(天地變化)

'역(易)'의 자의(字意)에 대한 전통적 해석은 "日月爲易"에서 볼 수 있듯이, '日月之行'을 본질로 삼고 있는 천행(天行)에 의한 (시간적) 사시(四時) 변화이며, 동시에 시간의 변화에 따른 만물의 (공간적) 변화 현상을 말한다. 따라서 역학이란 변화에 관한 학문이며, 또한 변화의 근거인 변화원리에 대한 탐구 활동으로서, 이를 함께 일컬어 '변화지도(變化之道)를 내용으로 하는 학적 체계'라 할 수 있을 것이다.

주역에는 '변화'와 관련하여 직접 언급한 수사적 표현이 여러 곳에서 산견(散見)되고 있으니 "乾道變化", "乾道乃革", "天地變化", "終則有始 天行也", "天地革而 四時成" 등은 모두 "천지가 변화한다는 점"을 나타내고 있다.

주역에서 천도의 변화가 문제되는 이유는 그것이 '인간의 삶의 질서'[人道]와 직접적으로 관련되어 있기 때문이다.

위편삼절(韋編三絶)의 노고로써 역경을 숙고하고 십익을 찬(贊)하여 역리의 학문적 기틀을 완비하였던 공자에게 있어서 가장 큰 관심사는 "인간의 본질은 과연 무엇이며(인간의 존재 이해) 인간은 어떻게 살아야 인간답게 사는 것인가(인격적 삶의 원리)"에 있었고, 이에 대한 그의 역학적 이해가 요약된 건괘(乾卦) 문언전(文言傳)에서, "사상(四象)[元亨利貞]이라는 하늘적 존재구조[天道]에 의거하여, 사덕(四德)[仁禮義智]이라는 인간적 삶의 원리를 실현해야한다"고 역설하여, 이른바 天-人 간의 도덕적 상응관계를 천명하면서, "君子 行此四德 故曰 乾 元亨利貞"이라는 결구(結句)로써 거듭하여 강조하였던 것이다.

공자의 십익을 바탕으로 삼은 역학은 한대(漢代) 이후 유학이 관학(官學)으로 정착되면서 더욱 크게 연구되었지만, 역학의 중심 개념인 '변화지도'에 대한 일반적인 설명은 대체로 "천도와 인사 간의 존재론적 일체화를 언급한 건괘 문언전의 범주와 차원에 한정되어 있었다.

그런데 역학에서의 '변화지도'의 참된 의미가 "인간의 삶에 대한 존재론적 필요성 때문에 요청된 천도의 변화 현상"이라기보다는 오히려 "천도 자체가 실제로 그 운행도수의 변화 단계를 거치는 생명적 과정을 통하여 성장한다"는 "우주사적 역수변화원리"라는 새로운 "역도해설"이 출현하였으니, 이것이 곧 19세기 후반 조선에서 선포된 일부 김 항의 정역인 것이다.

## 2. 정역(正易)의 사역변화(四曆變化)

정역의 새로운 관점에서 변화의 의미를 궁구해 보면, 주역에 언명되어 있는 변화와 관련된 다양한 문구 등도 실상은 '천도 자체의 운행도수[天之曆數]의 변화'를 시사하고 있음을 알게 된다. 주역 건괘(乾卦)의 삼효와 사효에 대한 공자의 설명은 이에 대한 분명한 사례의 하나이다.

주역의 육효중괘상(六爻重卦象)은 내괘(內卦)와 외괘(外卦)로 구분되어 있는데, 내괘의 마지막인 3효에는 "知終終之"(乾卦 文言3爻). "无成而代有終也"(坤卦 文言 3爻) 등 "종(終)"의 의미가 집중되어 있고, 내괘에서 외괘로 바뀌는 계기인 4효에서 "乾道乃革"(乾卦 文言4爻) "天地變化"(坤卦 文言4爻) 등 변혁의 의미가 강조되는 것은, '종즉유시(終則有始)'의 과정을 거쳐 '새로운 세상이 등장함'을 표방하고 있음이 분명하다. 천도운행[天行]의 본질이 종칙유시[1] 이며, 인간세상의 새로운 변화는 곧 천도 운행의 새로운 질서와 동행한다는 점에서, 3효와 4효의 관계는 역학의 중심적 이념인 선천과 후천의 관계를 표상하는 것이라 아니할 수 없다.

이정호는 이에 대하여 '역(易)의 선후천론(先後天論)'에서 다음과 같이 설명하고 있다.

"乾卦 九三에 "終日乾乾"이라 하여 날이 終하는 것을 표하였고, 彖傳에 "大明終始六位時成"이라 하여 終하면 始하는 것을 보였으며, 문언에 "知至至之 可與幾也 知終終之 可與存義也"라 하여 終始의 契機와 그에 대처하는 義를 나타냈고, 乾卦九四에 비약을 표시하는 或躍을 놓았으며, 동 문언에 "或躍在淵 乾道乃革"이라 하여, 乾道가 坤道에 의하여, 즉 陽이 陰에 의하여 先天이 後天에 의하여 改革되는 것을 들 수 있다. 이것은 乾卦의 경우에만 그런 것이 아니라 坤卦의 경우에도 일반이니, 즉 坤卦六三에는 "含章可貞⋯无成有終"이라 하여, 坤卦는 六三爻에서 일반 그 의의를 終하

---

1) 주역. 고괘(蠱卦).彖傳 "先甲三日後甲三日 終則有始 天行也".

는 동시에 同 六四文言에 "天地變化…天地閉"를 말하여 坤道가 乾道로 변화하는, 즉 陰이 陽으로, 後天이 先天으로 변화하는 것을 보여주고 있다."[2]

주역의 역학적 이념을 충실히 계승하고 있는 정역에서는 변화의 본래적 의미를 직접 "천도자체의 역수변화"로 명시함으로써 '易者象也'라 규정했던 주역적 명제를, '易者曆也'라는 정역적 명제로 새로이 확장·심화시키고 있는 것이다. 이는 역도를 드러내는 역학적 방식으로 '상(象)'과 '역(曆)'이라는 두 가지의 관점이 모두 소용되고 있음을 말한 것이다.

역학의 으뜸 되는 탐구의 대상은 '천도자체(天道自體)'라고 할 수 있는데, 천도의 실제적인 내용은 "일월성신(日月星辰)의 운행"이라는 점에서 '상(象)'과 '역(曆)'이라는 두 가지의 접근로는 천도운행[天行]을 논의하고 입론하는 대표적인 역학적 논리체계가 된 것이다.

이러한 천도 체득(體得)의 방식은 이미 인류문명사에서 사용된 바 있으니, 천도의 존재원리를 인간의 삶의 질서로 내면화 시킨, 요(堯)임금의 책력제정사업(冊曆制定事業)인 "曆象日月星辰…敬授人時"[3]는 이를 직설(直說)한 것이 아닐 수 없다.

위에서 "日月星辰"이라 함은 하늘의 공능을 구현하는 모든 운행의 주체와 현상을 총칭한 것이니, 이를 "象하였다"함은 그 하늘의 운행 현상을 인간이 관찰(觀察)·인식·파지(把持)하여 하나의 그림[象]으로 표상하였음을 말한 것이고, 이를 "曆하였다"함은 그러한 하늘의 운행 현상을 인간이 관찰(觀察)·인식·파지(把持)하여 하나의 수적(數的) 체계로 책정(策定)·규정(規定)·선포하였음을 일컫는 것이라 할 수 있다. 여기서 "하늘의 운행 현상을 인간이 수적(數的) 체계로 인식하고 규정하였다"는 것은 달리 말하여 천도에 대한 인간의 '시간적 이해'를 말하는 것으로, 서경의 "曆象日月星辰"이 말하려는 바, 곧 "인간이 하늘의 모습[日月星辰: 天道]을 보고는, 그 본질적 질서를 공간적으로도 인식·자각하고 동시에 시간적으로도 체득(體得)·수용(受容)하였음을 언급한 것"이라 할 수 있다.

이때 인간이 하늘의 본질을 '공간적인 그림'으로 표상하면, 이는 역상(易象)[卦와 爻]으로 그려져 주역의 64개 중괘상(重卦象)으로 정착되는 것이며, 인간이 하늘의 공능을 역(曆)으로 자득(自得)하면, 천행(天行)의 의미를 '수적 체계'[數理]로 표상하여, (공간적 易象과 함께) 시간적 역수(曆數)로 규정하게 되는 것이다. 그러므로 인간이 하늘의 본질을 상(象)으

---

2) 이정호. 正易硏究. 국제대 인문과학연구소. 1976. pp.8~9.

3) 서경. 요전.

로 표상하여, 주역의 음양효(陰陽爻)-팔괘(八卦)-64중괘상(六十四重卦象)이 나타난 것이고, 동시에 이를 시간적 개념[數的 體系]인 역(曆)으로 체득(體得)하여 괘상(卦象)과 일체화시켰던 것이다.

이 때문에 그림인 역상으로서의 음효(陰爻)와 양효(陽爻)를 六과 九라는 수(數)로써 병칭(並稱)하게 된 도구적 유용성이 필요했던 것이다. 이처럼 역상에는 처음부터 공간적 상(象)과 시간적 역(曆)의 의미가 공존하게 된 것이니, 주역은 특히 그 공간적 표상 체계를 위주로 삼은 역학이기에 "易者象也"라 이른 것이고, 정역은 그 시간적 변화원리를 위주로 삼은 역학이기에 "易者曆也"라 이른 것이다. 이런 관점에서 보면 정역은 역의 본의를 역(曆)의 입장에서 해석하고 있기에, 주역의 사상적(四象的) 원리를 사역적(四曆的) 원리로 새롭게 해명해 낼 수 있었던 것이다.

이제 정역에서 천행의 구조를 사역적(四曆的) 관점에서 설명하고 있는 주요한 언급을 적출하여 그 철학적 의의를 소개하면 다음과 같다.

"初初之易 來來之易 所以作也"[4] (역학에는 본디 태초적 역수원리를 담고 있는 역학과 미래에 도래할 역수원리를 담고 있는 새로운 역학 두 가지의 있는 것이기에, 이미 이들은 모두 성인에 의하여 지어져서 인류사에 나타나게 된 것이다) : 역은 과거적(선천적) 역도와 미래적 역도로 구분되어 나타난다는 점을 언급한 것.

"六十三 七十二 八十一 一乎一夫" (천도의 운행도수는 63도수. 72도수. 81도수에 근거하여 전개되는 것이니, 이 원리를 밝히는 것이 바로 일부의 사명이다)[5]: 역수의 전개는 9도수를 단위로 하여 전개됨을 언급한 것.

"擧便无極十 十便是太極一. 一无十无體 十无一无用 合土居中五皇極"[6] [문득 무극의 원리를 들어보니 수로서는 10(완성수)인데, 그 무극수 10을 다시 살펴보니 또한 태극수(시생수) 1과 다름이 없구나. 태극수 1이 있어도 무극수 10이 없다면 이른바 본체원리가 없는 것이고, 무극수 10이 있어도 태극수 1이 없다면 본체원리가 발용할 수 없게 되는 것이다(이것이 곧 역수전개의 체용적 구조이다). 이에 10수와 1수가 상호 順逆的으로 志向함에 그 五行的 구조의 中央 土에서 만나는

---

4) 正易. 大易序.

5) 正易. 十五一言.

6) 正易. 十五一言.

것이니, 이것이 곧 우주적 인격주체성을 표상하는 皇極數 5인 것이다]: 기존의 역학에서는 주역의 太極과 서경(洪範篇)의 皇極만을 언급하고 있지만, 정역에서 처음으로 후천적 의미의 完成易道인 无極의 철학적 차원을 언급한 것이다. 이로써 '六爻之動 三極之道也'(繫辭傳. 上. 2章)에서의 '三極'이 모두 밝혀지게 된 것이다.

"龍圖…倒生逆成 先天太極, 龜書…逆生倒成 後天无極"[7) [하도10수 원리는 도생으로 開示하여 (順방향으로 시작하여) 낙서1 物象으로 그 뜻이 드러나니, 그 나타난 세상 만물을 先天의 세계라 하고, 낙서 1수가 상징하는 만물의 태초적 시생은 逆生으로 生長 변화하여(逆방향으로 전개되어) 河圖數 10으로 완성되니, 그 본래적 이치가 모두 실현된 세상을 後天의 세계라 하는 것이다]: 역도의 존재론적 근거인 하도와 낙서의 본의가 또한 선천과 후천으로 전개되는 역수원리의 근거임을 밝힌 것이다.

"帝堯之朞 三百有六旬有六日. 帝舜之朞 三百六十五度四分度之一. 一夫之朞 三百七十五度 十五尊空 正吾夫子之朞 當其三百六十日"[8) (우주사에 전개되는 천지역수에는, 요임금 시대에 운행한 태초적 운행도수 366도수와 여기에서 역수의 변화가 있게 되어 순임금 시대에 새로이 운행한 365도 1/4 도수가 있는 바, 이것이 현재까지 운행되고 있는 도수이고, 이제는 앞으로 새로운 역수의 변화가 이루어지면서, 그동안의 성장과정에 있던 우주의 생명적 전개는 역수에 있어서 음양합덕 도수인 360도수가 도래하게 될 것이니, 이것이 바로 일찍이 공자께서 밝히신(계사전. 상. 9장의 건책수 곤책수) 360 완성 역수인 것이다. 이러한 역수의 변화원리는 일부가 밝힌 375도수라는 우주의 존재원리에서 15존공이라는 閏度數원리가 用九와 用六이라는 發用法則을 통하여 歸空. 脫落함으로써, 궁극적으로 乾策과 坤策이 合德된 천도운행 도수인 360曆數의 완성을 이루게 되는 것이다): 四曆的 구조로 전개되는 우주사의 운행도수를 인류사와 관련하여 구체적으로 설명 한 것이다.

"三百六十當其之日 大一元三百數 九九中排列, 无无位六十數 一六宮分張"[9) (360度數라는 1년 역수는 九九법칙에 따라 배열되는 大一元數 300도수와 一六宮 자리에 따라 나누어지는 无无位數 60도수가 합해져서 구성되는 것이다.[10)): 우주사를 전개시키는 역수변화의 법칙은 九九法則임을 언급한 것이다.

---

7) 정역. 十五一言.

8) 정역. 金火五頌.

9) 정역. 九九吟.

10) 大一元數300은 一元數100을 三才之道로 乘한 것이고(100 x 3), 无无位數 60은 无位數 20(이것은 河圖本體數15와 洛書本體數5를 합한 것이다)을 三才之道로 乘한 것으로(20 x 3) 이는 60干支度數와 동일한 數이다.

위에서 언급된 정역의 제문제를 한국 학계에서 최초로 책임 있게 소개·해석·전파한 학자는 이정호이다. 그는 그의 저서 '정역연구(正易硏究)'에서 다음과 같이 정리하고 있다.[11] (일부 문장은 필자가 요약함)

"가장 중요한 문제가 "三百六十當其日", 즉 일년 365 1/4일의 閏曆이 어떻게 360일 正曆으로 들어서느냐의 문제이다. … 주역에는 "三百六十當朞之日"이라는 말이 있다. 先儒는 이를 (現行曆數에 대하여) 대체적으로 말한 것이라 하였으나, 이는 正易八卦圖가 나타나기 이전의 해설로서, 360일의 정역이 들어서는 後天의 朞日數를 생각하지 못했기 때문이다. 주역은 그 밖에도 "天地以順動故日月不過而 四時不忒", "觀天之神道而 四時不忒" 등을 말하고 있는데, 이들은 은연 중 후천의 360일 정역이 들어서서 1년 12월. 12월 4계절이 일호의 어긋남도 없이 정연하게 돌아감을 보여 준 것이며…太陽의 四象分體度數(159=32+61+30+36)와 一元推衍數(216=63+72+81)의 합수인 375도수에서 15를 尊空하면 360을 얻게 되니, 이것이 一夫가 밝힌 正曆度數와 공자가 주역에서 言明한 乾坤策數가 일치하는 것이다. …正易詩에 "天地之數는 數日月이니 日月이 不正이면 易匪易이라 易爲正易이라사 易爲易이니 原易이 何常用閏易가"라 하였으니, 이는 日月爲易을 대전제로 하고 日月成道를 소전제로 하여 360일로 운행되는 正曆의 그 날이 반드시 있다는 것을 결론지은 것이다. … 또한 "旣順旣逆하야 克終克始하니 十易萬曆이로다"하였듯이, 伏犧易이 文王易으로, 다시 文王易이 終하고 一夫易으로 始하게 되니, 이것이 十易正曆으로 萬世의 冊曆이 된다는 것이다."

유남상 교수는 이정호 박사의 연구 성과를 바탕으로 천지역수(天之曆數)의 변화원리를 '구구법칙'에 따라 보다 구체적으로 추련(推衍)하여 다음과 같이 도수적으로 해설 정리해주고 있다.[12] (일부 문장은 필자가 요약함)

"舜의 朞數는 현행 陽閏曆數인 365 1/4 日이지만, 書經의 기록에는 堯의 朞數 366日처럼 직접 숫자적으로 明示되어 있지 않으므로, 이에 堯朞366日을 舜朞365 1/4日의 槪算數로 보아 堯와 舜의 朞數를 혼동하게 됨으로써 堯舜시대의 曆數變易을 망각하게 된 것이다.

이러한 증거로는 漢初의 문헌인 淮男子에 '日行一度以周於天…反復三百六十五度四分度之一而

11) 이정호. 正易硏究. pp.94~97.

12) 유남상. 正易思想의 硏究(其一). pp.80~81. 철학연구 제23집, 1976.

成一歲[13] (하루는 1도씩 하늘을 돌아가는데⋯365 1/4일이 반복되면서 1년의 기수가 이루어진다)'라는 기록이 있어, 이미 舜朞가 365 1/4일임을 明示하였음에도 불구하고, 漢代 以後 正易 以前의 數多한 學者들의 이에 대한 견해들이 한결같이 堯朞와 舜朞 사이의 曆數變化는 一言半句도 言及한 바가 없을뿐더러, 특히 唐代 孔穎達의 尙書疏와 宋代 蔡沈의 書經註가 공통적으로 舜朞 365 1/4일 曆數를 堯典篇의 堯朞 366일 속에서 설명함으로 인하여, 堯朞는 완전히 舜朞의 槪算數로 看做하게 된 것이다.[14]

그러나 한국 易學인 正易의 입장은 위에 말한 漢代以後 易學의 曆數 설명과는 달리 堯朞 366日과 舜朞 365 1/4日을 완전히 구분함과 동시에, 같은 閏曆原理內에서의 실제적인 역수변화를 인정하고, 366度에서 365 1/4度로의 변화가 있어 3/4度 즉 9時間이 歸空되었다고 보는 것이니, 이것이 바로 정역이 말하는 72閏度曆에서 63閏度曆으로의 曆數變化를 말한 것으로, 정역은 바로 이러한 宇宙史的 역수변화원리를 闡明하는 것이야말로 易學의 근본 사명임이라고 강조한다."[15]

"曆數變化 法則은 9x9=81. 9x8=72. 9x7=63. 9x6=54의 九九原理로 규정한다. 그러므로 15 閏度數는 九九法則에 의하여 歸空 變化하는 것이니, 原曆內의 閏度數全體인 9x9=81에서 9시간이 脫落 歸體되어 堯朞의 閏度數 9x8=72(正曆 360度를 기준한 閏度數 6日分에 해당하는 72時間)가 된 것이요, 이에서 다시 9時間이 歸體되어 舜朞의 閏度數 9x7=63(閏度數 5度 1/4日分에 해당하는 63時間)이 된 것이니, 이것이 오늘날까지의 現行 曆數인 것이다. 이제 여기서 다시 (미래에) 9時間이 歸體되어 9x6=54의 孔子之朞 正曆이 되면서, 曆數에 있어서의 乾策數[216도: 9(9+8+7)]의 政事는 完結되고, 坤策數[144도: 9(1+2+3+4+6)]로 넘어감으로써 15閏度數 全體가 현상적 존재로서의 天地日月 四象에 완전히 歸空되는 것이다.

이때 9x6=54正曆으로의 變易에 있어서는 (또 하나의) 閏度數 54시간으로 변화하는 것이 아니라, 63閏曆에서 54閏曆으로의 9時間이 脫落 歸體됨과 아울러, 閏度數 生成의 母胎的 地盤이었던 乾坤合德 一元數 99수[16]를 포함한 全體 162윤도수(9+54+99)가 一時에 脫落 歸空되는 것이니, 이 단계에 와서 보면 과거 原曆에서 72閏曆으로 變易時에 歸空된 9시간과 72閏曆에서 63閏曆으로 變易時에 歸空된 9시간을 합한 18시간의 歸空된 閏度數까지 총 180度數(162+18)가 歸空된

---

13) 회남자 券三, 天文訓.

14) 공영달, 尙書正義. 채침, 書經集傳 참조.

15) 유남상. 앞의 책. pp.80~81.

16) 존재원리 자체인 全體 一元數는 100이지만, 여기에는 태초적 생명의 씨앗으로 쓰이는 太極 1數가 포함되어 있는 것이기에, 태극 1수를 탄생시키는 胎盤으로서의 乾坤合德(陰陽合德) 數는 99數가 되는 것이다.

것이니, 이는 곧 윤도수 15日度數(時間으로는 180度數)가 모두 尊空 歸體된 것으로, 이때부터는 완전히 360度數만이 用政하여 正曆을 完成하게 되는 것이다⋯⋯그러므로 9x6=54로의 變易은 그 歸空法則에 있어서 閏度數의 時間的 生成 極限과 아울러 現象的 體成[17]을 뜻하는 공간성의 구조원리인 閏度數에서의 坤策數 전체를 포괄하여 體成. 歸體됨으로써, 15閏度數 全部가 완전히 脫落 歸空되는 것이다. 그런고로 54正曆으로의 變易은 시간성과 공간성의 合德成體로서 그 生長曆으로서의 閏曆이 終止符를 찍고, 完成曆으로서의 正曆이 출현하는 것이다."[18]

이상에서 정리된 선학(先學) 두 사람의 연구 성과를 도표로 간략하게 요약하면 다음과 같다.

| 四象(周易) | 元 | 亨 | 利 | 貞 |
|---|---|---|---|---|
| 四曆(正易) | 原曆 | (陽)閏曆 | (陰) 閏曆 | 正曆 |
| 天之曆數 | 一夫之朞 375度 | 帝堯之朞 366度 | 帝舜之朞 365 1/4度 | 夫子(孔子)之朞 360度 |
| 生命的 理解 | 曆數原理 | 始生曆 | 成長曆 | 完成曆 |

## III. 역학의 '종시(終始)'와 '선후천(先後天)' 概念

### 1. 주역의 '종시(終始)' 개념

주역은 작역(作易)과 흥역(興易)의 배경으로 역사적 사실을 거론하면서 '구이종시(懼以終始)하는 인간적 태도'를 통하여, 인간의 미래적 삶을 유지. 계승할 수 있다는 '우환의식(憂患意識)'을 강조하고 있는바, 다음의 인용은 이를 직접 언급한 사례들이라 할 수 있다.

"易之興也 其於中古乎, 作易者 其有憂患乎"[19] (역이 일어난 것은 중고시대이다. 역을 지은이는

---

17) 體成이란 근원적 本體의 完成과 동시에 현실적 事物의 完成, 즉 理事一致合德된 상태를 의미한다.

18) 유남상. 앞의 책. pp.86~87.

19) 周易.繫辭傳 下. 7장.

그 우환의식이 있었기 때문이리라.)

"易之爲書也…其出入以度外內使知懼 又明於憂患與故"[20] (역이 글로써 나타나게 되었으니…그 안과 밖으로 드나드는 도수에 있어서 사람들이 두려워할 줄 알게 하고자 함이며, 또한 그 우환의 연고를 밝히고자 함이다.)

"易之興也 其當殷之末世 周之盛德耶 當文王與紂之事耶…懼以終始其要无咎 此之謂易之道也"[21] (역이 일어난 것은 은나라의 마지막 주왕과 주나라가 크게 시작할 문왕과의 왕조 교체의 변혁기 때이다.…선천이 끝나고 후천이 시작되는 천지역수의 변혁을 두려워함으로써, 그 계기를 허물없이 건너게 하는 것이 역이 밝히고 있는 이치이며, 역이 지향하는 이념인 것이다.)

그러면서도 주역은 한편으로 "종시(終始)"의 뜻을 보다 확장시켜, 인간에게 있어서는 선후천(先後天)과 관련한 '천도의 변화 문제'[天之曆數의 終始]도, 또한 '구이종시(懼以終始)해야 할' 대상임을 다음과 같이 시사하고 있다.

"易之爲書也 原始要終 以爲質也 六爻相雜 唯其時物也"[22] (역이 글로써 쓰여지게 된 것은, 그 시작에서 마침의 뜻을 내용으로 하는 것이니, 六爻의 괘상이 함께 섞이어 보여주는 것은 오로지 시간성의 구조 원리인 것이다.)

"先甲三日 後甲三日 終則有始天行也"[23] (갑일을 기준으로 하여 앞뒤의 삼일에서, 하나의 운행도수는 마치고, 또 하나의 운행도수는 다시 시작하는 것이 천도의 운행 구조이다.)

"无初有終 先庚三日 後庚三日 吉"[24] (처음의 시작은 내가 알 수 없으나 그 끝은 나에게 있는 것이니, 경일을 기준으로 바뀌는 선천과 후천의 역수 변화는 참으로 길한 것이다.)

이상에서 알 수 있듯이 '구이종시'에서 구(懼)'해야 하는 내용은 단순히 인간사의 변화 사태에 한정된 것만이 아니라, 천행의 변화를 전제로 하는 역수 자체의 변화 사태를 걱정해야 한다는 '우환적 의미'도 분명히 명시되어 있는 것이다. 이러한 천도의 종시(終始) 문제를 염

20) 周易.繫辭傳 下. 8장.
21) 周易.繫辭傳 下. 11장.
22) 周易. 繫辭傳 下. 9장.
23) 周易. 蠱卦. 彖傳.
24) 周易. 巽卦. 九五爻辭.

두에 두고, 천도의 선후천 변역(變易)의 실상을 시사한 공자의 언표가 바로 건괘(乾卦) 문언전(文言傳)의 다음과 같은 설명이다.

"先天而天弗違 後天而奉天時 天且弗違而況於人乎 況於鬼神乎…知進退存亡而不失其正者 其唯聖人乎" (선천은 그 천도의 운행도수를 결코 어기지 않으며, 후천 또한 천도의 본래적 시간적 구조 원리를 받들어 이에 따라 운행하는 것이다. 이처럼 하늘마저도 그 존재 원리를 어기지 않는데, 하물며 인간이나 귀신이 어찌 이를 어길 수 있을 것인가? 천도의 존재 구조를 깨달아서 인간으로서 올바르게 살아가는 존재는 오로지 성인뿐이다.)

위의 인용에서 알 수 있는 것은 첫째. 우주사의 전개는 선천과 후천으로 구분할 수 있고, 둘째. 선천과 후천의 변화 원리[[天時: 우주의 時間性: 天之曆數原理) 자체는 절대적인 것으로, 우주사(宇宙史)와 인간사(人間史)가 모두 결코 그 원리를 어긋나거나 벗어날 수 없다는 것이며, 셋째. 이러한 천도 변역의 절대적 원리를 알고, 이에 대처할 수 있는 인격적 존재는 오로지 하늘과 그 격위(格位)[次元]를 나란히 하는 '성인적(聖人的) 존재'일 뿐이라는 것이다. 그러므로 천하 백성이 천도변혁의 계기를 살아내기 위해서는 성인의 가르침인 역경(易經)을 배우고 실천해야 마땅하다 할 것이다.

정역 이전의 역학자들은 대부분 '구이종시'의 문제의식을 '인간만사(人間萬事)의 변동(變動)에 대응하는 처세 방식[處世術] 정도로 인식하였고, 공자의 이른바 '시중지도(時中之道)' 역시 인도적 차원에서만 설명했던 것이다. 그러나 정역적 관점에서 새롭게 보면, 周易의 '懼以終始'가 담고 있는 문제도 우주사의 선후천(先後天) 역수변화(曆數變化)와 직접적으로 연관되어 있음을 충분히 짐작할 수 있는 것이다.

## 2. 정역(正易)의 '선후천(先後天)' 개념

공자는 "원리적 역수(曆數)로서의 360도수"를 역(易)의 건곤책수(乾坤策數)에 근거하여 도출해 놓고는 "그러므로 360도수는 하늘이 운영하는 네 가지의 법칙에 따라서 전개되는 것이니, 이를 통하여 역도(易道)는 최후적으로 완성될 것이다.… 역도가 모두 완성되면 천지만물은 두루 그 하고자 하는 일을 능히 다 성취하여 마칠 수 있게 될 것이니, 그럼으로써 진정한 역도는 세상에 드러나게 되고, 또한 하늘의 의지[하느님의 뜻: 神明之德: 우주의 존재

원리]는 실현되는 것이다" (是故 四營而成易…天下之能事畢矣 顯道 神德行)[25]라 하여, 천도의 운행 구조가 360정역도수(正曆度數)로 완성되는 데에는 네 가지의 운영 원리가 내재되어 있음을 명시하고 있다. 그렇지만 주역에서는 '역수 자체의 구체적인 변화 방식이 무엇인지' 또는 '천도 운행의 구조가 어떤 과정으로 변혁되는지'에 대한 더 이상의 논설은 하지 않고 있다. 다만 "천지역수(天之曆數)의 변화 원리와 이에 따르는 천도의 변혁에 대한 내용 등 역리를 완전하게 해명하는 최후의 완성된 말씀은 (미래에) 동북 지방인 간방에서 이루어질 것이다(艮 東北之卦也 萬物之所成終而所成始也 故曰 成言乎艮)"[26]라 하여, 후세 성인이 간방에서 출현하여 "역도의 완성"을 선언. 선포할 것으로 예언하고 예비해 두고 있을 뿐이다.

공자의 이러한 신명적 예견은 그 후 2천 수백 년이 지난 뒤, 19세기에 이르러 간방 조선에서 일부 김 항의 정역도수(正曆度數)로 구체적으로 선포된 것이니, 이것이 곧 우주사를 통관하는 실제적 선후천 역수 변화 원리인 것이다.

천지역수(天之曆數)가 변화하여 새로운 천도의 운행 구조가 이루어지는 우주적 사태를 역학에서는 "개벽(開闢)"이라 하고, 그렇게 개벽된 이후 전개되는 새로운 세상을 "후천(後天)"이라고 규정하고 있다. 그런데 우주의 개벽적 사건과 후천의 도래는 그 주체와 권능이 모두 하늘의 절대적 영역에 속한다는 점에서, 하늘 아래서 하늘이 내려주는 공능에 예속되어 살아갈 수밖에 없는 천하의 인류에게 있어서는 "개벽과 후천"이란 오로지 믿고 수용하고 따를 수밖에 없는 종교적 차원의 신앙적 대상에 해당하는 것이다. 실로 천지의 시공적 제한 속에서 생명성과 인격성을 구가해야 하는 (숙명적 존재인) 인간이 이른바 "하늘적 사건 자체"에 대하여 가질 수 있는 태도는 오로지 종교적 자세와 심성(心性)을 구비하고, 하늘의 권능을 신앙하면서 그 천도 운행 구조에 순응하는 일 뿐이다.

한편, 인간은 비록 천지가 내려준 시간과 공간이라는 제한(틀) 속에 구속되어 현실적으로는 이를 결코 탈피할 수 없다 하더라도, 인간의 자유로운 영혼과 의지 속에서는 (인간은 思惟할 수 있는 神明한 존재이기도 하기 때문에) 얼마든지 초시공적 절대 자유를 꿈꾸고 희망하고 염원할 수 있는 것이다.

이러한 인간의 실존적 의식에 부응하여 하늘을 대신하여 인간의 심성을 위로해 주는 "인간의 마당에 펼쳐진 하늘의 축제"가 다름 아닌 종교 행위이다. 그러므로 인류사를 통관하

---

25) 주역. 계사전 상. 9章.

26) 주역. 설괘전 5章.

여 출현한 모든 종교적 교의에는 한결같이 "새로운 세상의 도래"에 대한 계획과 방식과 일정이 그들의 경전 속에 친절하게 구비되어 있는 것이며, 그러한 새로운 세상이 도래하는 정황과 계기를 믿고 기다리는 인간의 염원은 이른바 "개벽 사상"으로 수렴되고 있는 것이다.

이 점에서 볼 때, 개벽 사상은 인간의 미래적 기대치에 부응하고자 하는 종교가 갖추어야 하는 보편적 기능이고 장치이며, 본질적 조건이 된다 할 것이다. 실로 모든 종교가 예외 없이 개벽적 성격의 교설을 가지고 있는 이유도 여기에 있다. 기독교가 제시하고 있는 천국, 불교의 서방정토사상과 용화세계(龍華世界), 정역의 후천 사상 등은 모두 종교의 본질인 "개벽적 교설(教說)"의 범주에 포함된다. 그렇다면 정역의 후천 개벽 사상이 여타의 종교가 제시하는 개벽적 성격의 교설과 구분되는 점은 무엇인가?

기독교와 불교는 인간의 의식이 지향하는 신앙의 성격이 외향적이거나 또는 내향적으로 서로 간에 구분되기는 하더라도, 그 궁극적 이념에 도달하는 방식은 인간 개개인의 정서적 열정과 신념적 신앙심에 전적으로 의존하는 것으로, 개별적인 신앙생활의 성취와 더불어 그 종교적 성과를 향유하게 되는 것이다(비록 기독교에서의 교의는 신앙인 개인의 의지와 상관없이 하느님의 일방적 선택과 부름을 전제로 하고 있지만, 이 역시 하느님과 당사자 개인 간 "일대일의 관계"에서 성립하는 쌍무적 결단에서 출발한다는 점에서는 마찬가지이다).

궁극적으로 기독교와 불교의 개벽적 논설의 정당성은 신앙인 개인의 선택에(선택을 하든 선택이 되든) 전적으로 좌우된다. 그런데 정역의 후천개벽사상은 인간과 우주의 미래적 상황에 대하여 "구체적인 도수"를 제시함으로써, 그 교설의 필연성과 당위성을 인간의 '이성적 기반' 위에서 확보하고 있다는 점이다. 아울러 개벽을 분기점으로 하여, 인간의 '선천에서의 삶의 결과'에 대한 엄격한 도덕적 판결이 내려지게 된다는 "종즉유시(終則有始)[先-後天 天之曆數 變革의 계기]의 과정에 내려지는 심판론(審判論)"을 함께 천명하고 있다는 것이다.

특별하게도 정역은 이러한 종교적 차원[神明的 경지. 우주적 영역]에서 이루어지는 개벽과 심판의 상황에 대하여, 객관적인 도수를 근거로 하고, 도덕원리(道德原理)의 보편성을 기준으로 하여, '인간의 언어와 숫자'로써 친절하게 설명해주고 있다.[27]

타종교에서는 그들의 종교적 교의와 일상의 과학적 논설 사이에는 건널 수 없는 배타적 평행이 존재한다는 점에서 볼 때, 정역의 교설은 이들과는 구분된다.

---

27) 특별히 正易은 언어와 숫자의 통일적 기능을 干支度數(十干 十二支)라는 논리적 구조(체계: 틀)로써 포괄하여 표현하고 있다.

실로 정역에서 제시한 종교적 이념과 개벽에 대한 설명은 인간의 이성적(과학적) 사유 속에서 이해되고 납득될 수 있다는 점에서, 이는 사실적이고 사건적이며, 개벽의 상황 자체가 하나의 독립적인 권위를 스스로 구비하고 있는 것이다.

정역의 개벽사상은 "신명적 차원의 우주사를 설명하는 고차원적인 미래학"이라는 점에서, 개인의 호오(好惡)나 선택의 여부와 관계없이 (正易의 체계와 질서를 理性的으로 共感하는 경우에 限해서는) 그 역수변혁(曆數變革)의 이념과 사역변화(四曆變化)의 방식을 수긍하고 신앙할 수밖에 없는 절대적인 교설이 되는 것이다. 그러기에 정역에서 밝히는 후천의 세계는 정서적 이념이면서 그대로 실상이며, 개벽의 도래는 심정적 소망이면서 동시에 실제적 상황이 되는 것이다.


# IV. 역학의 선후천 사상과 도의지문(道義之門)

## 1. 선천 주역의 도덕과 인의

"역의 선후천을 논하는 것은 역자체(易自體)를 논하는 것과 같은 것이다"라면서 역학의 본질 문제를 선후천론으로 수렴하고 있는 이정호는, 주역에서 빈번하게 등장하고 있는 종시(終始)·선후(先後)·초종(初終) 등의 용례를 모두 선천과 후천에 대한 역학적 문사(文辭)로 규정하여 설명하고 있는데, 대표적인 사례를 인용해 보면 (乾卦. 彖傳) "大明終始". (蠱卦. 彖傳) "終則有始 天行也"의 '終始'. (坤卦. 卦辭) "先迷後得主利". (否卦.上九) "先否後喜". (同人卦.九五) "先號咷而後笑". (蠱卦) "先甲三日 後甲三日". (巽卦.九五) "先庚三日 後庚三日. (睽卦.上九) "先張之弧後說之弧"의 '先後'. (巽卦.九五) "无初有終". (旣濟卦.卦辭) "初吉終亂"의 '初終' 등이라 할 것이다.[28]

또한 주역과 정역은 역도의 기술 방식(편집체계)에 있어서도, 선후천의 철학적 의의를 담아내기에 유용한 형식을 취하고 있으니, 주역에서 "인도(人道)[人事]의 존재론적 근거인 천도(天道)[天行]를 위주로 역도를 설명한 상경(上經)"과 "천도(天道)[天行]에 근거하여 살아가는 인도(人道)[人事]의 당위적 삶의 원리를 위주로 역리를 해설한 하경(下經)"으로 구분된 것

---

28) 正易硏究. 앞의 책. p.8.

이나, 6효중괘(重卦) 역상(易象)을 선천내괘(先天內卦)와 후천외괘(後天外卦)로 나누어 구성한 것 등이 그러하고, 정역에서도 상편(上篇)으로 볼 수 있는 '십오일언(十五一言)'과 하편(下篇)으로 볼 수 있는 '십일일언(十一一言)'으로 나누어 설명한 것이 그러하다.

실로 역학은 내용과 형식 전반에 있어서 역(易)의 제일의적(第一意的) 명제를 선후천으로 설정하고, 이를 집중하여 해설하고 있는 학문이라고 아니할 수 없는 것이다.

역학 자체가 윤역(閏曆) 시대의 선천적 삶의 원리를 밝힌 주역과 후천시대의 도래를 선포한 정역으로 구분되어, 인류 역사에 두 가지의 역서(易書)로 출현한 소이(所以)도 우주사(宇宙史)의 실제적 선후천을 전제하고 있기 때문이다.[29]

여기서 선천과 후천이란 우주사에 있어서의 구분된 천도(天道)인 동시에, 이에 따르는 인간 세상의 실상을 구분한 인도(人道)인 것으로, 우주사의 생명적 전개는 (앞서 인용한 바 있듯이) 천지역(수天之曆數)의 사역적(四曆的) 변화 과정을 거쳐, 미래역(未來易)인 정역으로 완성되는데, 천도의 운행 역수가 360도 성역(成曆)으로 어른이 되기 이전의 요지기(堯之期). 순지기(舜之期)의 윤역(閏曆) 과정과 낙서적(洛書的) 인간 세상을 선천이라 하고, 정역으로 완성된 성역도수(成曆度數)와 하도적(河圖的) 인간 세계를 후천이라고 구분지은 것이다. 그런데 선천과 후천이란 각개의 독립된 세계를 분리하여 지칭함이 아니라, 생명적(시간적)으로 일관되어 있는 하나의 우주사(宇宙史)에서 단지 그 천지역수(天之曆數)의 변화를 계기로 하여, 천도운행구조과 인간의 삶의 질서가 달라진 상태를 선후로 나누어 칭명(稱名)한 것이다.

선천에서 후천으로 바뀌는 우주사에 있어서의 역수변화사태를 인간적 입장에서 볼 때는 개벽적 사건으로 수용하게 된다. 개벽적 사건이란 과거적 관성에 익숙한 일상적 삶의 조건을 근본적으로 혁신하게 된다는 점에서, 이러한 천도적 강요에 당면하게 될 때의 인간의 삶의 현장에는 생존적 선택을 해야 하는 위험하고 어려운 난관을 수반하게 된다.

선천이 끝나고[終] 후천이 시작되는[始] 험난한 변혁의 계기를 당하여, 천하 백성이 그 생명적 의의를 후천으로 허물없이[无咎: 탈 없이] 유지·연장·계승해 나갈 수 있도록 하기 위하여, 하늘적 사명을 체득한 성인이 인류사에 출현하여 획괘(劃卦)·작역(作易)하였던 것이다.

---

29) 공자는 주역 十翼에서 우주사의 後天的 成曆度數 전모를 밝히지 않았으며, 그 때가 가까워짐에 이를 선포해야 할 하늘적 사명을 자각한 一夫 선생에 의하여, 정역을 통하여 天之曆數 원리가 구체적으로 闡明되었음은 바야흐로 그 우주사적 曆數變革의 때가 오늘의 우주사에 가까이 도래하였음을 반증하는 것이라 추정할 수 있다. 정역의 주제는 후천세계를 선포한 것이지만, 선천의 最終 末期에 쓰여진 易書라는 점에서, 정역의 경전적 성격은 선천의 인류에게 후천을 예비하고 준비하기에 필요한 텍스트로서 출현한 것이라 할 수 있다.

선천에서 후천으로 바뀌는 우주적 사태를 시간적 지평에서 구분하면 '종(終)-시(始)', '선(先)-후(後)' 등으로 표현하겠지만, 이를 인류사적 입장에서 보면, 과거에서 지금까지 펼쳐져 왔던 인간의 삶의 현장이 닫히고[폐(閉): 물러나고] 새로운 미래적 삶의 토대가 열리는[개(開): 들어오는] 것으로도 볼 수 있다. 이렇게 종시(終始)·선후(先後)로 구분되는 두 가지 삶의 현장[人間世上] 사이에는 그 연결 통로로서의 출입문이 반드시 있어야만 할 것이다.

무릇 생명적 존재는 찰나(刹那)의 시간적 단절이나 한 치의 공간적 분리도 허용되지 않는 일체적(一體的) 계승(繼承)을 그 본질로 삼고 있기 때문에, 서로 다른 세계를 관통하는 하나의 생명적 통문(通門)은 절대적으로 필요한 것이다.

'선후천에서의 생명적 무구(无咎)함'을 으뜸 되는 명제로 내세우고 있는 주역은 그 "생명적 연결 통문"을 일러 "도의지문(道義之門)"으로 단정하고 있다. 다시 말하면 인간이 선천에서 후천으로 건너[섭(涉): 濟]갈 수 있는 필요충분조건에 대하여, "成性存存 道義之門"[30]이라 하여, 선천에서 인간의 本性을 모두 실현하고, 후천세계로 진입할 수 있는 생명적 통문은 "도의(道義)라는 이름의 대문"만이 유일하고도 절대적인 통로임을 선포하고 있는 것이다.

'도의지문(道義之門)'에서 '도의(道義)'는 '도덕(道德)'과 '인의(仁義)'를 모두 담고 있는 어휘로서, 이 중에서 도덕(道德)이란 천도(天道)와 지덕(地德)을 인간이 주체적으로 체득하여 삶의 존재원리로 내면화시킨 인격성을 말함이며, 인의(仁義)란 천도에 근거한 '인격적 삶의 실천 덕목'[倫理]인 '인(仁)-예(禮)-의(義)-지(智) 사덕(四德)'을 온축(蘊蓄)한 개념이다. 또한 '성성(成性)'이란 "一陰一陽之謂道 繼之者善也 成之者性也"[31]에서 알 수 있듯이 '천도를 인간이 자신의 본래적 주체성으로 자각하여, 이를 인격적 삶의 현장에서 실현하고 완성시킴'을 말한 것이고, '존존(存存)'이란 그러한 인격적 생명성이 시간적 지평에서 영속적으로 계승·발양(發揚)됨을 이른 것이다. 특히 '존존(存存)'이라 하여 그 실존적 의의를 연속적으로 표기한 것은 선천에서의 '존(存)'과 후천에서의 '존(存)'을 함께 병칭(竝稱)한 것으로 볼 수 있는 것이다.

인간의 일상적 삶의 내용은 시간적 실존(實存)과 공간적 실재(實在)라는 두 개의 양상이 공유하고 있다는 점에서, 공간적 현장(現場: field)을 '도의지문(道義之門)'으로 구획(區劃)하면, 그 양편(兩便)은 (나를 기준으로) '내(內)-외(外)'로도 표현할 수 있으니, 앞서 인용하였던 "外內使知懼"에서의 '외내(外內)'는 이러한 용례로 볼 수 있는 것이다. 공간적 삶의 지

---

30) 주역.계사전 상. 7章.

31) 계사전 상. 5章.

평을 '내외(內外)'로 구획하면, 안에서 밖으로(또는 밖에서 안으로) 출입하는 통문이 반드시 소용된다.

어리고 미숙한 선천의 낙서적(洛書的) 세상에서, 어른으로 성숙한 후천의 하도적(河圖的) 세상으로 들어가기(또는 나가기) 위해서는, 반드시 문을 통과할 수 있는 자격이 있어야 하는 것이니, 그 자격의 외형적 조건이 "새 봄에 씨 노릇할 수 있는(싹 틔울 수 있는) 알차게 여문 열매와 같은 어른"이며, 그 내부적 조건이 '도덕과 인의'라는 것이다. 요약하자면 "인격적으로 완성된 생명적 존재만이 새로운 세상으로 건너갈 수 있다'는 것이다.

우주사에는 선후천 역수변화라는 미래의 개벽적 사건이 도래한다는 원리를 체득한 하늘적 차원의 성인은, 천하 백성[人類]이 후천의 세계에서도 '성성존존(成性存存)'하여 생명적 의의를 누릴 수 있도록 하기 위해 [그 通過 資格으로서의 仁義-道德(人倫)을 갖출 수 있게 하기 위해], 인류사에 출현하여 회괘(劃卦)·작역(作易)한 것이니, 그 중심 내용이 곧 '하늘의 뜻'[天地之意. 天地父母之心]이고, 공자는 이를 사덕원리(四德原理)로 해설하여 천하백성에게 가르친 것이며,[32] 이는 자연스레 역학이 바탕 된 유학 전체의 가장 우선하는 철학적 이념으로 자리 잡게 된 것이다.[33]

이러한 역학적 의의를 요약·함축하여, 주역 설괘전(說卦傳)에서는 "昔者 聖人之作易也 將以順性命之理"(옛날 성인께서 易을 지은 것은 인간들로 하여금 장차 인간의 본래성을 깨닫고 이에 순응하여 인격적 삶을 살아가도록 하기 위함이었다)라 하였으니, 여기서 특별히 "장차에(未來에)라는 뜻의 '장(將)'을 강조한 것은, 명백히 후천적 삶을 염두에 두고 쓰여진 것"이라 아니할 수 없는 것이다. 실로 "도덕(道德)-인의(仁義)[人倫]라는 인간의 본성을 옳게 배우고[正性-正名] 바르게 실천하는[正命] 인간만이 새로운 세상에서도 그 생명적 의의를 마음껏 발휘하며 살아갈 수 있다"는 역학적[儒學 一般의] 메시지는, 지구 생태 환경의 급속한 변화와 미래적 생존자체의 불확실성 속에서, 인간의 생명적 가치마저 심각하게 위협받고 있는 오늘날의 시대적 상황을 정직하게 성찰하도록 촉구하고, 나아가 이를 극복할 수 있는 하나의 해법을 제시하고 있다는 점에서, 인류 보편의 생명적 존엄성을 우주적 차원으로 드높이고 거양한 인류 역사의 위대하고 성스러운 철학적 업적이며 문명적 성과라고 아니할 수 없는 것이다.

---

32) 공자의 '十翼'은 이를 대표하는 著作이다.

33) 그 이념을 실천하고자 애쓴 맹자의 노력이 '王道政治', '德治理念', '教以人倫', '仁義之道' 등이며, 주역은 이를 '中正之道'에 집중하여 설명하고 있다.

## 2. 후천 정역의 '정륜(正倫)'과 '천리(天理)'

선후천의 문제를 단순히 개인의 삶의 과정[一生]에 한정하여 살펴볼 때에도, 젊어서[先天的 時期] 제멋대로[人倫的 道理에 따르지 않고: 함부로] 살아온 사람은, 늙은 후반기[後天的 時期]의 삶이 곤궁하고 위태한 결과로 귀결된다는 것은, 일상사에서도 충분히 수긍할 수 있다. 이러한 인간의 삶의 과정을 우주적 차원으로 확대해 보면, 선천적 삶의 결과가 후천적 삶의 존망(存亡)[有無]에 절대적 조건이 된다는 것 또한 수긍하지 않을 수 없는 것이다.

이처럼 인간에게 있어서의 선후천을 일관하는 인격적 생명의 계승원리를 정역에서는 '정륜(正倫)'과 '천리(天理)'라고 기술하여, 그 의의를 다음과 같이 설명하고 있다.

"推衍无或違正倫 倒喪天理父母危"[34] [우주사의 變革 度數를 推數함에 있어서 조금이라도 '正倫'에 어긋나지 않도록 해야 한다. 天道를 따르지 않고 하늘이 내려주신 이치를 잃어버리게 된다면, 인간 세상에서 새 생명의 근원이 되는 부모로서의 生命性 自體(씨의 역할)가 위태로워지게 된다.]

인간이 우주사의 운행 도수를 셈하고 추리하여 살펴보는 '추련(推衍)'의 노력은 어디까지나 윤역시대(閏曆時代)인 선천에서의 사업이다. [成曆된 後天의 세계에서는 더 이상 度數 推衍의 필요성 자체가 없어지기 때문이다.] 선천에서의 삶의 기준은 하늘의 뜻[天意]과 천도의 법칙[天理, 天則]에 따라야 마땅한 것이니, 자칫 조금이라도 이를 어기게 된다면, 이는 하늘의 뜻과 이치를 잃어버리게 되는 것임으로, 끝내 후천세계에서의 새로운 부모 노릇을 할 수는 없게 되는 것이다. 이러한 "하늘의 법칙에 따르는 인간의 도리[倫理]"라는 의미를 함유하고 있는 어휘로서 "도덕(道德)-이륜(彝倫)-중절(中節)-명덕(明德)-예의(禮義)" 등의 다양한 표현은 유학의 경전 전반에 걸쳐 가장 중심적인 주제어로 빈번하게 등장하고 있으니, 그 대표적인 언사(言辭)의 의미를 살펴보면 다음과 같다.

(書經, 洪範篇) "鯀陻洪水 汨陳其五行…彝倫攸斁…天乃錫禹 洪範九疇 彝倫攸敍" (곤은 치수사업에 있어서 오행의 법칙을 따르지 않아 실패하였으니, 하늘이 백성에게 내려주신 '아름답고 떳떳한 인간의 윤리인 彝倫이 사라지게 된 것이다.…후에 禹는 오행의 법칙에 따라 치수하고 천하

---

34) 正易. 10章.

98

백성을 다스리니, 하늘은 드디어 禹에게 홍범구주를 내림으로써, 인간의 삶의 원리인 이륜이 세상에 베풀어지게 된 것이다.)

(周易. 蹇卦) "大蹇朋來 以中節也" [큰 어려움 속에 있지만 나를 도와주는 벗이 오게 될 것이니, 이는 節度있는(예절 바른) 윤리적 삶을 살아가기 때문이다.]

(中庸. 1章) "發而皆中節謂之和" [인간의 본래적 性情(喜怒哀樂) 이 구체적인 삶의 현장에서 時宜的 節度에 알맞게 發現되면, 이것이야말로 진정한 생명적 調和世界라 이르는 것이다.]

(書經. 堯典篇) "克明俊德 以親九族" [(堯임금은) 하늘의 크신 덕을 밝혀 이로써 천하의 모든 백성들을 서로 화친토록 하였다.]

(大學. 經1章) "大學之道 在明明德" [참된 지도자가 배워야 하는 첫째 과제는 하늘이 내려준 밝은 德性(사랑의 마음)을 깨달아, 이를 인간 세상에 실현하는 일이다.]

(周易. 說卦傳 1章) "昔者 聖人之作易也…和順於道德而理於義 窮理盡性以至於命" (그 옛날 성인께서 역을 지어 가르쳐 주셨으니…도덕 원리에 순응하고 인의의 이치에 화합함으로써 인간의 본래적 인격성을 궁구하여 밝히고, 나아가 이를 발휘하여 인간에게 부여된 생명적 의의를 아낌없이 실천하라는 것이다.)

(周易. 序卦傳. 下) "有天地然後…有上下…禮義有所錯" (천지가 있은 연후에 만물과 인간 사회가 전개되었던 바, 인간사회의 최후적 지향처는 인간의 삶에 예의가 굳게 자리 잡은 인륜적 세계인 것이다.)


이상에서 살펴보았듯이 [易學이 基盤된] 유학의 경전 전체를 통해, 거듭하여 설명되고 강조된 인간의 윤리성은 단순히 한 개인의 일생을 주재하는 삶의 덕목에 한정되는 것이 아니라, 우주사적 선후천의 변혁 계기를 인간으로서 무사히 건널 수 있는가의 여부를 결정짓는 도덕적 판단의 조건과 요소로 제시되어 있는 것이다.

## 3. '구이종시(懼以終始)'와 '이섭대천(利涉大川)'

인간 사회란 인격적 삶의 실현을 위한 공동체로서 문물과 제도라는 인사적(人事的) 방편을 가지고 시간과 공간이라는 천도적 구조 안에서 인간의 생명적 가치와 행복을 궁극적 이념으로 추구하는 '인간의 모듬살이'를 말한다.

이러한 인간 공동체적 가치를 유지·계승·발양(發揚)할 수 있는 기본적 체제에는 (크게 보아서)인간의 이성적 기능에 기초한 법치제도와 인간의 본원적 정서에 근거한 덕치 이념이 있다.

인간의 본성을 성악설적 입장에서 규정함으로써 사회계약설에 기초하여 법치 제도를 완성한 서구적 사회구조와 인간의 본성을 성선설적 입장에서 규정하여 왕도(王道)[德治思想] 이념을 추구한 (동양의) 유학적(儒學的) 천하사상(天下思想)[大同 思想]이 그 대표적인 체제라 할 수 있을 것이다. 그러나 법치이든 덕치이든, 그 기본 구조는 인간의 삶의 현장을 이끌어가는 지도자와 실존적 삶의 향유자인 백성 사이의 상호 유기적 관계성으로 구성되어 있음은 다르지 않은 것이다. 그 중, 동양의 유학에서는 그 상호적 구성요소를 군자라는 지도자와 백성이라는 구성원으로 구분하면서, 특히 그 공동체적 삶의 성패 여부를 군왕 개인의 자격과 능력 그리고 사명 의식 등에 집중하여 주문하고 있다. '日用而不知'[35]한 백성의 삶이란, 평천하(平天下)의 주체인 군자의 치세사업(治世事業)[行此四德]에 의하여, 그 성과가 결정된다는 입장이며, 따라서 천하 백성의 행복과 불행에 대한 책임은 전적으로 지도자에게 귀책(歸責)된다는 것이다.

성왕(聖王)으로 존숭되는 은(殷)의 탕(湯)이 백성을 향하여 "其爾萬方有罪 在予一人, 予一人有罪 無以爾萬方"[36] (그대들에게 잘못된 죄가 있게 된다면, 이는 나 한사람이 잘못 다스린 때문이며, 내가 죄를 짓게 되면 이는 그대들하고는 무관한 나 한 사람의 잘못일 뿐이오)이라고 고(誥)할 수 있었던 배경도 여기에 있는 것이다.

앞서 살펴보았듯이 역학에서의 중대한 관심사는 "선후천의 역수변화에 인간이 어떻게 대처할 것인가"에 있으며, 따라서 지도자에게 주어진 으뜸 되는 책무는 "천도가 변혁되는 위난의 사태에서 천하 백성을 무사히 구제하여, 그 생명적 의의를 후천으로 계승해 가는 일"인 것이다. 선후천이 바뀌는 우주사적 변혁[開闢的 事態]은 인간에게는 생명적 위협과 삶의 곤난(困難)이라는 현실적 과제로 대두할 것인 바, 주역은 이를 극복하는 군자의 치천하사업(治天下事業)을 "이섭대천(利涉大川)", "도제천하(道濟天下)" 등의 명제로 응축(凝縮)하고, '섭(涉)'과 '제(濟)'의 개념 등으로 설명하고 있다.

'섭(涉)'이란 '물을 건너다'란 뜻이고, '제(濟)'란 '물에서 (빠진 사람을) 구제한다'는 뜻이니, 모두 '물의 상징'을 원용(援用)한 비유적 해설이라 할 수 있다.[37]

---

35) 주역. 계사전. 상. 5章. 송재국. "周易 '百姓日用而不知'의 本來的 意味에 대한 哲學的 檢討"(동서철학연구 제51호. 한국동서철학회. 2009)를 참조할 것.

36) 서경. 탕고(湯誥).

37) 논어(옹야) "知者樂水" 孟子(盡心.上)"觀水有術 必觀其瀾". 老子(8章)"上善若水…幾於道" 등에서 보듯이, 形而

실제로 물이란 인간의 생존에 필수 불가결한 조건(요소)이며, 동시에 인간을 빠져 죽게 하는 가장 무서운 위협이 되기도 하는 것이다,

'종즉유시(終則有始)'하는 천행에서 천지역수(天之曆數)가 바뀌는 선후천 변혁의 절대적 위난 사태에서 백성을 후천세계로 안전하게 계도하는 군왕의 사업을, 주역은 천하 백성을 (빠져 죽을 수 있는 깊은) 물에 빠져 죽지 않도록, 큰 강을 무사히 건너게 하는 제민사업(濟民事業)으로 비유하여 설명하고 있는 것이다.

선천의 끝에서 후천으로 건너가야[涉] 할 백성 앞에 위험한 (깊고도 넓은) 큰 강물[大川]이 놓여 있다면,[38] 이를 무사히[无咎] 건너게 할 사명과 책임과 능력과 지혜가 바로 군자[지도자: 군왕]에게 있는 것이며, 이를 성공적으로 완수해야[利] 한다는 역학적 명제가 곧 "이섭대천(利涉大川)"인 것이다. 한편으로 군자의 치민사업(治民事業)이 성공적이지 못한 경우에는 '불리섭대천(不利涉大川)'으로 이를 경계하고 있는 바, '섭대천(涉大川)'의 본의(本意)가 주로 치천하사업(治天下事業)과 관련하여 인용되고 있는 대표적인 용례는 다음과 같다.

(需卦. 彖傳) "利涉大川 往有功也" (큰 내를 건너기에 이롭다. 나아가면 공이 있을 것이다.)

(訟卦. 彖傳) "不利涉大川 入于淵也" (큰 내를 건너기에 이롭지 않다. 연못에 빠지게 된다.)

(同人卦. 彖傳) "利涉大川 乾行也 文明以健 中正以應 君子正也" (큰 내를 건너기에 이로우니 이는 하늘의 운행에 따름이다. 문명을 세우고 이에 순응하니, 이는 군자가 바르게 함이다.)

(謙卦. 初六) "謙謙君子 用涉大川 吉" (겸손하고 또 겸손한 군자로다. 큰 내를 건너는 쓰임에 길할 것이다.)

(蠱卦. 彖傳) "元亨而天下治也 利涉大川 往有事也" (크게 형통하여 천하가 잘 다스려진다. 큰 내를 건너기에 이로우니, 나아가면 일이 이루어질 것이다.)

(蠱卦. 卦辭) "元亨 利涉大川 先甲三日 後甲三日" (크게 형통하리라. 큰 내를 건너기에 이로우니, 건너가는 일은 갑일의 선후 3일을 기준으로 구분한다.)

(大畜卦. 彖傳) "利涉大川 應乎天也" (큰 내를 건너기에 이롭다. 이는 하늘의 뜻에 순응하는 일이다.)

---

上的 道를 설명함에 있어서 具象的 재료로서 물(水)이 인용되는 경우가 허다하다. 물을 眞理(道)의 상징으로 볼 때, 물(道)은 인간을 살려주는 권능을 갖고 있으며, 그러므로 물(道)은 인간을 심판하는(죽게하는) 권능도 동시에 발휘할 수 있는 것이다.

38) 周易. 坎卦 "習坎. 重險也". 需卦 "需須也 險在前也"는 이러한 정황을 想定하고 있다.

(益卦. 卦辭) "利有攸往 利涉大川" (앞으로 나아가면 이로우니, 큰 내를 건너기에 이롭다.)

(益卦. 彖傳) "利有攸往 中正有慶 利涉大川 木道乃行" (앞으로 나아가면 이로우니, 바르고 경사스런 일이 있으리라. 큰 내를 건너기에 이로우니, 이는 머지않아 하늘의 신명한 뜻이 실현되기 때문이다.)

이처럼 역도의 중심적 관심사가 천하 백성을 환란(患亂)[危險]에서 구제(救濟)하는 군자의 치세사업(治世事業)이기에, 공자는 이를 '도제천하(道濟天下)'[易道가 천하 백성의 삶을 구제한다]로 집약하여 다음과 같이 설명하고 있는 것이다.

"易與天地準 故能彌綸天地之道…與天地相似 故不違 知周乎萬物而道濟天下 故不過"[39] (역은 천지의 격위에 준하여 나란히 함께함으로 능히 천지의 이치를 두루 감싸 안고 있으며, 천지와 서로 닮아 있어서 결코 그 이치에 어긋나지도 않는다. 두루 만물을 포괄할 줄 알기에, 역의 이치는 천하 백성을 구제함에 있어 넘치거나 부족하지도 않다.)

위에서 보듯 '역도(易道)는 천지를 모두 통섭하여, 그 품 안에서 천하 만물을 남김없이 구제하는 하늘적 차원의 치세원리(治世原理)'인 것이다. 공자의 역학사상을 충실히 이어받은 맹자 또한 그의 왕도(王道) 정치원리를 "제(濟)"의 관점에서 다음과 같이 설명하고 있다.

"天下溺援之以道 嫂溺援之以手 子欲手援天下乎"[40] (천하가 물에 빠지면 오직 道로써 건져낼 수 있으며, 사람이 물에 빠지면 손으로써 건져내는 것이다. 지금은 천하 백성이 모두 물에 빠진 형국인데 그대는 손으로 천하를 건지려 하는가.)

왕사(王事)에 있어서의 '이섭대천(利涉大川)'은 천도에 대한 '구이종시(懼以終始)'의 실현이다. '구이종시(懼以終始)'란 종즉유시(終則有時)하는 천행(天行)[天道의 時間 構造]에 대하여 인간이 그 천도적(天道的) 의지[天地之意]를 체득하여 이에 대처하고자 하는 '순호천(順乎天)'의 태도이며 '이섭대천(利涉大川)'이란 '천도내혁(天道乃革)'에서 천하 백성을 구제해야 한다

---

39) 周易. 繫辭傳 上. 4章.

40) 맹자 이루. 상.

는 평천하(平天下)의 사명을 자각한 지도자[君子]가 치천하(治天下)하는 '응호인(應乎人)'의 사업을 말하는 것이라 요약할 수 있다. 실로 '구이종시(懼以終始)'와 '이섭대천(利涉大川)'은 '천행(天行)'이라는 하늘의 시간적 구조 속에서 '지세(地勢)'라는 땅의 공간적 터전을 경륜(經綸)해야 하는 군자의 역할을 집약한 가장 중요한 역학적 명제인 것이다.

주역에서 천도 변혁을 직접적인 표제로 삼은 혁괘(革卦)에서는 "己日乃孚"(변혁의 기일이 올 것을 굳게 믿는다), "天地革而四時成"(천지가 변혁되어 사시의 질서가 완성된다), "己日革之 行有嘉也"(기일에 변혁 되니, 경사스러운 일이 행해질 것이다) 등을 명시하면서, 천도내혁(天道乃革)의 필연성을 특별히 강조하고 있으며, 나아가 "君子以 治歷明時"(지도자는 혁괘의 뜻을 깨달아서, 그 때의 이치를 밝혀 다스려야 한다), "大人虎變 其文炳也"(대인은 호랑이처럼 변하게 되니, 그 빛나는 문채가 아름답구나), "小人革面 順以從君也"(소인은 얼굴을 바꾸면서 인군의 뜻에 순응하여 따르게 된다) 등을 병기(竝記)하여 천도변역(天道變易)에 순응(順應)해야 하는 인간의 당위적(當爲的) 태도를 설파하고 있다.

또한 공자는 혁괘(革卦)의 단사(彖辭)에다 "湯武革命 順乎天而應乎人"(殷나라의 湯王과 周나라의 武王은 혁명을 하였던 바, 이것이 바로 하늘의 뜻에 따르고 백성의 바램에 부응한 治天下事業이다)을 보탬으로써, 역사적 성왕(聖王)을 구체적으로 거명하면서 '구이종시(懼以終始)'해야 하는 '순호천(順乎天)'의 태도와 '이섭대천(利涉大川)'해야 하는 '응호인(應乎人)'의 자세를 선후천의 변혁과 관련하려 해설하고 있는 것이다. 실로 선후천의 실상을 천명한 혁괘에서 '순호천(順乎天)'과 '응호인(應乎人)'의 군자적 역할을 상관시켜 설명한 [憂天下來世의 心法이 담긴] 선성인(先聖人)의 의도를, 후학(後學)들은 마땅히 옳게 새겨듣고 바르게 실천해야 할 것이다.

## 4. '윤집궐중(允執厥中)'과 '천록(天祿)'

인류사에서 인격적 삶의 의미를 자각함으로써, 인류의 문명적 삶의 방식을 개시한 유학사적(儒學史的) 인물은 요(堯)임금이다. 그러므로 유학적 역사관으로 편집된 최초의 역사서인 서경은 요전(堯典)으로부터 시작되어 있는 것이다.

요(堯)임금의 치세사업(治世事業)은 "曆象日月星辰 敬授人時"[41]로 요약되고 있으니, 이는

---

41) 서경. 요전.

하늘의 운행도수를 밝혀서, 이를 인간의 삶의 원리로 가르쳐주었음을 말한 것이다.

요(堯)임금 이후의 지도자적 사명은 순(舜)-우(禹)라는 성통(聖統)으로 전승되는 바, 그 천명계승(天命繼承)의 자격과 요건을 표상한 유학적 명제가 곧 "윤집궐중(允執厥中)"으로서 이에 대한 경전적 언급을 인용하면 다음과 같다.

"天之曆數在汝躬 汝終陟元后 人心惟危道心惟微 惟精惟一 允執厥中. …愼乃有位 敬修其可願 四海困窮 天祿永終"[42] (하늘의 운행 원리가 그대에게 들어왔으니, 그대는 끝내 인군의 자리에 오를 것이다. 사람의 마음이란 언제나 위태로운 것이고, 도의 심법은 은미하여 깨닫기 어려우니, 언제나 精一한 자세와 마음을 모아, 진실로 그 時中의 이치를 굳게 잡아야 한다. 매사에 신중한 군왕으로서의 위치를 갖추고, 가이 해야 할 일을 경건한 자세로 힘써 이루어야 한다. 군왕이 일을 잘 못하여 천하 백성의 삶이 곤궁해 진다면, 하늘이 내려주던 복록도 영원히 그치게 되는 것이다.)

"堯曰 咨爾舜 天之曆數在爾躬 允執其中 四海困窮 天祿永終"[43] (堯임금이 舜에게 이르기를 '그대 순은 들으시오. 하늘의 운행 원리가 그대에게 들어 있으니, 진실로 그 時中의 이치를 굳게 잡으시오. 천하 백성의 삶이 곤궁해 진다면, 하늘이 내려주던 복록도 영원히 그치게 될 것이오'라 하였다.)

위의 내용을 앞서의 논의와 관련하여 정리해 보면 '하늘의 운행도수는 선후천으로 변혁되는 것이니, 하늘의 뜻을 계승해야 하는 지도자는 마땅히 그 이치를 깨달아, 이를 인격적 삶의 원리인 '중정지도(中正之道)'[易道: 時中之道', '中節之和']로 실천함으로써, 천하 백성에게 하늘의 복록(福祿)을 영속적으로 누리게 해야 한다'는 의미로 이해할 수 있을 것이다.

주역의 전편에서 거듭하여 강조하고 있는 철학적 이념을 한마디로 집약하자면, "중정사상(中正思想)"이라고도 할 수 있으니, 중정사상(中正思想)에서의 중(中)과 정(正)은 천도지덕(天道地德)에서의 도(道)와 덕(德). 행차사덕(行此四德)에서의 인(仁)과 의(義), 성명지리(性命之理)에서의 성(性)과 명(命)등의 철학적 의미를 모두 수렴하여 함께 포괄하고 있는 중심적 개념이라 할 수 있을 것이다. 부연 설명해 보자면, 본디 하늘은 인간과 만물을 낳아주심에

---

42) 서경. 대우모.

43) 논어. 요왈.

천하 백성이 서로 돕고 살아가는 원리와 방도를 함께 주셨으니[44] 지도자는 마땅히 그 법칙에 따라 치세(治世). 제민(濟民)하여, 인간과 만물을 낳고 길러내고자 하는 하늘의 뜻[天地父母之心]을 대행하여 실천해야 한다는 것이다.

주역의 왕도정치원리를 온축(蘊蓄)하여 설명한 사괘(師卦)에서 "在師中吉 承天寵也 王三錫命 懷萬邦也"[45] (지도자가 무리에 있으면서 바르게 자리 잡으니 길하리라. 하늘의 은총을 이어받게 될 것이다. 왕이 세 번에 걸쳐 명을 내리니, 온 천하를 모두 사랑으로 품게 된다)는 왕도의 역학적 의의를 직접 해석한 것이며, 사괘(師卦)에서의 천총(天寵)[하늘의 은총]의 뜻을 "백성에게 주어지는 구체적인 생명적 자원"으로 표현하면, 이것이 곧 하늘의 복록(福祿)인 '천록(天祿)'인 것이다. 또한 '천록영종(天祿永終)'에서의 '영종(永終)'이란 '영원히 끝난다'는 뜻으로, 이는 '종즉유시(終則有始)'하는 '천행(天行)'에서 '선천적 삶이 끝났음에도, 후천적 삶으로 백성의 생명적 계승이 이루어지지 않게 된다'는 의미인 것이다. 본디 천도의 운행 법칙은 선천과 후천으로 구분되는 천지역수에 의하여 '종칙유시'하는 것이기에, 지도자는 마땅히 '구이종시'하는 마음을 가지고 '이섭대천'의 왕도적 사명을 부지런히 실현해야 하는 것이다.

백성을 구제해야 할 책무가 있는 선천의 군왕은 '승천총(承天寵)'하여, 후천에서도 백성이 천록(天祿)을 누리도록 '행차사덕(行此四德)'으로 '明明德於天下'해야 하는 것이니, 이를 겸괘(謙卦)에서는 "勞謙君子 萬民服也"[46] (수고로이 일하고도 겸손한 군자이니, 만민이 이에 감복하여 따르게 된다)라 하여 왕도정치의 표준상으로 '노겸군자(勞謙君子)'를 제시하고 있는 것이다. 주역에서 "구이종시"의 문제가 주요 명제로 등장하게 되는 것은 (天道 자체가 終則有始하는) 선후천 대변혁(大變革)을 전제하고 있기 때문이다.

그런데 선천에 쓰여진 역서인 주역은 천도의 대변혁을 명시한 손괘(巽卦)에서, 선후천의 변화 사태에 대하여 "无初有終 先庚三日 後庚三日 吉[47] (처음은 없으나 그 끝은 있다. 庚日을 기준으로 선천과 후천의 변화가 이루어진다. 吉하리라)"이라 기술하고 있다.

여기서 '무초(无初)'란 '처음 시작이 없다', '우주가 처음 생겨나는 모습은 인간에게 있어서 경험적으로 확인할 수 있는 것은 아니다'라는 뜻이다. 왜냐하면 모든 인간에게 있어서 하늘이 처음 열리던 사건[우주의 탄생: 선천적 하늘의 太初的 開闢 사건]은 하늘이 열린 이후에

---

44) 서경. 洪範篇의 "惟天音驚下民 相協厥居…其彝倫攸敍"는 이를 말한 것이다.

45) 주역. 사괘(師卦). 九二爻象.

46) 주역. 겸괘(謙卦). 九三 爻辭.

47) 주역. 손괘(巽卦) 九五 爻辭.

야 비로소 생겨난 인간에게는 경험적 대상이 될 수 없기 때문이다.

인간이 이 우주 안에서 자기 자신의 본질을 인간 존재로 자각·인식·선언하였을 때에는 이미 천지는 벌써부터 존재해 왔고, 인간에 앞서서 주어진 그러한 세계(공간적 삶의 조건)를 전제로 하여, 비로소 인간의 삶은 전개된 것이다. 그러므로 공자도 "有天地然後 萬物生焉… 有萬物…有男女"라 설명하면서, 인간과 만물의 존재 근거인 천지 자체에 대하여는 "어떠 어떠하게 생겨났다"[48]라고 해명하지 않고, "유천지(有天地)"(以前부터 天地는 있었다)라 전제하고 있는 것이다. 사실 천도 자체는 인간에게 있어서 관심과 물음의 대상일 수는 있어도, 경험이나 앎의 만족스런 대상이 되는 것은 아니다. 그렇지만 한 개인에게 있어서, 자신의 태생적 근거를 안다거나 탄생의 실제 정황을 경험할 수는 없다 해도, 인생의 후반기인 후천적 삶의 양태와 결과는 충분히 예측할 수 있는 것이다. 다시 말하여 한 인간의 생애에서 그 처음은 알 수 없으나[无初], 그 끝은 나의 이성적 기능 안에서 선명하게 존재하는 것이다[有終]. 한 인간에게 있어서 노년기의 삶의 모습(후천적 삶)은 그가 젊었을 때 어떻게 살았는가(선천적 삶)의 결과이기 때문이다.

여기에서의 나의 삶이 미래적 나의 삶을 결정하는 것이기에, 그것을 파지(把持)하고 있는 이성적 존재인 인간은 언제나 '실존적 고뇌(實存的 苦惱)' 속에서 일상을 경험하고 있는 것이다. 그러므로 특정한 개인에게 있어서 선천적 탄생은 무초적 범주(无初的 範疇)이지만[개인의 의지와 무관하게 생겨났고, 자신의 경험적 범주에도 포함되지 않으므로], 후천적 삶은 [죽음은 후천적 삶을 대표한다] 지금의 내가 스스로 결정·판단할 수 있고, 궁극적으로 경험할 수 있는 유종적 범주(有終的 範疇)이다. 인간의 생명적 전개 과정[一生]이 그러하기에 인간의 존재 근거인 천도의 생명적 전개 과정도[天道의 生命性을 前提하는 限] 이와 다르지 않을 것이다. 우주사(宇宙史)에서 선천의 생겨남[先天 開闢]은 알 수 없지만[无初], 그 선천의 끝남[후천 개벽]은 알 수 있는 것이다[有終].

역학은 그 우주사적 선천의 끝남[終]과 함께하는 인류사적 선천의 끝남 여부를 "도덕적(道德的)[人倫的] 삶의 결과"라는 기준으로 판결·심판한다는 것이다. 본래부터 우주사[天行]는 '종즉유시(終則有始)'하는 것이기에, 선천에 이어서 후천으로 건너갈 것이지만, 인간은 그 선천적 삶의 끝[有終]에서, 스스로 살아온 삶의 이력(履歷)에 따라 도덕적 심판을 받고서, 여기서 합격한 인간만이 '도의지문(道義之門)'을 통과하여 영속적으로 자신의 생명성을 계승·

---

48) 예를 들면 기독교에서는 '하느님이 창조하여 생겨났다'고 하여, 천지만물의 존재근거를 神에 의지하고 있다.

발휘하게 되는 것이다. 역학의 전편(全篇)은 인간으로 하여금 '성성(成性)'하는 이유와 방법 [人間의 本性과 行此四德의 實踐 原理]을 설명하고, 우주사에 천지역수변화(天之曆數變化) 의 계기가 있듯이, 인간사에도 자격을 얻어야만 출입하는 '도의지문(道義之門)'이 있음을 경 고하면서, 이를 통과해야만, 선천에 이은 후천에서도 그 생명성이 '존존(存存)'할 수 있음을 진술한, 선천에 출현한 "후천으로의 안내서"인 것이다.[49]

이처럼 인류사의 선천에 출현한 주역과 정역이라는 역학은, 선천에서 후천으로 '종즉유시 (終則有始)'하는 천도적 생명구조를 전제로 하여 '이섭대천(利涉大川)'과 '승천총(承天寵)'[天 祿]해야 하는 인도적 삶의 원리를 선포한 '도의 교과서(道義 敎科書)'라 할 수 있으니, 인간은 주역과 정역의 가르침을 배우고 실천함으로써 '순호천(順乎天)'하고 '응호인(應乎人)'하여 '성 성존존(成性存存)'하는 인간의 생명적 기쁨을 향유(享有)하게 되는 것이다.


## V. 도덕인의(道德仁義)라는 자기 구원의 길

易學은 역도의 내용인 變化之道에 대한 理性的 탐구 활동이다. 동양의 정신사에서 孔子 以後 易學의 텍스트는 十翼을 포함한 周易뿐이었다. 그런데 19세기 후반, 공자가 이미 說卦 傳에서 言及한 바 있는 "成言乎艮"(艮方에서 말씀이 완성된다)의 艮方 朝鮮에서 一夫 金 恒에 의하여 易道의 중심 명제를 새롭게 해석하고, 이를 干支度數 原理로 설명한 새로운 易書인 正易이 출현한 것이다. 一夫는 주역을 비롯한 儒家의 諸經典을 熟讀. 探索하면서, 孔子가 이 미 說卦傳에 隱微하게 그려두었던 易道의 奧義를 發見. 解明하여 기존의 伏羲八卦圖와 文王 八卦圖 以外에 正易八卦圖라는 또 하나의 本來的 易圖를 闡明하고, 이에 근거하여 易學의 範 疇와 境界를 한 次元 深化. 擴大시킨 正易을 반포하였던 것이다.

주역을 중국적 사유 체계로 표현된 중국적 역학이라 이해할 수 있다면, 정역은 韓民族의 고유한 정신 문화의 전통 속에서 結實한 한국적 역학이라고 규정할 수 있을 것이다.

---

49) 周易 巽卦에서는 先天과 後天의 變革 契機를 庚日로 규정하고 있다. 庚은 五行상 金에 해당하고, 四時로는 가 을(秋)인데, 가을 이전은 火의 여름(夏)이다. 즉, 火가 끝나고 金이 시작하는 金火交易期가 先後天의 變革期임 을 말한 것이다. 正易의 '金火互易'은 이를 직접 설명한 것이다. 革卦에서는 '己日革之'라 하였는데, 여기서의 己는 五行상 土에 해당하니, 이는 火가 金으로 전개되는 背後에 火生土, 土生金의 土가 개입하여 相生의 仲介, 調整하는 역할을 담당하고 있음을 말한 것이다.

주역과 정역은 그 '爲書'의 時空的 背景이 다르다는 것 이외에도, 易을 논의하는 주제의식과 表象方式에 있어서도 상호간에 구분되는 고유한 특징이 있는 데, 그 대표적인 事例가 주역에서의 "易者象也"라는 규정과 정역에서의 "易者曆也"라는 규정의 차이이다.

'象'이라 함은 易理를 표상함에 있어서 공간적 상징인 卦象을 위주로 한다는 뜻이고, '曆'이라 함은 易理를 해설함에 있어서 시간적 度數인 曆數를 위주로 한다는 뜻이다. 易學이란 天道의 존재구조(元-亨-利-貞 四象)와 이에 順應하는 인간의 삶의 법칙(仁-禮-義-智 四德)을 전제로 하여, 天時와 人事 間의 생명적 필연성과 당위성을 해설하고 있는 철학으로서, 주역의 卦象은 그 중 공간적 지평(인간 사회)에서 살아가는 실존적 인간의 諸問題를 표상하기에 有用한 방식이며, 정역의 曆數는 시간적 지평(天道, 天行)에서 운행되는 천도의 존재 구조를 해설하기에 유용한 방식이라고 할 수 있다.

본 논문은 먼저 주역과 정역을 通貫하고 있는 變化原理를 공동의 철학적 바탕으로 하여, 天道를 天之曆數의 變化過程인 四曆的 構造로 해설하고, 천도 자체의 變易은 인간의 삶의 현장에는 閏曆 시대인 先天 世上과 正曆 시대인 後天 世上으로 구분되어 나타남을 살펴보았다. 다음으로 인간에게 있어서 先天에서 後天에로의 생명적 계승 여부는 '各個 인간의 人格的 삶의 결과'(道義的 기준에 따른 審判의 結果)에 따라 出入의 資格이 주어지는 '道義之門'의 통과 여부에 있음을 해설하였다. 이어서 역학의 궁극적 이념은 인간으로 하여금 천도가 변혁되는 患亂의 契機에서 천하 백성이 道義之門을 통과할 수 있도록, 인류에게 윤리적 삶의 天道的 근거를 解明해 주고, 나아가 이를 실존적 삶의 현장에서 실현하도록 촉구하고 안내하는 것임을 '順乎天'과 '應乎人'의 관점에서 정리하였다.

오늘날 지구촌의 인류 사회는 人間性의 天道的 존재 근거를 확보하지 못함으로 因하여, 人格性의 해체와 인간 자신의 疎外 현상을 自招하고 있으며, 또한 지구온난화 등 자연 질서의 혼란 속에서 인간의 생명적 위협은 날로 深化. 固着되는 비극적 사태에 當面해 있는 것이다. 이에 우주적 생명구조를 전제로 하여, 인격적 삶의 법칙을 가르쳐주고 있는 역도의 본래적 가치와 의의를 논의하는 학문적 노력은, 이 시대의 문명적 관심과 同行하는 비극적 難題에 대처할 수 있는 근본적인 解法을 모색함에 있어서, 하나의 有用한 智慧와 接近路가 될 수 있을 것으로 기대한다.

# 유학(儒學)에서 배워야 할 인간의 참된 '세상살이'[人道]

自樂吟(자락음)

日日樂其樂(일일락기락)

月月善其善(월월선기선)

歲歲明其明(세세명기명)

時時懼其懼(시시구기구)


지금 여기 몸과 마음, 기꺼이 반겨주고 놀아주세

둥근 보름 모난 초목, 마땅히 사랑하고 아껴주세

아지랑이 하늬바람, 깜짝 놀라 둘러보니 하늘이네

시시 때때 늘 돌아보고, 마디 마디 잘 보살피게

**①**

# 하늘의 뜻이 땅에서 이루어지는
# 天-人의 존재구조(存在構造)

### 주역 풍뢰익괘(風雷益卦)
### '천시지생(天施地生)'의 순역적(順逆的) 이해

## I. 하늘과 땅이 연출하는 사랑의 교향악(交響樂)

이성적 존재로서 인간이 갖는 가장 근원적이고 궁극적인 관심의 총체는 인간 자신의 "삶 자체와 관련한 생존의 문제"라 할 수 있다.

이를 좀 더 구분해 보자면 첫째, 인간[나 자신]은 어떻게 생겨났는가?[존재개시] 둘째, 생겨난 인간은 어떻게[어떤 원리에 따라] 살아가야 하는 것인가? [존재상황, 존재의미, 존재구조]의 문제로 나누어 볼 수 있을 것이다. 이러한 인간의 관심은 필연적으로 인간 자신의 삶 자체에 대하여 가장 원천적인(숙명적인, 강제적인) 영향력을 행사하고 있는 "인간 생존의 토대로서의 생존 환경"[우주 전체, 천지 만물]에 대한 관심을 포괄하고 전제하게 된다. 인간의 궁극적 관심에 대한 이성적 탐구 활동을 철학의 본령이라고 할 수 있다면, 철학의 가장 으뜸되는 주제는 "존재 개시와 존재 방식"을 논의하는 이른바 "존재론"으로 수렴된다 할 수 있다.

인류사에 출현하여 인간의 궁극적 관심사에 나름의 논법과 의미를 제시하고 있는 숱한 사상가나 종교의 창시자는 한결같이 "만물이 생겨나는 정황, 이른바 '만물창조[존재개시] 에 대한 저마다의 담론을 구비하고 있는 것이다.

동양 정신문화의 주류를 이끌고 있는 유학에 있어서도 "존재가 처음으로 개시되는 만물 창생의 정황"에 대하여, 고유한 유학적 방식의 설명을 가지고 있음은 당연하다 할 것이다.

이에 본고에서는 "유학의 만물 창조에 관한 논설"[존재 개시의 방식과 의미]을 유학의 철학적 지평인 역학적 관점에 근거하여 정리해 보고자 한다.

유학의[역학의] 존재론에 대한 언설이 새삼스레 요청되는 이유는, 이 시대에 일반적으로 통용되는 소위 종교적 입장에서의 창조론과 과학적 시각에서의 진화론이 여전히 서로 간에 배타적인 논의 속에서 상대를 용인하지 못한 채, 평행의 간격을 좁히지 못하고 있을 뿐만 아니라, 이러한 각각의 존재 이해 방식으로 인하여 현실적으로는 인간의 일상생활에 있어서도 인격성의 자기 분열과 주체성의 혼돈 그리고 정체성의 상실 등을 초래함으로써 인격적 존재로서의 올바른 삶의 방식과 의미를 구현하지 못하고 있으며, 인간의 자기 존재 해명에 여전히 미흡하고 불충분함으로써 인간의 자기 방황을 어쩔 수 없이 방관하면서 살아가고 있기 때문이다.

이에 비하여 동양 정신의 근원이 되는 역학에서는 존재 구조를 해명함에 있어서 "형이상적(形而上的) 하늘[天]의 뜻[道. 原理. 意志]과 동시에 형이하적(形而下的) 땅[地]의 물질[器. 現象. 形象]이 모두 한결같이[차별 없이]존재 개시의 원동력으로 참여하고 있으며, 존재의 근거로도 제시되고 있는 한편, 이로부터 연역된 인간과 만물은 신명한 하늘의 의지를 존재의 본질로 삼고 있으며, 동시에 땅의 현상적 물질을 존재의 형식으로 삼고 있음을 철학적 논설 하에서 일관하여 천명하고 있는 것이다. 이러한 인간의 자기 존재 이해를 전제할 때만이 인간은 영혼적 존재로서의 존엄성과 육체적 존재로서의 현실성을 인격성 안에서 동시에 수용함으로써, 인간의 존재 방식을 신(神)–물(物) 양성(兩性)의 일체적[통일적] 존재로 규정할 수 있게 되고, 나아가 인간의 우주적 주체성을 천지 만물과 더불어 마음껏 선양(宣揚)·발휘하게 되는 것이다.

실로 존재 개시에 대한 역학적 논설은 주역의 전편에 두루 나타나 있는 바, 논자는 이를 풍뢰익괘(風雷益卦) 단사(彖辭)에서 표명한 "천시지생(天施地生)"이라는 하나의 관점으로 일관하여 수렴해 보고자 하는 것이며, 이러한 논의를 위해 역학 고유의 존재 이해 방식인 "순역(順逆)의 논리"를 원용하고자 한다.

역학의 순역이론(順逆理論)을 통하여 철학 일반의 중심 주제인 "존재 자체"에 대하여 동양적 관점으로 검토해 봄으로써, 인간의 인격적 본질을 신명성(神明性)과 만물성(萬物性)의 조화로운 통일체로 구명(究明)할 수 있게 된다면, 이는 역학적 인간관이 인간의 존재 구조와 삶의 방식을 해명하는 유용한 하나의 철학적 해법임을 근거 있게 확인할 수 있게 될 것인즉, 이로부터 인간은 천지 만물과 더불어 생명적 조화를 누릴 수 있게 될 것이며, 아울러 우주 안에서 인간의 인격적 주체성을 구축할 수 있는 철학적 지반을 마련하는 일에도 학문적으로 기여할 수 있게 될 것이다.

## II. 존재개시(存在開始)에 대한 역학적 근거로서의 "유천지(有天地)"

　주역에서는 인간과 만물이 생겨나는 대근거로서 "유천지(有天地)"[天地의 있음]를 전제하고 있다. 주역의 모든 논의는 그러므로 천(天)[天地]으로부터 연역되고 있으며, 이에 대하여 서괘전(序卦傳)에서는 다음과 같이 선언하고 있다.

　　有天地然後 萬物生焉.[1] (천지가 있은 연후에 만물은 생겨난다.)

　이 말은 천지라는 공간을 바탕 삼아 그 속에서 만물은 생겨난다는 매우 상식적이고 천진스런 설명이다. 그러나 한걸음만 더 깊이 생각하면 이러한 설명이 갖는 매우 중대한 철학적 난제에 봉착하게 된다. 인간의 철학적 물음은 가장 근원적인 문제에 대한 해답을 추구함인데 "그렇다면 만물의 토대가 되는 천지 자체는 도대체 어떻게 생겨난 것일까?"라는 질문에는 답변하지 못하고, 그냥 "유천지(有天地)"[천지는 있어 왔다]라고만 말하고 있기 때문이다.
　천지라는 가장 근원적인 공간적 토대 자체에 대한 창생(創生)원리는 설명하지 못한 채 단지 "있어 왔다"[有]라는 말로만 설명하는 것은, 근원적인 물음을 아무런 전제 없이 계속해서 물어야 할 철학적 자세를 포기한 것으로 밖에 볼 수 없으며, 어쩌면 공자는 이러한 근원적인[철학적인] 질문을 아예 회피해 버린 철학자의 아류(亞流)로 인정될 수도 있는 것이다.
　인간과 세계, 그리고 우주의 가장 근본적인 이치를 '도(道)'로 집약시키고 있는 노자(老子)는 그의 도덕경(道德經)에서

　　有物混成 先天地生……强字之曰道.[2] (혼돈된 상태로 이루어진 어떤 것이 있는데, 이는 천지가 생겨나기보다도 먼저 있었다.…… 이것을 구태여 이름 지어 말하자면 道라고 할 수 있을 것이다.)

라고 말함으로써 천지보다도 먼저 존재한 도(道)의 존재를 명시함으로써 인간의 지적 궁금증을 해소시키고 있다. 서양의 기독교에서는 천지 만물의 창조자로 하느님을 설정하고 모든 것을 하느님의 사랑과 권능으로 인하여 창생된 것으로 설명하고 있다.

---

1) 서괘전. 상.
2) 노자, 25장.

**112**

현상세계의 모든 존재 양상은 무엇 무엇으로부터 혹은 무엇 무엇에 의하여 생성될 수밖에 없으며, 어떤 경우에든 저절로 생겨나지는 않는다는 것이 서구인들의 일반적인 과학적 신념 체계이며 사유방식이다. 따라서 서구인들은 하느님의 존재에 대하여 각별한 해석을 요구하고 있다. 천지만물이 하느님으로부터 만들어졌다 해도 '하느님 자체는 어떻게 만들어 졌는가'에 대한 물음이 그것이다. 이때 하느님은 하느님 아버지가 낳았으며 하느님 아버지는 하느님 할아버지가 낳았다는 식의 순환 논리는 공허할 뿐이다. 그러므로 기독교에서는 하느님은 무엇 무엇으로부터 [혹은 무엇 무엇에 의하여] 생겨난 존재가 아니라 스스로의 권능으로 존재하는 '자존자(自存者)'로 규정한다. 인과(因果) 법칙을 넘어서는 비과학적인 자존(自存)논리를 두고서, 누군가가 '하느님이 저 홀로 존재한다는 것은 도저히 납득되지 않는다'고 소리칠 때, 기독교적 신앙 체계에 익숙한 서구인들은 '그것은 그렇게 믿어라. 그것은 사유의 대상이 아니라 믿음의 대상이니 그 믿음이 곧 기독교의 존립 근거이다'고 말하는 것이다.

이러한 입장에서 이해할 때 천지의 탄생 근거에 대하여 별다른 설명 없이 "유천지(有天地)"라 한 것은 철학적으로 매우 허술한 태도가 아닐 수 없다. '천지가 있다'는 사실은 우리 모두가 잘 알고 있지만 '그 천지가 맨 처음 어떻게 생겨난 것인가?'에 대한 해답은 따로 설명해 주고 있지 않기 때문이다.

공자는 정말 '천지가 생겨나는 근본적인 문제' 등에는 관심이 없거나 무지했던 것일까?

서구적 입장에서 보면 공자의 태도가 철저하지 못하게 보이겠지만 공자 자신이 밝힌 "유천지(有天地)"의 '유(有)'의 의미는 실제로 매우 정직한 사실 판단에 기인한 것이다. 그것은 철학적 질문을 포기한 것이 아니라, 실상은 인간이 자신의 우주적 위상을 철저하게 깨닫고 그러한 자기 자각 위에서 천지 만물을 다시 새겨보는 아주 정직하고 명쾌한 철학적 시선 위에서 선언된 표현인 것이다. 인간은 무엇이든지 물을 수 있는 존재이며, 물음의 대상 중 가장 크고도 근원적인 것은 '천지'이다. 인간이 지구상에서 삶을 영위해 오던 중, 어느 때인가 자기 자각의 기회가 있었을 것이고 그때 하늘을 바라보면서 "도대체 천지는 어떻게 생겨난 것일까?"라고 물어보았을 것이다. 그러나 인간이 천지의 존재에 대해 궁금해 하는 그 순간, 인간은 이미 땅 위에 두 발을 딛고 서 있었을 것이고, 하늘에는 별이 반짝였을 것이다. 인간은 이미 그러한 질문을 하기에 앞서 천지의 품 안에서 삶을 영위해오고 있었던 것이다.

사실 천지는 이미 우리가 궁금해 하기 이전부터 그렇게 있어 왔던[有] 것이다. 이런 천지는 인간이 질문하고 답변하는 내용에 따라 결코 달라지지 않는 것이다. '천지가 왜, 어떻게 생겨난 것일까?'를 묻고 따져 보다가 그 해답을 찾지 못하였다고 해서, 지금까지 있어 왔던 천지 자체가 갑자기 사라지는 것은 아니기 때문이다. 따라서 천지 자체는 인간과 만물의 존재에 대한 대전제로서 질문의 대상은 될 수 있을지언정 대답의 대상은 아닌 것이다. 대답의 내용이 달라진다고 해서 애초부터 있어 온 천지가 달라지는 것은 아니기 때문이다.

이 점에서 보면 공자가 이해하는 우주관은 근본적인 문제를 회피한 것이 아니라, 매우 정직하고도 자연스러운 철학적 사유에 기초한 것임을 알 수 있다. 공자가 밝힌 이러한 우주관에 근거하여 주역은 "유천지(有天地)"에 해당하는 건괘(乾卦)와 곤괘(坤卦)를 맨 앞에 두고, 이어서 만물이 처음으로 생겨나는 존재개시(存在 開始)의 원리를 담고 있는 둔괘(屯卦)를 세 번째에 배치하고 있는 것이다.

이제 천-지(天- 地)의 역학적 의의를 건-곤(乾- 坤)으로 전환하여, 천지 안에서 만물이 생겨나는 역학적 논법을 몇 가지의 중심 개념으로 구분하여 살펴보면 다음과 같다.

## 1. 건시(乾始)와 천행(天行)

존재개시에 대한 乾卦의 언급은 다음과 같다

"大哉乾元 萬物資始 乃統天"[3] (위대하구나, 하늘의 으뜸 노릇이여. 만물이 이로부터 비롯되는 것이니, 하늘의 이 으뜸 원리가 우주 전체를 통어하는 것이다.)

건(乾)은 하늘[天]의 역학적 표제어로서, 이는 하늘이 만물의 태초적 근원임을 단정한 것이며, 또한 만물을 창생시키는 하늘의 위대한 공능을 찬양한 것이다. 이어서 "雲行雨施 品物流形"(구름과 비바람-기상의 변화 현상으로 나타나는 하늘의 뜻이 땅으로 베풀어지니, 이로 인하여 땅에서는 온갖 만물이 그 형상을 이루면서 나타나게 되는 것이다)이라 하여, 하늘에서 베풀어지는 것은 기상의 여러 현상[구름, 바람, 비, 햇빛]이지만, 이것이 땅에 내려와서는 구체적인 형상을 갖고 있는 모든 생명과 현상적 물체로 생겨남을 언급하고 있다.

이어서 단사(彖辭)의 결론 부분에서는 "首出庶物 萬國咸寧"(진리를 깨달은 지도자가 세상에 나타나서 하늘의 뜻을 실현하니, 인간과 만물이 살아가는 모든 삶의 터전은 다함께 태평하고 안녕한 세상이 되는 것이다)라 하여, 하늘이 비바람으로 내려주시는[施] 본래의 뜻하

---

3) 乾卦. 彖傳.

심[乾道變化]이 마지막으로 바라고 추구하는 지향처(志向處)[理念]는 '인간 세상의 평화로운 살림살이'임을 명시하고 있는 것이다. 이어서 대상전(大象傳)에서는

"天行健 君子以 自强不息"[4] (하늘의 운행 질서는 언제나 끊임없이 일정한 것이니, 지도자는 마땅히 이를 본받아 스스로 굳건하게 힘써 노력함을 게을리 하지 말아야 하는 것이다.)

이라 하여 건도변화(乾道變化)의 실상을 "천행(天行)"으로 새로이 규정하면서, '만국함녕(萬國咸寧)'을 이루기 위한 지도자의 "끊임없는 자기 수행"을 주문하고 있다.

여기서 천행이란 곧 하늘의 뜻을 대행하는 일월지행(日月之行)을 말하며, 해와 달의 부지런한 움직임의 결과로 나타나는 것이 다름 아닌 '운행우시(雲行雨施)'이고, '건도변화(乾道變化)'이며, '품물유형(品物流形)'인 것이다. 그런데 인간은 물리적 일월지행(日月之行)[天行]에서 인간의 삶의 질서를 근거지우는 시간의 법칙[時間性]을 자각하고 인식·활용하게 됨으로써 현상적 '천행의 모습'과 인간이 자각한 삶의 질서로서의 '천시(天時)의 구조'를 동일시하게 된 것이니, "先天而天弗違 後天而奉天時"[5]에서의 "천시(天時)", "應乎天而 時行"[6], "坤道其順乎. 承天而時行"[7]의 "시행(時行)" 등은 이를 말한 것이다. 그런데 하늘이 그 뜻을 펼쳐내는 방향은 하늘의 아래쪽인 [사람이 살아가고 만물이 생겨나는] 땅을 향하고 있다. 다시 말하자면 '땅을 통해서만이 하늘의 뜻은 발현될 수 있음'을 언급한 것이다.

한편, 주역의 전편에서는 하늘의 본질을 규정함에 있어서 "물리적 하늘(sky)이 아니라 천지 만물을 창조하고 주재하는 하늘로서의 "의지적(意志的) 하늘"[The Lord of Heaven]로 표명하고 있다. 의지란 오로지 인격적 속성의 범주에 한정된다는 점에서 "天地之心"[8], "天地之情"[9], "乃位乎天德"[10] 등은 모두 "하늘의 인격적 의지"[天意. 하늘의 뜻하심]를 전제할 때만이 가능한 표현인 것이다.

---

4) 건괘. 대상전.

5) 건괘. 문언전.

6) 대유괘. 단전.

7) 곤괘. 문언전.

8) 복괘. 단전.

9) 대장괘. 단전

10) 건괘. 문언전

더 나아가 형이상적 뜻의 존재인 "하늘의 의지"[天意]를 인간의 세상에서 실존적 인간의 역할로써 대행하여 구체적으로 실현하는 인격 주체를 성인(聖人)이라고 할 수 있기에, 역상(易象)에 담겨있는 "성인지의(聖人之意)"[11]는 그대로 모든 존재의 근거인 천지지심(天地之心)과도 다르지 않은 것이다.

이상의 논의를 간략히 그림으로 정리하면 다음과 같다.

## 2. 곤생(坤生)과 지세(地勢)

하늘이 내려주신 하늘의 뜻[天意. 天地之心]이 땅에서 구체적인 물형으로 나타나는 정황을 곤괘(坤卦)단전(彖傳)에서는 다음과 같이 표현하고 있다.

"至哉坤元 萬物資生 乃順承天"[12] (지극하구나, 땅의 으뜸되는 공능이여! 만물이 바로 이 땅에서 생겨나는 것이니 이것이 곧 하늘의 뜻을 이어받아 실현해내는 것이다.)

여기서 곤(坤)은 지도(地道)의 역학적 명제로서, 그 으뜸 되는 땅의 노릇이란 다름이 아니라 하늘이 '비롯하고자 하신 그 뜻'을 따라서[順], 땅 위에다 그 '뜻하심'을 구체적인 물형으로 생겨나게[生] 하는 일을 말함이다. 땅에서 생겨나는 만물의 모습은 마땅히 하늘을 향하여 자랄 것이니, 이것이 곧 하늘의 뜻에 부응하여 그 뜻을 계승하는 형상과 다르지 않은 것이다. 이어서 대상전(大象傳)에서는

---

11) 계사. 상. 11章.

12) 곤괘. 문언전.

"地勢 坤 君子以 厚德載物"[13] (땅의 구체적인 형세를 일러 坤道의 의미라 할 수 있으니, 진정한 지도자는 모름지기 곤도의 참 뜻을 깨달아서 두터운 사랑의 마음을 가지고 널리 세상의 만물을 모두 포용하고 거두어야 한다.)

하여 땅의 역학적 의미를 "하늘의 뜻으로 생겨난 만물을 땅에서 두터운 사랑으로 널리 길러냄"으로 규정하고 있다. 이를 그림으로 정리하면 다음과 같다.

## 3. 시교(始交)와 난생(難生)

만물창생(萬物創生)[存在 開始]의 존재론적 과정을 "유천지(有天地)"로 전제하여, 건괘(乾卦)와 곤괘(坤卦)를 맨 앞에서 설명한 주역은 이어서 세 번째의 순서를 둔괘(屯卦)로 이어받아 "천지간에 만물이 생겨나서 가득 차게 되는 정황"을 다음과 같이 설명하고 있다.

"有天地然後萬物生焉 盈天地之間者唯萬物 故受之以屯, 屯者盈也 屯者物之始生也"[14] (천지가 있은 다음에 만물은 생겨난다. 하늘과 땅 사이에서 생겨나 빈 공간을 가득 채우는 것이 곧 만물이다. 그러므로 주역의 순서를 건괘와 곤괘 다음으로 둔괘로 삼은 것이다. 둔의 뜻은 공간적으로는 채운다는 의미가 있고 시간적으로는 만물이 처음으로 생겨난다는 뜻을 가지고 있다.)

"屯 剛柔始交而難生…雷雨之動 滿盈"[15] (둔괘의 뜻은 음양의 기운이 서로 만나 교합하여 드디어 힘들게 만물을 생겨나게 하는 것이니, 이를 가능하게 하는 일은 천지간에 비바람이 불고 벼락이 치는 역동적인 기상의 변화인데, 이로 인하여 하늘과 땅 사이의 공간은 온갖 만물로 가득

---

13) 곤괘. 대상전.

14) 서괘전. 상.

15) 둔괘. 단전.

채워지는 것이다.)

앞서 살펴보았듯이 하늘의 뜻은 땅으로 내려오고, 땅의 물형(物形)은 하늘을 향하여 생겨나니, 이렇게 하늘과 땅이 서로 만나게 됨을 둔괘(屯卦)에서는 "시교(始交)"[생겨나게 하는 만남]라 말한 것이다. 하늘과 땅 사이에서 서로의 기운이 만나게 되는 실제적인 모습은 "뇌우지동(雷雨之動)"[비와 바람과 벼락 등 기상의 역동적인 변화 현상]이며, 이는 역학에서 생명 탄생의 원리로서 인용된 "음양합덕(陰陽合德)"의 우주적 표현인 것이다.

이렇듯 만물의 탄생은 '우주적 음양 합덕[始交]의 어렵고도 힘든 과정을 거쳐서 비로소 생겨나게 된다[難生]'는 설명이다. 실로 존재의 개시(開始)는 "천(天)과 지(地)가 서로를 지향한 만남"을 통해서만이 비로소 이루어지는 것이니, "天地之大德曰生"[16]이란 공자의 설명은 "음양합덕(陰陽合德)을 통하여 성취되는 존재 개시의 역학적 의의를 강조한 참으로 곡진(曲盡)한 표현"이라 아니할 수 없다.

## 4. 천명(天命)과 순천(順天)

중용(中庸)에서는 주역과 더불어 존재개시에 대한 유학적 의의를 천명(天命)이라는 명제로 밝히고 있다. 특히 중용에서의 천명은 "성(誠)"의 개념과 함께 논의되면서, 인간의 언어적 공능이 존재개시의 형이상적 의의를 가지고 있음을 명기하고 있으며, 이러한 중용의 천명 개념은 이미 주역에서 다양하게 언급되고 있는 천명의 참 뜻을 보다 더 친절하게 설명해 주고 있다 할 것이다.

"誠者 天之道也 誠之者 人之道也."[17] (성이라 함은 하늘의 뜻이 펼쳐지는 원리이니, 성이 행하는 바를 충실히 따르고 받드는 일이 인간의 올바른 도리이다.)

"誠者 物之終始 不誠無物."[18] (성이라 함은 우주만물의 처음과 끝을 모두 주관하는 원리이니, 성의 이치와 권능이 아니라면 우주 만물 자체도 존재할 수 없다.)

---

16) 계사전. 상. 1章.

17) 『중용』, 20장.

18) 『중용』, 25장.

위의 언급을 크게 구분하여 보자면, 誠은 존재의 근원으로서, 우주 만물을 생성시키는 원리이며, 誠이 그 본래적 이치를 모두 이루어 내면, 그 결과로 우주의 삼라만상(萬物·인간)이 생겨난다는 것이다. 이와 함께 『주역』 「說卦傳」에서는 다음과 같이 말하고 있다.

"帝出乎震……萬物出乎震 震東方也.……成言乎艮……艮東北之卦也 萬物之所成終而所成始 故曰 成言乎艮."[19] [인류의 조상과 만물의 근원은 동방을 뜻하는 진에서 생겨난 것이다.……그 말씀(言)이 이루어지는(成) 것은 동북을 뜻하는 간(艮)이라 할 수 있다. 또한 간(艮)에서 이루어진다는 뜻은 생명적 존재의 완성(열매)과 시원(씨)이 모두 艮卦에 담겨 있기에, 실로 생명을 주재하는 모든 말씀(言)은 간방艮方에 와서야 최종적으로 완성을 이루게 된다는 것이다.]

중용의 성(誠)이란 그 자형(字形)에서 보는 바와 같이 '말씀[言]이 이루어짐[成]'을 단정한 것으로, 주역에서 설명한 "성언(成言)"과 본질적으로 다르지 않다. 참으로 "성(誠)이라 함은 우주만물의 처음과 끝을 모두 주관하는 원리이니"[誠者 物之終始]라고 말한 중용의 뜻과 "생명적 존재의 완성[열매]과 시원(始源)[씨]이 모두 간괘(艮卦)에 담겨 있기에 "艮……萬物之所成終而所成始"라고 말한 주역의 뜻은 '한 말씀'이라 아니할 수 없다.

천명(天命)이란 그 자의(字意)를 통해 볼 때, "하느님의 명령하심"[天之口令]으로 새길 수 있다. 또한 그 말씀[命]이란 이미 노자가 언급한 존재원리로서의 도(道)와 상통하는 의미이며, 기독교 성경에서의 태초적 말씀(The Word)과도 다르지 않다고 할 수 있다. 그런데 이러한 하늘의 명령하심에 대하여 인간이 이를 받들어 순응하는 태도를 "순천(順天)"으로 규정하면서, 하늘에서 내려주는 존재개시의 명령을 바르게 계승하여 모시는 인간의 올바른 자세를 "순(順)"이라는 개념으로 집약하여 표현하고 있는바, 그 대표적인 사례들을 인용하면 다음과 같다.

"乃順承天"[20]. "順天休命"[21]. "順乎天而應乎人"[22]

---

19) 설괘전. 5장.

20) 곤괘. 象傳

21) 대유괘. 大象傳

22) 혁괘. 象傳

한편으로 논어(論語)에서 孔子는 "天生德於予"[23]라고 선언함으로써, 하늘이 내려주신 인격성의 본질을 "덕(德)[性]"으로 명기하고 있다. 그러기에 주역에서의 "순덕(順德)"[24]은 그대로 "순천(順天)"의 본의(本意)와도 다르지 않은 것이라 아니할 수 없다.

이상에서 알 수 있듯이 하늘은 그 뜻을 말씀[命]으로 내리고, 인간은 이를 순(順)의 모습으로 받들어 행(行)함으로써, 하늘[天]과 사람[人]이 서로의 만남을 성취하게 되어, 드디어 "천인상감(天人相感)[天人相應]"의 생명적 조화 세계를 이 땅 위에서 설계하고 지향할 수 있게 되는 것이다.

## 5. 천시(天示)와 인시(人視)

하늘의 뜻이 땅으로 내려오는 정황[방식·통로]을 언어(言語)[말씀]로 표현한 것이 "천명(天命)"이다. 그런데 하늘은 실제로는 "입"[口]이 없으며, 따라서 하늘의 뜻은 인간이 들을 수 있는 어떤 "소리"로써 전달되는 것은 아니다. 그렇다면 인간은 어떻게 하늘의 "뜻 하심"[天意]과 "말씀하심"[天命]을 알아듣고 마주할 수 있게 되는 것인가?

본래 하느님은 별도로 입[口]을 가지고서, 이러쿵저러쿵[諄諄然] 소리 내어 인간의 귀로 들을 수 있는 말씀을 하지는 않는다. 그러기에 공자는 "하늘이 언제 입을 움직여 중얼중얼 무어라고 말을 하던가? 그저 사시가 운행하고 만물이 생겨나는 것으로 그렇게 보여 줄 뿐이지, 직접 말을 하는 것은 아니다"(天何言哉, 四時行焉 百物生焉, 天何言哉)[25]라고 훈계한 것이고, 맹자는 "하늘은 말하지 않는다. 다만 천도 운행의 질서 있는 모습으로 인간들에게 보여 줄 뿐이다"(天不言 以行與事 示之而已矣)[26]라고 가르친 것이다.

따라서 인간이 자신의 생명적 바탕인 하늘의 온갖 모습을 잘 살피고, 땅의 실제적 상황을 잘 살피고 나면[觀象於天 觀法於地],[27] 우주 안에 존재하는 모든 것들의 존재 근거를 '하느님의 말씀의 권능'으로 이해·자각·납득하지 않을 수 없게 되고, 나아가 인간이 가진 입[口]의 기능[言]으로 만물에다가 이름을 지어 주는 행위 자체를, 다름 아닌 하느님의 의지[뜻]를 대

---

23) 논어. 述而.

24) 승괘. 象傳.

25) 논어, 「陽貨」.

26) 맹자, 「萬章上」.

27) 계사. 하. 2章.

120

신하는 역할로 수용하지 아니할 수 없게 되는 것이다. 그러므로 '만물에 대하여 인간이 이름을 지어 주는 것'[命名]이 그대로 하느님의 '만물 창조 행위'와 동격의 권능이 되는 것이다.[28]

그렇다면 "말하지 않는 하늘의 말씀"을 인간은 어떻게 알게 되는 것일까?

그것은 "하늘의 뜻하심과 말씀하심"을 인간은 눈[目]으로 보아서 알게 된다는 것이다. 인간이 보기 위해서는 하늘이 먼저 보여 주어야 하는 것인데, 주역에서는 하늘이 보여 주는 방식을 "시(示)"로 표현하고 있으며, 이를 인간이 보는 방식을 "시(視)"로 표현하고 있다.

앞서의 인용에서 보듯이 맹자는 이에 대하여 "천시(天示)"라고 이해한 바 있으며, 주역에서는 이러한 정황을 다음과 같이 언표하고 있다.

"天地變化 聖人效之 天垂象 見吉凶 聖人象之…易有四象 所以示也"[29] [하늘이 변화하는 모습을 보고 성인이 이를 본받아서 역리를 알게 되는 것이니(역상을 그리게 되는 것이니), 이는 하늘이 그 본래의 뜻을 땅으로 펼쳐서 내려 보내시는 것으로, 여기에서 인간 만사의 길흉은 나타나는 것이다.… 성인이 하늘의 뜻을 본받아 네 가지 모습의 易象(卦爻)을 그리게 된 것이니, 이것이야 말로 하늘이 인간 세상에 그 뜻을 여실하게 보여주시고자 하는 본래의 이유인 것이다.]

"夫乾 確然 示人易矣, 夫坤 隤然 示人簡矣"[30] (대저 하늘의 이치는 분명하고도 확실하게 인간들에게 보여주시는 것이니, 그 모습이 쉽다고 하는 것이요, 대저 땅의 법칙이란 부드럽고도 순하게 인간에게 보여주시는 것이니, 그 모습이 간단하다고 하는 것이다.)

하늘이 인간을 향하여 그 뜻을 보여주게 되면[示], 인간은 이에 순응하고[順] 이를 받들어 하늘의 참 뜻을 바르게 알아보아야[視] 하는 것이다. 이렇게 인간이 하늘을 바르게 알아보고 상대하는 자세를 "시(視)"로 규정하고 있는 바, 다음은 이러한 사례들이다.

---

28) 성경, 「구약창세기」 2장, 19~20절, "여호와 하나님이 흙으로 각종 들짐승과 공중의 각종 새를 지으시고 아담이 어떻게 이름을 짓나 보시려고 그것들을 그에게로 이끌어 이르시니 아담이 각 생물을 일컫는 바가 곧 그 이름이라. 아담이 모든 육축과 공중의 새와 들의 모든 짐승에게 이름을 주니라" 참고. 이 문제에 대하여 송재국은 "아득한 옛날, 인류의 조상 猩猩이님께서 어느 날 자신의 존재를 자각하고 나아가 주변의 온갖 것들을 무엇이라고 이름 불러 줌으로써, 인류와 만물이 이 세상에 처음으로 생겨나게 되었음을 寓話的으로 그려 본 바 있다(송재국, 눈 들어 보니 거기 하늘이 있었네, 솔출판사, 1996, 제1부 참조).

29) 계사. 상. 11章.

30) 계사. 하. 1章.

"上天下澤 履 君子以 辨上下 定民志"[31] (하늘 아래 연못이 있는 모습이 履卦의 象이다. 군자는 履卦의 역리를 본받아 위와 아래로 구분된 의미를 바르게 알아보고, 땅 위의 백성이 바라는 진정한 의지를 바르게 구현해야 하는 것이다.)

"眇能視…履虎尾咥人 凶…不足以有明也"[32] (한쪽 눈으로 능히 볼 수 있을 것이다. …… 호랑이 꼬리를 밟게 되면 흉하게 될 것이다.…부족하더라도 밝게 볼 수 있을 것이다.)

"眇能視 利幽人之貞 …未變常也"[33] (한쪽 눈으로도 능히 볼 수 있을 것이다. … 어두운 곳의 사람도 잘 될 것이니… 이는 아직 항상되고 일정하게 보려는 자세가 바뀌지 않았기 때문이다.)

하늘 아래에 사는 사람이 보아야 하는 것은, 위의 하늘이 내려서 보여준[示] "하늘의 뜻[卦象으로 表象된 易道]으로, 사람[人]은 그 "보여 주시고자[示] 하심을 보는[見] 것"이다. 그러므로 하늘이 보여주는 것은 "천시(天示)"이고, 사람이 보는 일은 "인시(人視)"라 할 수 있는 것이다. [視 = 示 + 見]

이때 천시(天示)는 땅을 향하여 아래[下]로 내려오고, 인시(人視)는 하늘을 향하여[上] 천시(天示)를 마중하는 것이니, 이로써 하늘의 뜻과 인간의 바람은 서로 만날 수 있게 되는 것이다.[34]

---

31) 이괘(履卦). 大象傳.

32) 이괘(履卦). 六三. 爻象.

33) 이괘(歸妹). 九二. 爻象.

34) 하늘이 '보여주는 바'(하늘에서 빛이 내려오는 모습)를 상형한 글자인 '示'는 天(神)과 地(人) 상호간에 相應. 交涉. 合德하는 제반 사업과 관련된 글자에 두루 적용되고 있다.

　* 신(神): 以通神明之德(繫辭. 下. 2장)

　* 연(禋): 禋于六宗(書經. 舜典)

　* 조(祖): 殷薦之上帝 以配祖考(豫卦. 大象). 萬物本乎天 人本乎祖(禮記. 郊特牲)

　* 예(禮): 夫禮 必本於天(禮記. 禮運)

　* 제사(祭祀): 鬼神之爲德…齊明盛服 以承祭祀(中庸. 16장)

　* 우(祐): 自天祐之 吉无不利(大有卦. 上九)

　* 기타 제사. 귀신. 징조. 재앙. 복록. 기도 등의 뜻이 담긴 글자에는 示와 함께 하는 경우가 대부분이다.

　　(社. 禴. 祆. 祫. 祈. 禱. 祠. 祥. 福. 祿. 禎. 禀)

## Ⅲ. 존재개시(存在開示)에 대한 역학적 관점으로서의 "순역(順逆)"

순역이론(順逆理論)은 존재가 자기를 실현하는 방식이며, 동시에 인간이 존재를 이해하는 역학의 고유한 관점이며 인식체계라 할 수 있다. 이에 존재 원리가 자기를 전개시키는(존재가 실현되는) 역학의 존재 방식을 순역적(順逆的) 관점에서 검토해보고자 한다.

형이상적(形而上的 )하늘의 뜻이 실현되는 방식과 형이하적(形而下的 )땅의 물형(物形)이 전개되는 방식은 인간의 인식적 차원에서는 다른 형태로[思惟의 차원과 感覺의 차원] 수용된다는 점에서 보더라도, 존재가 자기를 전개시키는 방식이나 성격 등은 마땅히 서로 구분하여 논의해야 할 것이다. 순역의 관점이 존재를 이해함에 있어서 반드시 유용하고도 필요한 이유는 (앞서의 논의에서 살펴보았듯이) 존재가 실현되기 위해서는 "존재의 근거가 되는 천시(天施)와 지생(地生)의 전개되는 방향"이 서로 다르기 때문이다.

만물의 탄생은 하늘과 땅이 서로 만나야만[始交] 하는 것인데, 천(天)과 지(地)가 만나기 위해서는, 그 지향하는 방향이 서로를 향하고 있어야 할 것이기에, 이는 다시 말하여 각각의 전개 방향이 서로 다름을 전제하는 것이다.

### 1. 시간구조(時間構造)에서의 순역(順逆)

주역에서는 이치로서의 하늘의 뜻이 전개되는 방향과 방식을 순(順)이라고 규정하고 있으며, 현상으로서의 땅의 물형(物形)이 구체적으로 생겨나고 자라나는 방향과 방식을 역(逆)이라고 규정하고 있다. 그러므로 순역(順逆)이란 존재가 전개되는 [실현되는] 현장으로서의 시간(時間)과 공간(空間)의 방향성(方向性)을 규정한 개념으로서 다음은 이에 대한 주역의 설명이다.

"極數知來之謂 占"[35] (미래를 알기 위해서 數로써 셈하여 나가는 것이 占치는 방식이고 의의이다.)

"占事知來"[36] (점을 치는 일은 미래를 알기 위함이다.)

---

35) 계사. 상. 5章.

36) 계사. 하. 12章

"數往者 順 知來者 逆 是故 易 逆數也"[37] (지나간 과거를 향하여 현재에서 수로 셈하여 갈 때, 이를 順方向이라 하는 것이고, 현재에서 미래를 알고자 하는 방향을 逆方向이라 하는 것이니, 이로써 볼 때 占事에서 기원한 周易의 주제는 逆의 方向을 위주로 하여 설명하고 있는 것이다.)

이는 시간의 방향성을 두 가지로 구분하여 설명한 것인데, 시간의 방향성이란 시간이 흘러가는(전개되는) 방식을 말하는 것이다. 일반적으로 이해할 때 시간은 과거에서 현재를 거쳐 미래로 흘러간다. 이는 물리적 시간이 흘러가는 양상을 그대로 인식·기술한 것으로 주역에서는 이를 역(逆)이라고 말한 것이다. 이때 시간의 방향을 두 가지로 구분하여 순(順)과 역(逆)으로 설명한 것이라면, 그렇다면 순(順)은 역(逆)과는 다른 방향으로 전개된다는 뜻으로 이해할 수밖에 없으니, 그렇다면 이는 시간이 미래에서 현재를 거쳐 과거로 흐른다는 말인가?

물리적 시간은 어떤 경우라도 거꾸로 흐르지는 않는다는 것이 명백하다. 왜냐하면 물리적 시간의 흐름에 따라서 공간적 물상(物象)은 그 형태를 변화시키고 있는데, 어떤 경우라도 물질적 성장의 모습은 거꾸로 진행되지는 않기 때문이다.[예를 들면 나무가 시간에 따라 거꾸로 작아지면서 자라지는 않는다.]

주역에서 말하는 "역(逆)과 다른 순(順)의 방향"이란 물론 그 시간의 흐름이 "미래에서 현재를 거쳐 과거로 흘러가는 방향"을 말하려는 것이다. 다만 이때의 "시간"이란 공간적 차원에서 감각으로 체험할 수 있는 물리적 시간이 아니라, 현상적 시간의 변화 모습을 주재하는 "변화원리(變化原理)로서의 시간원리(時間 原理)"[時間性 자체, 時間의 存在 原理]를 말하는 것이며, 다시 말하면 이치로서의 시간성(時間性)은 물리적 시간의 전개 방향과는 반대라는 것이며, 이를 순(順)이라는 또 하나의 방향으로 규정한 것이다.

이를 이해하기 위하여 편의상 흐르는 시간의 양단(兩端)[시작과 끝]을 1과 10으로 설정하고, 시간의 흐름을 1에서 10을 향하여 흘러간다고 가정해보자. 보이지 않는 시간을 부득이 보이는 현상으로 대체해 보면, "생명적 존재의 공간적 생장 변화 과정"으로 비유할 수 있을 것이다. 물리적 시간의 흐름에 따른 공간적 생명의 변화 과정을 대비해 보면(식물의 생성 과정을 예로 들면), "씨를 심어서 싹이 트면[始], 자라나서 꽃이 피고 드디어 열매로 결실한다[終]"고 말할 수 있다. 이처럼 씨[始]에서 출발하여 열매[終]로 도달하는 과정을 주역에서는 역(逆)으로 규정한 것이다.

---

37) 설괘. 3章.

그런데 주역에서의 시간에 대한 관심이란 물질적 변화 현상과 함께하는 '물리적 시간의 변화 과정'만을 대상으로 하는 것이 아니라, 오히려 시간의 원리[時間性. 시간의 존재 구조. 시간의 存在 意義]를 밝힘으로써, 궁극적으로는 시간의 존재 의의를 인간의 삶 속에서 구현하는 이른바 역사성(歷史性)을 아울러 천명하고자 함에 그 중심 명제가 있는 것이다.

무릇 만물의 변화 현상에는 그 배후에 그 변화 현상의 근거가 되는 '변화의 원리'가 존재하는 것처럼, 물리적 시간의 변화 현상[시간의 흐름]에도 그 시간의 흐름을 주재하는 시간의 원리[시간성]가 존재하는 것이니, 주역에서는 그 시간의 존재 원리가 물리적 시간의 흐름으로 그 자신의 존재 의의를 개시(開示)하는[전개시키는, 실현하는, 펼쳐내는] 방식과 방향은, 물리적 시간의 흐름과는 서로 다르다는 관점을 제시하면서 이를 순(順)으로 명명(命名)하고 있는 것이다. 다시 말하면 물리적 시간은 태초(太初)[始. 太極1]에서 종말(終末)[終. 无極10]로의 역(逆)방향으로 흐르지만, 시간의 원리 자체는 종말(終末)[終, 无極10]에서 태초(太初)[始. 太極1]로의 순(順)방향으로 개시(開示)된다는 것이다. 그러기에 주역에서는 시간의 흐름[天行. 時行]과 역도(易道)의 본질을 설명할 때는 언제나 [始終이 아닌] "종시(終始)"의 구조로 명기(明記)하고 있는 바, "大明終始 六位時成"[38], "先甲三日 後甲三日 終則有始 天行也"[39], "懼以終始 其要无咎 此之謂 易之道也"[40] 등은 이러한 사례들이다.

송재국 교수는 이러한 "종시(終始)의 관계"를 씨와 열매와의 생명적 대비를 통하여 다음과 같이 설명한 바 있는데, 이 점에서 볼 때 유의미한 비유라 할 수 있을 것이다.


"오늘날 현대인들은 보편적으로 '인류 문명은 시간과 더불어 끊임없이 높은 단계를 향하여 발전해 나간다'라는 이른바 '발전사관' 혹은 '사회진화론적 관점·문명진화론적 시각'을 '세계와 역사 이해의 당연하고 유용한 인식 틀'로 전제하고 있으나, 이러한 일반론에는 근본적으로 반성해야 할 하나의 철학적 맹점이 있음을 우리는 냉정하게 살펴보아야 한다.

세상에 존재하는 모든 실체는 일방적인 방향에서 계층적으로 생장·성숙·발전해 가는 것이고, 그 과정이 오래일수록 더욱 가치 있고 훌륭한 성과로 나타난다는 인간의 사유방식의 특징은 [易學的 時間觀인 '順逆理論'에서 이미 언급한 바 있듯이] 만물의 생명적 존재방식을 '씨[始·出生]'에

---

38) 건괘(乾卦). 단전.

39) 고괘 단전.

40) 계사. 하. 11章.

서 열매[終·死滅]에로의 단선적 진행 과정'으로만 인식하는 것이다.

모든 생명의 현상은 외형상 씨[先天·太極1]에서 열매[後天·无極10]로 진행된다. 그러나 이러한 관점은 현상 차원의 진술로서는 유용한 것이지만, 생명현상이 내포하고 있는 '보이지 않는 이치가 개시되는 또 하나의 방향'은 인식하지[사유하지·진술하지] 못하고 있는 것이다. 물론 모든 생명의 출발은 씨[출생]에서 시작한다. 그러나 한 번 더 숙고해 보자. 생명의 출발이 되는 그 씨는 어디에서 왔는가? 그것은 명백히 열매에서 온 것이다. 지난 가을에 딴 열매를 새 봄에는 씨로 심었기 때문이다. 씨가 자라서 열매가 되는 전 과정을 시간의 흐름에서 볼 때, '역(逆)'의 방향이라 한 것이고, 열매가 씨의 역할로 전화(轉化)되는 내면적 성숙의 과정은 보이지 않는 생명원리[理致]가 자기의 본질을 개시(開示)하는 방향으로서, 이를 시간의 존재구조에서는 [역(逆)과는 반대 방향인] '순(順)'이라 이름 지은 것이다.

이제 평이(平易)하게 정리해 보자.

씨가 열매가 되기 위해서 '가야 하는 길'[道]이 있다면, 그 길은 열매에서 볼 때는 '씨가 걸어오는 길'[道]이고, 열매가 씨를 맞이하기 위해 이미 닦아 놓은 길이며, 이는 씨가 싹이 터서 열매를 향하여 첫걸음을 떼놓기 이전부터 이미 '깔려 있는[열려 있는] 길'이다. 다시 말하면 열매가 주체가 되어 (씨를 향하여) 씨가 올 수 있도록 '허용하고 다져 놓은 길'임이 분명하다. 씨로서는 그 열매를 맺기 위해서라면 반드시 가야만 하는 '정해진 길'이 미리 마련되어 있어야 하기 때문이다. 콩은 콩의 길을 가야만 콩으로 열매를 맺을 것이고, 팥은 팥에게 주어진 길을 가야만 팥으로 결실할 수 있다. 그러므로 생명의 출발점인 씨[출생]에게는 반드시 따라가야만 하는(순응해야만 하는) 각각의 길이 주어져(정해져) 있는 것이며, 그것은 열매의 입장에서 보자면, 씨를 향하여 '이리로 오라'고 손짓하면서, 씨가 싹트기 이전부터 이미 펼쳐 놓은[施]' 넓고도 단단한 큰 길[大道]인 것이다."[41]

앞서의 "大哉乾元 萬物資始"에서 살펴보았듯이 모든 존재는 하늘의 '뜻하심'에 의해 순(順)의 방향에서 始作[施]되지만, 이는 어디까지나 형이상적 원리로서의 초현상적 존재이기에 인간의 세계에서는 검증되지 않는 것이며, 오로지 그 뜻이 무극(无極)10[열매. 終]의 자리에서 개시(開示)하여 태극(太極) 1[씨. 始]의 자리에 도달함으로써 [이미 완성된 존재로서의 완전한 이치가 태초적 물상(物象)으로 땅 위에 현상으로 출현(始)함으로써] 비로소 하늘의 의지[天意]는 "씨를 싹틔우는 모습"에서 "그 뜻하심"을 이루게 되는[完成] 것이다. 주역에서는 이

---

41) 송재국. "송재국 교수의 易學談論". 예문서원. 2010. pp.472~474.

를 "소성시(所成始)"라 하여 다음과 같이 언명하고 있다.

　"帝出乎震……成言乎艮. 萬物出乎震. 震東方也……艮東北之卦也. 萬物之所成終而所成始也. 故曰 成言乎艮."[42] (만물의 창제자인 상제께서는 진괘의 원리에 따라 출현하여, 간괘의 이치에 따라 세상만물을 완성시킨다. 그러기에 만물 또한 당연히 진괘에서 비롯되는 것으로 진이란 동방을 말한 것이다.…… 또한 간괘는 동북방을 일컫는 것인데 만물은—생겨난 바로 그곳에서 완성을 이루는 것이니—완성된 열매가 곧 다시 시작하는 씨 노릇을 하게 되는 것으로—만물이 생겨난 동북방인—간방에서 그 완성을 온전하게 이루게 되는 것이다.)

　"能變化 旣成萬物也."[43] (스스로 능히 전개하는 사물의 생명적 변화현상 자체는 만물이 가지고 있는 본래적 존재의의가 이미 모두 온전히 이루어진 경지와 다르지 않은 것이다.)

　물리적 공간의 변화 과정에서 볼 때, 종(終)에서 이룸[成]은 가(可)하지만, 어떻게 시(始)에서 이룬다[成]는 것인지, 역(逆)의 방향만을 가지고는 도저히 '소성시(所成始)'의 참 뜻을 설명할 수 없는 것이다. 때문에 이 말은 그 종(終)에서 시작하여 시(始)에서 완성하는 순(順)의 지향을 전제로 할 때만이 '소성시(所成始)'의 해석은 가능해진다.

　실로 물리적 세계에서는 변화의 끝에 가서야, 이에[乃)] 비로소 완성됨이 가(可)한 것인데, '기성만물(旣成萬物)'이란 "만물이 이미[旣] 이루어졌음"을 언명한 것이니, 이 또한 변화 이전, 즉 "만물의 현상적 전개 이전"에 이미 이루어져 있는 이치(理致)를 말한 것으로, 순(順)의 방향을 전제해야만 납득되는 표현인 것이다.

　이처럼 물리적 차원에 한정되어서는[逆의 일방적 관점에서는] "처음을 이룬다"는 의미로서의 "소성시(所成始)"의 참 뜻을 결코 바르게 해득할 수 없는 것이니, 이 점에서 보더라도 주역에서 제시한 순역적(順逆的) 관점의 철학적 의의는 "존재 이해의 통로"로써 매우 각별하다 아니할 수 없는 것이다.

---

42) 주역, 「설괘전」, 5장.

43) 주역, 「설괘전」, 6장.

## 2. 공간 구조에서의 순역(順逆)

한편 모든 존재는 그 존재의 지평으로서 시간의 구조와 함께 공간의 구조를 가지고 있다. 따라서 존재가 실현되는 방식과 방향은 공간적 구조에서도 순역적(順逆的) 관점으로 설명할 수 있는 바, 다음은 이에 대한 예증이다.

"飛鳥遺之音, 不宜上宜下, 大吉, 上逆而下順也.[44] (나는 새가 그 소리를 아래로 내려 주니, 위로 올라감은 옳지 않으며 아래로 내려감이 옳다. 크게 길하리라. 위로 오르는 것은 逆이며 아래로 내려주는 것은 順이다.)

라고 하여 신의(神意)를 상징하는 새의 소리[鳥音]가 내려오는 방향, 즉 하늘에서 땅에로의 방향을 순(順)으로 하고, 인간이 땅에서 하늘을 쳐다보며 신음(神音)을 지향하는 방향을 역(逆)으로 규정하고 있다. 大學에서는,

"物有本末, 事有終始."[45] (공간적으로 형체가 있는 물건에는 그 本과 末이 있는 것이고, 시간적으로 전개되는 사건에는 그 마침과 시작이 있는 것이다.)

라고 하여 시간의 종시(終始)개념을 공간적 개념으로는 본말(本末)로 규정하고 있는데, 본(本)은 땅 속에 있는 씨로서의 개시성(開始性)을 상징하며, 말(末)은 땅 위에 있는 열매로서의 종말성(終末性)을 상징하는 것이다. 따라서 종(終)은 말(末)이 되고 시(始)는 본(本)이 되어, 말(末)에서 본(本)을 지향함은 순(順)이 되고, 본(本)에서 말(末)을 지향함은 역(逆)이 된다.
  서경의 대우모편(大禹謨篇)에서도 "땅을 다스림으로써 하늘의 뜻을 이루는 것이다. 인간 세상에서는 六府三事가 모두 다스려지니…… 이것이 바로 시간의 이치가 세상살이로 드러나는 공능인 것이다"[地平天成 六府三事允治……時乃功]이라 하여, 인간이 땅을 다스리어 하늘의 뜻을 완성한다 하였으니, 이는 인간이 땅을 경영함으로서 하늘의 시공(時功)에 나아가는 '역(逆)의 태도'를 말한 것이라 규정할 수 있는 것이다.

---

44) 주역, 小過卦, 「象傳」.
45) 대학, 經1장.

이상에서 보듯 순(順)은 하늘의 뜻[神德]이 인간에게 내려오는 통로이며, 역(逆)은 땅의 의지[物情]가 하늘에 올라가는 통로로서, 이는 모두가 인간의 내면세계 안에서 회통되는 것이니, 주역에서는 이를 "역(易)의 이치로써 하늘의 신명한 덕(德)에 통하고, 또한 역(易)의 이치로써 땅의 만물을 주어진 각각의 모습대로 나누어 다스린다"[46][以通神明之德, 以類萬物之情]으로 규정한 것이다.

이를 그림으로 정리하면 다음과 같다.

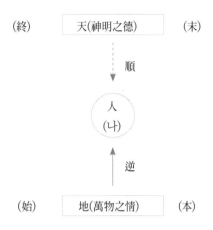

## IV. "천시지생(天施地生)"으로 집약된 역학(易學)의 존재 구조

역학의 존재론은 "하늘과 땅의 있음"을 전제로 하여, 천(天)과 지(地)의 상호 교섭과 상통인 음양합덕(陰陽合德)을 통한 만물의 탄생을 주제로 한다. 이때 만물이 처음으로 비롯되는 것은 천(天)이 지(地)를 향하여 그 천의(天意)를 실현함으로써 개시(開示)되는 바, 이러한 천의가 실현되는 존재개시(存在開示)의 정황을 주역의 익괘(益卦) 단전(彖傳)에서는 "하늘의 뜻이 베풀어진다"는 의미로서의 "시(施)"로 표명한 것이고, 하늘의 뜻을 받들어 땅에서 구체적인 물상으로 나타나는 만물의 정황을 "생겨난다"는 의미로서의 "생(生)"으로 표기한 것이니, "천시지생(天施地生)"은 이를 말함이다.

사실 주역의 전편에서 다양하게 언급되고 있는 존재개시에 대한 언사(言辭)와 존재구조에

---

46) 계사. 하. 2章.

대한 표현은 모두 "천시지생(天施地生)"의 함의(含意)로 집약되고 대표된다고 볼 수 있으니, 이는 만물이 탄생하는 음양합덕[天地交合]의 우주적 정황을 가장 실감나고 곡진하게 응축(凝縮)하여 표명한 철학적 주제어라 할 수 있을 것이다. 이에 주역에서 다양하게 언급된 "시(施)"와 "생(生)"의 존재론적 의미를 순역적(順逆的) 관점에서 검토해봄으로써 주역에서 제시한 "천시지생(天施地生)"의 철학적 본의를 새삼 확인해 보고 정리해 보려는 것이다.

## 1. 천시지생(天施地生) 기익무방(其益无方)

기독교 성경의 주기도문에는 "하늘의 뜻이 하늘에서와 같이 땅에서도 이루어지소서"라는 간구(懇求)가 있다. 사실 하늘 자체(우주)는 "이미 완성되어 있으면서 운행하고 있는"[有天地하는] 대전제이기에 새삼스레 다시 더 이루고 성취해야 할 어떤 과정이 남아있는 게 아니다. 하늘은 이미 스스로 다 이루어진 "기성(旣成)의 존재"이기에 완전(完全)·완미(完美)·완성(完成)된 경지로서의 "절대원리(絶對原理)"[道]가 될 수 있는 것이며, 따라서 더 이루어야 할 사업이 별도로 요청되지도 않는 것이다.

하늘의 뜻이 현상 사물로 실현되어, 인간과 만물이 살아가고 곡식이 자라나는 현장이 되는 것은 (하늘에서가 아니라) 바로 이 땅에서이다. 그러므로 "천시지생(天施地生)"의 본뜻은 다름이 아니라 "하늘의 뜻은 땅에서 만물로 생겨난다"는 주역의 종교적 메시지인 것이다. 그런데 하늘이 지향하는 최후적 이념처(理念處)는 [하늘의 뜻으로 생겨난] 모든 만물이 서로 간에 차별 없고 공평하게 "하늘이 주시는 무한한 이익(利益)"[恩寵. 惠德]을 얻고, 누리고, 나누는, 대동적 인간세상이라는 것이며, 그 종교적 함의를 집약한 표현이 곧 "기익무방(其益无方)"[그 이로움에 끝이 없음]인 것이다. 본디 하늘에서 내려주시는 천총(天寵)[祝福. 恩惠]의 실상은 일월지행(日月之行)[天行. 時行]으로 인하여 펼쳐지는 비바람과 햇볕 등의 기상 현상일 것이니, 이로부터 땅에서는 생명적 자원인 곡식이 자라고, 이를 인간은 "삶의 이익"으로 삼아, 천하 만민이 함께 더불어 조화롭게 살아가는 인간 세상을 성취할 수 있게 되는 것이다.

주역의 벽두(劈頭)에서 "雲行雨施 品物流形…保合大和…萬國咸寧"[47](구름과 비바람으로 만물이 생겨나니……우주내의 모든 생명이 함께 조화롭고……이로써 천하의 온갖 나라가 다 같이 평안하게 살아간다"라고 역도(易道)의 이념을 선언한 이유도, 익괘(益卦) "천시지생

---

47) 건괘(乾卦). 象傳.

(天施地生)"의 본의(本意)와 결코 다르지 않은 것이다.[48]

48) 인류문명의 始原과 관련하여 "태초적 정황"을 표현하는 '말소리'(언어. 음운. 발성)에 있어서, 우리 민족(東夷族의 후예)의 언어적 구조와 발성적 특징에는 "하나의 연관성과 일관성"을 示唆하는 바가 있다고 논자는 짐작하게 된다. 중국 학자 유 절(중국고대종족이식사론. 正中書局. 민국 37년). 한국의 유승국(동양철학연구, 근역서재, 서울, 1983.). 우실하(동북공정너머 요하문명. 소나무. 2006). 정재서(산해경 역주. 민음사. 1994.) 기타 관련 학자들의 연구 성과에 의하면, "인류 문명의 始原이 되는 고대 중국의 문명적 주체 세력은 "中原지역(황하. 장강)의 漢族"이 아니라, "東北亞(요동. 요하) 지역의 東夷族"임이 문헌학적. 고고학적 연구 성과에 의하여 명백히 밝혀졌으며, 특히 동양 문명의 시원적 특질을 간직하고 있는 이른바 "六甲 干支 문화", "유학의 발생 및 유학의 철학적 근거인 易學의 기원", "인류 문명의 배경이 되는 文字의 탄생" 등이 동북아의 동이족에 의하여 비롯되었다는 것이다. 동양 사회에서 정신 문화의 母胎가 되고 있는 사유 구조의 하나로써 "五行論"을 거론할 수 있다면(중국 역사의 태초적 정황을 기록한 서경의 堯典. 舜典에 그들의 삶의 방식 일체가 '오행적 구조' 속에서 인용되고 있음은 그러한 예증의 하나이다. "송재국 교수의 역학담론" 제9장 참조), 한글의 制字原理를 담고 있는 "훈민정음의 역학적 연구" 등을 통하여, 고대 동이족의 언어적 배경을 五行的 관점에서 탐구하여, 철학적. 음운학적으로 논증하고 설명한 이정호 박사의 연구는 실로 탁월한 학문적 성과라 아니할 수 없다. (이정호. 易學攟言. 1982. 대한 교과서 주식회사. 참조). 특히 중국의 문자로 알려진 漢字를 '읽음'(讀音)에 있어서, "하나의 글자"에 대하여 중국의 漢族은 '두 음절'로 읽는 경우가 허다하지만, 한국의 동이족은 '한 음절'로만 읽고 있음을 볼 때, 漢字의 起源 역시 동이족의 문명적 始原과 더욱 가까운 근원임을 추측하게 한다. 특히 "인류 문명의 태초적 정황을 내용으로 하는 말과 글"을 살펴볼 때, 한국어(한글)와 漢字의 음은 일정한 연관성과 공통성을 내포하고 있음을 발견할 수 있는데, 송재국 교수는 이에 대하여 다음과 같은 사례를 소개한 바도 있다.(송재국 교수의 역학 담론)

* 사람: 사랑을 씨로 하여 우주 안에 생겨난 인격체.
* 사랑: 사람의 존재원리.
* 살다(삶, 살림): 사랑이라는 씨가 시간과 공간의 지평에서 싹트고 꽃피는 모습.
* 生(날 생): 처음 생명이 비롯되는 모습.
* 性(본바탕 성): 처음 비롯된 사람의 마음(忄+生).
* 猩猩(성성이 성): 인류사에 처음으로 등장하는 유인원의 이름.
* 사르다(불사르다): 생명의 에너지인 불(火)을 산소로써 태워(燃燒) 그 힘으로 살아가는 생명의 전 과정.
* 成(이룰 성): 태어난 생명이 그 생명적 의의를 모두 이룸. 완성된 어른(成人).
* 聖(거룩할 성): 우주 만물의 본뜻이 모두 완전히 이루어진 궁극적 경지(聖人).
* 誠(미쁠 성): 태어난 생명이 그 실상을 모두 이루게 되는 것은 본래 하늘의 의지(聖人之意·聖人之言)가 그 '뜻하신 바'를 이루는 과정(言+成).
● 夷(동방 사람 이)-人(사람 인)-仁(씨 인)-寅(동방 인)-因(말미암을 인, 근본 인)-元(으뜸 원)-天(하늘 천)
● 본고에서의 논의에도 나타나 있듯이, 존재의 근원을 지칭하는 한국어인 "씨"-하늘이 인간에게 내려준 삶의 근거이며 질서로서의 "時"(때, 시간의식)-하늘의 뜻이 開示되는 방법으로서의 "施"와 示-天施에 대하여 인간이 順應하는 모습으로서의 "視" 등에서도 하나의 일관된 "字意와 音韻간의 연관성"이 있음 또한 우연으로만 치부할 수는 없을 듯하다. 물론 언어적 특성과 인류 문명 始原을 연결하려는 학문적 가능성이나 의의는 전문적인 언어학자들과의 협력을 바탕으로 보다 치밀하고 근거 있게 논의될 영역이긴 하지만, 적어도 고대 동북아에 살던 동이족의 문명적 開眼이 漢字 등의 文字에서 有意味한 示唆點과 관련성이 풍부하게 발견된다는 점에서, 보다 적극적이고 입체적인 연구의 필요성이 있다는 것이 논자의 所見이다.

## 2. 천도하제(天道下濟) 지도상행(地道上行)

천도는 하늘 아래의 땅으로 시(施)하여 내려오고, 지도는 천도의 뜻에 순응(順應)[順天.順德]하여 하늘을 향해 만물을 생(生)해 내니, 주역의 겸괘(謙卦)에서는 이에 대하여 "天道下濟而光明…地道 卑而上行"[49](하늘의 이치는 아래로 내려와 세상을 밝게 비추고…땅은 낮은 곳에서 위를 향하여 그 역할을 실현한다) 이라고 설명하면서, 천하 백성의 삶을 위해 부지런히 일하고, 인간세상을 올바르게 경륜함으로써, "천도지시(天道之施)"와 "지도지생(地道之生)"의 역도를 실천해야 하는 참된 지도자의 자세와 공덕을 "노겸군자勞謙君子"의 표상으로 주문하고 있다. 실로 인간 세상을 다스리는 군왕에게 주어진 제일의 책무와 덕목은 "천시지생(天施地生)"의 존재원리를 깨달아 천도[하늘의 뜻]와 지도[인간의 바람]를 모두 인격적 차원에서 이 땅위에 실현하는 것이니, 그 책임적 인격주체를 건괘(乾卦). 문언전에서는 "수출서물(首出庶物)"의 "수(首)"라 한 것이요, "體仁足以長人"의 "장(長)"이라 한 것이며, 겸괘(謙卦)에서는 직접 "노겸군자(勞謙君子)"로 명명(命名)하였고, 사괘(師卦)에서는 "용민축중(容民畜衆)"하는 사(師) 왕(王)으로 규정한 것이다.

또한 백성을 다스리는 지도자의 최후적 이념은 천하 백성을 바르게 다스려 "하늘이 애초에 뜻하시고 바라시던 바"를 땅 위에서 성취해 내는 것이니, 서경에서는 이를 "지평천성(地平天成)"[50](땅을 다스려서 하늘의 뜻을 이룸)이라 요약한 것이고, 겸괘(謙卦)에서는 "君子以稱物平施"[51][군자는 모름지기 겸괘의 이치를 깨달아서, 땅 위의 만물을 균등하게 다스려서, 하늘이 본래 베풀어 주신 그 은혜와 이익을 백성의 살림살이에서 공평(公平)·무사(無私)하게 실천.대행해야 한다]라고 가르쳐 주고 있는 것이다.

하늘의 뜻이 땅위의 인간세상으로 베풀어지는[施] 모습은 "일월지명(日月之明)"으로서의 "밝음"[빛]이다. 하늘이 보여주는[施] "밝음" 속에는 [단순히 어두움의 상대 개념인 '밝은 빛'만을 가지고 있는 것이 아니라] 또한 햇빛 에너지를 담고 있어서, 이로부터 만물은 생명을 얻고 자라나고 결실하여 인간 생명의 원재료로 쓰이게 되는 것이다. 인간과 만물의 생명력은 오로지 태양의 햇볕 에너지에 의존하고 근거하는 것이니, 이는 결과적으로 "태양의 에너

---

49) 겸괘. 彖傳.

50) 서경. 대우모.

51) 겸괘. 대상전.

지"[밝은 빛]가 인간에게 "생명의 복록(福祿)[天祿]<sup>52)</sup>을 내려주시는 것과 다르지 않은 것이다.

그러기에 천하백성의 생명을 책임지고 인간 세상을 경륜해야 하는 지도자는 모름지기 하늘의 뜻이 드러난 "밝은 빛"을 계승하고, 또 이를 땅 위의 만물에게는 생명의 원재료[곡식·복록]로서 베풀어야[施]하는 것이며, 나아가 하늘의 말씀인 "천명"을 새겨듣고 이를 인류세계에 인간의 언어로써 풀이하여 널리 알려주어야 하는 것이다.

다음의 인용은 이를 직접 언명하고 있는 대표적인 사례들이다.

"大人以 繼明 照于四方"<sup>53)</sup> (하늘의 뜻을 대행하는 대인은 모름지기 離卦의 이치를 깨달아서, 하늘의 밝은 빛을 계승하여 이를 인간 세상에 널리 비춰주어야 하는 것이다.)

"后以 施命誥四方"<sup>54)</sup> (지도자로서의 원후는 姤卦의 易理를 깨달아서 하늘의 말씀을 풀어내어 인간 세상에 널리 알려주어야 한다.)

"君子以 施祿及下"<sup>55)</sup> (군자는 夬卦의 이치를 깨달아서 천하 백성에게 하늘의 은총인 복록을 널리 베풀어 주어야 한다.)

## 3. 승천총(承天寵) 회만방(懷萬邦)

하늘은 높고 땅은 낮으니[天尊地卑] 하늘의 뜻은 아래를 향해 내려오고[下], 땅의 만물은 위[上]를 향하여 올라가서, 천지(天地)·음양(陰陽)은 비로소 합덕(合德)·시교(始交)하여, 우주 안에다 가득히 만물의 생명적 기운을 채우게 되는 것이다.

소과괘(小過卦)에서는 하늘의 뜻을 전달하는 상징적 메신저를 "비조(飛鳥)"[날으는 새]로 비유하여, 천지(天地) 간에 서로 교통하는 정황을 상역(上逆)과 하순(下順)으로 나누어 설명하고 있음은 앞서 살펴본 바 있다. 그러므로 천도(天道)와 지도(地道)를 인간 세상에서 실천 구현해야 할 책임적 존재인 인간 사회의 지도자는 "천시(天施)는 하순(下順)하고, 지생(地生)은 상역(上逆)하는 역(易)의 이치"를 깨달아서 이를 천(天)-지(地) 상호간에 소통·조화·일치시키는 역할을 해야 하는 것이다.

---

52) 서경. 대우모 "四海困窮 天祿永終"에서의 天祿과 같은 의미이다.

53) 이괘(離卦). 大象傳.

54) 구괘. 大象傳.

55) 쾌괘. 大象傳.

다시 말하여 지도자의 가장 중요한 책무는 "하늘의 뜻을 백성에게 전하고 백성의 소망을 하늘에 전달하는" 신인상응(神人相應) 천인상감(天人相感)을 성취하는 일인 것이다.

이에 대하여 [유학의 왕도 정치 원리를 담고있는] 주역의 사괘(師卦)에서는

"在師…承天寵也…懷萬邦也" (지도자 노릇함에 있어서는… 하늘이 내려주시는 뜻하심과 은혜를 바르게 계승하여서, …하늘을 대신하여 천하 만방 백성의 소망과 바람을 모두 지도자의 가슴에 품어주는 일이다.)

라 하여 순(順)으로 내려온 천시(天施)에 대하여는 역(逆)의 방향에서 이를 승(承)[繼]하고, 역(逆)으로 자라나는 지생(地生)에 대하여는 순(順)의 방향에서 이를 품어 주는[懷] 사업(事業)이, 노겸군자(勞謙君子)의 본래적인 사명임을 밝히고 있는 것이다.

이상의 논의를 함께 모아 그림으로 정리하면 다음과 같다.

(終) 天·天道·天行·時行·天意·天地之心·神明之德·聖人之意·天命·誠·乾道 (末)(上)

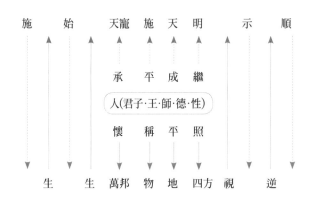

(始) 地·地道·地勢·四方·地宜·庶物·萬物之精·百姓·民·萬國·坤道 (本)(下)

## V. 하늘의 뜻하심은 땅에서 이루어진다

인간이 추구하는 철학적 탐구의 영역을 존재론(存在論)·인식론(認識論)·가치론(價値論)으로 크게 구분할 수 있다면 형이상학(形而上學)으로서의 철학의 첫 번째 주제는 존재론으로 귀착될 것이다. 지식의 탐구[인식론]나 그 의미의 정초(定礎)[가치론]는, 일단 탐구와 논의의 대상인 "어떤 존재의 생겨남과 있음 자체"를 전제할 수밖에 없기 때문이다.

동양 정신문화의 철학적 지평인 역학(易學)에서는 존재의 출발점을 "천지(天地)"로부터 연역하고 있으며, 천(天)과 지(地)의 상호 교섭을 통하여 만물은 비롯되고[始] 생겨나게[生] 된다는 것을 음양합덕(陰陽合德)의 과정과 결과로 설명하고 있다.

주역에서는 하늘(天)의 본질을 형이상적(形而上的) 理致[道]이면서 동시에 인격적 의지를 가지고 있는 "천지지심(天地之心)", "성인지의(聖人之意)"로 이해하고, 땅의 본질을 하늘의 의지를 현상적으로 실현한 구체적인 물상으로 이해하고 있다. 이 때 하늘의 의지[天意]는 땅을 향하여 펼쳐지고, 이로부터 생겨난 땅의 물상은 하늘을 향하여 자라난다.

이처럼 천(天)과 지(地)가 자기의 존재 의의를 구현하는 방향은 서로가 다른 것이니, 이를 주역에서는 순(順)과 역(逆)의 관점으로 설명하고 있는 것이다.

순역이론(順逆理論)이란 존재가 자기를 드러내는 방식과 양상을 해명하는 역학(易學) 고유의 이론이다. 존재의 존재 방식은 시간과 공간의 존재구조와 존재 양상에 의거하는 것인데, 물리적 시간이 전개되는 방향과 이와 동반하여 현상적 물상이 자라나는 방향을 "역(逆)"이라고 규정한 것이고, '하늘의 뜻'[天意]이 땅을 향하여 기상 현상으로 펼쳐지는 정황과, 공간적 변화 현상의 근거로서의 시간성 자체가 자기를 개시(開示)하는 방향을 순(順)으로 규정한 것이 순역(順逆)이론의 핵심이다.

본디 천(天)과 지(地)의 교합(交合)으로 인간과 만물은 생겨나고 성장하는 것이기에, 천(天)과 지(地)가 서로를 지향하여 합덕(合德)하는[만나는] 방향과 양상은 이처럼 구분하여 이해해야만 타당하기 때문이다. 실로 하늘의 뜻은 땅이 없으면 그 의지를 실현할 터전이 없고, 땅의 형상은 하늘이 없으면 생겨날 근거 자체가 없는 것이다. 이처럼 하늘의 의지와 땅의 물상(物相)이 모두 동시에 동등한 자격으로 만물의 존재원리가 된다는 관점이 유학이 제시하는 존재론의 특성이며 장점이다. 다만 "천지(天地)"라는 표기에서 볼 수 있듯이, 천(天)이 지(地)에 앞서서 언급되고는 있으나, 이는 어디까지나 언어적 논설의 차원에서 구분한 것일 뿐, "즉존재적(卽存在的)" 입장에서 보자면[존재원리 자체에서 보자면] 천의(天意)와 지물(地物)

은 모두가 함께 참여하고 동시에 합발(合發)하는 "하나의 존재원리에 대한 부득이한 표현상의 순서"에 불과한 것이다. 건괘(乾卦) 단전(彖傳)에서 "건원(乾元)"[으뜸원리로서의 하늘의 뜻]과 "곤원(坤元)"[으뜸원리로서의 땅의 노릇]이라 하여 건(乾)과 곤(坤). 하늘과 땅의 존재 의의를 한결같이[차별없이] "원元"으로 단정한 이유가 여기에 있는 것이다.

역학의 이러한 천지일체적(天地一體的) 우주관과 세계 인식은, 인간의 인격성과 함께하는 인류의 역사현장에서는 신인일체적神(人一體的) 인간관과 신물일체적(神物一體的) 존재론으로 정초(定礎)되어, 궁극적으로는 "신(神)과 인간(人間)과 만물(萬物)이 하나의 생명적 존재로 조화된 아름다운 우주관"으로 승화될 수 있는 철학적 바탕이 되어준 것이다.

그동안 인류 사회는 지난 20세기를 격동과 혼란과 모순과 갈등으로 체험해 오면서, 종교의 이상과 과학의 현실을 생명적 차원에서 조화시키지 못하고, 어느 일방의 의지나 편의성을 우선시하는 배타적 주장이나 존재 이해에 편중되어서, 무수한 자기 분열과 인격성의 해체를 자초해 왔으며, 따라서 이러한 분열된 세계관이나 편협한 인간관으로는 더 이상 인류 공동체의 최후적 이념과 소망을 보장할 수 없다는 사실에 대하여 반성과 성찰을 강요받게 되었던 것이다.

이제 21세기를 맞이함에 있어서, 인류의 정직해진 관점은 "하늘과 땅과 만물과 인간이 본래부터 하나의 존재원리에서 개시되었음"을 자각하고 검증하며 확정하기에 이른 것이다.

거시적인 인류문명사의 관점에서 볼 때, 역학의 이론인 순역(順逆)으로 해명한 유학의 존재론은 새로운 문명시대에 요청되는 인간의 새로운 지혜의 발견에 충실하게 부응할 수 있으며, 이러한 유학의 철학적 이념을 집약시키고 있는 주역 익괘(益卦)의 "천시지생(天施地生)"에 대한 논설(論說)은 그러한 시대적 요청에 유의미(有意味)한 학문적 기록이 될 수 있을 것으로 삼가 기대하는 바이다.

# 2

# 춤추고 노래하는 천하 백성의 살림살이

## 유가 왕도 정치사상의 논리적 구조

### I. 유학이 꿈꾸고 설계한 유토피아는 무엇일까?

유학의 창시자인 공자를 일컬어 '현실주의 철학자'라고 부르게 되는 것은, 그의 사상적 관심사 자체가 "백성들의 삶(일상적 생활)이 인격적[道德的] 삶의 올바른 질서[禮儀] 속에서, 천지만물와 더불어 아름답게 살아갈 수 있도록, 조화된 이상세계[大同]를 설계. 추구하고 있기 때문"이다. 이러한 공자의 "인간 경영 방식과 세계 이념 실천"을 오늘날의 학문적 개념으로 범주화 하자면 "정치사상에 관한 담론"으로 수렴할 수 있을 것이다.

공자의 정치사상은 천도(天道)에 근거한 인성(人性)으로서의 "선(善)-인(仁)-직(直)-덕(德)"을 보편적 존재원리로서 전제하고 있으며, 공자의 철학 사상을 계승한 맹자는 이를 실천하는 존재 구현의 방식과 이념을 "왕도 정치 원리"로 정리·해설하고 있다.

기존의 학계에서는 유가 정치사상의 바탕과 근거가 되는 선성(善性)과 사덕(四德) 그리고 정치적 목표와 이념인 대동(大同)과 왕도(王道) 등의 개념에 대해서는 여러 방면에서의 논의가 축적되어왔다고 할 수 있다. 그러면서도 이러한 각개의 철학적 개념과 정치적 수사(修辭)들이 어떠한 논리적 구조 속에서 설계되고 주창되어 있는가에 대한 입체적인 관점에서의 종합된 해설은 충분하지 못했다고 여겨진다. 이는 왕도정치원리를 유가사상의 거시적 논리구조인 "체용적 관점(體用的 觀點)"에서 일관(一貫)하여 정리하지 못하였음을 지적하는 것이며, 그렇게 된 중요한 이유 중의 하나를, "百姓日用而不知"에서의 백성에 대한 개념적 정의를 유학의 본래적 관점인 "천도적 차원에서 충실히 이해. 규정하지 못한 데에 있다"고 필자는 판단하고 있다. 그렇게 판단하게 되는 철학적 근거에 대하여 필자는 "유가에서 제시하는 백성의 본래적 위상은 '현실 정치의 주체이면서 대상인 시민·민중이라는 현대 사회의 일반적 규정과는 존재론적으로 그 차원과 의미가 다르다'는 데에 있다"고 보는 것이다.

이에 본 논문에서는 유가 정치 이념의 출발점이며 궁극적 성취의 대상인 "백성(百姓)"의 본질을, 사회적 관점을 넘어, 천도적 차원에서 근거 있게 규정하고, 이에 기초하여 백성의 보편적 삶의 의미를 실현할 수 있는 유학적 논리와 방식을 일관된 논리적 구조 안에서 재정리해 보려는 것이다.

이를 위해 먼저 왕도정치사상의 존재원리(存在原理)[本體的 주제]인 천도(天道)-선성(善性)-사덕(四德)과 이를 실천하는 발용원리(發用原理)를 하나의 논리적 구조[틀]안에 담아, 인의(仁義)-도덕(道德)으로 대표되는 중정지도(中正之道)를 설명할 것이다. 나아가 체용일원적(體用一源的) 성취와 경지를 대변하는 보합대화(保合大和)[大同世界]의 '화(和)'를 포괄하여 "중(中)-정(正)-화(和)의 논리 구조"를 도출해 내고자 한다.

이러한 동양적 왕도 정치 논리는 21세기에 당면한 계몽주의적 정치 이념이 지향하는 법치의 근본적인 한계를 적시(摘示)하면서, 이를 극복할 수 있는 새로운 정치적 발상을 제시(提示)하는 하나의 유의미(有意味)한 학문적 성과로 활용 될 수 있을 것으로 기대한다.


## II. 왕도정치사상의 경전적 근거

### 1. 서경의 執中과 天祿

유학에서 정치적 의미를 가장 집약적으로 포괄하고 있는 개념적 규정으로서의 "왕(王)"이란 언표는 주역의 "古者 包犧氏之王天下也"[1], "或從王事[2]. 서경의 "王道蕩蕩"[3]. 맹자의 "以德行仁者 王"[4] 등에서 다양하게 나타나고 있지만, 특히 그 '王天下之事業'을 원리적 입장[道의 관점]과 더불어서 직접적으로 명기한 '왕도(王道)'라는 표현은, 기자(箕子)가 무왕(武王)에세 치세지도(治世之道)를 설파하고 있는 서경 홍범편에 나타나 있다. 유학에서 서경의 경전적 의미는 이른바 성인의 역사적 계승[聖統]과 관련한 철학적(존재론적) 근거를 담보하고 있는 경

---

1) 주역. 계사전 하 2.

2) 곤괘(坤卦). 六三.

3) 서경. 홍범.

4) 공손추 상.

전이라고 볼 수 있는 바, 요(堯)-순(舜)-우(禹)로 전승되는 성통전수(聖統傳授)의 요체를 "윤집궐중(允執厥中)"이라는 '중(中)'의 문제로 일관하고 있음은 다음의 인용에서 확인할 수 있다.

"天之曆數在汝躬 汝終陟元后 人心惟危 道心惟微 惟精惟一 允執厥中"[5] (하늘의 운행도수 원리가 그대의 몸에 있으니 그대는 마침내 元后가 될 것이오. 사람의 마음이란 위태로운 것이고, 이치의 마음은 은미한 것이니, 오로지 마음을 精一하게 하여 진실로 그 中道의 이치를 깨달으시오.)

"天之曆數在爾躬 允執其中 四海困窮 天祿永終"[6] (하늘의 운행 도수 원리가 그대의 몸에 있으니, 진실로 그 中道의 이치를 깨달으시오. 天子로서 백성의 삶을 곤궁하게 한다면 하늘의 福祿은 영원히 끝나게 될 것이오.)

위의 내용은 두 가지 측면에서 구분하여 이해할 수 있는데, 첫째, 왕 노릇 하기 위해서는 정치행위의 근거이며 전제인 하늘의 운행도수[天之曆數: 天道]를 깨달아야 한다는 치세(治世)의 출발점에 대한 선포이며, 둘째, 왕은 치세를 통하여 천도를 천하 백성에게 하늘의 복록(福祿)[天祿]으로 누리게 해야 한다는 정치의 목표(도착점)에 대한 선언인 것이다. 그러므로 이를 해낼 수 있는 정치 지도자로서의 자격이란 다름이 아니라 하늘의 원리[天之曆數]를 깨달아서[允執厥中] 이를 백성의 삶[天祿] 속에서 현실화할 수 있을 때에 주어진다는 것이다.

다시 말하면 왕자(王者)가 갖추어야 할 정치의 제일 원리는 "중(中)"이며, "중(中)"이란 천도의 시간성[天之曆數]를 지도자가 인간(백성)의 삶의 원리로 내면화하여, 자각하고 체득한 개념을 일컫는 것으로, 공자는 이를 '시중지도(時中之道)'로 요약하고 있다. 이러한 '중(中)'의 이치가 올바른 지도자에 의하여 천하 백성의 일상적 삶 속에서 바르게[正] 구현된다면, 이것이 곧 천하백성에게는 "하늘이 내려주신 생명의 은덕(恩德)"인 '천록(天祿)'이 되는 것이다.

실로 서경과 논어에서 언명하고 있는 정치의 요체는 "요-순-우라는 왕자의 자격을 천도적 차원에서 규정하고, 이러한 자격을 가진 왕자의 치천하사업(治天下事業)만이 천록(天祿)이 보존되고 전승되는 이상적인 천하세계를 경륜(經綸)할 수 있다는 것이다.

특히 홍범편에서는 왕자(王者)가 추구하는 이상적인 천하세계를 "대동(大同)"으로 명시하

---

5) 서경. 대우모.

6) 논어. 요왈.

고 있는데,[7] 홍범에서 제시한 대동의 정치원리가 현실세계에서 구체적으로 실현되는 경지를 예기에서도 또한 "대동(大同)"으로 규정하고 있다.[8]

　그런데 서경에서는 천도를 천록(天祿)으로 펼쳐내야 하는 주체로서의 성왕(聖王)에 대하여, 요-순-우라는 역사적 인물을 거명하고 있기에, 그 왕자(王者)로서의 자격에 대하여 별도로 논하지는 않는다. 이들은 인류사에 실재로 등장한 성왕(聖王)의 표본이기에 후세의 왕자(王者)는 그들의 행적을 왕도의 모범으로 삼고 본받으면 되는 것이다.

　그렇지만 백성이 처한 실재적 역사 현장은 모범적 성왕의 출현만을 기다리고 있을 만큼 한가한 것이 아니기에, 실존적 인간 사회에서 성왕적(聖王的) 지도자를 찾아보고 가르치고 길러내어서 왕도적 정치를 구현하기 위해 주유천하(周遊天下)한 인물이 곧 유학의 중심 인물인 공자와 맹자인 것이다. 이처럼 공자와 맹자의 으뜸되는 관심사가 '성왕(聖王)을 본받는 왕도(王道)의 실현'이라는 점에서, 왕도를 본질로 하는 치천하사업(治天下之事業)은 유학의 중심 주제라 아니할 수 없는 것이다. 특히 '집중(執中)'을 통하여 정치의 원리를 내면화시키고, '천록(天祿)'이라는 청치의 이념을 백성의 일상 속에 현실화시키는 '치천하사업(治天下事業)'이야말로 유학이 지향하는 진정한 왕도의 모습이라 할 수 있으니, 기자가 무왕에게 치세의 대경(大經)을 설파한 홍범(洪範)에는 왕도의 본질에 대하여 다음과 같이 언명하고 있다.

　"無偏無陂 遵王之義 無有作好 遵王之道 無有作惡 遵王之路 無偏無黨 王道蕩蕩 無黨無偏 王道平平 無反無側 王道正直"[9] (편벽됨이 없고 기욺이 없어 왕의 義를 따르며, 뜻에 사사로이 좋아함을 일으키지 말아 왕의 道를 따르며, 뜻에 사사로이 미워함을 일으키지 말아 왕의 길을 따르라. 편벽됨이 없고 편당함이 없으면 왕의 道가 蕩蕩하며, 편당함이 없고 편벽됨이 없으면 왕의 道가 平平하며, 常道에 위배됨이 없고 기욺이 없으면 왕의 道는 正直하게 되는 것이다.)

　"惟辟作福 惟辟作威 惟辟玉食 臣無有 作福作威玉食, 臣之有作福作威玉食 其害于而家 凶于而國 人用側頗僻 民用僭忒"[10] (오직 군주만이 복을 짓고 오직 군주만이 위엄을 짓고, 오직 군주만이 玉食을 할 수 있으니, 신하는 복을 짓고 위엄을 짓고 玉食함이 있어서는 안 된다. 신하가 복을 짓

---

7) "汝則有大疑… 是之謂大同".

8) "大道之行也 天下爲公…是謂大同"에서는 현대 사회에서의 정치적 핵심과제인 복지. 분배. 실업. 치안 등의 제문제에 대하여 공공적 차원에서 해결해야 함을 언급하고 있다.

9) 서경 홍범.

10) 상동.

고 위엄을 짓고 玉食함이 있으면, 네 집에 해롭고 네 나라에 흉하여 사람들이 바르지 못하고 기울고 편벽되며, 백성들이 참람하고 지나치게 될 것이다.)

　"歲月日 時無易 百穀用成 乂用明 俊民用章 家用平康. 日月歲 時旣易 百穀用不成 乂用昏不明 俊民用微 家用不寧"[11] (歲-月-日에 때가 바뀜이 없으면 百穀이 풍성하고 다스려짐이 밝아지고 준걸스런 백성들이 드러나고 집이 편안해질 것이다. 日-月-歲에 제 때를 잃어 때가 바뀌어 지면 百穀이 이루어지지 못하고 다스려짐이 어두워 밝지 못하고 준걸스런 백성들이 미천해지고 집이 편안하지 못할 것이다.)

　위에서 거듭 확인할 수 있는 것은 왕도의 궁극적 지향처는 "천록(天祿)이 백성의 쓰임으로 실현됨에 있는 것이니, 이는 '집중(執中)'의 내용이 곧 왕도(王道)이며 [하늘에서 내려준] '천록(天祿)'의 쓰임이 다름 아닌 [땅에서 드러난 모습으로의] '민용(民用)'이라는 것이다.

　이로써 볼 때 서경의 전편을 일관하고 있는 유학의 역사 정신[인간의 시간 의식]은 왕도(王道)의 집중(執中)과 천록(天祿)의 민용(民用)으로 집약(集約)할 수 있을 것이다.

## 2. 맹자(孟子)의 선성(善性)과 왕도(王道)

　인류사에 있어서 "인간의 본질은 과연 무엇인가?"를 고민하면서, 인간이 인간다울 수 있는 '인격성(人格性)'의 근거[본바탕: 씨]를 탐구한 끝에 "인간[人]을 인간되게 만드는 인간의 씨[仁]는 사람 씨[仁]이다"[12]라고 밝힌 인물이 바로 공자이다. 공자 이전에는 이러한 문제[사람의 본질 탐구: 인간의 자기 이해: 인간의 존재 해명]를 전문적이고 책임 있게 탐구하여, 이를 체계적이고 보편적인 학문적 입장에서 선포한 인물이 없었다는 점에서, 공자의 이러한 "인간 존재 해명 작업"은 매우 특별한 철학적 의미가 있는 성과라고 아니할 수 없는 것이다.[13]

　나아가 공자는 인간의 본질을 설명하면서 "인간이 인간일 수 있는 본래적 정서(情緒)는 '곧은 것'이라고 형용할 수 있다"[14]라 하여, 이른바 그의 '직사상(直思想)'을 표출하고 있다.

---

11) 상동.

12) 살구씨를 杏仁. 복숭아씨를 桃仁이라 함은 仁의 본래적 의미가 '씨'임을 말해주는 용례이다.

13) 인류문명사의 진정한 출발점은 '인간의 자기 탐구: 자기 선언'에서 부터라고 할 수 있다. 공자의 仁에 대한 선언은 이 점에서 인격적 본질을 내용으로 하는 진정한 인류 문명의 첫 관문을 열어준 사건이라 할 수 있다.

14) 논어. 옹야 "人之生也 直"

그러기에 그는 인간은 타고난 정서로서의 직심(直心)을 바르게[正] 구현하며 살아야 한다는 '정직(正直)의 당위성'을 설파하기 위해 일생을 바친 것이다.

공자의 직사상(直思想)을 계승한 맹자는 "人皆有不忍人之心"(사람이라면 모두가 차마 어쩌지 못하는 마음씨를 가지고 있는 것이다)이라 하여, 인간 본래성의 선천적 의미를 특별히 강조하면서, 왕자(王者)는 그러한 '천부적(天賦的) 인간다움'을 인간의 삶의 지평에서 오롯이 실현시켜야 하는 것임을 "人皆有不忍人之政"[사람이라면 모두가 차마 어쩌지 못하는 쓰임새(정서의 펼쳐냄)를 가지고 있다]이라 하여 주장하고 있다. 그러므로 맹자가 내세우는 왕도의 본질 역시 다름 아닌 "인(仁)의 실현"이며, "직(直)의 구현"인 것이다.[15]

그러므로 인(仁)을 거짓으로 위장하여 다스리는 힘의 정치를 왕도(王道)와 대비하여 가장 나쁜 정치 행태인 패도(覇道)라 하여 다음과 같이 규정하고 있는 것이다.

"以力假仁者 覇…以德行仁者 王"[16] (힘으로써 仁을 가장하여 다스리는 것을 패도라 하고, 덕으로써 仁을 행하는 것을 왕도라 한다.)

한편으로 맹자는 인간의 본성인 '인(仁)'의 철학적 의미를 이해하고 설명함에 있어서, 공자가 말한 '직(直)'이라는 외형적 수사(修辭)에 한정되지 않고, 보다 내면화된 인격적 의지를 담지하고 있는 "선성(善性)"[道德 意志]을 전제함으로써, 그의 실천적 정치원리인 왕도의 철학적 기반을 '도덕심(道德心)의 지평'으로 공고히 다지고 있다.

위에서 맹자가 강조하는 선(善)의 본의(本意)는 "선(善)이란 단순히 인간의 여러 가지 가치의식(價値意識) 중에서 '악(惡)'에 상대되는 특정의 성질에 국한된 것이 아니라, 인간 생명의 대전제인 천도적(天道的) 차원에서 품수(稟受)된 절대적인 인간의 본성이다"라는 것이다. 선(善)이라는 인간의 선천적이고 보편적인 인격성이 실존적 삶의 현장에서 제대로(바르게) 드러나면, 이를 '선(善)'이라 하는 것이고, 선성(善性)이 은폐되고 억압되어 바르게 나타나지 못하면, 이를 '불선(不善)'이라 하여 구분하고 있는 것이다.

선성(善性)이란 인간이 타고난 생득적인 '도덕 의지'를 말하는 것으로, 이는 단순히 현상적

---

15) 곧은(直) 마음(心)을 세상에 실천함(行)이 곧 德의 구현이니, 맹자의 왕도정치를 덕치. 사랑의 정치 라고도 말하는 것이다. (德= 行 + 直 + 心)

16) 공손추 상.

사태를 가름하는 여러 가지의 의식 중의 '상대적 하나'가 아니라는 것이다.[17]

맹자는 공자의 인사상(仁思想)을 도덕적 의지라는 선(善)의 철학으로 계승. 심화. 일반화 함으로써 공자에서 맹자로 확장되는 유학의 사상적 개화(開花)는 오로지 도덕적 세계(윤리적 삶)를 지향하는 일대 교향악으로 인류사에 퍼져나갈 수 있었던 것이다. 또한 맹자는 왕도의 실현으로 완성된 그러한 인격적 삶의 세계를 "여민동락(與民同樂)"[18][백성과 더불어 삶을 즐거이 누리는 것]이라는 이상적 세계로 상정(想定)하고 있다.

이로써 '인(仁)'이라는 이름의 '인간 씨'는 '왕(王)'이라는 방식의 '정치 행위'를 통하여 꽃을 피우고, 끝내는 '민락(民樂)'이라는 열매[19]로 결실하게 된다는 유가 정치원리의 일관된 구조를 설정할 수 있게 되는 것이다. 특히 맹자는 양혜왕(梁惠王)과의 대화에서 "何必曰利亦有仁義而已矣"[20](하필 利益만을 말하는가? 또한 仁義라는 진정한 덕목이 있을 뿐이다)라 하여, 왕도 정치의 대도(大道)를 인(仁)과 의(義)로써 요약하고 있는데, 이는 달리 말하면 인(仁)이라는 씨를 의(義)라는 열매로 길러내어, 그 결실을 백성이 즐겨[樂] 먹고 살 수 있게 하는 것이 왕도의 요체임을 단언하고 있는 것이다.

## 3. 주역의 왕사(王事)와 민용(民用)

성인이 작역(作易)한 본래적 의도는 "古者 包犧氏之 王天下也…於是 始作八卦"[21] (옛날 복희씨가 왕노릇할 적에 …처음으로 역도를 표상하는 팔괘를 지었다)에서 보듯 왕천하지사(王天下之事)에 있다. 계사전에서는 이어서 언급하길 "作結繩而爲網罟 以佃以漁 蓋取諸離"[22] (끈을 엮어 그물을 만들고 이것으로 사냥도 하고 물고기도 잡으니, 그 쓰임의 원리는 離괘에서 취한 것이다)라 하여, 복희씨 자신이 작역(作易)한 역도(易道)에 근거하여, 그물을 만들고 사냥하

---

17) 칸트의 이른바 '도덕률'은 이와 비견할 수 있을 것이다. 나쁜 짓을 저지른 죄인도 자기의 (도덕적이지 못한) 잘 못을 변명은 하지만, 그것이 마땅하고도 잘한 일이라면서 자신의 도덕적 본성을 원천 부정하지는 않는다.

18) 양혜왕 하.

19) 예기 악기편. "樂者敦和", "樂者 天地之和也", "樂極和" 등에서 樂을 생명적 완성의 경지인 和의 성취로 언급하고 있는 바, 樂에는 '열매'의 의미를 담고 있다 할 것이다.

20) 양혜왕 상.

21) 주역 계사전 하 2.

22) 상동.

는 법과 고기 잡는 법을 백성에게 가르치고 있다. 비단 복희씨뿐만이 아니라 신농(神農), 황제(黃帝), 요(堯), 순(舜) 등 역대 성왕(聖王)들은 모두가 익괘(益卦)·건곤괘(乾坤卦)·관괘(觀卦)·수괘(隨卦) 등 역리(易理)의 여러 가지 성격에 근거하여, 쟁기질하는 법, 옷 입는 법, 마차 만드는 법 등 백성의 일상적 생활을 편리하고 윤택하게 해주는 제도와 방법, 기물(器物)을 마련하여 천하를 다스린 것이다. 이러한 역도(易道)와 관련한 치세(治世)의 문제를 주역에서는 "도제천하(道濟天下)"로 요약하여 다음과 같이 설명하고 있다.

"易 與天地準 故 能彌綸天地之道…與天地相似 故 不違 知周乎萬物而 道濟天下 故 不過"[23] (역이란 천지와 더불어 나란히 하는 존재임으로, 능히 천지의 도리를 다 아우른다. …또한 천지와 더불어 서로 닮아 있어서 어긋나지도 않으며, 그 앎은 만물에 두루 미치어, 역도야말로 천하를 구제하는 것이니, 넘치거나 모자람도 없다.)

'도제천하(道濟天下)'라 함은 '역도(易道)가 천하 백성을 구제하는 일'을 말함이니, 부언하자면 이는 '왕자(王者)가 역도를 깨달아서[執中하여] 천하 백성을 다스리는 치세사업(治世事業)'으로서의 '왕사(王事)'를 말하는 것으로, 곤괘(坤卦)에서는 이를 직접 명시하여 다음과 같이 설명하고 있다.

"含章可貞 或從王事 无成有終"[24] [王者가 아름다운 사랑의 덕을 품고 있으면 가히 바르게 될 것이다. 혹시 왕 노릇을 하게 된다면 자기에게 큰 이룸(成果: 利로움)은 없겠지만, 백성에게는 마침내 좋은 성과가 있게 된다.]

"含章可貞 以時發也 或從王事 知光大也"[25] (王者의 내면적 의지가 아름다워야 바르게 된다 함은, 그때의 마땅함이 제대로 發揚됨을 이르는 것이고, 왕 노릇할 수 있다는 것은 그 지혜로움이 밝게 드러나서 크게 이루어진다는 것이다.)

"陰雖有美含之 以從王事 弗敢成也 地道也 妻道也 臣道也 地道 无成而代有終也"[26] (王者가 자기 속으로는 비록 아름다운 의지를 가지고서 이로써 왕 노릇을 잘 성공하더라도 감히 자기의 성과

---

23) 계사전 상 4.

24) 곤괘(坤卦) 六三 爻辭.

25) 상동 爻象辭.

26) 상동 文言傳.

라고 말하지는 않는 것이다. 하늘에 대해서는 땅의 입장이고, 지아비의 관점에서는 지어미의 위치이며, 인군을 모시는 신하는 자리이니, 땅의 도리는 하늘의 의지를 대행할 뿐, 왕자가 이루어낸 사업이라도 이는 하늘의 의지를 대신하여 마무리 지은 것이기 때문이다.)[27]

또한 주역에는 올바른 왕 노릇과 이에 대한 백성의 반응[王과 民의 관계]에 대하여 다음과 같이 소개하고 있다.

"能以衆正 可以王矣…以此毒天下而民從之"[28] (능히 여럿을 바르게 다스릴 수 있어야 가히 왕이 되는 것이다.… 이로써 천하 백성을 길러 낼 수 있다면 백성은 그를 따르게 된다.)
"勞謙君子 萬民服也"[29] (王者로서의 군자가 수고로이 일하고도 겸손할 수 있을 때, 온 백성은 기꺼이 感服하여 따르게 된다.)

이는 왕자(王者)의 주체적 역할[올바른 이치를 깨달아서 부지런히 펼치는 왕 노릇]이 왕사(王事)[治世事業]의 가장 중요한 권위가 되어야 함을 강조한 것이다. 이러한 왕자의 주체적이고 자발적인 왕사의 결과는 당연히 "백성의 일용적(日用的) 삶"[民用]으로 결실하게 될 것이니, 다음은 이를 언급한 용례이다.

"夫易 開物成務 冒天下之道 如斯而已者也 是故 聖人 以通天下之志 以定天下之業 以斷天下之疑…聖人 以此洗心 退藏於密. 吉凶 與民同患…明於天之道 而察於民之故 是興神物[30] 以前民用. 聖人 以此齋戒 以神明其德夫 是故 闔乎謂之坤 闢乎謂之乾 一闔一闢謂之變 往來不窮謂之通 見乃謂之象[31] 形乃謂之器 制而用之謂之法 利用出入 民咸用之 謂之神"[32] (대저 역이란 문물을 열고 그 할 일을

---

27) 이 문장에 대한 해석에는 여러 가지 입장이 있을 수 있지만 논자는 주역의 전편에서 언급된 왕사의 본뜻을 존중하고, 동양학 전반에 대하여 철학적 해설을 강조한 김흥호 교수의 견해를 참조하여 위와 같이 이해하고 해석하였다. (김흥호. 주역강해 1. 사색출판사, 2011. pp.86~93 참조)

28) 사괘 단전.

29) 겸괘 九三 爻象辭.

30) 여기서의 신물은 역학에서 신명한 존재원리를 표상한 河圖와 洛書를 대신하는 표현으로 볼 수 있다. 繫辭傳 上 11章의 "天生神物 聖人則之"에서의 神物과 그 의미가 同一한 것이다.

31) 變通의 원리가 겉으로 드러난 存在象을 易의 方式으로 그려낸 것이 바로 卦象이다.

32) 계사전 상 11.

완성하여, 천하의 모든 문제를 다 덮어 줄만한 것이니, 다만 이것일 뿐이다. 그러므로 성인은 천하의 뜻에 통하여, 천하의 사업을 정하고, 천하의 의혹을 판단해 주는 것이다. 성인은 이로써 마음을 깨끗이 씻고, 보이지 않는 곳으로 물러나 있으면서도, 좋은 일이나 나쁜 일이 있을 때는 언제나 백성들과 더불어 함께 걱정하는 것이다. 그렇게 하늘의 도를 밝히고 백성들 삶의 문제 거리를 잘 살펴서, 그 신명한 삶의 존재원리를 세상에 드러내니, 백성들이 이를 활용하여 잘 살아갈 수 있도록 미리 그 이치를 준비해 두었던 것이다. 성인이란 이처럼 몸을 깨끗이 하여 그 덕이 참으로 신명한 존재인 것이다. 이제 우주의 원리가 닫힌 모양새를 곤이라 하고, 열린 모양새를 건이라 하는바, 한번 열리고 닫히는 과정을 변화라 하는 것이고, 가고 오는 것이 그침이 없는 것을 통이라 하는 것이다. 이러한 변통의 원리가 우주 안에 겉으로 나타난 것을 상이라 하는 것이고, 이렇게 드러난 존재상이 하나의 쓰임새로 형체를 가지게 되면 이를 기(그릇)이라 하는 것이다. 나아가서 그 그릇을 만들어 삶의 용도로 쓰게 되면 하나의 법도(제도)가 되는 것이고, 이러한 사물의 법도를 사용하면서 사람들은 세상의 안팎으로 드나들며 살아가는 것이다. 이처럼 백성이 하늘의 원리와 땅의 제도를 두루 함께 쓰면서 그 혜택과 은덕으로 살아갈 수 있는 것이니 이것이 바로 천지신명께서 천하백성을 위해 행하시는 신덕인 것이다.)

위의 언급에서 알 수 있듯이 성인은 역도의 신명한 원리를 가지고, 우환 속에서 살아가는 백성의 삶[제도와 법에 따르는 일용적 사업]을 경륜해 가는 것이니, 성인지치(聖人之治)야말로 왕사의 표준이 아닐 수 없는 것이다.


## Ⅲ. 왕도정치의 주체

정치의 주체란 물론 정치 행위의 주체를 지칭하는 것이다. 그러나 철학적 지평에서 보다 광의적으로 규정하자면 '정치 행위를 하게 하는 동력(動力)으로서의 재일의적 권위(第一意的 權威)를 함께 포괄한다고 볼 수도 있을 것이다.

이에 본 장(章)에서는 두 가지의 관점을 모두 수용하면서 유가에서 말하는 왕도 정치의 진정한 주체는 무엇인가에 대하여 검토해 보고자 한다. 무릇 유가 왕도정치의 속성과 특징을 심도 있게 고구(考究)하자면 무엇보다 우선하여 왕도정치를 행하는 [行하게 하는] 근본 이유와 원동력이 무엇[누구]인지를 알아보아야 할 것이기 때문이다.

## 1. 성인지언(聖人之言)과 천도(天道)

주역 대상전은 '64 각괘(各卦)가 가지고 있는 고유한 역리(易理)를 깨달아서, 그 뜻을 자신과 세상에서 실천·구현해야 하는 인격적 주체를 맨 앞에서 거양(擧揚)하는 방식으로 서술되어 있다. 앞서 인용한 바 있는 "도제천하(道濟天下)"에서의 '도(道)'를 '역도(易道)'라고 전제한다면, 천하를 '제(濟)'하는 주체를 '도(道)'라고 할 수 있다. 그러나 '도(道)'란 형이상적(形而上的) 이치[原理]임으로 실제로는 [입이 없어] 말도 못하고, [손. 발이 없어] 일도 못하는 존재임으로, 이를 대신하는 인격적 주체로서의 선왕(先王)·대인(大人)·상(上)·후(后)·군자(君子) 등이 '도(道)'의 역할을 대신하고 있는 것이다.

역(易)이란 본래 천지(天地)와 그 격위(格位)를 나란히 하는 절대적 이치임으로[易與天地準][33] 역도(易道) 또한 천도(天道)[天地之道]라고 말할 수 있다.

유가 사상의 대전제이며 논리적 연역점(演繹點)은 천도(天道)[天地之道] 자체이니 주역의 수괘(首卦)가 건괘(乾卦)[34]임이 그러하고, 중용(中庸)의 개권지성(開卷之聲)이 하늘의 말씀인 '천명(天命)[[天之口令)으로 비롯함도 이 때문이다. 그런데 천도를 중심으로 하는 역도를 지은이는 성인이라는 인격적 주체이다.[35] 주역에서의 성인이란 "古者 包犧氏之王天下也…始作八卦"[36]에서 알 수 있듯이 작역(作易)의 주체인 동시에 행역(行易)의 주체이기도 하다. 주역 64괘(卦) 대상전(大象傳)에 나타난 수덕(修德)과 치세(治世)의 인격적 주체 중에서 선왕(先王)·대인(大人)·상(上)·후(后) 등은 성인(聖人)의 범주에 해당된다고 볼 수 있는 바, 주역에서의 정치적 주체는 크게 성인과 군자로 구분된다.[37] 여기서 성인과 군자로 구분되는 기준은 작역(作易)의 자격 여부에 있다. 즉, 성인은 작역(作易)의 주체이지만 군자는 오로지 (성인이 이미 밝혀준 역도를 배워서 이를 현실 세계에서 실천하는) '행역(行易)'만을 담당하는 주체라는 점이다.

성인이 작역(作易)의 주체일 수 있음은 "夫大人者 與天地合其德"[38] (대저 대인이란 천지와

---

33) 계사전 상 4.

34) 설괘전 11. "乾爲天".

35) 상동. 1 "昔者 聖人之作易也".

36) 계사전 하 2.

37) 64괘의 大象傳에는 君子 53회. 先王 7회. 后 2회. 上 1회. 大人 1회 등장하고 있다.

38) 건괘(乾卦) 文言傳.

더불어 그 덕이 합덕된 존재이다) "天子者 與天地參 故 德配天地"39) (천자란 천지의 경지에 참여하여, 그 덕이 천지와 함께하는 존재이다) "産萬物者 聖也"40) [만물을 낳아주는 하늘의 공능을 聖(人)이라 하는 것이다] 등에서 알 수 있듯이, 성인이란 본래부터 천지 만물을 창조해내는 천지지도(天地之道)와 그 존재적 위상을 나란히 하는 하늘적 존재이기 때문이며, 이는 달리 말하면 천도(天道)[天地之心, 天地之意] 자체가 스스로의 권능으로 자신의 인격성을 구현한 존재가 곧 성인이라는 것이다.

그러므로 성인은 자신의 인격성 속에 '천지지심(天地之心)'을 담지하고 있기에, 이를 천하의 백성에게 알려주고 전해야 할 하늘적 사명[天命]을 가지고 태어난 것이며, 그 천도적 의미(天道的 意味)를 실행하는 성인적 사업이 곧 '천도를 인간이 알아들을 수 있도록 획괘(劃卦)하고 계사(繫辭)하는 작업'인 작역(作易)인 것이다. 다만 인류사의 초기에는 성인이 천도의 이치를 역도(易道)로 깨달아서 작역(作易)을 하고는, 또한 자신이 직접 그 역리(易理)에 따라 치세(治世)의 사업에도 나서는 왕 노릇을 감당했던 것이니, 이를 성왕(聖王)이라 지칭했던 것이다. 참으로 성인이란 '생이지지(生而知之)'41)한 존재로서, 하늘의 마음[天地之心]과 성인의 뜻[聖人之意]은 천도라는 차원에서는 다르지 않은 것이다.

우주내의 하나의 행성인 지구의 역사에서, 과거의 어느 때인가에 인간의 모습을 닮은 하나의 생명체가 탄생하였을 것이고, 또 어느 시기에는 인간의 자기 자각[인간이 스스로 인격적 존재 임을 깨닫는 일]을 거침으로서 '인류의 문명적[인격적] 세계'가 전개되기 시작했을 것인바[이 때부터 진정한 인류의 역사는 시작된다], 그러한 인류 역사의 출발점에 다름 아닌 '성인의 천도자각(天道自覺)'[作易이 그 증거이다]의 계기가 있었을 것으로 보아, 성인의 우주내적 사명이란 '인류 세계를 경륜하는 절대적 원리[治世之道]를 스스로 제창해 내는 일'이라 아니할 수 없는 것이다. 그러므로 '작역사업(作易事業)'이야 말로 [입이 없는]42) 하늘의 이치를 인간이 알아들을 수 있는 성인의 말씀[聖人之言]으로 전환시켜, 인류세계에 선포한 성인의 가장 위대한 사업이 되는 것이다. 따라서 모든 치세(治世)의 으뜸되는 주체는 성인지언(聖人之言)으로 드러난 천지지도(天地之道)가 되는 것이다.

---

39) 예기 경해.

40) 예기 향음주의.

41) 중용 20.

42) 논어. 양화 "天何言哉 四時行焉 百物生焉 天何言哉". 孟子 萬章上 "天不言 以行與事 示之而已矣" 참조.

## 2. 군자지행(君子之行)과 지덕(地德)

무릇 형이상적(形而上的) 하늘의 뜻[天地之心]은 형이하적(形而下的) 땅에서 만물로 나타나는 것이니, 하늘의 뜻과 함께하는 인격적 존재를 성인이라 한다면, 땅의 물상(物象)과 함께하는 인격적 주체는 군자와 백성으로 볼 수 있을 것이다. 특히 여기서 군자는 성인의 말씀을 배우고[學] 익혀서[習] 본래 하늘이 하고자 하시는 뜻에 따라 천하 백성을 지도(指導)·경륜(經綸)하는 '치세지사업(治世之事業)'의 실천적 주체가 되는 것이다.

성인이 하늘의 뜻을 '천지신덕(天之神德)'으로 깨달아 이를 역도(易道)를 밝혔으니[43] 인간 세상에서 백성의 삶으로 하늘의 뜻을 실현하는 일이 곧 '행덕(行德)'이요 '행역(行易)'이 되는 것이다.

공자는 건괘(乾卦) 문언전(文言傳)에서 천도지사상(天道之四象)인 '원(元)-형(亨)-이(利)-정(貞)'을 '인도지사덕(人道之四德)'인 '인(仁)-예(禮)-의(義)-지(智)'의 철학적 존재 근거로 설명하면서, 천하 백성을 경세(經世)해야 하는 [지도자로서의]군자는 마땅히 '그 덕(德)을 실행해야만 한다'는 의미로 "행차사덕(行此四德)"을 강조하고 있다.[44] 이는 천덕(天德)의 행사 주체를 군자로 명시하면서 그 의의를 특별히 강조한 사례인 것이다. 주역 64괘(卦)의 대상전에서 군자가 무려 53회나 주인공으로 출현하고 있음은 '행차사덕(行此四德)', 즉 군자의 정치행위를 통해서만이 하늘의 뜻[乾道: 神明之德: 天德]은 인간 세상에 치세(治世)의 사업으로 구현되고, 이에 백성은 '천록(天祿)'을 일용(日用)할 수 있게 됨을 대변하고 있는 것이다.

'천행(天行)'으로 행사하는 [形而上的]하늘의 뜻[乾道: 天道: 時間性][45]은 땅에서는 [形而下的] 물상(物象)인 '지세(地勢)'[坤道: 地德: 空間性]로 나타난다.

성인이 역도로서 밝힌 하늘의 뜻[天道]을 군자는 배우고 익혀서 이를 땅에서 실현하는 것이니, 땅에서 군자에 의하여 이루어지는 '행차사덕(行此四德)'의 '덕(德)'은 곧 '지덕(地德)'이라고 말할 수 있을 것이다. 이에 군자는 넓고도 '두터운 사랑의 마음'[厚德]으로 인간사회의 사사물물(事事物物)을 기꺼이 맡아서[載物] 경륜(經綸)하는 것이니, 이를 달리 말하자면 '성인의 천도'를 '군자의 지덕'으로 행사(行事)[治世之事業]하는 것이다.[46]

---

43) 계사전 하 2. "於是 始作八卦 以通神明之德 以類萬物之情".

44) 건괘 文言傳 "元者 善之長也…君子 體仁足以長人……君子 行此四德者" 참조.

45) 건괘 大象傳 "天行 健 君子以 自强不息".

46) 곤괘 大象傳 "地勢 坤 君子以 厚德載物".

실로 건괘(乾卦) 문언전(文言傳)에서 제시된 '행차사덕(行此四德)'은 곤괘(坤卦)에서는 보다 구체화되어 '후덕재물(厚德載物)'로 표현되고 있는 것이다.

군자가 땅에서 '후덕(厚德)'으로 '재물(載物)'하고 '행차사덕(行此四德)'하는 것이 곧 지덕(地德)을 실천하는 정치행위[經世事業]이다. 그런데 군자가 바르게 정치하기 위해서는 반드시 정치행위의 존재론적 근거(철학적 근거)인 도(道)[天道]를 알아야만 한다. 천도의 내용은 성인지언(聖人之言)으로 드러난 천지지심(天地之心)이요 신명지덕(神明之德)이며 또한 천덕(天德)이다.[47] 다시 말하면 천도를 지덕으로 실천하는 것이 君子가 천명에 순응하는 치세 사업이라면, 이는 천도의 인격적 해석이라 할 수 있는 '성인의 말씀'을 반드시 깨닫고 알아야만 할 것이다. 도(道)를 알지 못하면 행(行)할 수 없는 것이고, 바르게 알지 못하고 실행했다가는 본래적 천의(天意)를 왜곡·훼손하게 되기 때문이다.

한편 군자가 성인의 말씀을 알 수 있는 방법은 오로지 '배우는 일'뿐이다. 그러므로 예기에서는 "玉不琢不成器 人不學不知道"[48] (옥은 다듬지 아니하면 쓰임 되는 그릇이 되지 못하고, 사람은 배우지 않으면 도를 알지 못한다)라 하여, '학(學)'의 길을 통하지 않고서는 참다운 '도(道)'를 알 수 없다고 말한 것이다. 실로 군자가 유가의 이상인 왕도적 정치를 해낼 수 있느냐 하는 관건은, 그가 호학(好學)의 자세와 이력을 가지고 있느냐 여부에 달려있는 것이니, 공자는 이에 대하여 다음과 같이 단언하였다.


"君子…敏於事而愼於言 就有道而正焉 可以好學也已"[49] [군자라 함은 …매사에 행동은 민첩하지만 말을 함에는 신중하고, 도가 있는 곳이라면 따라가서 자기의 잘못이 있으면 바르게 고치는 것이니, 이런 정도가 된다면 가이 배우기를 좋아하는 (군자라고) 말할 수 있을 것이다.]

"不怨天 不尤人 下學而上達 知我者其天乎"[50] (하늘을 원망하지도 않고 남을 탓하지도 않는다. 아래로부터 배워서 위에 이르는 것이니, 나를 알아주는 이는 그저 하늘뿐이구나.)


또한 유가에서 지도자를 길러내는 으뜸 되는 교본(教本)이라 할 수 있는 대학(大學)의 8조목에서, 치세(治世)의 목표인 '치국(治國). 평천하(平天下)'에 앞서 '격물치지(格物致知)'

---

47) 건괘. 文言傳. "乃位乎天德".

48) 예기.

49) 논어. 학이.

50) 논어. 헌문.

와 '수신(修身)'을 강조한 이유도 여기에 있다 할 것이다.[51] 그러나 군자에게 있어서 '배움'이란 치세(治世)의 관문에 해당하는 것인 바, 군자는 마땅히 '배워서 아는 일'에 그치지 않고, 배우고 익힌 바를 부지런히 치세사업(治世事業)으로 실천해야 하는 것이다. 이러한 '군자지행(君子之行)'은 자신의 개인적 이익 때문이 아니라, 오로지 천도를 대행(代行)함이며, 아울러 성인지언(聖人之言)을 구현하는 사명적(使命的) 사업(事業)이기에, 군자의 정치하는 외형적 모습은 부지런하고도 겸손하게 나타나게 되는 것이다.

다음의 인용은 이를 언급하고 있는 몇 가지 사례이다.

"君子 進德修業"[52] (군자는 덕에 나아가 해야 할 일을 성실히 닦는다.)

"君子 將有爲也 將有行也 問焉而以言 其受命也如嚮"[53] (군자는 장차 무엇이 되고자 하거나 무엇을 하고자 할 때는 반드시 성인의 말씀에 물어보고 그 명을 받아야 하는 것이니, 이는 마치도 메아리가 울려나오는 것과도 같다.)

"君子 黃中通理 正位居體 美在其中而 暢於四支 發於事業 美之至也"[54] (군자는 모름지기 中의 이치를 깨달아서 나설 자리에 바르게 거처하는 것이니, 아름다움이 그 가운데 있는 것이고, 온 몸으로 힘써 주어진 사업을 이루어 내니 이것이야 말로 아름다움의 극치이다.)

"善世而不伐 德博而化"[55] (세상을 잘 다스리고도 그 공로를 자랑하지 않으며, 덕을 널리 베풀어 세상을 교화시킨다.)

"謙謙君子 卑以自牧也"[56] (겸손하고 또 겸손한 군자는 자신을 낮춤으로써 스스로를 기른다.)

"勞謙君子 萬民服也"[57] (수고롭게 일하고도 겸손한 군자이니, 만민이 이에 감복하게 된다.)

"君子欲 訥於言 而敏於行"[58] (군자는 말하는 것은 어눌해도 실천하는 행동은 아주 재빠르게 하고자 한다.)

---

51) 대학 "修身爲本".

52) 건괘 文言傳.

53) 계사전 상. 10.

54) 곤괘 文言傳.

55) 건괘 文言傳.

56) 겸괘 初六 爻象辭.

57) 상동. 九三 爻象辭

58) 논어. 里仁.

위의 인용은 모두 '행차사덕(行此四德)'하는 군자의 표준상(標準像)에 대한 수사적(修辭的) 표현이라 할 것이다. 또한 군자의 행덕(行德)이란 '안으로는 성인의 말씀'을 배워서 천명을 자신의 인격성으로 체득하는 것이고[內聖], 밖으로는 이를 실천 구현하여 천하를 경세(經世)하는 일이니[外王], 이러한 유가의 왕도적(王道的) 성격을 일러 '수기치인지도(修己治人之道)' 혹은 '내성외왕지도(內聖外王之道)'라 일컫는 것이다.

이상에서 알 수 있듯이 유가의 왕도이념(王道理念)에 참여하는 성인의 역할이란 천도 자각과 이를 선포하는 "성인지언(聖人之言)"에 있는 것이고, 군자의 사명이란 성인지언(聖人之言)을 배우고 익혀서, 이를 실천하는 군자지행(君子之行)으로 수렴되는 것이다. 천도를 밝힌 성인의 말씀을 따르는 것을 '순천(順天)'이라고 할 수 있고, 백성의 바램을 천록(天祿)으로 알고, 이를 받들어 행하는 것을 '응인(應人)'이라고 할 수 있으니, 주역에서는 '역도에 근거한 왕천하사업(王天下事業)'을 일러 "順乎天而應乎人"[59] (하늘의 뜻에 순응하고 백성의 바램에 호응한다)이라 요약하고 있는 것이다.

## 3. 일용백성(日用百姓)과 천록(天祿)

유학에서의 백성이란 개념은 다중(多衆)·중서(衆庶)·민중(民衆) 등과 동의적(同義的) 범주에 해당되는 것으로, 오늘날의 개념으로는 '시민 일반', '국민'의 의미에 준한다고 할 수 있을 것이다. 또한 백성은 일반적으로는 '정치의 주체'라기 보다는 '정치의 대상이며 객체'라고 이해함이 더욱 자연스러울 것이다. 그럼에도 불구하고 본고(本考)에서 백성을 왕도 정치의 주체라는 관점에서 논의하려는 것은, 공자가 언급한 "百姓日用而不知"[60]에서 말하고자 하는 '백성'이란 '단순히 정치행위의 피동적 대상으로만 규정해서는 충분하지 못하다'는 논자의 철학적 관점 때문이다.

유가의 왕도 정치를 고찰함에 있어서, '백성'이란 정치 행위의 일방적 대상에 국한되는 것이 아니다. 군자의 정치 행위는 '백성의 일용적 삶'이라는 명제를 대전제로 하였을 때, 비로소 왕도로서의 정치적 성과는 가능하기 때문이다. 다시 말하면 '백성의 존재 의미 자체'가 곧 왕도적 정치 행위를 성립시키는 근본적 토대가 되고 있다는 것이다.

---

59) 혁괘 彖傳 "湯武革命 順乎天 而應乎人". 兌卦 彖傳 "順乎天 而應乎人".

60) 주역 繫辭傳.

유가의 왕도 정치란 전적으로 백성의 일용적 삶의 문제 때문에 출발하게 된다는 점에서, 백성이 곧 '유가의 정치 형태를 왕도적 정치[德治: 行不忍人之政: 사랑의 政治]로 요청하고 인도하는 "의미상의 주체 노릇"을 하고 있는 것이다. 이렇듯 백성의 본래적인 존재 의미는 왕도정치의 논리적 구조에서 보면 "원리적 차원에서 절대적인 주체 역할"을 하고 있는 것이 명백하다. 이제 백성이 현실적으로는 정치의 대상이지만, 의미상으로는 정치의 주체일 수밖에 없는 이유를 좀 더 천착해 보고자 한다.

### 1) "百姓日用而不知"의 철학적 의미

주역 계사전의 "百姓日用而不知"는 일반적으로 "백성이란 매일매일 일상으로 쓰고 살면서도 그 이치는 모르는 존재이다"라고 이해되고 있으며, 부언하자면 '백성이란 살고 있으면서도 그 사는 이치는 모르는 존재로서, 무엇인가를 알고 있는 지식인들에게 비해서는 열등한 위치에 있음'을 은연중에 나타내고 있는 해석이라 할 수 있다.

현대사회의 깨어 있는 시민 의식에 끝없는 신뢰와 기대감을 보내고 있는 많은 사회학자나 계몽주의자들은, 이러한 백성에 대한 공자의 이해를 중우정치(衆愚政治)의 배경으로 비판하면서, 일반 백성의 무지를 전제로 백성을 규정하는 공자의 엘리트 의식은 현대사회에서는 결코 용인될 수 없는 주장이라고 지적한다. 더 나아가서 백성을 무식한 존재로 규정한 유학의 인간관은 가장 시급히 타파해야 할 봉건잔재로 단정하기도 한다.

과연 주역에서 공자가 말한 백성의 본래적 의미는 이러한 일반적이고 상투적인 비판의 범주 안에 있는 것일까? 인간 존재를 하늘처럼 존귀하게 여기는 유학의 기본 이념에서 볼 때, 백성을 규정한 "日用而不知"는 단순한 해석만을 요구하지는 않을 것이다.

이에 대하여 송재국은 백성의 본질적 성격을 '일용(日用)'과 '부지(不知)'로 구분하면서 그 철학적 의미를 다음과 같이 설명하고 있다.

"百姓日用而不知"에서 말하고자 하는 핵심은 두 가지이다. 하나는 '백성이란 日用人'이란 점이요, 또 하나는 '백성이란 不知人'이란 점이다.

日用人이란 보통의 일반인들이 살아가는 평범하면서도 일상적인 삶의 형태를 말하는 것으로, 백성이란 무슨 특별한 역할이나 가치를 내세우는 존재가 아니라, 그저 자기 자신의 개별적 가치와 존엄과 자유 등을 귀하게 여기고 이를 위해 개인적인 관심을 집중시키는 무리를 말한다. 한마디로 말하자면 백성이란 '먹고 사는 일에 충실한 보통 사람들'을 말하는 것이다. 세상에는 자신의 일보다는 이웃과 사회의 일거리에 더욱 관심이 큰 사람도 있고, 현재의 일보다는 미래의 일에 더욱 집착하는 사람도 있게 마련인데, 日用人이란 이들과는 달리 단지 지금. 여기에서의 이해 관계에 골몰하는 사람들을 말한다. 사실 인간이 갖는 이러한 日用的 가치와 관심은 거의 生得的이고 본능적이어서 다른 무엇보다도 우선하는 일이며, 이를 위해서라면 주변의 다른 이유와 주장은 설득력을 갖지 못하는 경우가 대부분이다.

공자가 백성의 존재를 일용인으로 규정한 것은, 백성이 보여 주는 일상적인 삶의 모습은 그냥 그대로가 하늘의 뜻과 의지가 투영된 모습이라고 믿기 때문이다. 이처럼 공자는 일용인으로서의 백성의 존재 의미를 하늘처럼 존귀하고 존엄하며 성스럽게 이해하고 있는 것이다. 백성의 먹고사는 일 자체가 성스럽고 존귀한 인간의 본질임을 시경에서는 다음과 같이 노래하고 있다.

"神之弔矣 詒爾多福 民之質矣 日用飮食."[61] (하느님이 인간 세상에 오시어 그대들에게 큰 복을 내리셨구려, 백성들은 모두 안정된 바탕을 이루었으니 하루하루 먹고사는 문제가 모두 해결되었네.)

이 노래는 하느님이 인간 세상에 사랑을 베풀어 주신 내용이란 다름 아닌 '하루하루 먹고사는 일상적 삶'이라는 사실을 확인해 주고 있으며, 유학이 제시하는 백성의 하늘적 존엄성을 보여 주고 있다.

이어서 백성을 "不知人"으로 규정하고 있는 데, 이는 백성이란 '사람이 살아가는 이치와 원리를 모르는 무식한 존재'라는 뜻이 아니다. 세상을 존재하게 하는 어떤 이치나 원리 등에 대해서는 관심을 둘 특별한 이유나 고유한 역할이 없는 존재가 백성이라는 것이다. 어떤 이치를 깨닫고 이를 토론하고 전하고 논의하는 일 자체가 백성에게는 아예 처음부터 중요한 문제 거리는 아니다. 세상에는 이치를 배우고 이를 깨달아서 이웃과 세계에 널리 선포하고 미래의 인간 세계에 대하여 방향을 제시해야 하는 사명적 인간 존재가 있기 마련이지만, 백성이란 이러한 부담에서 처음부터 자유로운 존재임을 말한 것이다.

지적 탐구의 가치에 골몰하고 있는 인간들에게는 이치를 모르는 부지인으로서의 백성을 매우 격이 낮고 무시할 수 있는 대상으로 여기는 경우도 있으나, 실상은 무엇인가를 '아느냐 모르느냐의 지식의 차원'에 매이지 않고, 이로부터 자유로울 수 있는 인간이라면, 지식의 향유에 집착하는 인간들에 비하여 그 존재적 차원에서 볼 때는 한층 격위가 높은 것이다. 이 세상에 생겨난 처음 그대로의 모습보다 더욱 장엄하고 위대한 존재는 없다는 점에서 백성

---

61) 시경, 天保.

의 의미는 지식인의 존재보다 항상 앞선 존재의미를 가지고 있는 것이다. 다시 말하여 무엇인가를 따져 보고 토론하는 지식인의 역할과 기능은 백성의 존엄한 존재의미를 전제하고 있다는 점에서, 백성보다는 언제나 그 격위가 낮은 것이다.

'설명하지 않는(설명이 필요 없는) 그대로의 본래적 인간 모습'이 백성이라면, 백성의 존재의미를 새삼 따져 보고, 그 이치를 밝히고 선포해야 하는 지식인의 역할과 의지는 백성의 삶자체보다는 (존재론적으로) 결코 앞설 수는 없다.

이처럼 백성이란 어떤 이치를 논리적으로 이해하면서 삶을 꾸려 가는 존재가 아니라, 그저주어진 우주적 질서에 순응하며 세상의 이치에 따를 뿐이다. 따라서 백성을 다스려야 하는 인군은 백성의 이러한 본래적 의미와 속성을 파악하여 백성을 논리적으로 설득하려 하거나 이치를 끌어 들여 설명함으로써 동의를 구하거나 하는 따위의 번거로운 일에는 나서지 않고, 그저 백성이 보고 따르기에 쉽고 편리하도록 매사를 모범적으로 보여 주고 백성들이 자발적으로따르도록 희생적으로 실천해야 하는 것이다. 공자는 이에 대하여 다음과 같이 언급하고 있다.

"民可使由之 不可使知之"[62] (백성이란 스스로의 마음으로부터 말미암도록 다스려야 하는 것이지, 그 이치를 알게 가르쳐서 다스릴 수는 없는 것이다.)

이처럼 백성이 스스로의 마음에 말미암아 자발적으로 행동하고 선택하도록 허용하는 정치 형태가 곧 王道政治이며, 敎化와 感化를 정치적 방법으로 삼는 德治思想인 것이다. "마음으로부터 스스로 말미암는다"(由)는 것은 情緖의 문제이지 理性의 문제가 아니라는 점에서, 백성의 본래적 속성은 '앎의 문제'에 있는 것이 아니라 '삶의 정서'에 있는 것이며, 그 총체적표현이 곧 "百姓日用而不知"인 것이다.[63]

실로 유가에서 말하는 백성의 의미란 현대 사회에서의 규정하는 '일반시민'의 범주에만한정되는 것은 아니며, "배움이 적어 무식하고 전문성이 부족한 관리의 대상"으로 치부하기 보다는 오히려 군자로 하여금 왕도적 정치를 하도록 요청하는 (정치적 권위를 행사하는)의미상 주체인 것이다.

---

62) 논어, 태백.

63) 송재국. 송재국 교수의 역학담론: 하늘의 빛 정역. 땅의 소리 주역. 예문서원. 2010. pp.112~115.

## 2) 왕도의 덕치(德治)와 일용백성(日用百姓)

현대사회의 일반적인 정치제도인 민주정치제도의 출발은 '백성(百姓)[民]이 주인[主]노릇 한다'는 것으로, 그 주인 노릇의 대표적인 행사는 다름이 아니라 '정치인을 선출하는 선거 행위'(투표)이다. 선거를 통해 민(民)의 뜻을 위임받은 지도자는 법(法)이라는 강제력[權力] 을 가지고, 국민의 생활을 관장하고 다스리는 것이다. 이것이 법의 이념에 근거한 법치로서 유가의 덕치와는 구분되는 정치 제도이다.

민주정치 제도에서 법이란 백성의 일상적 삶에 있어서 최고의 권위와 강력력을 행사하는 정치력의 원천이다. 그러나 실상 인간의 삶의 현장에서 보면 법[法條文]이 직접 사회를 다스 리는 것은 아니며, 모든 법치의 구체적 과정은 법을 해석하고 적용하는 실존적 주체로서의 '정치인이라는 인격체의 개별적 인격성의 발휘'인 것이다. 실로 법이란 인간의 인격성이 발휘 되는 정치행위의 자료이며 수단이지 법자체가 인격적 행위를 행사하는 것은 아니다. 그러므 로 법은 법의 집행에 있어서 야기될 수 있는 인간의 자의적이거나 고의적 법집행 등을 염려 하여, 이중 삼중의 세부적인 법망을 구비하고 있는 것이며, 그 법조문의 완벽함 정도를 기준 으로, 법치와 민주정치제도의 우월성과 효율성을 평가하기도 하는 것이다. 그렇지만 한 번의 법적 제도만으로 나날이 변화 발전하는 세상만사의 모든 경우수[事例]를 완전하게 포괄할 수는 없는 것이기에, 법치의 제도는 항상 시행착오를 겪으면서 새롭게 개혁하는 과정을 멈 추지 않는 것이다. 다시 말하여, 법치의 이념은 법치제도의 운용과정이 언제나 바뀌고 변할 수 있다는 점에서 결코 완전하고 완성된 [最善-最上의] 이상적 정치제도는 아닌 것이다. 이것 이 바로 법치가 가지고 있는 정치제도로서의 차선책일 수밖에 없는 숙명적 한계인 것이다[64]

법치가 최선(最善)이나 만능(萬能)일수 없는 근본적인 이유는 다른 것이 아니다. 법 자체 에는 인격성이 없는 것이기에 [비록 인격성을 보장할 수 있도록 치밀하게 법을 제정하였다 고 하더라도] 법의 집행자가 자율적으로 발휘하는 개인의 인격성과 법이 지향하는 공익적 (公益的) 이념이 언제나 일체화[집행자의 인격적 주체성과 법의 정신이 하나됨]한다는 보장 이 없기 때문이다.

이와는 달리 유가의 왕도 정치[德治]는 [정치의 근원적 바탕에 脫人格的(脫主體的) 法條

---

[64] 예를 들자면 한국의 지방선거에서 총투표율 25%에서 다수의 후보자가 난립하여 20%의 득표자가 당선되었 을 때, 이는 결국 시민전체의 5% 지지로써 지도자가 선출되는 것이니, 선거를 통하여 이루려는 민주정치제도 의 代議 정신은 근본적으로 보장받을 수 없는 것이다. 그렇다고 이러한 선거제도 이외에 다른 뚜렷한 대안이 따로 없다는 것이 현대사회의 정치적 고민이다.

文을 두는 法治와는 달리] 인간의 보편적 (철학적) 본질로서의 인격성[人性-德-사랑-仁-不忍人之心]을 정치 행위의 근본 자락에 깔아놓고 있는 것이다. 따라서 왕도정치란 '행차사덕(行此四德)'하는 정치적 주체자가 그의 실존적 [個別的] 인격성과 백성이 가지고 있는 보편적 덕성[人性]을 일체화시킬 수 있는 원천적 기회가 [법치보다는 상대적으로 더 넓게] 주어져 있는 것이다. 정치 행위란 정치적 주체와 정치적 객체 간에 각각의 사안에 따라 그 인격적 주체성의 발휘가 상호 공감[一致]할 수도 있고, 그렇지 못할 수도 있는데, 덕치의 바탕인 '사랑'과 정치 행위자의 주체성은 인간의 보편적 존재원리인 인격성이라는 공동의 지평을 공유하고 있기에, 각각의 인격성이 일체화되기에는, 덕치가 법치보다는 상대적으로 우월하고 안정적이라 아니할 수 없다.

실로 왕도로서의 덕치 행위야말로 백성의 일용적 삶에 있어서는 가장 친밀하고도 편안한 정치적 배경이 될 수 있는 것이다.[65]

### 3) 일용백성(日用百姓)의 천도적 의의

유가 왕도정치의 출발점은 도(道)[天道]에 있으며 그 도착점은 천록(天祿)[民用]에 있다. 천록(天祿)이란 단지 [形而上的]천도가 자신의 뜻을 현상적으로 성취하여 드러낸 모습일 뿐, 그 본질에 있어서는 천도 자체와 동일한 것이다.[66] 앞서 인용한 '도제천하(道濟天下)'의 도(道)가 이를 말한 것이며, 맹자의 다음과 같은 언급도 왕도정치에서의 도(道)의 존재론적 성격을 언명한 것이다.

"天下溺 援之以道, 嫂溺 援之以手. 子欲手援天下乎"[67] [천하가 물에 빠지면 道로써 건져내고 사람(형수)이 물에 빠지면 손으로 건져내는 것이다. (지금은 천하가 온통 물에 빠진 형세인데) 그대는 이를 손으로 건져내려 하는가?]

그런데 도(道) 역시 형이상적 이치일 뿐, 도(道)가 스스로 움직여 [손과 발을 가지고] 천하

---

65) 예기. 大學篇에서의 "大學之道…在明明德 在親民 在止於至善"에서 '親民'의 의미는 이런 정황을 상정한 것으로 이해할 수 있다.

66) 이는 마치 씨와 열매가 역할에 있어서는 다른 모습일 뿐(심을 때는 씨라 하고, 거둘 때는 열매라 할 뿐) 그 본질이 다르지 않음과 같은 것이다.

67) 맹자. 이루 上.

를 구제하는 정치 행위를 하는 것은 아니다. 그러므로 도(道)는 성인지언(聖人之言)으로 세상에 선포되는 것이고, 군자는 이를 배우고 체득하여, (원리로서의) 도(道)의 본질을 백성이 일용할 [物象으로서의] 천록(天祿)으로 실현해내는 것이다.

실로 천도란 본래부터 백성에게는 단지 일용할 음식으로서의 생명적 원천인 것이며, 이것이야말로 하늘이 백성에게 내려주시는 '하늘의 은총'인 것이다.[68] 그런데 천도가 그 자신의 뜻을 드러내는 방식은 '땅에서의 만물과 인간'을 통해서이다. 그 중에서도 특별히 인간이란 '천지부모지심(天地父母之心)'이 낳아준 하늘의 자식이며, 만물은 하늘의 자식인 인간을 길러내기 위한 생명원(生命原)[生命的 에너지]인 것이다. 이때 하늘의 인격성이 자신의 본질을 땅 위에서 현현(顯現)시킨 '처음의 인격적 존재'가 바로 백성이며, 하늘의 자식인 백성을 인간답게[인격적인 존재로] 길러내고 살아가도록 하기 위해서, 하늘은 또한 자신의 의지를 대신하여 실현해 줄[백성을 길러 줄] 일꾼으로서 군자라는 존재를 동시에 내려주신 것이다.

다시 말해 하늘이 내려주신 인격성의 으뜸 되는 [첫번째]존재는 백성이며, 군자란 오로지 백성의 삶을 위해 필요한 버금되는 [두번째]존재라는 것이다. 따라서 군자의 실질적인 정치 행위도 실상은 백성의 일용적 삶의 요청에 부응해야 하는 사업으로서, 군자로 하여금 '행차사덕(行此四德)'하게 하는 의미로서의 정치 주체는 어디까지나 '일용백성(日用百姓)'인 것이다. 그러기에 백성의 뜻에 부합하지 못하는 패도적(覇道的) 정치 사업은 백성이 주체적으로 거부하고 심판할 수 있는 것이니, 유가에서 백성[백성의 뜻]에 의한 '왕자(王者)의 교체'[정치적 혁명]가 당연시되는 근거와 이유도 여기에 있는 것이다.[69]

유가의 정치 구조에서는 '일용백성'이야말로 가장 우선시 되는 정치의 이념이며, 그러하기에 백성의 존재 의미 자체는 군자라는 존재보다도 오히려 앞서는 것이라 아니할 수 없다.

유가 왕도 정치의 대근거는 천도인데, 이 천도는 성인지언(聖人之言)에 의하여 천명으로 밝혀지고, 이 천명은 군자지행(君子之行)에 의하여. 왕사(王事)로서 [백성의 삶으로] 구현된다. 그런데 천명이 인간의 존재 방식으로 주체화 된 것이 인성[70]으로서의 '사덕'이기에 왕사

---

68) 주역 사괘 九二 爻象辭 "在師中吉 承天寵也"(군사를 쓰는데 중도로써 디스리니 길하다. 이것이 곧 하늘의 은총을 이어받는 일이다)에서의 '天寵'은 天道가 인간의 삶의 현장에 나타난 모습이라 할 수 있다.

69) 맹자. 양혜왕 하. "(齊宣王과의 대화에서) '湯放桀 武王伐紂'를 당연시한 것은 이러한 사례이며, 周易. 革卦 "湯武革命 順乎天而應乎人" 의 本意도 이를 말한 것이다. 書經 泰誓 中에서도 "天視自我民視 天聽自我民聽"이라 하여 '民'을 하늘의 절대적 위상과 同格으로 설정하고 있다.

70) 중용. 1 "天命之謂性".

의 현실적 내용을 '행차사덕'이라 요약한 것이다. 이 때 왕사의 실제적 행위는 "이천하(利天下)', '교천하(教天下)', '치천하(治天下)' 등으로 표현도는 '정치사업(政治事業)', '교화행사(教化行事)'라고 할 수 있으며, '천하'라 함은 직접 천하의 '백성'을 말하는 것이다. 그러므로 유가의 정치적 구조는 "천명[天道]은 군자[王事]에 의하여 최종적으로는 '백성의 삶'[民用]으로 완성 된다"고 요약할 수 있는 것이다.

이렇게 보면 유가에서의 백성이란 존재는 단순히 통치 대상으로서의 '사회적 다중'이라는 현상적 의미만으로 규정하기엔 부족함이 있다. 왜냐하면 [정치의 최종적 성취 대상으로서의] 백성은, 하늘[聖人]이 본래부터 군자를 통하여 이루고자 하는 하늘[성인]의 뜻[天意·神德·聖人之意]을 이미 내포하고 있는 존재이어야 할 것이기 때문이다. 즉, 백성에게 주어져 있는 천명적 의의가 있어야만, 군자는 '마땅히 백성을 그렇게 다스려야 한다'는 천명적[사명적] 당위성(當爲性)을 자신의 주체성으로 내면화할 수 있을 것이기 때문이다.

하늘(성인)이 자신의 뜻을 '백성의 삶에서 완성시키고자 한다'는 유가의 백성에 대한 이해는 다음의 인용에서 분명히 확인되고 있다.

"天生烝民 有物有則"[71] (하늘은 백성을 낳으시고 만물에는 그 법칙이 있게 하셨다.)
"天佑下民 作之君"[72] (하늘은 하늘 아래 사는 백성을 도와주고자, 그들을 다스려줄 지도자를 내려주신다.)
"天生民而 立之君"[73] [하늘이 백성을 (먼저) 낳으시고는 (다음으로) 그들에게 지도자를 세워주신다.]

위에서 보면 천도가 인격성으로 화생(化生)되는 최초의 개념은 '성인'도 아니고 '군자'도 아닌 '민(民)'이라는 사실이다. 즉, 천의의 일차적인 자기 현시(顯示) 모습을 다름 아닌 '민(民)'으로 규정한 것이다. 성인이나 군자는 인간의 철학적 지혜가 열리기 시작한 후에야 비로소 등장하게 되는 인간상이다. 그러나 '민(民)'이란 인간의 자기 자각[인간에 의한 자기 존재 이해와 선언] 이전부터 실재로 땅 위에서 생명적 현상을 [펼치고 누리면서] 살아오고 있는 '실

---

71) 시경. 烝民.

72) 서경. 泰誓 上.

73) 춘추좌전 襄公 14年.

존적 인격성의 총칭'인 것이다. 인간이 자기 자각과 자기 존재의 선포 이전에도 인간의 모습으로 살아 온 '인간의 무리들'은 엄연히 존재했을 것이다. 그때의 원초적인 인간사회(통상적으로는 원시사회) 속에서는, 성인도 군자도 백성도 구분되지 않았으며, 따라서 성인·군자·백성이란 개념 자체가 있을 수 없었을 것이다. 그러므로 땅 위에 존재하는 것은 그저 '인간의 삶 자체'였다. 그러한 '원초적 인간군(人間群)'에게 주어진 태초적 실존성을, 유학에서 인격적 개념으로 규정할 때는 '백성(百姓)'[民]으로 집약시킨 것이다. 그러므로 '민(民)'이란 인류의 태초성과 근원성을 대표하고 상징하는 '인격성 자체'인 것이다.

성인을 원리적 측면에서의 원형적(原型的) 인간상이라고 규정할 수 있다면, 백성이란 현상적 측면에서의 태초적 인간상이라고 규정할 수 있을 것이다.

실로 성인에게는 천명을 자각하여 인류 세계에 이치를 밝혀줄 사명이 주어져 있고, 군자에게는 이를 수명(受命)·학습(學習)·체득(體得)하여 백성에게 천록(天祿)을 일용(日用)토록 해야 할 실천적 사명이 주어진 것이지만, 백성이란 그저 주어진 자신의 삶[생명적 전개과정]을 '하루하루 먹고 쓰며 살아가는 것'[이것이 日用이다]으로 얼마든지 백성으로서의 [하늘로부터 주어진]자격과 [인간으로 태어난]본래적 의의를 다 할[盡] 수 있는 것이다.

시경에는 "厥初生民 時維姜嫄"[74] (그 처음에 백성을 낳아주신 이는 바로 강원이라네)이라 하여, 주민족(周民族)의 시조인 후직(后稷)의 어머니 강원(姜嫄)을 찬미하고 있는데, 여기서 '후직(后稷)'의 '직(稷)'은 '식량(穀食)[의 精靈]'을 말하는 것으로, 고대인들에게 있어서 그들의 생명적 원천은 바로 '먹고 사는 에너지원으로서의 곡식'에 있는 것이라 여겼던 것이니, 이러한 '직(稷)'을 보장해주는 인물이 그들에게는 자신들의 시조로 받아들여진 것이다. 이는 유가에서의 '민(民)'의 본래적 성격[철학적 배경]이 '하루하루 먹고 사는 일'에서부터 유출되고 있음을 시사하는 것이다. 공자가 주역 계사전에서 "百姓日用而不知"라 단정하였고, 시경(詩經)에서도 "일용백성(日用百姓)"을 노래한 이유도 바로 여기에 있는 것이다.

이상의 논의에서 알 수 있듯이, 하늘이 만물을 낳고 길러주는 으뜸이 되는 목적은 오로지 '백성의 일용적 삶'에 있는 것이고, 군자가 하늘의 뜻을 배우고 익히며 부지런히 실천하는 이유도, 하늘의 뜻을 대행하여 백성에게 천록을 향유토록 하기 위함인 것이다. 백성의 삶 때문에 '요청된 일꾼'이 바로 군자라는 점에서, 왕도 정치의 논리적 구조에서의 진정한 주인

---

74) 시경. 生民.

이란 천도의 인격성이 현현된 '백성'이라 아니할 수 없는 것이다.

백성의 존재 의미를 바탕삼고 전제 삼아야만 군자의 정치적 행위 자체가 성립된다는 점에서, 儒家 王道 정치의 이념적 규정은 '民主主義'라기 보다는 '民本主義'라고 이해함이 더욱 합당하다고 볼 수 있는 것이다. 이로써 儒家에서의 백성의 존재 의미는, 유가 정치 구조의 출발점이요 바탕이 되는 것으로, 백성이야말로 군자로 하여금 '行此四德' 하도록 요청하고 주문하는 意味上의 진정한 政治 主體라고 정리할 수 있을 것이다.

## Ⅳ. 왕도 정치사상의 논리적 구조

왕도 정치의 명제라 할 수 있는 '도제천하(道濟天下)'는 본체원리로서의 '도(道)', 발용사업(發用事業)으로서의 '제(濟)', 완성해야할 이념으로서의 '천하(天下)'라는 세 가지 주제로 구분하여 논의할 수 있다. 여기서의 '도'는 인간이 천도를 주체내적 원리로 자각하여 체득한 '중도(中道)'이고, '제(濟)'는 지도자가 '중도(中道)'를 세상에 올바르게 실현하는 치세사업(治世事業)으로서의 '정(正)[政]치(治)'이며,[75] '천하'는 중도(中道)가 정치(正治)를 통하여 최종적으로 완성해야 할 목표로서의 '화평한 인간 세계'[化成天下]이다.

이에 유가의 왕도 사상을 "중도(中道)-정치(正治)-화성(化成)"이라는 체용론(體用論)으로 그 논리적 구조를 정리해 보고자 한다. 먼저 도제천하(道濟天下)의 명제와 부합하는 몇 가지의 대표적인 언급을 인용하면 다음과 같다.

"能而衆正 可以王矣…以此毒天下而 民從之"[76] (여러 무리를 바르게 할 수 있어야 가이 왕노릇하는 것이다.…이로써 천하를 길러주니 이에 백성은 이를 따르게 된다.)

"天道下濟而 光明"[77] (하늘은 땅을 구제함으로써 그 뜻이 밝게 이루어진다.)

"觀乎天文 以察時變 觀乎人文 以化成天下"[78] (하늘의 모습을 보아 때의 변화를 잘 살피고, 나아가 사람의 살아가는 모습을 살펴봄으로써 교화된 천하세계를 성취하게 된다.)

---

75) 논어. 顔淵 "政者 正也".

76) 사괘. 彖傳.

77) 겸괘 彖傳.

78) 비괘. 彖傳.

"重明 以麗乎正 乃化成天下"[79] (밝고도 밝은 하늘의 이치가 바르게 실현되니 이에 교화된 세상이 이루어지는구나.)

"天地感而萬物化生 聖人感人心而 天下和平"[80] (하늘과 땅이 그 마음을 함께하여 만물이 생겨나고, 성인은 백성의 마음과 함께 하니 천하가 화평해지는구나.)

"王假之 尙大也 勿憂 宜日中 宜照天下也"[81] (왕이 나타나면 높고도 큰 세상이 된다. 염려할 것 없다. 해가 높이 떠오르면 마땅히 천하를 밝게 비추게 되는 것이다.)

"未耨之利 以教天下…引重致遠 以利天下…臼杵之利 萬民以濟…百官以治"[82] (쟁기질로 농사일을 가르치고…수레를 만들어 무거운 것도 멀리 나르게 하고…절구질하는 방법도 이용토록 하여, 모든 백성들을 먹고 살도록 구제하고…여러 관리들은 이렇게 백성이 이롭게 다스린다.)

위의 내용을 정리해보면, '왕(王)-천도(天道)-중명(重明)-천지(天地)-성인(聖人)-일(日)' 등이 주체가 되어 '천하(天下)-중(衆)-민(民)-만물(萬物)-인심(人心)-만민(萬民)' 등을 위하여 독(毒)-제(濟)-정(正)-광명(光明)-화성(化成)-성(成)-화생(化生)-화평(和平)-조(照)-교(教)-이(利)-치(治)하고 있다. 이는 왕자의 입장에서 보면, '도제천하'하는 '왕사'를 말함이며, 민(民)의 입장에서 보면, '만민이제(萬民以濟)' 되는 '민용(民用)'을 말한 것이다. 이에 유가 정치의 왕도적 성격을 담고 있는 하나의 논리적 구조를 체용론으로 정리해 보고자 한다.

## 1. 王道政治 思想의 體用論: 中正之道

앞서 논의한 바 있듯이 왕도 사상의 철학적 출발은 "천도를 천지운행도수(天之運行度數)[天之曆數]로 깨달아 이를 인간의 존재 원리인 '중도(中道)'로 집중(執中)한 것[允執闕中]"이다. 그러므로 천도를 일월지행(日月之行)[天行]의 시간 구조로 규정한 역도에서는 인간이 체득해야 할 '역의 이치'를 '중도(中道)'로 단정하고, 이의 인격적 실현을 '정(正)'의 개념으로 집약하고 있다.

---

79) 이괘(離卦) 彖傳.

80) 함괘. 彖傳.

81) 풍괘. 彖傳.

82) 계사전 하 2.

곤괘(坤卦) 문언전의 "黃中通理 正位居體…暢於四支 發於事業"[83]는 '중리(中理)'를 깨달아서 '종위(正位)'로써 실천해야 함을 말한 것이고, "男女正 天地之大義也…父父子子兄兄弟弟夫夫婦婦而 家道正 正家而天下定矣"[84] "齊景公問政於孔子 孔子對曰 君君臣臣父父子子"[85]에서 앞의 '君-臣-父-子-兄-弟-夫-婦'는 자기의 본래적 주체성[그 이름에 담긴 人格性]을 '중도(中道)'로써 체득할 것을 말한 것이고, 뒤의 것은 "그 이름값에 걸 맞는 마땅한 몸짓"[正位]으로 중도(中道)를 바르게 실천 구현해야 함[正家: 定天下]을 '중정지도(中正之道)'로서 천명한 것이다.

대학의 팔조목[明明德於天下: 格物-致知-誠意-正心-修身-齊家-治國-平天下]에서도 지도자[君子]는 마땅히 수신(修身)을 바탕으로[86] '物-知-意-心-身-家-國-天下'의 본래적 의의[本體原理]를 중도(中道)로서 자각하여, 그 뜻을 '格-致-誠-正-修-齊-治-平'의 여러 방면으로 바르게 행사(行事)[政治: 發用: 正行]해야 함을 중정지도(中正之道)로써 명시하고 있다.

논어에서는 "子路問君子…修己以敬…修己以安人…修己以安百姓"[87] (자로가 '군자'에 대하여 묻자 공자께서 말하길 '자기를 닦아 이로써 백성을 편안케 하는 사람이다'라 하였다)라 하여, 군자의 본분이란 '수기(修己)'를 통한 중도(中道)의 자각'과 '치인(治人)'을 통한 왕도(王道)의 실현'이라는 정사행위(正事行爲)[政治]에 있음을 강조하고 있는 것이다.

특히 주역 예괘(豫卦)에서는 "介于石 不終日 貞吉,…不終日貞吉 以中正也"[88] (돌이 갈라지는 방향을 미리 알 수 있는 것처럼 하루가 다 지나지 않아 일이 잘 되어 좋아질 것이니, 이는 中正의 이치에 따라 行하였기 때문이다)라 하여 중(中)과 정(正)의 의미를 함께 묶어서 하나의 '중정지도(中正之道)로' 병칭하여 설명하고 있다.[89] 그렇다면 중정지도(中正之道)로 대변되는 유가 정치의 체용론은 무엇을 그 최종적 지향점으로 삼고 있는 것일까?

---

83) 注 51) 참조.

84) 가인괘 象傳.

85) 논어 顔淵.

86) 대학 經1. "自天子以至於庶人 壹是皆以 修身爲本".

87) 논어. 憲問.

88) 예괘. 六二 爻辭 爻象辭.

89) 20세기 중국의 현대정치가인 中正 將介石의 號(中正)와 이름(介石)은 周易 豫卦에서 借用한 것으로, 이는 中正之道를 정치의 으뜸이 되는 德目으로 삼겠다는 정치적 의지의 표현이라 할 수 있다.

## 2. 중정직도(中正之道)의 완성적 이념: 화성천하(和成天下)

중용은 그 수장(首章)에서 "喜怒哀樂之 未發 謂之中, 發而皆中節 謂之和"[90] (기쁨, 노여움, 슬픔, 즐거움 등의 정서가 아직 겉으로 드러나지 아니한 마음의 본바탕을 일러서 '中'이라 하는 것이고, 그 본래적 마음 바탕이 인간의 생활에서 節度에 알맞고 바르게 드러나게 되면 이를 조화된 '和'의 모습이라고 말하는 것이다)라 하여, 인간의 본래적[天賦的]정서(情緒)인 인정이 실존적 삶의 현장에서 [인격적인 삶의 法度인] 절도(節度)에 딱 맞게[中節되게: 바르게: 正하게] 나타날 때, 세상은 비로소 [아름답고 조화된] 화평한 세계가 이루어진다[和成天下]고 선언하고 있다. 이는 왕도가 중정지도(中正之道)를 통해 이루고자 하는 지향점이 다름 아닌 '화성(和成)된 인간 세계'임을 말한 것으로, 체용론에서의 원리와 현상이 일원(一源)으로 성취된 경지를 '화(和)'의 세계로 수렴하고 있는 것이다. 이러한 '중정지도(中正之道)'와 '화성세계(和成世界)'를 하나의 체계로 일관하면, 유가의 왕도 정치는 '중(中)-정(正)-화(和)'의 논리적 구조로써 정리할 수 있을 것이다.

특히 앞서 소개한 "天生民而立之君"에서 알 수 있듯이, 왕도의 출발점과 귀착점은 모두 "천록(天祿)을 일용하는 백성의 삶"에 있기 때문에, 유가의 제경전에는 '민(民)'의 화락(和樂)'과 '천도(天道)[易道: 乾道]가 바르게 실현되어, 백성의 화평한 삶이 이루어지는 천하세계(天下世界)[化成天下]'에 대하여, 다양한 설명을 하고 있는 바, 다음의 언급 등은 이러한 用例가 될 것이다.

"乾道變化 各正性命 保合大和 乃利貞"[91] (하늘의 운행원리와 변화현상에 따라 모든 인간이 제 각각 자기의 본성을 바르게 하고 또한 각자의 직분에 따라 충실히 인생을 살아갈 때 마침내 하늘의 뜻과 인간의 바램이 온전히 하나되는 조화된 세계가 이루어지는 것이다.)

"中也者 天下之大本也 和也者 天下之達道也"[92] (중이란 천하의 본 바탕이고, 화란 천하의 이치가 모두 이루어진 조화의 경지를 말한다.)

"樂者 通倫理者也…樂者 天地之和也…樂者 德之華也"[93] (음악의 경지란 인간의 인격성이 완전

---

90) 중용. 1.

91) 건괘. 象傳.

92) 중용. 1.

93) 예기 樂記.

히 실현된 것이고…이는 하늘과 땅이 진실로 조화된 것이며…인간의 본래적 사랑의 마음이 활짝 피어난 꽃이라 할 수 있다.)

　"今王 與百姓同樂則 王矣"[94] (이제 왕께서 백성들과 함께 즐거움을 나누신다면 올바른 왕노릇 할 수 있을 것입니다.)

　"聖人感人心而 天下和平"[95] (성인이 백성들의 마음과 온전히 함께 할때 천하는 화평한 세상이 된다.)


　유가에서의 천지부모지심(天地父母之心)이란 어디까지나 하늘의 자식인 백성이 그 하늘의 품 안에서 하늘의 은덕(恩德)을 즐거이 누리게 하는 데 있는 것이며, 따라서 인간 세상에서의 지도자(君子)의 존재 의미도 백성으로 하여금 하늘의 복록(福祿)을 기쁘게[樂] 일용하도록 힘써 일하고 바르게 경륜하는 '주체적인 사명의 실천'에 한정되는 것이다.

　주역에서 "天地設位 聖人成能 人謀鬼謀 百姓與能"[96] (하늘과 땅이 제 자리를 잡고 나니, 성인이 나타나 그 뜻을 밝혀 천도의 공능이 성립되었고, 이에 따라 지도자는 천하를 도모하여 다스리니, 백성은 능히 그 하늘의 공능에 참여하고 그 은덕을 누리게 되는 것이다)이라 하여, 성인과 군자는 모두 백성의 삶이 천지의 품 안에 기꺼이 참여토록 해야 함을 설파하였고, "在師中吉 承天寵也…王三錫命 懷萬邦也"[97] (무리를 다스림에 있어서 中을 얻어야 길하다하는 것은 하늘의 은총을 받은 것이며, 왕이 세 번이나 사명을 주신 것은 만방을 품어 다스리라는 뜻이다)라 하여, 지도자는 마땅히 하늘의 은총으로 백성이 살아가는 만방을 품을 수 있게 해야 함을 촉구하고 있는 것도 군자보다 앞서는 백성의 존재론적 의미를 분명히 일러주는 용례인 것이다.

　군자는 하늘의 뜻을 '체인(體仁)'하는 '순호천(順乎天)'의 자세를 가져야만 하늘의 은덕을 계승할 수 있는 '승천총(承天寵)'의 자격을 갖게 되는 것이고, 백성의 바램에 부응하는 '응호인(應乎人)'의 부지런한 실천만이 백성을 사랑으로 품어서 길러주는 '회만방(懷萬邦)'의 사업을 완수할 수 있는 것이다.

　어떠한 경우라도 정치 행위의 주체인 군자는 하늘의 뜻[天道: 聖人之意]과 백성의 삶[民用]

---

94) 맹자. 梁惠王 下.

95) 함괘. 象傳.

96) 계사전 하 12.

97) 사괘 九二 爻象. 辭.

을 왕사(王事)의 대전제이며 근본 바탕으로 삼아야 하는 것이기에, 유가의 정치 이념인 왕도 정치와 덕치의 성격을 현대적 정치제도인 민주주의와 대비할 경우에는 민본주의(民本主義)로 규정함이 더욱 합당할 것이다.

이상의 논의를 수렴하여 유가 왕도 정치사상을 담아내는 논리적 구조를 중(中)-정(正)-화(和)의 체용론으로 일목요연하게 정리해 보면 다음과 같다.

| 王道 政治의 命題 | 道[本體原理] | 濟[發用事業] | 天下[體用一源] |
|---|---|---|---|
| 王道 政治의 主體 | 作易聖人 | 行易君子 | 日用百姓 |
| 王道 政治의 論理的 構造 | 自覺原理로서의 中 | 實踐過程으로서의 正 | 完成理念으로서의 和 |
| | 乾道變化 | 各正性命 | 保合大和 |
| | 天之曆數在爾躬 允執其中 | 正名·正命 | 與百姓同樂 |
| | 天地設位 聖人成能 | 人謀鬼謀 | 百姓與能 |
| | 黃中通理 | 正位居體 (暢於四支) (發於事業) | 美之至也 |
| | 喜喜怒哀樂之 未發 謂之中 | 發而皆中節 | 謂之和 |
| | [乎天] (天寵) | [順] (承) \| (懷)[應] | (萬邦) [乎人] |
| | 進德 | 修業 | |
| | 修己 | 治人(安百姓) | |
| | 內聖 | 外王 | |
| | 明明德於天下(德治) | | |

## V. 하늘의 사랑과 지도자의 실천은 백성의 행복

동양의 정신문화를 주도해 온 사상적 흐름에 儒家·佛家·道家의 삼교(三敎) 사상이 자리하고 있음은 널리 주지하는 바이다. 이 중에서 불교는 상구보리(上求菩提)하는 '깨침'[自覺]과 하화중생(下化衆生)하는 보살행(菩薩行)을 중시하는 종교적 태도를 우선하는 입장이고, 도가는 인간의 숙명적 속성과 인위적 한계를 넘어서서 무위자연(無爲自然)의 경지에서 절대적이고 우주적인 자유로움을 추구하는 탈속적(脫俗的) 경향을 가지고 있다.

이러한 불교나 도가의 성격과 대비해 볼 때 유가의 가르침은 보다 현실적이고 실재적인 인간의 제문제에 집중하고 있다. 즉 인간 사회의 일상적인 삶 자체의 문제에 치중하면서, 인간의 삶이 인격적[道德的·倫理的]이어야 하는 당위적(當爲的) 근거와 의미를 해명하고, 인격적 삶이 성취해야 할 궁극적 이념을 제시함으로써, 인간으로 하여금 인간으로 태어난 의미와 가치를 보장받고 향유할 수 있는 구체적인 방향과 방법을 가르쳐주고 있는 것이다.

공자의 인사상(仁思想)은 인간의 존재론적 지평을 사덕적 구조로 천명한 것이며, 맹자의 의사상(義思想)은 인간의 본래성인 사덕의 의미를 백성의 일용적 삶과 일체화시킨 것이다. 공자와 맹자에 의하여 주창되는 인격적 삶의 원리와 방식으로서의 인의지도(仁義之道)와 중정지도(中正之道)를 유가의 현실적 삶의 문제로 수렴하여 체계화한 것이 바로 왕도(王道) 정치사상의 본질 내용인 것이다.

본 논문은 유가 사상의 현실적 관심을 집성(集成)한 [유가의 정치적 論說인] 왕도 정치사상을 유가의 제경전에 근거하여 그 철학적 의미를 해명하고, 이를 중(中)-정(正)-화(和)의 일관된 논리적 구조로써 정리하여, 유가 정치 행위의 본체적(本體的) 원리와 실천적 방법을 하나의 철학적 지평에서 입론(立論)해 본 것이다.

이를 통하여 천도를 중또(中道)로 밝힌 성인지언(聖人之言)의 천명적(天命的) 의미를 상정해 보았고, 천의(天意)를 배우고 익혀서 이를 백성의 일용적(日用的) 삶으로 실현시켜야 하는 군자의 사명적(使命的) 의미를 토론해 보았으며, 나아가 왕도 정치의 궁극적 이념인 일용백성(日用百姓)의 존재론적 의미를 천도적 차원에서 고찰해 보았다.

이를 통하여 백성의 존재 의미가 단순히 정치의 대상(對象)[客體]으로 한정되는 것이 아니라, 오히려 군자로 하여금 왕도적 정치를 하도록 요청하는, '하늘적 권위의 행사주체(行事主體)'로 규정할 수 있었다.

인간의 인격성에 근거한 덕치의 왕도 이념을 논설한 본 논문을 통하여, 오늘날의 민주 제도가 지향하는 법치의 근본적인 속성과 한계 등을 아울러 살펴보면서, 미래의 인류가 추구해야 할 진정한 삶의 질서에 대하여 사상적인 성찰의 기회를 갖게 된다면, 이는 본 논문이 기대하는 하나의 학문적 성과라 할 수 있을 것이다.

# 3

# 우주적 생명 주체로서의 '나'의 존재 의미
## 유가의 인간 규정에 대한 삼재적(三才的) 의미

## I. 유가에서는 인간 존재를 어떻게 접근하는가?

유가의 조종(祖宗)으로 알려진 공자에게 있어서 가장 큰 관심이며 궁극적인 탐구 대상은 '인간자체'였다. 인간이 인간답게[인격적으로] 살아가게 되는 본래적 원리를 탐구하여 이를 인(仁)·직(直)·선(善) 등으로 설명한 것이나, 인간이 인간답게 살아가야 하는 당위적 근거와 구체적 방식을 밝혀 이를 '천도에 근거한 사덕의 구현'으로 천명함으로써, 후세의 인류사에 '인간과 관련한 근원적 존재원리와 궁극적 삶의 이념'을 해명하여 가르쳐 준 그의 전 생애가 이를 대변하고 있다. 이처럼 공자는 인간 존재에 대한 제반 논설을 철학적 보편원리에 근거하여 입론(立論)하고 교설(敎說)함으로써 인류의 정신사에 있어서 만세의 스승이 될 수 있었던 것이다.

그러므로 공자의 언행(言行)[그의 언행이 기록되어 전수된 유가의 제 경전]에는 '인간에 대한 다양한 의미 규정과 이를 뒷받침하는 구체적 설명' 등이 자세하고도 빈번하게 나타나고 있는바, 유가 철학의 핵심적 주제가 다름 아닌 '인간 자체'라고 운위되는 이유도 여기에 있는 것이다.

한편, 유학의 철학적 주제를 담아내는 논리적 구조로서는 일반적으로 음양론(陰陽論)·삼재론(三才論)·오행론(五行論) 등이 거론되고 있는데, 이러한 유학의 논리적 틀이 유가의 근본 주제인 '인간의 제문제'[인간의 존재원리와 존재구조를 이해하고 설명하려는 학문적 노력]를 해명하고 규정함에 있어서도 기초적 역할을 해주고 있는 것은 지극히 당연하다. 그러므로 유학의 제경전에는 유가에 등장하는 다양한 인간상을 음양적으로 구분하여 남(男)-여(女)·군(君)-신(臣)·부(父)-자(子) 등으로 설명하고 있거나, 오행적으로 구분하여 궁(宮)-군(君)·상

(商)-신(臣)·각(角)-민(民)·치(徵)-사(事)·우(羽)-물(物) 등으로 설명하기도 한다.[1]

　유학의 '삼재적 관점' 또한 유가 철학의 중심적 논리 체계라 할 수 있다면, 유학의 중심 주제인 인간을 규정함에 있어서도 삼재적 관점에서 구분하고 설명하여 정리해 볼 수 있음은 당연하고도 가능한 것이라 아니할 수 없다. 그런데 유학의 제 경전에는 인간에 관한 여러 규정과 관련하여 이를 삼재적 논법으로 직접 설명하고, 그 철학적 의미를 규정한 직접적인 언급은 거의 발견되지 않고 있다. 이는 다만 '인간에 대한 삼재적 의미'를 명시적으로 설명하지 않았을 뿐, 인간의 존재의미와 그 존재론적 위상을 삼재적 관점에서 구분하여 설명한 것으로 해석할 수 있는 내용은 제경전 도처에서 얼마든지 발견할 수 있는 것이다.

　이에 논자는 유가의 철학적 제일주제(第一主題)인 '인간'에 대하여, 유가의 철학적 논법의 하나인 삼재적 관점으로 구분하여 설명함으로써, 유학에서의 인간과 관련한 제반 문제를 철학적 지평에서 확장. 심화시켜보려는 것이다. 이를 위해 유가의 인간상에 대한 의미 규정을 성인(聖人)·군자(君子)·백성(百姓)으로 대별하고, 인간을 논의하는 바탕이며 배경인 시간과 공간의 존재구조를 삼재적 관점으로 구분하여, 인간이라는 주제와 삼재라는 논리를 상관시켜 그 철학적 의미를 학문적으로 정립해보고자 한다.

　유가에서의 인간과 관련한 기존의 연구 성과는 여러 방면에서 다양하게 논의되어 왔으나, 그 성격은 주로 천명과 인성, 사상과 사덕 등 '천도에 근거한 인간 본성의 내면적 구조를 탐구함'에 치우친 감이 있다고 보아진다.

　이에 비하여 논자가 정리하려는 '인간에 대한 삼재적 구분'은 인간의 존재의미를 보다 실존적 차원에서 규정함으로서, 유가에서의 '인간 문제'를 이해하고 규정함에 있어서 새롭고도 유의미한 또 하나의 철학적 시선을 마련할 수 있을 것으로 기대해 본다.


## II. 유가의 인간규정에 대한 일반적 검토

　유가 경전에 등장하는 인간에 대한 지칭은 다양하지만 논의의 편의상 두 가지 범주에서 구분할 수 있을 것이다. 첫째, 우주 만물 속에서 인간의 존재 의미가 무엇이며, 그러한 인간의 인간사회에서의 위상이나 역할은 어떠해야 하는가를 문제 삼는, 이른 바 '개념과 의미

---

1) 예기. 樂記篇 "聲音之道 與政通矣, 宮爲君 商爲臣 角爲民 徵爲事 羽爲物 五者不亂則 無怗滯之音矣" 참조.

를 속성으로 하는 인간 규정'으로서, 이에 해당하는 대표적인 명칭으로는 성인·군자·백성[民]·현인(賢人)·대인(大人)·사[士] 등이 있을 것이고, 둘째, 인간에게 주어진 실존적인 직위나 현상적인 삶의 양태를 중심으로 그 사회적 직분이나 책무 등을 위주로 하는, 이른바 '실생활상(實生活像)을 속성으로 삼는 인간 규정'으로서, 이에 해당하는 일반적인 명칭으로는 천자(天子)·왕(王)·후(后)·공(公)·후(侯)·경(卿)·대부(大夫)·사(史)·사(師)·남녀(男女)·부부(夫婦)·부자(父子)·형제(兄弟)·군신(君臣) 등이 있으며, 기타 일반적인 범칭으로서는 인(人)·기(己) 등으로 표기되어 있다.

다시 말하자면 '성인·군자·백성' 등은 특정한 시간과 공간의 제한 속에서 구체적 형상으로 그려낼 수 있는 실존적 인간상이 아니며, 따라서 초시공적 인격성을 표상한 일반적이고 보편적인 인간상으로서의 '개념적 인간규정'이라 할 수 있으며, 이에 비하여 '왕(王)·공(公)·신(臣)' 등은 일정한 사회적 여건[시대적·공간적·제도적 상황] 속에서, 구체적 형상으로 그려낼 수 있는 [실존적 인격성을 표상한] '개별적인 인간 규정'이라 구분하여 말할 수 있는 것이다.

그러므로 유가의 인간과 관련한 제문제를 사상적(철학적)측면에서 논의하고자 한다면, 당연히 그 대상은 '인간에 대한 우주적 이해와 사회적 의미가 담긴 개념어로서의 인간 규정'을 중심적 주제로 삼아야 할 것이다. 유가에서 보편적 인간 규정으로서의 개념적 인간상을 '성인·군자·백성' 등으로 구분하여 칭명하고 있다는 것은, 각각의 명칭에 해당되는 개념적 의미가 "상호 구분되어야 한다"[구분해야 한다]는 인식적 구분을 전제하고 있는 것이다.

인식이란 어떤 개념적 의미에 대하여 '구별하고 이해하고 설명할 수 있는 인간의 이성적 기능과 역할'이라 할 수 있으며, 인식의 최종적 [최후적] 대상은 '모든 이성적 기능의 궁극적 범주이며 수렴처라고 할 수 있는 원리 자체[理致. 道 自體]라고 볼 수 있을 것이다.

따라서 인간의 이성적 기능이 '진리 자체[存在 자체]'를 인식할 수 있느냐 없느냐[알 수 있느냐 없느냐] 하는 것은, 인식 주체인 인간의 본질적 성격이나 능력을 구분하는 중요한 기준이나 척도가 된다고 아니할 수 없다. 특별히 우주 만물 중에서 오로지 인간만이 인식의 주체자가 될 수 있는 이성적 존재라는 점에서, 이성적 기능의 능력과 범주[次元]의 구분은 인간 자체의 본질적 의미와 차원을 결정짓는 기본적인 요건이 된다고 아니할 수 없는 것이다.

중용에서는 이러한 인간의 인식적 기능과 관련하여 인간의 존재 의미를 세 가지 관점에서 구분하고 다음과 같이 명백한 기준을 제시하여 구분하여 설명하고 있다.

"或生而知之 或學而知之 或困而知之 及其知之 一也 或安而行之 或利而行之 或勉强而行之 及其成

功 一也"[2] (이치를 앎에 있어서는 혹은 태어나면서부터 아는 이, 혹은 배워서 아는 이, 혹은 힘들고 어렵게 애를 써야 겨우 아는 이 등이 있지만, 일단 알게 되고 깨우치게 된다면 그 모습은 모두가 다르지 않은 것이다. 또한 그 이치를 실천함에 있어서도 혹은 이치에 따라 편안하게 행동하는 이, 혹은 세상을 이롭게 하기 위해 부지런히 애쓰는 이, 혹은 남이 억지로 시켜야 마지못해 행동하는 이 등으로 구분할 수 있지만, 일단 그 일을 이루고 나면 그 성과는 서로 다른 것이 아니다.)

위의 인용은 인식(認識)[知]과 실천(實踐)[行]의 두 가지 방면에서, 인간의 속성과 차원을 세 가지 유형으로 구분하여 규정하고 설명한 것으로, 이를 좀 더 상술해보면 다음과 같다.

　1. 인간은 누구에게나 앎[知: 인식]이라는 이성적 보편 기능이 있는데,[3] 어떤 이는 그 이치 [道]를 태어나면서부터[선천적으로, 배우지 않고도, 自得的으로] 알고, 또 어떤 이는 그 이치를 [後天的으로] 배워서 알게 되며, 또 어떤 이는 그 이치를 알기 위해 힘을 들이고 애를 쓰고 어렵게 노력해야만 겨우 알게 된다.[4]

　2. 인간은 누구나 그 이치에 따라 이를 실천하면서 살아가는 존재인 데, 어떤 이는 그 이치에 따라 심신이 모두 편안하고도 자연스럽게 행동하며 살고, 또 어떤 이는 천하 세상을 이롭게 하기 위하여[5] 부지런히 그 뜻을 실행하며 살아가며, 또 어떤 이는 무슨 일이건 남이 억지로 시켜야만 할 수 없이 따라서 행위하며 살아가게 된다.

이상에서 요약한 인식과 실천의 문제를 함께 연결하여 정리해보면 인간은 세 가지 관점에서 구분하여 이해할 수 있으니, 첫째, 태어날 때부터 이미 세상의 이치를 알고 있기에 그 자득한 이치에 순응하여 일상의 조건에 매이지 않고 [順理에 부응하여] 자연스럽고 평안하게

---

2) 중용 20장.

3) 여기서 앎의 내용은 "앎의 대상인 '그 것(之)'이라고 표현하고 있는 바, 여기서의 '그 것'이란 인식의 가장 포괄적이며 궁극적인 내용인 '道 자체(存在原理: 理致)'라고 이해할 수 있을 것이다.

4) 여기에는 '개인의 인위적 노력만 가지고는 그 이치를 알기가 매우 어렵다', '힘들게 애쓴다고 모두가 알게 되는 것은 아니다'라는 의미도 담겨 있다.

5) '利而行之'를 이해함에 있어서, '利'의 문제를 단순히 '利益됨'이라는 조건으로 보면, "이로움이 있으면 이를 행하고"라는 뜻으로 해석할 수도 있으나, 필자는 '利'의 문제를 앞서의 '學而知之'라는 인식(知)의 차원에 상응하는 실천(行)의 영역으로 이해하여, 유가 사상의 일반적 주제인 '好學君子의 利天下(經世治民) 사상'을 언급한 것으로 해석하였다.

살아가는 인간, 둘째. 태어난 이후 세상의 이치를 배우고 익혀서 그 배운 바의 뜻과 이념을 인간 사회에 구현하기 위해[인간 사회를 이롭게 하기 위해], 부지런히 일하고 경륜하는 인간, 셋째, 세상의 이치에 대하여는 특별한 관심이 없고, 힘들여 배우게 된다 해도 그 본래적 이치를 알기는 어려우며, 주어진 일이라도 자발적이기 보다는 남이 시켜야만 억지로 따라 하면서 살아가는 인간 등을 말한다. 이에 필자는 이상 세 가지 유형의 인간상을 유가에 등장하는 대표적 인간 규정인 '성인', '군자', '백성'으로 수렴하여, 각각 그 본래적 의미와 역할을 철학적으로 분석. 검토함으로써, 이를 유학의 기본 논리 구조인 삼재지도(三才之道)와의 관계성 속에서 논술하는 전초(前哨)로 삼고자 한다.

유가의 제경전에는 인간을 규정하는 다양한 명칭이 있음에도, 필자가 구태여 '성인', '군자', '백성' 이라는 개념어를 중심으로, 제반 논의를 종합하려는 이유는, 단순히 자의적 선택이거나 논의의 편의성 때문이 아니다. 공자는 특별하게도 이 세 가지 유형의 인간상에 대하여는 그 개념적 의미를 철학적 관점에서 구분하여 설명하고, 각각의 인간상이 상호간에 구분되어야 하는 기준과 차원을 친절하게 밝힘으로써, 각각의 본래적 존재상을 분명하게 제시하고 있기 때문이다.

다시 말해 "昔者 聖人之作易也"[6], "産萬物者 聖也"[7] 등은 천도적 차원에서 이치를 밝힌 주체가 곧 '작역성인(作易聖人)'임을 말한 것이고, "君子 將有爲也 將有行也"[8], "君子 進德修業"[9] 등은 경세적(經世的) 차원에서 이치를 실천하는 '행역군자(行易君子)'를 일컬음이며, "百姓 日用而不知"[10], "民之質矣 日用飮食"[11] 등은 만물적(萬物的) 삶을 향유(享有)하는 '일용백성(日用百姓)'의 본래적 속성을 천명한 것이다.

이처럼 공자께서 성인과 군자 그리고 백성에 관하여 그 개념적 의의를 구별하여 설명하고 있음은, 그러한 세 가지의 인간 규정 자체가 유학 사상의 인간적 의미를 규정하는 필요하고도 유용한 논리적 기반이 되고 있음을 반증하는 것이라 아니할 수 없다.

이제 성인·군자·백성에 대하여 그 인간적 의미 규정을 좀 더 심화·확대하여 천착함으로

---

6) 설괘전 1.

7) 예기. **鄕飮酒義.**

8) 계사전 상. 10.

9) 건괘(乾卦) 文言傳.

10) 계사전 상. 5.

11) 시경. 天保.

써 유학의 인간상을 '삼재지도(三才之道)와 관련한 세 가지 유형'으로 정립해 보고자 한다.

## III. 삼재적 관점에서의 인간 규정

유가 경전에 등장하는 인류 사회의 태초적 인간상이 무엇인가를 살펴보는 일은 유가의 인간 규정을 이해하는 출발점이며 단초가 될 것이다.

주역에는 우주내적 세계에 등장하는 최초의 인간상을 현상적 차원에서의 명칭인 '남여(男女)'로 표기하고 있으며, 시경(詩經)에는 천하에 나타나는 최초의 인간상을 개념적 차원에서의 명칭인 '민(民)'으로 표기하고 있다. 이에 유가 사상에서의 태초적 인간 규정인 '민'의 의미를 우선하여 검토해 보고자 한다.

### 1. 백성(百姓)[民]의 천도적 의미

주역 하경(下經)의 첫 번째[序卦로는 31번째] 괘(卦)인 택산함괘(澤山咸卦)에는 인간과 만물의 생명적 탄생 원리를 '음양적 구조와 그 합덕적 사랑 행위'로 묘사하고 있는데,[12] 서괘전 하편(下篇) 첫머리에서는 이와 관련하여 다음과 같이 그 의미를 확장하여 설명하고 있다.

"有天地然後 有萬物, 有萬物然後 有男女, 有男女然後 有夫婦, 有夫婦然後 有父子, 有父子然後 有君臣, 有君臣然後 有上下. 有上下然後 禮義有所錯"[13] (천지가 있은 연후에 만물이 있고, 만물이 있은 연후에 남녀가 있으며, 남녀가 있는 연후에 부부가 있고, 부부가 있은 연후에 부자가 있으며, 부자가 있은 연후에 군신이 있고, 군신이 있은 연후에 상하가 있으며, 상하가 있은 연후에 예의가 서로 얽혀 드러나게 마련이다.)

위에서 남녀(男女)는 생리적 차원의 인간을 말함이고, 부부(夫婦)란 인격적 단계의 인간을 말한 것이며, 부자(父子)란 인간사회의 역사적 계승관계를 나타내고 있고, 군신(君臣)이란

---

12) 함괘. 彖傳 "柔上而剛下 二氣感應 以相與", "天地感而 萬物化生" 등은 陰陽的 交合을 말한다.

13) 서괘전, 下.

가족공동체를 넘어서는 사회적 체제와 질서를 말함이며, 상하(上下)란 인간사회의 전체가 하나의 도덕적 사회로 자리 잡은 단계를 말함이니, 이러한 경지가 되어서야 비로소 인간 사회가 추구하는 이념인 윤리적(倫理的)[禮儀的] 세계가 성취된다는 점을 분명히 말하고 있다.

다시 말하여 인격성의 자각이 이루어지기 이전의 선사적(先史的)[原始的] 인간상인 남녀가 인격적 모듬살이의 기초인 가족(家族)[夫婦. 부자]의 단계를 거쳐, 사회적 공동체로서의 (制度와 秩序를 필요로 하는) 국가적 형태로 발전함에 있어서는, '군신(君臣)과 상하(上下)'라는 지위(地位)와 역할(役割)의 구분이 인간 사회에 나타나게 되는 바, 이러한 국가적 범주에서, 구체적이고 실재적인 사회적 책무나 직위(職位)가 부여되지 않은 '대다수의 일반적인 인간군'에 대한 최초의 인격적 범칭은 '백성(百姓)' 또는 '민(民)'이라는 개념어로 등장하고 있는 것이다.

시경(詩經)은 이에 대하여 다음과 같이 직설적(直說的)으로 노래하고 있다.

"天生烝民 有物有則"[14] (하늘이 백성의 무리를 낳아 주셨으니, 만물 모두에는 그 존재의 법칙이 있는 것이라네.)

이처럼 인류의 역사에 등장하는 최초의 개념적 명칭이 [성인·군자가 아닌] '민(民)'이라는 사실은, 인간 존재를 규정하는 다양한 현실적 명칭[男女. 夫婦. 父子 등]의 범주를 넘어서는 '개념적이면서 가장 포괄적인 의미의 수렴처'가 다름 아닌 '민(民)'이라는 점을 강조하여 명시한 것이라 아니할 수 없다. 특별히 공자는 인간 사회에서의 '민(民)'의 우주내적 위상(宇宙內的 位相)과 그 철학적 의미를 분명히 하기 위해 거듭하여 설명하고 있으니, "百姓 日用而不知"[15], "民之質矣 日用飲食"[16], "民可使由之 不可使知之"[17] 등은 그 대표적인 언급이다.

"百姓 日用而不知"에서 말하고자 하는 핵심은 두 가지 이다. 하나는 "백성이란 일용인(日用人)"이란 점이요. 또 하나는 "백성이란 부지인(不知人)"이란 점이다.

일용인(日用人)이란 보통의 일반인 들이 살아가는 평범하면서도 일상적인 삶의 형태를 말하는 것으로, 백성이란 무슨 특별한 역할이나 가치를 내세우는 존재가 아니라, 그저 자기

---

14) 시경. 烝民.

15) 계사전 상. 5.

16) 시경. 天保.

17) 논어. 泰伯.

자신의 개별적 가치와 존엄과 자유 등을 귀하게 여기고, 이를 위해 개인적인 관심을 집중시키는 무리를 말한다. 즉, 백성이란 "먹고 사는 일에 충실한 보통 사람들"을 말하는 것이다.

세상에는 자신의 일보다는 이웃과 사회의 일거리에 더욱 관심이 큰 사람도 있고, 현재의 일보다는 미래의 일에 더욱 집착하는 사람도 있게 마련인데, 일용인이란 이들과는 달리 단지 '지금, 여기에서의 자신의 이해관계'[實存, 상황]에 골몰하는 사람들을 말한다.

사실 인간이 갖는 이러한 일용적 가치와 관심은 거의 생득적이고 본능적이어서, 다른 무엇보다도 우선하는 일이며, 이를 위해서라면 주변의 다른 이유와 주장은 설득력을 갖지 못하는 경우가 대부분이다.

공자가 백성의 존재를 일용인으로 규정한 것은, 백성이 보여주는 일상적인 삶의 모습은 그냥 그대로가 하늘의 뜻과 의지가 투영된 모습이라고 믿기 때문이다. 이처럼 공자는 일용인으로서의 백성의 존재 의미를 하늘처럼 존귀하고 존엄하며 성스럽게 이해하고 있는 것이다. 백성의 먹고 사는 일 자체가 성스럽고 존귀한 인간의 본질임을 시경에서는 다음과 같이 노래하고 있다.

"神之弔矣 詒爾多福 民之質矣 日用飲食"[18] (하느님이 인간 세상에 오시어 그대들에게 큰 복을 내리셨구려, 백성들은 모두 안정된 바탕을 이루었으니 하루하루 먹고 사는 문제가 모두 해결되었네.)

이 노래는 하느님이 인간 세상에 베풀어 주신 하느님의 축복과 사랑이란 다름 아닌 "하루하루 먹고사는 일상적 삶"이라는 사실을 확인해 주고 있으며, 유학이 제시하는 백성의 하늘적 존엄성을 보여주고 있는 것이다.

이어서 백성을 "부지인(不知人)"으로 규정하고 있는 데, 이는 백성이란 "사람이 살아가는 이치와 원리를 모르는 무식한 존재"라는 뜻이 아니다. 세상을 존재하게 하는 어떤 이치나 원리 등에 대해서는 관심을 둘 특별한 이유나 고유한 역할이 없는 존재가 백성이라는 것이다.

천지 만물의 어떤 이치를 깨닫고, 이를 잘 알기 위해 토론하거나 전달하거나 따져보는 일 자체가, 백성에게는 아예 처음부터 특별한 관심거리[문제거리]가 아닌 것이다. 세상에는 이치를 배우고 이를 깨달아서, 이웃과 세계에 널리 선포하고, 미래의 인간세계에 대하여 방향

---

18) 시경, 天保.

을 제사해야 하는, 어떤 '사명적(使命的) 인간존재(人間存在)'가 있기도 하지만, 백성이란 이러한 부담에서 처음부터 자유로운 존재임을 말한 것이다.

지적 탐구의 가치에 골몰하고 있는 인간들에게는 이치를 모르는 부지인(不知人)으로서의 백성을 매우 격(格)이 낮고 무시할 수 있는 대상으로 여기는 경우도 있으나, 실상은 무엇인가를 "아느냐 모르느냐의 지식의 차원"에 매이지 않고, 이로부터 자유로울 수 있는 인간이라면 지식의 향유에 집착하는 인간들에 비하여, 그 존재적(存在的) 차원에서 볼 때는 한층 격위(格位)가 높은 것이다.

이 세상에 생겨난 처음 그대로의 모습보다 더욱 장엄하고 위대한 존재는 없다는 점에서, 백성의 의미는 지식인의 존재보다 항상 앞선 존재 의미를 가지고 있는 것이다. 즉, 무엇인가를 따져보고 토론하는 지식인의 역할과 기능은, 백성의 존엄한 존재 의미를 전제하고 있다는 점에서 보자면, 백성보다는 언제나 그 격위(格位)가 낮은 것이다.

"존재 자체의 의미나 역할을 별도로 설명할 필요가 없는, 처음부터 있는 그대로의 본래적 인간 모습"이 백성이라면, 백성의 존재 의미를 새삼 따져보고 그 이치를 밝히고 선포해야 하면서, 백성들의 일상적 살림살이를 걱정하고 관리해야 하는 지식인의 사명과 의지는, 백성의 삶 자체보다는 결코 앞설 수는 없는 것이기 때문이다.

이처럼 백성이란 어떤 이치를 논리적으로 이해하면서 삶을 꾸려가는 존재가 아니라, 그저 주어진 우주적 질서에 순응하며 세상의 이치에 따를 뿐이다. 따라서 백성을 다스려야 하는 인군은 백성의 이러한 본래적 의미와 속성을 파악하여 백성을 논리적으로 설득하려 하거나 이치를 끌어 들여 설명함으로써 동의를 구하거나 하는 따위의 번거로운 일에는 나서지 않고, 그저 백성이 보고 따르기에 쉽고 편리하도록 매사를 모범적으로 보여주고 백성들이 자발적으로 따르도록 희생적으로 실천해야 하는 것이다. 공자는 이에 대하여 다음과 같이 언급하고 있다.

"民可使由之 不可使知之"[19] (백성이란 스스로의 마음으로부터 말미암도록 다스려야 하는 것이지, 그 이치를 알게 가르쳐서 다스릴 수는 없는 것이다.)

이처럼 백성이 스스로의 마음에 말미암아 자발적으로 행동하고 자율적으로 선택하도록

---

19) 논어, 泰伯.

허용하는 정치 형태가 곧 왕도 정치이며, 강요와 지시가 아닌 교화(教化)와 감화(感化)를 정치의 방식으로 삼는 왕도 정치의 기반(基盤)이 곧 덕치(德治) 사상인 것이다.

"마음으로부터 스스로 말미암는다"[由]는 것은 정서의 문제이지, 논리의 문제가 아니라는 점에서, 백성의 본래적 속성은 "앎의 문제"에 있는 것이 아니라 "삶의 정서"에 있는 것이며, 그러한 백성의 본질을 바르게 설명한 공자의 총체적 표현이 곧 "百姓 日用而不知"인 것이다.[20]

또한 주역·사괘(師卦)에는 "君子以 容民畜衆"(君子는 師卦의 이치에 따라 백성을 용납하고 대중을 길러내야 한다)하여 '민(民)'과 '중(衆)'을 병칭(竝稱)하고 있는데, '중(衆)'에 대한 맹자의 다음과 같은 설명은, 공자의 '百姓 日用而不知'와 조금도 다르지 않은 것이다.

"行之而不著焉 習矣而不察焉 終身由之而 不知其道者 衆也" (행하면서도 그 뜻을 드러내지는 못하고, 습관처럼 몸에 익숙하지만 그 의미는 살피지 못하며, 그 이치로 말미암아 죽을 때까지 한 평생을 살아가면서도, 그 본래적 원리는 알지 못하는 사람들이 있으니, 이들이 곧 많은 백성의 무리인 '衆'이라는 존재이다.)

'백성(百姓)'[民]에 대한 이상의 설명은 유가의 태초적 관심 자체가 '백성의 일상적 삶'에 있음을 분명히 한 것임과 동시에, 백성의 철학적 의미가 '하늘의 일차적 의지가 반영된, 그리하여 의미에 있어서 하늘과 동격(同格)이라 할 수 있는 천도적 의미를 가진 인간 규정'을 말하고 있음을 알 수 있는 것이다.

물론 의미상으로는 하늘의 생명적 의지가 처음으로 실현된 인격성을 '백성(百姓)[民]'이라 할 수 있지만, 실재적 현상에 있어서는 자연적 인간으로서의 남녀(男女)가 그 일용음식(日用飲食)을 통하여 물적(物的) 존재로서의 생명적 현상을 단순히 유지하고 있는 삶의 모습이라 할 수 있으며, 이는 하늘이 아닌 땅 위에서 이루어지는 여타의 만물적(萬物的) 차원과 다르지 않다고 볼 수 있는 바, 이것이 곧 인류사에 있어서는 선사적(先史的) 삶의 모습[原始的 生活相]인 것이다.

땅 위에서 전개된 인간의 역사에서 보자면, 고대 인류사의 '어느 때'인가 부터, 인간이 여타의 물적 존재와 본질적으로 다르다는, 이른바 '인간다움으로서의 인격적 본질'을 깨닫고

---

20) 송재국. '百姓日用而不知'의 본래적 의미에 대한 철학적 검토. 동서철학연구 제51호. 한국동서철학회. 2009. 3. pp.40~42.

부터는[人格性의 自覺 以後] 동물적 삶의 양태와 구별되는 '인간적 삶의 양태'인 '가족'을 구성하게 되고, 나아가 가족적 삶의 단위가 확대되면서, 보다 큰 규모의 공동체적 삶의 질서가 수반되는, 부족이나 국가라는 사회적 단위로 발전함에, 필연적으로 사회적 삶의 질서를 관리하고 경영하는 '지도자적 인간상'의 역할이 대두하게 된 것이니, 이를 유가에서는 '군(君)'의 지위나 역할로 표상하면서, '군(君)'으로서의 의미체(意味體)를 포괄하여 '군자'의 인간상을 수립하여 제시하고 있는 것이다. 이제 [인간 사회에서 백성의 삶을 책임지는 인간으로서의] 지도자적 위상을 담당하는 '군자'의 존재 의미를 논의할 차례이다.

## 2. 군자(君子)의 치민적(治民的) 의미

군자는 백성이라는 실존적 삶의 양태를 전제할 경우에 한해, 비로소 존재 의미가 부여되는 유가의 인간상이다. 백성은 군자(지도자) 없이도 백성으로서의 존재 의미를 스스로 다 발휘하고 누리며 살아가는 인간상이지만, 군자는 백성이 없다면 그 존재 자체가 무의미해지는 인간 규정이다. 실로 군자란 현실적으로는 백성을 지도하고 다스리는 치세(治世) 치민(治民)의 주체로서 백성보다 상위(上位)에 자리하는 존재이지만, 의미에 있어서는 언제나 백성을 받들어 모시면서 백성의 염원을 실현해야 하는 일꾼으로서, 백성보다 하위적(下位的) 자리에 머무는 존재인 것이다.

다음의 언급은 백성과 군자 사이의 관계에 있어서, 의미적(意味的) 선후(先後)와 위상(位相)에 대하여 분명하게 자리매김해 주고 있다.

"天佑下民 作之君"[21] (하늘은 그 아래 땅 위에서 살아가는 백성을 保佑하기 위해 人君의 역할을 지어낸 것이다.)
"天生民而 立之君"[22] (하늘이 백성을 내려주신 후에는, 이들을 다스리는 人君을 세워주시는 것이다.)

위의 언급은 "하늘이 백성을 내려주신 후에는 그 백성의 삶을 보육(保育)하고 유지하여

---

21) 서경. 泰誓 上.
22) 춘추좌전. 襄公 14年.

주기 위하여[백성이 행복한 인격적 삶을 향유할 수 있도록] 그들의 지도자인 인군을 세워주신다"라고 이해할 수 있다.

한편, 주역에서는 하늘이 내려주신 백성의 삶의 터전을 '천하'로 이름 하고, 천하의 백성을 잘 살게 하는[생명의 곤란으로부터 구제해 주는] 궁극적 원리(이치)를 '도(道)'라고 총칭하면서, 주역의 이념 자체를 "도제천하(道濟天下)"[23] [道로써 천하 백성을 救濟한다]로 요약하고 있다. 맹자 또한 정치사상인 왕도정치 원리를 설명하면서, "天下溺 援之以道"[24] (천하가 물에 빠지면 도로써 이를 구원하는 것이다)라고 강조하고 있다.

이로써 알 수 있듯이, 유가에서 내세운 '백성 다스리는 근본 이치'를 한마디로 요약하자면 다름 아닌 "도(道) 자체"라 할 수 있는 것이다.

여기에서의 도(道)라는 것은 현상 사물이 아닌, 형이상적 어떤 이치이고 원리로서, 어떠한 구상적(具象的) 존재가 결코 아니며, 그러기에 이는 오로지 인간의 인식(認識) 작용(이성적 기능)을 통해서만 파악하고 알 수 있는 하나의 개념적 존재인 것이다. 그러므로 군자가 천하를 도(道)로써 구제하기 위해서는 무엇보다 우선하여 도를 알아야 하고, 도를 알기 위해서는 반드시 배워야만 하는 것이다.

"玉不琢不成器 人不學不知道"[25] (玉은 다듬지 않으면 쓸모 있는 그릇을 만들 수 없고, 사람은 배우지 않으면 결코 道를 알지 못한다)에서 알 수 있듯이, 도(道)를 알기 위한 절대적이고 유일한 방법은 오로지 배우는 일[學問]이기 때문이다.

군자가 군자로서의 제 역할을 다 할 수 있느냐 없느냐의 판단은 그가 호학(好學)하는 존재로서 '도(道)를 아느냐 모르느냐의 기준'에 따라 달라지는 것이다. 유가의 제경전에서 배움의 중요성을 거듭하여 강조하고 있음은, 유가의 가르침의 요체가 "군자의 양성"에 있음을 반증하는 것이며, 군자적 삶을 중시하는 이유는, 유학의 궁극적 이념 자체가 "이천하(利天下)된 백성(百姓)의 일용세계(日用世界)"에 있음을 반증하는 것이다.

주역의 64괘 전체의 대상전에서, 역리를 깨닫고 이를 실천해야하는 주체로서의 군자가 53회나 제시된 소이가 그러하고, 논어의 개권지성(開卷之聲)이 '학이시습(學而時習)[學習]'과 '불역군자(不亦君子)'로써 시작되는 것 또한 이를 반영하고 있다.

---

23) 계사전 상. 4.

24) 맹자. 離婁 上.

25) 예기.

군자가 그 주어진 책무를 다할 수 있는 현실적 지위는 천하 백성을 다스리는 '지도적 자리'에 나서는 것이며, 이에 대한 대표적이고 일반적인 직위는 '왕(王)'이라 할 수 있다. 그러므로 '왕사(王事)'의 문제[26]를 직접 거론하고 있는 주역. 사괘(師卦)에서는 "能以衆正 可以王矣, … 以此毒天下而民從之"(민중을 올바르게 다스려야 왕 노릇 할 수 있는 것이니, … 이로써 천하를 잘 길러내고 먹여 살리면 백성은 기꺼이 왕을 따르게 된다) "大君有命 以正功也"(대군에게 사명이 있으면, 이로써 바르게 성공할 것이다) 등으로, 군자에게 주어진 '利天下', '治世之業', '治民之事'의 의미를 직설하고 있는 것이다.

'도제천하(道濟天下)'라는 군자의 책무를 다하기 위해서, 군자가 우선해야 하는 일은 '이천하(利天下)하기 위한 기본 자격으로서 치민(治民)의 도리(道理)를 배워서[學] 아는[知] 일'이다. 그러나 군자의 진정한 역할은 사물의 이치[道]를 아는 인식의 차원에 머무르는 것이 아니다. 군자가 인간 세상을 경륜하기 위해 이치를 배우고 깨달았다면, 군자는 여기서 그치지 않고, 그 이치를 세상에 펼쳐내어, 백성의 일용적 삶 속에서 구체적으로 실천 구현해야만 하는 것이니, 이것이 주역에서 말하는 '군덕(君德)'의 사명'인 것이다.

경세치민(經世治民)의 주체인 군자의 실천 원리를 '평천하(平天下)를 지향하는 치민지도(治民之道)'로 집약(集約)하고 있는 경서(經書)가 사서중의 하나인 '대학(大學)'이다. 대학은 대인지학(大人之學)으로서,[27] 여기서의 대인이라 함은 "어른 노릇하는 인간 사회의 지도자'를 말함이다. 지도자 교습서(敎習書)로서의 '대학'의 중심 주제는 크게 구분하여 '앎'[知]의 단계와 '실천'[行]의 단계로 나눌 수 있으니, 수신(修身)을 중심으로 하여, '격물(格物)-치지(致知)-성의(誠意)-정심(正心)'을 군자가 도(道)를 내적으로 체득하는 과정이라 할 수 있고, '제가(齊家)-치국(治國)-평천하(平天下)'는 군자가 도(道)를 외적으로 실천하는 과정이라 할 수 있으며, 이를 주역의 '君子 進德修業'의 관점에서 이해하자면, '格物-致知-誠意-正心'을 통한 군덕(君德)의 체득(體得)[進德]과 '齊家-治國-平天下'를 실현하는 군덕(君德)의 실행[德行:修業]이라 할 수 있고,[28] 진덕(進德)이 곧 '학이지지(學而知之)'의 본질이며, 수업(修業)이 곧 '이이행지(利而行之)'의 역할인 것이다.

그 중에서도 특히 군자의 중심적 역할은 '이천하지사업(利天下之事業)'으로서의 실천적 행

---

26) 주역. 坤卦 六三. "或從王事 无成有終" 참조.

27) 주자. 注.

28) 유가 사상의 이념적 志向인 '修己治人之道', '內聖外王之道' 역시 '進德修業'의 구조와 동일하다.

위에 있는 것이니, 공자가 "君子 欲訥於言 而敏於行"[29] (군자는 말은 잘 못하더라도 행동만은 빠르게 하고자 한다)이라 하여, 군자의 참모습이 '말보다 행동에 있음'을 강조하고 있으며, 주역에서는 "君子 行此四德 故曰 乾 元亨利貞"이라 하여, 군자가 실천해야 할 '군덕(君德) 자체'가 군자가 배워서 깨달아야 할 '천도(天道) 자체'임을 거듭 천명하고 있다.

이상에서 논의한 군자의 의미를 정리해 보면, 군자는 '학이지지(學而知之)'하는 배움[學]과 앎[知]의 주체인 동시에, '이이행지(利而行之)'해야 하는 '치세(治世)'[利天下]와 '치민(治民)'[平天下]의 주체라고 요약할 수 있는 것이다.

## 3. 성인(聖人)의 천명적(天命的) 의미

전절(前節)을 통하여, 군자의 존재 의미는 치세(治世)와 치민(治民)의 군자지행(君子之行)에 있으며, 이를 위해서는 반드시 군덕(君德)의 근거이며 원리인 도(道)를 배워서 알아야 함을 검토해 보았다.

그렇다면 군자가 배워서 알아야 하는 '도(道)'란 도대체 어디에 있으며 무엇이란 말인가?

군자가 배워서 알아야 할 궁극적 이치로서의 도(道)란 과연 누가 어떻게 밝혀서 알려주는 것인가? 만약 이 세상에 군자가 배워야 할 도(道)가 분명히 있다면, 실로 맨 처음에는 그 누군가에 의하여 "이것이 도(道)이다"라고. 도(道)의 존재함을 알려주고 가르쳐 주어야만, 비로소 군자는 배울 수 있는 것이기에, 군자의 '학이지지(學而知之)'보다 선행하는 절대적 조건은 '도자체(道自體)의 실재성(實在性)'인 것이다. 이에 군자가 알아야 할 도(道)를 인류사에서 처음으로 밝혀낸 인격적 존재에 대하여 검토해 보아야 할 것이다.

유가의 경전 중에서도 그 철학적 이념을 집성(集成)하고 있는 경서는 주역이며, 주역의 중심사상은 '변화의 원리로써 우주와 인간의 근본 이치를 해명한 역도(易道)[易理]'이다.

그런데 주역에서는 역(易)의 이치를 처음으로 밝혀서, 이를 괘상으로 그려내어 세상에 선포한 인격적 주체를 [인류 문명의 創始者라고 傳해지는] 포희씨(包犧氏), 또는 성인(聖人) 등으로 명시하여 다음과 같이 기술하고 있다.

---

29) 논어. 里仁.

"古者 浦犧氏之王天下也…於是 始作八卦"[30] (옛날 복희씨가 천하의 왕 노릇할 적에…처음으로 易의 卦象을 지어냈다.)

"昔者 聖人之作易也…觀變於陰陽而立卦 發揮於剛柔而生爻"[31] (옛날에 聖人께서 易을 지으셨으니…음양이 바뀌는 이치를 살펴 卦의 상을 세우시고, 강유의 드러남에 따라 爻의 상이 나타나게 되었다.)

"昔者 聖人之作易也 將以順性命之理, …兼三才而兩之 故 易 六畫而成卦"[32] (옛날에 성인께서 역을 지으신 것은, 장차 인간으로 하여금 인간의 본질인 性命의 이치에 따를 수 있게 하심이다.…인간의 삶의 토대인 天地人 三才 原理를 陰陽的으로 구분지어서 여섯 畫으로 표상함에 드디어 易의 六爻卦象이 이루어진 것이다.)


특별히 설괘전(說卦傳) 2장에서는 '將以順性命之理'라 하여, 장차 후세의 인류에게 인격성의 본질인 성명지리(性命之理)를 반드시 가르쳐야 할 필요성과 사명감이 있었기 때문에, 성인이 역도를 밝혀냈음을 은연중에 강조하고 있다.

그렇다면 성인은 누구에게 역도를 배운 것이며, 어떻게 하여 역리를 알게 된 것일까?

성인은 누구로부터 도(道)를 배운 것이 아니라, 스스로 자득하고 자각한 것이니, 중용에서는 이를 '생이지지(生而知之)'라 하여 군자의 '학이지지(學而知之)'와 명백히 구분지어 설명하고 있는 것이다.

유가에서 제시하고 있는 가장 근원적이고 포괄적인 '도(道)'는 '천도(天道)'로 대표된다. 역(易)의 출발 자체가 건괘(乾卦)로부터 시작하고 있음이 그러하고, 천하 만물과 더불어 인간이 최종적으로 도달해야할 도(道)의 귀결처(歸結處)가 바로 하늘 자체이기 때문이다.[33]

실로 하늘 자체보다 더 크고 더 근원적인 존재적 범주와 존재적 차원은 하늘 아래에는 더 이상 상정할 수 없다. 그러므로 성인이 자득하여 군자로 하여금 치세의 원리로 삼을 수 있도록 내세운 도(道)는 다름 아닌 역도(易道)이며 천도(天道)인 것이다.

그렇다면 성인 자신은 '하늘의 이치'[天道]인 역도(易道)를 어떻게 알아내고 또 이를 어떻게 알려주는 것일까?

---

30) 계사전 下. 2.

31) 설괘전 1.

32) 설괘전 2.

33) 맹자.盡心上."盡其心者 知其性也 知其性則 知天矣 存其心 養其性 所以事天也"는 이러한 용례이다.

성인 자신도 인격적 존재라는 점에서 볼 때는, 성인이 천도(天道)를 알아내도록[알아듣도록], 하늘 자체가 그 이치를 성인에게 보여주거나 말로 설명하거나, 또는 여타의 방식으로 천도의 존재를 증거 하는 등의 '선인식적(先認識的) 여건'을 조성해주어야만 한다. 그런데 하늘 자체는 '입'을 가지고 있지 않기에, 인간이 알아들을 수 있는 말을 하지는 않는다. 그럼에도 불구하고 성인이 하늘의 이치를 깨달아 알게 되었음은, 그가 바로 하늘 자체와 존재적 위상(存在的 位相)을 나란히 하는 '생이지지(生而知之)'하는 인물이기 때문이다.

공자와 맹자는 이러한 '인간에 부여된 천도에 대한 인식과 자각의 공능'에 대하여 다음과 같이 안내한다.


"天何言哉 四時行焉 百物生焉 天何言哉"[34] (하늘이 인간에게 무슨 말을 하던가? 사계절이 운행하고, 그 과정에서 만물이 생겨나고 자라는 모습을 보여줄 뿐, 하늘이 무어라고 말을 하지는 않는 것이다.)

"天不言 以行與事 示之而已矣"[35] (하늘은 말하지 않는다. 계절이 운행하고 이와 함께 변화하는 사물을 그저 보여주고 있을 뿐이다.)


단지 보여주는 하늘의 모습에서 성인은 하늘의 말씀[天言: 天命]을 알아듣고, 하늘의 이치를 스스로 깨달을 수 있는 인간존재인 것이다. 하늘은 하늘이 낳은 모든 인간에게 '배워서 이치를 인식할 수 있는' 보편적 본성으로서의 이성(理性)을 부여했으며, 그 중에서도 오로지 성인만은 배우지 않고도(이성적 기능을 발휘하지 않고도) 이치를 알 수 있는 '생이지지(生而知之)의 태생적 능력'을 스스로 담지하고 태어난 존재인 것이다. 이는 [입이 없는] 하늘 자체가 [입이 있는] 성인으로 하여금 '하늘이 하고자 하는 말을 대신 전하라'는 하늘적 역할을 부여했음을 반증하는 것이며, 성인의 입장에서 보면 자신의 존재 의미[생명적 탄생 의미] 자체가 이러한 하늘의 뜻을 대신 전달해야 하는 사명적 존재임을 스스로 자각한 인간이라는 것이다. 다시 말하자면, 성인은 하늘을 보면서 하늘이 인간에게 전하고자 하는 하늘의 말씀을 듣고[깨닫고. 알아차리고] 이를 천하 인류에게 인간의 언어로 대신 해석해서 전해주

---

34) 논어. 陽貨.

35) 맹자. 萬章 上.

는 역할을 자신이 해야 할 생명적 사업으로 자득한 인간이라는 것이다.[36]

군자도 하늘을 바라보면서, 하늘이 보여주는 모든 것을 볼 수는 있지만, 그 '하늘적 차원의 의미'[天命]를 [배우지 않고도] 스스로 체득하지는 못하는 존재이며, 하늘의 존재원리 자체[天道 자체]를 인간적 차원에서 알아내어, 이를 인간이 알아들을 수 있는 인간의 언어로 해석하고 풀이해서[또는 그 이치를 담고 있는 상징적 그림으로 그려서][37] 인간 세계에 선포해주는 인격적 주체는 오로지 성인뿐인 것이다. 이것이 바로 유가에서 '군자와 성인의 존재론적 위상'을 달리하여 규정한 근본적 이유인 것이다. 그러므로 인류사에서 성인이 없었다면 군자가 배울 근거도 없었을 것이고, 따라서 군자 자체도 존재할 수 없었을 것이며, 군자의 도덕적 교화(道德的 敎化)[治世와 治民 事業]가 없었다면, 천하 백성은 인격적 삶을 누리지 못했을 것이다.[(맹자가 개탄한 '근어금수(近於禽獸)'의 세계는 이를 말함이다]

그러므로 유가의 궁극적 이념인 '치천하', '평천하'의 근원은 모두가 '성인의 탄생' 과 '성인의 자득(自得)[作易]'으로 부터 연원하는 것이라 아니할 수 없는 것이다.[38]

여기서 성인이 하늘의 뜻을 인간의 언어로 해석한 내용을 '천명(天命)'이라고 말하는 것이니, 천명(天命)이란 그 자의(字意)에서도 알 수 있듯이 '천지구령(天之口令)'(하늘의 입으로 인간 세상에 내리는 명령)을 뜻하는 것이다. 입이 없어서 말을 할 수는 없지만, 인간의 세계에 꼭 해주어야 할 "천지 만물 인간을 모두 낳고 길러주는 부모로서의 하늘의 말씀"[天言]을 성인이 대신하여 인간의 언어로 전해준 것이 곧 '성인지언(聖人之言)'으로서의 천명인 것이다.

그러므로 군자가 배우고 따라야 할 표준적 이치[天道 자체]는 오로지 성인의 말씀과 하늘의 명령인 것이다.

다음의 인용은 이를 직접 설명하고 있는 사례들이다.

"君子 將有爲也 將有行 問焉而以言 其受命也如嚮"[39] (군자가 장차 하고자 하는 일이 있어서 행

---

36) 정역. 9. "天何言哉 地何言哉 一夫能言…天地无言 一夫何言 天地有言 一夫敢言…天地 言一夫言 一夫 言天地言" (하늘이 어찌 말을 할 것이며 땅이 어찌 말을 할 것인가마는 나 일부는 능히 말을 하노라…천지가 말이 없으면 일부가 어찌 말을 하리오마는 천지가 하시는 말씀이 있기에 나 일부는 감히 말을 하는 것이다…천지는 일부가 하는 말을 하고 일부는 천지가 하려는 그 말을 하는 것이다)는, 일부 자신이 성인적 차원에서 선언한 "天道의 인간 주체적 자각 과정"에 대한 언급이라고 할 수 있다.

37) 이것이 성인의 作易. 劃卦이다.

38) 儒家의 天命的 사상과 聖人的 의미는 儒學의 종교적 경지에 대한 基盤이라 할 수 있다.

39) 계사전 上. 10.

동하게 될 때엔, 성인의 말씀에 따라 할 바를 물어보고, 그 하늘의 명령을 마치도 눈앞에 마주한 것처럼 받아들여야 하는 것이다.)

"唯君子 爲能通天下之志"[40] (오로지 군자라야 천하 백성이 이루고자 하는 뜻을 능히 꿰뚫어 알 수 있는 것이다.)

"不知命 無以爲君子也"[41] (천명을 모르고서는 군자의 노릇을 해 낼 수 없는 것이다.)

한편으로 주역에서는 성인의 격위(格位)에 해당되는 인간규정으로써, 성왕(聖王)·선왕(先王)·후(后)·천자(天子)·대인(大人) 등의 명칭이 등장한다. 여기서 성왕(聖王)·선왕(先王)·후(后)·천자(天子)는 모두 정치적 왕자(王者)의 성격을 위주로 표현된 것으로 보아, 天子라는 규정으로 대표할 수 있다. 그렇다면 성인(聖人)·천자(天子)·대인(大人)라는 인간 규정은 상호간에 어떻게 구분할 수 있을까?

먼저 대인(大人)에 대하여 살펴보면, 주역 건괘(乾卦) 문언전에는 대인에 대하여 다음과 같이 소개하고 있다

"夫 大人者 與天地合其德 與日月合其明 與四時合其序 與鬼神合其吉凶"[42] (대인이라 함은 천지와 그 덕위를 함께하고, 일월과 그 밝음을 함께하며, 사시운행과 그 질서를 나란히 하고 귀신과 더불어 그 길흉을 함께하는 존재이다.)

이는 대인의 존재적 위상을 천도(天道)[天地·日月·四時·鬼神] 자체와 완전히 동격으로 제시하고 있다. 즉, 천지지대덕(天地之大德)으로서의 만물창생(萬物創生)의 역할을 대인의 인격성과 일체화시켜서, 천도(天道)와 합덕(合德)된 인물로 규정하고 있는 것이다. 다시 말하여 천도의 인격성인 천지지심(天地之心)[43]과 인간의 인격적 태초성을 상징하는 '갓 태어난 어린아이의 본래적인 마음 자락인 곧은 마음'[直心][44]을 모두 다 온전하게 구비하고 있는 인간을 말한 것으로, 맹자는 이를 두고 "大人者 不失其赤子之心者也"(대인이라 함은 인간이 태

---

40) 주역. 同人卦. 象傳.

41) 논어. 堯曰.

42) 건괘. 文言傳.

43) 주역. 復卦 象傳 "反復其道 七日來復 天行也, …復其見 天地之心乎". 참조.

44) 논어. 雍也 "人之生也 直".

어나면서 가지고 있는 본래적 마음씨를 잃지 않고 있는 자이다)라고 단정하고 있는 것이다. 더 나아가서 대인이란 이렇게 자신이 체득한 인간의 존재 원리를 인류 세계에 선포하고 알려주는 실천적 주체이기도 한 것이다.

"大人以 繼明照于四方"[45] (대인은 이괘의 원리에 따라 하늘의 밝음을 이어받아 이로써 온 세상에 그 진리의 빛을 비춰준다)에서도 알 수 있듯이, 대인이란 하늘의 신명원리(神明原理)[神明之德]을 계승하여, 이를 인간세계에 '인간이 알아볼 수 있는 밝은 빛'으로 다시 비추어 내려주는 인물로서, 하늘적 사명을 실행하는 인간상을 일컫는 것이다.

이어서 天子(천자)에 대한 경전의 언급은 다음과 같다.

"天子者 與天地參 故德配天地 兼利萬物 與日月竝明 明照四海 而不遺微小"[46] (천자라 함은 천지와 더불어 함께 참여하는 자로서. 그 덕을 천지와 함께 나누며, 일월과도 같이 밝은 덕을 온 천하에 고루 비추어주면서, 설령 천하 만물 중에서 아주 작고 보잘 것 없는 것일지라도 천자의 덕화를 베풂에 있어서 결코 빼놓지는 않는 것이다.)

천자(天子)는 대인과 마찬가지로 천지지대덕(天地之大德)의 격위에 나란히 참여하는 하늘적 존재이며, 더 나아가 만물을 이롭게 다스리는 실천적 주체임을 강조하고 있다.

천지가 만물을 생육해내는 생명적 토대이듯이, 천자는 인간의 현실적 삶을 책임지고 다스리는 왕자(王者)로서의 실천적 사명이 주어져 있는 것이다. 이는 마치도 자식을 길러주는 부모의 역할과도 다르지 않은 것이니, "天子 作民父母 以爲天下王"[47] (천자라 함은 백성의 부모 노릇하는 존재이니, 이로써 천하에서는 군왕의 역할을 해내는 존재이다)은 이러한 천자의 왕사적(王事的) 의미를 직설적으로 언급한 것이다.

이상을 정리해 보면 대인이란 천도의 존재원리를 위주로 규정한 인격 존재라 할 수 있고, 천자란 천도의 실천 원리를 위주로 규정한 인간 존재라 할 수 있다. 그런데 본래 하늘의 존재원리와 실천원리가 서로 다른 것이 아니듯이, 대인과 천자의 인격적 의미 또한 본질적으로 분리되어 있는 것은 아니다. 따라서 대인과 천자의 인격적 개념을 함께 집약하여 표현한 것

---

45) 주역. 離卦. 大象傳.

46) 예기. 經解.

47) 서경. 洪範.

이 작역(作易)의 주체인 동시에 행역(行易)의 주체로 언급된[48] '성인'의 인격적 개념인 것이다.

이로써 보면, 성인이란 존재는 땅 위에 사는 인간군(人間群) 중에서 성실한 수행과 부지런한 학습으로 남들보다 훌륭한 인격자가 되고, 나아가 사회적 지도자[君王]가 된 후, 그러한 군자의 무리 중에서도 특별히 수행과 덕행이 더욱 높고 깊어져서, 아주 완전하고도 완성된 최고의 인격적 경지에 도달한 인물을 말하는 것이 아니라는 점이다. 즉 군자보다도 더욱 훌륭한 또 다른 완벽한 수준의 인물을 다른 말로 성인이라고 규정해서는 안 된다는 것이다.

실로 성인이란 애초부터 하늘적 차원에서, 그 하늘적 의지를 인간 세상에 알려주어야 할 천명적 사명을 가지고 땅 위의 인간으로 태어난 '하늘적 존재'인 것이다. 이는 땅에서 자라난 인격성이 아니라 그 인격성 자체가 하늘에서 땅으로 내려온 것이라는 점이다.

이상의 검토를 통하여, 성인이라는 인격성은 하늘적 의지[天命]를 인간의 言語로 전해주는, [生而知之한] 천명적 인간상으로 요약할 수 있으며, 아울러 성인이 해야 할 "천명적 역할"이란 다름 아닌 "성인지언(聖人之言)을 통하여 군자에게 '천도와 천명'[道自體]를 가르쳐주는 일"임을 정리할 수 있었다. 참으로 하늘의 존재 방식인 천행(天行)은 그 자체로서 자행(自行)·순행(順行)하는 것이니, 하늘과 격위를 나란히 하는 성인 역시 그 실존적 삶의 모습은 '안이행지(安而行之)'라 아니할 수 없는 것이다. 이로써 천지지의(天地之意)의 자득자(自得者)이며 천명의 전달자인 유가에서의 성인의 인격성을 천명적 관점에서 검토하고 수립해 본 것이다.

## IV. 시간(時間)과 공간(空間)의 삼재적(三才的) 규정

인간은 우주내적(宇宙內的) 존재로서 시간과 공간이라는 두 가지 범주의 조건과 환경 속에서 그 생명적 의의를 구현하며 삶을 영위해 가는 존재이다. 인간의 실존적 삶은 시간과 공간이라는 두 가지의 근원적인 조건과 제약을 벗어날 수 없다는 점에서, 인간 존재에 대한 이해와 규정은 시간과 공간이라는 두 방면으로 구분하여 접근할 때, 보다 근거 있고 균형 있게 살펴볼 수 있을 것이다. 이에 인간의 삶의 현장이며 생명의 토대가 되는 시간과 공간의 존재 구조를 유가적 논리의 하나인 삼재적 관점에서 검토해 보고자 한다.

---

48) 주역. 繫辭傳 下. 第2章에 언급된 聖人은 모두 "易의 이치를 만들고, 또 그 이치를 天下에 실천하는 인물"로 묘사되어 등장하고 있다.

우주와 인간. 그리고 만물의 존재구조와 변화원리에 대한 유가적 시선의 집적체인 주역에서는 삼재적 관점에 대하여 다음과 같이 설명하고 있다.

"易之爲書也 廣大悉備 有天道焉 有人道焉 有地道焉 兼三才而兩之 故六. 六者非他也 三才之道也"[49] (역의 이치가 책으로 만들어짐에 참으로 넓고도 큰 모든 이치가 담겨지게 된 것이니, 여기에는 천도와 인도 그리고 지도가 있는데, 이 세 가지가 음과 양의 둘로 나누어져 여섯 효가 이루어진 것이다. 그러므로 여섯 개의 효상은 다른 것이 아니라 천지인 삼재지도를 말하는 것이다.)

즉, '역도는 광대한 우주의 존재원리를 모두 빠짐없이 다 갖추고 있는 것으로, 우주내적 존재를 살펴보자면 천(天). 지(地). 인(人)의 세 가지 입장에서 구분할 수 있다' 하여, 삼재를 天. 地. 人으로 명시하고 있다. 이는 우주내적 존재상(存在相)을 하늘과 땅. 그리고 그 안에서 살아가는 인간이라는 세 가지의 공간 구조로 나눈 것으로, 우주 만물이라는 존재상에 대한 공간적(空間的)[物的]구분이라 할 수 있다.[50] 그런데 인간의 삶의 현장에는 공간이라는 범주만 있는 것이 아니라, 시간적 범주도 함께 존재하는 것인 바, 주역은 시간의 존재 구조에 대해서도 삼재적 관점에서 구분하여, 이를 삼극(三極)이라는 개념으로 명칭하여 다음과 같이 언급하고 있다.

"剛柔相推 而生變化…變化者 進退之象也, 剛柔者 晝夜之象也, 六爻之動 三極之道也"[51] (강함과 부드러움이 서로 간에 밀고 당겨서 만물의 변화현상이 나타나는 것인데…변화라는 것은 사계절이 들어오고 물러나는 모습을 말한 것이고, 강유란 시간이 낮과 밤으로 번갈아 돌아가는 모습을 말한 것이다. 주역의 괘상에서 여섯 효가 움직여 드러내는 의미는 다름이 아니라 시간의 구조인 삼극의 이치에 근거하는 것이다.)

"彖者 言乎象者也, 爻者 言乎變者也"[52] (주역의 단사는 사물의 공간적 현상을 위주로 말한 것이고, 효사는 사물의 시간적 변화를 위주로 말한 것이다.)

---

49) 계사전 下. 10.

50) 三才에서의 '才'는 物的 資源이라는 의미가 담긴 글자이다.

51) 계사전 上. 2.

52) 계사전 上. 3.

"聖人 有以見天下之動…繫辭焉 以斷其吉凶 是故 謂之爻"53) (성인께서는 천하의 시간적 움직임을 보시고…그 깨달으신 바를 말씀으로 풀어줌으로써, 인간의 길흉을 판단하게 해주셨으니, 이것이 곧 주역의 효사인 것이다.)

"爻也者 效天下之動者也"54) (주역의 효는 천하에서 시간이 변화하는 움직임을 그대로 본받아 표상한 그림인 것이다.)

이상의 몇 가지 언급을 상호 관련지여 종합해 보면, "주역의 효(爻)[爻辭]는 시간의 존재원리에 따라 나타나는 천하 만물의 변화와 움직임에 대한 표상이며 설명으로서, 주역의 여섯 효(爻)는 시간의 변화원리[시간 자체의 존재 구조]인 삼극(三極)의 이치에 근거한 것이다"라고 정리할 수 있다. 즉, 삼극(三極)이란 바로 '시간의 존재 원리에 대한 삼재적 표현'이라는 것이다.

이처럼 유가의 삼재적 관점이란 삼재지도(三才之道)와 삼극지도(三極之道)로 구분할 수 있으니, 삼재란 우주의 존재상을 공간적 관점에서 규정한 것이며, 삼극이란 우주의 존재상을 시간적 관점에서 규정한 것으로, 공간적 물상을 표현한 글자로서의 재[物: 本末的 形狀]와 시간적 사량(思量)을 상징한 글자로서의 극(極)[事: 終始的 理念]이 원용된 것이다.

특히 주역에는 '극(極)'이라는 글자가 '시간을 숫자로 추산(推算)해간다'는 의미인 '극수(極數)'의 용례로 인용되어 "極數知來之 謂占"55) (지극히 미루어 수를 셈하여서 미래적 삶의 이치를 알게 되는 것을 일러 점치는 일이라 하는 것이다)이라 쓰이고 있으며, '지래(知來)'의 의미 또한 "數往者順 知來者逆"56) (미래적 시점에서 과거를 향하여 셈하여 가는 방향을 순이라 하는 것이고, 과거적 시점에서 미래를 향하여 셈하여 가는 것을 역의 방향이라 하는 것이다)에서 알 수 있듯이 "미래적 시간을 추수(推數)하는 방식", "시간에 대한 범주를 기술하는 용도"로 사용되고 있다. 이는 '극(極)'이란 문자적 의미 자체가 시간의 존재구조를 해명하고 담지(擔持)하는 문자로서, 삼재(三才)에서의 '재(才)'라는 글자와는 상호 구분하여 쓰이고 있음을 명백히 알 수 있는 것이다.

그렇다면 삼극(三極)에서 뜻하는 세 가지의 극(極)이란 구체적으로 무엇을 말하는 것인가?

---

53) 계사전 上. 12.
54) 계사전下. 3.
55) 계사전 上. 5.
56) 설괘전. 3.

삼재(三才)는 천도(天道). 인도(人道). 지도(地道)로써 명기되어 있는 데, 삼극(三極)은 천극(天極). 인극(人極). 지극(地極)으로 명시되어 있지는 않다. 주역에서 극(極)에 대한 명칭이나 규정을 내린 경우는 "태극(太極)" 뿐이다. 또한 태극(太極)은 "太極生兩儀"[57]에서 보듯이 만물상으로서의 '2數 陰陽的 세계'로 분화되기 이전의 시원적(始原的) 수(數)인 1로 볼 수 있다.

이제 한걸음 더 나아가서 수(數)로 표기될 수 있는 삼극(三極)의 존재 의미를 시간의 존재 구조와 관련하여 논의해 보기로 하자.

시간의 구조를 '시간의 흐름 양상'으로 이해 할 때, 그 시작[始]을 수로 표기하면 1이 되고, 그 마지막[終]을 수로 표기하면 10 이라고 상정할 수 있다.

시간의 흐름을 공간적 변화상으로 대치해 보면, 만물의 생겨남[씨]은 1이 될 것이고 만물의 완성됨[열매]는 10이 될 것이다. 그러므로 태극수(太極數) 1은 시간적으로는 처음[始]을 규정한 것이며, 공간적으로는 생겨남[生]을 규정한 것이다.

시작이 있다면 끝이 있을 것이고 생겨난 것은 자라나서 완성된 모습이 있을 것이다. 그런데 주역에는 시간의 끝과 만물의 완성을 "원리적 차원"[極]에서 규정한 별도의 극(極)에 대한 정의가 없다. 이에 '우주와 인간과 만물의 완성적 의미와 원리'를 밝힌 정역(正易)에서는, 그 10 수(數)에 해당하는 극(極)의 원리를 다음과 같이 '무극(无極)'으로 제시하고 있다.

"擧便无極十, 十便是太極一. 一无十无體, 十无一无用. 合土居中五皇極"[58] (높이 들어보니 문득 무극인 10수로구나. 10이란 그대로 태극수 1이기도 하도다. 태극1이란 10에서 順으로 온 것이니, 10이 없다면 본체로서의 무극 노릇도 할 수없는 것이고, 무극10도 1에서 逆으로 자란 것이니, 1이 없다면 그 발용으로서의 태극 노릇도 할 수 없는 것이다. 태극과 무극의 역할이 順逆으로 전개되어 인간 자리인 中의 土 자리에 머무르니, 이것이 바로 五皇極의 본질인 것이다.)

그러므로 삼극(三極)의 내용으로서 무극(无極)의 원리가 최초로 천명된 경서(經書)는 김일부(金一夫)의 정역(正易)이라 아니할 수 없으며, 무극(无極)의 10수 완성원리(完成原理)가 해명됨으로써 역학은 비로소 사상적(철학적)으로 완전하고 충분한 체계를 갖추게 된 것이다.

만물의 시생(始生)은 땅에서 출현하는 것이니, 1 태극(太極)의 원리는 삼재(三才)로 보면

---

57) 계사전 上. 11.
58) 정역. 十五一言.

지도(地道)에 해당될 것은 자명하다. 땅[本]에서 시생한 만물은 공간적으로 위로 높이 자라나 하늘[末]에서 열매로 완성될 것임에, 10 무극(无極)의 완성원리는 삼재(三才)로 보면 천도(天道)에 해당 될 것이다.

1 태극에서 생겨나서 10 무극으로 완성되기 위해서는 마땅히 자라나는 과정을 통섭(統攝)하는 '장육(長育)의 원리'[極]가 존재할 것은 또한 자명하다. 주역에는 이에 대한 별도의 언명이 없지만, 유학의 경전에서 "인간의 올바른 삶의 법칙"[彛倫]을 설명한 서경(書經)의 홍범편에서는 이를 '5황극(皇極)'으로서 규정하여 설명하고 있다. 정역에서는 이를 그대로 받아들여 인간의 인격적 삶의 원리를 '5황극(皇極)'을 중심으로 해명하고 있다. 이로써 유가에서는 삼극(三極)의 내용을 '시간을 셈하는 방식이며 구조인 수적(數的) 의미와 함께 구분지어 '십무극(十无極). 오황극(五皇極). 일태극(一太極)'으로 규정하고 있는 것이다.

서경에서 제기되는 '황극(皇極)'의 의미는 '백성 다스리는 원리'[인간 살아가는 법칙]로서의 이륜(彛倫)에 집중되고 있기에, 삼재적(三才的) 관점에서 보면 '황극(皇極)'이란 인도(人道)에 해당되는 인극(人極)이라고 볼 수 있을 것이다.

특히 홍범구주(洪範九疇)의 중심에 해당하는 오황극(五皇極)에서는 "皇建其有極"[59] [천하 백성을 다스리는 황제는 마땅히 그 실존적 삶의 원리라 할 수 있는 유극의 차원을 세울 수 있어야 한다]이라 하여 '유극(有極)'을 명시함으로서, 유극적(有極的) 의미와 함께 상대적 개념으로서의 무극적(无極的) 의미가 전제되어 있음을 자연스럽게 짐작하고 상정할 수 있을 것이다.

태초에 복희씨가 작역(作易)한 의도는 "인간이 주체가 되어 하늘의 존재원리를 신명한 덕성(德性)으로 깨닫고, 천지간(天地間)에 가득한 만물을 정의(情義)로써 다스리게 하심" [以通神明之德 以類萬物之情]이라고 볼 수 있으니, 태극수(太極數) 1은 지도(地道)이고, 그래서 만물지정(萬物之情)을 담고 있은 물극(物極)이 되며, 무극수(无極數) 10은 천도(天道)이고, 그래서 신명지덕(神明之德)을 담고 있는 신극(神極)이라고 말 할 수 있을 것이다.

무극(无極)이란 어휘 자체가 문헌에 처음으로 등장한 것은 송대 주돈이(周惇頤)의 태극도설(太極圖說)에서 이다. 그러나 여기서 표현된 "无極而太極 …太極本无極也"의 무극이란 말은 본체원리로서의 삼극(三極) 중 하나인 "별도의 무극원리(无極原理)"를 지칭한 것은 아니다. 태극의 성정(性情)이 형이상적 존재임을 서술한 형용적(形容的) 의미를 가진 어휘이며. 태극

---

59) 서경. 洪範.

이 갖는 무형적(無形的) 초월성(超越性)과 "현상성(現像性)에 구속되지 않는 절대성(絶對性)"을 수식(修飾)하기 위해 등장한 개념으로서의 무극(無極)인 것이다. 다시 말하면 "어떠한 형상에도 매이지 않는 무형적 존재로서의 성정을 갖고 있는 태극원리"를 서술한 언급인 것이다.

태극도설 어디에서도 무극을 별도의 본체원리로서 태극(太極)·황극(皇極) 등과 더불어 이해하거나, 태극과 따로 떼어서 설명한 논설이 없음은, 무극이란 어휘 자체가 태극을 수식하는 형용적 역할로서만 제한되어 사용되고 있음을 반증하는 것이다.

이상 논의한 삼재적 관점을 도표로써 정리하면 다음과 같다.

| 1 | 5 | 10 |
|---|---|---|
| 太極 | 皇極 | 无極 |
| 地道 | 人道 | 天道 |
| 物極 | 人極 | 神極 |
| 始(씨): 生(본) | 長(꽃): 育 | 終(열매): 成(末) |

## V. 인간 규정과 삼재적 구조와의 관계

앞서의 2장에서는 유가의 인간규정으로서의 성인, 군자, 백성의 개념적 의미를 구분하여 살펴보았고, 3장에서는 유가의 논리적 구조인 삼재적 관점을 무극(無極), 황극(皇極), 태극(太極)으로 정리해 보았다. 이제 유가의 중심 주제인 인간의 문제와 유가의 중심 논리인 삼재적 관점을 상호 관련하여 그 철학적 의미를 확인해보고자 한다.

### 1. 인간의 태초적 시원성(始原性)을 가진 원형적(原型的) 인간상으로서의 백성(百姓)

백성은 인류 역사에 나타난 태초적 인간에 대한 규정이다. 천지가 있은 연후에 만물이 생겨나고, 그 만물 중에서 생리적 인간으로서의 남녀가 생겨난 것이다. 남녀로서의 시원적 인간존재는 '인간적'이라는 의미의 모든 범주(도덕적이냐 생리적이냐, 사회적이냐 개별적이냐, 육체적이냐 영혼적이냐, 원시적이냐 문명적이냐 등의 모든 구분을 망라하여)를 포괄하여, 생명을 구가하는 인간군(人間群) 전체의 기초적 자원으로서, 인간이기에 추구하는 인격적이고 이념적인 세계의 대전제이고 동시에 출발점이다. 이를 물리적 시간 위에서 구분할 때는, 현재적 인간상에 대비하여 과거적 인간상이라 할 수 있다. 그러므로 현실세계에서 살아가는 실존적 인간에게 주어져 있는 시간적 태초성과 이념적 원형성(原型性)은 백성의 개념으로 수렴되는 것이다.

백성의 본질적 의미를 천지간(天地間)에 최초로 등장한 만물적(萬物的) 차원에서 규정하고, 그러한 물적(物的) 차원의 백성을, 여타의 만물인 금수와 구별하고, 이들을 교화(教化)하여 금수와 질적으로 차원을 달리하는 인격적 존재[道德的 存在]로 이끌어서, 궁극적으로는 인간에게 예의적(禮義的) 세계를 실현하고자 했던 인간 존재가 곧 성인(聖人)인 것이다.

유가에서 규정한 성인의 존재 의미 자체도 백성 자체의 물적(物的) 실존성(實存性)[自然性과 事實性]을 전제하고, 이로부터 시작하여 인격적 세계를 추구한 인간상이라는 점에서, 유가가 지향하는 궁극적 이념 역시 태초적 인간인 백성의 등장을 전제하고 있는 것이다.

실로 유가의 만물 인식과 인간 규정은 매우 사실적이며 현상적인 토대에 근거하고 있으며, 백성으로 규정한 인간의 존재 의미는, 삼재적 관점에서 볼 때, 땅[地道]의 물성(物性)[物格]에서 시작되는 과거의 태초적 시원성을 그 본질로 삼고 있다고 요약할 수 있는 것이다.

## 2. 현실적 삶의 전개와 치세적(治世的) 인간상으로서의 군자(君子)

인간사회는 단순히 정도에 있어서의 우월성이나 특징적 차이로 인하여 여타의 만물적 존재와 구분되는 것은 아니다. 인간의 세계가 우주 안에서 다른 '물적(物的) 현상'과 구별되는 '인간적 세계'로 전개되는 근거는, 인간만이 자신의 본질인 인격성을 자각하고 이를 실현할 수 있기 때문이며, 이는 인간이 삶의 방식으로 삼는 '모든 문물제도[법과 질서]'를 통하여 성취할 수 있는 것이다. 태초적 인간인 백성을 인격적이고 문명적인 삶으로 안내하고 교화하는 역할은, 백성을 내려준 하늘의 뜻[天道와 天命]을 배우고 익혀서, 이를 땅 위에서 부지런히 실현하는 치세(治世)[治民]의 주체적 지도자에게 있는 것이니, 이는 인간 사회의 현실적 삶의 전개를 책임지고 향도(嚮導)하는 사명적 인물로서의 군자(君子)의 존재 의미로 집약되는 것이다.

군자의 군자다움은 이치를 배우는 호학(好學)의 자세와 백성을 교화하는 실천적 행사로 증거되는 것이니, 맹자는 이를 '선성(善性)'과 '덕치(德治)'를 내용으로 하는 '왕도(王道)'의 이념으로 천명한 것이다.

그러므로 군자는 만물적(萬物的) 차원의 인간상이 인격적 차원의 인간사회로 교화되어, 도덕적 삶을 누릴 수 있도록 헌신하고 목민(牧民)하는 군왕(君王)으로서의 역할을 자청하게 된 것이다.

이에 군자의 존재 의미는 현실적 삶[皇極的 차원]의 실천 주체로서, 이치[道]를 배우고 익혀서 현재적이고 실존적인 인간군인 백성의 생명적 의의를 천하에서 향유할 수 있도록 지도하는 치민(治民)[治世]의 주체가 되는 것이다.

## 3. 미래적 생명 완성과 이념적 인간상으로서의 성인(聖人)

천지간에는 만물만이 존재하고 있는 것이 아니라, 만물 중에는 특별하게도 인간이라는 존재가 생겨나서 살아간다는 '인격적 실존의 문제'야 말로, 이성적 존재로 생겨난 인간이 감당해야 할 원초적 질문의 대상이며, 동시에 최후적으로 요청되는 답변의 내용이다.

인간의 생명적 대전제와 토대가 시간과 공간이라는 두 가지 양상의 범주라 할 때, 시간과 공간 자체의 주재자인 하늘[天道]로부터, 인간과 관련된 제문제는 연역(演繹)될 수밖에 없으며, 동시에 하늘[天道]로 귀착(歸着)될 수밖에 없는 것이다. 우주 안에서 천지 자체[天道]보다 더 근원적인 시공적(時空的) 범주는 없기 때문이다. 따라서 하늘적 의미[天意]와 존재양상[存在構造]에 대한 인간적인 이해와 해석의 역할은 하늘 자체와 그 위상(位相)을 함께하는, 천지와 동격의 인간만이 감당할 수밖에 없는 것이며, 이러한 인간 존재를 유가에서는 성인의 역할로 대변하고 있는 것이다.

## 4. 삼재적 인간 규정의 호상체용적(互相體用的) 관계

앞서 정역의 언급("擧便无極十, 十便是太極一. 一无十无體, 十无一无用. 合土居中五皇極")에서 살펴보았듯이,[60] 삼극(三極)의 상호 관계를 통관(通貫)해 보면, 무극(無極)과 태극(太極)의 원리는 각각 순(順)과 역(逆)의 방향으로 전개되어 서로를 지향하면서, 황극(皇極)의 자리에서 중위(中位)로 머물러 자신의 존재 의미를 발현(發現)시키고 있다.

이 때 무극(無極)과 태극(太極)의 출발점을 본체적(本體的) 자리라 할 수 있다면, 그 지향

---

60) 각주 58) 참조.

하는 대상(對象)[도착점]까지 전개되는 전 과정은 발용적(發用的) 현장(現場)이라 할 수 있다. 무극(無極)과 태극(太極)이 그 자신의 존재원리를 發現하기 위해 서로를 지향하고 있다는 것은, 무극과 태극이 서로 간에 본체와 발용의 전제와 기반이 되고 있음을 말한 것으로, 이러한 관계가 곧 호상체용적(互相體用的) 관계인 것이다.

이는 성인과 백성과의 관계로도 유비적으로 이해할 수 있으니, 태극적(太極的) 백성은 황극적(皇極的) 군자를 매개로 하여 무극적(無極的) 성인을 지향함으로써, 인격적 세계를 누리게 되는 것이고, 무극적(無極的) 성인은 황극적(皇極的) 군자를 매개로 삼아 하늘적 의지를 백성의 삶으로 실현하는 것이다.

그러므로 성인과 백성 역시 호상체용적(互相體用的) 관계라고 이해할 수 있는 것이다.

다시 말하여 백성이 성인의 말씀을 지향함에는 백성의 일용적 삶을 문명적 제도로 다스리는 군자의 치세사업(治世事業)[王事]이 중심적 현장이 되는 것이고, 성인이 백성의 생명적 의미를 지향함에는 하늘의 천명적 의지를 땅 위에 실천하는 군자의 교화사업(教化事業)[王事]이 기초적 토대가 되는 것이다.

요약하면 무극적 성인의 뜻과 태극적 백성의 삶은 황극적 군자의 왕천하사업(王天下事業)[王道 理念]으로 통합되어 인간 사회의 실존적 삶의 현장에서 덕행(德行)으로 발용(發用)되어 나타나는 것이다.

이처럼 성인과 백성이 서로를 지향함에는 반드시 군자를 매개로 삼게 되는 바, 이는 성인의 의지가 군자를 통해서 실현되는 것이고, 또한 백성의 인격성도 군자를 통하여 구현됨을 지적한 것이다. 이로써 실제의 인간 사회에서는, 성인의 천명적 본체원리는 군자적 왕사를 통하여 발용되는 것이고, 백성의 일용적 본체원리도 군자의 왕사를 통하여 발용되는 것이니, 이를 함께 구조적으로 이해하면 "신명적 성인과 만물적 백성의 본체원리는 인격적 군자가 실현하는 예의적 세계를 통하여 발용되는 것"이다.

실로 뜻에 있어서는 "성인과 백성"이 호상체용적 관계이지만, 현실에 있어서는 "성인과 군자" 그리고 "백성과 군자"가 호상체용적 관계를 형성하게 되는 것이다.

유가에서 운위되는 인간이라는 중심적 주제가 군자의 실천적이고 사명적인 치민(治民). 평천하 사업(平天下 社業)으로 집약되는 논리적 근거도 여기에서 기인하는 것이라 아니 할 수 없다.

이제 본 장에서 논의한 유가의 삼재적 인간상을 종합적으로 규정하면, 인간이라는 하나의 본체적 원리[씨앗:仁]가 싹터 시공적 생명 현장[인간 사회]에서 자라나고 열매 맺음에 있어서, 그 실존적 삶의 내용이 하늘적[無極的] 천명으로 발용되면 성인의 역할로 나타나는 것이고, 땅적[太極的] 생활로 전개되면 일용적 백성의 무리로 살아가는 것이며, 인간사회에 인격적[皇極的]삶을 실현하는 실천적 사명으로 드러나면 군자의 책무를 자청하게 되는 것이다.

이를 도표로 정리하면 다음과 같다.

[현상적 차원 : 逆]

| (體) ──────────→ | (用) (體) ──────────→ | (用) |
|---|---|---|
| (太極的) 百姓 | (皇極的) 君子 | (無極的) 聖人 |
| (用) ←── | (體) (用) ←── | (體) |

[원리적 차원 : 順]

## VI. 선한 마음으로 반듯하게 살고 기쁘게 노래하는 세상

유가의 종사(宗師)인 공자와 그를 계승한 맹자의 철학적 관심은 '사람이 사람답게 살아가는 문제'에 집중되어 있다. 그러므로 유가 사상의 중심 내용은 "인간의 본질은 무엇인가", "인간은 어떻게 살아야 인간답게 사는 것인가?", "인간이 추구하는 궁극적 가치는 무엇인가?", "인간존재의 존재근거는 무엇인가?"를 문답하고 논의하는 과정으로 일관되어 있다. 따라서 유가의 핵심주제는 '인(仁)·직(直)·선선(善性)' 등의 존재원리에 대한 탐구와 예의(禮義)·도덕(道德)·중정(中正) 등의 실천원리에 대한 방식과, 대동(大同)·조화(調和) 원리·여민동락(與民同樂) 등의 이념적 지향 등으로 집약되고 있는 것이다.

이러한 유가의 주제 의식과 중심 개념들에 대하여는 이미 학계 일반에서 널리 논의되고 정리된 바 없지 않으나, 이러한 인간의 본질 문제를 실재적인 삶의 현장에서 실천 구현하며 살아가고 있는 생명적 주체인 '인간상 자체'에 대해서는 그 철학적 규정이나 이해가 충실히 이루어지지는 않았다고 여겨진다.

이에 본 논문에서는 유가에서 제시하고 있는 실질적이고 실존적인 인간상에 대하여 그 철학적 개념을 기준으로 구분하여 설명하고 정리해 보려는 것이다.

이를 위해 유가 사상의 방법론이라 할 수 있는 대표적인 논리 체계인 '음양론', '오행론', '삼재론' 중에서 특히 그 삼재적 관점에 근거하여 유가의 역동적인 인간상을 학문적으로 정립해 보고자 하였다. 이를 통하여 유가에서 규정하고 있는 대표적인 인간상을 "물질적 본성에 근거한 태극적 백성", "신명적 원리에 근거한 무극적 성인" 그리고 "신(神)-물(物) 양성의 인격적 주체성에 근거한 황극적 군자"로 구분하고, 각각의 철학적 의미를 논구함으로써, 유가에서 규정한 실존적 인간상을 보다 현상적이고 현실적인 시각에서 논의해 본 것이다.

유가의 중심주제인 인간과 관련한 제문제에서 기존의 다양한 관념적 차원의 논설에 머물지 않고, 보다 생동하는 유가의 사명적 인간상을 철학적 보편 구조인 삼재적 관점에서 모색한 본 논문은 유가 사상의 영원한 주제인 '인간이해의 지평'을 학문적으로 한 단계 더 심화하고 확장할 수 있을 것으로 기대하는 바이다.

**④**

# 실존적 삶의 주체로서의
# '나'의 실천 원리
## 유가 사상에 있어서 명(命)의 문제

## I. 지금, 여기서 나는 어떻게 살 것인가?

　유가의 종사(宗師) 공자는 그의 철학함에 있어서 순수 사변적 존재를 탐구하는 데에 골몰하기 보다는 인간의 실존적 삶의 문제를 해결하기 위한 관심과 노력으로 일생을 전념하였으며, 이러한 공자의 철학적 태도에 근거하여 우리는 흔히 유가 사상을 일러 현실주의 철학이라고 규정하기도 한다. 제자와의 문답에서 허상의 귀신[鬼]보다는 실상의 인간[人]을, 관념적 대상인 죽음[死]보다는 실제적 삶의 현장[生]을 더욱 중시하라는 공자의 가르침은 이를 반증하는 사례이다.[1]

　그렇지만 공자의 주장이 인간의 삶에 주어지는 현실적 제문제를 단순히 개인적 의지나 이성적 기능. 또는 이기적 기술의 활용 등으로 해결하려는, 이른바 처세술적(處世術的) 차원에 머물러 있는 것은 아니다. 그의 일차적인 관심사인 인간만사(人間萬事)와 더불어 이를 둘러싼 삼라만상(森羅萬象)의 상호 관계는, 이 모두를 포괄하는 천지자연의 이법이며 존재 근거인 하늘의 운행 법칙[天의 存在 原理와 存在 方式: 天道]에 의존하고 있기에, 인간은 마땅히 천도를 수용하고 이에 따라야만 한다는 규범적이고 도덕적인 당위원리가 전제되어 있음을, 공자는 유가 경전 전편을 통하여 거듭하여 천명하고 있는 것이다.[2]

---

1) 논어. 先進. "未能事人 焉能事鬼…未知生 焉知死".

2) 주역 乾卦에서 天道之四象에 근거하여 人道之四德이 실현되어야 함을 설명한 孔子의 文言傳은 이를 대변하는 대표적인 事例이다.

그러므로 유가의 사상적 격위가 단순한 사회질서 유지 방식이나 세속적 편의주의에 안주하지 않을 수 있었고, 지난 2500년의 인류 문명사를 통하여 인간 존재의 우주적 의미를 아름답게 구현하면서, 면면히 그 철학적 가치와 현실적 효용성을 발휘해 낼 수 있었던 것이다.

이에 후대의 유학자들은 이러한 공자의 사상적 명제와 논리를 체계화하여 '천인감응설(天人感應說)', '천인상관설(天人相關說)', '천인무간(天人無間)', '천인합일(天人合一)' 등의 명제로써 수렴·이해하고 있는 것이다.[3]

이처럼 유가의 핵심 주제와 그 논리 체계가 이른바 '천(天)-인(人) 간의 관계성'[天道와 人事 상호간의 교섭과 의존]으로 집약될 수 있었음은, 이미 서경의 "奉若天命"(仲虺之誥) 詩經의 "天命玄鳥"(玄鳥) "天生烝民"(烝民) 周易의 "順乎天而應乎人"(革卦) 中庸의 "天命之謂性"(1장) 論語의 "天生德於予"(述而) 孟子의 "知其性則知天矣 存其心養其性 所以事天也"(盡心, 上) 등의 제경전에서 그 논리적 토대가 제공되어 있었기 때문이다. 즉, 인간의 존재원리[性: 德]는 하늘의 존재원리[天道]에 근거하고 있다는 '천(天)-인(人) 간의 통합적(統合的) 사유체계(思惟體系)'가 유가사상의 대전제인 것이다.

그런데 오늘날 유가사상의 핵심 명제인 "천-인 관계의 존재론적 구조"를 논의하는 일반적인 경향은, 고대로부터 전수되고 있는 유가의 전통적인 우주적 관념인 이른바 '주재적 천(天)'을 전제로 하여, 인간은 마땅히 '천(天)의 의지와 천의 이법에 순응해야 한다'는 당위적 도덕론이 주류를 이루고 있다.

다시 말하면 본래부터 천(天)과 인(人)은 하나의 존재 원리[天地自然의 理法]에 있음을 깨닫고, 그 천도적 질서에 인간의 삶의 법도를 일체화시키는 것이 인간으로서 지향해야 하는 온전하고 아름다운 삶이라는 유가적 메시지를 당연시하면서, 그 의미를 반복·강조하는 범주에 한정되어 있는 것이 아닌가 여겨진다.

이에 대하여 논자는 '천인합일(天人合一)'을 논설하기 위해서는 '천(天)'과 '인(人)'이 '합(合)'하기 위해 서로를 '상호 지향'하는 구체적이고 논리적인 '합일방식(合一 方式)과 과정'이 보다 명시적으로 설명되어야만, 유가 사상의 '천(天)-인(人) 관계(關係)'가 좀 더 근거 있게 정립될 것이라 기대해 보는 것이다.

인간은 개개인의 실존적 인격성을 주체적으로 발현하며 살아가는 창의적 존재라는 점에

---

3) 한대 董仲舒의 天人感應說. 宋代 儒學者들의 道와 器, 性과 理, 理와 氣 등에 대한 多樣한 言及은 대체로는 그 論議 體系가 모두 '天-人 間의 關係的 狀況'을 考察하는 範疇 안에 있는 것이라 할 수 있다.

서, 인간은 마땅히 천도적 의미를 깨닫고 또 하늘과 합일해야 한다는 당위성을, 단순히 천(天)의 주재성(主宰性)을 전제하고 당연시하는 '인간의 소박한 관념이나 의식' 만으로는 충분히 설명하기에 미흡함이 있다. 창창(蒼蒼)한 자연천(自然天)인 하늘이 인간과 합(合)하기 위하여, 그 주재성과 의지를 발현하게 되는, 보다 명백한 통로와 방식이 무엇인가에 대하여, 합리적으로 납득할 수 있는 일관되고 합리적인 해설이 필요하기 때문이다.

이에 논자는 '천(天)'과 '인(人)'이 서로를 상호지향(相互志向)하여, 그 주재성(主宰性)과 인격성(人格性)을 발현하고 수수(授受)하는 의지적 방식과 통로'를, 인격성이 발용(發用)되는 현장이며 인격적 의지가 실현되는 언어적 토대인 '명(命)'의 문제로 규정하고, '천-인 간(間)의 소통과 일체화의 과정'을 입체적 시선과 쌍무적(雙務的) 관점에서 천착(穿鑿)해보고자 한다.

이를 통하여 천의 인격성이 실현되는 통로로서의 '천명'과 그 하늘의 '명령'이 추구한 대상으로서의 인간과 만물의 '생명(生命)'. 그리고 하늘적 차원의 천명(天命)과 만물적 차원의 생명(生命)을 상호 조화. 일치시키는 실천적 인격성으로서의 '사명(使命)'을, 성인(聖人). 군자(君子). 백성(百姓)의 입장에서 구분하여 고찰함으로써, 유가 사상의 '천인합일(天人合一)'을 지향하는 철학적 구조 체계'를 보다 심층적으로 고찰하고자 한다.

이러한 학문적 토론을 통하여, '생이지지(生而知之)'한 성인의 언어적 공능이 만물창생(萬物創生)의 존재근거인 동시에 궁극적 이념이 되고, '학이지지(學而知之)'하는 군자의 실천 행위가 '성인지언'이 천지 안에서 실현되는 통로와 매개(媒介)가 되며, '곤이지지(困而知之)'하는 백성의 일용적 삶의 향유(享有)가 천(天)의 생명적 가치를 구현하는 이념 완성의 현장이 된다는 유가 사상의 전모(全貌)를 '여민동락(與民同樂)'과 '대동(大同)'의 관점에서 고찰해 봄으로써, 유가 사상의 철학적 지평을 할 걸음 더 확장. 심화시킬 수 있는 학문적 기반를 마련할 수 있을 것으로 기대한다.


## II. 유가 사상의 이론체계로서의 '천인합일(天人合一)' 구조

유가의 전통적 천관념(天觀念)은 인간과 만물을 창조하고 주재하는 '인격적 천(天)'으로서, 유가 경전의 전편에서 언급되고 있는 '천명'은 이에 대한 가장 총체적인 표제어라 할 수 있다.

이 때의 천명이란 천'(天)이 말[言]하고 인간이 그 뜻[天意: 天道]을 알아[知] 듣는다[聞]'라는 의미를 내포한 소통과 합일(合一)을 전제한 표현이다. 그런데 천(天)은 입[口]이 없어서 직접 말[言]을 하지는 못한다. 논어의 "天何言哉"[4] 孟子의 '天不言'[5]은 이를 대변한다. 그러므로 '입[口]이 없는 하늘'은 하늘의 [인격적 의지를 表明할 수 있는 기능으로서의] 언어적 공능(功能)을 대행할 수 있는 '입이 있는 인격적 존재'를 반드시 필요로 하게 된다. 천(天)이 필요로 하기 때문에, 천의(天意)를 전달하기 위해, 하늘의 뜻에 따라, 인류 역사에 등장하게 된 '천(天)의 대행자(代行者)'를 유가에서는 성인으로 지칭하고 있다. 그러므로 성인이 인류 사회에 출현하게 된 근본적인 이유와 목적은, 하늘이 실현하고자 하는 하늘의 뜻[天意: 天道]를 인간이 알아들을 수 있도록, 천(天)을 대신하여 인간에게 말해주기 위함에 있는 것이다.

하늘의 말[天言]은 곧 성인의 말[聖言]로서, 그 말 속에는 하늘의 창조적 권능과 주재적 권위가 내재되어 있기 때문에, 이는 곧 천(天)에 존재 근거를 두고 있는 인간과 만물로서는 거역할 수 없는 '절대적 명령(命令)'으로서의 천명(天命)이 되는 것이다.[6]

## 1. 성인과 천명

### 1) 만물 창생(創生)의 존재근거로서의 천(天)과 언(言)

천지만물의 생겨남[비롯함]에 대한 가장 근원적이고 포괄적인 근거로서, 천(天)을 상정(想定)·규정(規定)·전제(前提)하고, 이로부터 모든 존재의 시원(始源)을 연역(演繹)하고자 하는 인간의 인식체계는 매우 자연스럽고 또 타당한 것이다. 인간이 수용할 수 있는 가장 크고[넓고: 깊고] 두렵고[고맙고] 그래서 위대한 인식의 대상은 '하늘'[日月星辰과 森羅萬象의 존재 자체를 빠짐없이 감싸고 있는 絶對的 範疇를 대표하는 名稱으로서의 天]이기 때문이다. 실로 우주내적(宇宙內的) 모든 존재가 천(天)으로 대표되는 천지자연의 존재 양상과 존재 법칙 속에서, 비로소 각개의 생멸적(生滅的) 현상을 향유(享有)하고 있음은 자명한 실상(實像)이다. 주역에서 공자가 "大哉乾元 萬物資始"라 감탄한 것은 이를 직접 언명한 것이다.

오늘날 만물이 처음으로 비롯되는[창조되는] 정황에 대하여는 대체로 두 가지의 일반적인

---

4) 논어. 陽貨.

5) 맹자. 萬章 上.

6) 실로 天命이 문제되는 것은 인간의 범주에 한정되는 것이다. 萬物의 존재는 本然的으로 天道와 天命에 順應하여 살아가기 때문에 새삼스레 '천명을 알고 이에 따라야 한다'는 當爲的 법칙을 깨우치고 가르칠 이유와 필요가 없는 것이다. 그러나 인간은 그 인격적 意志(意欲과 慾望)와 理性的 기능(主體 意識)이 있기 때문에, 恣意的으로 천명을 無視. 歪曲. 利用하는 등의 反天命의 삶을 살아갈 수 있는 존재이다. 성인이 인간에게 천명적 의미를 문제 삼고 가르쳐야 하는 근본적인 이유가 여기에 있는 것이다.

관점, 즉 창조론(創造論)과 진화론(進化論)이 있다.

전능(全能)하신 하느님이 자신의 뜻에 따라 천지 만물을 창조했다는 종교적 선언이나, 물적 존재법칙에 따라 모든 물상은 생성. 변화. 발전해 간다는 과학적 주장은, 모두 나름의 이론적 설득력과 미흡함을 동시에 가지고 있어서, 그 분분한 논설과 주장은 그 자체로서 언제나 일정한 의미를 내포하고 있다.

유가에서는 이 문제를 "天命之謂性"이라는 '언어적 공능의 실현'으로 설명하고 있으며, 이때 천(天)의 명(命)을 대행하는 인격적 존재를 '성인(聖人)'으로 규정하고 있음은 앞에서 살펴본 바와 같다.

'天命之謂性'에서 천(天)은 명(命)하는 주체이고, 천(天)이 명(命)한 내용은 성(性)이다.

성(性)이란 존재의 원리를 대변하는 개념으로서 인간에게는 인간되는 원리로서의 인간성(人間性). 만물에게는 각개의 만물이 그렇게 되도록 하는 존재원리로서의 만물성(萬物性)을 말한다. 다시 말하면 하늘의 명령이 인간과 만물이 창조되는 근거이고 만물을 주재하는 절대적 권능이라는 것이다.

그런데 하늘은 '입'이 없어 말할 수 없으며, 그러므로 직접 명령을 내릴 수도 없다. 입은 오로지 인간에게만 있는 것이기에, 하늘은 부득이 입을 가진 인간의 언어적 기능을 빌어서 하늘의 인격적 의지를 발현시키는 것이다. 즉 하늘은 인간의 입을 빌려와야만 인간과 만물의 창조가 비로소 가능해지는 것이다. '天工人其代之'[7]에서 알 수 있듯이 천(天)은 자신의 공작(工作)[創造 및 主宰]을 대신[代]하기 위하여 '인(人)'을 필요로 하는 것인데, 그 이유는 다름 아닌 사람만이 가지고 있는 언어적 기능 때문인 것이다.

창조론의 대표적 전거(典據)인 기독교의 성경에는 이에 대하여 다음과 같이 기술되어 있다.

"태초에 말씀이 계시니라 이 말씀이 하나님과 함께 계셨으니 이 말씀은 곧 하나님이시니라" (Before the world was begun, the Word was there. the Word was there with God. the Word was God.")[8]

"여호아 하나님이 흙으로 각종 들짐승과 공중의 각종 새를 지으시고, 아담이 어떻게 이름짓나 보시려고 그것들을 그에게로 이끌어 이르시니, 아담이 각 생물을 일컫는 바가 곧 그 이름이라. 아

---

7) 서경. 皐陶謨.

8) 요한복음 1장 1~3.

담이 모든 육축과 공중의 새와 들의 모든 짐승에게 이름을 주니라."[9]

위의 인용을 요약하면 "하느님은 아담의 입[이름 짓기: 말하기: 언어적 기능]을 통하여 만물을 창조하였다"는 것이다.

한편 노자(老子)는 천지만물의 창생(創生)에 대하여 다음과 같이 설명하고 있다.

"有物混成 先天地生…可以謂天下母…字之曰道"[10] (하늘과 땅이 생겨나기 이전에 천지보다도 먼저 '무언가'가 이루어져 있었는데…이것이야말로 능히 天下萬物을 낳아주는 (생겨나게 하는) 어머니의 노릇(창조의 역할)을 할 만한 것이니…이것을 일러 인간의 (언어적 기능을 대신하는) 글자로서 말한다면 '道(원리: 말씀)'라고 할 수 있다."

이는 도(道)가 천지만물을 창조해 낸 어머니[根源: 存在根據]라는 선언으로서, 도(道)를 '말씀도'의 '말씀'[言語的 機能의 發現]으로 해석하면, 성경의 'Word(말씀)'와 老子의 '도(道)'는 그 어법의 구조상 동일한 자리인 것이다.

천지 만물의 창생(創生)에 대한 유가적 관점은 "有天地然後 萬物生焉"[11] (천지가 있은 연후에 만물이 생겨났다"로 시작한다. 인간이 생겨난 후, '천지 만물은 어떻게 생겨난 것일까?'라는 의문을 갖는 순간, 천지 만물은 인간의 질문 이전부터 '이미 존재해 오고 있었다'[有]는 엄연한 사실을 인간은 받아들이지 않을 수 없는 것이다.

인간의 언어적 관심 이전부터 '이미 있었던[有] 천지 만물'은, 인간이 그것을 '무엇'이라고 이름 지어 불러주기[命名] 전(前)까지는, 그 무엇도 아니었으며, 따라서 그 무엇으로 존재하지도 않았고, 그 무엇으로 존재할 수도 없었다. 인간이 그 무엇을 그 무엇이라고 불러주는 순간부터, 그 무엇이라는 존재는 비로소 '그 어떤 것'으로 천지 안에 처음으로 생겨나는 것이다. 이것이 바로 인간의 언어[命]가 갖는 만물 창생의 권능(權能)인 것이다.

이에 대하여 송재국 교수는 다음과 같이 정리하고 있다.

"인간은 자기 존재에 대한 '자기 자각과 자기 선언'을 계기로 삼아 바야흐로 인간으로 탄생한

9) 창세기 2장. 19~20.

10) 노자 25장.

11) 주역. 序卦傳 下.

다. 인류의 역사와 문명도 이로부터 開始된다. 인간만이 유일하게 (뜻을 담고 있는)언어를 구사할 줄 아는 존재라는 점에서, 인간의 자기 선언이 있어야만 만물의 존재적 의의도 비로소 생겨나는 것이다. 인간은 자신을 '인간'으로 인식. 규정하는 데에 머물지 않고, 인간과 관련된 주변의 '온갖 것들'에게도 그 이름을 지어 불러줌으로써, 그 때까지는 있지 않았던(없었던: 몰랐던) 어떤 것들을 새로이 탄생시켜 주는 것이다"[12]

유가에서 말하는 '명(命)'이란, 그 글자 자체가 구(口)와 령(令)의 합자(合字)[口+令=命]라는 점에서, '하늘이 입으로 내려 준 언어적 권능'이 되는 것이니, 유가 사상에서도 하늘의 뜻은 오로지 '명령하심'[言語的 宣布]을 통하여 발현(發現)됨을 명백히 하고 있는 것이다.

중용에서는 천명(天命)의 언어적 공능에 부합하는 또 하나의 표제어(標題語)를 제시하여 천명적 의미를 보다 이론적으로 설명해주고 있는데, 이것이 바로 '성(誠)'의 개념이다.

'성(誠)'이란 글자 자체는 '언어적 기능[言]이 현실태(現實態)로 이루어 짐'[成]을 표상한 것 [言+成=誠]이니, 이는 기독교 성경에서 말하는 '말씀[言]이 이루어지다[成]'의 창조 원리와 그 논리적 구조체계가 동일한 것이다.[13]

존재 개시의 원리[誠]가 아니고서는, 이 세상에는 그 어떤 존재자(存在者)[物象]도 생겨날 수 없다'는 유가의 메시지는, "誠者 物之終始 不誠無物"[14]라는 중용의 선언으로 명기되어 있는 것이다.

또한 하늘이 그 하늘적 권능[만물의 창조와 주재]을 '행사(行事)함'[之]에 있어서 언어적 통로가 아니고서는 결코 '하늘의 뜻하심'을 이룰 수 없다는 점을, "誠者 天之道也"라 언명한 것이고, 성(誠)의 원리를 실제로 대행하는[誠之하는] 일은, 언어적 주체인 인간만이 할 수 있는 역할이기 때문에 "誠之者 人之道也"라고 거듭 단언하고 있는 것이다.

여기서 '인지도(人之道)'를 행(行)하는 하늘의 대행자(代行者)를 유가에서는 성인(聖人)으로 표현한 것이다.

이러한 사유적(思惟的) 배경에서 '하늘의 입[口]'을 대신할 인격적 주체로서의 성인이 등장

---

12) 송재국. "역학특강1: 눈들어 보니 거기 하늘이 있었네". 솔출판사. 1996. pp.19~22 참조.

13) 윤성범 교수는 서양의 기독교 사상을 동양의 儒家的 관점으로 해석하여 "誠의 神學"으로 풀이하고 있는 바, 이는 존재 개시에 대한 철학적 開眼으로써, 창조원리에 대한 종교적 본질을 해명한 매우 의미 있는 神學的 고찰이라 할 수 있다. '한국 신학 사상'. 기독교 사상 300호 기념 논문집. 138 쪽 참조.

14) 중용. 25.

하게 되는 것이니, 이렇게 출현한 성인은 하늘의 '직접적 대행자'란 점에서, 하늘과 그 권능을 나란히 하는 존재가 되며, 천도(天道)의 대행자이면서 또한 천(天)의 인격성(人格性) 자체이기에 그 격위(格位)는 천행(天行)과 동격(同格)이 될 수 있는 것이다.[15]

천(天)은 스스로 전지전능(全知全能)한 창조적 권능을 구유(具有)하고 있으므로, 성인 역시 자신 이외의 그 누구로부터 무엇인가를 배워서 알고 행하는 존재가 아니며, 그 자체로서 언제나 천위(天位)와 나란히 함께 하는 '하늘적 존재'이기에, 주역에서는 "大人者 與天地合其德"[16] "聖人之大寶曰 位"[17]라고 언명(言明)한 것이며, 예기(禮記)에서는 성인의 창조적 권능을 더욱 강조하기 위하여 "産萬物者 聖也"[18]라 직설(直說)하고 있는 것이다.

이처럼 천(天)은 자신의 인격성을 대신할 실존적 인간상을 성인으로 내세운 것이고, 성인을 통하여 인류 역사에 천의(天意)를 실현하고 있는 것이며,[19] 공자는 이 모든 천(天)의 창조권능과 주재적 의미를 '천명(天命)'이라는 개념으로 집약하여 후세에 가르쳐주고 있는 것이다. 그렇다면 천(天)은 본래 누구를 위하고, 무엇을 향하여 명(命)한 것이고, 그 명(命)한 결과와 내용은 과연 무엇인가? 이는 천(天)의 원초적 창조의지와 성격을 묻는 것으로, 이에 대한 답변은 천(天)의 궁극적 지향처를 고찰하는 데에서 부터 시작해야 할 것이다.

## 2) 천(天)의 태초적 창생이념(創生理念)으로서의 '민(民)'과 만물(萬物)

'천(天)은 명(命)을 통하여 인간과 만물을 창조하였다'는 의미를 담고 있는 '天命之謂性'은 하느님이라는 물형적(物形的) 실체(實體)가 있어서 그가 손을 움직여 인간과 만물을 만들었다는 사실적 차원의 기록은 물론 아니다.

천지 안에서 [인간을 포함한] 만물이 만물로서[萬物답게] 존재하게 하는 '존재원리로서의 성(性)'이라는 개념을, 유가에서는 천(天)의 창조적 의지가 인간의 언어적 통로를 매개로 하여 발현(發現)된 '존재자(存在者)'인 각개 사물이 품부(稟賦)받은 내적(內的) 존재원리'임을 철학적 차원에서 해명하고 있는 공자의 가르침인 것이다.

---

15) 성인과 하느님의 人格性을 同一視하는 認識에 儒家 思想의 宗敎性이 內包되어 있는 것이다.

16) 주역. 乾卦. 文言傳.

17) 주역. 繫辭傳.下 1.

18) 예기. 鄕飮酒義.

19) 人類史에 출현하여 하늘의 뜻을 실현한 성인의 업적이 곧 인류의 문명으로서, 周易 繫辭傳.下. 2장의 내용(古者 包犧氏之 王天下也…)은 이를 구체적으로 明記한 事例이다.

그런데 천(天)의 인격적 의지가 체현(體現)된 물상(物象) 중에서, 천(天)의 인격성이 직접적이고 전면적으로 투영(投影)되어 생겨난 물상이란, 이 또한 인격적 존재인 '인간'을 말함인 데, 유가에서는 현실태(現實態)로 생겨난 '태초적인 인간상'을 지칭하여 특별히 '민(民)'이라고 규정하고 있다.

다시 말하여 '天命之謂性'에서 인간 세상을 지향하여 실현한 천(天)의 가장 으뜸 되는[우선하는]인간 존재는 보편칭(普遍稱)으로서의 '인(人)'도 아니고, 성인(聖人)이나 군자(君子)도 아닌, '민(民)'이라는 개념으로 표명하고 있다는 사실이다.

시경의 "天生烝民 有物有則"[20] 春秋左傳의 "天生民而立之君"[21] 서경의 "天佑下民 作之君"[22] 등은 이를 직접 언명한 사례들이다.

천(天)이 생(生)한 태초적 인격체를 '天生人' 또는 '天生君'이라 하지 않고 '天生民'이라 명시한 이유는, 천(天)의 인격적 의지가 지향한 태초적이고 동시에 최후적이며, 그러므로 또한 궁극적이기도 한, 으뜸 되는 관심의 대상은 '군(君)'이 아니라 '민(民)'이라는 사실을 매우 분명하게 밝히고자 하기 때문인 것이다.

이는 천(天)이 낳아준[내려준] 천(天)의 일차적인 존재[天의 子孫]는 '민(民)'이며, 따라서 '민(民)'은 본래부터 천(天)과 나란히 그 생명적 본질을 공유하고 있으며, 그 존재적 격위(格位)에 있어서도 하늘과 동격의 위상(位相)에 자리하고 있는 인간 존재로서, 민(民)이 곧 '하늘적 존재'임을 나타내고 있는 것이다.

유가의 전통적 의식에 '민심(民心)이 곧 천심(天心)'이라는 술어가 별다른 사유적 갈등 없이 수용되고 있는 이유도, 천(天)과 민(民)의 존재적 의미가 다르지 않다는 인식을 바탕으로 하고 있기 때문이다.

서경에서 "天視自我民視 天聽自我民聽"[23] (하늘은 우리 백성이 보는 것을 통해 보고 우리 백성이 듣는 것을 통해 듣는다) "天聰明 自我民聰明"[24] (하늘이 듣고 보는 것은 우리 백성이 듣고 보는 것을 따른다)라 한 것은 이에 대한 직접적인 언표인 것이다.

이처럼 유가의 관점에서 보면, 천(天)이 지향하여 합(合)하고자 한 실질적인 이념적 대상은

---

20) 시경. 烝民.

21) 춘추좌전. 襄公 14년.

22) 서경. 泰誓 上.

23) 서경. 泰誓 中.

24) 서경. 皐陶謨.

성인도 아니고 군자도 아니며 바로 민(民)[百姓]이라는 사실임을 명백히 밝히고 있다.

이는 유가 사상에서 성인과 군자의 존재론적 위상과 의미를 고찰함에 있어서, 성인이나 군자라는 인간상도 민(民)을 위한 [民을 향한] 천(天)의 지향 과정에서 필연적으로 요청되고 등장하게 되는, 하나의 매개적[道具的] 인간 존재라는 입장에서 살펴보아야 한다는 점을 분명하게 시사하고 있는 것이다.

한편으로 천(天)이 내려준 창조물에는 민(民)과 더불어 [天地 自然의 生命的 資源과 인간의 삶의 터전이 되는] 만물적 존재가 함께하고 있다. '天生烝民'과 나란히 '有物有則'이 병행(竝行)되어 칭송되는 이유도 여기에 있다.

'天命之謂性'을 설명함에 있어서도 '희로애락(喜怒哀樂)의 발현(發現) 구조(構造)'를 '중화(中和)'의 개념으로 요약하면서, 이로부터 나아가 중화(中和)의 의미망을 천지만물적 차원으로 확충하여, 우주의 생명적 조화를 완성하는 궁극적 이념에 만물을 포함하고 있다. 즉, '天命之謂性'을 선포한 중용 첫 장의 결론을 '致中和 天地位焉 萬物育焉'으로 마감한 것은 '천명'이 지향한 이념의 궁극(窮極)에는 '인간'과 더불어 '만물의 생명적 조화'가 함께 자리하고 있음을 밝히고 있는 것이다.

다시 말하여 천(天)이 추구한 대상으로서의 만물 또한 천(天)이 완성하고자 하는 궁극적 이념이라는 점에서, 그 천명적 의미를 "萬物竝育而不相害 道竝行而不相悖"[25] (만물은 함께 자라도 서로를 다치게 하지 않으며, 여러 생명의 원리는 더불어 같이 행해지더라도 서로를 어긋나게 하지 않는 법이다)라고 재삼(再三) 강조하고 있는 것이다.

## 2. 군자(君子)와 사명(使命)

### 1) 천명(天命)을 듣고[聞] 깨우치는[知] 군자(君子)의 대학지도(大學之道)

천의(天意)를 대행하는 성인지언(聖人之言)의 내용은 천(天)이 인간과 만물을 향하여 내려주는 천명과 천도(天道)이다.

그런데 천명이나 천도는 형이상적 이치[理]와 법칙[道]의 영역으로서, 이를 천(天)-인(人)간에 수수함에 있어서는 이에 상응하는 소통의 방식과 과정이 요구되는 것이니, 이것이 곧

---

25) 중용. 30장.

성인지언(聖人之言)으로 내려주는 천명을 듣고[聞] 알게[知] 되는[26] 군자의 수명(受命)이다.

천명을 듣는 주체로서의 군자가 천도와 합일(合一)하는 방식은 성언(聖言)을 '배우는 일' [學과 問]이다. 유가에서는 특별히 군자가 배워야 하는 학문의 총체를 지도자가 마땅히 습득해야 할 덕목으로서의 대학지도(大學之道)라 하여, 이를 대학의 삼강령(三綱領) 팔조목 (八條目)으로 강설하고 있다.

성인이 천도를 전해주고자 하는 궁극적인 대상은 천의(天意)가 지향하는 것과 마찬가지 인 천하의 백성[民]이다. 그러므로 인류사에 출현한 최초의 성인인 복희씨(伏羲氏)[包犧]는 하늘의 뜻을 백성의 삶으로 구현하는 '왕천하사업(王天下事業)'에 투신하고 있는 것이다.[27]

그런데 성인이 천하 세상에서 성취하고자 하는 [存在原理로서의 純粹 形而上的 理法인] 천 도가 일상의 삶에 골몰하는 백성의 생활 현장에서 저절로 구현되는 것은 아니다. 백성이 터 잡고 살아가는 현상적인 천하는 특정한 시간과 공간의 제약 그리고 만물이 상호 대립하는 경계에 언제나 구속되어 있는 형이하적 실물 세계이기 때문이다.

그러므로 성인지언(聖人之言)이 천하 백성의 삶의 현장에서 실현되기 위해서는 형이상적 천도(天道)[天命으로 선포된 天意]의 참 뜻을 제대로 알아[知] 듣고[聞], 그 의미와 효용성을 바르게 깨달아서[自得: 自覺], 이를 백성과 만물이 더불어 살아가고 있는 현상 세계에서 실 천. 구현해 낼 수 있는 또 하나의 실존적 인간상이 요구되는 것이다.

유가에서는 하늘이 필요로 하는 '천(天)의 일꾼'을 일러 군자라는 개념으로 표상하고, 그 들에게 천하의 백성을 향도할 수 있는 지도자의 책무를 부여하고 있는 것이다.

'천명을 듣고 그 뜻을 받들어 실천한다'는 것은, 천(天)의 입장에서 보면, 천(天)이 일꾼들 에게 명령을 내려서, 천(天)이 땅에서 이루고자 하는 사업을 위임한다는 뜻으로, 위임받은 이들은 곧 '천(天)이 그들로 하여금[使] 천의(天意)를 대행시킨 사람의 무리[徒]', 즉 사도(使 徒)가 되는 것이다.

인간의 입장에서 보면, 자기 자신의 생명적 존재 의미를 '천명을 실현해야 할 천(天)의 사 도'라고 스스로 규정하고, 성인지언(聖人之言)을 통하여, '하늘의 명령하심'을 '자신이 마땅 히 해야 할 당위적 사업'이라고 자각·수명(受命)하는 것과 같은 것으로, 그 '천(天)으로부터 주어진 임무'는, 사도에게는 '꼭 해야 할 일'로서의 '사명(使命)'이 되는 것이다. 그러므로 천

---

26) 논어. 公冶長. 孔子는 顔回의 총명함에 대하여 '聞一知十'이라 칭찬하였는데, 이는 배움의 본질이 聖人之言 (十으로 象徵되는 天命)을 듣고, 그 '참 뜻'을 알아내는 것임을 示唆하고 있다.

27) 주역. 繫辭傳.下 2장 "古者 包犧氏之 王天下也고" 참조.

(天)의 사도인 군자를 군자로서[君子답게] 살아가게 하는 삶의 내용과 이념은, 천도(天道)를 인간 사회에서 몸소 실현하는 '군자의 실천적 행위[君子之行]'로 수렴되는 것이다.

이러한 '천도자각'(天道自覺)과 '천명실현'(天命實現)의 전과정을 일관하여, 체계적으로 논술한 유가의 경서가 바로 '대학'으로서, 그 삼강령과 팔조목은 모두 군자지행(君子之行)의 절차와 의미를 담고 있는 교본이 되고 있는 것이다.

자신에게 주어진 실존적 사명을 깨닫게 되는 '수신(修身)의 계기'를 중심으로, '격물(格物)-치지(致知)-성의(誠意)-정심(正心)'은 형이상적(形而上的) 천도(天道)를 배우는 '하늘과의 합일과정(合一 過程)'이라 할 수 있고, '제가(齊家)-치국(治國)-평천하(平天下)'는 '땅에서 살아가는 백성과의 소통과정(疏通過程)'이라 할 수 있다.

이처럼 '하늘의 뜻을 백성의 삶'으로 이어주는 매개자로서의 군자에게는 하늘적 이치를 올바르게 알아듣는 '배움의 과정'[大學之道]이 무엇보다도 우선하는 과제이다.

형이상적 이치로서의 도(道)를 알기 위해서는 반드시 배움의 과정을 통해서만 가능한 것이기에 예기(禮記)에서는 이를 "人不學不知道"[28] (사람은 배우지 않고서는 도를 알지 못한다)이라 이른 것이고, 중용(中庸)에서는 "生而知之"한 성인의 위상과 구분하여 "學而知之"한 군자의 사명을 언명한 것이다.

한편 천명을 듣고 천도를 배운 군자로서는 이를 천하 백성에게는 '인간답게 살아가는 도리(道理)와 규범으로서의 인륜지도(人倫之道)'로 가르쳐[敎] 주어야 하는 것이기에, 이러한 방면에서의 군자지행(君子之行)은 '인륜을 가르치는 스승'[師]의 역할로 나타난다.

맹자는 이에 대하여 다음과 같이 말하고 있다.

"人之有道也 飽食煖衣 逸居而無敎 則近於禽獸 聖人有憂之 使契爲司徒 敎以人倫"[29] (사람에게는 사람으로서 마땅히 지켜야할 도리가 있는 것이니, 사람이 배불리 먹고, 일없이 빈둥대며 놀기만 하는데, 인륜을 가르쳐 주지 않는다면, 짐승과 다를 바 없게 되는 것이다. 성인은 이를 염려하여 설로 하여금 교육의 책무를 담당케 하여, 천하 백성에게 인륜의 도리를 가르치게 하였던 것이다.)

그러므로 군자의 사명적(使命的) 사업에는 백성에게 천도(天道)를 인륜(人倫)으로 가르치

---

28) 예기. 學記.

29) 맹자. 滕文公 上.

는 스승[師]의 역할과, 천의(天意)를 왕도(王道)로써 실현하는 지도자[君]의 책무가 동시에 부여되어 있는 것이다.

서경에서는 "天佑下民 作之君 作之師"[30] (하늘은 백성을 보우하기 위하여 인군을 세워주시고 또한 스승을 마련해 주셨다)라 하여, 하늘이 백성을 낳아주고는 또한 이들을 위하여 지도자와 스승을 마련해 주었다고 명시하고 있다.

이렇듯 군자의 천명자각(天命自覺)과 사명실천(使命實踐)은, 위로는 하늘의 뜻을 받들고 아래로는 백성을 경륜하는 '배움과 치민(治民)'이라는 두 영역이 중심이 되어, 형이상적 천명을 형이하적 현실로 統合하고 조화시키고 있는 것이다.

특별히 주역에서는 고대 성왕(聖王)의 치천하사업(治天下事業)을 거론하여 "湯武革命 順乎天而應乎人"[31]이라 하였으니, 이는 천(天)과 인(人)을 모두 동격의 이념으로 받들고 섬겨야만 진정한 천(天)-인(人) 간의 합일(合一)을 이루어 낼 수 있음을 시사한 것이며, 군자의 사업[君子之行: 使命]이란 오로지 성인의 말씀[聖人之言: 天命]을 근거로 삼아야[배워야] 함을 강조한 것이다.

그러므로 공자는 군자의 실천 행위는 어디까지나 성인의 가르침에 의거(依據)해야 함을 다음과 같이 표명하고 있는 것이다.

"君子 將有爲也 將有行 問焉而以言 其受命也 如嚮"[32] (군자가 장차 어떤 일을 해야 할 때는 성인의 말씀에 물어보아야 할 것이다. 또한 그 천명을 받아들임에 있어서는 마치도 성인을 눈앞에 마주하고 있는 듯한 배움의 자세를 갖추어야 한다)

실로 군자지행(君子之行)의 요체는 '하늘의 뜻하심을 [땅에 사는] 백성의 삶으로 이루어내는 것'이라 할 수 있는 바, 주역의 "天施地生 其益无方"[33]은 이러한 유가적 명제를 함축하고 있는 대표적인 언급이라 할 수 있다.

---

30) 서경. 泰誓 上.

31) 주역. 革卦. 彖傳.

32) 주역. 繫辭傳.上 10.

33) 주역. 益卦. 彖傳.

## 2) '천시지생(天施地生)'을 실현하는 군자의 왕도(王道)

하늘은 인간과 만물을 낳아서 길러준다. '낳는 것'[生]은 창생원리(創生原理)로서의 '뜻'에 근거하지만, '길러주는 일'[育]은 구체적인 자원과 물리적 행위를 필요로 한다. '먹고 사는 천하 백성의 살림살이'는 반드시 '천의(天意)'를 구현하는 왕자(王者)의 실천적인 행위를 수반하는 것이며, 유가에서는 이를 '왕도(王道)'라는 개념으로 수렴하여 설명하고 있다. 그러므로 왕도의 핵심적 의의는, 하늘이 내려준 천지 만물의 존재적 의미가 천하 백성의 인격적 삶의 현장에서 거침없이 발현(發現)되도록 '인간과 만물이 상호 조화된 삶을 누리도록 바르게 경륜하는 데'에 있는 것이다.

이러한 '천지만물의 생명적 조화'야말로 대학의 최후적 이념인 '평천하(平天下)[利天下]'의 성취와 다르지 않으니, 고대 성왕인 '순(舜)'이 천하를 순행(巡行)하면서 '동률도량형(同律度量衡)'으로 백성의 실제적인 삶[만물과 함께 살아가는 백성의 제도적 살림살이]을 관장한 것도 이천하(利天下)의 모범적인 사례의 하나라 할 수 있는 것이다.

특히 공자는 주역 계사에서 '하늘의 창생의지(創生意志)와 백성의 삶의 관계에서 실질적인 문물제도의 경영 문제가 무엇보다도 중요한 과제임을 다음과 같이 명시하고 있다

'天地之大德曰生 聖人之大寶曰位, 何以守位曰仁 何以聚人曰財 理財正辭禁民爲非曰義'[34]

논자는 위를 인용함에 있어서 그 본의에 충실하면서도 일반 독자로 하여금 이해하기 용이하도록 부연 설명하여 다음과 같이 해설하였다.

"하늘과 땅이 이루고자 하는 가장 위대한 사업은 바로 인간과 만물을 낳아주는[生] 일이다. 인류사에 등장한 성인이란 이러한 하늘의 창생원리[天命]를 대행하여 현실적 세계에 천의(天意)를 내려주는 존재이니, 이토록 크고도 존엄한 성인의 위상과 역할은 곧 하늘과 나란히 하는 자리[位]에 있음을 일컫는 것이다.

그렇다면 성인은 어떻게 하여 하늘과 같은 자리에서 그 일을 해내는 것인가? 그것은 천지가 합덕(合德)하는 [생명 창조원리인] 사랑이라는 '씨'[仁]의 공능을 세상에 선포하는 '성인지언(聖人之言)'으로 그에게 주어진 역할을 해내는 것이고, 나아가 천하의 모든 인류가 서로 어울려 살아갈 수

---

34) 주역. 繫辭傳 下. 1.

있도록 삶의 공동체를 이루어가야 하는 것인데, 이는 오로지 인간이 먹고 살아가는 생명적 에너지 자원인 만물[財]을 천도에 합당하도록 경영. 관리하는 데 있는 것이다. 이리하여 만물적 의미가 인간의 인격적 삶에 부응하도록 관장하고, 성인의 가르침[聖人之言]이 담긴 經典의 말씀: 辭]을 바르게 세워서, 인간 사회에서 천도에 어긋나거나 잘못하는 일이 없게 하는, 치세(治世)의 기준과 법도가 있어야 하는데, 이것이 바로 공동체적 삶의 원리인 공의(公義)인 것이다"

위에서 보듯 '이천하(利天下)[平天下]를 성취함'에는 '이인(里仁)'35)하는 인격성의 발현과 더불어 반드시 이재(理財)하는 문물제도(文物制度)[萬物經營]가 병용(竝用)되어야 함을 강조한 것으로, 맹자가 맹자전편(孟子全篇)을 통하여 논설한 '왕도정치(王道政治)'는, 이런 점에서 주역 계사의 명제에 대한 각론(各論)이라고도 볼 수 있을 것이다.

기독교 성경의 주기도문에는 "하늘의 뜻이 하늘에서와 같이 땅에서도 이루어지소서"라는 간구가 있다. 사실 하늘 자체(우주)는 "이미 완성되어 있으면서 운행하고 있는" 대전제이기에 새삼스레 다시 더 이루고 성취해야 할 어떤 과정이 남아있는 게 아니다. 하늘은 이미 스스로 다 이루어진 "기성(旣成)의 존재"이기에 완전(完全)·완미(完美)·완성(完成)된 경지로서의 "절대원리(絶對原理)"[道]가 될 수 있는 것이며, 따라서 더 이루어야 할 사업이 별도로 요청되지도 않는 것이다.

하늘의 뜻이 현상 사물로 실현되어, 인간과 만물이 더불어 살아가고, 곡식이 자라나는 생명의 현장이 되는 것은 [하늘에서가 아니라] 바로 이 땅에서이다. 그러므로 "천시지생(天施地生)"의 본뜻은 다름이 아니라 "하늘의 뜻은 땅에서 만물로 생겨난다"는 주역의 종교적 메시지인 것이다.

그런데 하늘이 지향하는 최후적 이념처는 [하늘의 뜻으로 생겨난] 모든 만물이 서로 간에 차별 없고 공평하게 "하늘이 주시는 무한한 이익(利益)"[恩寵. 惠德]을 얻고, 누리고, 나누는, '대동적(大同的) 세상'이라는 것이며, 그 종교적 힘의(含意)를 집약한 표현이 곧 "기익무방(其益无方)"[그 이로움에 끝이 없음]인 것이다.

본디 하늘에서 내려주시는 은총(天寵)[祝福, 恩惠]의 실상은 일월지행(日月之行)[天行, 時行]으로 인하여 펼쳐지는 비바람과 햇볕 등의 기상 현상일 것이니, 이로부터 땅에서는 생명적 자원인 곡식이 자라고, 이를 인간은 "삶의 이(利)로움"으로 삼아, 천하 만민이 함께 더불

---

35) 논어. 里仁. 공자는 인격적 삶의 현장을 '仁에서 머물러 살아감'이란 의미로 '里仁'이라 言表하고 있다.

어 조화롭게 살아가는 평천하(平天下)된 세상을 성취할 수 있게 되는 것이다.

주역의 건괘(乾卦)에서 "雲行雨施 品物流形…保合大和…萬國咸寧"[36] (구름과 비바람으로 만물이 생겨나니…우주내의 모든 생명이 함께 조화롭고…이로써 천하의 온갖 나라가 다 같이 평안하게 살아간다)라고 선언한 역도의 이념 또한 "천시지생(天施地生)"의 본의와 결코 다르지 않은 것이다. 이처럼 "천시지생(天施地生)"은 '천(天)-인(人) 간의 생명적 관점'을 보다 생동적으로 표명한 역학적 술어(述語)라고 할 수 있을 것이다. 여기서 천지 만물에 사랑을 베푸는[施]하늘의 입장에서 보면, 성인의 존재적 의의는 '만물시생(萬物始生)'에 있는 것이고, 성인지언(聖人之言)을 현실적 생명 현장에서 성취해 내는 땅의 입장에서 보면, 군자의 존재적 의의는 '만물생육(萬物生育)'에 있다 할 것이다.

주역은 특별히 천하를 경륜하는 군자의 사명과 관련하여 집중적으로 설파하고 있는데[37] 겸괘(謙卦)에서는 '군자지도(君子之道)'에 대하여 '노겸(勞謙)'의 덕목으로 설명하면서, 군자는 하늘에서 땅으로 내려오는 천도와 땅에서 하늘로 올라가는 민(民)의 염원을, 군자지행(君子之行)으로 소통(疏通). 조화(調和)시키는 일꾼, 즉 천지합일(天人合一)[天地相通]·천인매개(天人媒介)[天地相和]의 주체적 인물로 규정하고 있는 것이다.

그러므로 군자는 항상 형이상적 이치로서의 천도를 배워서 깨달아야 하고, 동시에 형이하적 삶의 현장인 지도를 경륜해야 하는, 부지런하고 겸손한 '이천하지사업(利天下之事業)'을 일생의 사명(使命)으로 감당하고 살아가야 하는 것이다.

본래 위에 있는 천도는 아래의 땅을 향하여 그 '뜻'을 시(施)하여 내려 보내고, 아래 있는 지도는 천도의 뜻에 순응하여 위에 있는 하늘을 향해 만물을 생(生)해 내니, 겸괘(謙卦)는 이에 대하여 "天道下濟而光明…地道卑而上行"[38] (하늘의 이치는 아래로 내려와 세상을 밝게 비추고…땅은 낮은 곳에서 위를 향하여 그 역할을 실현한다) 이라고 설명하면서, "천도지시(天道之施)"와 "지도지생(地道之生)"의 조화로운 만남을 주관하는 참된 지도자의 자세와 공덕을 "노겸군자(勞謙君子)"의 '노겸(勞謙)'으로 표상하였던 것이다.

참으로 인간 세상을 다스리는 군왕에게 주어진 제일의 책무와 덕목은 "천시지생(天施地生)"의 존재원리를 깨달아 천도(天道)[하늘의 뜻]와 지도(地道)[인간의 바람]를 모두 인격적

---

36) 건괘. 象傳.

37) 주역 64卦 全體의 大象傳에서 易道 實踐의 主體로서 君子가 53회에 등장하는 것은 이를 반영한다.

38) 겸괘. 象傳.

차원에서 이 땅 위에 실현하는 것이다. 나아가 그 책임적 인격 주체를 건괘(乾卦). 문언전에서는 "수출서물(首出庶物)"의 "수(首)"라 한 것이요, "體仁足以長人"의 "장(長)"이라 한 것이며, 겸괘(謙卦)에서는 직접 "노겸군자(勞謙君子)"로 명명(命名)하였고, 사괘(師卦)에서는 "용민축중(容民畜衆)"하는 사(師)·왕(王) 등으로 규정한 것이다.

또한 군자로 대표되는 지도자의 최후적 이념은 천하 백성을 바르게 다스려서 "하늘이 애초에 뜻하시고 바라시던 바"를 땅 위에서 성취해 내는 것이니, 서경에서는 이를 직접 "지평천성(地平天成)"[39] (땅을 다스려서 하늘의 뜻을 이룸)이라고 요약한 것이다.

앞에서 검토하였듯이 군자의 역할은 왕사(王事)[君]와 교인륜(教人倫)[師]이라는 두 영역인데, 주역은 직접 사(師)를 괘명(卦名)으로 삼은 사괘(師卦)에서 "在師…承天寵也…懷萬邦也" (지도자 노릇함에 있어서는… 하늘이 내려주시는 뜻하심과 은혜를 바르게 계승하여서, … 하늘을 대신하여 천하 만방 백성의 소망과 바람을 모두 지도자의 가슴에 품어주는 일이다)라 하여, 아래로 내려오는 천시(天施)에 대하여는 이를 승(承)[繼]하고, 위로 자라나는 지생(地生)에 대하여는 이를 품어 주는[懷하는] 사업이 바로 '천인합일(天人合一)'을 성취해야 할 노겸군자(勞謙君子)의 본래적인 사명임을 거듭하여 밝히고 있는 것이다.


## III. '천인합일(天人合一)'을 통한 인격적 삶[生命]의 완성

주역은 개권지성(開卷之聲)으로 건괘(乾卦)를 맨 앞에 내걸고 그 천도적 구조를 '원형이정(元亨利貞)'으로 선포하였는데, 공자는 단사(彖辭)에서 이를 다음과 같이 해설하고 있다.

"大哉乾元 萬物資始" (참으로 위대하구나, 건의 으뜸 되는 창생원리여! 천하 만물은 모두 건으로 표상되는 천도로부터 비로소 생겨나는 것이다.)

"乾道變化 各正性命 保合大和 乃利貞" (하늘이 운행하는 법칙에 따라 천지 만물은 제각각 그 타고난 본성을 바르게 구현하며 살아가면서 서로 간에 큰 조화를 이루어 부여받은 생명적 의의를 온전히 누리게 되는 것이니, 이로써 마침내는 하늘이 본래 뜻하는 바가 바르게 완성되는 것이다.)

---

39) 서경. 大禹謨.

위에서 '만물자시(萬物資始)'는 성인이 대행하는 천명적 시생원리를 밝힌 것이고, '각정성명(各正性命)'은 천지 만물이 타고난 각개의 고유한 품성과 자태를 충실히 발휘할 수 있도록, 인륜과 문물제도로써 천하를 경륜하는 군자의 사명을 말한 것이며, '보합대화(保合大和)'란 우주내적 모든 존재가 다함께 더불어 크고도 안전하게 타고난 생명적 가치를 하늘의 품 안에서 누리게[享有] 됨을 단언(斷言)한 것이다.

전(前) 장(章)에서 살펴보았듯이 천(天)이 명(命)을 통하여 창조한 으뜸 되는 성과[內容]는 인간(人間)과 만물(萬物)인데, 특별히 그 시생원리(始生原理)를 일러 성(誠)이라 규정함은 '인간의 인격성[性]'을 중심으로 천지 만물의 존재의미를 이해하고 있는 유가적 관점을 반영한 것으로, 천(天)이 궁극적으로 지향한 관심사의 총체는 어디까지나 인간의 생명적 의의라 아니할 수 없다. 또한 천(天)의 인격적 생명성은 맨 처음 '민(民)'이라는 개념으로 선포된 것이니, '보합대화(保合大和)'란 '민(民)'의 생명적 의의가 천지 안에서[만물과 더불어] 천(天)의 태초적 의지대로 실현되고 완성된 우주적 경지를 언명한 것이라 아니할 수 없다. 그러므로 성인지언(聖人之言)으로 선포된 천명은 군자지행(君子之行)으로 실천되는 사명적 치민사업(治民事業)을 통하여 천인합일(天人合一)된 백성의 생명현상으로 천하에 출현하게 되는 것이다.

이에 본 장(章)에서는 성인지언(聖人之言)과 군자지행(君子之行)이 함께 지향하는 유가의 이상을 '백성(百姓)[民]'의 입장에서 정리해보고자 한다.

## 1. 일용백성(日用百姓)의 생명적 의의

중용에서 선언한 유가의 제일명제(第一命題) "天命之謂性"과 시경의 "天生烝民" 그리고 서경의 "天生民"이 말하고자 하는 의미를 하나의 의미망에 담아보면, 천(天)이 명(命)한 결과(結果)[內容]는 '민(民)을 생(生)한 것'이고, 이는 하늘이 민(民)에게 '생(生)하라는 명(命)'을 내려준 것이라 할 수 있는 것이니, 이것이 바로 천(天)이 민(民)에게 베풀어주신 '생명(生命)'이다.

아울러 '민(民)'이란 인간의 존재원리[性]를 받아 생겨난 '존재자로서의 인간'이기에, 민(民)의 생명원리를 논어의 "天生德於予"[40]와 관련해서 함께 해석해 보면, 하늘이 내려준 인간 생명의 본질적 성격은 바로 [인간이 인간다울 수 있고, 그래서 인간답게 살아야 하고, 또 그렇게 살아갈 수 있는 근거로서의] 인격성[道德性: 德性]이라는 것이다. 다시 말하여 하늘이 지

---

40) 논어. 述而.

향한 궁극적 이념은 다름이 아니라 '인간의 인격성 자체'라는 것이다.

주지하다시피 유가에서 제시하고 있는 가장 으뜸 되는 명제는 "인간 본질로서의 현실적 생명 자체이며, 나아가 그 생명이 천부적으로 내함(內含)하고 있는 인성(人性)은 도덕성을 본질로 삼고 있는 것이다.[41]

현실주의를 표방하고 있는 유가의 철학적 중심 주제는 '인간의 실존적 생명 자체'이고, 또한 그 생명성의 인간다움 즉 인격성이다. 공자와 맹자는 언제나 인격성의 전제와 바탕 위에서 생명적 가치와 의의를 확립하고자 하였던 바, 이것이 곧 '인간답게 살아야 하고, 인간답게 살게 해야 하는 삶의 현장'을 마련코자 하는 유가의 중심 사업이며, 유가에서 추구하는 이념인 '천인합일(天人合一)의 완성'인 것이다.

그런데 군자가 천의(天意)에 부합하도록 백성의 생명적 가치를 온전히 구현하려면, 치민(治民)의 대상인 백성의 본래적 속성이 무엇인지를 철학적 차원에서 간파하고 있어야 한다.

성인과 군자 그리고 백성이 모두 인간의 보편적 존재원리인 인성에 바탕하고 있지만, 그 실존적인 삶의 현장에서 나타나는 구체적인 삶의 양태와 의지와 역할은 서로 간에 구분되기 때문이다.

성인은 천명(天命)을 밝히는 성인지언(聖人之言)에 그 삶의 목표가 있고, 군자는 성인지언(聖人之言)을 듣고 배워서, 천도(天道)를 천하세계에 구현하는 군자지행(君子之行)에 그 삶의 쓰임이 있는 것이라면, 천(天)이 맨 처음 생명을 내려준 인간상으로서의 백성[民]은, 그 삶의 본질과 성격과 역할이 무엇이고 어떠한지를 파악해야만 군자는 비로소 백성의 생명적 의의를 천도가 원하는 방식과 절차로 성취해 낼 수 있을 것이다.

유가의 제경전은 천하 세계에 등장하는 실존적 인간상을 성인과 군자 그리고 백성의 입장에서 상호 구분하여 그 존재적 의의를 설명해주고 있다.

성인은 "昔者 聖人之作易也 將以順性命之理"[42] "聖人 參於天地 竝於鬼神 以治政也"[43]에서 보듯 '생이지지(生而知之)'한 천(天)의 위치에서 천도를 스스로 밝히는 천명의 주체로 규정하였고, 군자는 '학이지지(學而知之)'의 입장에서 성인지언(聖人之言)을 배워서 그 천명적 도리를 천하 백성에게 인륜(人倫)으로 가르치고[師] 나아가 '이천하(利天下)'하는 사명의 주체

---

41) 주역. 繫辭傳 上 5. "一陽一陰之謂道 繼之者善也 成之者性也"에서 알 수 있듯이, 儒家에서는 人性(性)의 存在根據를 '善'(普遍的 道德 原理)으로 해석하고 있다.

42) 설괘전 2.

43) 예기. 禮運.

로서 설명하고 있음은 앞 장(章)에서 정리한 바 있다.

그렇다면 성인·군자와 구분되는 백성의 존재적 본연상은 과연 무엇으로 규정해야 할 것인가? 이에 대하여 주역은 "百姓 日用而不知"[44]라 하였고, 중용은 "困以知之"라 부언하였으며, 시경은 "民之質矣 日用飲食"이라 노래하고 있다. 이를 바탕으로 유가에서 이해하고 있는 백성의 철학적 의미에 대하여 송재국 교수는 다음과 같이 정리한 바가 있다.

"'百姓 日用而不知'에서 말하고자 하는 핵심은 두 가지 이다.

하나는 "백성이란 日用人"이란 점이요. 또 하나는 "百姓이란 不知人"이란 점이다.

日用人이란 보통의 일반인 들이 살아가는 평범하면서도 일상적인 삶의 형태를 말하는 것으로, 백성이란 스스로 무슨 특별히 부여받은 역할이나 가치를 내세우는 존재가 아니라, 그저 자기 자신의 개별적 가치와 존엄과 자유 등을 귀하게 여기고 이를 위해 개인적인 관심을 집중시키는 무리를 말한다. 즉, 백성이란 "먹고 사는 일에 충실한 보통 사람들"을 말하는 것이다.

세상에는 자신의 일보다는 이웃과 사회의 일거리에 더욱 관심이 큰 사람도 있고, 현재의 일보다는 미래의 일에 더욱 집착하는 사람도 있게 마련인데, 日用人이란 이들과는 달리 단지 지금. 여기에서의 개별적 이해관계에 골몰하는 사람들을 말한다.

공자가 백성의 존재를 日用人으로 규정한 것은, 백성이 보여주는 일상적인 삶의 모습은 그냥 그대로가 하늘의 뜻과 의지가 투영된 모습이라고 믿기 때문이다.

이처럼 공자는 日用人으로서의 百姓의 존재 의미를 하늘처럼 존귀하고 존엄하며 성스럽게 이해하고 있는 것이다. 백성의 먹고 사는 일 자체가 성스럽고 존귀한 인간의 본질임을 시경에서는 다음과 같이 노래하고 있다.

"神之弔矣 詒爾多福 民之質矣 日用飲食[45] (하느님이 인간 세상에 오시어 그대들에게 큰 복을 내리셨구려, 백성들은 모두 안정된 바탕을 이루었으니 하루하루 먹고 사는 문제가 모두 해결되었네.)

이 노래는 하느님이 인간 세상에 사랑을 베풀어 주신 내용이란 다름 아닌 "하루하루 먹

---

44) 주역. 繫辭傳 上. 5.

45) 詩經, 天保.

제2부 유학(儒學)에서 배워야 할 인간의 참된 '세상살이'[人道] _ **217**

고사는 일상적 삶"이라는 사실을 확인해 주고 있으며, 유학이 제시하는 백성의 하늘적 존엄성을 보여주고 있는 것이다.

이어서 백성을 "不知人"으로 규정하고 있는 데, 이는 백성이란 "사람이 살아가는 이치와 원리를 모르는 무식한 존재"라는 뜻이 아니다. 세상을 존재하게 하는 어떤 이치나 원리 등에 대해서는 관심을 둘 특별한 이유나 고유한 역할이 없는 존재가 백성이라는 것이다.

어떤 이치를 깨닫고 이를 토론하고 傳하고 論議하는 일 자체가 백성에게는 아예 처음부터 관심사가 아닌 것이다. 세상에는 이치를 배우고 이를 깨달아서, 그 뜻을 이웃과 세계에 널리 선포하고 미래의 인간세계에 대하여 방향을 제시해야 하는 사명적 인간 존재가 있기 마련이지만, 백성이란 이러한 부담에서 처음부터 자유로운 존재임을 말한 것이다.

知的 탐구의 가치에 골몰하고 있는 인간들에게는 이치를 모로는 不知人으로서의 백성을 매우 格이 낮고 無視할 수 있는 대상으로 여기는 경우도 있으나, 실상은 무엇인가를 "아느냐 모르느냐의 지식의 차원"에 매이지 않고, 이로부터 자유로울 수 있는 인간이라면, 지식의 향유에 집착하는 인간들에 비하여 그 존재적 차원에서 볼 때는 한층 格位가 높은 것이다.

이 세상에 생겨난 처음 그대로의 모습보다 더욱 장엄하고 위대한 존재는 없다는 점에서 백성의 존재 의미는 지식인의 그것보다 항상 앞서 있는 것이다. 다시 말하여 무엇인가를 따져보고 토론하는 지식인의 역할과 기능은 백성의 존엄한 존재 의미를 전제하고 있다는 점에서, 백성보다는 언제나 그 격위가 낮은 것이다.

"설명하지 않는(설명이 필요 없는) 그대로의 본래적 인간 모습"이 백성이라면, 백성의 존재 의미를 새삼 따져보고, 그 이치를 밝히고 선포해야 하는 지식인의 역할과 의지는 백성의 삶 자체보다는 결코 앞설 수는 없는 것이다.

이처럼 백성이란 어떤 이치를 논리적으로 이해하면서 삶을 꾸려가는 존재가 아니라, 그저 주어진 우주적 질서에 순응하며 세상의 이치에 따를 뿐이다. 따라서 백성을 다스려야 하는 인군은 백성의 이러한 본래적 의미와 속성을 파악하여, 백성을 논리적으로 설득하려 하거나 이치를 끌어 들여 설명함으로써 동의를 구하거나 하는 따위의 번거로운 일에는 나서지 않고, 그저 백성이 보고 따르기에 쉽고 편리하도록 매사를 모범적으로 보여주고 백성들이 자발적으로 따르도록 희생적으로 실천해야 하는 것이다. 공자는 이에 대하여 다음과 같이 언급하고 있다.

"民可使由之 不可使知之[46] (백성이란 스스로의 마음으로부터 말미암도록 다스려야 하는 것이지, 그 이치를 알게 가르쳐서 다스릴 수는 없는 것이다.)

이처럼 백성이 스스로의 마음에 말미암아 자발적으로 행동하고 선택하도록 허용하는 정치 형태가 곧 王道 정치이며, 敎化와 感化의 方式을 존중하는 德治 사상인 것이다.

"마음으로부터 스스로 말미암는다"(由)는 것은 정서의 문제이지 논리의 문제가 아니라는 점에서, 백성의 본래적 속성은 "앎의 문제"에 있는 것이 아니라 "삶의 정서"에 있는 것이며, 그 총체적 표현이 곧 "百姓 日用而不知"인 것이다."[47]

이렇듯 '생이지지(生而知之)'한 성인은 천도라는 형이상적 이치를 인류사에 밝혀서, 인간이 인간답게 살아갈 수 있는 '인격적 삶의 통로[人倫之道]'를 말씀으로 열어 주신 인물이고, '학이지지(學而知之)'한 군자는 성인이 열어준 그 길[道]로 하늘의 자손인 천하 백성을 인도하여, 그들로 하여금 인간으로서의 인격성과 하늘로부터 부여받은 생명적 가치를 현실 세계에서 누릴 수 있도록 보장해주고 지도해주는 인물이며, 백성이란 하늘이 내려준 생명의 숭고함과 인간성의 아름다움을 현실의 일상적 삶 속에서 기꺼이 만끽하고, 발현하고 향유하는 인간군(人間群)이라 할 수 있는 것이다.

그렇다면 군자가 지향하는 완성된 인간 사회의 이상적인 모습은 무엇인가?

유가에서는 군자가 천명을 받들어 실천하고 완성해야 할 이념적 천하세계를 일러, '백성 모두가 일상적 삶에서 물질적 안정과 정신적 위안을 구가하는, 인간과 만물이 조화된 인간 세상으로서의 대동 사회'라 설정하면서, 이를 위한 군자의 왕도적 치세(治世)를 '여민동락(與民同樂)'으로 설명하고 있다.

## 2. 천인합일(天人合一)의 현실적 성취: 대동(大同)과 여민동락(與民同樂)

동양의 고대인들이 지신들의 생명적 근원인 하늘과 접속[疏通: 合一]하는 방식은 두 가지로 대표된다. 하나는 인간의 바람을 하늘로 전달하고, 하늘에 염원하는 의식인 '제사 지내는 일'[祭天儀式]이고, 또 하나는 하늘의 뜻이 무엇인지를 알아보고, 인간이 하늘의 뜻에 부

---

46) 論語, 泰伯.

47) 송재국 '百姓 日用而不知'의 본래적 의미에 대한 철학적 검토. 동서철학 연구 제 51호. 한국동서철학회. 2009. pp.40~42.

합하기 위해서는 무엇을 어떻게 해야 하는지를 물어보는 '점치는 행위'[卜筮行爲]이다.

재천의식(祭天儀式)과 복서행위(卜筮行爲)는 하늘의 뜻에 따라 땅에 사는 사람들을 다스려야 할 책임적 존재인 당시의 지도자가 감당해야 하는 치세사업(治世事業)[政治行爲]의 핵심으로서, 고대 사회의 운영체제를 지칭하여 '왕 노릇과 제사장의 역할이 함께 이루어지는 제정일치(祭政一致) 시대'라고 기술하는 것은 이를 말한 것이다.

유가에서는 하늘의 뜻[天道: 天命]이 인간의 인격적 삶의 현장에서 온전하고 충실하게 이루어지는 현실적 경지를 '진정으로 천(天)-인(人)이 합일(合一)된 이상적인 세계'로 인정하여, 이를 '대동(大同)'이라는 개념으로 집약하고 있다. 이에 대하여 서경에서는 대동의 원리적 배경을 위주로 설명하였고, 예기에서는 대동의 현실적 과제를 중점적으로 소개하고 있다. 먼저 대동에 대한 서경의 언급을 인용하면 다음과 같다.

"汝則有大疑 謀及乃心 謀及卿士 謀及庶人 謀及卜筮 汝則從 龜從 筮從 卿士從 庶民從 是之謂 大同"[48] [당신(임금)께서 백성을 다스릴 때에 크게 의심나는 바가 있어 이를 판별해야 한다면, 우선은 당신 스스로의 마음에 비추어 판단해 보시고 다음은 신하들에게 물어보며 이어서 백성들의 의견도 수렴하고 마지막으로는 거북점과 풀점도 쳐보십시오. 그리하여 그 결과가 임금 자신의 마음과 거북점의 결과와 풀점의 해석과 신하들의 의견과 백성들의 뜻이 모두 옳다고 하면서 한가지로 따르게 된다면 이것을 일러 '대동 세계'라 일컫는 것입니다.]

위에서 '구(龜)'와 '서(筮)'는 천도의 인격성인 '신명(神明)의 의지'를 상징하는 것이고, '서인(庶人)과 서민(庶民)'은 일반 백성을 지칭하는 것이며, '여(汝)'는 '구(龜)와 서(筮)'[天]를 '경(卿)과 서(庶)'[人]와 합일시키고 조화시키는 지도자[君子]를 지칭하는 것이니, 대동이란 간단히 말하여, 천(天)에 종(從)하고[順乎天] 민(民)에 종(從)하는[應乎人] 군자의 성공적인 평천하사업(平天下事業)을 일컫는 것으로, 이것이 곧 '천인합일(天人合一)'의 유가적 이상인 것이다.

또한 예기의 대동에 대한 설명을 인용하면 다음과 같다.

"大道之行也 天下爲公 … 使老有所終 壯有所用 幼有所長 矜寡孤獨廢疾者 皆有所養 男有分 女有歸

---

48) 서경, 洪範.

… 是故 謀閉而不興 盜竊亂賊而不作 故 外戶而不閉 是謂 大同"[49] (지도자가 왕도의 위대한 진리를 실행시키기 위해서는 천하에 공의가 넘쳐나게 해야 하는 것이다 … 노인들에게는 인간답게 생을 마칠 수 있도록 배려해야 하고, 청년들은 힘써 일할 수 있도록 해주어야 하며, 어린이들은 마음껏 자랄 수 있도록 해주어야 한다. 홀아비·과부·고아·장애자들은 모두 먹고 살 수 있도록 길러주어야 하며, 어른 남자에게는 직업을 마련해주고 어른 여자에게는 가정을 꾸밀 수 있도록 힘써야 한다 … 이렇게 되면 문단속을 하지 않아도 도적들이 생겨나지 않게 되고, 실로 '사립문을 닫지 않고도 모든 이가 마음 편하게 살 수 있는 세계'가 이루어질 것인즉 이를 일러 '대동세계'라 하는 것이다.)

예기에서는 백성의 일용적 삶이 현실적 조건과 환경적 제약[文物制度의 運營 實態] 속에서 '인간으로서의 천부적 의의를 누리며 인간답게 살아가고 있는가'의 문제에 치중하여 토론하면서, 치천하사업(治天下事業)의 궁극적 이념을 '공의(公義)'라는 개념으로 집약하고, 군자지행(君子之行)의 최종적 지향처가 '천하위공(天下爲公)'이 있음'을 선언하고 있는 것이다.

또한 예기에서 언급한 청장년의 실업 문제, 사회적 약자와 장애인들의 인권과 복지, 결혼 등 여러 문제는 오늘날의 문명사회에서도 우선하여 해결해야 할 여전히 중요한 정치적 과제라는 점에서, 인간사회의 실질적인 삶의 문제에 유념하고 있는 대동의 정치적 이념은 시대를 초월하는 보편적인 치세(治世)의 기준이라 아니할 수 없는 것이다.

맹자는 당시의 혼란한 사회상 속에서 '천하위공(天下爲公)'의 군자적 사명을 다하기 위하여, 치세(治世)의 현실적 담당자인 왕자(王者)[諸侯]들에게 진정한 왕도의 원리를 설파하는 데 일생을 진력하였으며, 그 왕도 이념을 실현하기 위한 실천적 기록이 곧 맹자 전편(全篇)의 논설인 것이다.

맹자의 첫 머리, 양혜왕편(梁惠王篇)에는 유가 사상의 대동적 이상세계를 어떻게 구현해 낼 것인가에 대하여 [孟子가 惠王에게] 다음과 같이 토로하고 있다.

"今王 鼓樂於此 百姓聞王 鐘鼓之聲 管籥之音 擧疾首 蹙頞而相告曰 吾王之好鼓樂 夫何使我 至於此極也 父子不相見 兄弟妻子 離散…此無他 不與民同樂也…今王 與百姓同樂則王矣"[50] (이제 왕께서 여기서 음악을 즐긴다고 합시다. 이때 왕께서 연주하는 음악을 듣고 백성들이 이마를 찡그

49) 예기, 禮運.
50) 맹자, 梁惠王下.

리면서 우리 임금은 음악을 좋아 한다면서 우리 백성들을 왜 이 지경으로 만드는 것일까? 가족들은 뿔뿔이 헤어지고…라고 불평을 한다면 이는 다른 것이 아니라 백성들과 함께 음악을 즐기지 않기 때문입니다…이제 왕께서 백성들과 함께 음악을 나누실 수 있다면 진정한 왕노릇을 할 수 있는 것입니다.)

위에서 보면 군자지행(君子之行)의 요체를 '여민동락(與民同樂)'으로 강조하고 있는데, 이는 다름이 아니라 왕자(王者)의 치세사업(治世事業)이란 지도자와 백성이 완전하게 합일(合一)[疏通]할 수 있느냐의 여부에서 그 대동적 이념의 성패가 결정된다는 것이다. 나아가 그 '군민합일(君民合一)'의 성공 여부를 가늠하는 표식은 군왕(君王)과 백성이 함께 어울려 음악적 정서를 공유(共有)[共感: 交流]하고 있는가의 유무(有無)에 달려있다는 것이다.

사실 유가에서 말하는 음악이란 단순히 놀이의 한 부류이거나 예기(藝技)의 어느 방면을 지칭하는 것이 아니라, 유가에서 추구하는 천지간의 생명적 조화로움의 상징이며 표식인 것이다. 음악에 대한 유가적 인식은 다음과 같은 공자의 행적에서도 확인되고 있다.

"五者 皆亂 迭相陵 謂之慢 如此 則國之滅亡 無日矣 鄭衛之音 亂世之音 比於慢也 桑間濮上之音 亡國之音也 其政散 其民流 誣上行私而不可止也"[51] (다섯가지음 -궁·상·각·치·우로 나타나는 음악-이 모두 어지러울 때에는 서로 다투며 학대 하는데 이를 만이라고 한다. 이 지경이 되면 며칠 가지 않아서 나라가 망하게 된다. 정나라 위나라의 음악은 난세의 음악이다. 앞서 말한 慢의 모습과 같다. 상간·복상의 음악은 망국의 음악이다. 임금의 정치가 거칠고 사나울 때 그 백성들은 모두 흩어지고 힘들어 하며, 백성은 임금을 속이면서 제멋대로 행동해도 이를 금지 시키지도 못 한다.)

이처럼 음악은 곧 치세(治世)의 성패를 상징하는 현실적 증표라 할 수 있기에, 맹자는 군왕지도(君王之道)와 음악을 상관시켜 "여민동락(與民同樂)"의 논설을 펼쳤던 것이다.

'여민동락(與民同樂)'의 '악(樂)'은 물론 음악(音樂)에서의 악(樂)이지만, 그 의미가 단순히 '소리[聲]의 드러남'이라는 물리적 사태로만 볼 것이 아니라, 오히려 인간의 인격적 삶의 토대라는 관점에서 해석해야 한다는 것이다. 그러므로 예기에서는 '악(樂)'의 의미를 인간의 심성(心性)과 관련하여 다음과 같이 해설하고 있다.

---

51) 예기, 樂記.

"凡音之起 由人心生也 人心之動 物使之然也 感於物而動 故形聲 聲相應 故生變 變成方 謂之音 比音而樂之及干戚羽旄 謂之樂"[52] (무릇 음이 일어나는 것은 사람의 마음으로부터 생기는 것이다. 사람 마음이 움직이게 되는 것은 사물이 그렇게 만드는 것인데, 사물로 인하여 마음이 어떤 느낌을 갖게 되면 소리가 생겨나는 것이다. 소리가 서로 호응하여 변하면서 일정한 틀을 갖추게 되면 音이 되는 것이며, 이 音이 나란히 즐거움이 있을 만큼 배열되어 문신과 무신이 춤을 추기에 쓰일 수 있는 경지가 되면 이제 비로소 樂이 되는 것이다.)

"樂者 德之華也"[53] (樂이란 인간의 본질인 덕성이 밖으로 피어난 꽃과 같은 것이다.)

"樂也者 動於內者也"[54] (樂이란 그 내면으로부터 드러난 움직임을 말한다.)

이러한 해설은 모두 음악이란 '인간의 내적인 존재원리가 밖으로 드러난 현상'이기에, 음악적 현상은 그대로 인간의 내면적 실체를 가늠하는 하나의 척도(尺度)로 볼 수 있다는 것이다

이로써 '여민동락(與民同樂)'의 '악(樂)'은 백성의 현실적 삶이 천지만물의 생명적 질서와 어긋나지 않고 서로 간에 어울려 생명적 조화를 이루고 있음을 단적으로 상징하고 있는 표제어가 되었던 것이다.

중용의 첫 장에서는 천지 만물의 생명적 의의에 대하여, 그 이론적(理論的) 구조를 '天下之大本으로서의 중(中)'과 '天下之達道로서의 화(和)'로 규정하고 있는데, 인간의 내적 정서[喜怒哀樂]가 세상에서 올바르게 발현되면, '인간과 더불어 천지가 바르게 자리를 잡고[天地位焉], 만물이 힘차게 생육하게 된다[萬物育焉]'는 '중화(中和)의 명제[致中和]'로서 천명의 대의를 매듭지은 이유도, 천지만물의 생명적 이념을 '화(和)'와 '악(樂)'의 개념으로 집약할 수 있기 때문이다.

## 3. 천지만물(天地萬物)의 생명적 조화: '악(樂)'과 '화(和)'

생명의 원리는 생명의 현상을 통하여 증거 되며, 생명적 현상은 반드시 절도(節度) 있는 생명적 성장 과정을 통과하게 되어 있다. 생명적 전개 과정은 여러 기준에서 다양하게 구분할 수 있겠으나, 시생(始生)[生]-장성(長育)[長]-완성(完成)[成]이라는 세 단계로 나누어 보는 것

---

52) 예기. 禮運.

53) 상동.

54) 상동

이 일반적이고 자연스러운 방식이라 할 수 있다. 다시 말하면, 모든 생명적 존재는 한결같이 '씨로서 상징되는 生命의 始作[생명의 出現: 生]-생명이 자라나는 현상적 전개 과정[생명의 進行: 長]-열매로서 대표되는 생명의 完成[生命 原理의 現象的 成就: 成]이라는 '生-長-成'의 생명적 단계를 가지고 있는 것이다. 중용의 첫 장에는 인간과 만물이 처음으로 생겨나는 존재 개시의 천도적 권능을 천명의 개념으로 제시하면서, 존재 완성의 생명적 전과정(全過程)을 '中'과 '和'의 논리 체계로 정리하여 다음과 같이 선언하고 있다.

"喜怒哀樂之未發謂之中, 發而皆中節謂之和. 中也者 天下之大本也, 和也者 天下之達道也"[55] (인간의 마음 바탕에는 희로애락으로 나타날 수 있는 본래적인 마음씨가 있는데, 이것이 현실적 상황으로 드러나지 않은 상태를 '중'이라 말하는 것이고, 그 '중'의 마음 자락이 현실 세계에 드러남에 있어서 인간 사회의 질서와 절도에 딱 부합되어 흩어짐이 없이 제대로 발현되면, 드디어 '중'이 지향하던 '화'의 경지가 완성되는 것이다. 실로 '중'이라 하는 것은 천하 인류 세계의 가장 위대한 근본이 되는 것이요, '화'라는 것은 中道가 中節을 거쳐서 완성된 세계를 일컫는 것이다.)

위에서 보듯 천하의 근본[씨]을 중(中)이라 하고, 씨가 그 생명적 의의를 완전하게 이룬 천하의 달도(達道)[열매]를 '화(和)'라고 언명한 것은, 존재 개시의 원리를 '중(中)'이라 하고, 존재의 생명적 완성을 '화(和)'라고 규정한 것이라 할 수 있다. 또한 씨가 열매로 자라는 성장 과정에서 '생명적 절도(節度)'에 '딱 맞게 됨'[어긋나지 않음]을 '중절(中節)'이라 단정하고 있다. 이는 씨[中]가 열매([和]를 지향하여 전개되는 올바른([正] 성장 과정을 언급한 것으로, 논자는 이를 '생명의 시생 단계-생명의 성장 과정-생명의 완성 단계'를 대변하는 '中-正-和'라는 유가의 생명적 사유 체계로 정리하고자 한다.[56]

이에 천명을 밝힌 성인지언(聖人之言)은 존재의 개시(開始)[始生]를 상징하는 '중(中)'의 단계이고, 만물이 바르게 자라나도록 부지런히 가꾸고 길러주는 군자의 사명적 실천행위는 존재의 성장을 상징하는 '정(正)'[政治: 王道 實現]의 과정이며, 존재의 씨가 싹트고 자라나서 그 존재적 의지를 열매로써 이룩한 생명 완성의 최종적 경지는 '화(和)'의 단계라 할 수 있는 것이다.

---

55) 중용 1章.

56) 송재국. 송재국 교수의 주역풀이(예문서원. 2000). 제7장 '周易의 中正思想과 現實理解' 참조.

그러므로 천지만물의 진정한 생명적 완성이란 '우주 안에 생겨난 인간과 만물이 그 태생적(胎生的) 의의를 상호(相互) 소통(疏通). 공유(共有). 공감(共感). 상생(相生)하는 '화(和)'의 경지에서 가능한 것이며, 이는 오로지 천명의 태초적 이념인 천하 백성의 일상적 삶이 천지 만물과 조화를 이루는 '여민동락(與民同樂)의 세계', '대동적 이념의 성취'로써 완성되는 것이다.

고대 성왕인 요(舜)임금은 신하 기(夔)와의 대화를 통하여, 천지만물과 인간의 완전한 생명적 조화세계를 음악적 상징에 견주어서 다음과 같이 설파하고 있다.

"八音克諧 無相奪倫 神人以和 夔曰 於 予擊石拊石 百獸率舞"[57] (순임금께서 신하인 기에게 말하기를 '천하의 모든 음악이 함께 어우러질 수 있게 되면 인간도 그 아름다운 도리를 잃지 않게 되고 드디어 하늘의 신령함과 인간의 소망이 완전히 화합하게 되는 것이오' 하니 기가 이 말을 듣고는 '오, 정말 그렇습니다. 제가 악기를 두드려 음률을 맞추고 노래를 했더니 온갖 짐승들이 함께 나와 저와 함께 춤을 추었습니다'라고 말했다.)

위에서 '신인이화(神人以和)'는 '천인합일(天人合一)'을 일컬음이고 '무상탈륜(無相奪倫)'은 평천하(평천하)를 성취한 인간 사회의 '대동적(大同的) 현장(現場)'을 말한 것이며, '백수솔무(百獸率舞)'는 인간과 만물과의 생명적 합일을 상징한 표현이라 할 수 있다. 맹자가 주창한 왕도 이념으로서의 '여민동락(與民同樂)'은 실로 인간과 천지 만물이 군자의 사명적 실천을 중심으로 하여, '팔음극해(八音克諧)'하고 '백수솔무(百獸率舞)'하는 '화(和)'와 '락(樂)'이라는 생명적 리듬[節奏]으로 충만한 천하[춤추고 노래하는 大同 세계]로 표방되고 있는 것이다.

한편 중용에서 제시한 '중(中)-정(正)-화(和)'의 사유 체계는, 유가의 사상적 기초가 되는 '도제천하(道濟天下)'[58]라는 역학적(易學的) 이념과도 상통하고 있음을 알 수 있다.

유가에서 지향하는 왕도정치의 이념인 '도제천하(道齊天下)'를 '中-正-和'의 체계로 견주어 보면, 도(道)는 중(中)이고, 제(濟)는 정(正)이며, 천하(天下)는 화(和)의 개념과 관련지을 수 있는 것이다.

생명 현상의 진행 과정에서 '씨'가 소중한 이유는 씨앗이 있어야만 열매를 맺을 수 있기

---

57) 서경. 舜典.

58) 주역. 繫辭傳上. 4.

때문이고, 씨앗이 열매로 결실하기 위해서는, 반드시 곧고도 바른 성장 과정을 필요로 하는 것이며, 열매는 심겨진 씨가 추구해 온 이상이고 목표로서 생명이 지향해 온 궁극적인 완성체인 것이다. 그러므로 인간 사회에서 왕도가 실현된 최종적 모습은 한마디로 '화(和)의 세계'라고 형용할 수 있는 것이다. 그것이 곧 천하 백성이 군왕과 함께 어울려 살아가는 '여민동락'의 실체이다.

이처럼 '중-정-화'의 체계에서 보면, '화'는 '중'이 소망하는 최후의 경지이며, '정'의 과정을 통해서만 도달할 수 있는, 생명의 궁극적 목표가 되는 것이다.[59]

군자가 '중의 이치'를 밝혀야 하고, '정도를 실천'해야 하는 이유와 근거는 모두 아름다운[美] '화'의 세계를 성취하기 위해서이다. 중용의 첫 장에서 '천명'을 전제한 후에, '중-정-화'의 체계로써 '천지지위(天地之位)'와 '만물지육(萬物之育)'을 논설한 이유도 여기에 있는 것이다. 특히 중용의 인용에서 유념하여 새겨야 할 것은 '중절(中節)[節度에 딱 맞는다]'의 의미이다. '發而皆中節'에서의 '중(中)'은 '맞추다'란 뜻의 동사로서, 이는 중도(中道)가 현실 세계의 삶의 질서에 '딱 들어 맞는다'는 뜻으로, '정(正)의 실천 과정'에 해당되는 말이다.

다시 말하면 중(中)의 이치가 중절(中節)[正] 되지 못하면 화(和)를 이룰 수 없다는 뜻을 밝힌 것이다.

주역에서도 중(中)-정(正)-화(和)의 일관된 체계를 다음과 같이 언급하고 있다.


"乾道變化 各正性命 保合大和 乃利貞"[60] (하늘의 운행 원리에 따라 모든 인간이 제각각 자기의 본성을 바르게 하고 또한 제각각의 직분에 따라 충실히 자신의 인생을 살아가게 될 때, 마침내 하늘의 뜻과 인간 세계의 이상이 하나로 화합되고 조화되는 완성된 경지가 이루어지는 것이다.)


위에서 건도변화('乾道變)化'란 논어 '天之曆數在爾躬 允執其中'[61]에서의 '중(中)'이라 할 수 있으니, 천지역수(天之曆數)는 하늘의 운행 도수를 말함이고, 하늘의 운행도수는 곧 '天地變化之道의 數的 體系'이기 때문이다.

환언하면 '건도변화(乾道變化)'는 천도의 역수원리가 인간의 심성 원리인 중도(中道)로 내

---

59) 비유하여 설명하면, '中'은 王道政治의 名詞的 表現이고(存在原理: 主題), '正'은 王道政治의 動詞的 표현이며(實踐原理: 方式), '和'는 王道政治의 形容詞的 表現(完成境地: 目標)이라 할 수 있다.

60) 주역, 乾卦, 彖傳.

61) 논어. 堯曰.

면화됨을 표명한 것으로, 이는 천도가 곧 인격적 존재원리인 '성명지리(性命之理)'의 존재 근거가 됨을 말한 것이다. 그러므로 인간은 '건도변화'의 원리를 중(中)으로 자각하고, 이에 근거한 정성(正性)과 정명(正命)이라는 실천적 과정을 거쳐야만 비로소 '천인합덕(天人合德)'된 대화(大和)의 경지를 기대할 수 있다는 것이다.

또한 '보합대화(保合大和)'란 우주의 생명력과 인간의 의지가 일체화된 대화합(大和合)의 천하세계를 말하는 것으로서, 이는 왕도정치가 추구하는 최선(最善)· 지고(至高)의 이상이요 이념인 것이다. 특히 주역의 곤괘(坤卦) 문언전에서는 행역군자(行易君子)의 실천원리를 중(中)-정(正)-화(和)의 입장에서 다음과 같이 언급하고 있다.

"黃中通理 正位居體 美在其中 而暢於四支 發於事業 美之至也[62] (군자는 모름지기 中의 이치를 깨닫고, 자기가 거처해야 할 위치에 자리잡고 있어야 하는데, 그렇게만 되더라도 군자의 모습은 정말 아름다운 것이며, 더 나아가 자기가 해야 할 일을 온 몸으로 부지런히 실천하고, 그 깨달은 이치를 백성 다스리는 정치 사업으로 활짝 꽃피우게 된다면, 이것이야말로 인간 사회에서는 가장 훌륭한 아름다움의 극치라 할 것이다.)

위에서 '정위거체(正位居體)'란 자신의 직분에 걸 맞는 자리에 나아가 있음을 말한 것이다. 정치란 정치 행위의 주체가 어디에 몸담고 있는가에 따라 그 성패가 결정된다. 따라서 그 자리가 바르지 못하다면 함부로 나서지 말 것이며, 바른 정치를 하기 위해서는 반드시 그 직분에 걸 맞는 자리가 보장되어야 하는 것이다. 이러한 '정치인의 제자리 바로 찾기'를 공자는 '정위(正位)'의 개념으로 설명하고 있다.

논어에서 "군자는 그 마땅한 자리에 있지 않으면 그 일을 도모하지 않아야 한다"(不在其位 不謀其政)[63]고 하였고, 주역의 간괘(艮卦)에서도 "군자는 생각하여 온당치 못한 자리에는 함부로 나서지 말아야 한다(君子以 思不出其位)"고 하였는데, 이는 모두 '정위(正位)의 실천원리'[正命]를 밝힌 것이다. 또한 '미지지야(美之至也)'라 함은 '중(中)'이 '정(正)'을 거쳐 완성시킨 '화(和)의 세계' 일컫는 것으로, 유가에서는 이러한 화(和)의 세계를 예술적 경지[美的 世界]로 이해한다. 화(和)란 모든 생명적 주체들이 거리낌 없이 자율적으로 화합(和合)된

---

62) 주역, 坤卦, 文言伝.

63) 논어. 泰伯.

경지를 말하는 것으로, 앞서 논의한 음악적 세계. 즉 악(樂)의 개념과 상통하는 표현인 것이다. 예기에서는 악(樂)의 개념과 화(和)의 경지를 동격으로 이해하여 다음과 같이 언급하고 있음은 이를 증거하고 있다.

"樂者 通倫理者也 … 樂者 天地之和也 … 樂者 德之華也"[64] (음악이란 인간의 본래 마음씨가 완전하게 구현된 경지를 말하는 것이다. … 음악이란 하늘과 땅이 완전히 조화된 세계를 상징하는 것이다. … 음악이란 인간의 본성인 德性이 아름다운 꽃으로 피어 현실 세계에 구현된 상태를 일컫는 것이다.)

이상의 논의를 종합하여 보면, 유가에서의 성인은 곧 중(中)의 자각과 선포 주체이고, 군자는 곧 정성(正性)과 정명(正命)을 실천하는 주체이며, 일용적 삶을 누리는 백성은 곧 화(和)의 아름다움을 향유(享有)하는 주체라고 할 수 있는 것이다. 주역에서는 앞서 논의한 '聖人-君子-百姓'의 현실적 위상에 관하여 다음과 같이 말하고 있다.

"天地設位 聖人成能 人謀鬼謀 百姓與能"[65] (하늘과 땅이 우주 안에 베풀어져 제자리를 잡고 나니, 성인이 나타나 천지의 뜻을 밝힘으로써 '천도의 공능'이 완성되었으며, 이에 근거하여 지도자가 천하를 다스리고 도모하니, 백성은 하늘의 은덕에 능히 참여할 수 있게 되어 그 혜택을 함께 누리게 된다.)

위에서 천지설위(天地設位)는 천지역수(天之曆數)로 나타나는 건도변화(乾道變化)의 내용이고, 성인성능(聖人成能)은 윤집기중(允執其中)으로 깨닫게 되는 중리(中理)의 체득과 천명의 선포 과정을 말함이며, 인모귀모(人謀鬼謀)는 작사모시(作事謀始)[66]하는 군자의 사명적 실천 행위를 말함이고, 백성여능(百姓與能)은 천하의 만민(萬民)이 회만방(懷萬邦)하는 군자의 품에서 천총(天寵)의 혜택을 향유하는 화(和)와 악(樂)과 무(舞)의 아름다운[美至] 대동 세계에 능히 참여함을 말한 것으로 해석할 수 있는 것이다.

---

64) 예기, 樂記.

65) 주역, 繫辭傳 下. 12章.

66) 주역, 訟卦, 大象傳.

## Ⅳ. 하늘의 악보를 보고 사람은 북을 두드리니 천하 만물은 춤추고 노래한다

　인간이 터 잡고 살아가는 '천지만물(天地萬物)'의 존재적 상황을 이론적으로 해명하는 유가의 전통적인 사유 방식은 우주 자체를 천(天)-지(地)-인(人)으로 구분하고, 이들 상호간의 생명적 관계성을 전제로 하여, 이들로부터 연역되는 당위적 삶의 태도를 체계화하는 이른바 삼재적 관점이다.

　천도는 인간과 만물에 대한 창조적 권능과 주재적 영향력을 행사하는 생명의 존재근원으로서, 그 천도적 의지가 발현되는 것은 땅 위에 드러난 생명적 현상이다.

　그런데 천도의 만물 창조 과정은 땅 위에 어떤 실체를 직접 생산해내는 것이 아니라, 이미 생겨나 있는 천지에서, 인간의 자기 자각과 또한 인간 주변의 만물에 대한 '언어적 인식과 명명(命名)'으로써 이루어지는 바, 하늘의 원리와 의지를 땅에서 실현시켜주는 인간의 언어적 공능을 유가에서는 성인의 말씀[言: 道]이 대행하는 '천명(天命)'으로 설정한 것이다.

　또한 천명으로 탄생하는 태초의 인격적 존재를 '민(民)'[百姓]로 규정하고, 천(天)이 민(民)을 생(生)한 궁극적 이념을 '천지 안에서 생명적 의의를 향유하는 백성의 일용적 삶'으로 제시하고 있으면서, 이를 위해 하늘은 천도를 실현하는 천명의 대행자인 땅의 지도자[君과 師의 역할을 하는 君子]를 민(民)과 함께 내려주는 것이다. 그러므로 땅 위에서 천의(天意)를 바르게 알아듣고 천도에 따라 천하를 다스리는 군자 노릇[治世事業]을 하고자 하면, 위로는 성인의 말씀을 배우고[學] 아래로는 천하 백성으로 하여금 인간답게 살아갈 수 있도록 인륜을 가르치고 문물제도를 관장하여, 백성의 일용적 삶이 천지 만물과 더불어 살아가는 평천하(平天下)의 세계를 성취해야 한다.

　이것이 곧 천도가 본래 지향한 이상으로서의 대동적 조화세계이며, 이를 실현하기 위한 군자의 왕도 정치를 맹자는 '여민동락'으로 표방한 것이다.

　이러한 천지 만물의 생명적 전개 과정을 유가에서는 생성과 중화(中和)의 사유체계로써 해명하고 있으며, 인간이 추구한 궁극적 이념을 '천인합일(天人合一)'의 완성으로 이해하고 있는 것이다.

　이를 통하여 동양 정신문화의 주류를 이루고 있는 유가 사상의 본질을 입체적으로 조감(鳥瞰)해봄으로써 유가 사상의 철학적 논의를 보다 심화·확대하는 학문적 토론의 기회를 마련해 본 것이다.

이상의 본 논문에서 '명(命)'의 문제를 중심으로 고찰한 유가의 핵심 주제와 논리 체계를 삼재적 관점에서 구분하여 하나의 도식으로 종합하여 정리하면 다음과 같다.

| 天道(神) | 人道(人) | 地道(物) |
|---|---|---|
| 天命(施) | 使命(學:教) | 生命(享有) |
| 聖人(言) | 君子(行) | 百姓(日用) |
| 生而知之 | 學而知之 | 困而知之 |
| 中(大本) | 正(中節) | 和(達道) |
| 乾道(變化) | (各正)性命 | (保合)大和 |
| (存在開始)生 | (存在展開)長 | (存在完成)成 |
| 道(天:民) | 濟(王:與民同樂) | 天下(大同:公義) |
| 聖人(成能) | 人:鬼(謀) | 百姓(與能) |

# ⑤

# 서양 문명의 속살 보기
## : 다시 쓰는 예수 이야기
### 기독교 인간관에 대한 동양적 해석

## I. 2000년 전의 예수: 오늘 우리는 바르게 그리고 있는가?

21세기 지구촌은 정보 산업 기술의 발달과 더불어, 인간의 삶에 있어서의 시·공간적 제약과 조건을 초탈(超脫)하면서, 이른바 동·서양 문화의 복합적 삶을 누리는 '글로벌 공동체'를 형성하고 있다. 이로 인하여 동·서양의 문화적 환경과 특성에 따라 구분되어 오던 전통적 세계관과 인간관은 더 이상 각각의 독자성만을 고집할 수 없게 됨으로써, 지구 차원의 통합적이고 조화적인 새로운 문명적 시선과 이해를 요청하고 있으며, 이는 이질적 문화 상호간에 화해의 손짓과 관용적 사유를 모색하는 배경이 되고 있다. 또한 다양한 이념과 제도의 중첩된 교류 속에서 이를 질서 있게 포괄하여 해석하고자 하는 인간의 융복합적(融複合的) 탐구 활동은, 인간의 가장 근원적인 정신 활동이며 궁극적인 신념 추구라 할 수 있는 종교적 영역으로도 파급되어, 20세기까지는 도저히 양해되거나 용납될 수 없었던, 타종교(他宗教) 간의 신념 체계나 주장에도 새로운 변화의 조짐이 형성되고 있으며, 나아가 상호 이해의 공감대가 점차 확대되고 있는 추세이다. 이는 21세기에 당면한 인류문명사의 새롭고도 도도한 흐름에서 볼 때, 당연하고도 자연스러운 현상이라 아니할 수 없다.

그 중에서도 특별히 주목할 만한 변화의 의미는 동·서양의 문화적 특징과 삶의 양태를 가장 강력하게 지배해 오던 종교적 세계관과 인간관의 차이가, 점차 인류 보편적인 시선으로 상호 이해의 간격을 좁혀가고 있다는 점이다.

실로 지구촌의 문명적 통합을 전제할 수밖에 없는 인류의 미래 사회에서는, 기존의 배타적이며 고립적인 관점으로는 더 이상 종교적 가치와 유용성을 보장받을 수 없게 된다는 점에서, 종교적 관점에서 상호 이해의 폭을 넓혀가려는 학문적 노력은 필요하고도 시급한 것이라 아니할 수 없다.

서양의 역사와 현실에서, 광범위하고 일반적이며 가장 큰 영향력을 행사해 온 종교는 기독교로서, 이는 21세기의 지구 마을에서도 여전히 최상의 권위를 행사하고 있다.

이에 기독교의 인간에 대한 교리와 주장을, 기존의 사유 범주에 안주하여 되풀이하지 않고, 서양과 구분되는 동양의 전통적이고도 일반적인 사유와 관점으로 새로이 해석해 보고 정리해 보는 일은, 오늘날의 동·서양 지구촌에서 숙명적으로 공유할 수밖에 없는 기독교의 존재 지평을 넓히는 것임과 아울러 미래 사회의 통합적 삶에 소용되는 형태의 종교적 기초를 다지는 역할이란 점에서, 시의(時宜)에 부합하는 학문적 작업이 될 것이다.

특히 본 논문에서는 그 중심적 주제를 인간의 실존적 문제와 관련하여 논의함으로써, 현대 문명사회에서 인류가 자초하고 있는 인간성 소외와 인격성 상실의 근본적 이유가 무엇인지를 자각하고, 이를 바탕으로 참된 인간 이해의 토대를 다질 수 있는 유익한 종교적 성찰의 기회를 마련해 보고자 한다.

이러한 작업을 통하여 서구의 기독교 사상에 대하여 反기독교적이라고 알려져 왔던 동양적 사유방식[觀點]과 종교적 이념이, 지구촌 시대의 기독교 사상[神學的 논의를 포괄하여]을 이해하고 설명하는데 있어서 어떤 의미가 있으며, 왜 유용한가를 반성적으로 성찰해 봄으로써 동서 문화의 진정한 통합과 조화를 추구하는 글로벌 시대의 문명사적 요구에 부응할 수 있는 또 하나의 융복합적(融複合的) 학문 체계를 모색해 보고, 나아가 기독교의 한국 토착화 작업에도 기초적 자료로써 원용되기를 기대해 본다.


## II. 연구의 주제와 방법 그리고 의의와 전망

### 1. 연구의 주제와 범위

오늘날 인류 사회를 틀 지우는 가장 큰 구조적 특징 중의 하나는, 전통적으로 동양과 서양으로 대표되어 오랫동안 구별되어 왔던, 인간의 삶과 관련된 제반 영역 들[예를 들면 문화, 종교, 예술, 학문, 정치, 경제 등]이 서로에게 여실히 노출되어 있는, 이른바 지구촌(global village)의 시대라는 점이다.

동양과 서양은 과거 오랫동안 그들 각각의 궁극적 관심사가 어떠한 것이었던 간에, 이제는 더 이상 자기들의 고유성만을 고집할 수 없게 되었으며, 자발적이든 강제적이든 서로에게 공개하고 또 공개당할 수밖에 없는 처지에 놓여 있다는 것이다. 동·서양의 상호 이해를 통하여 인류의 공동 관심사에 대하여 함께 참여하고 공유하려는 인간의 노력은 이미 다양한 분야에서 활발히 진행되고 있으며, 신학의 영역에서도 예외일 수는 없다.

　　신학자 이정용 교수는 "동양적인 사유방식과는 정반대인 배중률(排中律)의 서구적 논리는 그 근본을 동양에 두고 있는 기독교 신앙을 해석하기에는 적합하지 않다. 실상 희랍 철학으로부터 도출된 '이것이냐 저것이냐' 하는 서구적 사유의 범주는, 분명히 우주에 대한 기독교적 개념이 아닌, 이원적(二元的)인 세계관을 전제하고 있다. 이제 우리는 기독교 교의에 관한 서구적 논리의 교설. 서구적인 체계적 논술 모두를 철저히 재검토할 필요가 있다. 나는 머지않아 서구적인 논리적 사유에 의하여 독점되어 온 기독교의 메시지가 음양원리(陰陽原理)의 범주인 동양적인 사유 방법에 의하여 근본적으로 재해석되어야 하리라고 믿고 있다"[1]고 주장하면서, '동양의 역학적(易學的) 사유를 통한 기독교의 이해'를 시도한 바 있고, 김하태 박사는 "종교는 본질상 동양적 사고방식에 의해 가장 적절히 표현되며, 동양적 사고는 종교를 낳게 하였고, 서양적 사고는 철학과 과학을 낳게 하였다"[2]하여, 동양적 사유방식이 서양의 사유방식에 비하여 보다 더 종교적임을 지적하였으며, 유기종 교수는 과정사상(過程思想)을 통하여 종교를 해설하고 있는 A.N. 화이트헤드의 사상을 소개하면서, "화이트헤드에 의하면 신(神)은 우주 밖에 독립적으로 존재하는 '절대타자(絶對他者)'나, 모든 면에서 완전한 무한정의 존재자나, 부동(不動)의 동자(動者)[unmoved mover]나, 혹은 두려운 도덕적 심판자가 아니라, 오히려 이 우주 안에 내재하는 형성적 원리와 심미적 가치 평가 및 창조성으로서의 구체적 실재를 의미하며, 또한 이 우주를 존재 가능케 하고 거기에 질서를 부여하며, 이상과 목적을 제공하는 구체적 사실로서의 실재를 의미한다. 따라서 세계[우주]를 떠나서 신(神)을 생각할 수 없으며, 양자(兩者)는 불가분리(不可分離)하게 상호 연관되어 있다고 보는 것이다.…이것은 화이트헤드의 과정 사상이 얼마나 동양적 사상에 깊히 접근하고 있는가를 보여주고 있는 증거이다"[3]라고 단정하고 있다.

---

1) 이정용. 易과 기독교 사상. 정홍진 역. 한국신학연구소. 1980. p.128.

2) 김하태. 동서철학의 만남. 종로서적. 1985. p.71.

3) A.N.화이트헤드. 종교론. 유기종 역. 종로서적. 1986. 옮긴이의 말.

중국의 모종삼 교수는 "동양에는 서양과 같이 지식을 중심으로 하는 일도, 이지적(理智的) 유희로서의 독립된 철학을 형성해나가는 그런 일도 없다. 또한 서양과 같이 신(神)을 중심으로 하는 계시적인 종교도 없다. 동양에서는 오직 '생명(生命)'을 중심으로 하여, 그로부터 그들의 교훈, 지혜, 학문 그리고 수행(修行)을 전개해 나갈 뿐이다.…동양 사상에는 일종의 지혜가 있어 서양식 종교를 그 안에 소용(消融)시킬 수 있으며, 또한 서양 철학을 소용(消融)시키는 데도 별다른 애로가 없다"[4]하였고, 미국의 F. 카프라 교수는 "정신·물질 이원론(二元論)의 극단적인 공식화를 초래한 철학 사상의 발전이 근대 과학의 탄생을 선행(先行)하였는데, …이러한 분할(分割)은 물질을 죽은 것으로, 인간들과는 완전히 분리된 것으로 취급할 수 있게 하고, 물질세계를 하나의 거대한 기계로 조립된 제각기 다른 객체의 군집(群集)으로 보게끔 허용했다. …뉴튼의 기계론적 우주 모형은 17세기 후반부터 19세기 말까지 모든 과학 사상을 지배했다. 그것은 신성(神聖)한 법을 펼쳐 천상에서부터 이 세계를 지배한다는 전제적인 신(神)의 이미지와 흡사한 것이었다. 이리하여 자연 과학자들이 탐구하는 자연의 기본 법칙은, 이 세계를 지배하는 영원불멸한 신의 율법으로 보여진 것이다"[5]라고 지적한 바도 있다.

실로 "모든 신학(神學)은 신자들의 일상생활과 밀접한 관계를 가지고, 그들에게 구체적인 도움을 주어야 하며.…살아있는 신학이란 교회와 신자 개인의 생활에서 일어나는 문제들을 주요과제로 삼는다는 것을 의미한다"[6]는 신학에 대한 일반적인 해설을 부인할 수 없다면, 카프라 교수가 지적한 '전제적(專制的)인 신의 율법(律法)'은 모종삼 교수가 말한 '통일적인 생명 수행 과정'으로 전환되어야 마땅할 것이다.

다시 말하여 오늘날 우리는 실존적 삶의 주체인 인간의 생명적 지평에서, 대상적이며 일방적인 신의 말씀도, 인간의 삶과 관련하여 통일적으로 해석해야 할 당위적(當爲的) 태도와 만나게 된다는 것이다.

이에 본 논문은 동양적 사유의 구조적 이해를 통하여, 기독교 사상의 인간적 이해를 새롭게 조명해 봄으로써, 21세기의 신문명적 요청에 부응해 보고자 하는 것이다.

주지하는 바와 같이 양(洋)의 동(東). 서(西)를 막론하고, 인간의 궁극적 관심은 인간 자신

4) 모종삼. 중국철학의 특질, 송항룡 역, 동화출판공사. 1983. pp.16~17.

5) F.카프라. 현대물리학과 동양사상. 이성범 김정용 공역, 범양사, 1985. p.27.

6) 이종성. 조직신학개론, 종로서적. 1984. pp.8~9.

의 문제로 환원되고 집약된다고 볼 수 있다.

소크라테스가 서양 철학사에서 그토록 뚜렷하게 기록될 수 있었던 소이는, 그가 궁극적 물음으로 삼았던 대상을 기존의 자연으로부터 인간 자신으로 전환시켰다는 데에 있는 것이며, 공자가 동양 사회에서 영원한 스승으로 추앙받는 이유 또한, 종래의 신화적 천도(天道)[또는 上帝天]를 실존적인 도덕 주체로서의 인간 존재, 즉 인도(人道) 차원으로 전환시켰다는 데에 있는 것이다.

셸러(Max Scheler)는 '인간의 이념에 관하여'라는 논문에서 "확실히 철학의 모든 중심 문제들은 인간이 무엇인가라는 질문에 귀속 된다"고 하였고,[7] 칸트는 논리학 강의에서, 인식론과 윤리학과 신학의 3대 문제를 "내가 무엇을 알 수 있는가? 내가 무엇을 해야만 하는가? 내가 무엇을 희망해도 좋은가?라는 물음이라고 하면서, 이 세 가지의 물음은 '인간이 무엇이냐'라는 물음에 종합되어진다"고 하였다.[8]

중국 철학에 있어서도 인간의 문제는 모든 문제의 근본이며, 모든 논의가 궁극적으로는 회귀해야 할 목표가 되고 있다.[9] 이런 점에서 보더라도, 기독교 사상이나 이를 학문적으로 연구하는 신학의 본질 또한 인간의 문제를 제외하고서는 결코 성립할 수 없는 것이다.

신학은 신에 관한 인간의 이해를 인간의 언어와 논리를 통하여 구성하고 표현하는 학문이다.[10] 신학이란 말은 본래 그리스의 말 theo-logia에서 유래한 것으로, 글자 그대로 새기면 '신에 관한 말(Rede von Gott)'을 뜻하고 있어서, 그 말뜻으로만 보면, 신학의 주제는 어디까지나 '신'이지 '인간'은 아니게 된다. 그러나 신학이 '신에 관한 말'이라고 해서 인간적인 문제가 배제될 수는 없는 것이다.[11]

신학은 교회에서 제시한 교의를 합리화하는 '교회 교의학(教義學)'만 일수는 없기 때문이다. 오히려 신학은 그 안에서 '인간'을 찾아내는 인간학(人間學)의 구실을 다해야 한다.

신을 말하든, 창조를 말하든, 죄를 말하든, 구원을 말하든, 내세를 말하든 결국 인간을 말하는 것이 될 수밖에 없고, 또 되어야 한다. 그것은 신학의 궁극적 주제가 인간이기 때문이다. 신학의 인간학적 특징이 여기에 있다. 철학적 인간학이 궁극적으로는 인간의 삶의 의미

---

7) M. 란드만. 철학적 인간학, 진교훈 역. 경문사. 1985. p.42.

8) 윗 책. p.41.

9) 김충렬, 중국철학사 서설. 중국철학논총. 제1집. 고려대학교. 1984. p.30.

10) 이종성. 조직신학개론. 윗 책. p.6.

11) 송기득. 인간, 한국신학연구소. 1986, p.21.

를 추구하는 데에 그 본래적 의의가 있다면, 신학은 정말로 인간학일 수밖에 없는 것이다.[12] 논자가 '기독교 인간관'을 논의하려는 이유도 여기에 있는 것이다.

## 2. 연구의 방법과 전개 방향

'동양적 해석'이란 물론 이러한 주제에 접근하는 논자의 철학적 통로이다.

'해석'이란 '번역'이라는 뜻인 영어의 Interpretation을 말하는 것으로, '해석학'이라 할 경우에는 '해석과학'(Interpretive science)으로서의 'Hermeneutics'에 해당된다.

Hermeneutics라는 말은 어원적(語源的)으로, 허메스(Hermes)라는 이름의, 제우스와 마이아(Maia) 사이에서 태어난 희랍 신으로부터 연유되는 데, 허메스는 신의 말을 인간에게 전달하는 전령의 역할을 담당하는 것으로, 무한한 신의 말을 유한한 인간의 말로 번역한다는 데에서 기인하고 있다.[13]

전통적으로 해석학이란 구약과 신약을 대상으로 하는 신학의 주요 과제로서, 성서의 진리 즉 의미의 진가(眞價)에 도달하려는 하나의 방법론이다. 그러기에 해석학이란 본질적으로 '인간적 의미로서의 해석'을 말하고 있는 것이다.

"불트만에게는 일차적으로 인간의 이해가 문제된다. 그러므로 그는 성서의 말씀을 다만 인간의 자기 이해와 관련시킨다. 그에게는 신의 말씀이 인간의 자기 이해에 봉사하는 만큼 의미를 지닌다.…예수라는 낱말에서부터 시작하여 교회의 전통과 신학적 반성을 거쳐 현대의 신앙 전도에 이르기까지 전역사적 사건에 있어서, 하나의 '해석학적인 윤곽'이 펼쳐지며, 이 윤곽 속에서 계시의 말씀이 역사적으로 그리고 언어적으로 해석되고, 한편으로는 옛날의 신의 말씀과 우리의 오늘날의 이해 사이의 간격이 문제되고 있다"[14]는 E.코레트(Emerich Coreth)의 언급은 해석의 의미가 곧 '성서에 대한 인간적 의미 탐구'임을 명백히 기술하고 있는 것이다. 그러므로 본 논문의 주제와 연구 범위는 "기독교 사상에 있어서 인간 존재에 대한 동양적 입장에서의 의미 해석"이라고 요약할 수 있을 것이다.

특별히 본론을 전개함에 있어서 무엇보다도 먼저 논의해야 할 것은 '동양적'이라는 의미의

---

12) 윗 책. p.26.

13) 김용옥. 절차탁마 대기만성. 통나무. 1987. p.16.

14) 에머리히 코레트. 해석학. 신귀현 역, 종로서적. 1985. pp.17~18.

철학적 성격을 명확하게 정리하는 일이 될 것이다.

기독교 인간관에 대한 論說은 여러 신학자들 사이에서 광범위하고 심도 있게 언급되었으며, 해석이란 어휘도 보편적인 개념으로 전제 삼을 수 있겠으나, '동양적'이란 의미는 신학자 일반에게 공인되어 있을 만큼은 아직 그 성격이 뚜렷하게 정리되어 있다고 볼 수는 없기 때문이다.

오늘날 동양적 시각에서 기독교 사상을 이해하려는 노력은 다양하게 시도되고 있지만, 정작 '동양적이라는 시선 자체'를 제대로 정립하고 나서, 이러한 접근을 시도하고 있는지는 새삼 반성해 볼 여지가 없지 않은 것이다.

그동안 이러한 방향에서의 학문적 노력을 일별해 보면, 특정 종교나 사상[예를 들면 불교, 유교, 도교 등]과 기독교를 평면적으로 상호 비교한다던지,[15] 동양적 어휘를 통하여 기독교적 교의를 대치하려는 시도[16] 등이 대부분이었으며, 설령 동양적 원리를 통하여 기독교 사상을 근본적으로 재해석해 보려고 노력하였다 하더라도,[17] 동양적 원리를 표상하고 있는 어휘를 직접 원용(援用)함으로써, 동양적이란 의미 자체를 선명히 부각시켜야 하는 전이해적(前理解的) 작업에는 소홀하거나 아니면 미흡했던 것이다. 실로 '동양적'이란 어휘 자체가 이미 '서양적'이라는 말과 대조적으로 사용될 때, 비로소 그 본래적 의미에 충실할 수 있는 것이기에, 논자는 우선 제 Ⅲ장에서, 서양적 사유 구조와 대조해 봄으로써 특징적으로 드러나게 되는 동양적 사유 구조의 특질을 정리하여, 주제에 대한 접근으로서의 '동양적 해석'의 체계적 토대를 충실히 마련할 것이다.

이어서 제 Ⅳ장에서는 현대의 여러 신학자들이 전통적인 기독교 사상에 대하여 제기한 다양한 철학적 반성과 신학적 물음을 검토해 봄으로써, 그 속에는 이미 동양적 해석을 가능케 하는 충분한 인식 지반이 형성되어 있음을 고찰할 것이다.

마지막으로 제Ⅴ장에서는 직접 동양의 제경전(諸經典)에 근거하여 기독교적 인간관을 해석해 냄으로써 현대 신학자들이 언급하고 있는 기독교 인간관이 동양적인 의미에서 해석한 실존적이며 주체적인 인간관과 궁극적으로 일치한다는 점과 또 그러한 인간 해명이야말로 진실로 성서적 인간상의 본래적 모습과 다르지 않음을 확인하게 될 것이다.

---

15) 이러한 예는 이성배의 '유교와 그리스도-이벽의 한국적 신학 원리-'. 분도출판사. 1985가 있다.

16) 이러한 예는 윤성범의 '誠의 해석학', '誠의 신학'이 있다. 한국신학사상, 기독교 사상 300호 기념 논문집. p.138.

17) 이러한 예는 이정용. 易과 기독교 사상. 'The Theology Of Change' 등이 있다.

논의의 텍스트로는 기독교 성경전서와 동양의 제경전 특히 주역을 비롯한 유가 경전을 1차 자료로 삼았으며, 현재 국내외의 동양학자 및 신학자들의 저서와 논문 그리고 해설서 등을 폭넓게 2차 자료로 인용하였다.

## 3. 논문의 의의와 전망

서양의 세계관과 우주관의 기초이고 서양 문명이 기초적 바탕이라고 볼 수 있는 그리스도교[18]는 세계 종교라기보다는 아직도 서양 종교라고 말하는 것이 적절할 수 있다. 그러나 예수의 탄생으로 말미암아 구약 시대 유대교라는 민족 종교의 차원에서 벗어나, 바야흐로 기독교는 만민구제(萬民救援)의 세계적 종교로 전환되었던 것이니, 예수의 가르침과 성경의 기록은 이를 증거하고 있다. "그리스도교는 본래부터 근본적으로 세계 종교였으며, 또한 그러한 보편 종교이어야 한다는 주장이 우리들 사이에 강력하게 제기되고 있는"[19] 이유가 여기에 있는 것이다.

이정용 교수는 "모든 종교의 목표는 '이것이냐 저것이냐'하는 사유 방식을 '이것도 저것도 모두'의 사고방식으로 변화시키려는 것이다. 즉, 이성적인 추론의 과정으로부터 신앙으로 가득 찬 과정에로의 전이(轉移)가 그것이다. …이 전이는 하나가 또 다른 하나를 지배한다는 생각을 버릴 때에만 이루어진다. 경쟁 정신을 포기하지 않는 한, 조화와 평화를 경험할 수는 없다.… 자연과 더불어 평화와 조화를 이루어가는 인간은 외롭지 않다. 그는 우주의 일부이기 때문에 자기 안에서 우주를 느끼며, 자연과 더불어 응답할 수 있다"[20]고 역설하고 있는데, 이것은 방동미 교수가 중국철학의 본질로써 요약하고 있는 "조화된 우주로서의 광대화해(廣大和諧)한 생명 정신"[21]과도 다르지 않은 것이다. 기독교가 진실로 하나의 세계 종교이기를 선언하고 싶다면, 반드시 이러한 '우주적 종교'[22]이어야 하며, 또한 성경의 본래적 가르침도 바로 이와 다르지 않다는 데에 우리는 주목해야 할 것이다.

W.C.스미스(Wilfred Cantwwell Smith)는 "기독교인은 자기가 속해있는 기독교 정통

---

18) 정대위. 그리스도교와 동양인의 세계. 한국신학연구소. 1986. p.15.

19) 윗 책. p.20.

20) 이정용. 윗 책. pp.35~37.

21) 방동미, 중국인의 生철학. 정인재 역, 탐구당. 1984, p.96.

22) 이정용, Cosmic Religion. Philosophycal Library Inc. N.Y. 1973

성의 타당성을 받아들이고, 그리고 동시에 다른 종교의 정통성에 속해 있는 사람들도 자기들의 형제로 받아들이는, 이 두 가지를 모두 포괄한 것이지 않으면 안 된다. 이러한 입장에서 볼 때, [동양의] 음양상징(陰陽象徵)은 모든 궁극적인 문제들이 지닌 진리란 '이것이냐 저것이냐'하는 데 있는 것이 아니라, '이것도 저것도'라고 하는 데 있음을 나에게 이야기 해주고 있다"[23]고 고백하고 있으며, 떼이아르 신부가 베르그송의 '생명의 약동'(elan vital)에 깊은 감동을 받고서, 그때까지 지배적이었던 전통적 사상, 특히 물질과 정신을 이원론적(二元論的)으로 다루고 있는 사상체계에 대하여 자신의 생각과는 전혀 다르다는 사실을 깨닫고는,[24] 이른바 그의 '창조적 형태변화이론(creative transformation theory)"과 "우주적 그리스도론"[25]을 주창하게 된 것은 모두가 주지하는 사실이다. 우주는 근본적으로 보편 생명의 변화(變化)와 유행(流行)인데, 그 속에서 물질 조건과 정신 현상이 융합·관통되어 양자 사이엔 간격이나 단절이 조금도 없는 것이며…또한 우주란 만상(萬象)을 포괄하는 생명의 약동이며 만상에 충만한 대생기(大生機)(Vital Impetus)로써, 잠시도 창조와 화육(化育)을 쉬지 않으며, 어느 곳이든 유행되고 관통되지 않는 데가 없다"[26]는 방동미 교수의 언표 또한 이정용, 스미스, 떼이아르 등의 견해와 궤(軌)와 맥(脈)을 같이하는 것이라 아니할 수 없다.

'원수를 사랑하라'는 예수의 가르침은 오늘날 종교간 또는 종파간의 치열한 갈등과 투쟁 속에서 설득력을 잃은 지 이미 오래이며, '가난한 자여, 복이 있나니 천국이 너의 것이다'하는 성서의 희망은 상업주의로 타락한 오늘의 교회 현실에서는 단지 공허한 메아리일 뿐이다.

본래적 예수의 말씀을 밝혀내기 위해서는 본래적 예수의 말씀과 어긋나지 않는 사유 방식으로 접근해야 마땅할 것이기에, 그러한 통로가 바로 동양적 사유 방식 안에서 마련될 수 있다는 점이 본 논문이 제기하고 전망하는 가장 큰 학문적 의의인 것이다.

예수의 본래적 말씀이 올바른 해석을 통하여 온전하게 정초될 수 있을 때, 이 시대 이 땅에서의 신앙적 주체인 한국인은 비로소 한국적 제반 여건과 자연스럽게 조화되고 수용된, 한국적 기독교. 한국적 신학을 전개시킬 수 있게 될 것이다. 이를 통하여 우주적 종교로서의 기독교가 실존적인 한국인에게 신앙적으로 기여할 수 있는 굳건한 토대를 마련할 수 있게 된다면, 이는 본 논문이 지향하는 미래적 기대치이며 학문적 성과로 기록될 것이다.

---

23) 윗 책. p.129.

24) 요셉 콕. 떼이아르 샤르댕의 사상. 변기영 역. 성바오로 출판사. 1983. p.25.

25) 김경재. 한국문화신학. 한국신학연구소. 1983. pp.90~91.

26) 방동미. 윗 책. p.50~51.

## Ⅲ. 동양적 사유의 일반적 특질

물[水]은 그것을 담은 그릇의 모양에 따라 물의 모양도 달라진다. 네모난 그릇에 담으면 네모난 모양이 되고, 둥근 그릇에 담으면 둥근 모양이 된다. 그러므로 어떤 그릇에 담긴 물을 보고서 "물은 둥근 것"이라거나 "물은 네모난 것"이라고 단정하여 말하는 것은 물의 본래 모습을 잘못 이해하고 규정한 것이 된다.

동양의 성현(聖賢)들은 그들이 궁극적으로 드러내고자 하는 진리(眞理)[道]를 물의 속성에 비유하여 설명하곤 하였다. 노자의 "上善若水…幾於道"[27] (가장 잘하는 일은 물처럼 하는 것이다.…물의 본질은 거의 道에 가깝다), 맹자의 "觀水有術 必觀其瀾"[28] (물을 보는 데는 방법이 있나니, 반드시 그 여울목을 보아야 하느니라), "人性之善也 猶水之就下也"[29] (인간의 본성은 선한 것이니, 이는 마치도 물의 본성이 아래로 흐르는 것과도 같은 것이다), 논어의 "子在川上曰 逝者如斯夫 不舍晝夜"[30] (공자께서 냇가에 앉아서 말씀하시기를 '흘러가는 것이 이와 같도다. 밤낮없이 그치지 않는구나), 불가(佛家)에서의 화두(話頭)인 "도피안(渡彼岸)"[부처님이 계신 저 쪽 언덕으로 물을 건너가자], 주역의 "이섭대천(利涉大川)"[큰 냇물을 건너기에 이롭다]. 聖經의 "요단강 건너가 만나리" 등은 모두 이러한 예시라 할 수 있다.

진리[道]를 물로 비유한다면 도(道)를 인식하고 표현하는 일체의 언어적 활동은 물을 담아내는 '그릇'[器]으로 비유 할 수 있을 것이다.

다시 말하면 인간의 사고방식[思惟構造]이 다름에 따라, '진리[道]의 나타나는 모양새'[그릇에 담긴 물의 모양]도 달라진다는 것이다. 그러므로 진리를 바르게 알고자 한다면, 진리를 표현하는 "언어적 속성의 차이"[사유방식의 특성: 물을 담아내는 그릇의 다름]를 먼저 알아내야 한다. 그래야만 그릇에 따라 달라진 물을 보고서, 물 자체가 본래부터 그러했을 것이라고 판단하는 '원천적(源泉的) 오류(誤謬)'로부터 벗어날 수 있는 것이다.

예수의 말씀[道: 眞理]을 포함하여 인류 역사에 출현한 여러 성인의 가르침은 한결같이 진리의 말씀이다. 그런데 그 진리[道]의 말씀[道]을 인식하고 표현하는 방식으로서의 사유구조와 언어활동은, 동양과 서양의 문화적 배경이 다르기 때문에 상호간에 구분되는 특징이

---

27) 노자. 8장.

28) 맹자, 盡心. 上.

29) 맹자, 告子. 上.

30) 논어. 子罕.

있다. 따라서 진리 자체를 논의하기 위한 전단계(前段階)로써, 진리를 인식하고 표현하는 동양과 서양의 특징적 차이를 먼저 구분해 볼 필요가 있다.

이에 본 장에서는 서양 문화의 기층을 형성해 온 기독교 사상을 동양적 관점에서 해석하기 위한 전이해적(前理解的) 과정으로서, 동·서양의 사유적 특질을 구조적으로 살펴보고자 한다. 그럼으로써 전통적인 기독교 사상이 '그러한 모습으로 드러날 수밖에 없었던 근원적인 이유'와, 앞으로 논의될 동양적 해석이 '그러할 수밖에 없는 타당한 배경'에 대하여 일정한 관점을 도출해낼 수 있을 것이다.

## 1. 일원론(一元論)과 이원론(二元論)

인간의 정신 활동은 무엇인가를 끊임없이 지향한다는 데에 그 특징이 있다. 아무 것도 지향하지 않는 순수한 자기 성찰적 정신 활동도 있을 수 있겠으나, 그렇다고 해서 전혀 아무것도 대상화하지 않는다고는 볼 수 없다. 스스로 하는 내적 성찰의 반성적 회의(懷疑)도 사고 자체 또는 '사유하는 자신'을 지향한다고 볼 수 있기 때문이다.

지향하는 정신 활동은 '인식론'의 영역이 되고, 지향하는 대상은 '존재론'의 영역이 된다. 본 절(節)에서는 동양과 서양이 대상을 바라보는 철학적 태도를 일원적(一元的) 사고와 이원적(二元的) 사고로 나누어 그 특징적 배경을 살펴보고자 한다.

서양의 존재론에는 일원론(一元論), 이원론(二元論), 다원론(多元論) 등이 있다. 존재원리를 양적(量的)으로 보아서, 하나로 보는 입장을 흔히 일원론이라 하고[파르메니데스·플로티노스·스피노자·쉘링·베르그송], 둘로 보는 입장을 이원론[프라톤·데카르트]이라 하며, 다수로 보는 입장을 다원론[데모크리토스·헤르바르트]이라 한다. 질적(質的)으로 볼 때는 유물론(唯物論)[데모크리토스·라메트리·포이에르바하·마르크스]와 유심론(唯心論)[라이프니츠·피히테·쇼펜하우어]이 있다.[31]

그러나 서양에 있어서의 일원론은 어디까지나 물적 자연 현상의 단일화(單一化)란 차원에 머무르고 있어서, 동양에서 말하는 유기체적(有機體的) 일원론과는 다른 것이다. 즉 인식 주체인 인간과 인식 대상인 세계를 우선 이분법적으로 나눈 후에, 그러한 대상을 일원(一元)이냐 이원(二元)이냐로 보는 한계를 벗어나지 않고 있기 때문이다.

---

31) 소광희 외. 철학의 제문제. 지학사. 1982. p.179.

동양에서의 일원론이란 우주와 인간을 생명적 경지에서 하나의 존재로 보아, 주객미분(主客未分)의 통일적 전자(全者)로 파악하는 것을 말한다. 그러므로 엄격히 말하자면 서양의 일원론이란 이원적(二元的)[二分法的] 사유 안에서의 일원론으로서, 동양적 관점에서 볼 때는 여전히 이원적 사유의 범주 안에서 논의되고 있는 것이다. [다만 베르그송의 생(生)철학에 와서는 동양적 일원론과 매우 접근되는 관점을 발견할 수 있으나, 본 節의 논의는 서양의 전통적인 사유 구조를 중심으로 그 大體를 정리하고 있기에, 세부적인 문제는 언급하지 않는다. 베르그송이 서양의 사상사에서 별도의 취급을 받고 있다는 사실은 이를 역설적으로 말해주고 있다)

　　동양 사상의 중심에 위치하고 있는 유가에서의 존재론에는 음양론(陰陽論)과 오행론(五行論)이 있다. 음양론에 대한 철학적 해설은 주로 주역에 집중하여 나타나 있다.

　　"한 번 음(陰)이 되고, 한 번 양(陽)이 되는 것을 일러서 도(道)라고 한다"[32] "하늘의 도(道)를 세움에는 음(陰)과 더불어 양(陽)으로써 한다"[33]하여, 유가의 궁극적 존재상(存在象)인 도(道)와 천도(天道)[天地自然之道] 즉 우주 자체의 총체적 현상 전부를 음(陰)과 양(陽)의 상호 교접 과정으로 설명하고 있으며, "음(陰)과 양(陽)으로 구별하여 따로 헤아릴 수 없는 회통(會通)된 경지를 신(神)이라고 한다"[34] "신(神)이란 만물이 서로 간에 묘합적(妙合的)으로 함께 이루어진 경지를 말[言]로 일컬음이다"[35]라 하여, 도(道)의 인격적 상징이라 할 수 있는 신(神)에 대하여도 음양적(陰陽的) 구조(構造)로 설명하면서, 인간의 기계적인 수량 개념이나 논리적 분별상(分別相)을 가지고, 따로 따로 나누어서 계측(計測)할 수 없는, '음양적(陰陽的) 차별상(差別相)을 초월한(超越)한 신묘(神妙)한 경지'를 도(道)의 차원에서 강조하고 있다. 따라서 음양(陰陽)이란 만물에 대한 이원론적 구별이나 분리(分離)를 말하기 위함이 아니라, 전자적(全者的) 존재(存在)[道]를 설명하기 위한 '구조적 구분'일 뿐이다.

　　예를 들어 '밝음'[明]을 양(陽)이라고 하고, '어둠'[暗]을 음(陰)이라고 하면, 밝음과 어둠은 그 존재근거가 전적(全的)으로 상대방에 있는 것이며, 상호간에 관계성을 배제할 때는 더 이상 밝음도 어두움도 성립할 수 없는 것이다. 전등불도 낮에는 어두운 존재이며, 호롱불이라도 밤에는 밝은 존재이기 때문이다. 즉 밝음과 어둠이라는 음(陰)과 양(陽)은 고정적인 독

---

32) 계사전. 上. 5 "一陰一陽之謂道".

33) 설괘전. 2 "立天之道曰 陰與陽".

34) 계사전. 上. 5 "陰陽不測之謂神".

35) 설괘전. 6 "神也者 妙萬物而爲言者也".

립된 존재가 아니라는 것이다.

한편 오행론(五行論)은 유가 경전 중 서경과 예기 등에 폭넓게 나타나 있다.

"오행을 말하자면 첫째는 수(水), 둘째는 화(火), 셋째는 목(木), 넷째는 금(金), 다섯째는 토(土)이다. 물이란 적시어 내려가는 것이고 불은 위로 타오르는 것이며, 나무란 굽었다가 점차 곧아지는 것이고 쇠란 따르다가도 다르게 바뀌는 것이며, 흙이란 심고 거두는 바탕인 것이다"[36]에서 알 수 있듯이, 오행의 속성으로 제시된 "潤下-炎上-曲直-從革-稼穡"이란 개념은, 오행이란 결코 고정되어 존재하는 특정 물질이 아니라, 상호간에 끊임없이 교섭하고 관계하는 과정(過程)임을 언급하고 있는 것이다. 이는 앞서 살펴보았듯이 도(道)를 말함에 있어서 "陰與陽謂道"(음과 양을 합쳐 도라고 한다)라 하지 않고, "一陰一陽之謂道"라 하여 '되어감[之]의 과정'[becoming]으로 설명하고 있음과 같은 관점이다. 더구나 오행은 시간과 공간의 절목(節目)에 나누어 배속됨으로써, 우주 즉 천도운행(天道運行)의 전 과정을 '오행적(五行的) 구조(構造)'로 상징화 하고 있다.

우주는 시간과 공간으로 구분되며, 구체적으로 시간은 '春-夏-秋-冬'의 절목(節目)으로 구분되고, 공간은 '東-南-西-北'으로 구분된다. 그렇다고 춘하추동(春夏秋冬)이나 동남서북(東南西北)이 서로 간에 단절되어 있거나 독립적으로 고정되어 있는 것은 아니다. 우주는 어디까지나 전일적(全一的) 존재이며, 영원히 생성변화(生成變化)하는 살아있는 생명적 존재로서의 '행(行)의 과정'이기 때문이다. 그러므로 오행(五行)이란 서구적인 사유에서 운위되는 '오물(五物)이나 오자(五者)'[五元素]가 아닌 전자적(全者的) 표현으로서의 오행이며, 궁극적으로는 일자(一者)이며 일원(一元)인 것이다.

그런데 여기서 시간과 공간의 절목(節目)은 4가지인데, 어째서 오행적 구조에 배속되는가 하는 의문이 남는다. 즉 중(中)으로서의 토(土)가 남기 때문이다.

이 토(土)는 공간적으로는 중앙(中央)이며 시간적으로는 시중(時中)인 것이다. 중(中)이란 바로 '東-南-西-北'이 '東', '南', '西', '北'이라고 규정될 수 있는 근거로서의, 규정적(規定的) 주체인 '인간의 자리'를 말하며, 동시에 시간의 구조에 있어서도, 과거와 미래를 구분 짓는 기점[基準]으로서의 '현존하는 인간의 실존적 위치'를 말하는 것이다. 왜냐하면 '인간 자리'로서의 '중(中)'이라는 기준을 설정해 두지 않고서는 시간과 공간의 구분 자체가 원천적으로 불가능하기 때문이다. 따라서 시간과 공간 속에 예속되어 있는 모든 존재[우주 자체]는 오로지

---

36) 서경. 洪範. "五行 一曰水 二曰火 三曰木 四曰金 五曰土. 水曰潤下 火曰炎上 木曰曲直 金曰從革 土爰稼穡".

인간이라는 주체적 존재를 근거로 삼고 있다는 설명이 가능한 것이다. [동양 사상에 있어서 인간 주체성이란 문제가 핵심적으로 논의되고 있는 철학적 근거는 바로 여기에 있는 것이다]

중국 송대(宋代)의 이기론(理氣論)은 주역의 "易有太極 是生兩儀"[37]에서 전개된 것으로, 태극(太極)을 이(理)로, 음양(陰陽)을 기(氣)로 규정했던 것이니, 태극(太極)과 음양(陰陽)이 일원(一元)이듯이, 이(理)와 기(氣) 또한 일원(一元)으로서 서구적인 이원론(二元論)과는 결코 동일한 논점이 아닌 것이다.

노자는 "유(有)와 무(無)는 서로를 낳아주고, 어려움과 쉬움은 서로가 이루어주며, 장단(長短)은 서로 비교되는 것이고, 위와 아래는 서로 기울며, 음(音)과 성(聲)은 서로 조화되고, 앞과 뒤는 서로가 따르는 것이다"[38]라 하여, 현상세계에 대한 인위적인 차별과 분리를 거부하고 있다.

나아가 "사람은 땅을 본받고, 땅은 하늘을 본받으며, 하늘은 도(道)를 본받고 도(道)는 자연을 본 받는다"[39]라 하여, 현상 세계의 본래적 자리가 바로 '자연(自然)[스스로 그러함]한 것'임을 선언하고 있다. 이후 장자(莊子)는 이를 계승하여 "만물제동(萬物齊同)"[천지 만물은 모두 가지런한 하나와 같음] "천균(天鈞)"[자연스러운 천하 만물의 절대적 평등]의 명제를 제시하면서, "천지는 나와 같이 생겼고 만물은 나와 일체이다"라고 선언하고 있는 것이다.[40]

불경(佛經)에서는 "色不異空 空不異色 色卽是空 空卽是色 受想行識 亦復如是"[41] (물질과 이치가 다르지 않고, 원리가 곧 현상이며 감각. 생각. 행위. 인식이 모두 이와 같은 것이다)라 하여 색(色)[현상. 물질세계]과 공(空)[본체. 근원세계]을 나누어 보지 않고, 일원(一元)으로 보고 있다.

'공(空)'이란 그러므로 '아무것도 없음'이 아니라 모든 유무(有無)의 차별을 초탈(超脫)하여 모두를 다 가지고 있는 전적(全的)인 존재상(存在相)인 것이다.

이상으로 유(儒). 도(道). 불(佛) 삼가(三家)의 존재론적 종지(宗旨)를 간략히 살펴보았듯이, 동양적 관점의 특질은 이른바 본체와 현상을 실상(實相)과 허상(虛相)이란 차원에서 이분법적으로 나누는, '풀라톤의 이데아론에 연원한 서양의 전통적인 사유구조와는 근본적으로

---

37) 계사전 上. 11.

38) 노자. 2 "有無相生 難易相成 長短相較 高下相傾 音聲相和 前後相隨".

39) 노자. 25 "人法地 地法天 天法道 道法自然".

40) 장자. 齊物論.

41) 반야심경.

다른, 일원론(一元論)으로서의 전일적(全一的) 사유 방식에 있는 것이다.

이렇듯 동양적 사유로부터 도출된 세계관이 "천인합일(天人合一)"[하늘과 인간은 하나이다] "천인무간(天人無間)"[하늘과 사람 사이에는 간격이 없다] "광대화해(廣大和諧)의 대생명(大生命)"[크고도 넓은 우주에 가득 찬 조화적인 생명력] 등으로 표현되고 있는 것은, 동양적 사유의 일반적 특질이 일원론적 사유. 전일적(全一的) 사고방식에 있기 때문임은 명백한 사실이다.

## 2. 주체성과 객체성

존재와 인식의 문제에 있어서 주관유심론(主觀唯心論)과 객관유심론(客觀唯心論)的인 대조는 동서철학사를 살펴볼 때 언제나 논쟁거리였다.

서양에서 중세의 계시적 진리의 기반(羈絆)으로부터 해방된 근대인은, 진리의 기준과 근거를 신(神)에게서 구하지 않고, 인간 자신에게서 구하게 되었다.

인간에게 있어서 진리의 기준이나 근거가 될 수 있는 것은 두 가지가 있으니, 하나는 자연의 빛(lumen naturae)으로서의 이성(理性)이요, 다른 하나는 감각 내용의 축적으로서의 경험(經驗)이다. 전자(前者)의 길을 취한 것은 대륙의 합리론(合理論) 또는 이성론(理性 rationalism)이고, 후자(後者)의 길을 택한 것은 영국의 경험론(empiricism)이다.[42]

그러나 합리론은 명석판명(明晰判明)한 본유개념(本有概念)을 확실한 인식의 원천으로 보아, 일체의 경험을 경시(輕視)하고, 오직 이성의 연역적 추리에 의해서만 확실한 지식의 체계를 세우려 함으로써, 결국 독단론(獨斷論)으로 경화(硬化)되었고, 경험론은 합리론의 이러한 결함을 통찰하고, 인간의 인식의 기원을 경험에서만 찾은 결과, 특히 흄에 이르러서는 일체의 실체를 부정할 뿐만 아니라 인과율(因果律)의 객관적 타당성까지도 의심하는 회의론(懷疑論)에 빠지고 말았다.[43]

칸트의 선험적(先驗的) 직관(直觀)이란 이러한 양자간(兩者間)의 한계를 극복하려는 노력의 소산(所産)이었음은 주지하는 대로이다

중국철학사에 있어서도 이러한 대립적 경향이 나타나고 있음을 흔히들 지적하고 있는데,

---

42) 소광희 외, 앞의 책. p.62.

43) 윗 책, p.103.

주자(朱子)가 "만물에는 이미 객관적 이치가 본래부터 구유(具有)되어 있으니, 인간은 사물에 나아가서 그 이치를 궁구(窮究)하여 깨닫는 것"을 학문의 제일 과제로 삼은 데 반하여, 육상산(陸象山)과 왕양명(王陽明)은 "만물의 이치란 오로지 실존적 주체인 인간의 내심(內心)에 들어와 있는 것이니, 마음의 본래 모습을 자각하는 길 이외에, 다른 객물(客物)에서 이치를 구하는 것은 허망한 일이다"라고 주장했던 것이다. 그러나 이기론(理氣論)의 대전제인 "성즉리(性卽理)"[인간의 본성이 곧 이치이다]에서의 "성(性)"이란 개념이 "天命之謂性"[44] (하늘이 命한 바를 일러 性이라 한다) "窮理盡性 以至於命"[45] (이치를 궁구하여 그 본성을 다 밝히게 되면 이로써 하늘의 뜻에 이르게 된다)에서 말하는 "성(性)"과 같은 맥락에서 이해해야 하는 것으로써, 인간의 본래성(本來性)을 하늘[天命]의 차원과 관련시킨 표현이기에, 서구적 전통에서 말하는 관념적 이데아로서의 인간 이성과는 다른 것이다.

서양에서의 이성이란 심정적 차원과 대립되는 순수 사변적 영역의 논리적 사유 기능일 뿐 우주와의 생명적 관계를 전제로 삼은 것은 아니기 때문이다.

맹자는 "萬物皆備於我矣"[46] (만물은 모두 나에게 갖추어져 있다)라 하여, 만물의 존재 근거가 범칭(凡稱)으로서의 '인간'에게 있다고 말하지 않고, 직접 구체적이고 실존적 개체인 '나[我]'에게 있다고 언명하고 있음도, 주체성의 의미를 드러낸 극명한 표현이라 아니할 수 없다.

더구나 "人能弘道 非道弘人"[47] (인간이 道를 넓혀가는 것이지 道가 인간을 넓혀가는 것이 아니다)라는 공자의 말에서는, 우주의 온갖 법칙과 질서까지도 인간이 주체적으로 파악해 나가는 것이지, 결코 본래부터 고정적인 법칙이 따로 있어서, 인간이 이에 예속되어 있는 것이 아님을 분명하게 말하고 있다.

앞에서 이미 살펴보았듯이, 우주와 인간과의 관계를 설정함에 그 기점을 '중(中)'으로 잡아서 이를 인간의 위상(位相)에다 자리매김해 둔 사실 자체는, 인간을 주체로 삼아 우주와의 관계를 전체적이고 통일적으로 이해하려는 철학적 태도를 반영하는 것이다.

실로 주체적 인간성의 자기 전개가 곧 우주와의 조화로운 일치를 가져올 수 있는 것이기에 공자는 역도(易道)를 풀이하면서 "乾道變化 各正性命 保合大和 乃利貞"[48] (하늘의 운행법칙

---

44) 중용. 1장.

45) 주역 說卦傳 1장.

46) 맹자, 盡心章. 上.

47) 논어, 衛靈公.

48) 주역, 乾卦. 彖傳.

을 깨달아서 이를 각개의 주체적 인간이 각자의 본래성과 각자가 해야 할 사명으로 삼고, 이를 다시금 세계 안에서 널리 조화롭게 실천해 나가면, 드디어 옳고 바른 사회가 이루어지게 되는 것이다)라고 선언할 수 있었던 것이다. 이렇듯 우주와의 일치된 개인의 완전한 삶의 모습을, 공자는 70세인 그의 만년에 이르러서야 "從心所慾不踰矩"[49] (내가 내 마음 먹은 대로 살아가도 세상의 법도와 조금도 어긋나지 않았다)라는 고백을 통하여 실증적으로 보여주고 있다. 이러한 점에서 볼 때, 서양에서 운위되어온 '주관(主觀)'이나 '유심론(唯心論)'이란, 이미 세계와 분리된 상태에서의 대상화된 '주관(主觀)'이며 '마음'이기에, 동양에서의 '주체성'과는 그 의미가 같지 않은 것으로, 달리 말하면 '대상적(對象的)으로 물화(物化)된 인간의 마음'인 것이다. 이처럼 서구적 사유의 전통 속에서는 인간의 마음까지도 객관적으로, 다시 말해 이성적이고 과학적으로 추구해 나갔던 것이다.

프로이드의 '심리(心理)'를 추구한 정신 분석학이나 '절대정신(絶對精神)'으로 몰고 나갔던 헤겔의 관념론(觀念論)이 이러한 사고방식의 연장선상에 있음은 매우 자연스러운 증거라 할 수 있다. 이렇듯 서양적 사유방식의 특질이란 객관적 외물(外物)에 충실하여, 이성(理性)을 도구로 삼아 외향적(外向的)으로 추구해 나가는, 원심적(遠心的)인 사고유형(思考類型)이라 할 수 있고, 이에 비하여 동양적 사유의 특질은 개체적 자아에 충실하여, 우주 만물을 인간의 심정 안으로 내면화하여 집약시키는 구심적(求心的) 사고유형(思考類型)이라 할 수 있을 것이다.

'밖으로 추구된 대상'을 객관성이라고 한다면 '안으로 집약된 전자(全者)'를 주체성이라고 구분할 수 있을 것이다.

"중국 철학은 특히 주체성(Subjectivity)과 내재적 도덕성(Inner Morality)을 중시하는 철학이다.…주체성에다 내재적 도덕성을 加하여 '도덕적 주체성'을 이루고 있다"[50], "초월적인 천인합일(天人合一)은 객체성을 중시하는데 있고, 내재적(內在的)인 천인합일(天人合一)은 주체성을 중시하는 데 있다"[51] "공자 철학의 적극적 의의는 인간의 의지에 결정적 의미를 부여했다는 데에 있다"[52]는 등의 여러 견해는, 모두 이러한 동양적 의미에서의 '주체성'을 설명하고 있는 것이다.

---

49) 논어, 爲政.

50) 모종삼, 중국철학특강. 정인재, 정병석 공역. 형설출판사. 1985. p.15.

51) 윗 책. p.67.

52) 송영배, 공자의 仁사상과 유교적 존재론의 발단. 한길사. 오늘의 책 통권8호. 1985. p.48.

객체성을 추구해 온 서양의 사유구조는, 오늘날 물질문명의 과학적 세계를 이루어 냄으로써, 인류에게 커다란 물적 풍요와 생활의 편의를 제공한 것은 사실이지만, 그 반면에 인간성의 상실과 소외라는 근본적인 비극을 초래한 것 또한 부인할 수 없는 사실이다.

이러한 비인간화. 탈인격화의 문명적 상황을 극복할 수 있는 길이, 동양적 인간 주체성의 자각과 실현에 있다는 점은, 오늘날 인류의 미래적 삶을 염려하는 서구의 정직한 사상가들에게는 새로운 가능성으로 제시되어 활발하게 논의되고 있는 것이다.

## 3. 의미중심(意味中心)과 사건중심(事件中心)

도덕적 주체성의 실제적 내용은 도덕심인데, 도덕심이란 인간 본연의 성정에 속한 것으로 그 본질은 사랑이다. 사랑의 감정이야말로 인간이 인간다울 수 있는 가장 특징적인 마음씨이다.

맹자는 "사람이라면 모두가 차마 어쩌지 못하는 본래의 마음 자락이 있는 것이다. 어떤 사람이 어린아이가 우물에 빠지려는 것을 보게 된다면 누구든지 안타까운 사랑의 마음씨를 가지게 되는 것이다"[53]라 하면서 "그 안타까워하는 마음이 곧 사랑의 실마리가 된다"[54]라 하여, 사랑의 마음을 인간의 가장 본질적인 요소로 거론한 바 있으며, 노자는 "항상된 사랑의 감정이 사람에게서 떠나지 않으니, 결국 인간은 태생적인 어린아이의 모습으로 돌아가게 된다"[55] "덕(德)을 두터이 가진 사람은 마치도 어린아이의 모습과도 같다"[56] "나는 어리석은 사람의 마음이로구나"[57]라 하여, 인간의 태생적(胎生的) 모습을 가진 순진무구(純眞無垢)한 어린아이의 마음을 최고의 덕목(德目)으로 삼고 있다.

맹자의 언급은 인간이 모든 행동의 기반으로 삼아야 할 것은, 조건을 셈하는 이성적인 판단이 아니라, 인간의 태생적 정서인 타고난 감정이어야 함을 강조한 것이며, 노자는 어린아이의 마음씨야말로 人爲的으로 의도된 마음이 아닌, 자연적인 정서에 가장 닮아 있는 마음이라는 것을 상징적으로 비유하여 말한 것이다.

---

53) 맹자, 公孫丑. 上 "人皆有不忍人之心…今人乍見 孺子將入於井 皆有怵惕 惻隱之心".

54) 상동 "惻隱之心 仁之端也".

55) 노자. 28장 "常德不離 復歸於嬰兒".

56) 상동. 55장 "含德之厚 比於赤子".

57) 상동. 20장 "我愚人之心也哉".

이에 비하여 서양의 사유방식에서 보면, 인간의 본질에 대한 대표적인 규정은 이성이며, 이에 따라 인간을 Homo Sapiens, 즉 이성인(理性人)이라고 지칭하고 있는 것이다.

인간은 이성의 기능으로 인하여 우주의 원리를 파악하고 자기를 인식하며, 나아가 모든 사태를 합리적으로 판단하고 이에 대응하게 된다는 것이다.

그러나 분명한 것은 인간에게는 이성만이 존재하는 것은 아니다. 인간은 느끼는 존재, 의욕을 갖진 존재, 자기 나름으로 사태를 해석해내는 존재이기도 한 것이다. 또한 인간은 어떤 창조적인 자세로 자기만의 감정을 구현하는 존재이기도 하다. 때로는 이성의 기능마저도 충동과 느낌, 의욕과 감정에 따라 결정적인 영향을 받게 되는 경우도 허다하다.

이성은 사건의 전개를 중심으로 하는 사실에 충실할 수 있는 인간의 본질이며, 감정은 개인이 가진 의미를 중심으로 하는 창조적 해석에 충실한 인간의 본질이다.

그런데 기독교의 창시자 예수의 가르침은 논리적인 이성에 의지하기 보다는 오히려 자연스런 인간의 본래적 심정에 기초하고 있다는 것이다.

"하나님은 사랑이시라"[58], "우리가 사랑함은 그가 먼저 우리를 사랑하셨음이라"[59], "사랑은 여기 있으니 우리가 하나님을 사랑한 것이 아니요, 오직 하나님이 우리를 사랑하사 우리 죄를 위하여 화목제(和睦祭)로 그 아들을 보내셨음이라"[60]에서 말하는 '사랑'은 도덕적이고 심정적인 의미가 강하게 담긴 인간의 정서를 의미한다.[61]

이러한 정(情)으로서의 사랑은 이성적 범주에서는 충분히 해석되기 어려운 것이다.

이성(理性)이 '다자적(多者的) 사고'[나누어 보는 태도]의 근거가 된다면, 정감(情感)은 '전자적(全者的) 사고'[함께 더불어 보는 태도]의 토대가 된다. 이성은 언제나 모든 것을 나누어서 추론하지만, 정(情)은 언제나 모든 것을 통일적으로 수용한다. 그러므로 정(情)으로서만이 만물은 진실로 하나가 될 수 있고 또 조화될 수 있다. 그것은 여러 사실 자체가 하나로 획일화(劃一化)되는 것이 아니라, 사태가 내포하고 있는 의미가 하나로 조화롭게 일치함을 뜻한다.

"완전한 사랑은 상반되는 것, 상호간의 완전한 조화와 일치이다. 사랑은 하나이기 때문에 상반되는 것의 미분화(未分化)된 연속이다. 사랑은 구별하거나 분별하지 않는다. 그것은 전체성이기 때문이다. 사랑은 가장 포괄적이며 상호간에 감정이입이 되는 것이다. 사랑은 조

---

58) 요일 4: 8~16.

59) 요일 4:19.

60) 요일 1:10.

61) 이종성. 조직신학개론. p.61.

화로운 '되어감'[becoming]의 우주적 과정이다. 사물들은 사랑으로 인하여 함께 합치게 되는 것이다."[62]

이렇듯 사랑이란 다름 아닌 하나님의 사랑이며 동시에 하나님의 말씀이다.

하나님은 그의 말씀을 정(情)으로써 표현하였을 뿐, 결코 이성의 방법을 사용하진 않았다.

정(情)은 감화(感化)를 통하여 자발적으로 널리 퍼져 나가지만, 이성은 설득과 강요를 통하여 타율적으로 정복해 나가게 된다.

이성은 말[言]로써 표현되지만, 정(情)은 말로써가 아닌 몸[行爲] 전체로 표현된다. 몸 전체로 표현되는 정(情)이란 곧 인간의 '삶 자체'를 의미한다. 이성을 통한 논리적 사유는 사실의 전개, 즉 사건의 현상을 기술하고 판단하는데 충실하게 되고, 정(情)을 구현하는 실천적 삶은 도덕적 의미를 창조하고 증거 하는데 보다 충실하게 된다.

이제 논자는 '우주에 대한 인간의 도덕적 해석'을 의미중심적인 사유의 산물로 규정하며, '우주에 대한 인간의 사실적 기술'을 사건중심적인 사유의 결과로 규정하고자 한다.

예수는 사랑에 기초하여 그의 말씀을 실천하였기에, 그의 언표(言表)는 모두가 사실적 기록이 아니라 '의미 중심적 해석'이라고 단언한다. 예수가 언급한 '여러 가지의 비유적인 표현들'은 이러한 예수의 근본적인 태도를 여실히 보여주고 있는 것이다.

불트만은 그리스도교를 동양 종교라고 규정하면서, 그 이유를 들어 신약과 구약의 언어가 동양적임을 지적하고 있다. 즉 예수는 추상적인 용어를 사용하지 않고, 가장 구체적이며 또한 역설적인 표현을 즐겨 사용했다는 것이다. 예를 들면 "자기를 잃은 자는 찾고, 자기를 찾는 자는 잃는다."[63] "가난한 사람들아, 너희는 행복하다, 굶주린 사람들아, 너희는 행복하다"[64]는 등의 표현이 그것이다. 이러한 언표는 결코 사실적 차원에서 이해되지 않으며, 오직 의미를 중심으로 이해될 뿐이다.

동서 비교철학의 방법론을 가장 예리하게 분석한 학자 중의 한 사람인 예일 대학의 노드롭(F.S.C.Northrop) 교수는 개념을 두 가지의 종류로 구분하여 "직관에 의한 개념"(concepts by intuition)과 "가정에 의한 개념"(concepts by postulation)으로 나누면서, 전자는 동양의 사고방식이고, 후자는 서양의 사고방식이라 하였다. 이어서 그는 직관에 의한 개념으로

---

62) 이정용. 윗 책. p.69.

63) 마가 4:25.

64) 누가 6:20.

형성된 동양의 사상이 추구하는 '궁극적 실재'는 "무차별의 직관적 연속"(undifferentiated aesthetic continuum)라 설명하면서, 인도의 브라만(brahman), 불교의 열반(涅槃)(nirvana) 도교(道敎)의 '도(道)' 등을 예로 들고 있다.[65)]

직관이란 막연한 영감이 인간에게 계시되어 저절로 주어지는 것이 아니라, 우주를 향한 인간의 내적 정열이 우주의 궁극적 생명과 일치하는 순간 터득되는 '주체적 자각 과정'인 것이다. 우주 만물을 의미 중심으로 해석하는 동양적 사유는 우주와의 긍정적 화해를 추구하고, 우주 만물을 사건 중심으로 기술하는 서양적 사유는 우주와의 관계에서 부정적인 대립과 긴장을 생산하게 된다. 오늘날 서양의 사고방식을 대표하는, 이른바 상호 '모순-대립-갈등-투쟁'의 변증법적 논리는 '세계 자체'를 하나의 싸움터로 전락시켜 왔으며, 이러한 싸움터를 평화의 식탁으로 전환시키는 일은, 부정적 사고방식을 긍정적 사고방식으로 바꾸는 데에서부터 가능하다고 기대하는 것은, 단지 논자 개인만의 생각은 아닐 것이다.


## IV. 전통적 기독교 인간관에 대한 반성적 검토

A.N. 화이트헤드는 그의 '종교론'(Religion in the Making)을 통하여, 전통적인 기독교가 형이상학적으로 추리된 변증법적 교의(敎義)에서 오래도록 결별하지 못하여 왔음을 예리하게 지적하고 있다.

"불교가 종교를 탄생시키는 형이상학인데 반하여, 기독교는 항상 형이상학을 추구하는 종교로 머물러 왔다. 하나의 형이상학적 체계의 결점은 그것이 이 세계의 표현을 지나치게 단순화하는 하나의 간결한 사상의 작은 체계라는 점이다. 기독교는 그의 역사적 발전 과정에서 또 하나의 곤란점(困難點), 즉 기독교가 그 이전의 종족적 종교의 미숙한 환경들로부터 이렇다 할만한 분명한 결별을 하지 않았다는 것이다.…불교와 기독교는 각각 역사 속의 두 영성 체험의 순간들에 그 기원을 가지고 있다. 즉, 불타의 생애와 그리스도의 생애이다. 세계를 깨우치기 위해서 불타는 그의 교리를 주었고, 그리스도는 그의 생명을 주었다. (그런데) 교리에 관심을 두는 것은 기독교인들이다. 아마도 종국에 가서는 불타의 교리의 가장 가치 있는 부분은 그의 삶에 대한 해석이 될 것이다. …전하여진 그리스도의 말씀은 체계화된

---

65) 김하태. 동서철학의 만남. p.74.

사상이 아니다. 그것들은 직접적인 통찰의 기록들이며, 직접적인 영상처럼 그의 마음속에 있었던 이념들이며 (결코) 추상적 개념의 용어들로 분석되어진 것이 아니다. 그의 말씀들은 곧 그의 행동이었으며 개념의 적용이 아니었다. 그러므로 그리스도는 직접적 직관으로 유도된, 그리하여 변증법과는 '결별한 합리주의'를 보여주고 있는 것이다"[66]

이러한 비판 위에서 그는 과정 철학을 바탕삼아 과정 신학을 전개하고 있다.

'과정(過程)'[process. being]이란 말 자체가 이미 변화(變化)요 관계성이요 연속체로서, 이는 동양적 사유의 기본 입장과 다르지 않은 것이다.

탁월한 프랑스의 비교 종교학자 슈옹(F. Schuon)은 그의 저서 '지혜의 정거장' 첫 페이지에서 "우리 시대의 병폐는 신앙과 과학의 균열에서 기인한다고 흔히들 말하는데, 이 균열의 발단은 신앙 안에서 발견되는 바…그것은 신앙이란 적절히 지성적 질서에 의해 지탱되어 오지도 않았고, 현재도 그러하며, 대부분 사람들의 마음속에는 형이상학적 요소보다는 감성적 요소가 더 지배적이라는 점을 지적할 수 있기 때문이다"[67]라고 지적하면서, 신앙의 문제를 본래의 출발지인 '정적(情的)인 측면'으로 회귀시킬 것을 촉구하고 있다.

실로 현대 신학자들의 대부분에 의한 전통적 기독교 사상에 대한 반성적 검토는, 대체로 동양적 사유구조를 지향하고 있다는 점에서 공통적이다. 이에 본 장(章)에서는 이러한 반성적 시선에서 기독교 인간관의 주요한 측면들을 살펴보고자 한다.

## 1. 신(神)과 인간과의 관계

신과 인간과의 관계는 성서의 기록에 따르자면, "하나님[神]이 하나님의 형상대로 인간을 창조하였다"라는 기록에 단정되어 있다. 여기에서는 "창조하는 주체로서의 신(神)"과 "피조(被造)되는 객체로서의 인간(人間)"은 엄격히 분리된다. 창세기의 사건적 기록에 충실할 때, 우리는 이러한 신과 인간과의 간격을 도저히 좁힐 수 없을 뿐더러, 신은 언제나 높고 인간은 항상 낮으며, 신의 의지는 완전하고 인간의 의지는 신에게 예속적일 수밖에 없다. 그런데 신이란 사실 인간을 전제로 하지 않고서는 논의 자체가 불가능하다는 데에 또 다른 문제가 있다. 이것은 특히 동양의 음양원리에서 바라볼 때 더욱 명백히 드러난다.

---

66) 화이트 헤드. 종교론. pp.37~43.

67) 하비 콕스. 현대사회로 돌아온 종교. 이종윤 역, 한국신학연구소. 1985, p.60.

신의 존재는 신에 의해 창조된 피조물인 '인간과 만물'이라는 존재를 전제로 삼을 때만이 [인간과 만물의 창조 주체인] 신의 존재는 비로소 논의될 수 있기 때문이다.

신이 만약에 '또 다른 신들을 위해서' [또는 또 다른 어떤 神들 때문에] 요청되는 존재라면 그것은 그것의 형상(形狀)이 굳이 '인간의 모습'일 필요가 없다.[68]

물론 인간은 인격적 존재이지만 신의 또 다른 피조물인 만물(萬物)[事物]은 비인격적 존재이다. 그러기에 신은 인간을 전제로 삼을 때는 인격적인 '그 분'이지만, 만물을 전제로 삼을 때는 비인격적 '그것'이다.

우주는 인격적 존재와 비인격적 존재 모두의 것이기에, 신은 결코 인간 존재만을 창조한 것이 아니라, 사물 자체까지도 [신의 적극적 의지에 따라] 신이 창조한 것이다. 따라서 신의 존재성은 우주적 존재와 완전하게 관련지어서 살펴야 마땅할 것이다.

전통적인 기독교가 인격적 존재로서의 인간만을 중심으로 하는 '그 분의 말씀'에 한정되어 있었다면, 이제는 비인격적 존재로서의 사물까지도 함께 포괄하는 '모두의 말씀'으로 밝혀져야 한다는 데에, 이정용 교수가 주장하는 '우주적(宇宙的) 종교'의 본래적 의의가 있는 것이며, 이러한 '제한된 기독교 사상'을 탈피하는데, 동양적 사유구조는 가장 올바른 통로가 되고 있음을 그는 강조하고 있는 것이다.

고대 희랍의 철학자 크세노파네스는 이미 "만일 소나 말이나 사자들이 그림을 그리고 말을 할 줄 안다면, 신을 각기 자기들의 모습대로 표현할 것이다"[69]라고 예리하게 갈파한 바 있었음에도 불구하고, 아직까지도 '인간에 의해서만 특별히 모셔져 온 배타적이고 높으시기만 한 하느님상(像)'을 불식시키지 못하고 있는 이유는, 서양의 이분법적(二分法的) 사고방식에 가장 근원적인 한계가 있었기 때문이다.

화이트헤드는 하나님의 개념과 그 존재 의미에 대하여 다음과 같이 정리하고 있다.

첫째, 이 세계와 일치하는 비인격적 질서에 대한 동양의 아시아적 개념[70]으로, 그것은 강압적으로 주어진 법칙에 복종하는 세계가 아니다.

둘째, 인격적인 개체적 존재에 대한 유대적[semitic: 猶太的] 개념으로, 인격적인 존재의 실존은 절대적이고 본래적인 한 궁극적인 형이상학적 사실이며, 그 실재는 우리가 현실세계

---

68) 인간이 신의 형상대로 만들어진 것이라면, 신의 모습은 분명히 인간의 모습일 것이다.

69) S.P.렘프레히트. 서양철학사. 김태길 외 역, 을유문화사. 1983. p.25.

70) 그가 특별히 '아시아적'이라고 지적한 것은 유가와 도가 사상을 염두에 둔 것으로 보여진다.

라고 부르는 파생적 존재를 질서화 하는 세계이다.

셋째, 유대적 개념의 용어들로 기술되어지는 실재에 대한 범신론적(汎神論的) 개념으로, 신과 분리해서 이해된 현실세계란 비실재적(非實在的)인 것이다. 현실세계의 유일한 참다운 실재란 곧 신(神)의 실재를 말한다. 이것은 일원론(一元論)의 극단적인 교리(敎理)이다.[71]

위에서 현실 세계의 주체를 인간 존재로 집약시킨다면, 신과 인간의 관계란 결코 분리될 수 없는 궁극적으로는 일자(一者)가 되는 것이다.

그러기에 신은 현실세계, 다시 말하면 인간의 실존적인 삶의 자리에서 무조건적으로 관계하는 신이다. 이러한 신을 성서는 '살아계신 하나님'이라든가, '살아있는 사람의 하나님'이라는 말로 표현한다. 살아 있는, 그리고 산 사람의 신은 오늘의 신학에서는 '실존적 당위(當爲)'[Bultmann]니, '궁극적 실재(實在)'[Tillich]니 하는 말로 표현하기도 한다.[72]

과학 이전, 역사 이전의 시대에 이루어진 신화나 전설을 과학적 사실로 대치하려는 발상이 근본적으로 잘못된 것이듯이, 성서를 문자주의(文字主義)에 얽매어 사실 중심으로만 이해하려는 것은 옳지 않다. 그렇기 때문에 이제는 과학적 입장에서 신이 실제로 인간을 만들었느냐, 그렇지 않았느냐의 논쟁은 더 이상 아무런 의미가 없다.

창세기에서 '신이 인간을 만들었다'고 진술한 것은, 인간의 생물학적 기원을 말하려는 과학적 보도에 그 목적이 있는 것이 아니다. 성서의 창조 이야기는 고대 근동 지역에 퍼져있었던 신화를 히브리적 입장에서 다시 편집한 하나의 신화이다. 그러므로 지금의 우리에게 보다 중요하고 본질적인 것은, 그 신화가 무엇을 의미하는가를 묻는 데 있다.

이것이 바로 탈신화화(脫神話化)의 작업이다. 인간의 창조 신화의 의미를 묻는 것, 이것을 신학에서는 "실존적인 의미부여[existential plus]라고 말하는 것이다.[73] 이 말을 동양적으로 서술하자면 '우주[하늘: 하느님]에 대한 인간의 의미 중심적 해석'이라 할 수 있다.

우주 만물이 갖는 의미의 존립 근거가 인간에 있다고 보면, 신의 형상대로 창조된 인간은 다시금 우주의 창조적 주체로 나서게 된다. 이러한 우주와 인간의 상호 관계를 논자는 "우주는 인간존재의 사실 근거이고, 인간은 우주존재의 의미 근거이다"라고 요약하고자 한다.

여기서 우주 존재를 인격적으로 표현하면 곧 신(神)이 되는 것이다.

---

71) 화이트헤드. 종교론. pp.51~52.

72) 송기득, 인간. p.30.

73) 윗 책. pp.66~68.

이정용 교수가 "진정한 인간은 우주 안에 있는 모든 사물에 대하여 우주적 의미를 갖는다. 진정한 인간은 모든 사물, 모든 인간, 모든 생물, 모든 무생물들 사이에서 그들을 평화롭게 하는 자의 상징이다. 그는 인격적이고 비인격적인 범주간의 양분법(兩分法)을 초월한다. 그는 모든 피조물들 중에서 최초로 태어난 자이며, 세상의 모든 창조적 행위의 초점이다.

그의 신성(神性)은 또한 그의 인간성이며, 그의 인간성은 또한 그의 신성이다"[74]라고 말할 수 있는 것은, 인간은 사실 차원에서는 피조물이지만 의미 차원에서는 창조자이기 때문이다.

여기서 말하는 진정한 인간이란 '몸이 되신 예수'로서 상징되며, 바로 이러한 '몸이 되신 예수' 사건은 '신성(神性)'의 인간성화(人間性化)'에 대한 의미를 보장하는 지반이 되는 것이다.

신과 인간의 관계는 '신의 형상대로 창조된 인간'이라는 신화적 표현에서 상징적으로 언급되었지만 '몸이 되신 하나님'으로서의 '인간 예수의 탄생'에 와서는 극적으로 일치감을 보여주고 있다. '인간 원형(原型)으로서의 예수'[75][Jesus-The Archetype of Man]라는 표현이 가능한 이유 또한 여기에 있는 것이다.

"그리스도를 참 하나님이며 동시에 참 인간인 분이라고 합리적으로 설명하려는 시도의 오랜 역사에도 불구하고, 교회는 단 한 번도 어떤 일관성 있는 혹은 확신 있는 상(像)(picture)을 제시하는 데 성공해 본 적이 없다"[76]는 존 힉(John Hick)의 통렬한 지적은, 전통적인 신(神)-인(人)의 분리적 사유체계가 갖는 근원적인 한계를 분명히 노정시키고 있는 것이다.

이와 같은 맥락에서 떼이아르는 "신이며 인간인 그리스도는 복음사가들과 성 바오로가 외쳤듯이 최고도로 오메가 점의 기능을 완성시키게 되는 것이다. 그러나 참으로 그리스도가 오메가 점의 본체이냐 하는 것은, 장래 인류의 발전을 위하여 요청되는 사실일 뿐, 과학적으로 증명되는 것은 아니다. 이것을 확신케 하는 것은, 오로지 신앙과 그리스도의 가르침의 문제이다"[77]라 하여, 그리스도의 가르침을 의미 중심으로 이해할 것을 역설하고 있는 것이다.

그러므로 육화(肉化)되신 신, 즉 예수는, 그를 통해 우리가 하나님을 믿게 되는 분이 아니라 그와 함께 우리가 하나님을 믿게 되는 분이어야 하는 것이다. 다시 말하여 그는 하느님의 선물과 요구의 결정적인 재연(re-presentation)으로서, 하느님과 구별되면서도 동시에 하느님과 동일한 차원에서, 단순히 인간을 무한히 뛰어 넘는 분으로 되기보다는, 우리 중의 첫

---

74) 이정용, 역과 기독교 사상. p.49.

75) Jung Yong Lee. "Patterns of Inner Process". Citadel press. U.S.A. 1976. p.58.

76) S.M.옥덴, 기독론의 초점. 변선환 역, 대한기독 출판사. 1985. p.19.

77) 요셉 콥, 떼이아르 드 샤르댕의 사상. pp.67~68.

째요 으뜸이기는 하지만, 여전히 우리와 동일한 차원에 있는 인간이 된다는 점이다.

옥덴(S.M.Ogden)은 이러한 문제[즉 신과 인간과의 관계 설정]를 "재검토 기독론의 전형적인 절차 안에 내재하는 가장 심각한 불충분성"[78]이라고 촉구하고 있다. 그는 또 신을 "창조적 생성"(creative becoming)이라고 규정하면서, "신은 최고로 상대적인 존재임으로 신은 절대적이라고 이해된다. 다른 모든 것과 상관하고 있는 신의 존재는, 그 자체로는 어떤 것에 대해서도 상관적이 아니다. 그러나 그것은 자기 자신과 피조물을 불문하고 모든 참된 관계의 절대적 근거이다. 신은 모든 사람에게 현실적이 아닌 한, 신은 참된 의미에서 어떤 사람에게도 현실적이 아니다"라고 말하여, 신을 고전적 인식론적 의미에서의 실체가 아니라, 창조적인 생성과정으로 규정하고 있는 것이다.[79]

이상의 검토에서 살펴본 바와 같이, 신과 인간의 관계에 대한 현대 신학자들의 반성적 성찰은 동양적 사유방식이 지향하는 방향으로 접근하고 있다.

오늘날 서양의 신학자들이 결코 동양의 사유방식이나 동양적 세계관에 대하여 치밀하거나 본격적인 탐색을 거치지 않았으면서도, 그들의 '본래적 기독교 사상을 밝히려는 통찰과 예지적 노력이 자연스럽게 동양적 사유에 접근되는 통로를 마련하고 있다는 사실을, 우리는 이제 정직하게 인정하고 또 주목해야 마땅할 것이다.

## 2. 인간과 우주와의 관계

우주 만물은 인간의 창조에 앞선 신의 작품이다. 전통적인 기독교 교의에 의한 신과 우주 만물과의 분리는, 동시에 인간과 우주와의 분리도 가능케 하여, 인간은 자연을 대상적으로 탐구하게 되고, 나아가서는 과학적 방법을 동원하여 자연[만물]을 정복할 수 있다고 믿었으며, 급기야는 인간의 역사를 자연과의 투쟁에서 인간이 승리한 결과의 기록으로 해석하기에 이르게 된 것이다.

고대 희랍의 자연 철학자들의 관심 대상은 물질 현상으로서의 자연계를 주요 과제로 삼았다. 이러한 선대(先代)의 전통을 계승한 까닭으로, 후대의 서양 철학자들에게는 우주론(cosmology)이 있었고 존재론(ontology)이 있었으며, 이 둘이 합쳐져서 아리스토텔레스

---

78) S.M.옥덴. 윗 책. p.109.

79) 윗 책. p.255.

가 말하는 이른바 형이상학[metaphysics]이 정초된 것이다. 이 형이상학이 바로 칸트가 말하고 있는 '이론적 형이상학'이다.

이에 비하여 동양의 중국인은 그렇지 않았다. 중국 철학이 발전되어 나온 주요 과제는 다름 아닌 생명이다.[80] 이생명은 곧 우주적 생명을 말하는 것이다.

주자(朱子)의 이학(理學)에 대하여 심학(心學)의 기치를 내세운 육상산(陸象山)은 "우주가 곧 내 마음이요, 내 마음이 곧 우주이다"[81]라고 선언하고 있는 데, 이것은 곧 우주적 생명 또는 생명적 우주를 언급한 극단적인 표현인 것이다.

우주라는 말은 영어의 universe 또는 cosmos에 해당되는 데, 이것은 시간과 공간을 말하는 것으로 "四方上下曰宇 往來古今曰宙"(공간 전체를 宇라 하고 시간 전체를 宙라 한다)라고 주해(註解)되어 왔다.[82] 그러므로 우주란 일차적으로는 물리적인 시간과 공간의 총칭을 말하는 것이지만, 이것이 '생명적 우주'인 한에서는 인간의 의미가 부여된 세계 자체가 되는 것이다. 그러한 인간의 세계를 한마디로 말하자면 역사라고도 할 수 있다. 왜냐하면 역사란 물리적인 시간과 특정 공간에 인간의 의미가 부여된 현장이라고 해석할 수 있기 때문이다.

방동미 교수는 역사를 일러서 '보다 아름답게 쓰여 진 자연'[83]이라고 비유하였는데, '아름답게 쓰여 진 자연'이란 '인간적 의미가 부여된 물리적 시간과 공간'이란 말과 다르지 않은 것이다. 따라서 인간과 우주와의 관계를 살피는 일은 인간과 역사, 인간과 세계를 함께 살피는 터전이 되는 것이다.

불트만은 '성서의 인간과 그의 세계'라는 글에서, "성서의 신은 역사의 신이며, 동시에 언제나 다가오는 신이기 때문에, 인간의 세계는 '역사적 세계'로 이해되었으며, 인간은 인간 자신의 역사성에서 이해되었다"[84]고 말함으로써, 세계 자체를 물리적 세계로 대상화하지 않고 인간의 세계로 내면화하고 있다. 이에 대하여 송기득 교수는 다음과 같이 부언하고 있다.

"신의 형상으로 지음을 받았다는 인간의 피조성(被造性)은 인간의 역사성을 가리킨다. 그런데 인간의 역사성은 곧 인간의 실존성과 통한다. 인간은 세계와 역사에 개방된 존재로서의 자유와 책임을 전제한다. 신이 인간의 코에 기운을 불어 넣어 '살아있는 존재'로 만들었

---

80) 모종삼. 중국철학 특강. p.25.

81) 육상산 전집. 대만.민국 60년판. 317項.

82) 방동미. 중국인의 생철학. p.46.

83) 윗 책. p.33.

84) 송기득. 인간. p.307.

다는 것은 이 역사적 생명성을 의미한다. 이렇게 볼 때 성서의 인간관은 본질론적(本質論的) 인간관이라기보다는 실존적 인간관, 역사적 인간관이라고 할 수 있다"[85]

여기서 말하는 본질론적 인간이란 우주와 단절된 인간을 말하는 것이요, 실존적 인간이라 함은 우주와 상관된 인간을 말하는 것이다.

동양인이 생각하는 자연은, 자연 그 자체가 '자존(自存)-자생(自生)-자변(自變)-자화(自化)'하기 때문에, 자연 그 자체란 '하지 않으면서 스스로 그러한 것이다'(自然者 不爲自然者). 자연을 인식함에 있어서 '천지 만물이란 창조주와 어떤 제일원인(第一原因)에 의하여 창조되거나 유출 된다'고 여기지는 않는다. 창조적 능력의 신을 자연 그 자체가 본래부터 가지고 있는 '무궁한 능력'으로 보는 것이다. 그러므로 동양 사상에서는 창조주나 조물주의 위치에는 언제나 [가장 포괄적인 자연이라 할 수 있는] 천(天)[天地]이 자리하고 있다. 천(天) 또는 천지(天地)가 만물을 본체로 삼고 영원하고도 무궁하게 변화한다는 것이다.

동양 사상의 자연관은 도가(道家)나 유가(儒家) 계통에서 바라보는 '상보상합(相補相合)', '음양상감(陰陽相感)' 원리설과 불가(佛家) 계열의 인연(因緣) 회산(會散)의 관점에서 본 연기론(緣起論) 또는 연생론(緣生論)이 있다. 양자(兩者) 모두는 대자연을 정적(靜的)인 실체나 기계론적 유물론으로 보지 않고, 개체가 전체와의 유기적 연계(連繫) 구조 속에서 '상반상생(相反相生)', '동정교체(動靜交替)', '부침승강(浮沈昇降)'하면서 '영원히 출렁이는 동적(動的) 실재(實在)'로 보는 것이다.[86] 그런데 이러한 자연 세계가 인간의 의미로 내면화될 때 그것은 역사로 전환된다. 그러므로 인간은 참으로 역사의 창조적 주체가 될 수 있는 것이다.

"우주 안에 있는 모든 일이 곧 내 안에서 일어나는 여러 가지 일들이며, 내 안에 있는 일이 곧 우주 안의 일이다"[87]라고 일갈(一喝)하는 육상산(陸象山)의 경지에 오면, 우주사(宇宙事)와 인간사(人間事)는 질적으로 동일 차원에서 하나로 일체화되는 것이다.

참으로 동양적 시선으로 보면, 우주와 인간은 서로가 맞서는 위치의 모습, 즉 '모순-대립-갈등'의 변증법적 지평에 있는 것이 아니다. 오히려 인간은 우주의 질적(質的) 축소(縮小)이며 우주는 인간의 양적(量的) 확대(擴大)인 것이다.

떼이아르는 우주를 구성하고 있는 물질의 내면성에 유의하여 다음과 같이 말하고 있다.

---

85) 윗 책, pp.307~308.

86) 김경재. 앞의 책. pp.10~11.

87) 육상산 전집. "宇宙內事乃己分內事, 己分內事乃宇宙內事".

"물리학자들은 흔히 생각하고 있기를, 이 세계는 하나의 복합체로서 불가변적(不可變的)인 요소들이 합성되어 있되, 그것들의 상호관계가 일정한 비례와 균형을 유지하고 있다고 보는 것이다. 오늘날에 와서는 세계에 대한 이러한 정적(靜的)인 개념이 그릇되었다는 것을 우리는 알고 있다.…그래서 우주 세계 내에 있는 모든 것은, 최초에는 불과 몇 가지 밖에 안 되는 요소에서 출발하여, '증가일로의 복합화의 법칙'을 따라 자체를 변화시켜 가고 있다. 세계를 구성하고 있는 이 물질 재료는 단순한 것에서 복잡한 것으로, 자기 자체를 몰고 가는 기회를 가지고 있다. 그것은 복합성을 띤 것에로 되어가려는 하나의 자연적 경향이며 '천부적 내재(內在)의 선택'인 것이다"[88]

이처럼 그는 우주의 변화 과정을 설명하기 위하여 內面性 혹은 裏面性이라는 개념을 도입하고 있다. 그런데 떼이아르가 말하려는 이러한 천부적 내재성이니 이면성이니 하는 말들은 동양적 표현을 빌리자면 '우주적 생명성'을 말한 것과 다르지 않다.

우리가 진정으로 기독교의 인간관을 이해하기 위해서는, 인간의 실존적 근거인 이 세계 자체를 인간과 분리시켜 대상적으로 파악하지 말아야 할 것이다. 이러한 세계를 바라보는 생명적 태도의 정립은 결코 서양의 이분법적 사유의 범주 안에서는 기대하기 어려운 것이며, 바로 이 점 때문에 동양적 우주관과 인간관에 대한 새로운 시각이 절실히 요청되는 것이다.

## 3. 예수와 그리스도의 관계

신학의 역할이 흔히 틸리히와 같은 신학자가 말한 대로 "그리스도교 메시지의 참됨을 밝히고 그것을 모든 새 세대들을 위하여 해석하는 일"[89]에 있다고 한다면, 우리는 먼저 그리스도교의 참된 메시지란 도대체 무엇이며, 그리고 그것은 누구를 위한 것이며, 그것 그대로를 '오늘'이라는 새로운 시대를 살아가는 세대들이 자신의 진리로 받아들일 수 있는 것인가를 물어보아야 할 것이다. 해석이란 그 시대를 사는 인간의 삶의 문제에 대한 해답을 겨냥하는 것으로, 그 시대 인간의 실존적 삶의 자리를 전제로 삼는다. 또한 기독교의 메시지의 초점이 어디까지나 인간의 구원에 집약된다면, 인간의 구원과 무관한 메시지는 아무리 훌륭한 해석을 거친다 해도 역시 공허할 뿐이다.

---

88) 요셉 콥. 떼이아르 드 샤르댕의 사상. 앞의 책 pp.35~35.
89) 송기득. 인간. p.26.

그런데 그리스도교의 메시지의 핵심은 "예수는 그리스도이다"라는 대명제(大命題)에서 이미 인간 구원의 문제를 모두 함축하고 있는 것이다.

그러면 어떻게 예수가 우리의 그리스도가 될 수 있다는 것인가?

본 절(節)에서는 실존적 인간으로서의 역사적 예수와 구원자로서의 그리스도와의 관계를 고찰함으로써 기독교 메시지의 진정한 의미에 접근해보고자 한다.

성서에 보면 예수에 대하여, 메시아. 하나님의 아들. 그리스도 등의 말로 지칭되고 있다. 메시아라는 말은 히브리어 '마쉬아', 아랍어 '메쉬하'라는 말을 그대로 우리말로 옮긴 것이며, 그 뜻은 '부름을 받아 거룩한 기름 부음을 받은 사람'에 대한 호칭이었다. 이 호칭은 본래는 누구든지 [예를 들면 제사장, 아브라함, 이삭 등] 그렇게 불릴 수 있었다. 그러나 유대교와 기독교에서는 하나님의 영을 받아 하나님의 백성을 해방시키고 신국(神國)을 건설할 사람으로 이해되었다. 이러한 의미에서 기독교에서는 메시아를 오로지 예수만을 의미하는 것으로 이해하고 있다.

메시아라는 히브리어를 희랍어로는 그리스토스라고 부른다. 시편 2:2에는 '기름 받은 자'라는 말이 있는 데, 이 말의 히브리어는 '메쉬하'이며, 이 말이 70인 역이라는 희랍어 번역에 Χριστός로 번역되어 있다. 이 Χριστός를 영어로는 christ, 우리말로는 '그리스도' 또는 '기독(基督)'으로 번역하게 된 것이다. 따라서 메시아란 말과 그리스도는 같은 의미인 것이다.

한편으로 예수라는 말은 히브리어 '예슈아'라는 말을 희랍어로 번역한 것인데, '예슈아'란 말은 '여호아', '요슈아'라는 말이 변형된 것으로 이는 '야웨의 구원'이란 뜻이다.

예수는 어릴 때부터 예수라는 이름을 가지고 있었으나 장성하여서는 그가 하는 일이 구원을 주기 위한 것이라는 이해가 성립되어, 예수를 때때로 그리스도라고 부르기도 하였는데, 바울은 직접 이 둘을 합쳐 부르기도 하였다.[90]

그렇다 하더라도 예수는 어디까지나 역사상 실재했던 한 인간에 대한 고유명사에 해당되며 이에 반하여 그리스도란 구원자로서의 신적(神的) 개념에 해당된다. 기독교 역사에 있어서 예수가 신(神)이냐 인간(人間)이냐의 끊임없는 논쟁이 전개되어 왔던 사실은 '이것이냐 저것이냐'의 양자택일적(兩者擇一的)인 사유방식에 지배된 결과였다고 볼 수 있는 것이다.

그렇지만 이러한 극심하고도 낭비적이었던 논쟁은 '신(神)이면서 동시에 인간(人間)'이라는 전자적(全者的)인 동양의 사유방식에서는 더 이상 그러한 논쟁 자체가 문제되지 않을 뿐

---

90) 이종성. 조직신학개론 p.96.

더러, 오로지 예수가 '인간이면서 신(神)일 수 있는 의미'에 대하여 논의하는 것 자체야말로 가장 우선하는 신앙적 과제가 되는 것이다.

예수와 그리스도와의 관계를 살피는 데는 우선 예수가 누구였는지에 대한 물음에서부터 출발해야 한다. 이러한 예수의 정체에 대한 질문은, 이해되고 해석된 예수가 아니라, 역사에 출현했던 '나자렛 예수'를 겨냥한다. 성서학자에 따르면 '역사적 예수'의 것으로 확실시 되는 것은 아주 적은 부분, 그것도 단편적인 것만을 추려낼 수 있을 뿐 특히 그의 삶에 대해서는 '거의 모른다'[불트만]는 것이다.[91]

이것은 결국 역사적 예수의 확실한 정체를 추구하려던 이른바 역사 비판은, 비록 양식 비판이나 편집사적 연구의 방법을 거치긴 하였으나, 예수의 정체를 확실하게 파악하는 데는 끝내 '실패로 끝났다'는 사실을 말해준다.

불트만에 의하면 예수의 메시지라는 것은 "하나님에 의하여 위임받았다는 전권 의식을 가지고, 하느님 나라의 도래(到來)와 거기에 요구되는 하나님의 뜻을 종말론적으로 선포했다는 것"뿐이라는 것이다. 그리고 예수의 생애 가운데서 가장 확실한 것으로 생각되는 것은 그의 십자가에서의 죽음인데, 예수 자신은 그의 죽음에 대하여 어떻게 이해했는지 전혀 알 길이 없다는 것이다. 그러면서 불트만은 예수의 죽음을 '무의미한 참변'이라고까지 극언하고 있다.[92]

그렇지만 '역사의 예수'에 대한 역사적[다시 말하면 과학적이고 실증적인] 연구가 실패로 끝났다고 한 사실이 곧 기독교 자체의 신앙 근거가 무너졌다는 것을 뜻하지는 않는다. 그것은 사실 기독교 신앙과는 아무런 관계조차도 없다. 왜냐하면 기독교는 역사의 예수를 신앙의 바탕으로 삼은 것이 아니기 때문이다. 이것은 이미 상식화된 이야기이지만 그러면서도 언제나 우리들을 신선하게 자극하는 기독교 신앙의 요체이다. 즉, 기독교는 예수의 삶[행태]이나, 그가 직접 선포한 메시지 위에 세워진 것이 아니라, '예수는 곧 그리스도'라는 신앙적 고백과 그 선포 위에서 세워졌기 때문이다.

이때의 신앙적 고백은 인간이 주체적으로 예수를 그리스도로서 자신의 몸속에 수용했음을 말한다. 이는 다시 말하자면 '사실 차원의 예수를 의미 차원의 그리스도로 전환시켰음'을 말하는 것이다. 그러므로 기독교의 바탕은 역사적 예수가 아니라 선포된 그리스도인 것이다.

---

91) 송기득. 인간. p.208.
92) 앞의 책. pp.208~209.

틸리히가 "예수가 곧 그리스도는 아니다. 다만 그리스도라고 불리어 졌을 뿐이다"[93]라고 말한 이유도 바로 여기에 있다.

위에서 말한 '신앙적 고백이나 그 선포'란 역사적 예수에 대한 인간의 주체적이고 실존적인 해석의 현장에서 가능한 것이다. 즉, 예수의 삶을 사건 중심으로 보는 것이 아니라, 예스의 삶을 의미 중심으로 이해한다는 것이다.

참으로 예수와 그리스도의 관계는 스스로 그리스도적 사명을 자각하고, 이를 위해 죽었던 역사적 예수와 그러한 실재적 예수를 그리스도로 아낌없이 받아들인 신앙인들의 자각과 고백이 완전히 일치하는 '영혼의 지평'에서 이해되어야 마땅할 것이다. 한편으로 '실존적 해석'이란 바로 '인간의 의미 중심적 자기 이해'를 말하는 것이다.

예수에 대한 서로 다른 고백이나 선포들의 연결은, 그것을 '하느님 앞에 서 있는 사람의 자기 이해'에로 환원시키는 데서 비로소 가능하다는, 브라운(Brown)의 입장이 이를 잘 말해주고 있다.[94] 이러한 태도는 자신을 신앙적으로 이해하려는 사람에게는 항구성(恒久性)을 갖는다.

오늘날 우리가 역사적 예수와 만날 수 있는 유일한 자리는 바로 '지금-여기'일 수밖에 없기 때문이다. 그러기에 자기 실존에 대한 진지한 물음은, 곧바로 역사적 예수에 대한 물음과 연결되는 것이다. 이것은 참으로 '예수의 현재화(現在化) 작업'이기도 하다.

"말씀이 육(肉)이 되어 우리 가운데 거(居)하셨다"[95]는 언표는 말씀[λóϒος]이 육(肉)[δάϱε]으로 형태 변화하였다는 요술적 변신(metamorphose)을 말하려는 신화적 언명이 아니다.[96]

로고스는 보편적으로 어디에서나 현존한다. 그러기에 로고스는 삼라 만물 속에 현존하는 것이지 오로지 역사적 예수의 몸 안에서만 현존하는 것은 아니다. 말씀이란 의미체이며 육(肉)이란 사건체이다. 우리는 육(肉)의 차원에서만 예수를 볼 것이 아니라 말씀[로고스]의 차원에서 예수를 보아야 한다. 그 때에 가서야 진실로 예수는 그리스도가 되는 것이다.

카스퍼는 "우리가 하느님을 만나는 곳은 구체적인 것과 규정된 것에서이지, 추상된 것에서가 아니며, 바로 나자렛 예수라는 하나의 구체적 인물의 역사와 운명에서이다"라고 명확하게

---

93) 윗 책. p.209.

94) 윗 책. p.214.

95) 요한 1:14.

96) W.카스퍼. 예수그리스도. 서강대 신학연구소 편. 분도출판사. 1980. p.413.

262

주장한다. 즉, 예수는 사건적으로는 하느님의 아들인 동시에 의미적으로는 하느님 자체인 것이다. 특히 제 4복음서에서 다양하게 발견할 수 있는 "내가 바로 생명의 빵이다"(6:35), "나는 세상의 빛이다"(8:12), "나는 문이다"(10:9), "나는 길이요 진리요 생명이다"(14:6), "나는 참 포도나무이다"(15:15) 등 예수의 자기 선언은 모두가 의미 중심적인 해석을 통해 이해될 수 있는 것이지, 결코 사실 차원에서 이해되지 않는다는 것은 너무도 자명하다.

이상에서 살펴보았듯이 성경의 말씀을 의미 중심으로 이해할 때, 예수는 인간인 동시에 신이며 그러기에 실존적 인간의 삶에 구체적으로 관계할 수 있으며, 동시에 신앙적 구원의 근거가 될 수도 있는 것이다.

## 4. 이 땅의 인간과 천국(天國)의 인간

구원에 대한 전통적인 교의(教義)는 "[창조 주체인]신이 [피조 객체인] 인간을 [일방적으로] 사랑하여[지금이 아닌] 미래에 [이 땅이 아닌] 天國에서 구원한다"는 것이다.

논자는 이미 전통적인 기독교 사상에 있어서의 신과 인간, 인간과 우주의 관계를 반성적으로 검토한 바 있는데, 본 절(節)에서는 실존적 인간이 '지금' 발을 디디고 서 있는, '여기 이 땅'[世俗的 世界]의 문제를 구원의 차원에서 조명해 봄으로써, '미래의 하늘나라'에다가 설정한 구원의 메시지가 '지금-여기의' 세속화(世俗化)된 현실세계에서 과연 어떤 의미가 있는 것인가를 검토해 보고자 한다.

실존(實存)이라는 말은 '지금-여기에' 있는 인간의 현실적 존재를 가리킨다. 그런 뜻에서 현존(現存)인 것이다. 실존이라는 말은 본래 existentia에서 유래했다.

existentia는 ex(밖에) +sistere(서다)의 합성어이다. 따라서 existentia는 '밖에 나서는' 존재를 가리킨다. '나선다'는 것은 자기가 자기의 창조 과정에 나선다는 것이다. 그러므로 실존론적 인간 이해에 있어서는, 인간의 삶이란 [본래부터 고정적으로 주어진 어떤] 인간 본질을 그대로 따라가는 것이 아니라, 새로운 자기의 가능성을 창조해 나가는 과정으로 이해해야 한다.[97] 이것이 창조적 자각의 주체인 인간의 실존적 이해이다.

신의 구원이란 궁극적으로는 실존적 인간을 대상으로 삼아야 한다. 그런데 어떻게 '실존적일 수 없는' 미래의 천국에서의 인간 구원을 전통적인 기독교는 말하고 있는 것인가?

---

97) 송기득. 인간. p.55.

성경에서 말하는 하늘나라는 진정 이 땅을 떠난 구름 위의 어떤 공간에서 이루어지는 신국(神國)을 의미하는 것일까? 무엇보다 확실하게 말할 수 있는 것은 '미래의 천국'은 사건적(事件的)으로는 불가능하다는 것이다. 그것을 사건적 실체로 기대하는 한, 이는 허상(虛像)에 대한 희망이요 글자 그대로 미신(迷信)일 뿐이다. 그러므로 전통적 교의에 의한 인간 구원론은 허상을 향한 하나의 공허한 메아리에 지나지 않을 수도 있는 것이다. 사실에 있어서 이러한 허상에 대한 인간의 맹신적(盲信的) 지향이 바로 기복신앙(祈福信仰)이나 천박한 종교를 낳게 한 주범인 것이다. 이것은 또한 '지금-여기'라는 현전(現前) 상황이 미래의 천국이라는 요청된 상황과는 근본적으로 분리되어 있다고 믿는 이분법적 사유의 소산이기도 하다.

동양적 일원론에서 보자면, 과거와 미래는 결코 분리될 수 없으며, 다만 현재를 중심으로 구분될 뿐이다. 그러므로 과거는 현재에 이미 '들어와' 있고, 미래 또한 당연히 현재에서 '이어져' 있는 것이다. 이를 한마디로 말하면 '집약된 시간으로서의 현재(現在)'이다.

실제로 물리적인 현재라는 시간은 어디에서도 찾아낼 수 없다. 현재를 현재이게 하는 것은 오로지 실존적 삶의 주체인 인간으로서의 '나'일 뿐이다. 따라서 성경에서의 '하늘나라'는 그것이 미래적 표현일 뿐, 그 의미는 분명히 현재에서 찾아야 한다는 것이다.

이정용 교수는 이 문제에 대하여 매우 간결하면서도 정확하게 기술하고 있다

"시간은 보통 세 가지 다른 운동의 부분으로 분리된다. 과거·현재·미래가 그것이다. 그러나 현실 속에서는 시간은 다만 두 가지의 차원, 곧 과거와 미래만을 갖는다. 시간은 '되어감'(becoming)의 과정이기 때문에 현재는 '있음'의 사태에 있지 않다.

현재는 스스로 존재하는 '있음'이 아니다. 그러므로 현재는 과거와 미래의 경계선이다. 현재는 지금의 있음이 아니다. 지금은 동시에 과거이면서 미래이다. 지금은 과거도 아니고 미래도 아니다. 동시에 그 둘을 종합한 것이다. … 시간은 언제나 과거에서 미래로 움직인다. 시간은 결코 미래에서 과거로 움직이지 않는다. 시간의 방향은 시간에다 의미를 부여한다. 의미를 지닌 시간이 역사이며, 역사는 시간 안에 있는 의미의 포용이다."[98]

위의 인용에서 '의미'란 인간의 의미이며, 다시 말하면 인간의 실존적 해석을 말하는 것이다. 따라서 '지금-여기에 있는 나'를 떠나서는 미래의 천국에 있을 '나'의 근거는 설정될 수 없는 것이다.

"과거의 역사를 열거하면서 복음서가 선포하는 것은, 과거의 역사가 아니라 현재의 예수

---

98) 이정용. 역과 기독교사상. pp.107~108.

이다"[99]라는 보른 캄(G. Born Kamm)의 언급도, 단절되지 않는 의미적 시간 안에서 비로소 이해될 수 있는 것이다. 실로 이러한 '현재의 예수'는 현재의 인간 구원 때문에 요청된 존재인 것이다. 그렇다면 현재의 인간 구원의 구체적 내용은 무엇인가?

구원이란 말은 "…으로부터의 구원"이기 때문에 그것은 그대로 자유와 해방의 향유와 직결된다. 그리고 오늘의 구원은 '오늘'이라는 역사적 상황에서의 의미가 매겨지는 것으로, 오늘의 상황의 특징을 '인간 소외(疏外)'라고 말할 수 있다면, 구원의 구체적 내용이란 '사람이 사람다울 수 있는 인간화의 길을 확보하는 것'이라 볼 수 있을 것이며, 이것은 어떤 의지적 존재가 밖으로부터 해결해 주는 것이 아니라, 실존적 인간의 주체적 결단과 자각에서 이루어지는 것이다. 그러기에 안병무는 구원이란 말의 뜻을 '해방'으로 규정하고, 그것을 '비인간화 하는 모든 것으로부터 벗어나는 것'이라고 풀이하고 있다.[100] 그런데 또 다시 말하지만 그 구원의 현장은 어디까지나 '오늘'이라는 점이다.

이것은 이미 인간의 구원이 개인적인 것이냐, 사회적인 것이냐, 또는 차안적(此岸的)인 것이냐 피안적(彼岸的)인 것이냐, 하는 따위로 논의되는 것이, 사실상 진부한 문제가 되었음을 반영한다. 흔히 기독교 일각에서는 구원을 피안적인 것으로 단정하여 내세적 구원으로 한정시키는 경향이 있는데, 이는 구원을 '이 세상'에서 '저 세상'으로 도피시킴으로써, 성서를 탈세계화(脫世界化) 하는 것이라고 안병무는 말하면서, "구원은 이 역사 안에서 이루어진다고 믿는 것이 성서의 일관된 신념이다", "구약은 차안(此岸). 피안(彼岸)을 모른다. 이스라엘 역사가 바로 구원의 장(場)이다", "예수가 가까이 왔다고 선포한 하느님의 나라도, 이 역사에서 이루어질 현실이며, '당신의 나라가 임하소서'라고 호소한 초대 기독교인들의 절규는, 구원을 역사적 현실에서 이루어질 '이 땅의 과제'로 전제한 것이다"라고 일관된 어조로 주장하고 있다.[101]

안병무가 말하는 이 땅의 과제는 구체적으로 말하면, 이 땅에 사는 인간의 삶 자체를 과제로 삼는다는 말이다.

딜타이는 말하기를 "인간의 삶이란 바로 자각한 인간이 자신의 삶을 파악한 것이다"[102]라고 하였고, 니체는 삶을 생성(生成) 과정 자체라고 규정하면서, 생성이란 다른 어떤 것에 이

---

99) S.M. 옥덴. 기독교의 초점. p.117.

100) 송기득. 인간. p.458.

101) 윗 책. pp.460~461.

102) Otto. F. Bollnow. 삶의 철학. 백승균 역. 경문사. 1079. pp.27-~29.

르는 수단이 아니라 자기 목적이며, 모든 순간 순간에서 가치가 동일한 것이고, 생성으로서의 삶은 모든 목적 관념에서 벗어나 있음을 말하고 있다.[103] 베르그송에 있어서도 체험의 시간은 곧 인간 삶의 정향성(定向性)으로 보아 삶의 흐름을 '지속'(durée)이라는 개념으로 표상화하고 있다. 그에게 있어서 과거는 이미 현재 속으로 들어와 있는 것이므로, 인간의 삶의 형식으로서의 역사적 삶은 과거 또는 근원으로 되돌아갈 수 있는 것이 아니라, 방향 전환을 할 수 없도록 진행을 '지속'해 가는 것이다. 그리하여 모든 인간의 삶은 창조적이 된다.[104] 그러므로 인간의 삶은, 현재니 과거니 미래니 하는 조작적 단절을 넘어서서, 함께 모두가 동시에 관여하는 것이다. 이렇게 되면 실존적 삶은 천국적(天國的) 삶과 유리되어 취급되지 않게된다. 특히 딜타이에 있어서의 생(生)철학은, 인간의 삶의 경험을 단순한 물리적 사건의 불연속적 집합이 아닌 '의미의 체계'로서 파악하고, 그 의미의 체계는 반드시 그 경험이 일어나고 있는 역사의 지평 속에서 이해되어야 한다는 것이다. 즉, 지금의 '나'의 생(生)의 경험을 통하여, 과거의 '나'의 생(生)의 경험과 만난다는 것이다.[105]

이러한 관점은 동양적 사유에 있어서 시간 개념에 대한 '실존적 집약(集約)'과 다르지 않다.

주역에는 "神以知來 知以藏往"[106] (신명한 지혜로써 미래를 알아내고, 또한 이로써 과거를 알아내어 내 안에 감추어 둔다", "彰往而察來"[107] (오늘의 관점에서 지나간 과거를 밝게 드러내고 동시에 다가올 미래를 살피게 된다)라 하여, 인간 존재는 과거와 미래를 현존재인 인간의 의식 안으로 수용하고 집약시켜야 함을 말하고 있다.

독일의 신학자 슈라이에르마하(F.D.E Schleiermacher)는 "종교라는 것 자체가 느끼고 생각하고 행위 하는, 개인의 자의식 내에서 현상으로 이해되고, 그러한 개인과 개인의 관계 속에서 이루어지는 경험의 역사성 속에서만 정의될 수 있다. 따라서 신이라는 것도 완전한 존재로서가 아니라, 우리 의식에 나타나는 절대적 의존의 '느껴진 관계'일 뿐이다"[108]라 하였는데, '느껴진 관계로서의 신'이라는 말은 실존적 인간 안에 받아들여진 내재적 신을 말한 것이라고 볼 수 있는 것이다.

---

103) 김경재. 한국문화신학. p.14.

104) 윗 책. p.14.

105) 김용옥. 절차탁마 대기만성. pp.18~19.

106) 주역. 繫辭傳. 上. 11장.

107) 주역. 繫辭傳. 下. 6장.

108) 김용옥. 윗 책. p.17.

이상의 논의를 통하여 논자는 신의 궁극적이며 본질적인 존재 의미는 미래의 천국에 있는 것이 아니라, 지금, 여기에 사는 실존적 인간의 일상 속에 있으며, 또 있어야 함을 검토해 본 것이다.


## V. 기독교 인간관에 대한 동양적 해석

지금까지 논자는 동양적 사유의 일반적인 특질을 정리해 보고, 나아가 현대 신학자들이 전통적인 기독교 인간관에 대하여 반성적으로 성찰해가는 기록을 살펴보면서, 기독교 교의 전반에 대하여 이해하고 주장하는 그들의 관점이, 동양적 사유 구조와 어떻게 상관될 수 있는가를 천착(穿鑿)해 보았다.

이제 본 장(章)에서는 이상의 검토를 함께 관련지어 기독교 인간관의 본질 문제를 직접 동양적 시선으로 해석해 봄으로써, 기독교 교의가 가지고 있는 종교적 지평을 한 차원 심화하고 확대할 수 있는 토론의 장을 마련해 보고자 한다.

라다크리슈난(S. Radhakrishnan)은 "인간은 실존이라는 연극 속에서 우리는 관객이면서 배우이다. 각 개인은 주체인 '나'(I)이면서 객체인 '나'(me)이다. 따라서 전자는 후자를 통어하려 한다"[109] 즉 주체인 나는 있는 그대로의 실제적인 자아이고, 객체로서의 나는 알려진 것으로서의 자아이다. 그러므로 주체인 나는 객체인 나가 없으면 존재하지 않는다. 그런데 서양의 이분법적 사유 범주 내에서는 주체와 객체의 상호 의존성을 무시하고 있다. 이러한 상호 의존성에 충실한 원리가 바로 음양 원리임은 앞서 살펴본 대로이다.

실제로 이 세상에 있는 모두는 서로 상반되는 것. 즉 음(陰)과 양(陽)의 상보적(相補的) 관계로 이루어져 있다. 음(陰)은 문자적으로는 '그림자'를 뜻하는 것이고, 양(陽)은 '빛'이란 뜻이다. 성격상 그림자와 빛은 상반된다. 그러나 이 양자(兩者)는 원만한 전체를 이룩하는 과정 속에서는 상호(相互) 보완적(補完的)이다. 따라서 음과 양은 우주 안에 있는 현상적인 과정의 모든 존재물의 속성을 상징한다고 말해지는 것이다.

도교 철학자들에 의하면 음과 양의 원천은 '도(道)'이다. '도'는 음과 양을 낳았고, 동시에 모든 사물을 낳는 궁극적 실재(實在)이다. "道生一 一生二 二生三 三生萬物 萬物負陰而抱陽

---

109) S. Radhakrishnan. Religion in a Changing World. london. 1967. p.142.

沖氣以爲和"[110] (도는 일을 낳고, 일은 이를 낳고, 이는 삼을 낳고, 삼은 만물을 낳으니, 만물은 음기를 업고 양기를 품어, 천지 만물에 가득 찬 생명의 기운이 서로 조화롭게 되는 것이다)라는 노자의 설명은 이를 말한 것이다. 그런데 도(道)라는 것은 궁극적 존재 자체로서 '무대자존적(無待自存的) 근원자(根源者)로서, 일체의 대립과 차별을 넘어선 존재'[111]이다. 궁극적 실재라는 말은 이미 분리적 태도로서는 온전히 접근할 수 없는 영역이다. '나누어진 어떤 것'을 우리는 궁극적인 것이라고 말할 수는 없기 때문이다.

따라서 궁극적 근원자는 언제나 전일적(全一的)이어야 하는 것이다. 바로 이 점에서 서양의 이분법적(二分法的) 사유의 한계가 노출된다.

만약에 도(道)를 나누어서 보려 한다면, 이것은 마치도 부피를 줄자로 재려는 것과 같은 어리석음을 범하는 짓이라고 비유할 수 있다.

그러므로 하이만(B.Heimann)은 "서구인들은 '이것이냐 저것이냐'[aut-aut]하는 분리된 사유를 하고 있으나, 인도인들은 '이것도 저것도'[sive-sive]의 상호 연관된 순간의 지속적인 흐름을 일련의 끊임없는 변화와 변천 속에서 보여주고 있다"[112]고 말하였고, 스미스(W.C. Smith)는 "어떤 관찰자들은 20세기 서구 과학이 전통적인 서구의 견해보다는, 자연적인 우주를 해석하는 기본적인 음양(陰陽) 유형(類型)에로 접근해가고 있다고 주장한다"[113]고 지적하였고, 일찌기 라이프니츠(Leibniz)도 자기의 이항정리(二項定理) 이론이 이미 600여 년 전, 음양의 괘(卦)를 자연 질서에 따라 정리한 [중국의] 소강절(邵康節)에 의하여 발견되었음을 고백한 바 있다.[114]

두 말할 것도 없이 기독교의 신이란 개념도 궁극적 근원자이다. 즉, 하나님은 전일적(全一的) 존재로서 자존자(自存者)인 것이다. 동양에서 말하자면 시경에서의 '천(天)'[115]이요, 주역에서의 '태극(太極)'[116]이며 노자에서의 '도(道)'와 같은 위치에 있다.

성서(聖書)에는 하느님에 대하여 여러 가지로 언급하고 있다. 영원자, 창조자, 절대자, 전능

---

110) 노자. 42장.

111) 신동호. 노자 사상의 존재론적 검토. 충남대 논문집 Ⅷ권 2집. p.207.

112) B. Heimann, Facts of Indian Thought, london, 1964. p.168.

113) W.C. Smith. The Faith of other Man. New York. 1963, p.67.

114) 이정용. 역과 기독교 사상. p.127.

115) 시경. 烝民, "天生烝民 有物有則".

116) 주역. 繫辭傳, 上. 11장.

자(全能者), 지선자(至善者), 전재자(全在者) 등이 그것이다. 그런데 하느님은 자기 자신을 직접 언급한 곳이 있는데, 출애굽기에 기록되어 있는 모세와의 대화에서 "나는 스스로 있는 자이다"[117]라고 거듭 말하고 있다. '스스로 있는 자'라고 번역된 히브리어 원어는 '애예르 에쉐르 애예르'라는 말로서, 이 말은 통상 영어로 옮기면 'I am who I am'이라고 번역된다. 또한 이 말을 한자로 옮기면 '자존자(自存者)'라 할 수 있는데, 틸리히는 이를 일러 '모든 존재의 근원(根源)'(ground of all being)이라고 부르기도 하며, 이종성 교수는 이를 '존재자체'라고 지칭하고 있다.[118]

김경재 교수는 과정 신학이 현대인에게 주는 공헌을 언급하면서 "과정 신학은 신의 이해에 있어서 보다 포괄적이며, 만유 충만한 생기론적(生氣論的) 과정신관(過程神觀)을 보여주고 있다. 과정신학(過程神學)은 동양사상의 궁극적 실재관(實在觀)과의 개방적 대화를 통하여, 그리고 현대 자연 과학의 연구 결과에 대한 깊은 경청을 통하여, 신의 초월성과 내재성, 개체성과 참여성, 초자연적 절대성과 상대성 등의 갈등을 그치게 한다"[119]고 하여, 동양적 사유의 기독교 신학으로의 도입 가능성을 크게 열어 놓고 있다.

전반적으로 오늘날 기독교 사상의 본질을 바르게 파악하려는 신학자들 사이에는 동양적 해석이 하나의 근거 있는 신학적 통로로 제시되고 있다는 데에 거의가 동의하고 있는 경향이며, 또한 이러한 신학자들의 학문적 노력은 동양의 보편적 시각에서 볼 때, 매우 자연스럽고 타당한 시도로 보여 지는 것이다.

## 1. 신(神)[神性]－인(人)[人性]－물(物)[物性]의 통일적 해석

이정용 교수는 신학적 인간이 제시하는 근본 문제를 예거하면서, 존재 문제·실존 문제·생의 문제·공동체 문제·사회 윤리의 문제·시간과 역사의 문제라는 여섯 분야로 나누어 설명하고 있는 데, 이를 요약하여 인용하면 다음과 같다.

첫째, 존재(存在) 문제는 신을 바르게 이해함으로서 해결된다. 신학자가 제기한 존재 문제를 해

---

117) 출애굽기 3:13. 14.

118) 이종성. 조직신학개론. pp.54~55.

119) 김경재, 조직신학에 관한 한 연구, p.50.

결하려면 자아(自我)의 존재 원인을 타자(他者)에게 둔 존재에 의존해서는 안 된다. 존재는 상대적 존재이기 때문이다.

둘째, 실존(實存) 문제는 예수의 지상 생활을 바르게 이해함으로써 해결된다. 그는 당시 사람들이 신자(神子)의 표적을 보여주길 원했으나 이에 대답하지 않고, 그저 실존적 삶에 충실했다. 실존적 삶이란 구체적 삶을 의미한다. 고통과 번민은 구체적 삶의 징표이다. 그의 절규인 '엘리 엘리 라마 사막다니'[120]는 이러한 모습의 최극점(最極点)이다. 그럼으로써 그는 실로 다 이룰 수 있었던 것이다. 그의 '다 이루었다'[121] [테델 레스타이]는 선포는 그의 그리스도적 선포가 되는 것이다.

셋째, 삶의 문제는 성령(聖靈)에 의해 해결된다. "여호와 하나님은 흙으로 사람을 지으시고 생기를 코에 불어 넣으시니, 사람이 성령이 되었다"[122] 생기란 말로 번역된 히브리어 '니슈마트하임'은 '삶의 호흡'이란 뜻으로, 사람이란 단순히 물질적 존재(즉 흙으로만 만들어진 존재)가 아니다. 인간은 신의 호흡과 영(靈)이 함께 하기에 하나의 삶이 가능한 것이다.

넷째, 공동체에 관한 문제는 하나님이 남자와 여자를 창조하심으로써 남녀가 합하여 공동체를 형성하는 데에서 이해할 수 있다.

다섯째, 사회에 대한 문제는 윤리에 대한 올바른 이해에서 해결된다. 근년에 이르러 전통적 교의에 묶인 위선적 윤리를 지양하고 새로운 윤리의 출현, 즉 자율적 인간 윤리의 출현을 요구하고 있다. 코이노니아 윤리[123]를 주장하는 레만 교수는 '기독교 윤리란 명령법적 윤리가 아니라 직설법적 윤리라야 한다'고 말한다. 이것이 곧 사랑의 윤리이다. 그것은 그리스도가 우리에게 보여준 십자가에서의 사랑으로 증거 된다.

여섯째, 시간과 영원에 관한 문제는 예수의 부활과 예수의 성육신(成肉身) 사건을 의미 중심으로 이해할 때 해결된다. 시간의 제약성은 예수의 부활 사건으로 무력화되고, 영원의 개념은 예수의 성육신(成肉身) 사건으로 구체적인 시간의 실체를 통하여 나타나고 있다. 예수 그리스도를 역사적 의미에서 이해할 때 영원의 문제는 해결된다.[124]

위의 여러 가지 문제들은 사실상 입장을 달리하여 언급한 다양한 표현일 뿐, 전체적으로

---

120) 마태 27:36.

121) 마태 19:30.

122) 창세기 2:7.

123) 그리스도를 중심으로 사랑의 교제를 하는 모임을 코이노니아라고 부른다.

124) 이종성, 조직신학개론. pp.34~41 요약.

는 하나의 일관된 상호 관련성을 보여주고 있는데, 그것은 바로 신(神)[성령 예수]과 인간(人間)[실존적 삶과 공동체]과 우주(宇宙)[시간과 영원]를 하나의 유기적(有機的) 체계로 이해할 필요가 있음을 강조하고 있는 것이다. 이를 다시 한 번 요약하자면 신성(神性)의 문제를 추구하는 종교와 물성(物性)의 문제를 추구하는 과학의 세계가 인간과의 관계에서 인간(人間) 중심적으로 파악해야 한다는 주장이다.

한국의 유남상 교수는 "유가 철학의 본질적 의의는 천(天)을 중심으로 하는 신(神), 즉 종교적 진리와 땅을 근거로 하는 물(物), 즉 과학적 진리의 '인간 주체적 자각 원리'에 있다고 할 수 있다. 다시 말하면 종교와 과학의 인간화(人間化)의 문제라 하겠다"[125]라고 명쾌하게 정리한 바 있고, 중국의 방동미 교수는 "신앙의 열망을 통한 종교적 진리와 지식의 가능성을 통한 과학적 진리를 생명의 창조적 진리를 통한 인문주의적 인간성으로 수용할 수 있음을 진술한 바 있다.[126]

화이트헤드는 신과 세계와의 관계를 상관 관계적이요 상호 보완적이며, 상호 침투·상호 의존적이라 말하면서, 신은 모든 인격적 존재자들의 결단 행위와 세계화 과정을 통해서만 역사한다고 주장한다.[127]

대체로 과정신학자들은 영원하면서도 동시에 시간적인 신이, 영원하기만 한 신보다 위대하며, 절대적이며 동시에 상대적일 수 있는 신이 절대적일 수밖에 없는 신보다 더 크신 신이며, 초월적이면서 내재적인 신이 초월적이기만 한 신보다 더 의미 있는 신이라고 확신한다.

오로지 절대적이고 초월적이며, 영원한 것이 가치론적으로 상위라고 생각하는 습관은 그레시아 파르메니데스 신(神)의 그리스도교에로의 잠식이라고 보는 것이다.

하트숀도 말하기를 완전한 것들과 불완전한 것들을 모두 동시에 포용하는 신이 완전한 것들만 포용하는 신보다 더 위대하다고 단언한다. 실로 화이트헤드에 있어서 뿐만이 아니라 모든 과정사상가들에게 있어서 가장 중요한 개념은 '존재의 총생적 본질'(The social nature of existence)이다. 존재가 총생적(social)이면 그럴수록 그 존재적 삶은 전체적 삶이요, 온전한 삶(whole life)이다. 총화적 삶(The whole life)은 절대와 상대의 연합이요, 자유와 질서의 조화이며, 개체와 보편의 일치요, 질과 구조의 연합인 것이다.[128]

---

125) 유남상, 동양철학에 있어서의 주제의 변천, 동서철학연구. 1984. p.14.

126) 방동미, 앞의 책. p.9.

127) A.N. Whitehead. Process and Reality. p.528.

128) 김경재, 한국문화신학. p55

떼이아르가 말하는 과학적 현상론을 살펴보더라도, 우선 그의 학문적 접근 방법론이 어떤 형이상학적 선험적 원리나 계시에 기초한 신학적 연구 방법이 아니고, 오늘날 연구된 각양의 전문적인 자연과학적 연구 방법을 가급적 동원하여, 전체성을 지닌 단 하나의 현상으로서의 우주 실재를 현상대로 이해하려는 것이다. 그의 연구 태도는 비록 경험적 관찰과 객관적 조사 실험및 비교 태도를 견지하되, 전문 분야별 개별 과학이 파악하지 못하는 우주 실재의 전체성. 또는 전일성(全一性)을 파악하려는 것이다. 그러한 그의 숙고된 결과로 보면, 세계 총체란 기계적이고 정적(靜的)인 우주(cosmos)가 아니라, 하나의 총화(總和)된, 유기적으로 발생하고 있는, 진화하는 시(時). 공(空) 연속체로서의 우주 발생 과정(cosmogenesis)인 것이다.[129]

동양의 유가철학에서는 인간과 우주, 우주와 신, 그리고 신과 인간을 하나의 조화된 생명적 전체로 설명하고 있다. 특히 주역에서는 존재보다는 생성, 본체보다는 현상, 실재보다는 관계, 고정보다는 변화, 논리보다는 감화(感化)의 측면에서 인간과 우주를 설명하고 있는 데, 이러한 설명이 가능한 것은 생(生)의 과정, 즉 창조의 과정을 인간과 우주의 근본 원리로 삼고 있기 때문이다. "生生之謂易"[130] (낳고 또 낳아가는 것을 일러 易이라 한다)는 말은 역(易)이 곧 하나의 과정을 말하는 것이지, 결코 어떤 본질 자체를 고정시켜 지칭하는 것이 아님을 분명히 말한 것이다. 우주 만물은 물론 생성되어 가기만 하는 것이 아니라, 반드시 소멸되어 가기도 한다. 그러나 생성과 소멸이란 것도 하나의 변화의 과정이라는 점에서는 다른 것이 아니다. 만약에 생성과 소멸을 사건 중심적으로 해석하려 했다면, 주역을 해설한 공자는 아마도 "生死之謂易"(낳아서 죽어가는 변화의 과정을 易이라 한다)이라고 언명했을 것이다.

그러나 '生生之謂易'이라는 말은 '죽음이라는 현상까지도 그 원리적 측면에서 보면, 생명성 이 전개되는 전체과정에서의 하나의 모습이며, 이 과정이 곧 변화의 본질로서, 이러한 변화의 총칭은 창조적 과정에 있다'는 점을 의미 중심으로 파악했기 때문에, 변화의 원리를 '생사(生死)'가 아닌 '생생(生生)'으로 해명(解明)하였던 것이다.[131]

변화과정 자체를 하나의 생명적 역동 현상으로 인식하여, 인간과 우주 전체를 하나의 유기적인 대생명력(大生命力)의 창조적 자기 전개 과정으로 보고 있는 것이, 주역에서 말하려

---

129) 윗 책, p.57.

130) 주역. 繫辭傳. 上. 5장.

131) "하나의 밀알이 땅에 떨어져 썩지 아니하면 새 생명을 얻지 못하리라"의 가르침에서 우리는 '썩는 현상'이야 말로 '새 생명을 탄생시키는 생명 원리의 또 다른 모습'임을 배우게 된다.

는 역도(易道)의 본질이라면, 이는 앞서 살펴본 화이트헤드나 떼이아르의 우주관과 다르지 않은 것이다.

특히 유가 철학의 제경전(諸經典)에 빈번하게 등장하는 '화(和)'의 개념은 이러한 '생명적 일원(一元)으로서 조화된 우주적 경지'를 가장 포괄적으로 상징하고 대변해 주는 개념이다.

"乾道變化 各正性命 保合大和 乃利貞"[132] [天道인 하늘의 운행원리와 人道인 사람의 본성이 크게 조화됨]에서는 하늘[天]과 사람[人]의 조화를 말하고 있으며, "八音克諧 無相奪倫 神人以和⋯百獸率舞"[133] (음악으로 조화를 이루니 인간들은 서로의 도리를 빼앗지 않으며, 인간은 神과도 조화되고, 물적 존재인 짐승들과도 어울려 춤을 춘다)에서는 신(神)-인(人)-물(物)의 '화(和)'를 말하고 있고, "克明俊德 以親九族⋯百姓昭明 協和萬邦"[134] (덕을 밝혀서 여러 부족들과 친하게 되니 ⋯백성들은 밝은 지혜가 열려, 온 천하 세계가 함께 화평해진다)에서는 공간적 측면에서 천하의 모든 백성이 화친(和親)함을 말하고 있다.

공자는 "君子 和而不同"[135] (군자는 인간관계에서 여럿과 진정한 조화를 추구할 뿐, 몇몇이 패거리 짓는 따위의 일은 하지 않는다)하여, 인간과 인간 사이의 진정한 조화를 강조하였고, 중용에는 "萬物竝育不相害" (만물은 함께 자라면서도 서로를 다치게 하지 않는다)라 하여, 만물들조차도 상호간에는 서로의 생명적 의의를 존중해주고 있음을 천명하고 있다.

다시 말하여 진정으로 조화된 세계란 '천(天)-신(神)-인(人)-물(物)' 등의 온갖 관계가 모두 완전히 유기적으로 관련된 생명적 세계이어야 한다는 것이다.

이상을 통하여 검토하였듯이 전통적인 기독교 인간관이 인간을 신(神)과 만물(萬物)로부터 분리된 존재로 파악하여, 결국 인간을 자연 앞에서 고독하게 만들고, 신(神) 앞에서는 두려워해야 하는 존재로 내몰았다면, 동양적 관점으로 새롭게 해석된 인간관은, 신 앞에서도 당당하고 만물과도 함께 어울려 즐겁게 살아가는, 자유롭고도 조화된 우주적 인간 존재를 내세우고 있는 것이다.

---

132) 주역. 乾卦, 彖傳.

133) 서경. 舜典.

134) 서경. 堯典.

135) 논어, 子路.

## 2. 그리스도적 예수의 본질

주역에는 "書不盡言 言不盡意…聖人立象以盡意"[136] (글로는 말하려는 것을 모두 담을 수 없고, 말로는 뜻을 다 표현할 수 없다.…그래서 성인은 상징적인 그림으로써 성인의 깊은 그 뜻을 모두 다 드러낸 것이다)라 하여, 주역의 괘상(卦象)이 곧 성인의 말씀[성인의 뜻]임을 분명히 밝히고 있다. 성인의 말씀이란 곧 진리 그 자체의 인격적 표현이다.

유가 철학은 '성인지언(聖人之言)'[성인의 말씀]과 '군자지행(君子之行)'[군자의 실천]을 통하여, 인간이 따라야 할 가장 표준적인 삶의 도리를 천명하고 있다. 그러므로 유가 철학에 있어서 성인의 말씀이란 다름 아닌 '인간이 참으로 인간답게 살아갈 수 있는 삶의 원리이며 방식'인 것이다. 그것은 예수의 말씀이 '기독교 신앙인에게 있어서 참 인간으로 살아가는 통로'인 점과 마찬가지이다. 그런데 예수는 자신이 뜻한 바를 직접 '자신의 행위'[삶 자체]를 통하여 여실히 보여주고 있다. 기독교인은 이러한 예수의 삶 자체가 보여주는 '예수의 의도', '예수의 희망', '예수의 말씀'을 올바르게 파악해야 한다. 또한 그 말씀은 들으려고 하는 자에게만 그렇게 들리는 것이고, 그 삶의 모습은 보려고 하는 사람에게만 그렇게 보이는 것이다.

따라서 진실로 예수의 말씀과 예수의 몸짓을 통하여 예수의 뜻을 자각하는 주체는 결코 예수가 아니라 예수와 관계하는 우리들 인간 자신이다. 예수는 말과 행동으로[즉, 그의 생애 자체로써] 그저 우리에게 들려주고 보여주었을 뿐이다. 그러한 예수의 삶에서 그리스도적 의미를 깨닫는 일이란 전적(全的)으로 인간들의 영역에 속하는 일이다.

공자는 "天何言哉"[137] (하늘이 우리에게 무어라고 말을 하던가?)라고 반문하면서, 하늘의 말씀을 알아듣는 주체는 [하늘이 아니라] 인간임을 지적한 바 있고, 맹자는 "天不言 以行與事 示之而已矣"[138] (하늘은 말을 하지 않으며 모든 일과 더불어 운행하면서 그저 우리에게 보여줄 뿐이다)라 하여, 인간이 따라야 할 하늘의 본질[天道]을 설명한 바가 있다.

실제로 푸른 하늘 그 자체는 인간과 무관하게 그냥 저대로 널려 있을 뿐, 하늘의 도(道)를 따르라고 말한다거나 강요하지는 않는 것이다. 그런데도 인간은 바로 이러한 우주적 사건[사실] 자체를 하나의 의미체로 인식하고 자각하여, 이를 인간이 본받아야 하는 도리[倫理]로

---

136) 계사전. 上. 12.

137) 논어. 陽貨.

138) 맹자. 萬章. 上.

수용하고, 그것을 인간 자신의 본래성[人性]으로 내재화(內在化) 하였던 것이다.

주역의 "一陰一陽之謂道 繼之者善也 成之者性也"[139] 중용의 "天命之謂性"[140]은 그 대표적인 선언으로서 천도에 근거한 인간의 윤리[德性] 근거를 밝힌 유가 철학의 대명제인 것이다.

공자는 분명히 역사적으로 실재했던 인물로서, 그는 하늘의 도(道)[天道: 기독교적으로 말하면 하느님의 말씀]를 깨달아, 이를 천하 인류에게 가르치고 또 이를 실천하면서 일생을 살아갔던 사람이다. 그러기에 우리가 유가 사상을 공부한다는 것은, 그 본질 내용이 역사적 공자의 사건을 배우는 데 있기 보다는, 공자가 남긴 그 말씀을 체득하여 실천하는 데 있는 것이다.

예수가 스스로 하느님의 아들임을 자처했다는 것은, 그가 하느님의 말씀을 자기의 것으로 수용하여 자각했다는 의미로 해석할 수 있다. 그가 동정녀 마리아에서 태어났다는 사건의 사실 여부나, 그가 죽은 지 사흘 만에 부활한 것이 가능한 일인가의 진위(眞僞)에 대한 논리적 차원의 물음은 사실 종교적 차원에서 볼 때는 무의미할 뿐이다.

성령 잉태와 부활 사건은 사실 차원에서 왈가왈부 할 것이 아니라, 그 의미를 추구해야 하기 때문이다. 모든 기독교인은 바로 이러한 '의미에 대한 추구'를 통하여, 스스로 신앙의 굳건한 토대를 마련하고 있기 때문이다.

예수가 진정 구세주로서의 그리스도가 될 수 있었던 것은 그가 참으로 '사람의 아들'이었기 때문에 가능했다는 사실을, 오늘의 기곡교인들은 냉정히 인정해야 한다. 예수가 진실로 인간과 질적으로 다를 수 있는 어떤 신(神)의 아들이었다면, 그가 인간에게 있어서 '의미 있는 존재'가 될 수 없었을 것이다. 예수가 만약에 '신(神)이기만' 하였다면, 예수는 십자가를 짊어지는 아픈 고통을 일부러 연출할 필요까지도 없었을 것이다. 설령 그가 진정으로 인간을 사랑하여 죽을 만큼의 고통까지도 실제로 감수했었다 하더라도[사실 고통이란 어디까지나 인간이기에 느끼는 고통일 뿐이라는 점에서] 신(神)인 예수에게 십자가의 사건은 더 이상 고통도 그 무엇도 아닌, 그저 하나의 연출된 연극일 뿐이었을 것이다. 그럴 경우 예수는 진실로 인간을 사랑한 것이 아니라 그저 동정하고 공감했을 뿐이다. 바로 여기에 예수가 곧 인간이어야 한다는 심각한 당위(當爲)와 요청이 가능해진다. 그러므로 그는 동시에 그리스도로도 절실하게 요청되는 것이다.

---

139) 계사전. 上. 5.

140) 중용. 1장.

예수가 하나님의 말씀을 자각한 순간, 그는 온 인류의 그리스도로 전환되었던 것이다.

그는 참으로 예수[人間]이었기 때문에 참으로 그리스도[神] 될 수 있었으며, 그리스도로 전환되었기에 예수는 인간에게 있어서 의미 있는 존재[救世主로서의]가 될 수 있었던 것이다. 예수가 본래부터 신(神)이었다면 그는 그리스도로 전환되어야 할 [스스로가 그리스도임을 선포해야 할]아무런 이유나 필요성도 없었을 것이다.

케일러(Martin Kähler)는 이미 1892년에 "저술가들의 역사적 예수는 우리에게 생생한 그리스도를 은폐시킨다"[141]고 고백한 바가 있다. 이러한 방향은 K.바르트에게 결정적으로 전개되는데, G.에벨링은 "바르트의 '로마서'는 분명히 해석학적인 문제의 징후 속에 있었다. 역사적-비판적 방법은 그 자체가 포기되지 않고 진정한 이해의 과제로 나아가는 단순한 예비 절차로 상대화 된다"[142]고 하여, 바르트에게 있어서의 '이해'는 전(前)해석학적 운동의 기본 관심사임을 밝히고 있다.

불트만(R. Bultmann)에 있어서도 역시 성서 본래의 의미된 내용을 보다 더 깊이 이해하는 것이 문제이다. 불트만에 의하면 성서의, 즉 신약의 사고와 언어 방식은 신화적인 세계상에 의하여 규정되어 있다. 신화적이란 말은 신(神)의 피안성(彼岸性)이 공간적인 먼 거리로 생각되어지는 하나의 표상 방식이다.[143] 만일 우리가 성서의 본래 의미된 내용을 올바르게 이해하고자 한다면 우리는 그 성서의 말씀을 우리와 거리가 멀고 우리에게 생소한, 즉 신화적인 세계상에서 척결하여 우리 자신의 세계의 이해 속으로 번역해 놓아야 한다. 이것이 곧 탈신화화(脫神話化) 작업인 데, 이것은 신화적인 진술을 제거하는 데서가 아니라, 그것을 해석(解釋)하는 데에서 성립한다.[144]

탈신화화(脫神話化)를 적극적인 자세로 바꾸어 놓으면 인간의 실존적 해석이 된다. 그것은 바로 인간학적 이해를 말한다. "신화는 우주론적으로가 아니라 인간학적으로 해석되어져야 한다"[145]는 말은 신화적 표현으로 기술된 성경의 말씀이, '나'라고 하는 구체적인 인간 실존을 위해서 무엇을 의미하는가를 수시로 물어야 함을 말하고 있다. 이것이 바로 동양적

141) M.Kahler. Der sogenannte historische Jesus und der geschichtliche biblische Christus. Munchen. 1956. p.16.

142) G. Ebeling. Hermeneutik: RGG Ⅲ. p.256.

143) R. Bultman. Kerygma und Mythos Ⅰ. Hamburg. 1951. p.22.

144) R. Bultman. Kerygma und Mythos Ⅱ. Hamburg. 1952. p.185.

145) R. Bultman. Kerygma und Mythos Ⅰ. Hamburg. 1951. p.22.

사유의 특질에서 언급된 바 있는 '의미 중심적 사유'이다.

참으로 역사적 예수는 '지금 여기 있는 나'의 실존적 물음을 통하여 항상 새로운 그리스도로 해석되어야 한다. 이렇게 될 때 비로소 예수는 언제까지나 살아있는 그리스도로서 '현존재로서의 나'에게 신앙적으로 의미 있는 존재가 되는 것이다.

예수가 그리스도일 수 있는 본질은 바로 여기에 있는 것이다. 그래서 역사적인 예수에 대한 물음은 '신앙의 그리스도'에 대비하여 완전히 사라지게 된다. 이 신앙의 그리스도는 모든 역사적 사실이나 증명과는 상관없이 신앙하는 자에게는 언제나 실존적인 의미를 지니며, 그리스도의 사건으로서의 역사 안에 계속 작용하면서 '나'를 향하여는 항상 새롭게 신앙의 결단을 촉구하는 것이다.

## 3. 삶과 구원의 동시적(同時的) 주체인 '나'의 자각

"나는 길이요 진리요 생명이니 나를 따르지 않고는 천국에 갈 수 없다"[146]고 선언한 예수는 '나를 따르라'라고 단호하게 외친다. 기독교인이란 예수를 따르는 사람들이며, 예수를 따른다는 의미는 우리가 예수에게서 자기동일성(自己同一性)·자기정체성(自己正體性)을 찾는다는 것과 다르지 않다.

우리는 예수가 스스로 하느님의 아들임을 자처하면서도 '하느님을 따르라'고 말하지 않고 직접 자신을 가리키며 실존적 개체로서의 '예수인 나'를 따르라고 소리친 의미에 대하여 유의해야 한다. 기독교란 한마디로 예수를 그리스도로 믿는 종교이다. 여기서 말하는 예수는 '그리스도라고 일컬어졌던 예수'[Jesus as called Christ]이기 이전에, 역사에 실제로 나타나 살면서 '나를 따르라'고 소리치는 예수를 말한다.

앞서 논자는 그리스도적 예수의 본질에 대하여 살펴보았으나, 본 절(節)에서는 그리스도로서의 예수가, 지금-여기에서 일상적 삶을 영위해 가는 신앙인으로서의 '나'에게 있어서는 직접 어떠한 의미 관계를 갖는가에 대하여 검토하고자 한다.

예수가 나를 따르라 한 것을 의미 중심으로 살펴보면, 예수 자신이 자각한 그리스도적 말씀. 다시 말하면 예수가 깨달은 인간 구원의 메시지[하느님의 말씀]를 믿고 따르라는 것이었으며, 또 다시 부언하면, 그 당시에 만연하던 무수한 우상(偶像)들은 결코 인간 구원의 길이

---

146) 요한 14:6.

될 수 없다는 예수 자신의 처절한 자각에 의한 선언이었던 것이다. 인간에게 일시적인 위안이나 향락을 가져다주는 그 어떤 것도, 자기희생을 각오하고 실천할 수 있어야만 내 몸에 모실 수 있는 '사랑으로서의 하느님 말씀'보다 더 귀한 것은 결코 없었던 것이다.

예수는 그를 집요하게 유혹하는 사탄에게 단호하게 외친다. "사람이란 빵[밥]으로만 사는 것이 아니라, 바로 하느님의 입으로부터 나오는 말씀으로 사는 것이다"[147] 그 하느님의 말씀이 곧 길이요 진리요 생명인 것이다. 그러므로 "나 이외의 신을 섬기지 말라"는 십계의 제1명은 "진리의 말씀 이외에 그 어떠한 우상이 주는 밥도 받아먹지 말라"는 뜻으로 해석 될 수 있다. 진실로 인간 구원의 길은 말씀[진리]에 있는 것이지 빵[밥]에 있지 않음을 갈파한 것이다.

예수의 선언을 사건중심[문자중심]으로만 이해하게 되면 '오로지 예수를 통해서만 인간은 구원받을 수 있다'고 주장하는 배타적이고 유일신적(唯一神的)인 편협한 기독교 신앙으로 전락하게 되는 것이다.

최근의 신학자 P. 니터(Paul F. Knitter)가 "어떻게 오직 예수의 이름으로만 구원받을 수 있단 말인가?" 라면서, 파격적이면서도 정직한 질문을 던질 수 있었던 것도 이러한 의미 중심적 통찰에서 기인하는 당연한 귀결인 것이다.[148]

하느님의 말씀이 인간 구원의 통로가 될 때, 그것은 인간에게 있어서 복음으로 전환된다. 복음이란 절대적으로 인간에 대하여 복음인 것이지 하느님 자신을 위한 복음은 아니다.

예수의 위대성은 바로 하느님의 말씀을 인간에게 복음으로 전환시킨 데에 있는 것이다.

예수는 복음으로써 하느님의 말씀을 인간에게 전하고, 그 뜻을 깨우치게 하는 일을 일생일대의 사명으로 삼았을 뿐더러, 급기야는 십자가에 매달린 죽음으로써 그 의미를 증거하고 실천하였으며, 예수의 일생이 인간에게는 하느님의 '복된 소리'에 대한 움직일 수 없는 신앙의 굳건한 토대가 되었던 것이다.

이제 예수가 하느님의 말씀을 자신의 삶으로 자각하였듯이 기독교인들은 예수의 말씀을 자아를 통하여 새롭게 자각해야 한다. 이것이야말로 하느님의 말씀을 '내' 안에 모시는 작업이며, 기독교 신앙을 주체화하는 일이다.

---

147) 신명기 8:3.

148) 폴. 니터, 오직 예수 이름으로만?(No other Name?). 변선환 역. 한국신학 연구소. 1986. * 교황 요한 바오로 2세는 현대 종교사에 빛나는 위대한 두 가지 업적을 남겼는데, 첫째, 기독교 아닌 다른 종교도 인정할 것과 타종교에도 구원이 있다는 것을 인정한다는 선언과 둘째, 예수 탄생 이후 지난 2000년 동안, 기독교가 인류에게 죄지은 잘못이 여러 가지 있음을 고백한 것은 이미 널리 알려진 바와 같다.

이렇게 '하느님의 말씀을 주체적으로 자각하는 일'이 곧 하느님의 나라에 들어가는 '거듭나는 삶'[149]이다. '방탕한 이들이 어버이에게 돌아와 그 자신을 새로이 발견한다는 돌아온 탕자 이야기'는 이러한 자각된 삶[새로남. 거듭남]의 가장 적절한 비유이다.

여기서 '거듭나는 삶의 주체'는 일반적인 '인간'이 아니라, 구체적이고 실존적인 '나'를 말하는 것이다. 실존이란 '인간의 실존'이기에 앞서 '나의 실존'을 말하는 것이다. 예수의 그리스도적 복음은 그리하여 만인을 향한 메시지일 뿐만 아니라, 동시에 개체로서의 '나'에게 직접적으로 전달되는 메시지인 것이다. 엄격히 말하면 '만인(萬人)의 실존'이란 있을 수 없다. 실존(實存)이란 결국 현존(現存)하는 '나'를 전제한 표현이기 때문이다. 그러므로 기독교 신앙을 논의하는 모든 문장에서 '인간'이란 단어는 직접 '나'라는 단어로 대체될 수 있고, 그렇게 대체될 때 보다 분명한 의미가 드러나는 경우가 허다하다. 그러나 '나'라는 어휘 대신에 '인간'이란 어휘를 대체하는 것이 모든 문장에 가능한 것은 결코 아니다. 적어도 신앙의 문제에 있어서 '나'는 '인간' 또는 '만인'보다는 본질적인 개념이며 우선하는 가치이다.

우리는 흔히 '개인의 집합이 만인'이라고 생각하지만, 만인이란 '주체'가 될 수 없다는 점에서 실존적이지는 못한 것이다. 그러므로 말씀의 자각이란 어디까지나 개인의 실존적 문제이지 만인의 공동 문제는 아니다. '만인의 문제이기에 개인의 문제이어야 하고, 개인의 문제이기에 만인의 문제일 수밖에 없다'는 도식적 논리가 오늘날의 획일적이고 전제적인 종교가 갖는 가장 큰 문명적 비극이며 종교적 폭력이다.

예수가 하느님의 말씀을 실존적이며 주체적으로 자각하였듯이, 하느님의 말씀 자체를 육신으로 살아간[말씀이 肉이 됨] 예수를 '내'가 다시금 주체적이며 실존적으로 자각함으로써 궁극적으로는 '내'가 하느님의 말씀을 '나'의 삶의 기독(基督)[그리스도]으로 삼는 것이다. 이것이 바로 기독교 신앙의 핵심이며 본질이다.

맹자가 "萬物皆備於我矣"[150] (만물이 모두 나에게 갖추어져 있다)라 한 것이나, 석가가 태어나자마자 "天上天下唯我獨尊"[151] (우주 안에서 내가 제일 존귀한 존재이다)이라 선포한 것은 모두 '우주 만물에 대한 자각 주체로서의 나의 존재성을 선언한 것'이다.

공자는 "人能弘道 非道弘人"[152] (인간이 道를 넓혀가는 것이지 道가 인간을 넓혀가는 게 아

---

149) 요한 3:3.

150) 맹자. 盡心. 上.

151) 불교학개론, 동국대 출판부. p.19.

152) 논어. 衛靈公.

니다)라고 말하였는데, 이는 우주의 도(道)[하늘의 법칙: 인격적으로 말하면 하느님의 말씀] 까지도 인간이 주체적으로 자각할 때 비로소 의미가 있는 것이지, 결코 본래부터 존재하는 어떤 고정 불변의 법칙이 있어서, 이것이 인간 세계를 일방적으로 조종해 나가는 것은 아니라는 '인간 주체성의 우주적 의미'를 단적으로 표현한 것이다.

공자와 맹자의 말씀은 다음과 같은 예수의 가르침과 너무도 분명하게 일치하고 있다.

"안식일(安息日)이 사람을 위해서 있는 것이지, 사람이 안식일을 위해서 있는 것이 아니다. 사람은 안식일의 주인이다."[153] 여기서 안식일이란 단어를 '안식일을 지켜야 한다는 율법(律法)'[戒律]으로 대치해 본다면, 그 의미는 공자의 언표와 조금도 다르지 않다. 예수는 율법을 절대화시킨 것이 아니라 상대화시킴으로써, 인간을 율법의 구속으로부터 해방시킨 것이다.[154] 이처럼 '타율적인 율법의 구속으로부터의 해방'이란 다름 아닌 인간의 자율성·인간의 실존성·인간의 주체성에 대한 회복인 것이다. 강제적이며 일방적인 계율이 비인간화의 요인이라면, 자율적이고 주체적인 율법의 수용과 자각이 인간 본질의 회복인 것이다. 이런 이유 때문에 송기득 교수는 "하느님의 나라란 인간화가 실현된 세계"[155]라고 규정하고 있는 것이다. 인간 본질의 회복, 즉 인간성의 발현은 인간의 자기 자각으로부터 출발하는 것이며, 인간의 구원도 인간성에 근거한 자기 자신의 종교적 결단으로부터 가능해진다. 자기의 결단이란 실존적인 '나'의 주체적 결정을 말하는 것이다.

구원의 근거는 강제적인 하느님의 율법에 있는 것이 아니라, 그 율법을 나의 것으로 수용하는 주체적 자각에 있는 것이다. 그러므로 궁극적으로는 구원의 주체마저도 대상적인 하느님의 권위가 아니라 삶의 주체인 '나' 자신일 뿐이다. 다시 말하면 '성경에 대한[그 의미를 중심으로 한] 나의 주체적 해석과 실천'만이 진실로 나를 구원할 수 있다는 점이다.

일찍이 주자의 이학(理學)에 반대하여 심학(心學)의 길을 연 육상산(陸象山)은 "學苟知本 六經皆我註脚"[156] (배움에 있어서 진실로 그 근본을 깨닫게 되면, 古來의 모든 경전들은 모두 내 마음이 풀이하는 脚註인 것이다)라 하여, 성인들의 말씀[經이란 성인의 말씀을 기록한 것이다]들이 모두 나를 주체로 해석할 때 비로소 의미 있게 된다는 점을 밝힌바 있다. 실로 내 삶을 이해하는 지평과 경전(經典)의 저자라는 또 다른 삶의 지평이 융합(融合)되는 곳에서,

---

153) 마르코 복음 3:27~28.

154) 송기득. 인간. p.271.

155) 윗 책, p.254.

156) 육상산 전집, 권34. 252항.

이 언어는 의미를 갖게 되며, 따라서 그 의미에 의하여 상호간의 진정한 이해와 공감도 성립되는 것이다. 이러한 육상산의 해석적 입장은 딜타이의 생철학적 입장과도 상통하는 것이며, 오늘날 '내' 앞에 주어진 예수의 말씀[성경]을 대하는 '나'의 해석적 입장이기도 한 것이다.

예수가 하느님의 말씀[동양적 표현으로는 天 또는 上帝]을 주체적으로 자각한 자라면, '나'는 예수의 말씀을 또 다시 주체적으로 자각해야 한다. 주체적인 자각의 경계에 들어서면 예수와 나는 의미상에서 분리되지 않는다. 우리가 진정으로 예수적 삶을 살고자 한다면, 예수를 닮아가는 것만 가지고는 충분하지 못하다. 진정으로 예수에게서 자기 동질성을 발견하고자 한다면 직접 예수와 일치하는 길 뿐이다.

이정용 교수의 다음의 언표가 결코 지나친 것이 아님은 이 때문이다.

"되어감의 완전한 과정 속에서는 신성(神性)과 인성(人性)은 구분되지 않는다. 되어감의 과정 속에서는 인간의 원형(原型), 즉 완전한 신(神)이기도 한 완전한 인간이 각자(覺者)[깨달은 자] 속에서 상징화된다. 그러므로 그 각자(覺者)는 또 예수그리스도이기도 하다."[157]

## 4. 자각된 '나'의 우주적 확대

예수가 하느님의 말씀을 주체적으로 자각하였다 하더라도, 그가 스스로 이에 만족하고, 내면적 수행으로 일생을 보냈다면 기독교는 탄생하지 않았을 것이다. 그런데 그는 개인적 위안에 안주하지 않고, 외부의 무수한 회유와 박해를 무릅쓰고, 온 인류에게 그 뜻을 전하는 사업에 일생을 바친 것이다. 그가 그렇게 할 수 있었던 것은 '나'의 본질이 '나'만의 '내'가 아니라, 우주와 함께, 세계와 더불어 '관계되어 있는 나'임을 확신하였기 때문이다.

'나'만을 말한다면 이미 '너'와는 분리되고 단절된 태도인 것이다.

하느님의 뜻하심은 "모든 나"에 있는 것이지, 그 뜻을 자각한 '특정한 나'에게만 있는 것은 아니다. 예수는 이것을 철저히 깨달았기에 '모든 나'를 위하여 목숨까지 바친 것이다.

'모든 나'는 단순히 '만인(萬人)'은 아니다. "모든 나"는 주체적이고 실존적인 개별적 각자(各自)의 의미에 대한 전칭(全稱)이지만 '만인(萬人)'은 단순히 개체가 모인 양적(量的) 총칭(總稱)일 뿐이다.

공자는 그가 깨달은 하늘의 도(道)[天道]가 인간의 사랑[仁] 즉 인도(人道)와 다르지 않다

---

157) 이정용. 앞의 책. p.45.

고 하면서, 이러한 인간의 바른 도리를 아낌없이 구현하는 길이 천하 만민의 진정한 화평을 이루는 첩경임을 가르치기 위하여, 그토록 심한 야유와 빈정거림을 달게 감수하면서 주유천하(周遊天下) 할 수 있었던 것이다.

"문지기가 공자의 제자인 자로에게 '어디서 온 사람이오?'라고 묻자, 자로는 '공씨문하(孔氏 門下)에서 왔다'고 하였다. 그러자 문지기는 '안 될 줄 뻔히 알면서도 굳이 하겠다고 나서는 그런 사람들이구먼' 이라며 비아냥 거렸다"는 일화[158]는 이를 상징하고 있다.

공자는 그의 가르침이 세상에서 받아들여지고 성공한다는 보장이 없더라도, 그는 그가 깨달은 도리를 그의 일생을 통하여 충실히 실천했을 뿐이다.

예수가 오직 하느님의 말씀을 증거 하기 위해 십자가에 매달려 죽을 수 있었듯이, 공자 역시 살신성인(殺身成仁)하는 태도로서 일생을 살았다. 그리하여 그들 공자와 예수는 모두 당시의 현실적 삶에서는 패배자로서 생을 마쳤다. 그들의 '사실적 패배'야 말로 그들을 영원한 승리자로 만들어 주고 있으니, 이것이 바로 의미 차원에서의 승리인 것이다.

석가(釋迦)의 삶 또한 이와 다르지 않다. 불경(佛經)에는 "이번의 태어남을 윤회하지 않는 마지막 삶이 되게 하리라. 내 오직 이번 살 동안에 모든 중생을 제도하리라"[159]하고 외쳤다는 석가의 탄생게(誕生偈)가 기록되어 있다. 석가 역시 중생과 더불어 살았고 중생과 더불어 살았음으로 부처가 될 수 있었다.

베스터만(C.Westermann)은 인간이 신의 형상으로 창조되었다는 것은 인류가 신을 향하여 서 있는 존재로서 창조되었다는 것을 의미한다고 말하면서 '신 앞에 나선 인간 그 자체'를 가리키는 것이 그 중심 되는 뜻이라고 말한다.[160] 바르트 역시 인간이 신의 형상으로 만들어졌다는 것은 "인간이 신의 부르심을 받은 '너'로서, 또 신 앞에서 응답하는 '나'로서"라는 성질을 가리킨다고 말한다. 신에게서 질문을 받고 거기에 응답할 수 있는 존재로서 창조되었다는 이 사실이 인간의 존엄성을 이룬다. 또한 인간은 "죄인으로서 신 앞에 순종해야 할 그 어떤 것"이 아니라, "하느님과 관계를 맺고 있는 인격적 존재로서 하느님의 말씀에 책임성 있게 응답하는 존재"라고 부룬너는 말하고 있다. 그래서 부룬너는 '실질적인 신의 형상'이 인간에게 이루어져야한다고 주장하는 것이다.[161]

---

158) 논어. 憲問. 참조.

159) 불소행찬 卷一. "此生爲佛生則爲後辺生 我唯此一生當度於一切".

160) 송기득. 인간. p.101.

161) 윗 책. p.102.

이렇게 보면 예수를 믿는다는 것은 실질적인 신의 형상을 자기 안에서 회복하는 일이 된다. 그것은 또한 사람이 사람다워지는 '인간성의 회복'과 다르지 않다. 그러기에 '예수를 믿는다'는 것은 '인간화의 작업을 수행하는 일'과도 다르지 않게 되는 것이다.

달리 말하면 인간화의 작업이란 비인간화를 척결하는 일인 동시에, 인간성을 적극적으로 발현하는 일이기도 하다. 이것이 바로 오늘날의 삶의 주체인 '나'에게 부여된 분명하고도 거역할 수 없는 하나의 복음적(福音的)[信仰的] 사명인 것이다.

여기에서는 현실 상황과 기독교인의 사명과의 사이에서 요구되는 새로운 삶의 관계가 첨예하게 노출된다. 즉 기독교인으로서의 나의 현실적 태도를 복음적으로 정립하는 문제인 것이다. 오늘의 신학은 이미 그리스도교의 낡은 도그마[敎義]나 되풀이하고 있기에는 너무나 다급한 상황에 놓여 있다. 신학은 민중의 삶 속에서 신학적 주제를 찾아냄으로써 시작된다는 것이 이시대의 신학, 특히 프락시스(praxis)에 역점을 둔 신학 작업의 선언이다.

참으로 신학이란 배워야 할 그 무엇이 아니고 살아내야 할 그 무엇이며, 생각되어야 할 것이 아니라 체험되어야 할 것이라는 말은 그래서 나온다. 이제 신학은 그리스도의 구원이 우리의 현실적인 구원의 물음에 대한 대답이라는 사실을 밝히는 데에 그 목적이 있음을 감추지 않는다. 현실적 구원이란 하느님의 말씀을 수용한 '나'가 그러한 하느님의 말씀을 온전히 나의 실천적 삶과 일치시키는 일이다.

'말씀과 삶의 일치'는 결코 말로써, 또는 생각으로써 이루어지지 않는다. 오로지 실천하는 데에서 이루어지는 것이다.

'성인의 말씀을 깨달아 이를 부지런히 자신의 삶과 일치시키는 과정'을 주역에서는 다음과 같이 요약하도 있다.

"君子 黃中通理 正位居體 美在其中而 暢於四支 發於事業 美之至也"[162] (군자가 올바른 이치를 자각하여 그 마땅한 자리에 나아가 일하고 있으니 참으로 보기에 좋고, 나아가 온 몸을 다하여 부지런히 실천하고 그 뜻을 세상에 사업으로 펼쳐내니, 참으로 지극히 아름다운 모습이로다.)

여기서 참으로 아름다운 세상[美至]이란 다름 아닌 '우주적 차원에서 모두가 생명적으로 조화된 이상세계'를 말하는 것이며, 그러한 세계는 오로지 부지런한 실천적 삶에서 가능한 것임을 말하고 있는 것이다.

---

162) 주역. 坤卦. 文言傳.

성경에서도 아름답고 조화된 이상사회를 상징적으로 묘사한 장면이 있는데, "그 때에 이리가 어린 양과 함께 거하며, 표범이 어린 사자와 살진 짐승이 함께 있어 어린아이에게 끌리며, 암소와 곰이 함께 먹으며…젖 먹는 아이가 독사의 구멍에서 장난치며…나의 거룩한 산 모든 것에서 해됨도 없고 상함도 없을 것이니, 이는 물이 바다를 덮음과 같이 여호와를 아는 지혜가 세상에 충만할 것이로다"[163]라는 표현이 그것으로, 이는 앞에서도 인용한 바 있듯이, 중용에서 제시한 "萬物竝育而不相害, 道竝行而不相悖"[164] (만물은 함께 자라나면서도 서로를 다치게 하지 않고, 세상의 참된 이치란 함께 행하여지더라도 서로를 어그러뜨리지는 않는다)의 의미와 같은 "우주 만물과 인간이 함께 어울려 생명적 조화를 완성한 경지"를 표상한 것으로, 사실 차원에서의 서술이 아니라 의미 중심적 표현인 것이다.

오늘날 세계적으로 광범위하게 유행처럼 논의되고 있는 민중신학(民衆神學). 또는 해방신학(解放神學)의 기본 목표가 이러한 '조화된 공동체적 삶'을 추구하고 있다는 점에서, 이것이 본래적인 기독교 신앙의 이념에 어긋나는 것은 물론 아니다. 그렇다 하더라도 그것이 사회 정치적인 측면에서의 선전 문구나 방편적인 도구로 기능하는 신학에만 머물러서는 안 될 것이다.[165] 그 핵심은 하느님의 말씀을 주체적으로 깨닫고, 이를 자율적이고 적극적으로 발현해 나가는 이른 바, 자기 구원·자기 해방의 신학이 되어야 하기 때문이다. 그러므로 진정한 민중신학은 결코 강제적일 수도 없고, 또한 배타적일 수도 없는, 대동적(大同的)이고 대화적(大和的)인 대생명(大生命)의 실천적 신학이어야 하는 것이다. 그것은 오로지 '원수까지도 사랑할 수 있는' 가장 개방적이며 가장 포용력이 큰 우주적(宇宙的) 신학이어야 하는 것이다. 만약 어떠한 정치적 의도에 종속되어 방편으로 원용되는 신학이라면, 이는 또 하나의 새로운 신학적 우상을 조장(助長)하는 일이 될 수 있기 때문이다.

하느님의 말씀을 핑계로 하느님의 말씀과 상반되는 일이 자행되는 오늘날 지구촌의 여러 현실들을 목도하면서, 민중신학. 해방신학이 진실로 본래적 하느님의 말씀에 충실하고 있는지를 성찰해 볼 필요가 있음을 논자는 간단히 지적하면서, 이 문제는 향후 보다 진지하게 검토해 볼 남는 과제로 미루어 두고자 한다.

---

163) 이사야. 11: 6~9.

164) 중용. 30장.

165) 사회 정치적 이념을 앞세우다 보면 '和而不同'을 향한 열정이 자신도 모르는 사이에 '同而不和'의 편협된 모습으로 나타나는 경우가 있기 때문이다.

## VI. 예수의 초상화: 다시 그리지 않아도 다시 새겨볼 수는 있다

'신학한다'는 것은 기독교의 고유한 진리, 그것의 신학적 개념이나 명제가 지금 여기에 살고 있는 실존적 '나'에게 어떠한 의미가 있는 가를 묻는 작업이다. 그러므로 신학하는 내용으로서의 기독교 진리는 어떠한 형태이든 우리의 실존과 역사에 대하여 나름대로의 해답을 제시해 주어야 한다. 그것은 기독교가 자기동일성(Christian Identity)을 확보하는 데서 가능해진다. 그런데 오늘의 세계는 기독교가 본래부터 간직해왔던 본질과 이념이 제대로 발양되고 있다고 보기보다는, 오히려 반기독교적 위협에 놓여 있다는 것이다. 일일이 매거할 필요도 없이 지금 우리의 가까운 주변에서는 타락된 모습이라고 짐작되는 교회상과 목회자상을 쉽게 발견하게 된다.

오늘의 기독교가 현실 문제에 대하여 응답하려고 할 때, 전통적인 교의가 겪게 되는 갈등을 몰트만(Moltmann)은 "그리스도교의 동일성과 관련성과의 디렘마"Christian Identity-Involvement Dilemma)라고 말한 바 있거니와 이 문제는 인간의 삶을 규정하는 제반 상황과 복잡하게 얽힌 참으로 풀기 어려운 난제인 것이다. 이러한 난제는 오늘의 신학자들에게 있어서는 언제까지나 고민스러운 하나의 과제이며 또한 신앙적이며 사명적인 내용이기도 하다.

본 논문에서 지금까지 검토해 온 '동양적이라는 관점'은 바로 이러한 오늘의 [특히 한국의] 신학자들에게 있어서 하나의 새롭고도 안전한 통로를 발견하는데 도움이 될 수 있기를 기대해 본다. 더구나 '한국적(韓國的)'이라는 또 하나의 특수한 상황을 상정해야 할 당위 앞에 서 있는 우리들에게는, '동양적(東洋的)으로 신학한다'는 것은, '한국적으로 신학하기 위한 하나의 교두보'가 되지 않을 수 없기 때문이다.

유동식 교수는 "신학이란 언제나 오늘의 맥락(context) 속에서 해석해야 하는데, 강한 종교적 전통 문화를 가지고 있는 우리는 '사회-정치적 신학(socio-political theology)'이 아니라, '종교-우주적 신학'(religio-cosmic theology)을 오늘의 한국 교회가 지향해야 할 신학적 과제"라고 언급하면서, 그 성격을 유기적 자연관. 우주적 역사관. 영적 종교로 요약하고 있다.[166] 본 논문은 '우주적 신학으로 전개될 수 있는 동양적 바탕이 무엇인가'에 대하여, 몇 가지 측면에서 일관된 학문적 관점과 자료를 제공하기 위하여 쓰여진 것이다. 이제 지금까지 검토해 온 중심적인 문제들을 간략히 정리함으로써 본 논문의 전부를 마감하려 한다.

---

166) 유동식. 한국 신학의 광맥. 전망사. 1986. pp.365~369.

1. 기독교 사상을 동양적으로 검토하기 위해서는 우선 '동양적'이라는 의미와 그 철학적 성격을 분명히 인식해 둘 필요가 있는데, 이를 서양적 사유 방식과 대조하여 그 특질을 도표로 정리해보면 다음과 같다.

| 구 분 | 동양적 특징 | 서양적 특징 |
|---|---|---|
| 존재 자체에 대한 관점 | 일원론적(관계성 중시) | 이원론적(개체성 중시) |
| 본체와 현상에 대하여 | 일원적 사고(全者的 思考) | 이원적 사고(多者的 思考) |
| 우주에 대한 태도 | 유기체적 생명 과정(변화적 이해) | 기계론적 물질 존재(고정적 이해) |
| 인간에 대한 태도 | 우주의 창조적 주체(주체적 인간) | 우주내의 한 구성요소(객체적 존재) |
| 인간 본성에 대하여 | 인간 본연의 정감 중시(사랑의 感情) | 인간 심리의 기능 중시(논리적 理性) |
| 인간과 우주와의 관계 | 우주를 인간중심으로 內面化<br>(求心的으로 集約) | 우주를 대상중심으로 外向化<br>(遠心的으로 擴散) |
| 인간 사유의 기본 형태 | 만물과 함께하는 순수정감의 승화<br>(直觀) | 만물과 유리된 순수 사변의 활용(推理) |
| 사유의 기본 자세 | 생명과정으로 파악<br>(만물을 긍정적 태도로 수용) | 변증법적 대립으로 파악<br>(만물을 배타적 태도로 견제) |
| 추구하는 이상사회 | 인간중심의 우주적 調和세계 | - 종교 중심의 天國세계<br>- 과학 중심의 物質세계 |

2. 이미 서양의 신학자들은 화이트헤드의 과정철학, 베르그송. 딜타이 등의 생(生)철학, 그리고 현대의 실존주의 사상에 힘입어, 기존의 전통적인 기독교 사상에 있어서의 대상화된 신관(神觀), 죄인이기에 신에게 복종해야 하는 존재라는 인간관, 피조물로서 신과 분리된 자연관 등에 대하여, 근본적인 철학적 성찰을 더해가고 있으며, 이는 그 방향이 동양적 사유 방식이 세계를 인식하는 관점과 매우 접근되어 있다.

1) 신은 인간을 전제로 삼을 때, 비로소 인간에게 의미 있는 존재가 되며, 인간과 본질적으로 관련되어 있는 존재이다. 창조 주체로서의 신과 피조 객체로서의 인간으로 단순 분리하여 인식할 수 없으며, 신과 인간의 관계도 상호 의존적이다.

2) 우주 존재의 의미적 근거는 인간에 있으며, 인간 존재의 사실적 근거는 우주에 있다. 인간은 우주를 인간적 의미를 중심으로 해석하며, 우주는 인간과 조화될 수 있다. 서양의 대상적 우주관은 인간과 천지자연과의 관계를 모순·대립·투쟁·갈등하는 싸움터로 규정하고 있으나 동양의 유기적 자연관은 조화된 우주적 생명성의 총화로 인식한다.

3) 역사적으로 존재했던 예수를 그리스도로 고백하는 데에서 기독교 신앙은 성립한다. 그

러나 실재했던 예수를 사실차원에서 논의할 때, 영원한 신으로서의 그리스도를 접목시키는데 근본적인 한계가 있다. 사실 차원에서의 예수를 의미 중심으로 해석할 때, 예수는 진실로 그리스도로 전환되는 것이다.

4) 시간의 양상은 과거·현재·미래로 구분되지만 결코 단절되어 있지 않다. 과거와 미래는 현재에 집약되어 있으며, 현재란 실존적 개체인 '나'를 통하여 증거 된다. 따라서 과거의 예수는 언제나 '나'의 현재적 내면화를 통하여, 살아 있는 오늘의 예수로 파악되며, 미래의 천국 또한 현존재인 '나'의 실존적 삶[역사 자체] 안에서만 파악된다. 천국은 미래의 구름 위에 있지 않고, 지금 여기에서 전개되는 나의 삶 속에 존재한다.


3. 성경의 말씀을 직접 동양적 관점에서 해석할 때, 현대 신학자들의 반성적인 언급과 본질적으로 다르지 않을 뿐더러, 오히려 성경의 본래적 뜻을 보다 더 충실하고 빠짐없이 담아낼 수 있다.

1) 동양의 음양원리. 조화적 우주관. 전자적(全者的) 사유를 통하여 볼 때, 하느님의 신성(神性)·인간의 인성(人性)·만물의 물성(物性)은 상호간 의미 중심적으로 교통되어 있으며, 상호 분리적 관점에서 야기되는 모순과 갈등의 문제가 근본적으로 해소된다.

2) 그리스도적 예수의 본질은 맹목적인 신앙 고백이나 문제의 기피 등으로는 해결되지 못하며, 인간이 사실 차원의 우주를 의미 중심으로 해석해 내듯이, 예수의 역사적 삶과 죽음에 대하여, 인간이 창조적인 의미를 부여하여 해석해 낼 때, 비로소 구세주로서의 그리스도적 본질은 인간 안으로 수용되는 것이다.

3) 실존적 삶의 주체로서의 '나'는 신성인 동시에 인성인 나의 본래성을 자각함으로써 비로소 자기 구원, 자기 해방을 성취할 수 있으며, 궁극적 구원은 나의 신앙적 결단과 나의 주체적 자각에 있는 것이지, 대상적인 신의 일방적 동정이나 은총에 있는 것이 아니다.

4) 실존적(實存的) '나'란 '나'만의 독립된 '나'가 아니라, 우주 만물과 상관하는 조화된 존재로서의 '나'이기에, 결코 공동체와의 경계에서 벗어나지 않는다. 공동체와의 관계를 설정하는 주체는 어디까지나 '나'이며, 이것은 나를 중심으로 삼는다는 말일 뿐, 나를 타자(他者)들보다 우위의 자리에 설정한다는 뜻은 아니다. 그리스도적 삶이란 내가 하느님의 말씀을 자각하고 그 뜻을 부지런히 실천하는 것으로, 이것은 단순히 말이나 생각으로서가 아니라, 온 몸을 던져 우주의 생명력과 일치하는 조화적 삶이다. 그리하여 궁극적으로는 신과 인간. 공동체와 개인. 나와 우주를 하나의 조화된 생명적 경지에서 완전히 일치시켜 인간이 지향하는 이상적인 삶을 지금 여기에서 온전히 누리게 되는 것이다.

時懼詩(시구시)

薦天祗地(천천지지)

弘鴻彬牝(홍홍빈빈)

明命施著(명명시시)

正情成性(정정성성)

容龍求龜(용용구구)

侍時懼咎(시시구구)

아침 햇살 크신 은총 두 팔 벌려 맞이하고

저녁 들녘 영근 축복 합장하여 감사하세

가이 없는 날개 짓은 바람 되어 덮어주고

아낙네의 붉은 얼굴 백옥보다 더욱 곱네

어룬님들 고개 들어 위를 보아 저를 찾고

어버이들 두발 딛고 내려 보니 톱풀이네

바른 마음 따뜻한 몸 거름지게 길러놓고

야무진 씨 뿌렸더니 그릇 가득 보람일세

높은 기상 맑은 숨결 이내 가슴 金剛이고

넓은 눈빛 고운 손길 너와 함께 風樂일세

어절씨구 언제인가 하루 한시 그 때로다

삼가하여 모시오니 허물 한끝 멀리 하소

# 인류사(人類史)에 있어서
## '한민족(韓民族)'의
## 문명적 위상

**①**

# 한민족(韓民族)의 우주관과 세계관

## 한국 사상의 철학적 특성
### -묘합성(妙合性)을 중심으로-

## Ⅰ. 이제는 우리의 속내를 우리가 고백해야 한다

인간의 삶의 방식[문화적 특성]에서 가장 강력한 일체감과 통일성을 유지시켜 주는 공동체적 조건이 있다면 첫 번째가 혈연적 요소라고 할 수 있을 것이며, 두 번째는 그 공동체가 터 잡고 살아가는 생존 환경과 조건이라고 할 수 있을 것이다.

이러한 혈연적 공통성과 생태적 일체감을 삶의 토대로 삼아 오랫동안 역사적 체험을 공유하면서 함께 살아온 삶의 공동체를 일반적으로 지칭하면 "민족"이라고 규정할 수 있을 것이다. 오늘날 대한민국이라는 국가적 삶의 공동체를 구성하고 있는 민족적 규정은 물론 "한민족(韓民族)"이다. 그러므로 한민족 역시 일정한 문화적 특성과 공동체적 조건을 구비하고 있을 것임은 짐작하기에 어렵지 않다.

특히 오랜 역사를 통하여 혈연적·문화적 동질감을 크게 훼손하지 않으면서, 이를 한민족의 생존 조건과 전통으로 지키고 계승해 온 우리 한민족 공동체에게 있어서는 다른 이들과는 구별되는 고유한 문화적 특성과 조건을 가지고 있을 것이다.

이에 본 논문에서는 한민족의 전통적인 정신문화를 검토함으로써, 한민족이 내포하고 있는 고유한 사상적 특성을 찾아보고, 그러한 한민족의 정신적 요소가 어떻게 한민족의 전통 사상으로 정착되고 역사적으로 계승·발휘되어 왔는가를 철학적으로 살펴보고자 한다.

주지하다시피 한민족의 혈연적 시원은 단군으로부터 연역되고 있기에, 일차적으로 단군신화의 분석을 통하여 한민족의 고유한 정신적 특질을 추출해보고, 이러한 특징적 정신문화가 사상적 관점에서는 어떠한 철학적 의미가 있는가를 논의하고 정리해볼 것이다.

아울러 단군신화에서 추출해 낸 민족정신의 기본 성격이 한민족의 역사적 과정 속에서 실제로는 어떻게 계승·유지·발전되어 왔는지를 정신문화의 유산인 문헌적 자료에 근거하여 정리해 볼 것이다. 21세기 신문명시대에는 지구촌의 어느 단위 민족을 막론하고 "열린 지구촌 사회"라는 공동의 조건 속에서, "피차간에 국경과 문화와 정보를 공유하고 교류하는 디지털 시대"를 살아갈 수밖에 없다. 이러한 노출된 속성의 사회에서는 단위 민족의 고유한 생각과 가치를 철학적 근거 하에 굳게 정립시키고 유지 하지 못할 경우, 필연적으로 민족성의 해체. 자아 상실의 비극적 사태를 초래할 위험이 매우 높은 게 현실이다.

또한 오늘의 지구촌에서 인류가 집단적으로 겪고 있는 가장 근본적인 갈등의 문제는 거시적으로 볼 때, 종교[神性]와 과학[物性]의 배타적 대립과 부조화. 그리고 이로 인한 인간 생명성의 파괴와 인격성의 해체 현상으로 볼 수 있을 것이다. 이러한 인류사적 난제를 극복하여 참다운 인격적 세계와 생명적 가치를 우주 안에 펼쳐낼 수 있는 '사상적 틀'[논리와 이념]은, 종교적 이념으로서의 신성(神性)과 과학적 가치로서의 물성(物性)이 인간의 생명적 주체성으로 조화되고 일체화되는 길"에 있을 것이다. 그런데 한국의 전통사상은 이러한 "신(神)·물(物) 양성(兩性)의 본질적인 갈등 문제"를 "묘합(妙合)의 논리와 방식"으로써 일관(一貫)하여 극복해 오고 있음을 본 논문은 검증하고 확인하려는 것이다.


## II. 한국 신화의 철학적 의의

일반적으로 신화는 선사시대 인간들의 정서와 관심이 담긴 "신들의 이야기"라고 이해되고 있으며, 따라서 이는 엄격하고 보편적인 합리성이 요청되는 "철학이나 사상"과는 구분하여 논의해야 할 것이다. 그러나 인간의 삶의 과정에 있어서 '역사 이전의 시대' 없이 '역사 이후의 시대'가 존재할 수 없고, 선사 시대 신화의 이야기 없이는 역사 시대의 사유 구조[철학과 사상]도 생겨날 수 없는 것이다. 그러므로 신화는 비록 실제적인 검증의 한계를 벗어난 인간의 상상적인 이야기이긴 하지만, 인간의 체계적이고 질서 있는 정신문화의 결정체인 철학과 사상 자체를 배태하고 탄생시킨 토대이고 원천이며 근거가 된다는 점에서, 신화에 관한 모든 자료는 그대로 철학과 사상을 논의할 수 있는 원천적 배경이 되는 것이다.

이에 한국 사상을 논의함에 있어서도 가장 근원적이고 본질적인 출발점으로서의 한국 신화를 이해하고 검토하는 일은 매우 타당한 서술상의 우선 순서라고 아니할 수 없는 것이다.

## 1. 한국 사상의 원형(原型)으로서의 한국 신화

한국 사상을 논의하기 위해서는 우선적으로 한국의 신화를 철학적 관점에서 검토하는 일이 선행되어야 할 것이다. 사상의 첫 단계는 신화라는 점[1]에서 한국사상의 연구도 철학 및 사상의 단초였던 한국 신화에 대한 관심으로부터 출발할 수밖에 없기 때문이다.[2]

### 1) 한민족의 시조 단군 신화

삼국유사에 전해져 오는 단군 신화의 내용을 간략히 요약하면 다음과 같다.

(하늘에) 환인…환웅 부자가 있었다. 환웅이 인간세계에 가고 싶어 해서 환인은 그를 삼위태백에 내려 보냈다. (땅에는) 곰과 호랑이가 함께 살았는데 모두 사람이 되고 싶어 하여, 환웅은 그들에게 "쑥과 마늘을 먹고 백일 동안 태양빛(日光)을 보지 말라"는 계율을 주었다. 호랑이는 지키지 못했으나 곰은 견디어 21일 만에 여자가 되었다. 환웅과 웅녀가 결혼하여 단군을 낳았으며 단군은 아사달에 도읍을 정하고 조선이라는 나라를 열었다.

일반적으로 단군신화에서 추출할 수 있는 한민족의 정신세계의 특징으로는 '한민족의 생명적 근원을 하늘에 두고 있는 천손의식(天孫意識)', "환한 백색(白色)의 이미지로 수렴되는 평화 지향 의식" 등이 논의되고 있다. 본 논문에서는 이와 더불어 한국인의 자기존재 이해의 논리구조를 신성(神性)과 물성(物性)의 통일적 융합(融合)[인간 주체적 조화]을 내용으로 하는 "묘합(妙合)의 구조"로 설명하고자 한다. 이는 한민족의 시조인 단군을 천신(天神)인 환웅의 아들인 천손(天孫)으로 규정하고 있음과 동시에 지상(地上)의 존재인 물웅(物熊)의 자손으로도 함께 규정하고 있기 때문이다.

형이상적 영역인 하늘의 환웅(桓雄)과 형이하적 세계인 땅의 수웅(獸熊)이 인격적 실체로서의 단군의 실존적 생명성(生命性)으로 조화·일치·통일되는 과정은 실로 "신묘(神妙)한 합일(合一)의 구조"가 아닐 수 없다. 이는 다시 말하여 하늘의 신적(神的) 의지가 인간 세상을 지향하여 내려오고, 땅의 물적(物的) 의지가 또한 인격적 세계[인간세상]를 지향하여 올

---

1) 한국 사상연구회. 강좌 한국철학. 16쪽. 예문서원. 1995.
2) 송석구. 한국의 儒佛사상. 42쪽. 思社硏. 1985.

라감으로써, 드디어는 인간의 세상[인격적 지평. 단군이라는 실체적 인간]에서 "하나의 생명 현상"으로 일체화·주체화·통일·융합·합일되고 있음을 단군 신화는 여실하게 증거하고 있는 것이다.

결코 현실적 세계에서는 하나의 지평으로 회통(會通)할 수 없는 "정신적 영역과 물질적 세계가 인간의 인격적 생명 현상에서 완전하게 묘합(妙合)되고 있음"을 단군 신화는 생생하게 보여주고 있는 것이다.

### 2) 고구려의 주몽(朱蒙) 신화

한민족의 역사상 가장 광대한 영역을 지배했고 가장 강성한 국력을 보유했었다고 판단되는 고구려의 역사적 의의는 한민족에게는 자긍심이 되기에 충분하다. 삼국유사에 기록된 고구려의 건국 시조 주몽의 이야기를 요약하면 다음과 같다.

북부여의 왕 해부루가 동부여로 와서 죽고 그 아들 금와왕이 왕위를 계승하였다. 어느 날 태백산 남쪽 물가에서 하백의 딸 유화를 만났는데, 유화는 말하기를 "하늘의 아들 해모수와 사랑한 후 그는 떠나고 오지 않아, 부모가 나를 책망하여 내쫓았다"하니, 금와왕은 유화를 궁실로 데려왔다. 그런데 이상한 것은 햇빛(日光)이 유화를 따라가면서 계속 비추더니 이로 인하여 유화는 큰 알을 낳았다. 이것을 길에다 버려도 소나 말이 비켜 갔고 얼음 구덩이에 버려도 새나 짐승이 감싸 주었다. 할 수 없이 유화에게 다시 돌려주어 따뜻하게 감싸니 여기에서 사내아이가 태어났다. 아이는 자라면서 특별히 활을 잘 쏘아서 주몽이라고 불렸는데, 다른 왕자들이 이를 시기하여 죽이려 하자 주몽은 세 명의 친구와 달아나 졸본 주에 이르러 새 나라인 고구려를 세운 것이다.

주몽의 생명적 탄생 구조 또한 단군의 탄생 구조와 다르지 않다.

하늘의 햇빛[形而上的 天神의 상징]과 유화(柳花)의 몸(形而下的 河伯의 후손)이 묘합(妙合)하여 주몽[이 태어난 알]이 탄생하고 있는 것이다. 이 또한 신의(神意)와 물지(物志)가 묘합적(妙合的)으로 일체화(一體化)되는 논리를 반영하는 사유적(思惟的) 구조인 것이다.

### 3) 신라의 박혁거세(朴赫居世) 신화

신라의 시조 신화에 주목하게 되는 이유 중의 하나는 신라가 삼국 통일의 주체 세력이었다는 사실에서 현재의 한민족 공동체를 이루는 데 가장 충실한 바탕을 제공했다는 점이다.

그러므로 오늘의 한민족의 정신세계를 이해하는 통로로써 신라 시조의 성격을 검토하는 일은 유익한 일이 아닐 수 없다. 삼국유사에 기록된 신라 시조 박혁거세 왕의 이야기를 요약하면 다음과 같다.

예부터 진한 땅에 여섯 부족이 있었는데 이들의 시조는 모두 하늘로부터 내려온 사람들이다. 임자년 3월에 여섯 부족이 모여 '임금을 찾아 나라를 세우자'고 결의하였는데, 양산 아래 라정 우물가에 하늘로부터 불꽃과 같은 이상한 광선이 땅으로 내려와 있어서 찾아가니, 백마가 무릎을 꿇고 있다가 크게 울며 날아갔다. 거기엔 커다란 자주색 알이 있었는데 그것을 깨뜨리자 준수한 외모의 사내아이가 태어났다. 아이의 몸에서는 광채가 빛났고 천지의 만물들이 다투어 탄생을 축하해 주었다. 또한 해와 달은 더욱 빛났으며, 이로 인하여 그 이름이 '세상에 오신 밝은 왕'이란 뜻의 혁거세왕이 된 것이다. 당시에는 弗矩內王이라고도 불렸는데[3] 불구내란 '빛으로 세상을 다스린다'는 말이다. 또한 알(卵)은 박(瓠)과 같은 모양이기에 박(瓠)과 같은 소리인 박으로 성을 써서 박혁거세가 된 것이다.

신라 시조 박혁거세는 일광(日光)이 안내해 준 곳에 하늘에서 내려온 백마가 전해준 알에서 태어났기에 천손임이 분명하며, 이러한 천손 신화는 주로 북방 계열이라고 볼 수 있는 것이다. 그러나 박혁거세는 알에서 태어났다는 사실을 강조할 때 난생 신화의 요소도 가지고 있으며 난생 신화는 남방 계열의 것으로도 볼 수 있는 바, 신라 시조의 탄생은 북방 계열과 남방 계열의 이야기가 모두 융합, 습합, 혼입되어 있다고 보는 것이 타당할 것이다.[4]

이 또한 하늘의 빛[天神]과 땅의 백마가 전해준 알[地物]이 묘합(妙合)하여 혁거세라는 인간의 생명체로 발현되고 있는 것으로, 이 역시 단군과 주몽의 탄생 구조와 동일한 것이다.

## 2. 한민족 신화에서 추출한 한국 정신의 고유한 특성: 묘합성(妙合性)

신화는 사상이 녹아있는 물웅덩이이다. 소금물을 증발시켜 정제하면 소금 알갱이가 결정화(結晶化)되듯이 신화의 물을 정제하면 사상의 알갱이들이 응결된다. 그 빛나는 보석들을

---

3) 弗矩內(불구내)는 불ㄱㄴ ㅣ〉불ㄹㄴㅇㅣ〉붉은ㅇㅣ〉붉은애〉붉은 아이='붉은 태양빛 아이'의 이두식 표기이다.

4) 김병모, 한국인의 발자취. 정음사. 1985, 119~131쪽.

비단 실에 꿰면 철학의 목걸이가 된다. 철학이 인간 정신세계의 질서 있는 체계라고 한다면, 신화는 바로 그 철학과 사상의 원천과 바탕이 되는 것이다.[5]

앞서 검토해 본 한민족의 대표적 신화에서 한민족의 고유한 사유구조의 특성을 결정화시켜 보면 크게 두 가지로 정리할 수 있을 것이다.

첫째, 인간 중심의 세계관과 우주관이다. 신화에 등장하는 하늘과 땅의 주체는 한결같이 인간세상을 지향하여 추구하고 탐내어서, "인간으로 태어나고[인간이 되고], 인간으로 살아가기"를 희망하고 있다. 이는 한민족의 의식 속에 우주의 모든 존재 가치를 인간의 입장에서 해석하고, 인간을 중심으로 수렴하고 있음을 반증하는 것으로, 한민족의 전통적 의식 속에는 인간 자체의 생명적 존재 가치를 다른 그 어느 것[天神이든 地物이든]보다 우선시·절대시·신성시하고 있음을 분명히 알 수 있으며, 우주 안에다 인격적 세계의 존재 의미를 구현할 수 있는 사상적 토대를 튼튼하게 마련하고 있음을 알 수 있는 것이다.

둘째, 우주 안에 존재하는 모든 존재가 인간의 생명적 존재로 일체화되는 논리와 구조를 묘합적(妙合的) 통일 과정으로 이해할 수 있다. 우주내적 존재를 크게 구분하면 형이상적 영역인 하늘의 뜻[天神·天意]과 형이하적 범주인 땅의 의지[地物·物志]로 나눌 수 있으며, 이 두 가지의 다른 차원의 존재 의미가 인간의 인격성이라는 하나의 생명 원리로 회통하여 일체화되고 있음에 논자는 이를 "묘합적 사유구조[妙合性의 原理]"로 설명 하려는 것이다.

서로 차원이 다르고 존재 양상이 상이한 두 가지의 형상이 서로를 거부하거나 부정하지 않고 상호 적극적이고 긍정적으로 상대를 수용하고 허용하기 위해서는, 서로의 존재 가치를 전적으로 이해하는 포용과 절제와 관용과 화합의 의식이 전제되어야만 가능한 것이다.

이처럼 한민족의 사유 구조 속에는 상대를 수용하고 이를 주체화하는 화합과 통일의 묘합적 논리 구조를 태초적 의식[思惟의 原形質]으로 구유(具有)하고 있는 것이다.

이러한 한민족의 사유적 특질을 그대로 확인할 수 있는 분명한 증거를 우리는 최치원의 다음과 같은 기록에서 재삼 발견하게 된다.

"國有玄妙之道 曰 風流 實乃包含三敎 接化群生 入則孝於親 出則忠於君 魯司寇之敎也. 不言而敎 無爲而化 周柱史之旨也. 諸善奉行 諸惡莫作 竺乾太子之化也"[6] (우리나라에는 현묘한 도가 있으

---

5) 송재국. 고대 동북아 신화를 통해 고찰한 동이족의 "밝음"(明) 문화. 동서철학연구(제53호. 2009. 9). 265쪽.
6) 최치원 '鸞郞碑序文' -三國史記.

니 풍류도라고도 말할 수 있다.우리민족의 고유한 풍류도는 이른바 세 가지의 가르침을 모두 포괄하고 있으며, 이로써 모든 중생을 직접 교화해 나갈 수 있는 것이다. 첫째로 '사람이란 집에 들어와서는 부모님께 효도하고, 밖에 나가서는 나라와 인군에 충성을 다하는 것'이니, 이는 유가의 종사인 공자의 가르침이고, 둘째로 '차별적인 말을 하지 않고서 진리를 가르치고 억지로 무리하지 않는 지혜로써 세상을 교화시키는 것'이니 이는 도가의 큰 스승인 노자의 가르침이며, 셋째로 '모든 선한 일은 받들어 열심히 행하고, 여러 악한 일은 절대로 하지 않는 것'이니, 이는 불교의 창교주인 석가의 가르침이다.)

무릇 논지(論旨)와 주장이 서로 다른 교파의 이념을 긍정적으로 받아들이고 함께 더불어 그 가치를 공유한다는 것은 실로 특별한 사유구조의 포용성이 없으면 불가능한 것이다.

그 중에서도 특히 종교적 교의는 자신들의 절대적 우월성을 전제하고 강요하는 속성이 있기 때문에 다른 교의와는 원천적으로 갈등을 유발하기 십상임에도, 한민족의 정서 속에는 이처럼 타종교의 가르침마저 관용으로써 배려하고, 그 훌륭한 덕목을 모두 취합하여 삶의 현장에서 긍정적으로 조화. 수용하는 "종합과 통일의 사유 방식"이 깊이 착근되어 있었던 것이다. 이러한 이유 때문에 일찍이 한민족의 역사에서는 종교 간의 극단적 갈등이나 타툼이 없었고, 성격을 달리하는 숱한 종파적 교설이 널리 공존하고 번성할 수 있었던 것이다.

실로 상이한 종교적 종파간의 공존 사례는 여타의 지구촌 민족에서는 쉽게 찾기 어려운 것으로, 이는 전적으로 최치원이 선언한 이른바 "현묘지도(玄妙之道)로 표현된 한민족의 묘합적 사유 구조"가 그 배경이 되고 있는 것이 분명한 것이다.

여기서 "묘합)(妙合)"이란 개념어는 유가의 경전(經典)에서 직접 채용한 것은 아니지만, 이미 '철학적 관련 의미'를 담지하여 인용(引用)된 사례는 없지 않다.

송대(宋代)의 주자(周子)는 그의 태극도설(太極圖說)에서 "五行之生也 各一其性 無極之眞 二五之精 妙合而凝 乾道成男坤道成女"(오행의 생성이 저마다 하나의 성품을 갖추고, 무극의 진리와 음양 오행의 정수가 묘하게 합하여서 응결되어, 하늘의 이치는 남성을 이루고, 땅의 이치는 여성을 이루게 된다)라 하여 묘합(妙合)을 명기(明記)하고 있기에, 본(本) 고(稿)에서 표제(標題)한, 철학적 함의(含意)를 내포한, '묘합적(妙合的)', '묘합성(妙合性)' 등의 어휘는 보편학적 범주를 벗어난 자의적(恣意的) 조어(造語)는 아니라 할 수 있다.

논자가 "묘합"이란 단어를 한국 사상의 특성을 표상(表象)하는 중심 표제어로 선택하게 된 것은, 묘합이란 단어에 담긴 두 가지의 철학적 의미 때문인데, "신묘(神妙)"와 "합일(合一)"이 그것이다. "신묘(神妙)"란 물론 "신(神)"과 "묘(妙)" 두 글자의 의미를 합한 것이다.

주역에서 언급한 "신묘"의 의미는 다음에서 유추할 수 있을 것이다.

"神也者 妙萬物而爲言者也"[7] (神이란 서로 다른 萬物相이 각각의 고유성을 고집하지 않고 서로의 한계를 넘어서서 하나의 存在相으로 妙하게 함께하는 경지를 言語로 표현한 것이다.)

"陰陽不測之謂神"[8] [음양적(상대적. 차별적. 현상적)으로 나누어 따로 따로 계측할 수 없는(분리해서 셈할 수 없는) 하나의 존재로 混融된 경지를 일컬어서 神이라고 규정하는 것이다.]

위의 뜻을 함께 관련지어 해석하면, 신묘(神妙)의 뜻은 [차별적인(여러 개로 나누어져 있는) 외형적 경계에 구속되지 않고, 상대에 대한 各個의 고유한 배타성을 超脫하여 하나의 實相으로 보여지고 인식되는 상태]를 표상한 것으로, "하나인 듯하지만 다시 보면 둘이고, 둘처럼 보이지만 살펴보니 하나로도 볼 수 있는" 이른바 "일이이(一而二). 이이일(二而一)"의 존재양상(存在樣相)에 부합하는 어휘인 것이다.

이는 또한 각기 다른 여럿의 존재 양상이 하나의 존재원리에 근원하여 산출되는 "易有太極 是生兩儀"[9]의 1태극(太極) 2음양(陰陽)의 역학적(易學的) 존재구조와도 상통하는 논리로서, 이는 바꾸어 말하면, 2음양(陰陽)이 1태극(太極)으로 합일(合一)하는 개념이기도 한 것이다.

'묘합'의 철학적 의미를 구분하여 신묘(神妙)와 합일(合一)로 이해할 수 있다면, 그 중에서 '신묘'의 의미는 '현묘(玄妙)'로 보충할 수 있고, '합일'은 '중묘(衆妙)'로 보완하여 설명할 수 있을 것이다.

최치원의 난랑비서문(鸞郎碑序文)에서 이미 명기된 현묘(玄妙)에서의 "현(玄)"이란 자의(字意)는 노자 도덕경에서 보다 정밀하게 사용되고 있다. 노자는 "만물[존재 일반]의 존재 근거를 궁극적이고 절대적인 도(道)"라고 규정하면서, 도(道)의 존재상을 형용[文字로 記述]하여 현(玄)[玄之又玄]이라고 표현하고 있다.[10] 나아가 "有物混成 先天地生…寂兮 寥兮…强字之曰道"[11] (우주 만물보다 앞서 있는 절대 존재 원리는 '보일 듯하면서도 무언지 알 수 없고, 들

---

7) 주역. 설괘전 6장.

8) 주역. 계사전.상. 5장.

9) 주역. 계사전.상. 11장.

10) 노자 1장

11) 노자 25장

리는 듯하면서도 소리가 없는' 寥하고 寂하여 混一된 모습이기에, 무어라 말로 꼭 집어 표현할 수는 없지만, 부득이 어떤 문자로 나타내자면 道라고 할 수밖에 없다)라 하면서, 도(道)의 정황을 "혼(混)·적(寂)·요(寥)" 등으로도 서술하고 있는데, 현(玄)이란 자의는 이러한 '혼·적·요'의 함의(含意)를 모두 포괄하고 있는 것이다.

아울러 노자는 만물이 생겨나오는 근거를 도(道)라고 전제하여, 도(道) 속에는 이미 "모든 만물적 요소가 함께 갖추어져 있다"고 보아, 모든 존재가 하나의 문(門) 안에서 생겨나는 정황을 '중묘지문(衆妙之門)'으로 표현하고 있는 것이다. 여럿이 하나의 문 안에 함께 하는 것이니, 중묘(衆妙)는 합일(合一)의 의미와도 상통하는 것으로 볼 수 있을 것이다.

따라서 "묘합(妙合)"이란 어휘는 비록 명시된 기록으로 전승된 바는 아니라 하더라도 "존재의 존재상"을 표상함에 있어서 부적합(부적절)한 것은 아니며, 이러한 논점에서 논자는 이를 [본 논문에서] 하나의 표제어(標題語)로 사용하게 된 것이다.[12]


## III. 한국 사상의 역사적 전개 과정

앞서 한국 신화를 분석. 검토해 봄으로써 한민족의 고유한 정신적 특성을 "신(神)·물(物) 양성(兩性)의 인간 주체적 묘합(妙合)과 통일(統一)"이라는 관점에서 이해하고 정리할 수 있었다. 이러한 "묘합적 사유 구조"가 한민족의 정신적 특성이라면, 이후의 한국정신사에서 이러한 묘합적 사유의 특성이 반영되어 나타났을 것이고, 사상사적 기록으로 실증되었을 것이며, 한국 사상의 형성과 전개와 발현에서 구체적으로 기능하였을 것이다.

이에 한국 사상사의 중심적 흐름을 일관하여 살펴봄으로써 한국 사상의 역사적 전개에 구체적으로 역할 해 온 "묘합적 사유"의 실상을 검증해 보고자 한다.

---

12) '묘합'이란 어휘가 현행 국어사전에 직접적인 표제어로 등재되어있는 것은 아니라는 점에서, 이러한 표기를 논자의 독단적인 造語로만 인정하여 학문적 보편 용어로서 부적합한 것이라고 치부해서는 안 될 것이다. '한국철학사전'(2011년) 538쪽에는 "하늘과 사람의 일치는 근본적으로 인간이 묘합의 존재이기에 가능하다" 하여, 이미 이 단어를 사용한 바 있는데, 이는 '철학적 含意'를 드러내기 위한 하나의 방편으로써, 그 언어적 표현이 적절하고 유용하였기 때문인 것이다.

# 1. 고구려 승랑(僧朗)의 삼론(三論) 사상

승랑은 고구려 요동성 출신으로 중국의 이른바 격의불교(格義佛敎)가 번성하던 북위(北魏) 지역으로 구법(求法)의 길을 떠나 중국 삼론종(三論宗)의 새로운 길을 개척한 승려이다. 한국의 승려로서 중국 불교에 가르침을 주었던 최초의 인물이라 할 수 있는 승랑의 역할은 한민족의 묘합적 사유구조 속에서 발휘된 것으로 볼 수 있으니, 당시의 이원적(二元的)인 논쟁 가운데에 있던 중국의 불교사상을 일원적(一元的) 차원으로 조화롭게 해석하고 통합하여 새로운 불교 사상으로서의 신삼론(新三論)의 철학을 열어준 일이었다.

삼론종이란 중론(中論)·십이문론(十二門論). 백론(百論) 등의 세 가지 논서(論書)에 근거한 이름으로서, 용수(龍樹)의 중관(中觀)사상에 입각하여, 무득정관(無得正觀)·파사현정(破邪顯正)을 내세우고 있는 종파이며, 승랑에 의해 학문적으로 체계화되고 이후 승전(僧詮). 법랑(法朗)을 거쳐 길장(吉藏)에 의해 집대성되었다.

승랑의 학문적 성과와 사상적 편린은 길장이 기록한 그의 스승들의 행적을 통하여 발견할 수 있는데, 그 중 승랑의 철학적 사유를 언급한 기록의 일부를 인용하면 다음과 같다.

"攝山師云 二諦者 乃是表中道之妙敎. 窮文言之極說 道非有無 寄有無以顯道 理非一二 因一二以明理 故知二諦是敎也"[13] (섭산선사께서 말씀하셨다. 有와 無라는 두 가지의 존재가 바로 중도의 묘합된 가르침을 표상하는 것이다. 그 궁극적인 불교의 진리를 말하자면, 부처의 도라는 것은 유와 무의 어느 한 쪽의 것이 아니지만, 바로 그 유와 무에 의거하여 도를 드러내는 것이다. 진리란 하나 혹은 둘이라는 어느 한쪽은 아니지만, 그 하나 혹은 둘의 모습에 근거하여 진리 자체는 밝혀지는 것이니, 이런 이유로 유와 무 두 가지 모두를 바르게 아는 것이 참된 부처의 가르침인 것이다.)

승랑이 본격적으로 활동하고 있던 당시 사상계의 동향을 살펴보면, 하북(河北)에서는 유(有)를 밝히는 비담(毘曇)이 유행하였고 강남(江南)에서는 성실론(成實論)이 성행하였다. 비담은 무아의 경지는 체득하였으나 법유성(法有性)에 몰두하고 가유(假有)에 미혹되어 결국은 유(有)에 집착하였고, 성실론(成實論)은 아(我)와 법(法)의 이공(二空)은 구변(具辨)하나,

---

13) 길장. 二諦章 券上. 승랑은 섭산 서하사의 주지로 있으면서 修行. 講說하였기에, 그의 후학들은 승랑을 섭산대사라고 존칭하였다

밝힘이 미진하여 공(空)을 설(說)할 뿐, 사견만 늘어 모두 불교의 참된 뜻을 잃고 있었다. 이러한 당시 사상계의 문제점을 직시하고, 승랑은 전체 사상계의 조류를 아우르는 통합의 논리인 신삼론(新三論) 사상을 제기하였던 것이다. 승랑이 삼론학(三論學)에서 가장 중요시한 것은, 외도(外道) 등의 무리를 파사(破邪)하는 것과 중도(中道)로 귀일(歸一)하도록 현정(顯正)하는 것이었다. 이처럼 파사현정(破邪顯正)의 실천에 의해서 기존사상계의 대표적인 경향들이 단계적으로 파척되어 나가게 되었다. 이때 파사(破邪)는 고해(苦海)에 빠져있는 중생을 구원하는 것이 목적이며, 현정(顯正)은 위로 대법(大法)을 널리 펴는 것으로 이해하고 있다. 나아가 신삼론(新三論)에서 파사현정의 활동이 추구하고자 하였던 것은 정법(正法)의 구현이었다.[14]

이러한 승랑의 논설은 '이제합명중도설'(二諦合明中道說)[두 가지의 진리상을 하나로 종합하여 진정한 中道의 진리를 밝힌다]로 집약된다. 여기서 중도(中道)는 불교의 궁극적인 진리를 의미하는데, 이 중도를 밝히는 방법으로 세제(世諦)와 진제(眞諦)의 이제(二諦)를 합명(合明)하는 방법, 즉 정반합지양(正反合止揚)시키는 방법을 '이제합명중도설'이라 하는 것이다.[15]

이렇게 서로 다른 관점의 대립과 부조화를 통합과 합일의 일체적 구조 속에서 주체화할 수 있었던 승랑의 철학적 인식체계는 한민족의 고유한 사유 구조인 묘합성의 특성이 발휘된 결과로 볼 수 있는 것이다.

## 2. 신라 원효(元曉)의 화쟁(和諍) 사상

한국 정신사에서 신라 원효의 철학사상은 부처의 가르침을 가장 한국적으로 해석하고, 실천한 대표적이고 모범적인 사례로 인정되고 있다. 그가 의상과 함께 당나라로 배움의 길을 떠났다가 "썩은 물을 달게 마시는 체험"을 통하여 "일체유심조(一切唯心造)"의 불법(佛法)을 확연히 깨닫고는 유학의 길을 되돌려, 이 땅에서 "토착화되고 자생적인 불성(佛性)"을 크게 꽃피워낸 사건은 한국 불교 역사의 위대한 성취이며, 한민족의 정신사에 있어서 자랑스런 자긍심이 되어 있음은 주지하는 사실이다.

원효가 제창한 불교 사상의 핵심은 화쟁(和諍)이다.

---

14) http://bomyungsa.org/zeroboard.

15) 위키백과.

'화쟁'이란 원효 사상의 근본을 이루는 화해(和解)와 회통(會通)의 논리체계를 이르는 말로, 원효로부터 시작되어 한국불교의 전통으로 정착되고 면면히 이어져 내려온 사상이다.

　연기론(緣起論)과 실상론(實相論)을 바탕으로 하여 특정한 교설이나 학설을 고집하지 않고, 비판과 분석을 통해 보다 높은 가치를 이끌어내는 사상이라고 할 수 있다. 모순과 대립을 상호 초극(超克)하여 하나의 체계 속에서 다루므로 화쟁(和諍)이라 하는 것이다.

　원효는 대승기신론소(大乘起信論疏)에서 "마치 바람 때문에 고요한 바다에 파도가 일어나나, 파도와 바다는 둘이 아니다. 우리의 일심(一心)에도 깨달음의 경지인 진여(眞如)와 무명(無明)이 동시에 있을 수 있으나, 이 역시 둘이 아닌 하나이다"라는 비유로 화쟁의 의미를 설명하고 있다.

　그는 특히 열반경종요(涅槃經宗要)에서 "統衆典之部分 歸萬流之一味. 開佛意之至公 和百家之異諍"(불교의 여러 전적을 하나로 모으면, 숱한 말씀의 흐름이 모두 하나의 맛으로 돌아오고, 부처의 뜻을 사심 없이 열어보면 온갖 다른 이야기들도 하나로 조화된다)라 하여 합일(合一)의 묘법(妙法)을 강조하고 있다.

　실로 원효는 언어적 교설(教說)의 굴레를 초탈(超脫)하여 "불성(佛性)의 본래 모습을 인간의 일심(一心) 안에서 삶의 실상으로 구현해 낼 수 있다"는 불교 사상의 신묘적(神妙的) 신지평(新地平)을 열어 보인 것이니, 이 역시 한민족의 묘합적 사유의 특성이 가져다 준 '한국 사상의 빛나는 선물'이 아닐 수 없는 것이다.

　한편 당나라에서 수학한 의상(義湘)은 그의 사상적 궤적을 "화엄일승법계도(華嚴一乘法界圖)"로 집약하여 총설(總說)하고 있는 바, 그가 법계도(法界圖)에서 명시한 다음과 같은 언설(言說) 또한 시간과 공간의 틀에 한정된 언어의 경계를 넘나드는 "비논리적 논리이며 비합리적 합리"의 방법으로써, 이 역시 묘합(妙合)이라는 입체적 관점에서만 이해될 수 있는 한국적 사상의 특성이며 진수(眞髓)인 것이다.


　"一中一切多中一"(하나 안에 일체가 있으며 많음 안에 하나가 있다. 하나가 곧 일체요 많음이 곧 하나이다.)

　"一微塵中含十方"(한 작은 티끌 속에 시방을 머금고, 일체의 티끌 속에 또한 이와 같다.)

　"一念卽是無量劫"(한량없는 먼 겁이 곧 한 찰나요, 한 찰나가 곧 그냥 한량없는 겁이다.)

## 3. 고려 불교의 선교합일(禪敎合一) 사상

불교는 그 구득(求得)의 중점에 따라 선(禪)과 교(敎)로 구분한다.

불교의 종파를 학문적으로 크게 구분하면, 선종(禪宗)과 교종(敎宗)으로 나눌 수 있는데, 교종(敎宗)은 석가모니의 가르침[敎]이 적힌 경전을 공부하여 깨달음에 이르려는 종파이고, 선종(禪宗)은 석가모니가 수행했던 것처럼 마음을 고요히 닦아서[禪] 깨달음에 이르려는 종파이다. 이 두 가지의 깨달음에 이르는 방법[부처 되는 길]은 서로 구분되지만 상대를 배척하는 것이 아니라 서로 보완하는 관계에 있다고 볼 수 있다.

교종(敎宗)에서의 깨달음에 이르기 위한 도구는 경전(經典)[부처님의 말씀]이요, 선종(禪宗)에서의 깨달음에 이르기 위한 도구는 참선(參禪)[求道的 修行 실천]이다. 즉, 경전(經典)은 수행자가 깨달음에 이르도록 안내하는 교과서요[經·論·疏·八萬大藏經], 참선(參禪)은 수행자가 깨달음을 추구하는 실습 방법이다. [敎外別傳·不立文字·直指人心·見性成佛]

그런데 불제자(佛弟子)는 자신이 처한 현실적 상황에 따라 [因緣에 따라] 선(禪)과 교(敎)의 어느 한 편의 공부에 치중하게 되고, 일단 그 어느 일방(一方)을 중점으로 수행하다 보면, 자신이 선택한 구득(求得)의 방법을 우선시(于先視)하거나, 더 나아가 절대시(絶對視)하게 되는 것이다. 이 때문에 불법(佛法)을 교습(敎習)·전수(傳授)함에 있어서도 여러 종파와 이설(異說)이 생겨나게 되는 것이고, 서로 다른 주장과 논쟁은 때때로 다툼의 여지마저 동반하게 된다.

교(敎)와 선(禪)이라는 두 갈래 길에서 불제자(佛弟子)들은 대부분 각자가 선택한 나름의 방도가 성불(成佛)에 이르는 유리하고도 정당한 구법수행(求法修行)이라고 강조하고 믿게 되는데, 바로 여기에서 부처의 가르침의 중요한 어느 한 쪽은 자연스레 소홀해 질 수밖에 없었던 것이다.

참다운 진리를 찾고자 하는 정직한 불제자들은 이러한 문제에 대하여 각성하면서, 선(禪)과 교(敎)의 조화(調和)와 합일(合一)을 추구하고자 하나, 이설(異說)을 중화(中和)시키는 철학적[존재론적] 근거를 찾지 못하게 되면, 결국 진정한 회통(會通)의 경지를 마련하지 못하게 되는 것이다. 그러나 한민족의 사유적(思惟的) 유전자를 이어받은 고려시대의 승려들은 한민족의 고유한 묘합(妙合)의 논리로써 이러한 철학적 난제를 슬기롭게 극복하고 불교사상의 생명력 있는 지평을 확충할 수 있었던 것이니, 그 중심 인물로서 의천(義天)과 지눌(知訥)의 논법(論法)을 살펴보고, 그들에 의하여 한국적 불교 사상으로 심화(深化)·정착(定着)되어 온 고려의 불교 사상을 일별(一瞥)해 보고자 한다.

대각국사(大覺國師) 의천(義天)은 "원효성사(元曉聖師)로 여불숭배(如佛崇拜)하였다"고 전해질 만큼, 원효의 불교 사상을 존중하였다. 의천은 불교계의 선(禪)과 교(教)를 함께 수행하였으며, 선종(禪宗)인 조계종(曹溪宗)과 교종(教宗)인 화엄종(華嚴宗)의 결함을 보완하는 선교통합(禪教統合)을 위하여 일생을 헌신하였다. 그리하여 교(教)와 선(禪)의 합일(合一)을 추구하는 천태종(天台宗)을 창건하게 된 것이다. 다음은 이러한 설법(說法)의 예증이다.

"學教之者 多棄內而外求 習禪之人 好忘緣而內照 並爲偏執 俱體一邊"[16] (교를 배우는 사람은 흔히 그 안의 마음을 버리고 밖의 대상만을 구하기 좋아 하고, 선을 익히려는 사람들은 인연의 의미를 잊어버리고 안으로만 파고드니, 이는 모두가 한 쪽으로 편중된 것이다.)

"此心 其體淸淨 其用自在 其相平等…迷之則 煩惱生死, 悟之則菩提涅槃……出世間一切諸法皆同一"[17] (이 마음이란, 그 본체에서 보면 깨끗한 것이고, 그 발용은 자유로운 것이며, 그 본래의 모습은 차별없이 평등한 것이다……이 마음의 본래 모습을 깨우치지 못하면 생사의 그물에 매어 번뇌하는 것이고 그 마음의 본 모습을 깨달으면 그것이 곧 부처의 열반 경지이다. …… 속세의 모든 차별적인 만법도 본래는 하나의 진리인 것이다.)

이러한 입장에서 의천(義天)은 교(教)와 선(禪)의 상보적(相補的) 차원을 중시하여 "원래의 禪은 教에 籍하여 禪을 익혔고, 지금의 禪은 教를 떠나서 禪을 說하니 이는 名에 집착(執着)하여 그 실(實)을 잊은 것이다. …불학무식(不學無識)의 도(徒)로서 禪한다는 것은 부천(浮淺)해져서 명리(名利)에 놀아나는 결과를 초래하게 된다."하여 교관겸수(教觀兼修)의 넓은 길을 개척하였던 것이다.

당시의 불교계는 禪宗과 教宗의 대립이 심각하여, 양측은 서로의 우열을 논하면서 시비만을 일삼았다. 보조국사(普照國師) 지눌(知訥)은 이러한 당시의 정황에 대하여 깊이 자성하면서 '禪과 教가 모두 부처로부터 비롯된 것인데, 어찌 서로 담을 쌓고만 있는가' 를 의심한 나머지, 3년 동안 노력한 끝에 화엄경의 여래출현품(如來出現品)에서 "여래(如來)의 지혜가 중생의 몸 가운데 있건만 어리석은 범부(凡夫)는 스스로 알지 못하도다."라는 구절에 이르러 크게 깨닫고, "부처의 말씀이 教가 되고 조사(祖師)께서 마음으로 전한 것이 禪이 되었으

---

16) 대각국사 文集 3.

17) 대각국사 文集 4.

니, 부처나 조사의 마음과 말씀이 서로 어긋나지 않거늘 어찌 근원을 추구하지 않고 각기 익힌 것에 집착해 부질없이 쟁론을 일으키며 헛되이 세월만 소비할 것인가."하며 선교일원(禪敎一元)의 원리를 발견하였고, 이에 입각하여 원돈관문(圓頓觀門)의 지침을 확립하였던 것이다. 그의 불법수행(佛法修行)은 이른바 정혜결사(定慧結社) 운동으로 구체화되었으니, 정혜결사란 선정(禪定)과 지혜(智慧)를 근수(勤修)하는 결사(結社)를 일컫는 것으로 그는 정혜결사문(定慧結社文)에서 다음과 같이 설파하고 있다.

"迷一心而起無邊煩惱者衆生也,悟一心而其無邊妙用者諸佛也.迷悟雖殊而要由一心 則離心求佛者亦無有是處也" (마음을 어둡게 하여 끝없는 번뇌를 일으키는 자는 중생이고, 마음을 바로 깨달아서 끝없는 묘용을 일으키는 자는 모두가 부처이다. 미혹과 깨달음이 비록 다르기는 하지만 모두가 하나의 마음에서 비롯된 것이니, 마음을 버리고 부처를 구하는 것은 옳은 것이 아니다.)

정혜결사(定慧結社)는 한마디로 새로워지려는 몸짓이었다. 지눌은 무엇보다도 모든 사람들이 마음 닦는 불교를 정립해야 한다고 믿었다. 그러므로 정혜결사는 부처님의 바른 법을 바로 세우는 정법결사(正法結社)이며, 마음을 닦는 수심결사(修心結社)라고 할 수 있는 것이다. 그는 특히 선정(禪定)과 지혜(智慧)를 항상 함께 닦는 일이 중요하다고 했다. 선정(禪定)이란 본래 마음이 '하나'가 되도록 집중하는 일로 산란한 마음을 다스리는 공부이며, 지혜(智慧)는 마음을 환히 밝게 가지는 것으로 어두운 마음을 다스리는 공부이다. 선정과 지혜는 본래 우리의 마음이 비어 있으면서도 밝은 두 면을 가리키는 것이어서 항상 한쪽에 치우치지 않도록 함께 닦아야 한다는 것이다. 그러나 선정과 지혜를 함께 닦되[定慧雙修] 동시에 생활의 질서인 바른 삶의 자세, 즉 계율의 실천 또한 게을리 하지 말아야 한다고 강조하는 것이다.
실로 고려의 불교사상은 한국적 사유구조의 특성인 승랑(僧朗)의 묘교(妙敎). 원효(元曉)의 화쟁(和諍)의 도맥(道脈)을 그대로 계승. 발전시키고 있음을 확인해 주고 있다는 점에서, 한국적 사유의 틀인 "묘합(妙合)의 큰 지혜"를 한 걸음도 벗어나지 않았던 것이다.

## 4. 조선 성리학(性理學)의 이기지묘(理氣之妙)

조선시대 철학 사상의 주류는 려말선초(麗末鮮初)에 중국으로부터 유입된 주자학(朱子學) 중심의 성리학(性理學)이었다. 중국에서 새로이 태동한 신유학(新儒學)으로서의 주자학은 "인간과 우주 만물의 존재원리로서의 '리(理)'를 규명하고, 각개 존재자의 본성(本性)[性]을 다 발휘하여, 천지간에 인격적 삶을 실현하는 데" 그 이념적 지향을 집중하면서, 신유학의 중심 주제가 리(理). 기(氣). 도(道). 성(性) 등의 개념으로 확장. 심화되었고, 이러한 신유학의 철학적 성격으로 인하여 새로운 학풍으로서의 "성리학(性理學)"이 성립되었던 것이다.

특히 성리학의 새로운 중심 개념으로 리(理)와 기(氣)를 거론할 수 있는 바, 이는 일찍이 주자(朱子)가 주역의 "形而上者謂之道. 形而下者謂之器"를 주해(註解)하여 "理也者 形而上之道也 …氣也者 形而下之器也"[18] (리는 형이상자로서의 道를 말함이고, 기는 형이하자로서의 器를 말함이다)"라고 풀이한 데에서부터 사상계의 전면에 등장하게 된 것이다.

이러한 성리학의 리기(理氣) 문제를 주요 개념어로 받아들인 조선의 유학적 풍토는 자연스레 "理와 氣에 대한 존재론적 의미를 다방면으로 탐구하고, 理와 氣 상호간의 관계를 규정하는 데"에 몰두하게 되었다.

조선의 개국 공신으로서 경국(經國)의 이념적 기틀을 세운 정도전의 다음과 같은 논설은 조선 성리학의 중심적 주제가 무엇이었는지에 대하여 짐작하게 해주는 하나의 예증이 될 수 있을 것이다.

"於穆厥理 在天地先 氣由我生 心亦稟焉……人於其間 全得天地之理 亦全得天地之氣 以貴於萬物 而與天地參焉"[19] (오호, 궁극적 이치인 理여! 리는 천지보다도 먼저 생겨난 것이고, 氣는 리에서 나왔고, 心 또한 리가 부여한 것이다.…인간은 하늘과 땅 사이에서 천지의 리를 온전히 얻고 또한 천지의 기를 온전히 얻으니, 이로써 만물 중에서 가장 존귀한 존재가 되어 천지의 화육에 참여하게 되는 것이다.)

조선 초기의 '리'와 '기'에 대한 관심은 그 이후로도 다양한 형태의 논변으로 심화되고 확장되어 조선의 사상사 전체를 관통하는 중심 논제로 자리 잡게 된다.

일찍이 주자(朱子)는 '리'와 '기'의 관계에 대하여 설명하면서 "在理上看(존재론적으로 보면)에서는 決是二物이지만 在物上看(존재적으로 보면)에서는 不可分開이다"라 하여, 학문적

---

18) 주자대전 권58.

19) 삼봉집.

으로 엄격하게 구분하여 논의할 것을 촉구하고 있다.[20]

중국에서는 대체로 "決是二物"의 분리적 입장에서의 사변적인 이기론(理氣論)이 전개된 반면, 조선에서는 오히려 "不可分開"의 통합적 관점에서 심성론(心性論) 중심의 이기론(理氣論)이 더욱 심도 있게 논의되었다고 보아지며, 다음과 같은 정여창(鄭汝昌)의 묘합적(妙合的) 이기론(理氣論)은 그러한 사례의 하나라고 할 수 있다.

"夫理而無無氣之理 氣而無無理之氣 故理之所在 氣亦聚焉 氣之所動 理亦著焉 …此所謂一而二 二而一者也"[21] (대저 리는 기 없는 리가 없고 기는 리 없는 기가 없는 것이다. 그러므로 리가 있으면 항상 거기에는 기가 모여 있고 기가 움직이는 곳에는 언제나 리가 나타나는 것이다. 이를 일러 이른바 하나이면서 둘이요 둘이면서 하나라고 말하는 것이다.)

"天地之間 有理有氣 而氣之流行 未嘗不本於理也, 天下之道有善有惡 而惡之爲岐 亦未嘗不出於善也…本皆天理"[22] (천지간에는 리가 있고 기가 있으나 기의 움직임은 리에 근본하지 않음이없으며, 인간세상에는 선도 있고 악도 있으나 악으로 갈라져 나온 것도 선에서 나오지 않 음이 없는 것이다.…모두가 그 근본은 천리에 있는 것이다.)

정여창의 존재이해 방식은 앞선 시대 한국적 사유의 특징인 "묘합적 관점의 존재 이해의 방식"과 다르지 않은 바, 그의 "일이이(一而二)·이이일(二而一)"의 논리는 그대로 고구려 승랑의 "비일이(非一二)·인일이(因一二)"와 의상이 선포한 "일즉다(一卽多)·다즉일(多卽一)"의 해법과 상통하고 있기 때문이다.

조선의 유학사에서 가장 뚜렷하게 한국적인 관점으로 '리'와 '기'의 존재구조를 간파한 인물은 율곡(栗谷) 이이(李珥)로서 그는 '리'와 '기'의 관계를 다음과 같이 해설하고 있다.

"夫理者 氣之主宰也 氣者 理之所乘. 非理則氣無所根柢 非氣則理無所依者 旣非二物又非一物. 非一物故一而二 非二物故二而一也. 非一物者何謂也 理氣雖相離不得 而妙合之中 理自理 氣自氣 不相

---

20) 주자문집 권46. "所謂理與氣 此決是二物 但在物上看則二物渾淪不可分開…若在理上看則雖未有物而已有物之理" 決是二物의 관점에서의 理氣論은 리와 기의 先後와 輕重의 문제가 주된 논쟁으로 등장하고, 不可分開의 관점에서의 리기론은 리와 기의 공능과 역할의 문제가 쟁점으로 등장하게 된다.

21) 리기설.

22) 선악천리.

306

挾雜 故非一物也. 非二物者何謂也 雖曰理自理氣自氣 而渾淪無間 無先後 無離合 不見其爲二物 故非二物也"[23] (대저 理는 氣의 주재자요 기는 리가 타고 있는 바이다. 리가 아니면 기가 근거할 곳이 없고 기가 아니면 리가 의지할 바가 없다. 이미 둘이 아니고 하나도 아니다. 하나가 아니기 때문에 一이면서 二요. 둘이 아니기 때문에 二이면 서 一이다. 하나가 아니란 뜻은 무엇인가? 리와 기는 서로 떠날 수 없어서 신묘하게 합해져 있다. 리는 스스로 리이며 기는 스스로 기이다. 이들은 서로 협잡하지 않기에 하나가 아니라고 한 것이다. 둘이 아니라는 뜻은 무엇인가? 비록 리는 스스로 리이고 기는 스스로 기라고 할지라도 혼륜으로 섞여서 빈 사이가 없고 선후도 없고 이합도 없으니 둘이라는 것을 알 수가 없기에 둘이 아니라고 하는 것이다.)

"理氣渾然無間 元不相離 不可指爲二物. 故程子曰 器亦道道亦器. 雖不相離 而渾然之中 實不相雜 不可指爲一物. 故朱子曰 理自理器自器 不相狹雜. 合二說而玩索 則理氣之妙. 庶乎見之矣"[24] (리와 기는 서로 섞여서 간격이 없고 서로 떨어질 수 없는 것이니 이를 두 가지로 나누어 볼 수는 없는 것이다. 그러기에 일찍이 정자께서는 '氣가 곧 道이며 도가 또한 기이다'라고 말했던 것이다. (그러나) 비록 둘로 나눌 수는 없다 하더라도 그 섞여있는 중에도 리와 기의 실질은 서로 간에 완전히 하나로만 섞여있지는 못하는 것으로 단순히 하나로만 볼 수도 없는 것이다. 그러기에 일찍이 주자께서는 '리는 스스로 리이며, 기 또한 스스로 기이니 서로 무조건 뒤섞여 있는 것만은 아니다'라고 말했던 것이다. 이 두 가지의 설명을 깊히 새겨서 따져 본다면, 내가 말하는 "理氣之妙"라는 개념의 뜻을 어느 정도 깨달을 수 있을 것이다.)

위에서 알 수 있듯이 율곡에 의하면 '리'는 '기'의 주재가 되고, '기'는 '리'의 탈 바가 된다. '리'가 아니면 '기'가 근저(根底)할 바가 없고, '기'가 아니면 '리'가 의착할 곳이 없다. 또한 '리'는 무형한 것이기 때문에 언제, 어디에서든지 통할 수 있고, '기'는 유형한 것이기 때문에 언제, 어디에서든지 국한된다. 따라서 '리'는 보편성을 갖는 것이라면 '기'는 특수성을 갖는다. 또한 발(發)하는 것은 '기'이지만 발(發)하는 까닭은 '리'이다. '기'가 아니면 발(發)할 수 없고, '리'가 아니면 발(發)할 바가 없다.

이렇게 볼 때, '리'와 '기'는 세계의 존재를 구성함에 있어서 반드시 있어야 할 요소로서 양자는 대등한 가치를 갖는다. 왜냐하면, '리'나 '기' 어느 하나만으로는 어떤 존재도 있을 수

---

23) 율곡전서. 9.

24) 율곡전서. 20.

없기 때문이다. '리' 없는 '기'도 없고 '기' 없는 '리'도 없어서, '리'와 '기'는 본래 떨어질 수 없는 하나로 있다. 리기(理氣)는 본래 하나의 존재 양상으로 있는 것이다. 그러나 하나로 있다고 해서 '리'가 '기'이고, '기'가 '리'는 결코 아니다. 이같이 둘이면서 하나로 있고, 하나로 있으되 둘인 이기(理氣)의 관계를 율곡은 '리기지묘(理氣之妙)'라는 말로 표현한 것이다. '리기지묘(理氣之妙)'는 '理氣의 妙合'이라는 의미로 볼 수 있는 바, '理氣'가 시간적으로는 선후(先後)가 없고, 공간적으로는 이합(離合)이 없는 묘합(妙合)의 존재구조를 의미하는 말이다. 이러한 '理氣之妙處', '理氣之妙體'의 체인(體認)이야 말로 율곡 성리학의 관건이라 하겠다.[25]

율곡은 비록 당시의 리선기후(理先氣後)의 주리론적(主理論的) 학문 풍토에서 입지(立志)하였으나, 그의 탁월한 철학적 사유를 통하여 "리기지묘(理氣之妙)"라는 묘합적(妙合的) 논리를 근거로 하여, '리'와 '기'의 존재 구조를 한국적 관점에서 새밝힘[再自覺]해냄으로써, 한국 사상사에 있어서는 조선 후기에 등장하여 [기(氣)의 가치를 자각하고 실현하게 되는] 실사구시(實事求是)·이용후생(利用厚生)의 기치를 내걸은 실학(實學)을 견인(牽引)하는 선구적 역할을 감당했음은 실로 한국사상사에서 특별한 성과로 공인되고 있으며, 이는 한국적 사유 구조의 특성인 "묘합성의 원리"가 한국의 정신사에서 역동적으로 활약한 또 하나의 민족적 자부심으로 뚜렷이 기록되고 있는 것이다.

## 5. 조선 후기 이후 현재까지: 서학(西學)의 민족 주체적 새밝힘: 묘합적(妙合的) 변용(變容)

조선은 임진(壬辰). 병자(丙子) 정유(丁酉)등 국난(國難)을 겪은 이후, 국력은 소진되고 백성의 삶은 피폐해졌으며, 곳곳에서 민란이 발생하는 등 정치적 권위와 사회적 질서가 무너지고 통치 세력의 중심이던 양반 계급마져 타락[몰락]하면서 백성들의 삶은 더욱 곤궁해지고 있었다.

이러한 국가 전반의 위난 사태는 의식 있는 지식 계층에게 반성과 분발과 자기 개혁 의지를 촉발시켰고, 중국을 통하여 접하게 되는 서학(西學)[西歐文明]의 실상(實相)은 민족적 자각을 불러오고 자기 갱생의 길을 모색하게 하는 촉매가 되고 있었다.

19세기를 맞이하면서 당시 서구의 열강과 동양에서 가장 먼저 서구적 문물을 받아들인 일본은, 근세 과학 기술의 발전과 산업 혁명을 거치면서 커다란 경제력과 군사력을 창출하

---

25) http://yulgok.or.kr

였고, 과잉 축적된 그들의 국력은 점차 식민지 확장 등의 제국주의적 침략으로 분출되어 서세동점(西勢東漸)이라는 거대한 문명적 흐름이 형성되어 있었다.

조선 후기에서부터 오늘에 이르기 까지 서세동점의 주역을 서학(西學)[西歐的 文化와 文明의 總稱]이라는 관점에서 규정하고, 그 서학의 중심 내용을 일별해 보자면 서양의 과학적 기술·서양의 종교적 신념[기독교 중심]·서양의 사회질서와 제도[민주 시민의식과 법치 이념]·서양의 문화와 가치[개인주의와 자유의식] 등이라 할 수 있을 것이다.

18세기 이후. 조선의 지식인들은 중국과 일본을 통하여 서양의 과학적 혜택의 유용함과 편리함을 체험하면서 그동안 자신들이 몰두했던 사변적인 학문 풍토를 통렬히 반성하고, 실질을 존숭하는 입장에서의 새로운 학문적 변용을 시도하게 되면서 드디어 실학사상(實學思想)이 배태하게 되었다.

지봉(芝峯) 이수광(李睡光)-반계(磻溪) 유형원(柳馨遠)-성호(星湖) 이익(李瀷)-연암(燕巖) 박지원(朴趾源) 등을 거쳐 다산(茶山) 정약용(丁若鏞)으로 대표되는 조선 유학의 실학적(實學的) 변용(變容)은 참으로 적극적인 자기 갱생(更生)의 몸부림이었던 것이다. 서양의 문물과 제도의 실상을 홀대하거나 배척하기 보다는 그 가치와 유용성을 정직하게 인정하고, 이를 시대적인 욕구와 조화시켜 민족적 사유 구조인 妙合의 관점에서 이들을 수용한 것도, 실학자들의 정신적 유전자 속에 계승되어 온 "객체를 주체화하고, 대상을 긍정적으로 포용하는 한민족의 묘합적 사유의 특성"이 발동한 결과라 아니할 수 없다.

특히 강력한 신앙 체계로 무장한 기독교의 제국주의적 교세(敎勢) 확장(擴張)에 대응함에 있어서도, 이를 배타적으로 거부하지 않고 한국적 토착 신앙[巫俗 文化]을 바탕으로 하여 서양의 종교를 묘합적으로 수용, 한국적 종교 문화와 합일시킴으로써 종교의 전파 과정에서 일반적으로 야기될 수 있는 문화 간의 갈등과 이로 인한 희생의 고통을 최소화할 수 있었고, 드디어는 서양 종교의 한국 정착화에 성공할 수 있었던 것이다. 이 또한 한민족의 묘합적 논리가 이러한 "승화된 종교적 융화"를 가능케 했던 것으로 볼 수 있는 것이다.

구한말, 일제의 조선침략 책동으로 인하여, 한민족은 새로운 시련과 고난 앞에 던져지면서, 이에 저항하는 다양한 형태의 민족적 항일 운동이 일어나게 되고, 이와 함께 민족정신의 회복을 독려하는 정신적 자각 운동으로서의 민족 종교 운동이 활발하게 전개되었으며, 한일합방 이후 일제의 식민지 시절에도 한민족은 결코 민족적 자립 의지를 포기하거나 시대적 곤란에 좌절하지도 않았으며, 한민족의 자주독립을 쟁취하기 위해 끝없는 노력과 자기희생을 경주함으로써 끝내 해방의 결실을 맞이하게 된 것이다.

이후 대한민국의 정부 수립- 남과 북의 갈등과 분단-6.25의 민족 전쟁-5.16과 4.19의 정치사회적 혼란을 거치면서, 이러한 어려운 시대적 상황을 슬기롭게 극복하고, 난국을 오히려 창조적 열정으로 선용(善用)·승화(昇華)시킴으로써, 한민족의 묘합적 저력은 부단하게 발휘되었던 것이다. 한편으로 "오랜 역사를 통하여 인류의 지혜가 축적되어 탄생한 서양의 민주제도"[법치 이념]를 한민족은 자신들의 고유한 문화 속으로 수용·접목·발전시켜 드디어는 [半世紀도 안 되는 짧은 기간에] 오늘의 민주화된 한국을 성취하였고, 더불어 과학 기술의 창의적 개발을 통하여 경제와 제도에서의 산업화 과정을 동반 성취하였으며, 이제는 아시아의 중심 국가를 넘어서 세계의 지도국으로서 자랑스럽게 부상하기에 이른 것이다.

논자는 이러한 한민족의 자기 극복·자기 수용·자기 통합의 논리와 기질과 저력과 능력을 통관하여 이해하고, 그 철학적 특성을 규정함에 있어서, 한민족에게 오랜 역사를 통하여 꾸준히 전승되고 발휘된 "객체(客體)와의 묘합적(妙合的) 자기주체화능력(自己主體化能力)"이라는 한민족의 사상적 특성으로 수렴하여 정리한 것이다.


## Ⅳ. "묘합적(妙合的) 사유구조(思惟構造)"의 인류 문명사적 의의

### 1. 현대 문명의 본질과 한계: 신선(神性)[종교]과 물성(物性)[과학]의 배타적 갈등 현상

오늘날 지구촌 공동체의 삶의 형태는 동·서를 막론하고, 서구인들이 이룩해 놓은 삶의 방식[서양문명]과 가치·이념이 주도하고 있다. 21세기 현대 인류 사회에 있어서 생활 전반의 중심적 질서로 강력하게 기능하고 있는 "서구적 문명의 실상"은 과연 무엇이며, 이는 인간이 요구하는 행복한 삶에 있어서 얼마만큼 만족스러운 것이며, 또한 앞으로도 그 유효성은 지속될 수 있는 것일까?

서구의 역사를 일별(一瞥)해 보면, 과거 중세 천년 동안 신(神)의 노예임을 기쁘게 자처하며 살아오던 인류는 르네상스를 겪으면서, 인간의 살림살이를 허상의 이념인 신성(神性)에 의탁하기보다는 스스로의 노력으로 살아가는 것이 더욱 유용할 수 있음을 경험한 이후, 20세기에 이르기 까지 인간의 생각과 손기술로 무엇이든지 해 낼 수 있다는 또 다른 신앙을 가지고, 무한한 물질적 풍요로움과 기술적 편리함을 하늘의 축복처럼 찬미하면서 절대적인 문명의 혜택을 만끽해왔다.

그러나 20세기 세계 대전을 치르고, 21세기 경이로운 신문명에로의 문턱을 넘으면서, 과학 기술의 성과가 생활의 윤택함보다 오히려 생명 살상의 원천적 공포임을 체험하게 되었고, 종교적 신념이 인간을 위로하기보다 오히려 종교·인종·국가·민족·문화·제도·이념 간의 극단적 갈등과 투쟁을 미화하는 깃발과 무기로써 더욱 요긴하게 쓰이고 있음을 발견하게 된 것이니, 성전(聖戰)이란 미명(美名)으로 자행되는 무차별적 테러. 무문별한 과학 기술의 남용으로 인한 지구 생태 환경의 오염, 허상적 이념에 도취된 생명 경시 풍조와 대량 살상의 유행. 자본주의 경영 방식의 통제 불가능한 횡포, 공산사회주의 이념의 실패로 인한 인간 이념의 허구성 확인 등의 사태를 체감하면서, 이제 기존의 습관적 사유[세계관·인간관]와 고정적 태도만 가지고서는 더 이상의 인류 공생(共生)을 담보할 수 없다는 사실을 절감하게 되었고, 나아가 인류의 미래적 삶에 요청되는 새로운 삶의 지혜와 이념과 방식과 논리를 모색하지 않을 수 없게 된 것이다.

특히 21세기 벽두, 지구촌에서 최강의 군사력·최대의 경제력·최상의 문화적 역량·최고의 과학적 효율성을 과시해 오던 미국은 9.11테러라는 참혹한 인간 생명의 파멸 현장을 체험하게 되면서, 인간의 종교적 신념간의 갈등 현상과 과학적 기술이 추구하는 효율성이 악마적 이념을 미화하는 깃발 아래서 작위적으로 결속할 때, 어떤 모습으로 인간에게 보답하는가에 대하여 경악하였고, 새삼스레 전율스런 자기 성찰을 강요받게 된 것이다.

이러한 사태는 사실 일찍이 예견할 수 있었던 여러 가지 가능성 중의 하나에 불과했던 것으로, 앞으로의 인류사에서도 "인간의 선한 영혼과 집단적 육신을 제물로 바치는 또 다른 형태의 광신적(狂信的) 축제"가 얼마든지 예비 되어 있음을 짐작하기에 추호의 부족함이 없게 되었다.

바야흐로 인류는 21세기 현대 문명이 구조적으로 안고 있는 위기의 본질과 갈등의 근본 성격이 과연 무엇이고, 이를 극복할 수 있는 인간의 지혜와 의지와 방법이 있기는 한 것인지에 대하여 공개적으로 고민해야 할 숙명과 당위 앞에 알몸으로 던져져 있는 것이다.

실로 21세기 오늘의 인류에게 당면한 문명적 난제는 특정한 지도자나 개별 국가, 특정의 사회제도 또는 개별적 이념, 기술의 독단적 능력이나 노력의 어느 한 쪽 만으로는 결코 해결할 수 없는 숲인류적·숲지구적·숲시공적 과제이며, 인류사회 공동체에게 주어진 글로벌한 숙명적 숙제가 되어 있는 것이다.

그러므로 이에 대한 책임적 위치에 있는 여러 정치 지도자·지식인·종교가·사상가 등은 기존의 문명적 타성을 극복하고 새로운 발상과 양식을 동원하여, 공존의 원리와 조화의 방식을 찾다보니, 이른바 "동양적 정신문화와 가치"에로 그들의 지향처가 수렴되고 있는 것이 오늘날의 대체적인 경향이 된 것이다. 서구적 문명의 패턴 속에서 집단적 고난의 행로를 체험하는 와중(渦中)에서, 한편으로는 동양 문명의 중심에 있는 중국적 가치와 유용성이 점차 노정되기 시작하였고, 이미 G2의 위상으로 부상한 중국의 국제 역학적 현실이 이를 증거하고 있는 것이며, 자원이 부족하고 전쟁과 이념적 대립으로 민족적 상처가 처절한 한국 또한 G20 의장국, 유엔지도자 배출, 문화와 스포츠에서의 생활 가치 상승, 세계10대 교역량의 경제적 성취 등 새로운 동양 문명의 역할과 가치를 명징하게 증거해 내고 있는 것이다.

이러한 동양적 가치의 등장은 결코 일회적이거나 우연적 사건이 아니며, 인류 문명사적 필연의 담론(談論)이 되고 있음을 오늘날의 인류 세계는 스스로 자각하고 있는 것이다.

영국 출신의 미국 과학자[이론물리학자]인 카프라 교수는 "인류문명의 대전환기에서 그 위기를 극복할 수 있는 지혜는 상생과 조화의 동양 문명에 있다"고 갈파하면서 다음과 같이 그 의미를 요약하고 있다.

우리가 현재 경험하고 있는 변화는 전 세계적인 광범위한 것이며, 현재의 위기는 개인이나 정부 혹은 사회 제도만의 위기가 아닌 지구 차원의 轉移인 것으로 우리는 지금 전환점에 도달하고 있다. 이러한 위대한 전이에 대비해서 우리가 필요로 하는 일은 우리 문화의 주요 전제와 가치를 깊이 재검토하며, 이미 유효성이 없어진 개념적 모형은 버리고 우리 문화사의 어떤 시기에 버렸던 어떤 가치들을 새롭게 인정하는 일이다.…… (현대의 주요 이론 중) 마르크스적 견해는 사회진화에 있어서 모순과 투쟁을 지나치게 강조함으로써 자연 속의 모든 투쟁은 더 큰 협동의 테두리 안에서 일어난다는 사실을 간과하고 있다. 따라서 마르크스의 견해보다는 (동양사상인) 易經의 철학을 따르는 것이 사회적 전환기의 충돌을 극소화한다고 나는 믿는다.[26)]

또한 한국 출신의 미국 신학자인 이정용 교수는 "전통적인 서구의 기독교는 이미 실패하였으며, 본래적 예수의 메시지는 음양의 철학인 동양의 주역으로 재해석되어야 한다"고 진단하면서 다음과 같이 스스로를 비판하고 있다.

서구의 전통적인 종교가 실패한 것은 포용적인 신에 대하여 배타적인 상징을 사용한 데에 주로 그 원인이 있다. 신은 인격적 실존과 비인격적 실존 양자의 신인 것이다. 그러므로 종교적 틀에서

---

26) F.카프라. The turning point. 새로운 과학과 문명의 전환(이성범외 역, 범양사, 1985), 33~35쪽.

부터 비인격적 실존에 대한 관심을 없애 버린 전통적인 종교적 사유는 서구가 지니고 있는 비극적인 실패라고 단언할 수 있다. …… 모든 것의 신 모든 것을 위한 신을 다루는 우주적 종교는 본질적으로 보편적인 종교이다.…… 동양적인 사유 방법과는 정반대인 배중률의 서구적 논리는 그 근본을 동양문명에 두고 있는 기독교 신앙을 해석하기에는 적합하지 않다.…… 나는 머지않아 서구적인 논리적 사유에 의해 독점되어 온 기독교의 메시지가 陰陽원리의 범주인 동양적인 사유 방법에 의하여 근본적으로 재해석되어야 하리라고 믿고 있다.[27]

아울러 세계적 축제의 중심인 2008 뻬이징 올림픽과 2010상하이 엑스포에서 사회주의 공산 국가인 중국이 세계 앞에 내놓은 '중심 키워드'는 온통 동양 문명의 사상적 배경인 "공자와 논어"일색이었던 현실 등은 이제 지구촌의 모든 인류가 공감하고 수긍하지 않을 수 없게 된 분명한 사례인 것이다.

## 2. 한국 사상의 인류 문명사적 역할과 가치: 신(神)·물(物) 양성(兩性)의 인간 생명적 조화와 통일

위의 인용에서도 확인할 수 있듯이 현대 인류가 당면한 문명사적 과제는 두 가지의 측면으로 정리할 수 있을 것이다.

첫째, 종교 간의 배타적 갈등으로 인하여, 종교의 혜택이 '인류 구원이 아닌 인간 파멸'의 이념으로 둔갑하여 기형적 신앙체계가 횡행하고 있는 실정. 둘째, 단순한 효율성과 이기적 편리함만을 일방적으로 추구함으로써 과학 기술의 성과가 탈인격적이고 반생명적으로 남용되고 악용되고 있는 현실로 정리할 수 있을 것이다.

더 나아가 종교와 과학의 이념과 목적 또한 상호간에 조화되지 못한 채 각각의 논리와 필요성만을 일방적으로 강요하면서, 영원한 평행선만을 고집하고 있는 것이며, 그러한 와중에서 인간은 종교와 과학의 주인이 아니라 오히려 '종교의 장식품과 과학의 소모품'으로 전락되고 마는 비극적 현실인 것이다.

이제 동양의 한민족은 지구마을에서 새로운 村長의 역할을 감당해야 할 "자격 있는 가문(家門)"으로 부상하고 있다. 21세기 지구촌 공동체를 운영함에 있어서 한민족이 제시할 수

---

27) 이정용. Cosmic religion. 易과 기독교 사상.(정진홍 역, 한국신학연구소, 1980), 8쪽.

있는 공정한 진단과 지혜로운 처방은 과연 어떠해야 할 것인가?

21세기 현대 문명의 난제(難題)와 맹점(盲點)이 "종교의 이념이 인간을 구원하기보다 오히려 탈인격적 신앙을 강요하는 광신적 파괴력으로 둔갑하는 현상"과 "과학의 기술이 인간의 생명을 보호하기보다 오히려 반생명적 무기로 악용되는 현실"에 있다고 볼 때, 이미 한민족의 정신적 원형으로 검토한 바 있는 "종교적 근거로서의 신성(神性)과 과학적 토대로서의 물성(物性)이 인간의 인격적 생명성(生命性)으로 조화·일치·묘합되는 한민족의 사유 구조와 논리 체계"야 말로 이러한 인류사적 한계를 극복할 수 있는 유용한 대안이며 방향이 되기에 충분한 자원이라 아니할 수 없는 것이다.

이미 검토한 바 있듯이 한민족의 조화적. 묘합적 사유체계는 천(天)-지(地)·음(陰)-양(陽)·신(神)-물(物) 종교(宗敎)와 과학(科學)이라는 대대적(待對的) 존재구조를 인간의 생명적 지평에서 하나로 일체화·주체화하는 기능을 발휘해 왔으며, 한민족의 생명적 유전자에는 신(神)-물(物) 양성(兩性)의 조화적 융합(融合)을 가능케 하는 유용한 본질을 본유(本有)하고 있다는 점에서, 통합과 조화의 기능과 지혜가 절대적으로 요청되고 있는 현대 인류의 문명적 실태에서 한민족의 인류사적 역할과 가치는 인류의 미래적 삶의 양태를 향도할 수 있는 보편적 도구로서 그 인류 문명사적 의의가 남다르다 할 수 있는 것이다.

동양 문명의 중심적 토대가 되어 온 유학사상에 대하여, 그 태초적 연원(淵源)과 현대적 가치를 문헌학적[문자학적]·고고학적·철학적 관점에서 입체적으로 탐색함으로써, 현대 한국사상계에 뚜렷한 성과를 기록한 바 있는 류승국 교수는 "유학의 시원은 인방(人方)[夷·仁·寅] 문화에 있으며, 그 문명적 주체는 동이족(東夷族)인 한민족이다"라고 논증하였는데,[28] 이에 대하여 한국학계에서는 다음과 같이 평가하고 있다.

(류승국 교수는) "현대사회에서 종교나 과학이 숭고하고 위대하더라도 인간의 생명과 존엄을 도외시하고는 의미가 없으며, 종교와 과학의 인간화가 이루어져야 이상사회가 열린다고 역설하였다. 또 주관과 객관, 이상과 현실, 개체와 전체, 本과 末을 '妙融하는 한국사상의 기본 정신'은 현대의 수많은 갈등과 대립. 모순을 해결할 수 있으며, 특히 인도주의 사상, 생명존중의 사상, 陰陽相和 사상 같은 것은 인류 사회의 보편적 진리가 될 수 있다고 하였다. 이 밖에도 2000년대 한민족의 사상적 방향과 동북아시아의 세계사적 위치 등에 대하여 논하면서, 장차 인류가 갈등과

---

28) 유승국, 「동양철학 연구」, 근역서재, 1983. 참조.

대립을 넘어 하나의 공동체를 형성하는 화합과 평화의 시대가 도래할 것으로 진단하였고, 한국이 그 변화의 출발점이 될 것으로 전망하였다."[29]

논자는 위의 인용에서 언급한 '묘융(妙融)과 상화(相和)의 한국 사상이 인류의 미래적 공동체에 기여할 것'이라는 류승국 교수의 진단과 전망에다, 이 논문에서 정리한 "한민족의 묘합성(妙合性)의 원리"를 보탬으로써, 미흡하나마 선학자(先學者)의 주장에 일말(一抹)의 철학적 관점과 자료를 보충할 수 있기를 기대하는 것이다.

## V. '우리다움'의 원형질(原形質): 한류(韓流)의 꽃

21세기 지구촌 공동체에는 국가 혹은 민족을 단위로 하는 다양한 삶의 형태가 일정한 조건의 현대문명적 상황 속에서 공존하고 있다. 특히 과학 기술의 획기적 발달로 인하여 국가와 민족 간의 문화적 차별과 경계가 급속히 해체되고 있으며, 이로 인하여 각각의 역사와 전통 속에서 계승. 유지되어 오던 고유한 정보와 가치 등이 독립적으로 보호되거나 보장받기 어려운, 이른바 [인류 공동의 새로운 삶의 형식인] '디지털 문명'을 공유하고 있는 것이다.

이러한 '열린 지구촌의 다문화 공동체'에서는 혈연. 종교. 풍속. 언어 등 문화 전반에 걸쳐, 서로 상이한 문화 주체 간에 일정한 긴장감과 부득이한 협력 등 복합적인 관계가 형성되기 마련이며, 때로는 각각의 대립적 특성으로 인하여 다툼과 갈등이 발생하기도 하고, 그 과정에서 특정한 문화적 가치 혹은 형식은 소멸. 해체되기도 한다.

이 논문은 "다민족·다문화 공동체"속의 하나의 독자적인 구성체인 우리 한민족이 胎生的이고 차별적으로 가지고 있는 "문화적 본질과 근거로서의 사상적 특성"은 과연 무엇이며, 그러한 한민족의 사상적 특성이 현대 인류사회에서는 어떠한 존재 가치와 의미가 있는 것인지를 검토함으로써, 한민족이 인류사회에 기여하고 역할 할 수 있는 가능성과 의미를 가늠해 본 것이다.

이에 한민족의 사상적 원재료인 한국의 신화를 분석. 검토함으로써 한민족의 고유한 사유구조의 특징을 "신성(神性)[종교]과 물성(物性)[과학]의 인간 주체적 묘합(妙合)"이라는 관점

---

29) 한국철학사전 편찬위원회. 한국철학사전. 640쪽. 도서출판 동방의 빛. 2011.

에서 정리할 수 있었고, 이러한 사상적 특성은 한국의 역사적 기록을 통하여 "묘합성(妙合性)"이라는 분명한 하나의 사유 방식[논리 구조)]으로 확인하고 검증할 수 있었다.

오늘날 인류사회가 해결해야 할 가장 심각한 문명적 공동 과제는, 인간의 주체성을 도외시하는 편향된 종교적 이념과 인간의 생명성을 소모적 도구로 삼아 새로운 물신(物神)의 공포로 등장한 맹목적 과학 기술을 "인간의 삶의 가치 속에서 어떻게 조화·일치·통일시킬 수 있을 것인가"의 문제로 요약할 수 있을 것이다.

이에 본 논문은 한민족이 본유(本有)하여 역사적으로 실증해낸 "신(神)·물(物) 양성의 인간 주체적 妙合의 가치"가 미래 인류 사회 공동의 문제를 해결함에 있어서 유용하게 쓰일 가능성을 함께 논의해 본 것이다.

그동안 한국의 사상을 논의함에 있어서는 시대별. 또는 주제별로 나누어 특정한 범주와 성격을 위주로 연구해 온 경향이 일반적이었다. 이에 비하여 본 논문은 한국 정신사 전반에서 특징적으로 나타나는 "한민족의 고유한 사유 방식과 논리적 틀"을 구조적으로 모형화(模型化)하고, 이를 근거로 한국 사상사를 통관 할 수 있는 하나의 철학적 관점을 "묘합성의 원리"로 새롭게 도출하고 수렴해 본 것이다.

이로써 한민족의 철학 사상을 이해하고 연구함에 있어서 또 하나의 유용한 학문적 논법이 마련되었다는 점에서, 본 논문이 기대하는 학문적 가치와 성과의 일단을 찾을 수 있을 것이다.

# 한민족(韓民族)의 종교적 성격과 이념적 지향

## 한국 근대 민족종교에 나타난 유학 사상

## I. 한민족의 종교 의식을 길러 낸 유학적 풍토

인류의 전 역사를 거시적으로 조감해 볼 때, 18세기 후반부터 전개된 이른바 '근대성의 극적(劇的)인 발현(發顯)'과 21세기 초엽인 오늘날 인류가 당면한 '디지털 정보산업 사회의 구현'은 전(全) 인류문명사 중에서 가장 역동적인 변혁과 질적인 전환을 경험하고 있는 시대라고 규정해도 크게 어긋나는 진술은 아닐 것이다.

르네상스로 불리우는 14세기 전후부터 산업혁명을 성취한 18세기까지의 역사를 '근대'라고 전제할 때, 근대적 역사 현상으로 특정할 수 있는 대표적인 상황을 우선 열거해 보자면 다음과 같이 요약해 볼 수 있을 것이다.

첫째 중세 천년의 어둠을 뚫고 인간의 자의식을 이성의 빛으로 자각하기 시작하였고, 둘째 지리상의 발견 등으로 세계관이 확장되면서 근대적 인간관 우주관이 성립되었으며, 셋째 종교 개혁 등으로 진정한 신(神)의 의미를 새로이 설정함으로써 신(神)의 예속으로부터 해방된 자유로운 인간상을 구현할 수 있었고, 네째 집단적 시민 의식이 대두되면서 인간 사회의 공동체적 질서와 체계가 구축되었으며, 다섯째 인간 이성의 기능에 기초한 과학적 기술과 가치를 생활 현장에서 실현함으로써 산업혁명을 통한 삶의 풍요로움과 편리함을 구가할 수 있었다.

이러한 세계사적 역사현실의 전개는 점차 극동의 작은 나라 조선 사회에도 극적인 사회 변혁과 질적인 정신 혁명을 강제하게 되었고, 이에 대응하면서 스스로의 살길을 모색해 온 국가적 체험과 민족적 노력이 곧 한국에서의 근대가 그려낸 한민족의 자화상(自畵像)인 것이다.

그런데 특별히 주목하게 되는 것은 한국의 근대 역사현실에서는, 당시의 세계 여러 민족이 경험하고 대응해 온 정치. 경제. 사회. 문화 등에서의 일반적인 양상과 더불어, 다른 하나의 근대적 운동이 발흥하였던 바, 이것이 곧 한민족의 고유한 정서와 열정이 촉발시킨 민족 종교 운동이며, 이러한 한국 근대의 민족 종교 운동은, 이후 한민족의 역사 전개 과정에 있어서 매우 주도적인 역할과 기능을 담당해 왔다는 사실이다.

이제 21세기 신문명시대를 살아갈 오늘의 한국인은 한민족이 유용하게 성취할 수 있는 민족적 미래 전력이 필요한 것이며, 이를 위한 전제적 노력으로서 자신들의 역사적 유전자인 '근대적 실상'을 정직하게 성찰하고 근거있게 정립해야 할 것이다. 특히 근대적 역사현실로서의 한국 민족 종교에 대한 연구와 관심은, 우리의 미래적 삶의 양상이 근대적 유산의 토양 위에서 성장할 수밖에 없다는 점에서, 오늘의 우리에게는 반드시 요구되는 학문적 과제가 아닐 수 없다.

이에 본 논문에서는 한국의 근대에서 발생하여 오늘의 한국 사회 전 영역에 강력한 정신문화로 기능하고 있는 대표적인 민족 종교에 대하여, 그 교의(敎義)와 논설(論說)을 당시의 지배적인 사회규범인 유학의 사상과 견주어 비교 검토함으로써, 한국 근대 민족 종교의 본래적 주제와 논리. 그리고 궁극적 이념이 무엇이었는지를 사상적 지평에서 토론·정리해 보고자 한다.

이를 통하여 당시의 민중들은 퇴락한 유학의 허상을 비판하면서, 불합리하고 모순된 사회현실을 극복하고자 새로운 민족 종교운동에 매진하였으나, 정작 그들에게 희망을 주던 민족 종교의 내부적(內部的) 주제(主題)와 논리(論理). 지향(志向)하는 이념(理念)은 대부분 전통적이고 본연적인 근본 유학(儒學) 정신에 근거하여 성립. 설교되고 있음을 확인하게 될 것이다.


## II. 한국 민족성에 내재(內在)된 사상적 본질

한국의 종교현상은 한국인이 가지고 있는 종교의식의 반영이란 점에서, 한국의 근대 민족 종교는 한국 민족의 민족적 정서와 성격이 당시의 근대적 상황에 부응하여 새롭게 표출된 종교적 형식이며 운동이다.

한국인에게는 특별히 민족적 정서 속에 강력하고도 본질적인 종교적 성향이 내재되어 있는 바, 다음은 이에 대한 적절한 진술이다.

"한민족은 종교적 민족이다. 어느 종교도 한국에서 무참히 실패하고 돌아간 적이 없으며, 누구나 종교적인 정서에서 완전히 자유롭다고 선언하기를 망설인다. 우리와 우리의 생각을 이해하기 위해서는 종교사상의 터널을 통과하지 않을 수 없다. 근대기에 화산처럼 분출한 동학 등 신종교들만 하더라도 고대로부터 형성, 잠재되어온 각종 사유체제를 압축적으로 담고 있다. 결국 근대 종교의 이해는 한국 정신사의 지표를 마련하는 일이라 하겠다.”[1]

그렇다면 위에서 언급된 '고대로부터 형성, 잠재되어온 각종 사유체제'의 구체적 내용과 성격은 과연 무엇인가? 이러한 '한민족의 고유한 사유체제'에 대한 분석과 이해는 한국의 민족적 종교를 해석하고 규정하는 기본적이고 전제적인 요소이며 조건이 아닐 수 없다.

이에 한국의 민족종교를 탐구함에 있어서 한국인의 고유한 사고방식과 그 속에 내재된 종교적 성향을 살펴보는 일은 민족 종교를 연구하는 관문이 될 것이다. 또한 민족 종교가 발흥하던 당시의 시대적 상황에서 그 정신문화의 주류를 이루고 있던 사상적 배경은 일반적으로 유학적 이념과 지향이었던 점에서, 근대 민족 종교가 전개되는 배경과 토대를 제공했던 유학적 주제와 논리가 어떻게 반영되고, 변형·주창(主唱)되었는지를 상호 견주어 보는 작업은, 전통의식의 생명적 계승이란 점에서 결코 간과할 수 없는 대전제가 되는 것이다.

근대 민족 종교가 한국의 역사 현실에 등장하게 되는 민족사적 당위성과 문명사적 필연성을 한민족의 전통의식과 관련하여 사상적 지평에서 검토하고 정리하는 일이야말로 근대 민족 종교의 본질과 성격을 이해하고 규정하는 가장 안전하고도 정당한 토대가 될 수 있을 것이기 때문이다. 이에 본 논문은 한민족의 고유한 민족적 성향으로서의 '종교성'과 사유적 특질로서의 '묘합성'에 주목하여, 이러한 한민족의 사상적 특질이 당시의 정신문화를 주도해온 전통적인 유학 사상과 어떠한 유기적 관계를 가지고 있으며, 나아가 그러한 민족적 사유와 유학적 주제가 어떻게 새로운 민족 종교의 메시지로 변용(變容)되어 나타나고 있는지를 유념하여 논의하고자 한다.

## 1. 한민족의 사상적 특질로서의 종교성(宗敎性)

한민족의 민족성[原初的 意識]을 담지하고 있는 가장 신뢰할 수 있는 텍스트는 한민족의 태초적 상황을 기술하고 있는 신화(神話)이며, 그 중에서도 한국인의 시원을 언급하고 있는

---

1) 정규훈. 한국의 신종교. 서광사. 2012. p.9.

단군신화이다. 단군신화에 나타난 한국인의 정서적 특질로서, 강력한 종교성이 주요한 요소임은 이미 다양하게 논의된 바 있다.

유남상 교수는 단군 신화에 나타난 한국인의 고유한 민족적 성향에 대하여 사상적 관점에 주목하여 다음과 같이 분석·정리한 바 있다.

"단군 신화는 한국 역사가 발원되기 이전의 신시(神市)세계의 내용이다. 신시세계는 지상의 인간 국가가 아닌 한국인의 정신 세계 속에 열린 태초적 국가의식이다. 따라서 단군 신화는 한국인의 선역사적(先歷史的) 역사 의식이요, 선국가적(先國家的) 국가 의식이요, 선세계적(先世界的) 세계 의식이라 할 수 있으니, 다시 말하면 우리 민족의 태초적인 자아의식에 의한 철학적 사고 내용의 신화적 표현인 것이다. 그러므로 단군 신화의 분석을 통하여 한국 사상의 고유한 본질을 발견할 수 있으니, 첫째는 인간 중심적 우주관과 세계관의 문제이다. 하나님의 뜻을 상징하는 천상의 신이나 생물의 자연 본능성을 상징하는 지상의 동물이 모두 인간에 뜻을 두었다는 것은 이 신화 전체를 일관하는 인간지향적 우주관에 입각한 인간 중심적 세계관의 철학적 진리를 의미하는 것이다.

둘째는 변화 원리에 관한 문제이다. 이는 두 가지 측면에서 이해할 수 있는 데, 하나는 신(神)과 물(物)이 각각 변화하여 신(神)·물(物) 통일체(統一體)로서의 인간 존재가 생성되는 원리를 뜻하며, 또 하나는 인간 존재로 화생(化生)된 단군이 만물과 군생(群生)을 다스려 세계를 변화시킨다는 이화(理化)를 말함이다. 이 두 가지는 신이 인간에게 내려 준 천명에 근거한 도덕적 교화 원리를 말한 것으로 이는 인간 주체적 자각 원리를 근간으로 하는 진리관을 상징한 것이다.

셋째는 신(神)과 물(物)이 일체화 되어 인간이 화생(化生)되는 인간관의 문제이다. 인간은 천신(天神)과 지물(地物)의 일체화적 존재이며 인격은 신격과 물격의 통일체로 이해한 것이다.

넷째는 종교적 신앙을 바탕으로 한 윤리적 계율 사상이다. 천신은 전일성(全一性)과 완전성(完全性)을 상징하지만 땅의 군생(群生)은 완전성(完全性)을 지향한 상대적 존재이다. 그런데 상대적 존재인 곰은 계율을 믿고 실천함으로써, 암흑세계에서 인간의 신명적 세계로 뛰어 나온 것이다. 이는 한국인의 윤리관이 철저한 종교적 신앙에 근원하고 있음을 상징하고 있다.

다섯째는 신(神)·물(物) 양성(兩性)의 인간 주체적 자각에 의한 새로운 세계의 발견이다. 단군 신화의 핵심 문제는 자연의 세계와 자연의 역사에서 차원을 전환하여 새로운 인간의 세계와 인간의 역사를 여는 데[開闢]에 있는 것이니, 이것이 바로 「새밝」 사상이다. 신·물 양성의 인간 주체적 자각이란 우주 원리의 인간 주체화를 말하는 것으로, 이를 통하여 새로운 세계상이 인간의 내면세계 속에 개시(開示)되는 것이다"[2]

단군신화에서 곰[熊]이 여인[人間]으로 변한다는 이야기의 의미는 무엇인가? 곰은 신웅(神雄)이 상징하는 형이상적 하늘의 뜻을 철저히 믿고, 비록 땅에 붙어사는 형이하적 존재이지만, 하늘이 내려준 계율을 끝까지 지켜냄으로써, 궁극적인 바램을 성취해 낸다는 것은 우리 민족의 유전인자에는 엄격하고도 강렬한 신앙심이 태초부터 내재하고 있음을 표상하는 것이다.

유학에서의 종교적 언표+는 주역의 '天施地生 其益无方'[3] (하늘은 뜻을 베풀고 땅은 이를 생명으로 이루나니, 그 이익됨이 천지간에 가득하여 끝이 없구나) '大哉乾元 萬物資始'(위대하구나 하늘의 으뜸되는 공능이여! 만물은 바로 여기에서 처음 생겨나는 것이로다)[4]에서 그 대체를 짐작할 수 있는데, 특히 익괘(益卦) 효사(爻辭)에서는 '有孚惠我德'(믿음이 있으니 하늘의 은덕이 나에게 내려온다)이라 하여, '믿음[孚]만이 나의 바램을 이루어 준다'는 신앙의 본래적 소용을 확언하고 있다.

실로 주역에서의 '부(孚)'는 유학 사상이 내포하고 있는 종교적 성향을 가장 직접적이고 포괄적으로 대변하고 있는 중심적 개념이다. 주역 혁괘(革卦)에서는 신앙의 대상을 '천도의 역수(曆數)가 개혁된 세상'[後天]의 도래와 관련하여, '己日乃孚 革而信之'(천지운행도수가 변혁되는 己日이 오게 될 것을 굳게 믿는다)라고 언급하고 있는데, 송재국 교수는 이러한 '유학적 믿음'을 한국인의 종교적 성향과 결부하여 다음과 같이 부언·해석하고 있다.

"'부(孚)'라는 글자는 인간의 심정적 믿음[信]을 우주적 절대성으로 승화시킨 종교적 차원의 신앙심을 말하는 것이다. '부(孚)'는 그 자형 자체가 '어미 새가 발톱[爪]으로 굴려 가면서 알[子]을 품어, 그 체온과 정성으로 끝내는 새로운 생명을 부화시키는 모습'을 상형한 것이다. 이를 우주사적 관점으로 본다면 '하느님이 사랑과 은총으로 인류사에 새로운 세상[後天世界]을 열어 주시는 일'이라고 할 수 있는 것이다. 그런데 '알[子]을 품어[爪] 부화시킨다'는 뜻의 '부(孚)'는 어째서 '믿을[信] 부'라고도 말해지는 것일까?

'믿음'이란 그 본질이 논리·증거·이유·조건·상황 등을 판별하는 이성적 범주에 속한 것이 아

---

2) 유남상. 한국 전통 윤리사상의 연구. 충남대 인문고학연구소 논문집. 제XI권 2호. 1984.

3) 익괘 彖辭.

4) 건괘 彖辭.

니다. 믿음이란 실로 '그냥 그렇게 믿어 주는, 무조건적인 기대감을 반영하는 본능적 정서'인 것이다. 다시 말해 '믿음'이란 그 특성이 합리적[과학적]인 판단 여부에 구애받지 않는다는 것이다. 그러므로 믿음이란[어떤 계기로 일단 한번 받아들이고 나면] 그 속성 자체가 처음부터 끝까지 '맹신적'일 수밖에 없는 것이다. 훌륭한 설교나 전교(傳敎)는 합당한 설명이나 논리적 설득에 있지 않은 이유도 여기에 있다. 위대한 전도사는 언제나 인간의 정서와 사랑에 호소할 뿐이며, 자신의 말에 대한 지적인 이해를 요구하지 않는다.

천국이 있다고 누군가가 천국의 풍경을 비디오로 찍어서 보여 주지 않았으나, 천국의 실재를 목숨처럼 믿는 것이 바로 신앙이다. 기독교 성경이나 불경 속에서 회자되는 숱한 기적과 축복은 과학적으로나 역사적으로 증명된 적이 없지만, 그 말씀의 실체를 생명처럼 받드는 것이 곧 종교이다.

쑥과 마늘을 먹고 햇빛을 보지 않았더니, 옛날에 살았던 어떤 반달곰이 아름다운 처녀가 되었다는 이야기를 한 번도 들어 본 적이 없었음에도, 환웅(桓雄)의 말씀을 아무런 의심도 없이 철석같이 믿고, 힘든 계율을 기꺼이 수행한 삶의 자세가 다름 아닌 곰님[熊女]의 믿음인 것이다.

신앙은 참으로 '믿는 자'의 독단적이고 주체적인 정서에 전적으로 의존한다.

새는 태어나서 처음으로 알을 낳고는, 그 알을 품고 있으면 언젠가는 그 껍질이 깨지고, 그 속에서 자신을 닮은 자식이 태어날 것이라는 기대를 무조건적으로[선천적으로·본능적으로·내부적으로] '그냥 믿는 것'이기에, 어미 새는 알을 품으면서 끝내 새끼를 얻게 되는 것이다.

겉보기에는 아무런 생명적 징후도 발견할 수 없는, 그저 밋밋하고 딱딱한 돌덩이 같은 둥근 알에서, 부드러운 깃털이 있고, 고운 소리를 내며 꿈틀대는 아기 새가 생겨날 것이라는 것은 도저히 이성적으로는[외형적으로는] 수긍되거나 납득되지 않는다. 그럼에도 불구하고 어미 새는 그 알에서 아기 새가 생겨날 것이라는 굳은 믿음을 가지고, 그 알을 발톱 아래에다 품고 그 따뜻한 체온으로 데우는 것이다. 그래서 '알 깨칠 부'는 그대로 '믿을 부'가 되는 것이다."[5]


한국인의 의식 구조에 강렬한 종교적 정서가 자리하고 있음은 역사적으로나 현실적으로 어렵지 않게 공감할 수 있다. 지구촌 곳곳에는 아주 오래전부터 잔혹한 전쟁의 기록이 무수히 발견되는데, 전쟁이 발생되는 가장 많은 원인이 다름 아닌 종교적 갈등과 다툼에 있다는 것은 널리 알려진 사실이다. 그러나 한국은 장구한 역사의 기록에서도 종교적 이유로 인한 전쟁이나 분쟁은 찾아보기 어렵다.

---

5) 송재국. 송재국 교수의 역학담론. 예문서원. 2010. pp.342~343.

또한 오늘날 한국 사회에서는 세계의 모든 종교적 활동이 아무런 거부감 없이 공존하고 있으며, 그중에서도 특히 기독교의 양적(量的) 성장과 질적(質的) 교세(敎勢)는 세계의 종교 지도를 압도하고 있다 해도 지나치지 않다.

더불어 한민족의 혈통을 통하여 유전자로 내재되어 온 종교적 열정은 인간의 의지를 촉발시키는 '신바람'으로 행사되어, 세계적으로도 유례를 찾기 힘든 [반세기라는 짧은 기간에] 산업화(産業化)와 민주화(民主化)를 성취하는 민족적 원동력으로 기여할 수 있었던 것이다.[6]

## 2. 한민족의 사유적 특질로서의 묘합성(妙合性)

종교와 관련된 제반 활동이 인간의 삶에 긍정적인 역할을 하고 나아가 궁극적인 행복을 주기 위해서는 그 종교적 행사가 참된 진리와 도덕적 기반 그리고 인간과 만물에 대한 사랑의 토양에서 발현되어야 한다. 그러므로 진정한 종교의 본질은 배타성(排他性)이 아닌 포용성(包容性), 부분성(部分性)이 아닌 전체성(全體性), 갈등(葛藤)의 조장(助長)이 아닌 조화(調和)의 추구(追求), 편파적(偏頗的) 독선(獨善)이 아닌 상생적(相生的) 배려(配慮) 등의 기준과 덕목을 구비하고 있어야 한다.

오늘날 세계의 종교 현장에서 가장 뚜렷한 영향력을 발휘하고 있는 그리스트교의 본래적 교의와 불교의 본연적 교설이 그 기준과 덕목에 대체적으로는 부합한다 할 수 있을 것이다.

예수는 유대 민족의 혈통을 계승하였으나 선민의식(選民意識)에 근거한 유대교의 배타적 우월주의를 혁명적으로 극복하고, 범인류(凡人類) 사해동포를 사랑과 구원의 대상으로 선포함으로써 진정한 세계 종교로서의 그리스트교를 창시(創始)한 것이고, 석가(釋迦)는 왕족 출신이었으나 계급간의 배타적 고립주의를 철폐하여 만민 평등의 절대 가치를 거양(擧揚)하고, 극단적인 육체적 고행을 통하여 정신적 열락(悅樂)을 추구하던 기존의 편협된 수행 방식을 초탈(超脫)하여, 정신과 육신이 함께 누리는 생명적 가치를 동시에 존중하여 수행함으로서, 삼라만상(參羅萬像)이 구유(具有)한 본래적 불성(佛性)을 자각하면 '上求菩提 下化衆生'

---

6) 인간의 종교적 열정이 역기능적으로(부정적인 방향으로) 발휘되어 원시종교의 광기로 분출된 사례 역시 한민족의 현실에서 발견할 수 있으니, 세계 지도에서는 이미 공산 사회주의 색채가 모두 사라진 21세기에도, 북한에서는 여전히 공산 사회주의 체제가 유지되고 있으며, 민중이 특정 정치 지도자의 장식품으로 아무런 비판 없이 동원되거나 집단적 허상으로 전락하여 우상화 놀음에 소모되고 있는 것은 한민족의 유별난 종교적 정서에 그 토대가 있기 때문이라 할 수 있다.

할 수 있는 중도적(中道的) 해탈(解脫)의 길을 깨달아서, 누구든지 실존적 삶의 현장에서 스스로 부처가 될 수 있다는 불교의 대법(大法)를 창립한 것이다.

그렇다면 앞서 살펴본 한민족의 종교적 성향과 특질은 과연 세계적 종교의 맥락에 어느 정도 부합하는 것일까? 한국의 오랜 역사를 거시적으로 통관해 볼 때, 한국에서의 종교적 기록이나 활동은 진정한 종교의 본래적 범주나 기준을 벗어난 적이 없다는 점에서 한민족의 종교적 성향이나 기질은 이미 보편종교(普遍宗教)로서의 세계성(世界性)을 보유하고 있다고 말할 수 있다.

이에 논자는 한국적 종교 현실을 정직하게 투시하면서 한국인의 종교적 의식이 형성된 배경과 형식을 '한국적 사유방식과 특징'이라는 관점에서 일관하여 살펴보고자 한다.

한국인의 근원사상을 동양 문명의 원천인 유학의 연원(淵源)과 상관하여 천착해 온 송재국 교수는 한민족의 고유한 사유방식과 특징을 '묘합적(妙合的) 사유구조'라는 관점에서 다음과 같이 정리하고 있다.[7]

① 한민족의 신화에는 형이상적 이치를 상징하는 천신(天神)과 형이하적 물상을 상징하는 지물(地物)이 상호 지향함으로써 신성과 물성이 묘합적으로 합덕. 일체화 되어, 끝내 통일적 생명을 성취하는 구조로 서술되어 있는 바, 단군신화에서 신웅(神雄)과 물웅(物熊)이 묘합적으로 합덕하여 단군을 생성하는 구조. 고구려 신화에서 '천지일광(天之日光)'과 '지지유화(地之柳花)'가 상합(相合)하여 알[주몽]이 태어나는 구조. 신라의 신화에서 '하늘의 빛'[日光]과 '땅의 白馬[(알)가 묘합하여 박혁거세가 탄생하는 구조 등은 한민족의 사유적 특징이 천지만물 상호간의 관계[존재 방식]에 있어서 배타적이 아니라 통합적으로 수용. 인식한다는 점에서, 이를 '묘합적(妙合的) 사유구조'라 규정할 수 있다.

② 신라 최치원은 '난랑비서문'에서 우리나라의 사상적 특질을 '현묘지도(玄妙之道)'로 확정하여 다음과 같이 설파하고 있다.

"國有玄妙之道 曰 風流 實乃包含三教 接化群生"[8] (우리나라에는 현묘한 도가 있으니 풍류도라고도 말할 수 있다.우리민족의 고유한 풍류도는 이른바 세 가지의 가르침을 모두 포괄하고 있으며 이로써 모든 중생을 직접 교화해 나갈 수 있는 것이다)

---

7) 송재국. '한국사상의 철학적 특징'. 인문과학논집 제 44집. 청주대학교 한국문화연구소. 2012. 제II장.제III장 참조.

8) 최치원 '鸞郎碑序文' -三國史記.

③ 고구려의 승려 승랑(僧朗)은 불교의 종지를 중도로 파악하고 삼론종을 새로이 강론하면서, 유(有)-무(無). 아(我)-법(法) 등의 대립을 초탈하여 진정한 불도에 나아가는 묘교(妙敎)의 관법(觀法)을 다음과 같이 제시하고 있다.

"攝山師云 二諦者 乃是表中道之妙敎. 窮文言之極說 道非有無寄有無以顯道理非一二 因一二以明理 故知二諦是敎也"[9] (섭산선사께서 말씀하셨다. 有와 無라는 두 가지의 존재가 바로 중도의 묘합된 가르침을 표상하는 것이다. 그 궁극적인 불교의 진리를 말하자면, 부처의 도라는 것은 유와 무의 어느 한 쪽의 것이 아니지만, 바로 그 유와 무에 의거하여 도를 드러내는 것이다. 진리란 하나 혹은 둘이라는 어느 한쪽은 아니지만, 그 하나 혹은 둘의 모습에 근거하여 진리 자체는 밝혀지는 것이니, 이런 이유로 유와 무 두 가지 모두를 바르게 아는 것이 참된 부처의 가르침인 것이다.)

④ 한국 정신사에서 신라 원효(元曉)의 철학사상은 부처의 가르침을 가장 한국적으로 해석하고, 실천한 대표적이고 모범적인 사례로 인정되고 있다. 원효가 제창한 불교 사상의 핵심은 화쟁(和諍)이다. 화쟁이란 원효 사상의 근본을 이루는 화해와 회통의 논리체계를 이르는 말로, 원효로부터 시작되어 한국불교의 전통으로 이어 내려온 사상이다.

그는 특히 '涅槃經宗要'에서 "統衆典之部分 歸萬流之一味. 開佛意之至公 和百家之異諍"(불교의 여러 전적을 하나로 모으면, 숱한 말씀의 흐름이 모두 하나의 맛으로 돌아오고 부처의 뜻을 사심 없이 열어보면 온갖 다른 이야기들도 하나로 조화된다)라 하여 합일(合一)의 묘법(妙法)을 강조하고 있다.

⑤ 불교는 그 구득(求得)의 중점에 따라 선(禪)과 교(敎)로 구분한다.

불교의 종파를 학문적으로 크게 구분하면, 선종(禪宗)과 교종(敎宗)으로 나눌 수 있는데, 교종은 석가모니의 가르침[敎]이 적힌 경전을 공부하여 깨달음에 이르려는 종파이고, 선종은 석가모니가 수행했던 것처럼 마음을 고요히 닦아서[禪] 깨달음에 이르려는 종파이다. 이 두 가지의 깨달음에 이르는 방법[부처 되는 길]은 서로 구분되지만 상대를 배척하는 것이 아니라 서로 보완하는 관계에 있다고 볼 수 있다.

'교'와 '선'이라는 두 갈래 길에서 불제자들은 대부분 각자가 선택한 나름의 방도가 성불에 이르는 유리하고도 정당한 구법(求法) 수행이라고 강조하고 믿게 되는데, 바로 여기에서 부

---

9) 길장. 二諦章 券上. 승랑은 섭산 서하사의 주지로 있으면서 修行. 講說하였기에, 그의 후학들은 승랑을 섭산대사라고 존칭하였다.

처의 가르침의 중요한 어느 한 쪽은 자연스레 소홀해 질 수밖에 없었던 것이다. 참다운 진리를 찾고자하는 정직한 불제자들은 이러한 문제에 대하여 각성하면서 선(禪)과 교(教)의 조화와 합일을 추구하고자 하나, 이설(異說)을 중화(中和)시키는 철학적[존재론적] 근거를 찾지 못하게 되면, 결국 진정한 회통의 경지를 마련하지 못하게 되는 것이다.

그러나 고려시대 한민족의 사유적 유전자를 이어받은 승려들은 한민족의 고유한 묘합의 논리로써 이러한 철학적 난제를 슬기롭게 극복하고 불교사상의 생명력 있는 지평을 확충할 수 있었던 것이니, 그 중심인물로서 의천(義天)과 지눌(知訥)의 논법을 살펴보면 다음과 같다.

의천은 선교합일(禪教合一)을 주창하여 다음과 같이 설파하였다.

"學教之者 多棄內而外求 習禪之人 好忘緣而內照 並爲偏執 俱滯一邊"[10] (教를 배우는 사람은 흔히 그 안의 마음을 버리고 밖의 대상만을 구하기 좋아하고, 禪을 익히려는 사람들은 인연의 의미를 잊어버리고 안으로만 파고드니, 이는 모두가 한쪽으로 편중된 것이다.)

또한 지눌(知訥)은 정혜쌍수(定慧雙修)를 통하여 불법의 묘용처(妙用處)를 강조하였다.

"迷一心而起無邊煩惱者衆生也,悟一心而其無邊妙用者諸佛也.迷悟雖殊而要由 一心則離心求佛者 亦無有是處也" (마음을 어둡게 하여 끝없는 번뇌를 일으키는 자는 중생이고, 마음을 바로 깨달아서 끝없는 묘용을 일으키는 자는 모두가 부처이다. 미혹과 깨달음이 비록 다르기는 하지만 모두가 하나의 마음에서 비롯된 것이니, 마음을 버리고 부처를 구하는 것은 옳은 것이 아니다)

⑥ 조선시대 철학 사상의 주류는 려말선초(麗末鮮初)에 중국으로부터 유입된 주자학 중심의 성리학이었다. 중국에서 새로이 태동한 신유학으로서의 주자학은 "인간과 우주 만물의 존재원리로서의 '理'를 규명하고, 각개 존재자의 본성[性]을 다 발휘하여, 천지 간에 인격적 삶을 실현하는 데" 그 이념적 지향을 집중하면서, 신유학의 중심 주제가 理. 氣. 道. 性 등의 개념으로 확장. 심화되었고, 이러한 신유학의 철학적 성격으로 인하여 새로운 학풍으로서의 "성리학"이 성립되었던 것이다.

리와 기에 대한 관심은 다양한 형태의 논변으로 심화되고 확장되어 조선의 사상사 전체를 관통하는 중심 논제로 자리 잡게 된다.

일찍이 朱子는 리와 기의 관계에 대하여 설명하면서 "在理上看[존재론적으로 보면]에서는 決是二物이지만 在物上看[존재적으로 보면]에서는 不可分開이다"라 하여, 학문적으로 엄격

---

10) 문집 3.

하게 구분하여 논의할 것을 촉구하고 있다.[11]

중국에서는 대체로 "決是二物"의 분리적 입장에서의 사변적인 리기론이 전개된 반면, 조선에서는 오히려 "不可分開"의 통합적 관점에서 심성론 중심의 리기론이 더욱 심도 있게 논의 되었는바, 리와 기의 관계를 존재적 차원에서 일체적으로 규정한 정여창은 '理와 氣의 묘합적(妙合的) 構造'를 다음과 같이 설명하고 있다.

"夫理而無無氣之理 氣而無無理之氣 故理之所在 氣亦聚焉 氣之所動 理亦著焉 …此所謂一而二 二而一者也"[12] (대저 리는 기 없는 리가 없고 기는 리 없는 기가 없는 것이다. 그러므로 리가 있으면 항상 거기에는 기가 모여 있고 기가 움직이는 곳에는 언제나 리가 나타나는 것이다. 이를 일러 이른바 하나이면서 둘이요 둘이면서 하나라고 말하는 것이다.)

"天地之間 有理有氣 而氣之流行 未嘗不本於理也, 天下之道有善有惡 而惡之爲岐 亦未嘗不出於善也 …本皆天理"[13] (천지간에는 리가 있고 기가 있으나 기의 움직임은 리에 근본하지 않음이 없으며, 인간 세상에는 선도 있고 악도 있으나 악으로 갈라져 나온 것도 선에서 나오지 않음이 없는 것이다.…모두가 그 근본은 천리에 있는 것이다.)

정여창의 존재이해 방식은 앞선 시대 한국적 사유의 특징인 "묘합적 관점의 존재 이해의 방식"과 다르지 않은 바, 그의 "一而二. 二而一"의 논리는 그대로 고구려 승랑의 "非一二. 因一二"와 신라 義湘이 '華嚴一乘法界圖'에서 선포한 "一卽多. 多卽一"의 解法과 상통하는 구조이다.

조선의 유학사에서 가장 뚜렷하게 한국적인 관점으로 리와 기의 존재구조를 간파한 인물은 栗谷 李珥로서 그는 리와 기의 관계를 다음과 같이 해설하고 있다.

"夫理者 氣之主宰也 氣者 理之所乘. 非理則氣無所根抵 非氣則理無所依者 旣非二物又非一物. 非一物故一而二 非二物故二而一也. 非一物者何謂也 理氣雖相離不得 而妙合之中 理自理 氣自氣 不相挾雜 故非一物也. 非二物者何謂也 雖曰理自理氣自氣 而渾淪無間 無先後 無離合 不見其爲二物 故非二物也"[14] (대저 理는 氣의 주재자요 기는 리가 타고 있는 바이다. 리가 아니면 기가 근거할 곳이 없고 기가 아니면 리가 의지할 바가 없다. 이미 둘이 아니고 하나도

---

11) 주자문집 권46. "所謂理與氣 此決是二物 但在物上看則二物渾淪不可分開…若在理上看則雖未有物而已有物之理" 決是二物의 관점에서의 理氣論은 리와 기의 先後와 輕重의 문제가 주된 논쟁으로 등장하고, 不可分開의 관점에서의 理氣論은 리와 기의 功能과 役割의 문제가 쟁점으로 등장하게 된다.

12) 이기설.

13) 선악천리.

14) 율곡전서. 9.

아니다. 하나가 아니기 때문에 一이면서 二요. 둘이 아니기 때문에 二이면 서 一이다. 하나가 아니란 뜻은 무엇인가? 리와 기는 서로 떠날 수 없어서 신묘하게 합해져 있다. 리는 스스로 리이며 기는 스스로 기이다. 이들은 서로가 협잡하지 않기에 하나가 아니라고 한 것이다. 둘이 아니라는 뜻은 무엇인가? 비록 리는 스스로 리이고 기는 스스로 기라고 할지라도 혼륜으로 섞여서 빈 사이가 없고 선후도 없고 이합도 없으니 둘이라는 것을 알 수가 없기에 둘이 아니라고 하는 것이다.)

"理氣渾然無間 元不相離 不可指爲二物…合二說而玩索 則理氣之妙. 庶乎見之矣"[15] (리와 기는 서로 섞여서 간격이 없고 서로 떨어질 수 없는 것이니 이를 두 가지로 나누어 볼 수는 없는 것이다.…이 두 가지의 설명을 깊히 새겨서 따져 본다면, 내가 말하는 "이기지묘(理氣之妙)"라는 개념의 뜻을 어느 정도 깨달을 수 있을 것이다.)

⑦ 18세기 이후. 조선의 지식인들은 중국과 일본을 통하여 서양의 과학적 혜택의 유용함과 편리함을 체험하면서 그동안 자신들이 몰두했던 사변적인 학문 풍토를 통렬히 반성하고, 실질을 존숭하는 입장에서의 새로운 학문적 변용을 시도하게 되면서 드디어 실학사상(實學思想)이 배태하게 되었다.

芝峯 李睟光-磻溪 柳馨遠-星湖 李瀷-燕巖 朴趾源 등을 거쳐 茶山 丁若鏞으로 대표되는 조선 유학의 실학적 변용(變容)은 참으로 적극적인 자기 갱생의 몸부림이었던 것이다. 서양의 문물과 제도의 실상을 홀대하거나 배척하기 보다는 그 가치와 유용성을 정직하게 인정하고, 이를 시대적인 욕구와 조화시켜 민족적 사유 구조인 묘합의 관점에서 이들을 수용한 것도, 실학자들의 정신적 유전자 속에 계승되어 온 "객체를 주체화하고, 대상을 긍정적으로 포용하는 한민족의 묘합적 사유의 특성"이 발동한 결과라 아니할 수 없다.

특히 강력한 신앙체계로 무장한 기독교의 제국주의적 교세 확장에 대응함에 있어서도 이를 배타적으로 거부하지 않고 한국적 토착 신앙[巫俗 文化]을 바탕으로 하여, 서양의 종교를 묘합적으로 수용, 한국적 종교 문화와 합일시킴으로써 종교의 전파 과정에서 일반적으로 야기될 수 있는 문화 간의 갈등과 이로 인한 희생의 고통을 최소화할 수 있었고, 드디어는 서양 종교의 한국 정착화에 성공할 수 있었던 것이다. 이 또한 한민족의 묘합적 논리가 이러한 "승화(昇華)된 종교적 융화(融和)"를 가능케 했던 것으로 볼 수 있는 것이다.

---

15) 율곡전서. 20.

이상의 기록을 통하여 한민족의 고유한 '묘합적 사유 방식'은 역사를 통관하여 지속되면서 한국인의 전통적 사유 방식으로 오늘에 이르기까지 계승되고 있음을 확인할 수 있는 것이다.

특히 동양 문명의 중심적 토대가 되어 온 유학 사상에 대하여, 그 태초적 연원(淵源)과 현대적 가치를 문헌학적[문자학적]. 고고학적. 철학적 관점에서 입체적으로 탐색함으로써, 현대 한국사상계에 뚜렷한 성과를 기록한 바 있는 류승국 교수는 "유학의 시원은 인방(人方)[夷. 仁. 寅] 문화에 있으며, 그 문명적 주체는 동이족인 한민족이다"라고 논증·발표한 바 있는데,[16] 이에 대하여 한국학계에서는 '한국 정신의 묘융성(妙融性)'을 밝힌 그의 업적에 대하여 다음과 같이 평가하고 있다.

(류승국 교수는) "현대사회에서 종교나 과학이 숭고하고 위대하더라도 인간의 생명과 존엄을 도외시하고는 의미가 없으며, 종교와 과학의 인간화가 이루어져야 이상사회가 열린다고 역설하였다. 또 주관과 객관, 이상과 현실, 개체와 전체, 本과 末을 '묘융(妙融)'하는 한국사상의 기본 정신'은 현대의 수많은 갈등과 대립. 모순을 해결할 수 있으며, 특히 인도주의 사상, 생명존중의 사상, 음양상화(陰陽相和) 사상 같은 것은 인류 사회의 보편적 진리가 될 수 있다고 하였다. 이 밖에도 2000년대 한민족의 사상적 방향과 동북아시아의 세계사적 위치 등에 대하여 논하면서, 장차 인류가 갈등과 대립을 넘어 하나의 공동체를 형성하는 화합과 평화의 시대가 도래할 것으로 진단하였고, 한국이 그 변화의 출발점이 될 것으로 전망하였다"[17]

한국인의 사상적 토양인 '묘합적(妙合的) 사유방식(思惟方式)'은 근대 한국의 민족종교가 발흥함에 있어서도 그 포용성(包容性)과 전체성이라는 토대를 제공함으로써, 한국의 근대 민족 종교가 특정 민족의 배타적 종파에 제한되지 않고, 오히려 스스로 내포하고 있는 교리상의 보편성과 이념상의 개방성을 근거로 세계 종교로서 확장. 심화할 수 있는 사상적 기반을 공고히 할 수 있었던 것이다.

---

16) 유승국, 「동양철학 연구」, 근역서재, 1983. 참조.
17) 한국철학사전 편찬위원회. 한국철학사전. 640쪽. 도서출판 동방의 빛. 2011.

## Ⅲ. 유학사상의 궁극적 이념과 종교적 성격

유학은 춘추전국시대에 발흥한 유가사상의 학적 체계에 대한 총칭으로서 '종교'가 가지고 있는 일반적인 개념과는 그 범주와 맥락이 분명히 구분된다 할 것이다. 그렇지만 동양 사회에서는 오랫동안 유학과 유가사상을 일컬어 흔히 '유교(儒敎)'라고도 통칭하고 있으며, 이러한 사회적 통념에 별다른 거부감이 있는 것도 아니다.

이로써 볼 때 유학 사상의 본질에는 유교라고 불러도 허용될 정도의 어떤 종교적 성격이 내재하고 있음을 자연스럽게 짐작하거나 인정하게 되는 것이다.

종교의 출발이 하늘로부터[하늘의 인격성인 하느님: 神: 神性으로부터] 연역되는 인간의 궁극적 관심사라는 점에서, 이는 그대로 유학의 사상적 출발과 그 '비롯됨'[始原]을 공유하고 있는 것이다. 그러므로 유학(儒學)이 '종교 자체'는 아니라 하더라도 '종교적인 가르침이나 사상 체계'임은 부인하기 어렵다.

유가 제경전의 첫 장에서 선포된 유학적 명제는 대부분 '천도(天道)'[天意: 天言]라는 공통의 지평에서 개시되고 있기에, 천(天)을 전제하지 않거나, 천(天)을 지향하지 않거나, 천(天)에 근거하지 않는 유학은 논의 자체가 불가하다는 점에서, 유가사상의 학적 체계는 '천(天)에서 시작하여 천(天)으로 돌아가는, 인간에 의해 제시된 천론(天論)'이라 해도 잘못된 표현은 아닐 것이다.

주역은 개권지성(開卷之聲)으로 "大哉乾元 萬物資始"(위대하구나! 하늘의 으뜸됨이여, 만물은 하늘로부터 비롯하는 것이로다)라 하여, 천(天)의 창조 권능을 찬미하는 천론(天論)으로부터 시작하고 있으며, 서경은 '천도(天道)를 인간의 삶의 법칙과 근거인 천시(天時)로 자각하여, 천하 백성을 위해 책력을 제정한 요지왕사(堯之王事)'[인간이 시간을 인식하면서부터 인류의 역사가 개시함을 밝힌 것]를 앞세워 인간의 인격적 삶[문명적 세계]을 규정하고 있다. 또한 시경은 하늘로부터 부여받은 인간의 본래적 정서인 사랑을 노래한 '관저(關雎)'로써 머리를 삼고 있으며, 중용은 '天命之謂性'이라 하여, '천(天)의 창조권능이 인간[聖人]의 언어적 창생원리로 실현됨'을 철학적으로 천명하고 있다.

논어에서는 마지막 결론에 해당하는 요왈(堯曰)편에서 "天之曆數在爾躬 允執其中'이라 하여, 서경에서 제시된 '천(天)의 시간구조'에 근거하여 '인간이 중도(中道)를 주체적으로 자각하여 살아가야 함'을 최종적으로 강조하였고, 맹자 역시 '천도에 근거한 인간의 본래성[德]을 왕도로써 천하에 실천하는 사업이 곧 하늘의 뜻을 성취하는 것임'을 "存其心 養其性 所

以事天也"으로 표방하고 있으며, 대학에서는 인간의 배움 자체가 '천하세계의 종교적 완성'에 있음을 삼강령의 '지어지선(止於至善)'[18]과 팔조목의 '평천하(平天下)'로 집약하여 설명하고 있다. 실로 유가의 메시지는 처음부터 인간과 만물의 절대적 존재근거인 천(天)[天道]으로부터 연역된 것이기에, 그 사상적 배경 자체가 본래부터 종교적 지평과 공감. 공유되어 있는 것이다.[19]

## 1. 유학의 사상적 본질로서의 종교성

유가의 종사(宗師) 공자는 그의 철학함에 있어서 순수 사변적 존재를 탐구하는 데에 골몰하기 보다는 인간의 실존적 삶의 문제를 해결하기 위한 관심과 노력으로 일생을 전념하였으며, 이러한 공자의 철학적 태도에 근거하여 우리는 흔히 유가 사상을 일러 현실주의 철학이라고 규정하기도 한다. 제자와의 문답에서 허상의 귀신[鬼]보다는 실상의 인간[人]을, 관념적 대상인 죽음[死]보다는 실제적 삶의 현장[生]을 더욱 중시하라는 공자의 가르침은 이를 반증하는 사례이다.[20]

그렇지만 공자의 주장이 인간의 삶에 주어지는 현실적 제문제를 단순히 개인적 의지나 이성적 기능. 또는 이기적 기술의 활용 등으로 해결하려는, 이른바 처세술적 차원에 머물러 있는 것은 아니다. 그의 일차적인 관심사인 인간만사와 더불어 이를 둘러싼 삼라만상의 상호관계는, 이 모두를 포괄하는 천지자연의 이법이며 존재 근거인 하늘의 운행 법칙[天의 存在

---

18) '至善'이란 '지극한(완전히 이루어진) 善自體를 말하는 것으로, 이는 상대적 갈등 현상이 존재하는 인간사회 (실존적 상황)에서는 결코 도달할 수 없는 경계이며, '절대적인 경지로서의 純粹 善自體는 오로지 神만이 完成해 낼 수 있는 종교적 영역'이란 점에서, 大學의 最終的 志向은 宗敎性의 具現에 있는 것으로 볼 수 있다.

19) 1992년 8월. 중국 북경대학교에서는 제4차 조선학 국제학술토론회가 개최된 바 있었다. 철학분과에 서 남한 학자의 '유교 관련 논문'이 발표되었을 때, 북측 학자가 "유가 사상은 종교가 아니므로 유교라고 말할 수 없다"고 반론하면서, 상호간에 여러 논쟁이 계속되자, 객석에서 참관하고 있던 윤이흠 교수가 다음과 같은 논조의 발언으로 토론이 정리된 적이 있었다. "동양사회에서 공자의 가르침인 유학이 가지고 있는 제방면에서의 영향력과 권위와 설득력과 관습은 동·서양의 그 어떤 종교가 누리고 발휘하는 영향력과 비교해 보아, 조금도 부족하지 않으며, 오히려 동양사회에서의 유가 사상은 이미 역사적으로나 현실적으로나 종교 이상의 큰 힘과 권위를 발휘하고 있으며, 그 의미와 가치를 높이 존중받고 있다는 점에서, 유학과 유교를 구분지으려는 言表的 선택은 별다른 學問的 의미가 없다고 본다." 이는 유학의 종교적 본질을 동양사회에서는 당연한 현실로 수긍하고 있다는 것이다.

20) 논어. 先進. "未能事人 焉能事鬼…未知生 焉知死".

原理와 *存在 方式: 天道*]에 의존하고 있기에, 인간은 마땅히 천도를 수용하고 이에 따라야만 한다는 규범적이고 도덕적인 당위원리가 전제되어 있음을, 공자는 유가 경전 전편(全篇)을 통하여 거듭하여 천명하고 있는 것이다.

천도(天道)의 존재구조로부터 인간만사의 당위법칙을 연역하고 이를 유학의 제일 명제로 확정지은 것이 공자가 주역 건괘(乾卦) 문언전에서 명시한 사상(四象)[元亨利貞]과 사덕(四德)[仁禮義知]의 필연적 관계이다.[21]

그런데 하늘의 뜻을 담고 있는 천도[天行: 天之曆數: 天時]는 형이상적 차원의 신령하고 절대적인 존재로서 실존적이고 상대적인 인간과 직접적인 관계를 가질 수는 없다.[22]

그러므로 천(天)-인(人)이 상호 관계하고 서로 부응하기 위해서는, 천-인 사이에 서로를 상통. 교합시키는 매개자가 있어야 한다. 천도를 깨닫고 천의(天意)에 부합하려는 인간의 소망과 염원은 하늘의 뜻과 인간의 바램을 소통. 연결시켜 주는 구체적인 상징물을 설정하게 되었던 것이다.

유가 경전 전반에 걸쳐 다양한 신성(神性)의 상징물[神意의 전달자: 天-人의 靈媒者]이 거듭하여 등장하고 있다는 사실은, 하늘에 대한 인간의 믿음, 즉 인간의 종교적 열망이 유학 사상의 기저에 깊숙이 자리하고 있음을 반증하는 것이다.

이제 유가의 제경전에서 산견(散見)되는 대표적인 신의(神意)의 상징물을 열거해 보면, 유학이 가지고 있는 종교적 성향과 특질을 보다 구체적으로 확인할 수 있을 것이다.[23]

① 바람[風]: 인간의 생명원이 되는 곡식을 자라나게 하고, 또 결실하게 하는 원동력은 햇빛·비·바람 등의 기상 현상이며, 철따라 불어주는 바람의 효용은 풍요로운 수확을 기약하는 전령사로 인식되었다. 고대의 갑골(甲骨) 복사(卜辭)에는 이미 '사방에서 불어오는 바람'에 각각의 이름을 붙이고, 이를 신령으로 숭배한 기록이 있으며,[24] 주역에는 바람을 표상한 손괘(巽卦)를 설명함에 '천신(天神)과 소통하는 제사, 점서행위(占筮行爲)' 등의 표현이 등장하고 있다. 풍지관괘(風地觀卦)에서는 "觀天之神道而四時不忒"(하늘의 神靈한 原理를 살펴

---

21) 건괘 文言傳 '元者 善之長也, 亨者 嘉之會也, 利者 義之和也, 貞者 事之幹也. 君子 體仁 足以長人, 嘉會 足以合禮, 利物 足以和義, 貞固 足以幹事. 君子 行此四德者, 故曰"乾, 元, 亨, 利, 貞'.

22) 하늘은 입이 없어 말하지도 않고, 손과 발이 없어서 인간에게 직접 다가올 수도 없다. 論語의 '天下言哉' 孟子의 '天不言'은 이를 말한다.

23) 송재국. '주역에 나타난 神道의 상징물들' 철학논총 제56집. 새한철학회. 2009. 참조.

24) 하 신. 神의 起源. 홍희 역. 동문선. 1999, 335~336쪽.

보니 四時의 運行 질서가 어긋나지 않는구나)라 하여, 직접 '신도(神道)'를 언급하였고, 택풍대과괘(澤風大過卦)에서는 "藉用白茅 无咎"(흰 띠풀로 짠 자리를 깔고 제사를 지내니 허물이 없다)라 하여, 하늘에 제사 지내기 위해 '띠 자리'를 펴는 장면이 그려져 있다.

② 나무[木]: 아래로는 땅에 뿌리를 내리고, 위로는 하늘을 향하여 힘차게 자라는 나무의 기상은, 땅에 사는 사람들의 마음과 하느님의 뜻을 이어주고 소통시켜주는 안테나이며 사다리의 역할을 상징하고 있다. 주역에서 바람을 표상한 손괘(巽卦)는 동시에 나무의 상징으로도 표현되고 있으니, 보이지 않는 바람의 존재를 인간이 알 수 있는 것은 '흔들리는 나무의 형상'을 통해서이기 때문이다.

풍뢰익괘(風雷益卦)에는 "天施地生 其益无方"[25](하늘은 생명의 은혜를 베풀고 땅은 이를 받아 만물을 생성하고 길러내니 그 이익됨이 끝이 없구나)이라 하여, 만물을 창생(創生)해내는 하늘의 베푸심[權能]을 존숭하였고, "有孚惠我德"[26](하늘에 대한 믿음을 굳게 가지니 하늘은 나에게 은혜로운 덕을 내려 주신다)이라 하여, 하늘의 은혜로운 뜻과 실존적 인간인 '나'와의 관계가 하늘이 베풀어주신 '덕성(德性)'으로 연결되어 있음을 명시하고 있다.

또한 풍수환괘(風水渙卦)에서는 "利涉大川 乘木 有功也"(큰 내를 건넘에 이로우니 이는 나무[나무로 만든 배]를 타고 건넘으로써 그 공적이 있게 되는 것이다)라 하여, '[빠져 죽을 수 있는] 큰 냇물을 무사히 건네주는 것이 곧 '나무'[물에 뜨는 나무: 나무로 만든 배]임을 언급하였고, 특히 나무 중에서도 뿌리가 질긴 뽕나무[桑]를 거명하여, "其亡其亡 繫于苞桑"[27] [바야흐로 곧 망하게 될 것 같구나. 질긴 뽕나무 뿌리[苞桑] 밑둥에다 묶어(매어) 두어야 한다]라고 하여, 뽕나무를 생명의 언덕[하늘이 내려준 생명줄]으로 비유하고 있다.

③ 새[鳥]: 새는 날개가 있으므로 하늘로 날아오를 수 있다. 인간은 하늘에 오를 수 없기에 하늘에 오르고자 하는 소망과 열정을 새에게 의탁한다. 바람[風]을 타고 날면서 나무[木]에 깃드는 새[鳥]는 실로 하늘과 인간을 연결하는 가장 친근한 메신져가 아닐 수 없다.

공자가 역리를 해설한 열 개의 전(傳)을 일러 '십익(十翼)'이라고 부른다. 왜 '날개'[羽: 翼]라고 표기한 것일까? 그것은 공자의 말씀을 통하여 우리는 비로소 '하늘'[神: 聖人]과의 면담이 가능하기 때문이다. 그러므로 십익(十翼)은 유학의 날개 짓이요, 하늘이 전해주는 천신

---

25) 익괘 彖辭.

26) 익괘 九五 爻辭.

27) 천지부괘 九五爻辭.

(天神)의 메시지이다. 주역 뇌산소과괘(雷山小過卦)에서는 "飛鳥遺之音"[28] (나는 새가 그 소리를 남긴다)이라 하였고, 풍택중부괘(風澤中孚卦)에서는 "翰音登于天"[29] (새의 울음소리가 하늘위로 올라간다)이라 하여, 새의 소리를 단순한 물리적 소리[聲]라 하지 않고, 인간의 인격적 의지가 담겨있는 소리[音]으로 표기하고 있다. 예기에서는 물건이 내는 소리인 '성(聲)'과 사람이 내는 소리인 '음(音)'을 구분하고 있는데,[30] 날짐승[禽]인 새의 소리는 '조성(鳥聲)'[翰聲]이어야 합당한 데, 동물적 존재인 '새'에게 인격성을 부여해서 '조음(鳥音)'[翰音]이라 표현한 것은, 새가 지니는 신명적 역할[聖人之意를 전하는 일]을 나타내고자 하였기 때문이다.

④ 그 외에도 뭇 생명의 에너지원인 태양빛[日光]이 인간의 삶의 터전[家: 室]에 드나드는 통로인 '유(牖)'[외짝들창문]를 신도(神道)의 상징으로 언급하고 있다.

주역의 "樽酒簋貳用缶 納約自牖 終无咎"[31] (제사를 지낼 때 술 한 잔과 곡식을 담은 대그릇을 옹기에 담아 남쪽 들창문을 통하여 신께 바치니 마침내 허물이 없으리라).

논어의 "伯牛有疾 子問之 自牖執其手 曰 亡之 命矣夫"[32] (백우가 병에 걸렸을 때, 공자께서 문병을 가서는 들창문을 통하여 백우의 손을 잡으시고 탄식하여 말하였다 '이럴 수가 있단 말인가? 이것이 정녕 하늘이 내리신 명이란 말인가?').

맹자의 "孟子曰…詩云 迨天之未陰雨 徹彼桑土 綢?牖戶 今此下民 或敢侮予"[33] (맹자께서 말하기를 …시경에 이런 말이 있다. 하늘에서 큰 비를 내려 홍수가 나기 이전에, 저기 있는 뽕나무와 그 질긴 뿌리를 거두어다가 서로 단단히 얽어매어서 들창문을 달아 놓았으니, 이제 와서 천하 백성의 그 누가 감히 나를 업수이 여기겠는가?) 등에서 '유(牖)'의 상징적 의미를 확인할 수 있다.

이처럼 유가의 제 경전에 신도의 상징물이 다양하고도 거듭하여 인용. 등장하는 것은 유학이 지향하는 궁극적 이념 자체가 '하늘과의 소통과 합일을 추구하는 인간의 종교적 열정'을 전제로 하는 강력한 종교적 특질을 내포하고 있기 때문인 것이다.

---

28) 소과괘 象辭.

29) 중부괘 上九爻辭.

30) 예기. 樂記 "凡音之起 由人心生也 人心之動 物使之然也 感於物而動 故形聲 聲相應 故生變 變成方 謂之音", "知聲而不知音者 禽獸 是也" 참조.

31) 감괘 六四.

32) 옹야.

33) 공손축 上.

이런 점에서 동양사회에서는 오랫동안 유학은 그대로 유교로써 수용되고 또 행사될 수 있었던 것이다.

## 2. 유학의 현실적 이념으로서의 대동(大同)

대다수의 종교는 그 최후적 지향처를 죽음 이후의 세계에 설정하고 있다. 기독교에서는 사후세계인 '천국에서의 구원받은 삶'을 신앙하고 있고, 불교에서는 사후세계인 '극락정토에서의 다시 태어남'을 염원하고 있다.

이에 비하여 유가에서는 죽음 이후의 문제에 대하여[죽음 자체를 해소하거나 초극할 수 있다는 어떤 방식이나 영역의 문제에 대하여] 별다른 대안이나 해법을 제시하지 않고 있다.

왜냐하면 죽음이란 것 자체가 지금. 여기 살아있는 '나'[실존적인 인간]의 의식 체계[思惟的 地平]이 아니고서는 원천적으로 성립할 수가 없는 '하나의 삶의 연장선'이란 점에서, '살아있음'과 '살아있지 아니함'이라는 현상 사실에 구속되어, 독립적인 '존재 세계'를 따로이 설정할 '존재론적 필연성'이 없기 때문이다.

살아있는 인간의 의식 지평을 전제하거나 사유의 범주에 근거하지 아니한, 독립된 '별도의 죽음'이란 영역은, 사실 허구적 상념에 불과한 것이기에, 공자는 '생사의 문제'에 대하여 '未知生 焉知死'라 하여, 살아있음에 충실할 것과 생(生)을 중심으로 사(死)의 의미까지 수렴. 포용할 것을 가르친 것이다. 자칫 허상에 빠지기 쉬운 인간의 피상적 의식 지향을 경계하여, 공자 스스로 '괴(怪)-력(力)-난(亂)-신(神)'에 대해서는 논변하기를 삼간 이유도 여기에 있다.[34]

그렇다면 공자가 제시한 '죽음의 영역까지도 포괄할 수 있는 진정한 현실적 삶'은 과연 무엇일까? 공자는 인간이 성취해야 할 최후의 이상적 인간세계를 '인간의 본래성[人格性]이 온전히 구현된 도덕적(道德的) 세계'로 설정하고, 이를 실천하기 위한 필요하고도 당위적인 인간의 삶의 자세를 '중정인의(中正仁義)'와 '극기복례(克己復禮)' 등의 덕목으로 설파한 것이다.

실로 유학의 궁극적인 이념은 '현실적 삶의 현장에서 이상적 세계를 완성하는 인격적 삶'이라 할 수 있으며, 유가 사상의 핵심적 표제인 '수기치인(修己治人)', '修己以安百姓', '成己物成', '內聖外王' 등은 유학의 이념에 도달하기 위한 유일하고도 정당한 통로를 지칭한 것이라 할 것이다.

---

34) 논어. 述而 '子不語怪力亂神'.

이처럼 '나를 이루어서 세상을 이루는'[내가 잘해서 인간 사회 전체가 잘되게 하는: 正己成世하는] '주체적이고 사명적인 삶'의 구조가 유학의 학문적 체계를 일관하고 있는 것이다.

서경의 "克明俊德…協和萬邦"(인간의 존재원리인 덕성을 밝혀서…모든 나라가 다 함께 어울려 잘사는 세상을 이루어 낸다). 주역의 "各正性命…萬國咸寧"(모든 이들이 인간의 본래성을 바르게 깨닫고, 각자에게 주어진 할 일을 잘 해야…모든 나라가 평안하게 된다)라 하여, 만국(萬國)[萬邦:天下百姓]이라는 '人類全體(四海同胞)'를 유학이 추구하는 이념적 범주로 크고도 넓게 설정하고 있다.

나아가 이러한 '천하세상'을 이루어낼 수 있는[이루어 내야하는] 올바르고 사명적인 지도자상을 '군자'로 제시하면서, 군자가 배우고 익혀야 하는 으뜸 되는 덕목을 '부지런함과 겸손함'을 갖춘 '노겸군자(勞謙君子)'로 집약하여 다양하게 강조하고 있다.

"勞謙君子 萬民服也"[35] (수고로이 일하고도 겸손한 지도자에게 모든 백성은 감복하여 따르게 된다.)

"閑邪存其誠 善世而不伐 德博而化"[36] [(올바른 군자는) 사특함을 막고 그 성실함을 간직하여 세상을 잘 다스리고도 이를 자랑하지 않으니 그 행덕이 널리 퍼져서 세상을 교회시켜 나간다.]

"黃中通理 正位居體 美在其中 而暢於四支 發於事業 美之至也"[37] (군자는 모름지기 中의 이치를 깨닫고, 자기가 거처해야 할 위치에 자리잡고 있어야 하는데, 그렇게만 되더라도 군자의 모습은 정말 아름다운 것이며, 더 나아가 자기가 해야 할 일을 온 몸으로 부지런히 실천하고, 그 깨달은 이치를 백성 다스리는 정치 사업으로 활짝 꽃피우게 된다면, 이것이야말로 인간 사회에서는 가장 훌륭한 아름다움의 극치라 할 것이다.)

이처럼 사회적 공동 이념으로서의 '다함께 잘사는 도덕적 인간 사회'를 서경과 예기에서는 '대동'의 개념으로 요약하여, 다음과 같이 구체적이고 현실감 있게 설명하고 있다.

"汝則有大疑 謀及乃心 謀及卿士 謀及庶人 謀及卜筮 汝則從 龜從 筮從 卿士從 庶民從 是之謂 大

---

35) 주역. 謙卦.
36) 건괘 文言傳.
37) 주역, 坤卦, 文言伝.

同"[38] (임금께서 크게 의심나는 바가 있어 이를 판별해야 한다면 우선은 당신 스스로의 마음에 비추어 판단해 보시고 다음은 신하들에게 물어보며 이어서 백성들의 의견도 수렴하고 마지막으로는 거북점과 풀점도 쳐보십시오. 그리하여 그 결과가 임금 자신의 마음과 거북점의 결과와 풀점의 해석과 신하들의 의견과 백성들의 뜻이 모두 옳다고 하면서 한가지로 따르게 된다면 이것을 일러 '대동 세계'라 일컫는 것입니다.)

"大道之行也 天下爲公 … 使老有所終 壯有所用 幼有所長 矜寡孤獨廢疾者 皆有所養 男有分 女有歸 … 是故 謀閉而不興 盜竊亂賊而不作 故 外戶而不閉 是謂 大同"[39] (지도자가 왕도의 위대한 진리를 실행시키기 위해서는 천하에 공의가 넘쳐나게 해야 하는 것이다. … 노인들에게는 인간답게 생을 마칠 수 있도록 배려해야 하고, 청년들은 힘써 일할 수 있도록 해주어야 하며, 어린이들은 마음껏 자랄 수 있도록 해주어야 한다. 홀아비·과부·고아·장애자들은 모두 먹고 살 수 있도록 길러주어야 하며, 어른 남자에게는 직업을 마련해주고 어른 여자에게는 가정을 꾸밀 수 있도록 힘써야 한다 … 이렇게 되면 문단속을 하지 않아도 도적들이 생겨나지 않게 되고, 실로 '싸립문을 닫지 않고도 모든 이가 마음 편하게 살 수 있는 세계'가 이루어질 것인즉 이를 일러 '대동세계'라 하는 것이다.)

위에서 알 수 있듯이 서경에서 제시한 '대동 세계'란 단순히 인간들 끼리만의 외형적 화합을 말함이 아니다. 궁극적으로는 하늘의 뜻, 신(神)의 섭리가 인간의 세계에 넘쳐나는 경지를 말한다. 인간세계의 실존적 삶의 주체인 군왕·신하·백성이 모두 참여하고, 신의(神意)를 상징하는 구(龜)와 서(筮)의 뜻 또한 함께 하여, 모두가 일치되고 조화된 공감대를 형성할 때, 진정한 이상세계는 이루어진다는 것이다. 특히 예기에서는 노인 복지 문제, 직업[實業]문제, 유아정책, 장애자 배려. 사회 복지 정책 등 인간의 '삶의 질'을 문제 삼고 있는데, 이는 오늘날의 주요한 사회적 관심사와 그대로 일치하고 있음을 알 수 있다.

그런데 인간의 궁극적 바램인 '행복한 삶'이란 단순히 인간사회 내에서, 구성원 간의 이익이나 정서를 조화롭게 조정하고[인간관계의 유지], 공의(公義)를 균형 있게 모색하는 인위적인 노력이나 사업[共同善의 달성]으로 충분히 해결할 수 있는 것은 아니다.

왜냐하면 인간 사회의 노력이나 염원으로는 조정하고 통제할 수 없는 '더 크고 근본적인 삶의 환경과 구조가 있기 때문이며, 이는 궁극적으로 만물이 그 생명적 가치를 공유하고 상

---

38) 서경, 洪範.

39) 예기, 禮運.

생하는 천(天)[神: 宗敎]-지(地)[物: 科學]-인(人)[德: 倫理] 상호간의 우주적 차원의 거대조화가 절대적으로 필요하기 때문이다. 서경에서

> "八音克諧 無相奪倫 神人以和 夔曰 於予擊石拊石 百獸率舞"[40] (순 인금이 신하에게 말하기를 "모든 음악이 조화롭게 어우러지니 인간들은 서로 아름다운 도리를 빼앗지 않게 되고 드디어 하늘의 신령함과도 조화가 된다" 하니 기가 답변하여 "정말 그렇습니다. 제가 돌로써 부딪혀 음악을 연주하니 온갖 짐승들도 함께 춤을 추었습니다."라고 말하였다.)

이라 하여 신(神)-인(人)-물(物)[百獸]의 생명적 조화세계를 음악의 조화에 비유하여 설명한 것은 이를 언급한 것이다.

이로써 유학의 이상 사회[理念的 志向處]는 개인이나 특정 민족의 범주에 한정되는 것이 아니라, 천하 만민의 상생적 조화. 종교와 과학적 가치의 인간 주체적 통합을 크게 아우르는 전우주적 완성세계를 지향하고 있으며, 이것이 유학이 가지고 있는 '사상적 배경으로서의 전체성'이며, 이러한 '전체성'이야말로 유학의 보편적 종교성을 보장하는 가장 강력한 요건이 되는 것이다.

## 3. 유학의 종교적 지향으로서의 '후천개벽(後天開闢)'사상

조선 후기 억압받던 민중에게 등장하여 미래적 희망으로 그들을 위안해 준 종교적 메시지는 '개벽된 세상이 올 것이라는 새로운 소식'이었다. 다음은 이를 지적하고 있다.

"19세기는 한국의 전역사를 통하여 가장 결정적인 전환의 시기라고 할 수 있다. 조선 오백년을 지탱해 오던 왕조살회의 성리학적 질서와 전통적 삶은 붕괴되고 있었고, 역사상 최초로 동서의 충돌. 서양의 이질적인 근대 문명이 틈입함과 동시에 서양제국주의의 폭력적 팽창으로 인한 국가적 존망의 위기는 민중들의 삶을 말할 수 없는 질곡으로 빠뜨렸다. 거의 유래가 없는 이 역사적인 굴절에 민중들은 고통으로 신음하고 있었고 정신적 아노미 상태에서 갈길을 잃고 절규하고 있었다. 이런 대혼돈의 상황에서 이를 구제하고자 나온 것이 동학

---

40) 서경. 舜典.

을 비롯한 한국 근대 신종교이며, 그들이 공통으로 내놓은 사상이 바로 '개벽 사상'이다"[41]

위에서 말하는 개벽사상(開闢思想)이란 '후천(後天)개벽사상'을 말하는 것으로, 이는 유학의 종교성을 대변하고 있는 중심적 사상이란 점에서, 유학이 한국 근대 민족 종교의 배후에서 강력하게 기능하고 있음을 시사한다.

인간의 삶의 현장은 시간과 공간이라는 두 가지의 다른 차원[영역: 범주]으로 구분할 수 있으며, 앞서 논의한 '대동(大同)'이란 개념은 유학의 사회적 지평. 다시 말하면 '공간적 차원'에서 제시된 인간의 이념적 대상이다. 그런데 유학의 주제와 이념이 '천도(天道)와 인사(人事)'를 포괄하는 우주적 범주의 전체성(全體性)을 전제한 것이라면, 공간적 지평에서의 이념적 지향처인 '대동사회(大同社會)'와 더불어 시간적 지평에서의 이념적 지향 대상을 동시에 제시하고 있어야 할 것이다.

유학은 이에 대한 논의의 핵심을 '후천개벽(後天開闢)'의 문제로 수렴하여 설명하고 있다.

유학의 사상적 전모를 체계적이고 전면적으로 결구(結構)하고 있는 주역에서는 '역(易)'이 발생하고 소용(所用)되는 가장 근본적인 이유와 원인에 대하여 다음과 같이 언명하고 있다.

"易之興也 其於中古乎, 作易者 其有憂患乎"[42] (역이 일어난 것은 중고시대이다. 역을 지은이는 그 우환의식이 있었기 때문이리라.)

"易之爲書也…其出入以度外內使知懼 又明於憂患與故"[43] (역이 글로써 나타나게 되었으니…그 안과 밖으로 드나드는 도수에 있어서 사람들이 두려워할 줄 알게 하고자 함이며, 또한 그 우환의 연고를 밝히고자 함이다.)

"易之興也 其當殷之末世 周之盛德耶 當文王與紂之事耶…懼以終始其要无咎 此之謂易之道也"[44] (역이 일어난 것은 은나라의 마지막 주왕과 주나라가 크게 시작할 문왕과의 왕조 교체의 변혁기 때이다.…선천이 끝나고 후천이 시작되는 천지역수의 변혁을 두려워함으로써, 그 계기를 허물없이 건너게 하는 것이 역이 밝히고 있는 이치이며, 역이 지향하는 이념인 것이다.)

---

41) 김용휘. 동학의 개벽사상과 새로운 문명. 한국종교 제35집. 원광대학교 종교문제연구소. 2012. p.59.

42) 주역.繫辭傳 下. 7장.

43) 주역.繫辭傳 下. 8장.

44) 주역.繫辭傳 下. 11장.

다시 말하여 오늘만이 아닌 내일도 살아남는 일. 현실적 고난(苦難)이 있는 오늘보다 이상적 복록(福祿)이 기대되는 내일의 삶을 소망하기에, 오늘의 어려움을 극복하고 내일의 보다 나은 삶을 준비하는 '올바르고 지혜로운 삶의 태도[方式: 姿勢]를 가르쳐주기 위해 성인께서는 역도(易道)를 인간 세상에 선포한 것이다.

시간에 있어서 과거적 경험은 현재적 실상(實相)[結果]으로 남아 있는 것이기에, 과거와 현재라는 시간적 의미는 '실존적(實存的) 현상황(現狀況)'이라는 공간적(空間的)[社會的] 지평으로 여실(如實)하게 현현(顯現)되어 있다는 점에서 [과거로부터 연결되어 있는, 이미 확정·고정되어져 있는 상황은 지금의 내가 절실히 염원하고 새로이 노력한다고 해서 전혀 달라질 수 있는 영역이 아니다], 보다 나은 내일을 염려하여 오늘의 삶을 고뇌할 수밖에 없는 인간에게 있어서의 시간적 의미가 문제되는 영역은, 전적으로 '미래적(未來的) 시간대'를 일컫는 것으로, 유학은 이에 대한 사상적 지반을 지금보다는 뒤에[다음에: 나중에] 오는 [맞이할: 경험할] 세상으로서의 '후천(後天)'으로 규정하여, 과거에서부터 지금까지 이미 있어온[먼저 있었던: 앞서 지나간] 세상으로서의 '선천(先天)'과 구분하여 표명하고 있다.

그런데 다가오는 후천 세상은 지금까지의 선천과는 다른 양상일 것이기에[달라지길 바라기에], 지금보다는 더 좋게 변하고, 더 바람직하게 달라진[크게 바뀌어 새롭게 열리는] '개벽(開闢)'된 세상을 기대하게 된 것이니, 유학은 이를 함께 일러 '후천개벽(後天開闢)'이라는 사상적 명제로 정초하여 미래적 삶의 이념으로 삼고 있는 것이다.

역학(易學)의 중심 개념인 '변화지도(變化之道)'에 대한 일반적인 설명은 대체로 "천도(天道)와 인사(人事) 간의 존재론적 일체화를 언급한 건괘(乾卦) 문언전의 범주와 차원에 한정되어 있었다. 그런데 역학(易學)에서의 '변화지도(變化之道)'의 참된 의미가 "인간의 삶에 대한 존재론적 필요성 때문에 요청된 천도의 변화 현상"이라기보다는, 오히려 "천도 자체가 실제로 그 운행도수의 변화 단계를 거치는 생명적 과정을 통하여 성장한다"는 "우주사적 역수변화원리(曆數變化原理)"라는 새로운 "역도해설(易道解說)"이 출현하였으니, 이것이 곧 19세기 후반. 근대 조선에서 선포된 일부(一夫) 김항(金恒)의 정역(正易)인 것이다. 정역이 제시한 새로운 관점에서 '변화지도'의 의미를 궁구해 보면, 주역에 언명되어 있는 '변화'와 관련된 다양한 문구 등도 사실은 '천도 자체의 운행도수[天之曆數]의 변혁(變革)'를 시사하고 있음을 비로소 알게 된다는 것이다.

주역의 괘상(卦象)에서 삼효(三爻)와 사효(四爻)에 대한 공자의 설명은 이에 대한 분명한 사례의 하나이다.

주역의 육효중괘상(六爻重卦象)은 내괘와 외괘로 구분되어 있는데, 내괘의 마지막인 3효에는 "知終終之"[乾卦 文言3爻]. "无成而代有終也"(坤卦 文言 3爻) 등 "종(終)"의 의미가 집중되어 있고, 내괘에서 외괘로 바뀌는 계기인 4효에서는 "乾道乃革"(乾卦 文言4爻) "天地變化"(坤卦 文言4爻) 등 변혁(變革)의 의미가 강조되어 있는 것은, 천도가 '종즉유시(終則有始)라는 변혁(變革)의 과정'을 거쳐 '새로운 우주적 질서가 등장함'을 표방하고 있다는 것이다. 천도운행[天行]의 본질이 종칙유시[45]이며, 인간사회의 변화는 마땅히 천도 운행의 변혁된 질서와 동행하게 되는 것이므로, 새로운 천도 변혁은 또한 새로운 인도 변화를 당연히 수반하게 되는 것이다.

'앞선 마침'[終]인 3효와 뒤에 '이어서 시작'[始]하는 4효의 관계는, '종칙유시하는 천행'에 수반되는 '종즉유시하는 인간 세상'을 표상하는 것으로, 이를 역학(易學)에서는 '먼저 하는 세상'으로서의 선천(先天)과 '다음으로 뒤에 따라오는 세상'인 후천(後天으로 구분하여, 역도(易道)의 중심 명제로 논설하고 있는 것이다.[46]

천도의 종시 문제를 염두에 두고, 천도의 선후천 변혁의 실상을 공자는 이미 주역 문언전에서 다음과 같이 시사하고 있다.

"先天而天弗違 後天而奉天時 天且弗違而況於人乎 況於鬼神乎…知進退存亡而不失其正者 其唯聖人乎" (선천은 그 천도의 운행도수를 결코 어기지 않으며, 후천 또한 천도의 본래적 시간 구조 원리를 받들어 이에 따라 운행하는 것이다. 이처럼 하늘마저도 그 존재 원리를 어기지 않는데, 하물며 인간이나 귀신이 어찌 이를 어길 수 있을 것인가? 천도의 존재 구조를 깨달아서 인간으로서 올바르게 살아가는 존재는 오로지 성인뿐이다.)

위의 인용에서 알 수 있는 것은 첫째. 우주사의 전개는 선천과 후천으로 구분할 수 있고, 둘째. '선천에서 후천으로의 변화 원리'[天時: 宇宙의 時間性: 天之曆數原理] 자체는 절대적인 것으로, 우주사와 인간사가 결코 그 원리를 어긋나거나 벗어날 수 없다는 것이며, 셋째. 이러한 천도 변역의 절대적 원리를 알고, 이에 대처할 수 있는 인격적 존재는 오로지 하늘과 그 격위(格位)[次元]를 나란히 하는 성인적 존재일 뿐이라는 것이다.

---

45) 주역. 蠱卦. 彖傳 "先甲三日後甲三日 終則有始 天行也".

46) 송재국. 한국 근대 신종교에 나타난 후천개벽사상연구. 선도문화 제 22권. 국제뇌교육종합대학원. 2017. pp.172~173.

그러므로 천하 백성이 천도 변혁의 계기를 살아내기 위해서는 성인의 가르침인 역경을 배우고 실천해야 마땅하다는 것이다.

천도 변혁에 대한 미래적 기대와 바람은 종교적 정서에 기초하고 있다는 점에서, 시간적 지평에서 제시된 유학의 종교적 이념은 '후천에서의 개벽된 세상'으로 집약·수렴되고 있는 것이다.


## IV. 한국 근대 민족종교와 유학사상

조선 후기 한국의 근대 정신사에 등장한 민족종교 운동은 때로는 신흥종교(新興宗教)[또는 新宗教] 운동으로도 불리우고 있다. 종교 발생의 시대적 상황을 염두에 두면 신흥종교라 할 수 있을 것이고, 종교 운동의 주체와 성격을 위주로 보면 민족종교라 부를 수 있을 것이다.

당시 발생한 여러 신흥종교는, 고유한 민족적 사유방식[宗教形式]과 유산으로 물려받은 유가적 전통 사상[宗教內容]을 공유하고 있었기에, 그 교리나 사상체계가 본질적으로 공통된 바가 있는 데, 이에 대하여 노길명은 다음과 같이 정리하고 있다.

"현재 한국의 신흥종교는 수백 개에 이르는 것으로 보고되고 있다. 또한 그들의 계보. 경전. 조직규모. 활동내용은 저마다 다양하다. 그러나 이러한 다양성에도 불구하고 한국 신흥종교의 교리나 사상체계가 서로 다른 것은 아니다. 그들의 경전이나 각종 출판물. 그리고 설교의 내용들을 분석해 보면 거기에는 놀랄만한 공통성이 있는 것으로 나타난다. 이것은 한국의 신흥종교들이 동일한 역사적 체험과 문화적 유산을 바탕으로 발생하였으며 현실 사회질서에 대한 민중의 태도와 종교에 대한 그들의 욕구가 동일하기 때문인 것으로 해석된다.…한국의 신흥종교들이 강한 인간중심주의적 성향을 나타낸다는 것은 그들의 교리에서 일관되고 있는 인존사상을 통해서 분명히 알 수 있다. 한국의 신흥종교들은 인간의 존엄성을 그 무엇보다도 강조한다. 이들은 지금까지의 사회는 인간의 존엄성을 억누르고 말살시키는 사회였다고 비판하면서, 앞으로 도래할 사회는 인간의 자유와 평등이 진정으로 실현되는 사회라고 설명한다. 그러면서 이들은 인간의 자유와 평등을 제약하는 일체의 체제와 제도를 철폐할 것을 요구한다.…그것을 위해 정신적. 도덕적 혁명을 제창한다. 이들은 모든 인간이 본래의 심성으로 회귀할 것을 요구한다. 그렇게 될 때 인간은 상극과 보복보다는 화합과 평화의 정신을 갖게 된다는 것이다. 이들이 제시하는 윤리나 규범이 거의 모두 해원·상생·보은·조화 등을 강조하고 있는 것은 이러한 점을 나타내는 것이다."[47]

위에서 언급한 '문화적 유산'은 조선시대 가장 강력한 사상적 기반이었던 유학 사상이라 할 수 있으며, 윤리와 도덕. 상생(相生)과 보은(報恩). 본성 회복과 사회 통합 등의 종교적 표어는 그대로 유학의 가르침과 동일하다는 점에서, 한국 민족 종교의 사상적 토양 자체가 유학 사상이라고 말할 수 있는 것이다.

이에 본 장(章)에서는 근대에 발생한 많은 민족종교 중에서, 동학(東學). 증산교(甑山教). 원불교(圓佛教)를 중심으로 유학 사상이 민족종교의 교설에 어떻게 반영되었고, 교리상 어떤 영향을 주었는지에 대하여 보다 구체적으로 검토하려 한다.

구한말 한국 사회에는 일급의 훌륭한 종교 사상가 들이 대거 쏟아져 나왔는데 동학의 수운(水雲), 증산교의 증산(甑山) 그리고 원불교의 소태산(少太山)이 대표적 인물들이다. 이들 세 사람이 세운 종교가 바로 한국 신흥종교의 3대 산맥이라 할 수 있다.[48] 한국의 종교사에서 이 세 종교가 차지한 비중은 매우 크고 또 깊기 때문이다.

## 1. 동학에 나타난 유학사상

19세기 제3세계에서 발생한 대부분의 신흥종교 운동은 외래문화의 충격으로부터 자신의 문화적 정체성을 보존하려는 민족주의 운동으로서의 성격을 강하게 내포하고 있다. 이러한 신흥종교운동은 한국에서도 여러 형태로 전개되어 왔는데, 그 효시는 최제우(崔濟愚)가 '보국안민(輔國安民)', '포덕천하(布德天下)', '광제창생(廣濟蒼生)'의 이념을 제시하며 1860년에 창시한 동학(東學)이다.[49]

앞서 검토하였듯이 '안민(安民)', '포덕(布德)', '광제(廣濟)'라는 지향처는 유학의 대명제인 '안백성(安百姓)', '명덕(明德)', '제세(濟世)'를 포괄하는 '평천하(平天下)' 개념과 동일하다. 참으로 동학(東學)은 시대에 부응하여 종교적으로 변용(變容)된 유학 사상과 다르지 않은 것이다.

동학의 종교적 교의는 '시천주(侍天主)'로 집약된다. '논학문'에 따르면, 시천주(侍天主)에

---

47) 노길명. 한국 신흥종교 연구. 경세원. 2003. pp.40~43.

48) 최준식. 한국의 종교 문화로 읽는다. 사계절. 2004. p.10.

49) 노길명. 앞의 책. p.111.

서의 '시(侍)'는 '內有神靈 外有氣化 一世知人 各知不移者也'(안에는 신령이 있고 그 기운은 밖으로 드러나니, 모든 세상 사람들이 이것을 절대로 옮기지 못하는 내면의 이치로 깨달아 아는 것이다)라 하였고, '주(主)'는 '稱其尊而與父母同事者也'(내면의 신령을 부모처럼 존귀하게 여기어 극진히 모신다는 것을 일컫는 것이다)라 하였으니[50] 이는 하늘이 부여한 인간의 본래성을 나의 생명적 근원인 하늘과 부모처럼 섬기라는 말이다.

나아가 '교훈가'에서는 '나는 도시 믿지 말고 한울님만 믿었어라. 네 몸에 모셨으니 사근취원(捨近取遠) 하단 말가'라 하여, '한울님을 밖에서 찾지 말고 안에 있는 자신의 마음이 곧 한울님임을 깨달아야 한다'고 설파하고 있다. 인간의 본래 마음을 지키고 그 기운을 바르게 드러내면[守心正氣] 성인이나 군자가 될 수 있다고 선언한 동학의 메시지는 그대로 수기치인(修己治人)의 유학적 수행을 직설하고 있는 것이다.

특히 동학에 나타난 한울님에 대한 관점, 즉 동학의 신관(神觀)에 대하여 홍장화는 다음과 같이 정리하고 있다.

"최제우의 神觀은 초월성과 내재성. 절대성과 상대성. 무궁성과 시간성. 물질과 정신. 전체와 개체. 신과 자연. 신과 인간 등 모든 대립을 一體로 歸一시키고 포용하는 反對一致의 변증법적 논리를 보인다고 할 수 있다. 즉, 신은 모든 존재의 근원이면서도 인격적인 것이며, 초월적인 것이면서도 내재적인 것이며, 절대 무궁이면서도 동시에 변화생성 과정의 상대적인 존재인 것이다."[51]

동양적 사유 방식인 '대립을 초탈한 일체적 합일'을 서양의 '변증법적 논리'로 직접 대치(代置)하여 설명할 수 있는지는 차치하더라도, 위의 인용은 앞서 논의한 '한민족의 고유한 사유 방식으로서의 묘합성'에 부합하는 민족적 특질이라는 점은 분명한 것이다.

특히 동경대전 수덕문에서는 유가사상의 종지인 주역(周易)[元亨利貞]과 서경(書經)[允執厥中]의 주요 명제 그리고 유학의 종사인 공자를 직접 거명하면서, 최제우(崔濟愚) 자신의 가르침과 그 의미를 동일시하여 설교하고 있음은, 동학의 사상적 배경이 유학에 근거함을 직설하고 있는 것으로 다음의 인용은 이를 나타내고 있는 대표적 사례이다.

---

50) 논학문.

51) 홍장화. 한사상과 천도교. 이을호외 공저.'한사상과 민족종교'일지사. 1990. pp.113~114.

"크고 형통하고 이롭고 바른 것(元亨利貞)은 天道의 떳떳함이고 오직 한결같이 中庸을 잡는 것(允執厥中)은 사람의 일을 살핌이라. 그러한 연고로 나면서 앎은 공자님의 성스러운 바탕이요, 배워서 앎은 앞엣 선비들이 서로 전한 길이니, 비록 곤란을 만난 뒤에 얻으매 소견이 옅고 지식이 엷은 사람이 있더라도, 다 우리의 스승(孔子)의 크나큰 덕에 말미암아 선왕들이 제정한 옛 예법을 잃지 아니하였다. …공자님의 도를 깨닫고 보니, 한결같은 이치가 정한 바이었으나, 오직 나의 道를 통해 본다면 공자님의 道와 거의 같고 조금 다르다."[52]

"陰과 陽이 서로 고르어 그 가운데에서 비록 百千 만물이 변화되어 생겨났다 하더라도, 독특히 오직 사람이 영묘한 것이다. 그러므로 三才의 이치가 정해졌고 五行의 헤아림이 나왔다. 오행이란 무엇인가? 하늘은 오행의 벼리요, 땅은 오행의 바탕이요 사람은 오행의 元氣이다."[53]

또한 '용담유사'에서는 "인의예지(仁義禮智) 지켜두고 군자 말씀 본받아서 성경(誠敬)이자 지켜내어 선왕고례(先王古禮) 잃잖으니"[54]라 하여, 동학의 수행 덕목을 '사덕(四德)-군자(君子)-성경(誠敬)-선왕(先王)-고례(古禮)' 등으로 표명한 것은 유학의 핵심적 덕목과 그대로 일치하는 것이다. 동학이 발흥할 당시, 동학 운동의 현실적인 구호는 사회제도의 개혁 등이었으나, 동학이 단순한 정치 사회적인 목표를 내걸고 투쟁한 '혁명적(革命的) 사업(事業)'에만 한정되지 않고, [인간의 궁극적 이념인] 미래에 대한 기대감과 전체에 대한 염원을 담은 종교적 이상세계를 '미래에 오게 될 개벽된 세상'으로 신앙하고 설계하였던 것이니, 동학의 종교성은 바로 여기에서 기인하는 것이다.

'몽중노소문답가(夢中老少問答歌)'에서 '십이제국 괴질운수 다시 개벽 아닐런가', '하원갑(下元甲) 지내거든 상원갑(上元甲) 호시절에 만고 없는 무극대도(無極大道) 이 세상에 날 것이니', '나도 또한 신선이라 이제 보고 언제 볼꼬'[55]라 하였는데, 여기서 '다시 개벽', '무극대도 세상'은 개벽된 후천 세상을 언급한 것이며. '신선으로 사는 보고 싶은 호시절'이란, 개벽된 그 세상이 바로 내가 기다리는 이상세계[이념적 지향처]라는 것이다.

'나를 바르게 하여 개벽된 인간세상을 이루자'는 동학의 교의와 믿음은 유학이 제시한 후천 개벽 사상과 본질적으로 다르지 않은 것이다.

---

52) 동경대전 수덕문.

53) 동경대전 논학문.

54) 용담유사. 도수사.

55) 몽중노소문답가.

## 2. 증산교(甑山敎)에 나타난 유학 사상

한국인의 사유적 특질을 '묘합성(妙合性)'으로 이해할 때, 이는 이질적 차원의 두 가지 이상의 존재가 하나의 존재로 합일(合一)되는 사유구조를 말하는 것으로, 그 원형적인 사례가 단군신화에 나타난 '신(神)-물(物) 양성(兩性)의 인성(人性)으로의 통합구조'이다. 즉, 천의(天意)를 상징하는 형이상적 신웅(神雄)과 지물(地物)을 상징하는 형이하적 물웅(物熊)이 신묘(神妙)하게 합일(合一)되어 단군이라는 인격성으로 화생되는 구조를 말하는 것이다.

이는 인간이 중심이 되어 천지 만물과의 상호간 관계를 인간 주체적으로 통합하는 사유적 구조로서, 동양의 전통적인 삼재적(三才的) 우주관에서 인간의 우주적 위상과 존재론적 의의를 특별히 존중하는 '인간 주체적 우주관'을 반영하는 것이다.

근대에 발흥한 증산교(甑山敎)는 이러한 인간 중심적 세계관에 근거하여 새로운 개벽시대(開闢時代)를 선포하고 있는 대표적인 민족종교이다.

증산(甑山)은 당면한 시대적 사명에 부응하기 위한 조건으로서 그동안 억압 받아오던 인간의 존엄성과 평등성이 우선 존중받아야 함을 제창하면서 이를 '인존(人尊)'의 개념으로 수렴하여 다음과 같이 설교하고 있다.

"선천에는 하늘만 높이고 땅을 높이지 아니 하였으니 이는 지덕(地德)이 큰 것을 모름이라."[56]

"신보(神報)가 인보(人報)만 같지 못하니라."[57]

"천존(天尊)과 지존(地尊)보다 인존(人尊)이 크니, 이제는 인존시대(人尊時代)니라."[58]

증산(甑山)은 천(天)-지(地)-인(人)으로 바라보던 기존의 관점에 매이지 않고, 우주내적 존재로서의 인간의 존재 의미를 앞세워, 인간이 하늘이나 신(神)보다도 더욱 존엄한 존재임을 선포하고 있다.

기존의 삼재관)(三才觀)은 '천-지-인'을 동격의 차원에서 접근하였으나, 증산은 인간의 존재적 위상을 천(天)-지(地)보다 상위(上位)에 설정하고 있는 것이다.

---

56) 대순경전 6:1.

57) 위 6:70.

58) 위 6:119.

한걸음 더 나아가 우주에서의 인간의 주체적 의식을, 당시의 현실적 삶의 지평에서 적극적으로 실현하기 위하여, 지구촌 환경에서의 민족주체의식(民族主體意識)으로 확대·심화하고 한민족(韓民族)의 자부심으로 변용시켜서 다음과 같이 선포하고 있다.

> "朝鮮을 장차 세계 上等國으로 만들기 위해…"[59]
> "(장차 세계를 경륜해 나갈 참된) 眞法이 (조선에서) 나온다."[60]
> "우리나라는 座上에서 得天下 하리라."[61]
> "後天에는 天下가 (우리나라를 중심으로) 한 집안으로 統一된다."[62]

위의 설교는 새로이 개벽된 후천의 세상에서는 한민족이 세계를 경륜하는 지도적 민족이 된다는 민족적 자부심과 소명의식(召命意識)을 드러내고 있는 것이다.

증산(甑山)이 보여주는 카리스마는 종교 창시자로서의 개인적 권능을 강조하는 의미를 넘어, 외세 열강의 침탈에 의해 훼손되는 민족적 자존과 긍지를 회복시키는 민족 주체사상으로서의 의미 또한 내포하고 있는 것이다. 증산교의 종교운동에 포함된 이와 같은 사상은 당시 한국 사회가 나타내고 있던 민족 모순에 대한 대응 형식으로서, 이 종교 운동이 민중 종교 운동의 성격뿐만 아니라, 민족 종교 운동으로서의 성격도 함께 갖고 있음을 나타내는 것이라 할 수 있다. 동시에 이 종교운동에 내포된 민족 주체사상은 근대 민족 국가의 형성에 필요한 민족의식을 함양시킬 수 있다는 점에서 근대 사회 변동에 유리한 가치라고 할 수 있는 것이다.[63]

유학에서는 우주[全體]에 대하여 인간이 알고자 하는 시선[態度]으로서, 흔히 '천-지-인' 세 방면으로 구분하는 이른바 '삼재적(三才的) 관점'을 인용하고 있다. 이는 인간이 주체가 되어 인간적 입장에서 천지만물(天地萬物)[인간을 포함한 宇宙全體]의 존재상(存在相)을 관찰·규정·이해하려는 인간의 의식 활동을 말하는 것이며, 그 총체적 존재 해석의 귀결점을 일러, '존재하는 모든 것의 존재 원리'라는 뜻을 집약한 '참된 이치'[眞理: 理] 또는 '도(道)'라고

---

59) 위 4:168.

60) 위 3:143.

61) 위 5:25.

62) 위 5:16.

63) 노길명. 위의 책 p.143.

언표하는 것이다. 그러므로 '절대적이고 궁극적인 존재원리로서의 '도(道)'라는 개념도 인간이 주체적으로 밝혀서 넓히고 경륜해 나가는 것이지, 결코 개념어로서의 '도(道)' 자체가 주체적으로 인간을 이끌어가는 것은 아닌 것이다. 비록 인간이 반드시 추구해서 밝혀야 하는 것이 '도(道)'이지만, 그렇다고 '도(道)'가 인간을 구속하거나 부리는 것은 아니기 때문이다.

공자가 "人能弘道 非道弘人"(인간이 도를 밝히고 세상으로 넓혀가는 것이지, 도가 직접 인간을 넓혀가는 것은 아니다)이라 하여, '도(道)와 인간'의 위계(位階)를 분명히 지적한 이유도 여기에 있는 것이다.

참으로 증산교(甑山敎)의 '인존사상(人尊思想)'은 공자의 인간중심주의 철학과 맥을 같이하는 유학 사상의 승화된 변용이 아닐 수 없다. 이러한 종교적 인존사상을 바탕으로 삼아, 증산은 그의 이념적 교설을 '후천개벽'으로 표출하고 있다.

증산(甑山)의 '후천개벽 사상'은 기존의 사회질서를 '선천의 낡은 것'으로 규정하고, 미래의 세상[後天]에 도래할 개벽된 새 세상을 필연적 현상으로 수긍하고 신앙할 것을 선포하고 있다. 특히 선천이 가고 후천이 도래하는, 천도 자체의 개벽 상황을, 천지운행도수의 변화 법칙에 기인하는 필연적이고 당위적인 귀결처라고 설명하면서, 이 모든 우주사적 변혁의 섭리를 증산(甑山) 자신이 주재하고 있음을 다음과 같이 강조하고 있다.

"이제 (내가) 혼란키 짝이 없는 망대의 天地를 뜯어고쳐 새 세상을 열고 卑怯에 빠진 인간과 神明을 널리 건져 각기 안정을 누리게 하리니…이는 오직 내가 처음 짓는 일이다."[64]
"이제 하늘도 뜯어고치고 땅도 뜯어 고쳐 물샐틈없이 도수를 짜 놓았으니, 제 한도에 돌아 닿는 대로 새 기틀이 열리리라."[65]

이로써 알 수 있듯이 증산교의 교의는 유학의 개벽적 이념과 인간 중심적 우주관을 그 사상적 지평으로 바탕삼고 있는 것이다.

---

64) 대순경전 5:1.
65) 위 5:10.

## 3. 원불교(圓佛敎)에 나타난 유학 사상

원불교(圓佛敎)는 박중빈(朴重彬)이 1916년 전라도 영광에서 창교(創敎)한 종교이다. 그는 '물질이 개벽되니 정신을 개벽하자'는 기치아래 불교의 교리가 시대상황에 부응할 수 있도록 '불교의 대중화', '불교의 생활화'를 내세우며 원불교의 전신인 '불교 연구회'를 창립하였던 것이다.

원불교에서는 스스로의 종교적 정체성(正體性)에 대하여, '불법(佛法)에 연원하되, 일원상(一圓相)을 신앙의 대상으로 하여, 독자적인 교리와 신앙체계. 의식체계. 그리고 독립된 교단을 가진 새로운 종교'라고 규정하고 있다.[66]

그러면서도 원불교에서는 '자신들의 신앙적 대상으로서의 특정한 신상(神像)'을 전제로 하지 않는다. 외형적으로 신(神)을 앞세우지는 않지만, 신(神)에 대체할 수 있는 신앙의 대상으로 '일원상(一圓相)'을 모시고 있는 것이다.

원불교의 초대 종법사(宗法師)를 지낸 '정산' 종사에게 누군가가 '귀교는 유신(有神)입니까? 무신(無神)입니까?'라고 물으니, 정산 종사 말하기를 "우리는 어디에 따로 계시는 인격적인 신은 인정하지 아니하고, 우주를 관통하여 두루 있는 신령한 진리를 인정합니다"라고 대답하였다[67]는 사실은 원불교의 신관(神觀)을 대변하고 있다.

일원상(一圓相)이란 바로 정산이 밝힌 '신령한 진리'를 지칭하는 것으로, 원불교의 경전에서는 이를 다음과 같이 설명하고 있다.

"우주 만유의 본원이며, 제불제성(諸佛諸聖)의 심인(心印)이며, 일체 중생의 본성이며, 대소(大小) 유무(有無)에 분별없는 자리이며, 생멸(生滅) 거래(去來)에 변함이 없는 자리이며, 선악(善惡) 업보(業報)가 끊어진 자리이며, 언어(言語) 명상(名相)이 돈공(頓空)한 자리로서 공적영지(空寂靈知)의 광명을 따라 대소 유무에 분별히 나타나서 선악 업보에 차별이 생겨나며, 언어 명상이 완연하여 시방삼계(十方三界)가 장중(掌中)에 한 구슬같이 드러나고, 진공묘유(眞空妙有)의 조화는 우주 만유를 통하여 무시(無始) 광겁(曠劫)에 은현자재(隱顯自在)하는 것이 곧 일원상의 진리니라"[68]

---

66) 노길명. 윗 책 p.95.

67) 정산종사 법어. 경의편 40장. 원불교전서.1989. pp.851~852.

68) 정전 교의편 1장1절.

원불교가 지향하는 종교적 진리상을 표상함에 있어서 '대소유무(大小有無)의 무차별적인 본체원리가 공적영지(空寂靈知)에 따라, 세상에서는 유무와 차별로 나타나고 드러나는, 진공묘유(眞空妙有)하고 은인자재(隱顯自在)하는 자리'라고 언표하고 있는 것은, 원불교(圓佛敎) 또한 한국적 사유방식인 '묘합적(妙合的) 사유구조'의 토양에서 발흥한 한국적 정서와 사상에 충실한 민족 종교라 아니할 수 없는 것이다.

원불교의 교의는 종교의 생활화·종교의 대중화를 추구하고 있다는 점에서 천하 백성의 일용적 평안을 염원하는 유학의 지향처와 그 사상적 지평을 공유하고 있다.

유학은 인간사회의 대동적 삶을 누리기 위한 조건으로서 인륜과 도덕, 즉 인격적 삶의 태도를 주문하고 있는데, 원불교 또한 도덕적 생활을 통한 진정한 인간 사회의 성취[修己와 安百姓: 修身과 平天下]를 강조한다. 이에 대하여 대종경에서는 다음과 같이 설파하고 있다.

"엄동설한에 모든 생령이 음울한 공기 속에서 갖은 고통을 받다가 동남풍의 훈훈한 기운을 만나서 일제히 소생함과 같이 공포에 싸인 생령이 안심을 얻고, 원망에 싸인 생령이 감사를 얻고⋯ 타락에 싸인 생령이 갱생을 얻어서, 가정. 사회. 국가. 세계 어느 곳레 든지 당하는 곳마다 화하게 된다면, 그 얼마나 거룩하고 장한 일이겠는가. 이것이 나의 가륵침의 본의요 그대들이 행할 바 길이니라."[69]

"주역의 무극과 태극이 허무적멸의 진경이요, 공짜의 인이 곧 사욕이 없는 허무적멸의 자리요. 자사의 미발지중이 허무적멸이 아니면 적연부동한 중이 될 수 없고, 대학의 명명덕이 허무적멸이 아니면 명덕을 밝힐 수 없는 바라 , 그러므로 각종 교파가 말은 다르고 이름은 다르나 그 진리의 본원인즉 같나니라. 그러나 허무적멸에만 그쳐버리면 큰 도인이 될 수 없나니, 허무적멸로 도의 체를 삼고, 인의예지로 도의 용을 삼아서 인간만사에 풀어 쓸 줄 알아야 원만한 대도니라."[70]

이처럼 원불교는 종교의 기본 성격을 공자의 인(仁)[義禮智 四德]으로 인식하고 있다는 점에서 이는 유학 사상과 매우 닮아있는 것이다. 위에서 비유한 '만물을 소생시키는 동남풍'은 그대로 유학의 측은지심(惻隱之心)과 동의어인 것이다.

그러므로 원불교의 종교생활(신앙의 태도) 자체가 '존심양성(存心養性)'하는 유교에서의

---

69) 대종경. 교의품 37장.

70) 대종경. 변의품 20장.

자기 수행[克己: 修己: 正己] 방식과 다르지 않은 것이다.

대종경 수행품에서는 "희로애락(喜怒哀樂)을 곳에 따라 마땅하게 써서 자유로운 마음 기틀을 걸림 없이 운용하되, 중도에만 어그러지지 않게 하라"[71]하였는데, 이는 '희로애락이 발용함에 있어서 절도에 알맞기를 요구하는 중용의 정신과 그대로 일치하는 것이다.

이상의 가르침이 '수기(修己)'에 집중된 것이라면, '수기'가 지향하는 원불교의 교의는 유학의 '대동'적 개념에 부합하지 않을 수 없을 것이다.

원불교에서의 이상적 세계는 종교와 과학이 생명적 차원에서 묘합(妙合)하는 '개벽된 대동적 인간세상'을 총체적으로 표명하고 있다. 개교(開敎)의 표어 자체가 이를 명시하고 있다.

"대종사 당시의 시국을 살펴 보시사, 그 지도강령을 표어로 정하시기를 '물질이 개벽되니 정신을 개벽하자' 하시니라."[72]

이는 물질과 정신이 함께 병행 개벽된 이상적 인간 세상을 창교(創敎)의 이념으로 삼고 있음을 밝힌 것이다. 원불교가 개교(開敎)하게 된 배경과 이유(동기)에 대하여 정전은 다음과 같이 부언하고 있다.

"현하 과학의 문명이 발달됨에 따라 물질을 사용하여야 할 사람의 정신은 점점 쇠약하고, 사람이 사용하여야 할 물질의 세력은 날로 융성하여, 쇠약한 그 정신을 항복받아 물질의 지배를 받게 됨으로, 모든 사람이 도리어 저 물질의 노예생활을 면하지 못하게 되었으니, 그 생활에 어찌 파란고해가 없으리오. 그러므로 진리적 종교의 신앙과 사실적 도덕의 훈련으로써 정신의 세력을 확장하고, 물질의 세력의 항복을 받아, 파란고해의 일체생령을 광대무량한 낙원으로 인도하려 함이 그 동기니라."[73]

위에서 '파란고해의 일체생령을 광대무량한 낙원으로 인도함'이란, 지금의 힘든 선천 세상을 개벽하여 후천의 대동적 조화 세상으로 안내하고자 원불교가 창교되었다는 것이다.

---

71) 대종경. 수행품 37장.
72) 대종경 서품 4장.
73) 정전 제1 총서편 제1장.

이어서 원불교가 앞장서서 성취해야 할 개벽의 구체적 정황에 대하여 다음과 같이 설명하고 있다.

"대종사 말씀하시기를 …우리가 건설할 회상은 과거에도 보지 못하였고 미래에도 보기 어려운 큰 회상이라.그러한 회상을 건설하자면 그 법을 제정할 때에, 도학과 과학이 병진하여 참 문명세계가 열리게 하며, 동과 정이 골라 맞아서 공부와 사업이 병진되게 하고, 모든 교류를 두루 통합하여, 한 덩어리 한집안을 만들어 서로 넘나들고 화하게 하여야 함으로…"[74]

"대종사 말씀하시기를 '안으로 정신문명을 촉진하여 도학을 발전시키고, 밖으로 물질문명을 촉진하여, 과학을 발전시켜야 영육이 쌍전하고 내외가 겸전하여, 결함없는 세상이 되니라…내외 문명이 병진되는 시대라야 비로소 결함 없는 평화 안락한 세계가 될 것이다."[75]

위에서 언급한 '도학과 과학의 병진', '영육쌍전(靈肉雙全)', '내외겸전(內外兼全)'은 한민족의 고유한 묘합적(妙合的) 사유구조에서 인출된 이념적 명제로서, 이는 고려 불교의 민족적 묘융(妙融)인 '교관겸수(敎觀兼修)', '정혜쌍수(定慧雙修)'의 논법을 계승한 것이라 아니할 수 없다. 또한 원불교가 지향하는 '큰 회상', '통합된 한집안', '결함없는 세상', '평화 안락한 세계'는, 유학의 이념적 지향처인 '대동사회(大同社會)'와 다르지 않은 것이다.

이로써 원불교의 창교적(創敎的) 이념이 한국적으로 변용되고 승화된 유학의 명제와 이념을 사상적 토양으로 삼고 있음을 확인할 수 있었다.

## V. 구한말(舊韓末) 한민족 구원의 신앙(信仰)으로 부활한 공자의 말씀

한국의 역사에서 19세기를 전후한 조선 후기의 근대적 상황은 가장 역동적인 문명적 전환기라 할 수 있다. 18세기 후반부터 발흥한 서구의 산업혁명은 그들이 사용하고도 남을 만큼의 '잉여 에너지'를 양산(量産)하였고, 급기야 그들의 남는 국력은 아시아 아프리카 등 제삼세계로의 제국주의적 침탈 행위로 파급되었으며, 동양에서는 이를 먼저 수용한 일본에

---

74) 대종경 서품 8장.
75) 위. 교의품 31장.

의해, 후기 조선 사회는 외세에 의하여 강요되고 굴종된 혼란과 격동의 식민시대를 감당하게 된 것이다. 무릇 주체의식이 있는 인간은 외부적 도전에 대하여 자기 나름의 방식으로 대응하게 마련이고, 특별히 집단적 전통 의식과 고유한 주체의식이 강한 민족은 외세에 대응하는 방식과 태도에 있어서 그들 나름의 고유한 민족적 정서와 익숙한 전통적 역량을 발휘하게 되는 것이다.

외세의 침탈에 당면한 조선 후기 사회의 반응과 성향은 대체로는 '실학적 자기 자각과 민족적 잠재력의 발양'으로 집약되는데, 특기할 사항은 '자기자각과 사회개혁 그리고 미래의 설계'에 있어서, 한민족의 고유한 기질과 역량이 새로운 종교 운동[종교의식의 사회적 발현]으로 표출되어, 근대 한국인의 정신문화를 확장. 심화시킨 여러 민족종교가 발생. 전개되었다는 점이다.

한민족에게 본래부터 내재되어 있던 강력한 종교적 열정은 먼저 동학의 혁명적 사회운동으로 전개되었고, 이어서 여러 형태의 신흥종교가 창교되었던 바, 그 중 증산교(甑山敎)와 원불교(圓佛敎)는 동학(東學)을 계승한 천도교(天道敎)와 더불어 한국의 근대 민족 종교의 주류를 형성하여 오늘에 이르고 있는 것이다.

본 논문은 한민족의 태생적 종교성이 시대적 상황에서 부화한 대표적인 민족 종교의 본질을 한민족의 원형적 특질과 전통적 사상의 관점에서 분석. 검토해 보고, 민족 종교의 중심적 교의와 이념적 지향이 기초하고 있는 사상적 지평을 일관하여 정리해 봄으로써, 한국 근대 민족 종교의 사상사적 배경과 의의를 조감해 본 것이다.

이를 위해 한국적 사유 방식으로서의 '묘합적(妙合的) 인식 구조'를 역사적 기록을 통해 추출해 보았고, 이러한 사유구조에 담긴 한국적 종교성이 동양의 정신문화를 주도해 온 유학의 본질적 명제와 다르지 않음을 각 종교의 교의와 교설에 근거하여 확인할 수 있었다.

이제 한국 근대 민족 종교를 이해하는 하나의 새로운 접근로를 마련하게 됨으로써, 한민족이 가지고 있는 정신문화의 다양성과 특질을 심도 있게 해석할 수 있는 유의미한 학문적 기회를 추가 할 수 있을 것으로 기대한다.

# '한글'에서 한국의 미래상(未來像)을 그려 본다

## 한글[訓民正音]의 제자(製字)원리인
## 삼재적(三才的) 구조의 인류문명사적 의미

### 1. 한글(訓民正音) 創製 原理: 三才

훈민정음 해례본에는 한글제자의 철학적 근거로서 음양적(陰陽的) 세계관. 삼재적(三才的) 구조. 오행적(五行的) 원리를 거론하여 해설하고 있는 바, 그 중 삼재적 구조에 관한 언급을 인용하면 다음과 같다.

　　"正音二十八字 各象其形而制之"(훈민정음 이십 여덟자는 각각 그 모양을 본떠서 만들었다) …

　　"•之貫於八聲者 猶陽之統陰而周流萬物也"(•가 여덟 소리에 두루 사용된 것은 양이 음을 거느리며 온갖 사물에 두루 미침과 같다.)

　　"ㅛㅑㅠㅕ之皆兼乎人者 以人爲萬物之靈而能參兩儀也"(ㅛ, ㅑ, ㅠ, ㅕ가 모두 사람을 겸함은 사람은 만물의 영장으로 능히 음양에 참여할 수 있기 때문이다.)

　　"取象於天地人而三才之道備矣"(하늘과 땅과 사람의 모양을 취하므로 三才의 이치를 갖추느니라.)

　　"然三才爲萬物之先 而天又爲三才之始"(그러나 三才가 만물의 앞이더라도 하늘이 또한 三才의 시작이니.)

　　"猶•—丨三字爲八聲之首 而•又爲三字之冠也"(•, —, 丨 석 자가 여덟 소리의 머리가 되며 다시 •가 석 자의 으뜸이 되었다.)

　　　　　……………………………………

　　"•天五生土之位也. —地十成土之數也"(•는 天數 5로, 흙을 낳는 자리이다. —는 地數 10으로 흙

을 성숙시키는 數이다.)

"丨獨無位數者 盖以人則無極之眞 二五之精 妙合而凝"(丨에만 혼자 자리수가 없음은 대개 사람은 無極의 정수로, 음양오행의 정기가 신묘하게 어울려 엉긴 것으로)

"固未可以定位成數論也"(丨에만 혼자 자리수가 없음은 대개 사람은 無極의 정수로, 음양오행의 정기가 신묘하게 어울려 엉긴 것으로, 본래 정해진 자리나, 성숙시키는 자리가 논해질 수 없기 때문이다.)

.......................................

"初中終合成之字 以初中終合成之字言之"(초, 중, 종성이 어울려 이루는 글자 (음절)에 대해 말하자면)

"亦有動靜互根陰陽交變之義焉"(마찬가지로 움직임과 멎음이 서로 근본이 되어 음과 양이 어우러져 바뀌는 뜻이 있으니)

"動者 天也. 靜者 地也. 兼互動靜者人也"(움직이는 것은 하늘(초성)이요, 멎어 있는 것은 땅(종성)이며, 움직임과 멎음을 겸한 것은 사람(중성)이라.)

.......................................

"初聲有發動之義 天之事也"(초성에는 일어나 움직이는 뜻이 있으니, 이는 하늘이 하는 일이며)

"終聲有止定之義 地之事也"(종성에는 멎어 정하게 하는 뜻이 있으니, 이는 땅이 하는 일이라.)

"中聲承初之生 接終之成 人之事也"(중성은 초성의 생김을 이어 종성의 이룸에 잇대주니 사람이 하는 일이다.)

"盖字韻之要 在於中聲 初終合而成音"(대개 자운(음절)의 허리는 중성에 있는데, 초성과 종성을 어우러 소리를 이룬다.)

"亦猶天地生成萬物 而其財成輔相則必賴乎人也"(이는 역시 하늘과 땅이 만물을 생성하되 그 조절과 보충은 반드시 사람에 힘입음과 같다.)


위의 해설을 종합해보면, "한글이 초성(初聲)-중성(中聲)-종성(終聲)으로 구성된 것과 중성의 형상이 •, 丨, ㅡ로 이루어진 것은 모두 천지인(天地人) 삼재(三才)의 원리에 근거한 것이며, 그 중에서도 중성(中聲)의 자리는 천(天)과 지(地)의 정기를 묘합(妙合)시키는 중심체로서의 사람[人]의 자리를 의미하는 것이니, 실로 사람의 존재 의미[역할: 人事]란 하늘[初聲]과 땅[終聲]를 이어줌[接]으로서, 그 우주적 존재원리를 소리로써 완성시켜주는[成音]데 있는 것으로, 하늘과 땅과 만물은 한결같이 사람의 도움과 참여에 의지해야만 비로소 그 본래적 존재 원리를 온전히 구현하고 완성하게 되는 것이다"라고 요약할 수 있다.

## 2. 인류문명의 시원: 역(易)의 개시(開始): 삼재적(三才的) 구조(構造)

우주[天地. 萬物. 人間]를 이해하고 설명하는 논설로서의 삼재적 관점은, 인류문명의 태초적 시원인 동시에 동양 문명의 보편적 원리를 담고 있다고 여겨지는 역(易)[易經. 卦象]의 탄생에 있어서도 그 획괘(劃卦)의 근거로서 제시되고 있는 바, 주역에는 이에 대하여 다음과 같이 설명하고 있다.

"古者 包犧氏之 王天下也 仰則 觀象於天 俯則 觀法於地 觀鳥獸之文與地之宜 近取諸身 遠取諸物 於是 始作八卦 以通神明之德 以類萬物之情"[1] (옛날 복희씨가 천하를 다스릴 적에 위로는 하늘을 올려다보아 그 모습을 살피고, 아래로는 땅을 굽어보아 그 법도를 살피며 온갖 새와 짐승들의 무늬와 땅의 마땅함을 깨닫고, 가까이는 자신의 몸에서 취하고 멀리는 만물에서 취하여, 이에(주역의 근거인) 괘를 처음으로 지으셨으니, 이로써 하늘의 밝은 덕성에 통달하시고 또한 이로써 만물의 본래적 情意를 분류하였다.)

이를 요약하면 "인간[包犧氏]은 하늘의 신명한 존재원리[(神明之德)를 깨달아서[通] 땅의 만물적(萬物的) 실정(實情)[萬物之情]을 관리하는[類], 천지 만물의 경영 주체[以하는 중심]가 되는 것이니, 이러한 삼재적(三才的) 구조와 원리를 담아서 역경(易經)은 이루어진 것이다"라고 정리할 수 있다.

또한 [繫辭傳에는 이어서] 인간이란 [三才的 구조로써 이루어진] 역(易)의 이치에 의거하여 비로소 '인간다운 삶의 모습'[문명적 삶]을 실현하고 구가할 수 있었던 것이니, 이른바 수렵과 채취에서 농사와 목축으로의 정착 생활, 불의 발견과 수레의 이용 등 주거 환경의 개선, 문자 이용과 장례 절차 등 문명과 문화라는 인격적 삶을 향유하게 되었음을 삼재적 구조로서 설명하고 있다.

이처럼 인류사에 있어서 그 문명적 삶을 가능하게 한 대표적이고 보편적인 논리 구조가 곧

---

1) 계사전. 하. 2장.

"하늘과 땅을 인간이 중심이 되어 경륜해 나가는 우주적 원리를 담고 있는 삼재적 구조"라는 것이며, 한글의 제자(製字) 원리가 바로 이러한 삼재적 구조에 근거하고 있다는 사실은, 한글의 창제 이념 자체가 인류의 문명적 삶을 지향. 내포하고 있는 철학적인 원리에 근거하고 있다는 명백한 증거라 아니할 수 없다.[2]

## 3. 문명적 삶의 두 기둥: 신성(神性) 추구의 종교와 물성(物性) 활용의 과학

인간은 천지지간(天地之間)의 만물지중(萬物之中)에서 인격적 삶을 내용으로 살아가는 하나의 생명적 존재이다.

인간은 '신명성(神明性)'[영혼]과 '예지성(叡智性)'[이성]을 가진 형이상적 존재이기에 "뜻"[義·意·道·理]을 본체로 삼고 있는 신(神)과 교통할 수 있고, 동시에 "몸"[身·體·器·氣]을 가지고 있는 형이하적 존재이기에 동물의 본능성과 물질적 제한성에 구속될 수밖에 없는 숙명을 부여받고 있다 할 것이다. 그러므로 인간의 본질인 인성(人性)에는 이미 하늘의 신명지덕(神明之德)과 땅의 만물지정(萬物之情)을 함께 구유(具有)하고 있는 "신(神)·물(物) 양성(兩性)의 인격 주체성"이 내장(內藏)되어 있다 할 것이다.

하늘[天] 땅[地] 사이에서 삶을 영위하는 인간에게 있어서 원초적이며 궁극적인 관심거리는 삶 자체[生存 문제]이며, 그러하기에 인간의 삶 자체에 가장 근원적이고도 강제적인 영향력과 권위를 행사하는 천(天)[하늘·하느님·하늘의 운행]과 지(地)[땅·만물·자연현상]에 대하여, 인간은 숙명적인 관계[종속적 관심]를 벗어날 수 없게 되는 것이다.

인간이 '하늘에 대한 관심과 그 뜻을 깨닫기 위한 인간적 노력'[以通神明之德]의 총체는 종교적(宗敎的) 태도로 수렴되는 것이고, '땅의 만물에 대한 관심과 이를 이용하기 위한 인위적 노력'[以類萬物之情]의 전부는 과학적(科學的) 활동으로 집약되는 것이다.

실로 인간의 삶의 본질이며 핵심적인 영역이란 그 형이상학적 의미에 대한 추구인 종교와 그 형이하학적 실물에 대한 활용인 과학의 두 영역으로 크게 구분할 수 있는 것이며, 인류 문명사의 주제 또한 신성(神性)에 대한 인격적 이해와 물성(物性)에 대한 사회적 해석의 역동적 전개 과정과 이에 대한 생명적 기록으로 대표되고 있다 할 것이다.

---

2) 이정호. 역학찬언: 한국역학의 새 방향. 대한교과서 주식회사. 1982. ("훈민정음의 역학적 의의", "훈민정음과 역리", "훈민정음도와 금화정역도와의 대비" 등 참조)

## 4. 현대 문명의 속성과 한계, 그리고 대안(代案)

21세기 오늘의 인류에게 당면한 문명적 난제(難題)는 특정한 지도자, 국가, 사회제도 또는 특정 이념, 기술의 독단적 능력이나 노력만으로는 결코 해결할 수 없는 전인류적·전지구적·전시공적 과제이며, 인류사회 공동체에게 주어진 글로벌한 숙명적 과제가 되어 있는 것인 바, 이에 대한 책임적 위치에 있는 여러 정치지도자·지식인·종교가·사상가등은 기존의 문명적 타성을 극복하고 새로운 발상과 양식을 동원하여, 공존의 원리와 조화의 방식을 찾다보니, 이른바 "동양적 정신문화와 가치"로 그들의 지향처가 수렴되고 있는 것이 오늘날의 대체적인 경향이 된 것이다. 이에 동양 문명의 중심에 있는 중국적 가치와 유용성은 이미 G2의 위상으로 부상한 국제 역학적 현실이 증거하고 있으며, 자원이 부족하고 역사적 상처가 처절한 동이족의 후예인 한민족 또한 G20 의장국, 유엔지도자 배출, 문화와 스포츠에서의 생활 가치 상승, 세계 10대 교역량의 경제적 성취 등은 이를 명징(明澄)하게 보증하고 있다 할 것이다. 영국출신의 미국 과학자[이론물리학자]인 카프라 교수의 "인류문명의 대전환기에서 그 위기를 극복할 수 있는 지혜는 상생과 조화의 동양 문명에 있다"는 지적[3], 한국 출신의 미국 신학자인 이정용 교수의 "전통적인 서구의 기독교는 이미 실패하였으며 본래적 예수의 메시지는 음양의 철학인 동양의 주역으로 재해석되어야 한다"는 주장[4], 세계적 축제의 중심인 2008베이징 올림픽과 2010년 상하이 엑스포에서 사회주의 공산국가인 중국이 세계 앞에 내보인 키워드는 온통 "공자와 논어" 일색이었던 현실 등을 이제 인류는 공감하고 수긍하지 않을 수 없게 되었다.

## 5. 동양 문명의 원천: 한족(漢族)의 중원(中原)문화가 아니라 동이족의 홍산(紅山) 문화

그런데 미래 인류사회의 문명적 대안으로 부상하고 있는 동양 문명의 시원[근원·출발지]이 [기존의 中華主義에서 당연시 되던] 중국의 중원(中原)[黃河. 長江 중심의 漢族]이 아니라, 그보다 2000여년 앞선 간방(艮方) 동이족(東夷族)[동북아시아의 요하 문명, 홍산 문화의 주

---

3) F. 카프라. The turning point. 새로운 과학과 문명의 전환. 이성범 외 역, 범양사, 1985, 33~35쪽.

4) 이정용. Cosmic religion 易과 기독교 사상(정진홍 역, 한국신학연구소, 1980), 8쪽.

체인 白族인 韓族]에 있음이 이제 고고학적으로 검증되고 있음에,[5] 동이(東夷) 백족(白族)의 혈통과 문명적 유전자를 적통(嫡統)으로 계승해 온 우리 한민족(韓民族)에게 새로운 인류사적 위상과 사명이 주어져 있음을 우리 한민족은 자각하고 수용하고 세계와 더불어 공인하지 않을 수 없게 된 것이다.

그렇다면 오늘의 세계 문명사에서 인류 문명의 시원적 역할을 담당했던 한민족이 21세기 지구촌의 문명적 삶의 현장에서 차지하는[기여하는] 의미와 위상은 어떠하고, 그 철학적 근거는 무엇이며, 그러한 한민족의 인식은 얼마만큼 타당한 것인가?

이에 대한 답변의 통로로써 필자는 한글 창제의 원리인 '삼재적 구조'에 주목하게 된다.

한글 창제의 원리로서 삼재적 구조가 근거하게 된 것은 단순한 우연이거나 행운이 아니라, 한민족의 고유한 민족정신의 발용(發用)이며 그 태생적 문명성의 실현이라고 여겨지기 때문이다. 이는 한민족의 민족적 유전인자 속에 이미 하늘의 신명성(神明性)[宗敎性]과 땅의 만물성(萬物性)[科學性]을 인간의 인격적 삶의 현장에서 묘합(妙合)하고 주체화할 수 있는 "보편적이고도 세계적인 조화와 화합의 문명적 원리"가 내포되어 있으면서, 그 민족적 고유성과 정신적 특질이 역사와 전통을 따라 면면히 전승되어 왔기에 가능했던 것이다.

## 6. 신화에 담긴 한민족의 정신적 원형: 신성과 물성의 인간 주체적 통합 원리

한민족의 정신적 유전자에 "인간을 중심으로 하는 우주적 통합과 조화의 원리인 삼재적 세계관"이 내장되어 있음은, 한민족의 태초적 의식과 원형적 이념이 용해되어 있는 한민족의 신화를 통하여 여실하게 확인할 수 있는 바, 그 대표적인 사례를 예거하면 다음과 같다.

### 1) 고조선의 단군신화.

삼국유사에 기록된 단군신화의 내용을 요약하여 소개하면 다음과 같다.

"하늘의 신명한 존재인 환웅[神雄]이, 인간이 되고 싶어서 쑥과 마늘을 먹으며 계율을 지켜서 인간이 된 곰[熊女]과 혼인하여, 단군(檀君)을 낳으니 그가 조선(朝鮮)을 세웠다."

이는 한국인의 태초적 자기 존재 이해[한국인의 自己 解明 論理]가 하늘의 신성(神性)과 땅

---

5) 유승국, 「동양철학 연구」, 근역서재, 1983. 유절, 「중국고대종족 이식사론」, 正中書局, 민국 37. 우실하. "동북공정너머 요하문명"소나무. 2006 등 참조.

의 물성(物性)이 단군이라는 인간으로 통일. 조화. 묘합(妙合)되는 "인간 중심의 삼재적 구조"에 근거하고 있음을 반영하고 있다.

### 2) 고구려의 주몽(朱蒙) 신화

삼국유사에 기록된 주몽 신화의 내용을 요약하여 소개하면 다음과 같다.

"하늘적 존재인 해모수(解慕漱)[태양빛]와 땅에 흐르는 물의 정령인 하백(河伯)의 딸 유화(柳花)가 교합(交合)하여 알을 낳았는데, 그 알에서 태어난 주몽이 고구려를 건국하였다."

이는 형이상적 천신(天神)의 상징인 햇빛과 형이하적 하백(河伯)의 후손인 유화(柳花)가 묘합(妙合)하여 주몽이 태어난 알을 생산하고 있는 것으로, 신의(神意)와 물지(物志)가 인간 주몽으로 일체화되는 삼재적 구조를 이루고 있다.

### 3) 신라의 박혁거세(朴赫居世) 신화

삼국유사에 기록된 박혁거세 신화의 내용을 요약하여 소개하면 다음과 같다.

"하늘의 빛이 땅을 향하여, 백마가 품고 있는 알에 비치더니, 그 알에서 아이가 태어나 진한(辰韓) 땅 여섯 부족의 왕이 되어 신라를 건국하였다."

이는 하늘의 붉은 태양 빛이 땅 위의 알과 만나, 그 알에서 혁거세(赫居世) 왕[사람]이 태어난 것으로 '하늘과 땅의 기운이 함께 인간으로 묘합(妙合)되는 삼재적 구조'와 동일하다.

이상의 신화에서 알 수 있듯이 한국인의 태초적 세계관과 인간관을 담고 있는 한민족의 신화에는 한결같이 '우주 안에 존재하는 모든 만물이 인간의 생명적 존재를 중심으로 일체화되고 조화되는 삼재적 구조'를 공동의 논리적 지평으로 삼고 있는 것이다.

특히 신라의 대표적 지식인이라 할 수 있는 최치원(崔致遠)은 한국의 민족적 사유 구조와 체계에 대하여 "만물을 포용하고 묘합시키는 한국적 원리"로서의 이른바 '현묘지도(玄妙之道)'를 주창하고 있는데, 그는 그의 '난랑비서문(鸞郎碑序文)'에서 다음과 같이 단정하여 기록하고 있다.

"國有玄妙之道 曰 風流 實乃包含三敎 接化群生 入則孝於親 出則忠於君 魯司寇之敎也. 不言而敎 無爲而化 周柱史之旨也. 諸善奉行 諸惡莫作 竺乾太子之化也"[6] (우리나라에는 현묘한 도가 있으

---

6) 최치원 '鸞郎碑序文' –三國史記.

니 풍류도라고도 말할 수 있다.우리민족의 고유한 풍류도는 이른바 세 가지의 가르침을 모두 포괄하고 있으며, 이로써 모든 중생을 직접 교화해 나갈 수 있는 것이다. 첫째로 '사람이란 집에 들어와서는 부모님께 효도하고, 밖에 나가서는 나라와 인군에 충성을 다하는 것'이니, 이는 유가의 종사인 공자의 가르침이고, 둘째로 '차별적인 말을 하지 않고서 진리를 가르치고 억지로 무리하지 않는 지혜로써 세상을 교화시키는 것'이니 이는 도가의 큰 스승인 노자의 가르침이며, 셋째로 '모든 선한 일은 받들어 열심히 행하고, 여러 악한 일은 절대로 하지 않는 것'이니, 이는 불교의 창교주인 석가의 가르침이다.)

무릇 논지(論旨)와 주장이 서로 다른 교파(敎派)의 이념을 긍정적으로 받아들이고, 함께 더불어 그 가치를 공유한다는 것은, 실로 특별한 사유구조의 포용성이 없으면 불가능한 것이다. 그 중에서도 특히 종교적 교의는 자신들의 절대적 우월성을 전제하고 강요하는 속성이 있기 때문에, 다른 교의와는 원천적으로 갈등을 유발하기 십상임에도, 한민족의 정서 속에는 이처럼 타종교의 가르침마저 관용으로써 배려하고, 그 훌륭한 덕목을 모두 취합하여 삶의 현장에서 긍정적으로 조화. 수용하는 "종합과 통일의 사유 방식"이 깊이 착근되어 있었던 것이다. 이러한 이유 때문에 일찍이 한민족의 역사에서는 종교 간의 극단적 갈등이나 타툼이 없이, 성격을 달리하는 숱한 종파적 교설이 널리 공존하고 번성할 수 있었던 것이다.

실로 상이한 종파간의 공존 사례는 여타의 지구촌 민족에서는 쉽게 찾아보기 어려운 것으로, 이는 전적으로 최치원이 선언한 이른바 "현묘지도(玄妙之道)로 표현된 한민족의 묘합적(妙合的) 사유 구조"가 그 배경이 되고 있는 것이 분명한 것이다.

## 7. 역사 현실로 전개된 한민족(韓民族)의 삼재(三才) 묘합적(妙合的) 조화원리

이처럼 하늘의 신성과 땅의 물성이 인간의 주체성[人性]으로 묘합(妙合)되는 '한민족의 삼재적 의식구조'는 한민족의 역사를 통하여 발현되고 전승됨으로써, 한국인의 고유하고도 특징적인 전통의식으로 한국 사회에 정착된 것이니, 그 대표적인 사례를 역사적으로 일별(一瞥)해보면 다음과 같다.[7]

---

7) 한국사상의 철학적 특성-妙合性을 중심으로- 인문과학논집, 제 44호, 청주대학교 한국문화연구소. 2012.

## 1) 고구려 승랑(僧朗)의 삼론(三論) 사상

승랑(僧朗)은 고구려 요동성 출신으로 중국의 이른바 격의불교(格義佛教)가 번성하던 북위 지역으로 구 법(求法)의 길을 떠나 중국 삼론종(三論宗)의 새로운 길을 개척한 승려이다. 한국의 승려로서 중국 불교에 가르침을 주었던 최초의 인물이라 할 수 있는 승랑의 역할은 한민족의 묘합적(妙合的) 사유구조 속에서 발휘된 것으로 볼 수 있으니, 당시의 이원론(二元的)인 논쟁 가운데에 있던 중국의 불교사상을 일원적(一元的) 차원으로 조화롭게 해석하고 통합하여 새로운 불교 사상으로서의 신삼론(新三論)의 철학을 열어준 일이었다.

삼론종이란 중론(中論)·십이문론(十二門論)·백론(百論) 등의 세 가지 논서(論書)에 근거한 이름으로서, 용수의 중관(中觀)사상에 입각하여 무득정관(無得正觀), 파사현정(破邪顯正)을 내세우고 있는 종파이며, 승랑에 의해 학문적으로 체계화되고 이후 승전(僧詮)·법랑(法朗)을 거쳐 길장(吉藏)에 의해 집대성되었다.

승랑의 학문적 성과와 사상적 편린은 길장이 기록한 그의 스승들의 행적을 통하여 발견할 수 있는데, 그 중 승랑의 철학적 사유를 언급한 기록의 일부를 인용하면 다음과 같다.

"攝山師云 二諦者 乃是表中道之妙教. 窮文言之極說 道非有無 寄有無以顯道 理非一二 因一二以明理 故知二諦是教也"[8] (섭산선사께서 말씀하셨다. 有와 無라는 두 가지의 존재가 바로 중도의 묘합된 가르침을 표상하는 것이다. 그 궁극적인 불교의 진리를 말하자면, 부처의 도라는 것은 유와 무의 어느 한 쪽의 것이 아니지만, 바로 그 유와 무에 의거하여 도를 드러내는 것이다. 진리란 하나 혹은 둘이라는 어느 한쪽은 아니지만, 그 하나 혹은 둘의 모습에 근거하여 진리 자체는 밝혀지는 것이니, 이런 이유로 유와 무 두 가지 모두를 바르게 아는 것이 참된 부처의 가르침인 것이다.)

이러한 승랑의 논설은 '이제합명중도설'(二諦合明中道說)[두 가지의 진리상을 하나로 종합하여 진정한 中道의 진리를 밝힌다]로 집약된다. 여기서 중도(中道)는 불교의 궁극적인 진리를 의미하는데, 이 중도를 밝히는 방법으로 세제(世諦)와 진제(眞諦)의 이제(二諦)를 합명(合明)하는 방법, 즉 정반합(正反合) 지양시키는 방법을 '이제합명중도설'이라 하는 것이다.[9]

이렇게 서로 다른 관점의 대립과 부조화를 통합과 합일의 일체적 구조 속에서 주체화할

---

8) 길장. 二諦章 券上. 승랑은 섭산 서하사의 주지로 있으면서 修行. 講說하였기에, 그의 후학들은 승랑을 섭산대사라고 존칭하였다.

9) 위키백과.

수 있었던 승랑의 철학적 인식체계는 한민족의 고유한 사유 구조인 묘합성의 특성이 발휘된 결과로 볼 수 있는 것이다.

## 2) 신라 원효(元曉)의 화쟁(和諍) 사상

한국 정신사에서 신라 원효의 철학사상은 부처의 가르침을 가장 한국적으로 해석하고, 실천한 대표적이고 모범적인 사례로 인정되고 있다. 그가 의상과 함께 당나라로 배움의 길을 떠났다가 "썩은 물을 달게 마시는 체험"을 통하여 "일체유심조(一切唯心造)"의 불법을 확연히 깨닫고는 유학의 길을 되돌려, 이 땅에서 "토착화되고 자생적인 불성(佛性)"을 크게 꽃피워낸 사건은 한국 불교 역사의 위대한 성취이며, 한민족의 정신사에 있어서 자랑스런 자긍심이 되어 있음은 주지하는 사실이다.

원효가 제창한 불교 사상의 핵심은 화쟁이다.

화쟁이란 원효 사상의 근본을 이루는 화해(和解)와 회통(會通)의 논리체계를 이르는 말로, 원효로부터 시작되어 한국불교의 전통으로 정착되고 면면히 이어져 내려온 사상이다.

연기론과 실상론을 바탕으로 하여 특정한 교설이나 학설을 고집하지 않고, 비판과 분석을 통해 보다 높은 가치를 이끌어내는 사상이라고 할 수 있다. 모순과 대립을 상호 超克하여 하나의 체계 속에서 다루므로 화쟁(和諍)이라 하는 것이다.

원효는 '대승기신론소"(大乘起信論疏)에서 "마치 바람 때문에 고요한 바다에 파도가 일어나나, 파도와 바다는 둘이 아니다. 우리의 일심(一心)에도 깨달음의 경지인 진여(眞如)와 무명(無明)이 동시에 있을 수 있으나, 이 역시 둘이 아닌 하나이다"라는 비유로 화쟁의 의미를 설명하고 있다. 그는 특히 '열반경종요'(涅槃經宗要)에서 "統衆典之部分 歸萬流之一味. 開佛意之至公 和百家之異諍"(불교의 여러 전적을 하나로 모으면, 숱한 말씀의 흐름이 모두 하나의 맛으로 돌아오고, 부처의 뜻을 사심 없이 열어보면 온갖 다른 이야기들도 하나로 조화된다)라 하여 합일(合一)의 묘법(妙法)을 강조하고 있다.

실로 원효는 언어적 교설의 굴레를 초탈하여 "불성의 본래 모습을 인간의 일심 안에서 삶의 실상으로 구현해 낼 수 있다"는 불교 사상의 신묘적(神妙的) 신지평(新地平)을 열어 보인 것이니, 이 역시 한민족의 묘합적 사유의 특성이 가져다 준 '한국 사상의 빛나는 선물'이 아닐 수 없는 것이다.

### 3) 고려 불교의 선교합일(禪敎合一) 사상

불교는 그 구득(求得)의 중점에 따라 선(禪)과 교(敎)로 구분한다.

불교의 종파를 학문적으로 크게 구분하면, 선종과 교종으로 나눌 수 있는데, 교종은 석가모니의 가르침[敎]이 적힌 경전을 공부하여 깨달음에 이르려는 종파이고, 선종은 석가모니가 수행했던 것처럼 마음을 고요히 닦아서[禪] 깨달음에 이르려는 종파이다.

이 두 가지의 깨달음에 이르는 방법[부처 되는 길]은 서로 구분되지만 상대를 배척하는 것이 아니라 서로 보완하는 관계에 있다고 볼 수 있다.

교(敎)와 선(禪)이라는 두 갈래 길에서 불제자들은 대부분 각자가 선택한 나름의 방도가 성불에 이르는 유리하고도 정당한 구법수행(求法修行)이라고 강조하고 믿게 되는데, 바로 여기에서 부처의 가르침의 중요한 어느 한 쪽은 자연스레 소홀해 질 수밖에 없었던 것이다.

참다운 진리를 찾고자 하는 정직한 불제자들은 이러한 문제에 대하여 각성하면서, '선'과 '교'의 조화와 합일을 추구하고자 하나, 이설(異說)을 중화(中和)시키는 철학적(존재론적) 근거를 찾지 못하게 되면, 결국 진정한 회통(會通)의 경지를 마련하지 못하게 되는 것이다.

그러나 한민족의 사유적 유전자를 이어받은 고려시대의 승려들은 한민족의 고유한 묘합(妙合)의 논리로써 이러한 철학적 난제를 슬기롭게 극복하고 불교사상의 생명력 있는 지평을 확충할 수 있었던 것이니, 그 대표적인 인물이 대각국사(大覺國師) 의천(義天)이다.

'의천'은 불교계의 '선'과 '교'를 함께 수행하였으며, 선종인 조계종과 교종인 화엄종의 결함을 보완하는 선교통합(禪敎統合)을 위하여 일생을 헌신하였다. 그리하여 교(敎)와 선(禪)의 합일을 추구하는 천태종(天台宗)을 창건하게 된 것이다. 다음은 이러한 설법의 예증이다.

"學教之者 多棄內而外求 習禪之人 好忘緣而內照 並爲偏執 俱體一邊"[10] (교를 배우는 사람은 흔히 그 안의 마음을 버리고 밖의 대상만을 구하기 좋아 하고, 선을 익히려는 사람들은 인연의 의미를 잊어버리고 안으로만 파고드니, 이는 모두가 한 쪽으로 편중된 것이다.)

이러한 입장에서 의천은 교(敎)와 선(禪)의 상보적(相補的) 차원을 중시하여 "원래의 선은 교에 적(籍)하여 선을 익혔고, 지금의 선은 교를 떠나서 선을 설(說)하니, 이는 명(名)에 집착하여 그 실(實)을 잊은 것이다. …불학무식(不學無識)의 도(徒)로서 선(禪)한다는 것은 부천

---

10) 대각국사 文集 3.

(浮淺)해져서 명리(名利)에 놀아나는 결과를 초래하게 된다." 하여 교관겸수(敎觀兼修)의 넓은 길을 개척하였던 것이다.

## 4) 조선 성리학(性理學)의 리기지묘(理氣之妙)

조선시대 철학 사상의 주류는 려말선초(麗末鮮初)에 중국으로부터 유입된 주자학(朱子學) 중심의 성리학(性理學)이었다. 중국에서 새로이 태동한 신유학(新儒學)으로서의 주자학은 "인간과 우주 만물의 존재원리로서의 '리(理)'를 규명하고, 각개 존재자의 본성(本性)[性]을 다 발휘하여, 천지간에 인격적 삶을 실현하는 데" 그 이념적 지향을 집중하면서, 신유학의 중심 주제가 리(理)·기(氣)·도(道)·성(性) 등의 개념으로 확장·심화되었고, 이러한 신유학의 철학적 성격으로 인하여 새로운 학풍으로서의 "성리학"이 성립되었던 것이다.

특히 성리학의 새로운 중심 개념으로 '리'와 '기'를 거론할 수 있는 바, 이는 일찍기 주자(朱子)가 주역의 "形而上者謂之道. 形而下者謂之器"를 註解하여 "理也者 形而上之道也 …氣也者 形而下之器也"[11] (리는 형이상자로서의 道를 말함이고, 기는 형이하자로서의 器를 말함이다)"라고 풀이한 데에서부터 사상계의 전면에 등장하게 된 것이다.

이러한 성리학의 '리기' 문제를 주요 개념어로 받아들인 조선의 유학적 풍토는 자연스레 "리와 기에 대한 존재론적 의미를 다방면으로 탐구하고, 리와 기 상호간의 관계를 규정하는 데"에 몰두하게 되었다.

일찍기 주자(朱子)는 리와 기의 관계에 대하여 설명하면서 "在理上看(존재론적으로 보면)에서는 決是二物이지만 在物上看(존재적으로 보면)에서는 不可分開이다"라 하여, 학문적으로 엄격하게 구분하여 논의할 것을 촉구하고 있다.[12]

중국에서는 대체로 "결시이물(決是二物)"의 분리적 입장에서의 사변적인 리기론이 전개된 반면, 조선에서는 오히려 "불가분개(不可分開)"의 통합적 관점에서 심성론(心性論) 중심의 理氣論이 더욱 심도 있게 논의되었다고 보아지며, 다음과 같은 정여창(鄭汝昌)의 묘합적(妙合的) 리기론(理氣論)은 그러한 사례의 하나라고 할 수 있다.

---

11) 주자대전 권58.

12) 주자문집 권46. "所謂理與氣 此決是二物 但在物上看則二物渾淪不可分開…若在理上看則雖未有物而已有物之理" 決是二物의 관점에서의 理氣論은 리와 기의 先後와 輕重의 문제가 주된 논쟁으로 등장하고, 不可分開의 관점에서의 리기론은 리와 기의 공능과 역할의 문제가 쟁점으로 등장하게 된다.

"夫理而無無氣之理 氣而無無理之氣 故理之所在 氣亦聚焉 氣之所動 理亦著焉 …此所謂一而二 二而一者也"[13] (대저 리는 기 없는 리가 없고 기는 리 없는 기가 없는 것이다. 그러므로 리가 있 으면 항상 거기에는 기가 모여 있고 기가 움직이는 곳에는 언제나 리가 나타나는 것이다. 이를 일러 이른바 하나이면서 둘이요 둘이면서 하나라고 말하는 것이다.)

"天地之間 有理有氣 而氣之流行 未嘗不本於理也, 天下之道有善有惡 而惡之爲岐 亦未嘗不出於 善也 …本皆天理"[14] (천지간에는 리가 있고 기가 있으나 기의 움직임은 리에 근본하지 않음이없 으며, 인간세상에는 선도 있고 악도 있으나 악으로 갈라져 나온 것도 선에서 나오지 않음이 없는 것이다.…모두가 그 근본은 천리에 있는 것이다.)

정여창(鄭汝昌)의 존재 이해 방식은 앞선 시대 한국적 사유의 특징인 "묘합적(妙合的) 관점의 존재 이해의 방식"과 다르지 않은 바, 그의 "一而二, 二而一"(진리의 본 모습이란 하나이면서 둘이며, 둘이면서 또한 하나이다)의 논리는 그대로 고구려 승랑의 "非一二, 因一二"(진리란 하나 혹은 둘이라는 어느 한쪽은 아니지만, 그 하나 혹은 둘의 모습에 근거하여 진리 자체는 밝혀지는 것이다) 와도 다르지 않은 것이다.

조선의 유학사에서 가장 뚜렷하게 한국적인 관점으로 리(理)와 기(氣)의 존재구조를 간파한 인물은 율곡(栗谷) 이이(李珥)로서 그는 리(理)와 기(氣)의 관계를 다음과 같이 해설하고 있다.

"夫理者 氣之主宰也 氣者 理之所乘. 非理則氣無所根抵 非氣則理無所依者 旣非二物又非一物. 非一物故一而二 非二物故二而一也. 非一物者何謂也 理氣雖相離不得 而妙合之中 理自理 氣自氣 不相挾雜 故非一物也. 非二物者何謂也 雖曰理自理氣自氣 而渾淪無間 無先後 無離合 不見其爲二物 故非二物也"[15] (대저 理는 氣의 주재자요 기는 리가 타고 있는 바이다. 리가 아니면 기가 근거할 곳이 없고 기가 아니면 리가 의지할 바가 없다. 이미 둘이 아니고 하나도 아니다. 하나가 아니기 때문에 一이면서 二요. 둘이 아니기 때문에 二이면 서 一이다. 하나가 아니란 뜻은 무엇인가? 리와 기는 서로 떠날 수 없어서 신묘하게 합해져 있다. 리는 스스로 리이며 기는 스스로 기이다. 이들은 서로가 협잡하지 않기에 하나가 아니라고 한 것이다. 둘이 아니라는 뜻은 무엇인가? 비록 리는

---

13) 이기설.

14) 선악천리.

15) 율곡전서. 9.

스스로 리이고 기는 스스로 기라고 할지라도 혼륜으로 섞여서 빈 사이가 없고 선후도 없고 이합도 없으니 둘이라는 것을 알 수가 없기에 둘이 아니라고 하는 것이다.)

이렇게 볼 때, '리'와 '기'는 세계의 존재를 구성함에 있어서 반드시 있어야 할 요소로서 양자는 대등한 가치를 갖는다. 왜냐하면, '리'나 '기' 어느 하나만으로는 어떤 존재도 있을 수 없기 때문이다. '리' 없는 '기'도 없고 '기' 없는 '리'도 없어서, 리와 기는 본래 떨어질 수 없는 하나로 있다. 리기(理氣)는 본래 하나의 존재양상으로 있는 것이다. 그러나 하나로 있다고 해서 '리'가 '기'이고, '기'가 '리'는 결코 아니다. 이같이 둘이면서 하나로 있고, 하나로 있으되 둘인 리기의 관계를 율곡은 '리기지묘(理氣之妙)'라는 말로 표현한 것이다. 리기지묘(理氣之妙)는 '리기(理氣)의 묘합(妙合)'이라는 의미로 볼 수 있는 바, 리기(理氣)가 시간적으로는 선후(先後)가 없고, 공간적으로는 이합(離合)이 없는 묘합(妙合)의 존재구조를 의미하는 말이다. 이러한 리기지묘처(理氣之妙處). 리기지묘체(理氣之妙體)의 체인(體認)이야 말로 율곡 성리학의 관건이라 하겠다.[16]

### 5) 조선 후기 이후 현재까지: 서학(西學)에 대한 한민족(韓民族)의 묘합적(妙合的) 주체화

조선은 임진(壬辰). 병자(丙子). 정유(丁酉) 등 국난(國難)을 겪은 이후, 국력은 소진되고 백성의 삶은 피폐해졌으며, 곳곳에서 민란이 발생하는 등 정치적 권위와 사회적 질서가 무너지고 통치 세력의 중심이던 양반 계급마져 타락[몰락]하면서 백성들의 삶은 더욱 곤궁해지고 있었다. 이러한 국가 전반의 위난 사태는 의식 있는 지식 계층에게 반성과 분발과 자기 개혁 의지를 촉발시켰고, 중국을 통하여 접하게 되는 서학(西學)[西歐文明]의 실상)(實相)은 민족적 자각을 불러오고 자기 갱생의 길을 모색하게 하는 촉매가 되고 있었다.

19세기를 맞이하면서, 당시 서구의 열강은 이미 근세 과학 기술의 발전과 산업 혁명을 거치면서 커다란 경제력과 군사력을 창출하였고, 과잉 축적된 그들의 국력은 점차 식민지 확장 등의 제국주의적 침략으로 분출되어 서세동점(西勢東漸)이라는 거대한 문명적 흐름이 형성되어 있었다.

조선 후기에서부터 오늘에 이르기 까지 서세동점의 주역을 서학[西歐的 文化와 文明의 總稱]이라는 관점에서 규정하고, 그 '서학'의 중심 내용을 나열해 보자면, 서양의 과학적 기술.

---

16) http://yulgok.or.kr

서양의 종교적 신념[기독교 중심]. 서양의 사회질서와 제도[민주 市民意識과 法治 理念]. 서양의 文化와 價値[個人主義와 自由意識] 등이라 할 수 있을 것이다.

18세기 이후. 조선의 지식인들은 중국과 일본을 통하여 서양의 과학적 혜택의 유용함과 편리함을 체험하면서 그동안 자신들이 몰두했던 사변적인 학문 풍토를 통렬히 반성하고, 실질을 존숭하는 입장에서의 새로운 학문적 변용을 시도하게 되면서 드디어 실학사상(實學思想)이 배태하게 되었다.

지봉(芝峯) 이수광(李睟光)-반계(磻溪) 유형원(柳馨遠)-성호(星湖) 이익(李瀷)-연암(燕巖) 박지원(朴趾源) 등을 거쳐 다산(茶山) 정약용(丁若鏞)으로 대표되는 조선 유학의 실학적(實學的) 변용(變容)은 참으로 적극적인 자기 갱생의 몸부림이었던 것이다. 서양의 문물과 제도의 실상을 홀대하거나 배척하기 보다는 그 가치와 유용성을 정직하게 인정하고, 이를 시대적인 욕구와 조화시켜 민족적 사유 구조인 묘합의 관점에서 이들을 수용한 것도, 실학자들의 정신적 유전자 속에 계승되어 온 "객체를 주체화하고, 대상을 긍정적으로 포용하는 한민족의 묘합적 사유의 특성"이 발동한 결과라 아니할 수 없다.

특히 강력한 신앙체계로 무장한 기독교의 제국주의적 교세확장(敎勢擴張)에 대응함에 있어서도, 이를 배타적으로 거부하지 않고 한국적 토착 신앙[巫俗文化]을 바탕으로 하여, 서양의 종교를 묘합적으로 수용. 한국적 종교 문화와 합일시킴으로써, 종교의 전파 과정에서 일반적으로 야기될 수 있는 문화 간의 갈등과 이로 인한 희생의 고통을 최소화할 수 있었고, 드디어는 서양종교(西洋宗敎)[기독교]의 한국 정착화에도 성공할 수 있었던 것이다.[17] 이 또한 한민족의 묘합적 논리가 이러한 "승화된 종교적 융화"를 가능케 했던 것으로 볼 수 있는 것이다.

구한말. 일제의 조선침략 책동으로 인하여, 한민족은 새로운 시련과 고난 앞에 던져지면서, 이에 저항하는 다양한 형태의 민족적 항일 운동이 일어나게 되고, 이와 함께 민족정신의 회복을 독려하는 정신적 자각 운동으로서의 민족 종교 운동이 활발하게 전개되었으며, 한일합방 이후. 일제의 식민지 시절에도 한민족은 결코 민족적 자립 의지를 포기하거나 시대적 곤란에 좌절하지도 않았으며, 한민족의 자주독립을 쟁취하기 위해 끝없는 노력과 자기

---

17) 무교회자로 알려진 김교신(1901~1945)의 "기독교 신앙은 교회제도나 교리를 통해서가 아니라, 하나님과 신자간의 살아있는 직접 관계를 통해서 가능하다"라는 주장이나(기독교 연합신문 2015.4.29), 기독교의 한국 토착화의 초석을 놓은 성과로 알려진 윤성범(1916~1980)의 "중용의 중심 명제인 성의 개념을 도입하고, 한국문화와 율곡사상을 근거로 하여, 기독교에 대한 한국적이고 창조적인 해석을 시도한 점"(국민일보. 2005. 1.24) 등은, 神性에 대한 인간 주체적 수용을 증거하는 명백한 사례들이다.

희생을 경주함으로써, 끝내 해방의 결실을 맞이하게 된 것이다.

이후 대한민국의 정부 수립- 남과 북의 갈등과 분단- 6.25의 민족 전쟁- 5.16과 4.19의 정치사회적 혼란을 거치면서, 이러한 어려운 시대적 상황을 슬기롭게 극복하고, 난국을 오히려 창조적 열정으로 善用. 昇華시킴으로써, 한민족의 묘합적 저력은 부단하게 발휘되었던 것이다. 한편으로 "오랜 역사를 통하여 인류의 지혜가 축적되어 탄생한 서양의 민주제도"(법치 이념)를 한민족은 자신들의 고유한 문화 속으로 수용. 접목. 발전시켜 드디어는 [半世紀도 안 되는 짧은 기간에] 오늘의 민주화된 한국을 성취하였고, 더불어 과학 기술의 창의적 개발을 통하여 경제와 제도에서의 산업화 과정을 동반 성취하였으며, 이제는 아시아의 중심 국가를 넘어서 세계의 지도국으로서 자랑스럽게 부상하기에 이른 것이다.

논자는 이러한 한민족의 자기 극복. 자기 수용. 자기 통합의 논리와 기질과 저력과 능력을 통관하여 이해하고, 그 철학적 특성을 규정함에 있어서, 한민족에게 오랜 역사를 통하여 꾸준히 전승되고 발휘된 "객체와의 통합적 자기주체화 능력"이라는 '묘합적 조화 원리'로 명제화하고자 한다.

나아가 한국인의 사유 방식을 '구조적으로 틀 지우는 가장 강력한 요인'이라 할 수 있는 '한국인의 언어와 문자 자체'가 한글에 담겨져 있는 '우주 만물의 인간 중심적 통합과 조화 원리'에 근거하고 있다는 점에서, 한글의 창제 원리인 '삼재적 구조'는 한국인의 문명적 기본 자원인 동시에 인류 문명 사회에 기여할 수 있는 보편적인 자산이 될 수 있는 것이다.

## 8. 21세기 인류 사회의 미래적 전망: 삼재적(三才的) 부조화(不調和) 현상에 대한 자각과 극복

1) 20세기까지의 인류사회는 천(天)-지(地)-인(人) 삼재 원리를 바탕으로 하는 우주적 존재 구조에 대하여, 그 본질을 신성(神性)-물성(物性)-그리고 인성(人性) 상호간에 부조화(不調和)와 모순. 갈등 현상으로 인식하고, 상호간의 배타적 경쟁에서 승리함으로써, 상대의 굴복을 강요하는 일방적 방식으로 대처해오면서, 지구 마을에는 끊임없는 살상과 파괴의 비극을 초래하게 되는 냉전적 체제를 숙명처럼 지속해 왔다.

이제 20세기를 마감하게 되자, 이러한 현대 문명의 본질적 속성과 한계를 자각하게 되고, 나아가 문명사적 과오에 대하여 고백하게 되면서, 21세기 인류 문명의 미래는 삼재적 조화 원리를 실천할 수 있는 방향으로 설정해야 한다는 세계적 공감대가 형성된 것이다.

2) 신성(神性)을 옳게 해석하지 못하여 바르게 실천하지 못한 문명사적 과오에 대한 종교적 고백은 이미 교황 요한 바오로 2세의 용기 있고 정직한 선언으로 확인된 바 있다.

그는 지난 2000년 대희년(大希年)을 맞이하여 '기독교가 지난 2000년 세월에서 인류에게 저지른 잘못한 죄업[그러한 구체적인 사건으로서 십자군 전쟁, 선교를 명분으로 한 아메리카 인디언들의 살육을 용인한 점, 히틀러의 유대인 학살에 침묵한 점 등을 예거함]에 대한 반성과 참회의 의식'을 집행하였다. 바티칸 교황의 참회 이후, 한국 천주교 주교회의에서도 "한국 교회가 한민족의 역사에서 '조상제사 금지, 안중근 의사의 살인 규정' 등의 잘못을 고백한 것은 매우 특별한 의미로 새기지 않을 수 없다.

현대 사회를 주도해 온 서구 문명의 토대인 기독교에서, 자기 극복의 과감한 결단과 선언이 있었다는 사실은 새로운 문명 세계의 도래에 앞선 '종교적 맞이굿'으로 볼 수 있는 것이 분명하다.

물성(物性)에 대한 관점에 있어서도 근본적인 사유적 전환이 다방면에서 실증되고 있는 바, 과학적 공산주의라는 유토피아를 내세우면서, 인간의 영혼성을 몰각하고, 오로지 물적 자원의 효용 가치만으로 인간의 모든 삶을 해결할 수 있다는 허상의 이념으로 탄생한 공산 사회주의가 무수한 전쟁과 파괴, 살상과 테러만을 기록한 채, 20세기 말에 찾아온 소련의 해체와 더불어 종언을 고하게 된 사실은 과학 만능적 세계관의 일대 전환을 웅변으로 선포하고 있는 것이다.


3) 특히 오늘날 한민족(韓民族)에게 역사적 업보로 주어진 남북분단(南北分斷)이라는 비극적 실상(實相)[이 현실이 바로 三才的 不調和가 야기한 人類 社會의 冷戰的 體制에서 비롯된 세계사적 遺産인 것이다]은, 세계 인류가 겪어야 하는 갈등의 본질을 가장 극적으로 모형화 시켜놓은 것으로 볼 수 있으며, 때문에 인류의 장래를 가늠해 볼 수 있는 실험실의 표본처럼 세계인의 주목을 받고 있는 것이다. 한민족이 이러한 인류사적 시선을 슬기롭게 극복하고, 세계 인민의 장래에 대한 긍정적인 실험 결과를 도출해 낼 수 있다면, 이는 인류 공동의 숙제를 우리 민족이 주체적으로 해결해 냈다는 민족적 자부심으로 인정되고 또 인류사에 기록될 것이다.

삼재적 묘합(妙合)의 생명적 조화원리를 한민족의 정신적 자원으로 면면히 계승해왔다는 점에서 볼 때, 이러한 민족적 통합의 역량은 미래적 역사 현실에서도 분명히 긍정적으로 발휘될 수 있을 것이라 기대할 수 있다. 참으로 한민족에게는 인류사회가 겪어 온 삼재적 부조화의 갈등 구조를 모범적으로 해결해야할 인류 문명사적 사명이 주어져 있다 할 수 있으니, 인류 문명의 시작과 함께 한 오천년의 장구한 역사 계승이 그러하고, 냉전 시대 분쟁의 첫 실험장으로 쓰였을 뿐만 아니라, 마지막 해결장으로 남아 있는 현실이 또한 이를 반증하고 있는 것이다. 머지않은 장래에 우리 한민족은 남북통일이라는 민족적 과업을 조화롭게 완성시켜 냄으로써, 미래의 인류 사회에서 우주적 생명가치를 실현할 수 있는, 새로운 인류 문명을 선도적으로 견인하게 될 것을 논자는 예견하고 확신하게 된다.

## 9. 새로운 인류 문명사에 있어서 삼재적 통합구조의 가치와 효용성

한글의 창제 원리이면서 한민족의 사유적 특질로 공증되고 있는 이른바 "인간 중심의 삼재적 조화 원리"가 인류의 문명적 삶에 있어서는 어떠한 기능과 역할을 할 수 있을 것인가를 살펴보는 일은, 오늘날의 '열린 지구마을'에서 한민족에게 주어진 인류문명사적 의미가 무엇인가를 가늠해보는 일과 다르지 않다. 이에 한민족이 가지고 있는 고유한 정신적 자원이 오늘의 인류사회에서는 어떤 가치와 효용성이 있는지를 좀 더 구체적으로 예견해보고자 한다.

오늘날 지구촌 공동체의 삶의 형태는 동·서를 막론하고, 서구인들이 이룩해 놓은 삶의 방식[西洋文明] 가치·이념이 주도하고 있다.

21세기 현대 인류 사회에 있어서 생활 전반의 중심적 질서로 강력하게 기능하고 있는 "서구적 문명의 실상"은 과연 무엇이며, 이는 인간이 요구하는 행복한 삶에 있어서 얼마만큼 만족스러운 성과를 보장할 것이며, 또한 앞으로도 그 유효성은 지속될 수 있는 것일까?

서구의 역사에서, 과거 중세 천년 동안 신(神)의 노예임을 기쁘게 자처하며 살아오던 인류는, 르네상스를 겪으면서, 인간의 살림살이를 허상의 이념인 신성(神性)에만 의탁하기보다는 스스로의 노력으로 살아가는 것이 더욱 유용할 수 있음을 경험한 이후, 20세기에 이르기 까지, 인간의 생각과 손기술로 무엇이든지 해 낼 수 있다는 또 다른 신앙을 가지고, 무한한 물질적 풍요로움과 기술적 편리함을 하늘의 축복처럼 찬미하면서 절대적인 문명의 혜택을 만끽해왔다. 그러나 20세기 거듭하여 세계 대전을 치르고, 21세기 경이로운 신문명에로의 문턱을 넘으면서, 과학 기술의 성과가 생활의 윤택함보다 오히려 생명 살상의 원천적 공포임을 체험하게 되었고, 종교적 신념이 인간을 위로하기보다 오히려 종교·인종·국가·민족·문화·제도·이념 간의 극단적 갈등과 투쟁을 미화하는 깃발과 무기로써 더욱 요긴하게 쓰이고 있음을 발견하게 된 것이니, 성전(聖戰)이란 미명(美名)으로 자행되는 무차별적 테러. 무문별한 과학 기술의 남용으로 인한 지구 생태 환경의 오염. 모순적 도그마에 도취된 생명 경시 풍조와 대량 살상의 유행, 자본주의 경영 방식의 통제 불가능한 횡포, 공산사회주의 이념의 실패로 인한 인간 이념의 허구성 확인 등의 사태를 체감하면서, 이제 기존의 습관적 사유[타성적인 세계관과 인간관]와 고정적 태도만 가지고서는 더 이상 인류의 共生을 담보할 수 없다는 사실을 절감하게 되었고, 나아가 인류의 미래적 삶에 요청되는 새로운 삶의 지혜와 이념과 방식과 논리를 모색하지 않을 수 없게 된 것이다.

특히 21세기 벽두 지구촌에서 최강의 군사력, 최대의 경제력, 최상의 문화적 역량, 최고의 과학적 효율성을 과시해 오던 미국은 9.11테러라는 참혹한 인간 생명의 파멸 현장을 체험하게 되면서, 인간의 종교적 신념간의 갈등 현상과 과학적 기술이 추구하는 효율성이 악마적 이념을 미화하는 깃발 아래서 작위적으로 결속할 때, 어떤 모습으로 인간에게 보답하는가에 대하여 경악하였고, 그래서 새삼스레 전율스런 자기 성찰을 강요받게 된 것이다.

이러한 사태는 사실 일찍이 예견할 수 있었던 여러 가지 가능성 중의 하나에 불과했던 것으로, 앞으로의 인류사에서도 "인간의 선한 영혼과 집단적 육신을 제물로 바치는 또 다른 형태의 광신적 축제"가 얼마든지 예비 되어 있음을 짐작하기에 추호의 부족함이 없게 되었다.

바야흐로 인류는 21세기 현대 문명이 구조적으로 안고 있는 위기의 본질과 갈등의 근본 성격이 과연 무엇이고, 이를 극복할 수 있는 인간의 지혜와 의지와 방법이 있기는 한 것인지에 대하여 공개적으로 고민해야 할 숙명과 당위 앞에 알몸으로 던져져 있는 것이다. 이처럼 현대 인류가 당면한 문명사적 과제는 크게 두 가지의 측면으로 정리할 수 있을 것이다.

첫째, 종교 간의 배타적 갈등으로 인하여, 종교의 혜택이 '인류 구원이 아닌 인간 파멸'의 이념으로 둔갑하여, 기형적 신앙체계가 횡행하고 있는 실정.

둘째, 단순한 효율성과 이기적 편리함만을 일방적으로 추구함으로써 과학 기술의 성과가 탈인격적이고 반생명적으로 남용되고 악용되고 있는 현실로 정리할 수 있을 것이다.

더 나아가 종교와 과학의 이념과 목적 또한 상호간에 조화되지 못한 채, 각각의 논리와 필요성만을 일방적으로 강요하면서, 영원한 평행선만을 고집하고 있는 것이며, 그러한 와중에서 인간은 종교와 과학의 주인이 아니라, 오히려 '종교의 장식품과 과학의 소모품'으로 전락되고 마는 비극적 현실이 연출되고 있는 것이다.

이러한 와중에서 한류로 표방되는 동양의 한민족은 지구마을에서 새로운 촌장의 역할을 감당해야 할 "자격 있는 가문"으로 부상하고 있다.

21세기 지구촌 공동체를 운영함에 있어서 한민족이 인류 사회에 제시할 수 있는 공정한 진단과 지혜로운 처방은 과연 어떠해야 할 것인가?

21세기 현대 문명의 난제와 맹점이 천(天)[神性: 종교]-지(地)[物性: 과학]-인(人)[人性: 인류사회] 상호간의 부조화에서 부터 기인한다는 점에서, 앞서 한민족의 정신적 원형으로 검토한 바 있는 "종교적 근거로서의 신성과 과학적 토대로서의 물성이 인간의 인격적 생명성으로 조화·일치·묘합되는 한민족의 사유 구조와 논리 체계"야말로 이러한 인류사적 한계를 극복할 수 있는 유용한 대안이며 방향이 되기에 충분한 배경이라 아니할 수 없는 것이다.

이미 검토한 바 있듯이 한민족의 조화적. 묘합적 사유체계는 천(天)-지(地), 음(陰)-양(陽). 신(神)-물(物), 종교(宗敎)-과학(科學)이라는 대대적(待對的) 존재구조를 인간의 생명적 지평에서 하나로 일체화·주체화하는 기능을 발휘해 왔으며, 한민족의 생명적 유전자에는 신(神)·물(物) 양성(兩性)의 조화적 융합(融合)을 가능케 하는 유용한 본질을 본유(本有)하고 있다는 점이다. 이러한 통합과 조화의 기능과 지혜가 절대적으로 요청되고 있는 현대 인류의 문명적 현장에서 예견하자면, 한민족의 인류사적 역할과 가치는 인류의 미래적 삶의 양태를 향도할 수 있는 보편적 도구로서 쓰일 수밖에 없으며, 따라서 그 인류 문명사적 의의 또한 남다르다 아니 할 수 없는 것이다.

동양 문명의 중심적 토대가 되어 온 유학사상에 대하여, 그 태초적 연원과 현대적 가치를 문헌학적[文字學的]. 고고학적. 철학적 관점에서 입체적으로 탐색함으로써, 현대 한국사상계에 뚜렷한 성과를 기록한 바 있는 류승국 교수는 "유학의 시원은 인방(人方)[夷·仁·寅] 문화에 있으며, 그 문명적 주체는 동이족(東夷族)인 한민족이다"라고 논증하였는데,[18] 이에 대하여 한국학계에서는 다음과 같이 평가하고 있다.

(류승국 교수는) "현대사회에서 종교나 과학이 숭고하고 위대하더라도 인간의 생명과 존엄을 도외시하고는 의미가 없으며, 종교와 과학의 인간화가 이루어져야 이상사회가 열린다고 역설하였다. 또 주관과 객관, 이상과 현실, 개체와 전체, 本과 末을 '妙融'하는 한국사상의 기본 정신'은 현대의 수많은 갈등과 대립. 모순을 해결할 수 있으며, 특히 인도주의 사상, 생명존중의 사상, 陰陽相和 사상 같은 것은 인류 사회의 보편적 진리가 될 수 있다고 하였다. 이 밖에도 2000년대 한민족의 사상적 방향과 동북아시아의 세계사적 위치 등에 대하여 논하면서, 장차 인류가 갈등과 대립을 넘어 하나의 공동체를 형성하는 화합과 평화의 시대가 도래할 것으로 진단하였고, 한국

---

18) 유승국, 「동양철학 연구」, 근역서재, 1983. 참조.

이 그 변화의 출발점이 될 것으로 전망하였다"[19]

논자는 위의 인용에서 언급한 '묘융(妙融)과 상화(相和)의 한국 사상이 인류의 미래적 공동체에 기여할 것'이라는 류승국 교수의 진단과 전망에다, 이 논문에서 정리한 "한민족의 삼재적 妙合 원리"를 보탬으로써, 미흡하나마 선학자(先學者)의 주장에 일말(一抹)의 철학적 관점과 자료를 보충할 수 있기를 기대하는 바이다.

---

19) 한국철학사전 편찬위원회. 한국철학사전. 640쪽. 도서출판 동방의 빛. 2011.

# 참고문헌

역경(易經)

서경(書經)

시경(詩經)

예기(禮記)

논어(論語)

맹자(孟子)

중용(中庸)

대학(大學)

노자(老子)

장자(莊子)

정역(正易)

정전(正典)

대종경(大宗經)

춘추좌전(春秋左傳)

삼국유사(三國遺事)

삼국사기(三國史記)

주자문집(朱子文集

동경대전(東經大全)

용담유사(龍潭遺詞)

성경전서(聖經全書)

대순경전(大巡經典)

율곡전서(栗谷全集)

반야심경(般若心經)

주.정역경합편(周·正易經 合編), 柳南相 편저, 도서출판 硏經院, 2011.

김홍경 편, 『陰陽五行說의 연구』, 신지서원, 1993.

고형(高亨), 『周易古經今洲』, 김상섭 역, 예문서원, 1995.

풍우란(馮友蘭), 『中國哲學史』, 정인재 역, 형설출판사.

하신(何新), 『神의 기원』, 홍희 역, 동문선, 1990.

허진웅(許進雄), 『中國古代社會』, 홍희 역, 동문선, 1991.

F. Capra, 『새로운 과학과 문명의 전환』, 이성범 외 역, (주)범양사, 1985.

F. Capra, 『현대물리학과 동양사상』, 이성범 외 역, (주)범양사, 1985.

W. Heisenberg, 『철학과 물리학의 만남』, 최종덕 역, 한겨레. 1985.

Joseph Needham, 『중국의 과학과 문명』, 이석호 외 역, 을유문화사, 1985.

송기득, 인간 -그리스도교 인간관에 대한 인간학적 해석- 한국신학연구소. 1986.

_____, 신학개론, 종로서적, 1986.

김경재, 한국문화신학, 한국신학연구소, 1983.

김하태, 동서철학의 만남, 종로서적, 1985.

이정용, 易과 기독교 사상, 정진홍 역. 한국신학연구소. 1980.

_____, Patterns of Inner Process, U.S.A N.J Citadal Press, 1976.

요셉 콥, 떼이아르 드 샤르댕의 사상, 변기영 역, 성바오로 출판사, 1983.

이종성, 조직신학개론, 종로서적, 1984.

에머리히 코레트, 해석학, 신귀현 역, 종로서적, 1985.

유동식, 한국신학의 광맥. -한국신학사상사 서설- 전망사, 1986.

정대위, 그리스도교와 동양인의 세계, 한국신학연구소, 1986.

S.M. 옥덴, 기독교의 초점, 변선환 역, 대한기독 출판사, 1985.

폴. F. 니터, 오직 예수 이름으로만? 변선환 역, 한국신학연구소, 1986.

하비콕스, 현대사회로 돌아온 종교, 이종윤 역, 한국신학연구소, 1985.

A.N. 화이트헤드, 종교론, 유기종 역, 종로서적, 1986.

노사광, 중국철학사 (고대편. 송명편), 정인재 역, 탐구당, 1986.

김충렬, 중국철학산고, 범학도서, 1977.

S. P. 렘프레히트, 서양철학사, 김태길 외 역, 을유문화사, 1983.

모종삼, 중국철학의 특질, 송항룡 역, 동화출판사, 1983.

_____, 중국철학특강, 정인재, 정병석 공역, 형설출판사, 1985.

소광희 외, 철학의 諸問題, 지학사, 1982.

방동미, 중국인의 生철학, 정인재 역, 탐구당, 1984.

M. 란드만, 철학적 인간학, 진교훈 역, 경문사, 1985.

신동호, 노자사상의 존재론적 검토, 충남대 인문과학논문집 제Ⅷ권 제2호.

한국철학사전, 한국철학사전 편찬위원회, 도서출판 동방의 빛, 2011.

정규훈, 한국의 신종교, 서광사, 2012.

노길명, 한국 신흥종교 연구, 경세원, 2003.

최준식, 한국의 종교 문화로 읽는다, 사계절, 2004.

홍장화, 한사상과 천도교, 이을호외 공저, '한사상과 민족종교'일지사, 1990.

김용휘, 동학의 개벽사상과 새로운 문명, 한국종교 제35집, 원광대 종교문제 연구소, 2012.

유승국, 동양철학 연구, 근역서재, 1983.

이정호, 正易硏究, 국제대학 인문사회과학연구소, 1976.

_____, 正易과 一夫, 아세아문화사, 1985.

유남상, 「圖書易學의 시간관 서설」, 충남대학교 인문과학연구소. 시간에 관한 연구, 1989.

_____, 「易學의 曆數 聖統원리에 관한 연구」, 충남대 인문사회연구소, 11권 1호, 1983.

_____, 「正易思想의 근본 문제」, 충남대학교 인문과학연구소 논문집. 7권 2호, 1980.

_____, 「正易의 圖書象數 원리에 관한 연구」, 충남대학교 인문과학 논문집, 9권 2집, 1981.

_____, 曆과 易, 백제연구 제17집, 충남대 백제연구소, 1976.

_____, 正易思想의 硏究(其一), 철학연구, 제23집, 1976.

_____, 동양철학에 있어서의 주제의 변천, 동서철학연구회 논문집(창간호), 1984.

_____, 한국 전통 윤리사상의 연구, 충남대 인문고학연구소 논문집, 제XI권 2호, 1984.

남명진, '弟三易卦圖 출현가능성의 논리적 근거' 유학연구3집, 충남대유학연구소, 1995.

_____, 「周易의 卦爻原理에 관한 연구」, 동서철학연구 15집, 한국동서철학회, 1998.

김만산, 「易學의 時間觀 연구」(박사학위논문), 충남대학교, 1992.

양재학, 「朱子의 易學思想에 관한 연구」(박사학위논문), 충남대학교, 1992.

이현중, 「易學에 나타난 儒家思想의 존재론적 근거」(박사학위논문), 충남대학교,1995.

최영진, 「역학사상의 철학적 탐구」(박사학위논문), 성균관대학교, 1989.

황인선, 「주역의 생명적 시간관에 관한 연구」(박사학위논문), 충남대학교, 2009.

김일권, 東洋天文思想(하늘의 역사·인간의 역사), 예문서원, 2007.

우실하, 동북공정너머 요하문명, 소나무, 2006.

_____, 3수분화의 세계관, 소나무, 2012.

권영원, 「正易句解」, 상생출판, 2011.

권호용, '정역-수지상수', 상생출판, 2016.

박맹수, 동학계 종교운동의 역사적 전개와 사상의 시대적 변화, 한국종교 제37집. 원광대 종교문제 연구소, 2014.

박광수, 한국 신종교의 개벽사상 소고, 한국종교 제35집, 원광대 종교문제 연구소, 2012.

이찬구, 수운교 개벽사상의 역리적 고찰, 한국종교 제35집, 원광대 종교문제 연구소, 2012.

정규훈, 한국의 신종교, 서광사, 2012.

김용휘, 동학의 개벽사상과 새로운 문명, 한국종교 제35집, 원광대 종교문제 연구소, 2012.

이경원, 백경언, 증산계 신종교 운동의 역사와 사상적 변천에 대한 조명. 한국 신종교 지형과 문화, 집문당, 2015.

이경원, 강증산의 후천 개벽론. 한국종교 제35집, 원광대 종교문제 연구소, 2012.

김홍철, 근현대 한국 신종교의 개벽사상 고찰, 한국종교 제35집, 원광대종교문제연구소, 2012.

한국사상연구회, 강좌 한국철학, 예문서원, 1995.

송석구, 한국의 유불사상, 思社硏, 1985.

유명종, 한국철학사, 일신사, 1982.

김병모, 「한국인의 발자취」, 정음사, 1985.

김화경, 「한국의 설화」, 지식산업사, 2002.

송재국. 「고대동북아 신화를 통해 고찰한 동이족의 "밝음"(明)문화」, 동서철학연구(제53호, 2009)

_____, 『송재국 교수의 주역풀이』, 예문서원, 2000.

_____, "송재국 교수의 역학담론: 하늘의 빛 정역, 땅의 소리 주역", 예문서원. 2010.

_____, 「先秦易學의 인간 이해에 관한 연구」(박사학위논문), 충남대학교 대학원, 1992.

_____, 주역 "百姓日用而不知"의 본래적의미에 대한 철학적 검토. 동서철학연구, 제51호, 2009.

_____, '눈들어보니 거기 하늘이 있었네', 솔출판사, 1996.

_____, 易學으로 풀어보는 大韓民國, 상생출판, 2015.

_____, 「21세기 지구촌 사회의 이념적 지향: 대립과 충돌을 넘어서 조화와 상생으로」, 『대동철학』 21
        집, 대동철학회, 2003.

_____, 「檀君神話의 易哲學的 해석」, 『제4차 조선학 국제학술토론회』, 북경대학교 조선문화연구소,
        1992.

_____, 「역학에 있어서의 순역의 문제」, 『청주대학교 인문과학논집』 20호, 2000.

_____, 「유학의 종교성」, 『한국 종교사 연구』 8집, 한국종교사학회, 2000.

_____, 「주역에 있어서 四象과 四德의 관계」, 『청주대학교 학술논집』 37집, 2008.

_____, 「주역의 인간관」(석사학위논문), 충남대학교 대학원, 1987.

_____, 「주역의 하도 낙서에 대한 철학적 이해」, 『철학논총』 29호, 새한철학회, 2002.

_____, 「主體思想의 철학적 평가」, 『철학연구』 60집, 대한철학회, 1997.

## 時流閑談(시류한담)

時流(시류)에 馴致(순치)된 日常(일상)에서도
짐짓 사립문 밖에는 道學(도학)을 내걸고
안으로는 사랑채 화롯불을 벗 삼아 흙벽 기둥을 마주하니
寂寥(적요) 속에 나 홀로 있어도 천지 가득 桃花香(도화향)일세
陋屋(누옥) 貧巢(빈소)일망정 閑談(한담) 掌說(장설)로 끼니를 잊을만하니
嗚呼(오호), 昨今是好日(작금시호일)이로구나.

2015. 8~11월. 충청신문, 동양일보 칼럼

# 화내지 않고 미워하지 말고 살아가기?

충청신문 | 2015.09.07 | 송재국 청주대인문대학장

　얼마 전 TV에서 '화가 날 때 어떻게 하나?'라는 주제의 방담 프로그램을 본 적이 있다. 진행자가 "교수님은 언제 가장 크게 화가 납니까?"라고 묻자, 80이 넘은 노교수는 "나는 화가 안 납니다. 젊었을 땐 남보다 화를 더 잘 냈던 것 같은데, 이 나이가 되니까 화낼 거리가 없어져요. 무언가 잘못하는 일을 보게 되더라도 '살다보면 저럴 수도 있는 것이지'하면서 그냥 받아주게 되더라구요"

　그 분은 세상에 널리 알려진 명사로서 인격이 높아 화낼 일이 있어도 그렇게 가벼이 無化시키는 비법이 있는지는 모르겠지만, 나를 비롯한 뭇 凡俗人들에게는 선뜻 수긍되지 않는 말씀 같다. 돌아보면 사방에 온통 한 대 갈겨주고 싶은 미운 놈들이 득시글거리는 판에, 마냥 화를 참기만 할 자신은 없기 때문이다. 때로는 "나쁜 놈들 욕하는 그 기운마저 없으면, 이 힘겨운 세상 무슨 낙으로 사나?"하면서, 자신의 부족함까지도 남 탓으로 핑계 대며, 한 가닥 위안을 삼는 게 우리네 삶의 속살인지도 모른다.

　만인의 스승 공자께서는 '미움을 삭여야 하는 지혜'에 대하여도 한 말씀을 남겨 주셨다. 인간관계의 갈등구조는 대체로 '선하고-이쁘고-좋은 '나'와 악하고 밉고-나쁜 '너'와의 대립'으로 단순화 할 수 있는데, 공자께서는 이런 구도를 '올바른 君子'와 '못된 小人'으로 구분하고서, 우리들로 하여금 小人이 아닌 진정한 군자 노릇하며 살아가야 하는 이치와 방법을 가르쳐 주고 있다.

　세상 사람들이 모두 군자이면 좋겠지만, 실상은 그렇지가 않다. 돈과 권력 좀 있다고 서민들에게 갑질하는 놈들. 주먹 좀 세다고 힘없는 이들 등쳐먹는 깡패들. 똥 묻은 주제에 재 묻은 중생 교화한다고 설쳐대는 자칭 성직자들. 알음알이 지식 몇푼 가지고 세상을 얕잡아보며 천하에 군림하려는 어설픈 소피스트들… 이렇듯 우리 둘레에 군자보다는 소인들이 넘치는 실정이니, 아무리 나 홀로 점잖은 군자노릇 하려 해도, 할 수 없이 그들과 부대끼며 더불어 살아갈 수밖에는 별 도리가 없는 게 현실이다.

　善한 군자로 살고 싶지만 惡한 소인들과 어울려 살 수밖에 없는 마당에서, 군자가 소인 앞

에서 갖추어야 하는 태도에 대하여, 공자는 주역에서 '遠小人 不惡而嚴'(원소인불오이엄: 소인을 만나면 되도록 그를 멀리하고, 부득이 어울리게 되더라도 구태어 그들을 미워하면서 공연히 스트레스 받지 말고, 그저 엄격하게 대할 뿐이며, 그들이 뭐라 하든 괜히 덩달아 휘둘리지 말라)으로 가르쳐주고 있다. 그렇지만 아무리 너그럽게 봐 준다 해도 나에 비하여 별로 잘 난 것도 없는 것 같은 데, 내 앞에서 우쭐대며 특별한 대우를 받으려 하는 꼴을 보는 건 고역이 아닐 수 없다. 게다가 현실적인 조건 때문에, 군자이고 싶은 내가 어쩔 수 없이 소인같은 사람들과 어울려야 할 때는 그 심사가 더욱 역겨워진다. 이렇듯 싫은 사람 때문에 받게 되는 스트레스가 일상에서는 가장 짜증나는 일인 데, 공자는 그 스트레스의 원인이 되는 '미움 자체'(惡)를 그냥 내려놓으라는 것이다. 아마도 군자에게 소인이란 미워할 만큼의 가치도 없다는 뜻인지도 모른다.

그렇지만 내가 그를 置之度外(치지도외)한다 해도 문제는 남는다. 내가 상대하려 하지 않더라도 그가 자꾸 내 앞에서 알짱대며 나의 인내심을 시험해오면, 그냥 넘기기란 참으로 어려운 일이다. 설령 나 홀로 의젓한 군자답게 살고자 하여 그들을 투명인간 대하듯 하면, 아마도 소인들은 내 주위를 겹겹이 감싸고서 "너 잘났다"하면서 왕따 시킬 것은 뻔하기 때문이다. 미국의 사회학자 데이비드 리즈먼은 '고독한 군중'(The Lonely Crowd)이라는 책을 통하여 현대 사회의 인간상을 날카롭게 재단한 바 있다. 어쩌면 오늘의 우리들은 자기만이 군자이고, 나 아닌 남들은 모두 소인배로 치부하면서, 어느덧 고독 속에서도 이기적 자만심을 즐기는 데 익숙해져 왔는지도 모른다.

실로 군자가 되려면 고독마저 승화시키며 혼자서도 잘 놀 줄 알아야 할 것 같다. 남이 세워놓은 기둥에 기댈 것이 아니라, 나만의 선하고도 겸손한 자화상을 선명하게 그려내는 일이야 말로, 숱한 소인들 앞에서도 당당하게 자신을 버텨낼 수 있는 진정한 군자의 내공이 아닐까 한다.

그러고 보니 옛 성현들이 남긴 문장 속에서, 대학의 경구인 '愼獨'(신독: 홀로 있어도 스스로 삼가함)을 자주 발견하게 되는 것이 결코 우연은 아닌 듯싶다.

# 세상을 위해 애쓰고도 겸손할 수 있는 지도자

충청신문 | 2015.10.12 | 송재국 청주대 인문대학장

이 땅에 지도자가 넘쳐나던 때가 있었다.

지난 79년 궁정동의 총성과 함께 유신의 장막은 내려지고, 민주라는 이름의 봄꽃이 피어나기 시작하자, 이른바 3김으로 회자되는 지도자 무리가 한꺼번에 무대에 등장함으로써, 이 나라 백성들은 참으로 오랜만에 지도자를 골라보는 재미를 한껏 누리고 있었다. 그러나 5공화국의 발 빠른 군사정권은 시퍼런 칼끝을 앞세워, 3김 공동 주연의 한바탕 낭만적인 연극을 여지없이 끌어내고 말았다. 그렇게 한 시절을 숨죽여 지내던 민중은 사회 전반에 대한 민주화의 염원을 더 이상 인내할 수 없게 되면서, 온 나라는 새로운 시민의 욕구로 뜨거워졌고, 박종철 이한열 등 생때같은 자식들을 희생시킨 댓가로 드디어 대통령 직선제 개헌을 쟁취해 냈던 것이다.

민주의 승리를 축하하는 연단의 앞자리에는 그동안 익숙해진 두 명의 지도자. 영남의 K1과 호남의 K2가 있었다. 이제 온 국민은 스스로 피를 짜내고 살점을 발라내어 차려낸 민주라는 밥상을 그들 두 명의 지도자 앞에 내밀면서, 이 나라 백성이 함께 오래도록 먹을 수 있도록 아름답게 관리해주길 부탁했다. 지금 돌이켜 보니, 그 때 우리 백성들은 생각보다 더 순진했고, 두 명의 K는 짐작보다 더 교활했던 것 같다.

두 K는 서로 먼저 숟가락을 차지하겠다고 밥상 차려준 국민 앞에서 부끄러운 줄도 모르고 아귀다툼을 하였다. 백성들은 그들 이외에 따로 지도자를 마련해두지 못한 죄 값으로 그 민망스러운 이전투구를 숙명처럼 망연히 내려다볼 수밖에 없었던 것이다.

그런 국민들의 시선은 아랑곳하지 않고, K1은 동대문에서 소리쳤다. "오늘의 민주화는 내가 이루어낸 것이다. 누구는 고난을 피하여 외국에 나가 있을 때에도 나는 국민 곁을 떠나지 않고 감금의 세월을 버티면서 민주화의 불꽃을 지펴왔다. 민주화의 일등 공신은 바로 나다."

그럴수록 K2는 서대문에서 더 크게 목청을 높였다. "나는 해외에 나가 풍찬노숙하면서 군부독재를 타도하기 위한 국제적 공조를 성사시켰고, 죽음의 위협을 두려워하지 않고 귀

국을 감행하여 민중의 열망을 결집시켰다. 희생과 고난으로 점철된 나의 인생 자체야말로 민주화의 원동력이다. 여러분은 나의 공적을 찬양해야 한다." 결국 두 명의 K가 OK 목장의 결투를 하듯 물러서지 않으면서 서로 먼저 밥을 먹겠다고 달려드는 바람에 밥상은 엎어지고 말았으니, 오호. 통재라! 엉뚱하게도 제2의 군사정권이 이 나라의 역사 한 구석을 차지하게 된 것이다.

왜 그렇게 되고 만 것인가? 지도자 하겠다는 인물들이 자신들의 좁쌀만 한 공로를 완두콩만큼 크게 자랑질 하면서 백성들을 속였기 때문이다.

사람이 성취한 공적은 그 자리에 쌓여있는 것이다. 침묵한다고 없어지는 것도 아니고 떠벌린다고 더 커지는 것도 아니다. 그런데 어떤 이들은 제 욕심 채우기 위해, 작은 핑곗 거리를 한 건 해놓고는 이를 부풀려 자랑하는 꼼수에만 골몰하는 것이다. 그렇게 연출한 공덕은 이웃과 사회에 아무런 기여도 하지 못하는 것이다. 진정한 공적은 자랑하거나 미화해서 만들어지는 게 아니다. 자기를 치장하기 위한 재료로 동원된 공적 쌓기는 그것이 종교적 순교이든, 정치적 희생이든, 사회적 봉사이든, 단지 돈벌이를 위한 허위적 비즈니스일 뿐이다. 제아무리 곱게 단장을 해도 매춘은 명예가 될 수 없는 것이다.

老子는 道德經에서 '功遂身退'(공수신퇴: 공을 이루면 몸은 그 자리를 떠나야 한다)라 하였고, 孔子는 주역에서 '善世而不伐'(선세이불벌: 세상을 잘 다스렸다고 해도 이를 자랑하는 말라)이라 하였다. 또한 주역에서는 올바른 지도자의 표준을 '勞謙君子'(노겸군자: 수고롭게 애써 일하고도, 언제나 스스로 겸손한 지도자)로 제시하고 있는데, '제 자랑하는 허위의식에 매몰되지 말고 주어진 일에 충실한 모습'을 지칭한 것이다.

내년 봄. 천하에 지도자 노릇하겠다는 인물들이 총선의 잔치 마당에 뛰어들어 한바탕 자기 자랑을 펼쳐댈 것이다. 그 중에서 진정한 勞謙君子의 그림자라도 볼 수 있을지 기대보다는 걱정이 앞선다. 그래도 새 봄이 오면 우리 조국의 산자락엔 진달래가 피고 들녘 하늘에서는 종다리도 울겠지. 새 봄을 그리는 그런 밋밋한 소망 하나쯤 가슴에 담고 이번 겨울도 스스로를 위로하며 견뎌내야 할 것 같다.

# 디지털 시대의 새로운 대장장이

송재국(청주대 인문대학장. 충청신문. 2015.11.09)

인류 최초의 조상은 어디에서 온 누구일까?

이른바 '아담찾기'는 고고학적 분석 기술과 생물학적 유전자 추적이라는 과학적 성과로 인하여, 이제 거의 그 전모가 밝혀지고 있는 듯하다. 인류의 공동 조상은 300~400만 년 전쯤. 아프리카에서 탄생하여 세계 각처로 퍼졌다는 학설이 거의 정설로 받아들여지고 있는 추세이다.

최초의 인류는 유인원으로서 사람의 모습을 닮았다고 해도, 그 삶의 내용은 원숭이의 집단생활과 다르지 않았을 것이다. 그러던 중 어떤 원숭이 무리가 기후 변화 등의 환경 조건에 적응하기 위하여 보다 살기 좋은 곳으로 생활의 터전을 점차 넓혀 갔을 것인데, 이 때 새 삶의 터전을 선택함에 있어서 절대적인 조건이며 우선해야 원칙은 '태양(해)과 멀어지지 않고 가까워지는 방향(해가 떠오르는 동쪽)으로 움직였을 것임은 짐작하기 어렵지 않다. 그러는 과정에서 어느 때인가 부터 인간의 본질로서의 인격성을 자각하게 되면서 '인간적인 고유한 삶의 양식'(인류 문명)이 생겨났을 것이니, 우리가 익히 배워 온 4대 문명 발생지가 바로 그 현장인 것이다.

그런데 20세기 후반. 중국의 역사에서는 변방으로 알려져 왔던 내몽고와 발해만 일대에서 기존의 황하 문명보다 거의 2000년 정도 앞서는 이른바 '홍산문화'의 실체가 과학적으로 검증 확인되면서, 인류의 문명적 기록은 훨씬 앞당겨지게 된 것이다. 특히 인류의 시원 문명의 주체가 바로 우리 한민족의 조상인 동이족(東夷族)이라는 사실도 학계 일반의 견해로 수용되고 있다.

아마도 200만 년 전쯤, 아프리카의 어느 곳을 떠난 일단의 원숭이 무리는 동방을 향하여, 동아프리카-소아시아 반도-서아시아-알타이산-중앙아시아-바이칼 호수-몽골 초원을 거치는 장구한 여행 끝에, 거의 1만년 전 쯤. 현재의 발해만 일대(적봉시 일원)에 정착하면서, 이제는 단순한 원숭이 무리가 아닌 '어떤 인격성을 자각한 인간의 공동체'(문명적 삶의 형태)를 마련했었을 것이다. 그 때 그들이 가장 존숭했던 절대적 가치는 생명적 에너지의 원

384

천(열과 빛)인 태양이었을 것이니, 이는 그대로 원시 문화의 보편적 이념인 태양신 숭배사상으로 표출되어 신화적 기록으로 전해오고 있는 것이다.

당시의 우리 조상들은 태양을 일러 그들의 언어로 '해'라고 이름 하였으니, 하늘의 해를 상징하는 '새'(鳥)를 그들의 토템으로 삼아서, 같은 이름인 '새'(해)라고 불렀던 것이다. (우리의 언어 습관에 형님-성님, 흉년-숭년, 흉보다-숭보다 등은 이러한 사례이다. 동이족의 새 토템은 봉황으로 대표되고, 새 토템에 이어서 나타난 뱀 토템은 용의 형상으로 수용되어 전해지고 있다)

우리의 조상들은 최고의 권위, 최선의 가치를 표현하여 그 모두를 '해'(새)라고 명명하였던 바, 인류사에 등장한 최대의 문명적 혜택인 금속(철제 도구)에 대하여도 '새'(쇠)라고 불렀으며, '쇠'로부터 전개된 새로운 삶에 대한 축복을 '새롭다'(新)라고 예찬했던 것이다. 나아가 쟈신들의 혈연적 성씨에 대하여도 최상의 언어로 칭송하여 '쇠'라고 불렀으니, 이 또한 후일 '쇠'(鐵)를 의미하는 '金'으로 기록한 것이다. 우리 한민족의 姓氏에 金氏가 넘쳐나는 소이가 여기에 있다. '쇠'을 다룰 줄 아는 기술자가 '대장장이'였던 것이니, 신라의 '석탈해와 김알지'도 첨단 기술의 대장장이였기에 지도자가 될 수 있었던 것이다.

오늘의 문명적 본질을 한마디로 규정하면 '디지털 사회'이다. 지식과 정보, 문화와 환경이 상호 생태적 융·복합의 변용 과정을 거치면서 디지털의 생활 질서는 업그레이드를 계속하고 있다. 그러므로 이 시대를 이끌어가는 중심적 지도력도 새로운 문명을 창조해내는 연금술사의 두뇌와 손끝에서 나올 수밖에 없다. 요즈음 '창조경제'가 사회적 화두가 되고 있는데, 이는 창조적 신기술로 상상력의 현실화를 이룰 수 있는 새로운 대장장이만이 할 수 있는 것이다.

동이족의 조상으로서 고대 은(殷)나라를 세운 탕(湯)은 얼굴을 씻는 세숫대야에다 '苟日新 日日新 又日新'(진실로 새로워지려면 날마다 새롭게 하고 또 새롭게 살아야 한다)는 명문을 새겨 놓고, 천하 백성의 삶을 걱정했다 한다. 우리도 아침마다 들여다보는 거울 위에 '해를 향하여 비상하는 새(鳥:三足鳥) 그림' 하나 붙여 두고, 아침마다 새(新) 삶의 각오를 다져 보면 어떨까 한다.

# 마주 선 두 사람의 총잡이, 누가 이겨야 하나?

송재국(청주대 인문대학장. 동양일보. 2015.8.25)

1. 18세기 후반부터 영국을 중심으로 시작된 유럽의 산업혁명은 지구촌의 인류 문명사에서 가장 역동적인 한 시대, 바로 오늘의 현대 사회를 견인하였다. 현대 문명의 가장 큰 특징인 과학 기술의 실용화는, 그들의 삶에 필요한 만큼의 분량을 크게 넘어서는 剩餘(잉여)에너지(剩餘國富)를 축적하게 되었고, 그들의 넘쳐나는 國力은 이를 消盡(소진)시킬 대상을 찾아, 급기야 아시아, 아프리카 등으로 식민지 확보라는 약탈의 역사를 기록해가면서, 20세기의 미-소 冷戰체제를 연출해내기에 이르렀다. 냉전의 무대에서는 오직 "善한 '나'가 惡한 '너'를 이겨야 한다"는 "경쟁에서의 승리"를 표상한 깃발만이, 그 어떤 인간적 가치보다도 우선하는 이념으로 게양되어, 찬연하게 펄럭여 왔던 것이다.

그런데 20세기 후반기에 들어서며, 인간의 과학적 기술은 마침내 마음만 먹으면 무엇이든지 다 해낼 수 있는 "컴퓨터라는 마법"을 탄생시킴으로써, 쌍방 간 경쟁의 구도는 새로운 양상으로 전개되었으니, 이른바 그 어느 한 편도 일방적인 승리를 장담할 수는 없도록, "힘과 기술이 전 지구적으로 平準化된 것"이다.

2. 냉전 시대의 대표 모델인 "세력 간의 대결 양상"은 마치 서부 영화에 흔히 등장하는 "두 총잡이가 마주 선 모습"과도 같다. 이때의 두 사람은 모두 상대가 죽어야 내가 살고, 내가 살려면 상대를 죽여야만 한다. 여기서 이길 수 있는 조건은 두 가지. 누가 더 성능 좋은 총을 가지고 있으며, 누가 더 빠르게 총을 뽑을 수 있느냐이다.

그래서 사람들은 각각 자기의 총에 열심히 기름칠을 하며 사격 연습에 올인해 왔던 것이다.

그런데 어느 날 아침. 귀신같이 신통한 컴퓨터가 두 사람에게 배달되면서부터, 더 이상은 나의 노력만으로는 승리를 보장할 수 없다는 현실을 깜짝 놀라 깨닫게 된 것이다. 상대가 진짜로 나를 쏘려고 마음을 먹었거나, 방아쇠에 힘이 들어가는 순간, 동시에 나의 컴퓨터도 이를 자동 인지하여, 나의 방아쇠를 자동 격발 시켜 상대를 쏘기 때문에, 절대로 나 혼자만 죽지는 않게 된 것이다. 만약 상대가 진짜로 쏘면 나는 죽겠지만, 동시에 그도 반드시 죽게 된다는 것을, 쌍방은 모두 알게 된 것이다. 결국 나만 살고 너만 죽일 수 있는 전술은 피차에 無用하게 되면서, 네가 싫어도 할 수 없이 같이 살거나, 도저히 네가 미워서 같이 살 수 없다면, 너를 죽이고 나도 죽는 수밖에 다른 길은 없는 것이다. 즉 共生이냐 共滅이냐의 선택뿐이다.

3. 경쟁시대의 생존 방식은 제로썸(ZERO SUM)이라는 게임 논리에 기초한다. 도박에서는 어느 한편이 돈을 따면 상대는 반드시 돈을 잃는다. 둘 다 돈을 딸 수는 없다. 그런 줄 알면서도 이기적인 인간은 자기만 혼자 돈 따기를 포기하지 못한다.

그렇다면 컴퓨터가 주도하는 게임 법칙 속에서 우리는 어떻게 살아남을 수 있을까?

내가 죽지 않으려면, 상대가 아무리 미워도 죽일 생각은 하지 말아야 한다. 같이 사는 방식이 최선은 아니더라도 최악은 피할 수 있기 때문이다. 이것이 相生의 방식이고 生存의 지혜이며 윈윈(win-win) 전략이다. 그것이 비록 전술적 고민 끝에 내린 불가피한 선택이었다 하더라도 감수하고 수용해야 한다.

그동안 사람들은 오래도록 싸우면서 여러 가지 시행착오도 겪어보았기 때문에, 이제는 어느 정도 생존의 불가피한 방식을 깨달았음직도 한데, 여전히 우리 주변에는 아직도, 자기만 이기려고 억지를 부리는 눈 먼 戰士들이 상당하다.

近年에 게임의 고수들이 판치는 미국에서 '넌제로'(NON ZERO. 로버트 라이트 저, 임지원 역, 말글빛, 2009)라는 역설적 발상의 대두되면서, 모두가 승자가 되는 길을 찾아야 한다는 정직한 현실 인식이 있었지만, 우리 주변의 싸움꾼들에게는 아직 들리지 않는 모양이다.

4. 싸움도 오래하다 보면 그것이 직업이 되고 신념이 되고 습관이 되어 고치기가 어렵다. 자살 폭탄 테러 등의 맹신적 자해 행위마저 그래서인지 聖戰(Holy War)속에 피어난 한 떨기 꽃처럼 美學의 교재가 되기도 한다.

총알이나 포탄으로는 죽음의 축제를 꾸미기에 부족하다고 느끼는 어떤 이들은, 가장 화려한 주목을 받기 위해, 핵 버튼을 누르고 싶은 유혹에 빠질 개연성은 점차 높아지고 있다. 혹시라도 달콤한 와인에 취한 어떤 이가, 네로보다 더 위대해지고 싶어 스스로 극본을 쓰고 연극의 주인공을 자청하게 된다면, 하나뿐인 이 지구는 술 취한 그와 함께 태양계에서 사라질지도 모른다. 지구 행성 하나를 없애는 데에는, 지금 지구촌에 나뒹굴고 있는 핵폭탄의 극히 일부만으로도 충분하기 때문이다.

5. 함께 살아가는 지혜와 원리에 대하여 동양의 경전에서는 이를 '우주 만물이 함께 더불어 살아가야 하는 생명적 조화의 원리'로 요약하고 있다. 중용의 "萬物竝育而不相害 道竝行而不相悖"(만물은 각기 제 방식으로 자라면서도 다른 것을 다치게 하지는 않으며, 세상의 여러 가지 이치도 다른 이치를 못 쓰게 하지는 않는다), 주역의 "保合大和"(천지 만물이 모두 하나의 생명원리로 함께 더불어 크게 조화를 이룬다), 서경의 "神人以和"(하늘의 뜻과 인간의 삶이 조화를 이룬다), 예기의 "大同"(한 쪽에 치우치지 않고 모두를 크게 포괄하는 아우름) 논어의 "和而不同"(상대를 인정하고 크게 조화되어야 하며, 편을 갈라서 자기들끼리만 따로 어울려서는 안된다) 등은, 모두 상대를 살려주고, 그래서 나도 함께 살아가자는, 적극적이고 주체적인 자기실현 이념을 담고 있는 대표적인 표제들이다.

문득, 어린애 같이 해맑은 표정으로 거룩한 대한민국 이 땅에 엎드려, 따뜻한 입맞춤으로 우리 민족에게 한없는 축복을 내려주시던, 요한 바오로 2세의 미소가 추억처럼 떠오른다. 그분께서는 교황에 취임하시면서, 예수 이래 2000년 동안, 그 누구도 감히 입에 올리지 못하던 바로 그 말씀을 남기셨다. "다른 종교도 존중해야 합니다. 다른 믿음에도 구원이 있습니다. 기독교가 2000년 동안 예수의 이름으로 인류에게 지은 죄를 이제 우리는 고백하고 회개해야 합니다". 상상이지만 교황께서 다시 오신다면, 오늘의 우리들에게 이런 말씀을 하실 것 같다.

"형제들이여, 부디 품속의 비수를 내려놓으십시오. 당신만을 위한 축제가 따로이 예비되어 있다는 이기심에서 벗어나십시오. 나자렛 예수께서 얼마나 더 여러 번 십자가에 매달려야 그의 몸짓이 진정 그리스도의 말씀인줄 알아차리려 합니까?"

# 가을에 거둔 큰 열매는 누가 먹어야 하나?

송재국(청주대 인문대학장. 동양일보. 2015.09.15)

고등학교 사회 시간에 배웠던 것 같다. 경제학에는 '경제효용체감의 법칙'이란 것이 있는데, "100원 짜리 사과 5개를 사 먹을 때, 처음 사과는 맛있고, 두 번째는 덜 맛있고, 세 번째는 그저 그렇고, 네 번째는 물려서 맛이 없고, 다섯 번째는 질려서 먹기도 싫다. 이처럼 같은 값의 재화라 해도 그 효용의 가치는 점차 감소되는 것이니, 이럴 때 최선의 경제 행위는 '가장 크고 잘 익은 사과를 맨 처음에 먹는 것'이라는 것이다"

굳이 이런 경제 원리를 들먹이지 않더라도 아이들 앞에 사과 한 바구니가 주어진다면 제일 큰 놈을 먼저 먹으려고 다투게 될 것은 뻔한 일이다. 이는 아이들에게서 뿐만이 아니라 실상은 어른들의 치열한 생존경쟁에서 '큰 것 먼저 차지하기 다툼'에서도 여실히 나타나고 있다. 그래서 오늘의 우리 사회에서는 '제일 좋은 놈을 재빨리 골라내는 눈치 빠른 사람과 골라낸 큰 놈을 잽싸게 나꿔챌 수 있는 손놀림 날렵한 인간'이 남들보다 맛있는 것 많이 먹고 좋은 옷 여러 번 입게 되는 것은 당연한 권리처럼 인식되고 있다.

그런데 만인의 스승 공자께서는 주역에서 "碩果不食"(석과불식: 큰 열매는 먹어 치우지 않는 법이다)이라 하여, 우리들의 상식적 경제 감각과는 다른 가르침을 내려주시고 있다.

가을은 봄에서 여름까지 가꾼 농사의 성과를 수확하는 계절인데, 추수란 '잘 익은 놈'(겨울 양식)과 '익지 않은 쭉정이'(속 빈 강정, 껍데기)를 잘 판가름(심판)해서, 쓸모 있는 것과 쓸모없는 것을 냉정히 판별하고 취하는 엄격한 '알곡 추리는 사업'을 말하는 것이다.

공자는 秋收의 의미를 "利"와 "義"로써 단정하고 있다. "곡식(禾: 벼)을 칼(刀)으로 잘라 거두는 일(禾+刂=利)"이야말로 최고의 다스림(利天下事業)이고, 진정한 권력의 행사(날카로움)이며 만백성의 이로움(利益)이다. 이것이 곧 공동체 살림살이를 위한 正義의 실현인 것이다.

인간사회에서 이 일을 감당하는 일꾼이 다름 아닌 칼(권력)을 가지고 다스리는 지도자이다. 그러므로 지도자에게 주어진 제일의적 책무는 사회구성원의 삶 자체가 공동 사회에 유익한 영양분이 되는지, 아니면 쓸모없는 쭉정이 노릇만 하는지를 엄중하고도 냉정하게 가려내는 正邪-是非-善惡의 판결인 것이다. 쭉정이를 내 버리고 알곡만을 골라내어야 이를 먹고 겨울동안 생명을 유지할 수 있게 되는 것이다. 겉모양이 아무리 그럴 듯해도 속이 빈 쭉정이로서는 겨울 양식이 될 수 없는 것이다. 지혜로운 농부는 그러므로 거둔 곡식을 바람에 까불러도 보고 물에 담가서 떠오르는 쭉정이를 골라내는 것이다. 이 일을 제대로 하지 못하면, 겨울에 영양을 제대로 섭취하지 못하여 굶어 죽거나 병에 걸리게 될 것이다. 지도자가 원칙과 권위를 굳게 지켜서 정의롭게 심판해야 하는 이유가 여기에 있는 것이다. 지도자가 알맹이와 쭉정이를 바르게 판별하지 못하면 그런 공동체는 조만간에 영양실조로 생명을 마감하게 될 것이다.

그런데 가을에 겨울 양식을 추수하는 것보다도 더욱 중요한 일은, 익은 곡식 중에서도 '제일 크고 아주 잘 여문 알곡'을 따로이 골라내어, 겨울을 지내는 동안 비록 배가 고프더라도 절대로 먹어치우지 말고, 새 봄이 올 때까지 소중히 보관하였다가 봄 농사의 씨앗으로 다시 심어야 한다는 것이다. 크고 잘 익은 열매만이 진정으로 새 봄에 힘차게 새싹을 틔울 수 있기 때문이다.

그래서였을까? 옛 어르신들은 언제나 '가난한 농부일수록 씨앗을 소중히 여긴다' 하면서, 긴 겨울밤의 배고품을 인내하는 지혜의 말씀을 남기셨나 보다.

지금 당장 배가 고프다고 해서 달고 맛있는 큰 열매를 덥석 먹어치우고 나면, 새 봄이 오더라도 심을 씨앗이 남아 있지 않을 것이니, 어찌 새 생명의 미래를 기약할 수 있을 것인가?

요즈음 세태를 둘러보면 내년에 다시 올 새 봄을 아예 잊어버린 채, '나부터 큰 놈 빼앗아 먹기'에 혈안이 되어, 씨앗조차 남겨두지 않고 먹어치우려 욕심을 내는 것은 아닌지 걱정이 앞선다. 언제까지 자기만 큰 것 먹겠다고 아귀다툼으로 세월을 보낼 참인지 모를 일이다.

이번 겨울도 여지없이 춥고 배고플 것이다. 그래도 다시 올 따뜻한 새 봄을 그리며 벽장 속에 고이 감추어둔 '알차게 여문 씨갑씨 봉다리'만은 고이 지키면서, 삭풍과 눈보라를 참고 견뎌내야 하지 않을까? 지금 내가 참고 견뎌서 얻게 되는 후일의 혜택은, 실은 내가 아닌 내 자식이 맛나게 먹을 것인즉, 부모에겐 그보다 더 고맙고 더 즐거운 보람은 진정 없기 때문이다.

# 사랑은 말(言)이 아닌 몸(行)으로 하는 것

송재국(청주대 인문대학장. 동양일보. 2015.10.27)

　사랑의 으뜸 되는 본질은 '에로스'(eros)이다. 혹자는 하느님의 이타적(利他的) 사랑인 '아가페'(agape)야말로 가장 숭고한 사랑이라 말할지 모르겠으나, 역시 인간에게 있어서의 소중하고도 고마운 사랑의 참모습은 나의 결핍을 채워주는 따뜻한 몸짓으로서의 에로스가 우선이다.

　사랑이란 사람에게 있어서 생명의 원천이 되는 '씨 노릇 하는 에너지'로서, 사랑만이 사람을 낳고 길러낼 수 있는 자양분이 될 수 있기 때문이다.

　하느님의 가장 위대하고도 고마운 일은 사람과 만물을 낳고 길러주는 일(생명의 창조 사업)인데, 이를 가능케 하는 태초적 원리이며 조건이 곧 사랑이다. 하느님은 흙을 빚어 아담1을 만들고, 또 다른 흙을 빚어 아담2를 만들고… 하는 따위의 번거로운 수고를 하지는 않았다. 아담을 만들고 나서, 그 곁에 둘 이브를 만들면서, 아담과 이브의 생명 속에다 "서로 만나지 않고는 배겨날 수 없는 '사랑이라는 이름'의 원초적 컴퓨터 회로 칩"을 내장시켜 둔 것이다.

　그 후로 아담과 이브는 더 이상 하느님의 권능을 빌리지 않고서도 '서로 만나 사랑을 함'으로써, 천지간에 뭇별처럼 많은 후손을 낳고 길러낼 수 있게 된 것이다. 실로 사랑이라는 묘약이야 말로 하느님의 창조 사업을 대행할 수 있는 영세 불멸의 생명창조 원리가 된 것이다.

　孔子는 인간이 인간으로 살아가게 되는 원리이며 본질이 무엇인가를 고민하다가 '콩의 씨가 콩이고, 팥의 씨가 팥이듯이, 사람을 사람 되게 하는 씨는 바로 사람이다'라는 깨달음을 얻고는, 두(二) 사람(人)이 만나서 씨를 심는 사랑의 행위가 곧 인간의 본질인 씨앗(仁=二+人)이라고 선언하게 된 것이니, 이를 일러 공자의 '仁 사상'이라 하는 것이다. (仁이란 흔히 어질인으로 새기고 있지만, 그 본래적 의미는 씨앗을 지칭한 것으로, 살구씨를 杏仁, 복숭아 씨를 桃仁으로 부르는 것은 이러한 용례이다)

　씨를 심지 않고서는 싹을 틔울 수 없는 것이기에, 사람에게 있어서도 '씨를 심는 몸짓' 자체보다 더 앞서는 생명적 가치와 존엄은 없는 것이다. 그러므로 사랑이란 그 몸을 통한 실천적 행위로써만이 그 본래적 씨 노릇과 역할을 제대로 해낼 수 있게 되는 것이다. 사랑이 아무리 소중하다 해도 말로써만 설명하고 찬양하고 부르짖는 '사랑 타령'만으로는 결코 하느님의 창조 사업을 대행하는 '위대하고도 장엄한 씨 노릇'은 할 수 없는 것이다. 사랑이란 반드시 서로가 몸으로 만나서 서로를 받아들여야만 비로소 새 싹을 틔울 수 있는 것이니, 그 만남의 미학이야말로 하느님이 인류에게 내려주신 최고의 축복이며 선물이 아닐 수 없다.

태초에 하느님은 자신의 뜻을 펼치고자, 모든 인간과 만물에게 '반드시 만나 사랑할 것'을 명령하셨던 것이니, 이것이 곧 中庸의 으뜸 명제인 "天命之謂性"(천명지위성: 하늘이 명령한 바를 일러 그 본성이라 한다)인 것이다. 性이란 타고난(生) 선천적 마음자락(忄)을 말한 것이니, 이는 오로지 몸이 서로 만나는 性행위(짝짓기:Sex)로만 가능한 것이다. 그것은 참으로 하느님의 뜻과 하느님의 말씀(言)이 그대로 이루어지는(成), 가장 위대한 하늘의 권능이 아닐 수 없다. 그러므로 중용 전편의 핵심적 표제어는 말씀이 이루어지는 원리인 '誠'(言+成)으로 귀결되고 있으며, '不誠無物'(불성무물: 誠의 원리가 아니고서는 만물 자체가 생겨날 수가 없는 것이다)이라고 단언하고 있는 것이다. 진실로 이러한 性(Sex)보다 더 위대한 聖(Holy)이 또 어디에 있을 것인가를 깨닫게 된다면, 온 우주 안에 가득히 '차고 넘치는'(盛) 하느님의 생명적 은총과 따뜻한 축복에 우리는 온 몸으로 전율하지 않을 수 없을 것이다. 어쩌면 '내 잔(盞:그릇)에 차고 넘치는 하느님의 은혜와 사랑'이야말로 진정한 '아가페의 본래 모습'인지도 모른다.

오늘날 우리 주변을 둘러보면 하느님의 사랑을 전파한다는 이들의 무서울 만큼 크고도 강한 목소리들이 천지를 진동시키고 있다. 지금의 우리들에게 말(言)로 전하는 사랑의 감동도 물론 필요할 것이다. 그러나 그러한 '언어적 만족'보다 더욱 시급한 것은, 사랑에 배고 파하는 이들에게 따뜻한 가슴과 부드러운 손길로 그들을 위로하고 보듬어주는 '실천적 사랑 행위'가 더 더욱 절실한 것은 아닐까 자성하게 된다. 공자의 말씀 '訥於言敏於行'(눌어언민어행: 천하 백성에게 사랑을 실현해야 하는 군자는 '말은 비록 잘하지 못하여 어눌하지만 주어진 일을 해나감에는 그 누구보다도 앞장서서 부지런하고 재빠르게 행동하는 것이다)을 새삼 새겨 보면서…

# 시간이라는 도화지에 그려낸 인류의 역사와 문명

송재국(청주대 인문대학장. 동양일보. 2015.11.10)

요즈음 국사 교과서의 국정화 문제로 인하여 역사에 대한 사회적 논의가 분분하다.

'과연 역사란 무엇인가?' 여러 가지 관점에서의 정의와 서술이 있겠으나, 시간의 변화원리를 공부하고 있는 易學者인 필자로서는 그저 "물리적 시간 위에 기록된 인간적 삶의 의미" 정도로 이해하게 된다. 우주 만물 중에는 유일하게도 인간만이 보이지도 않고 만질 수도 없는 '시간이라는 존재'를 인식하고, 기록하며 전파한다. 인간은 언제나 현재적 삶을 살고 있기에, 과거의 어떤 잘못된 일을 달리 바꿀 수도 없고, 미래에 전개될 어떤 일의 결과를 미리 내다볼 수도 없지만, 그래도 인간은 언제나 과거적 삶의 흔적 때문에 고민하고, 미래적 삶을 걱정한다. 이것이 바로 '인간에게 주어진 실존적 상황'이며, 이른바 '현존재로서의 인간'이 겪게 되는 숙명적 고뇌이고 삶의 본질이다. 인간만이 시간을 의식하며 살아가는 존재라는 점에서 우주 만물 중에서는 오로지 인간만이 '역사적 존재'로 등장한 것이다. 인간의 이성적 기능인 의식 작용을 단순한 진화론적 시각으로만 해석하게 되면, 원숭이도 지금쯤은 역사적 고민을 해야 하며, 아직은 아니더라도 언젠가는 그런 존재가 되어야 할 것이다. 그렇지만 아무리 둘러보아도 우주내적 만물 중에는 인간만이 오롯하게 역사의 주체로 살아가고 있음이 분명하다.

(신은 왜 인간에게만 역사적 존재일 수 있도록, 시간을 의식할 수 있는 이성을 허락한 것일까? 이 문제는 신명적 영역이기에, 학문적 문제와는 차원과 궤(軌)를 달리하고 있다)

동양의 역사를 사상적 관점에서 기록하고 있는 서경(書經)은, 인류 최초로 역사적 삶을 마련하신 요(堯)임금의 행적으로부터 시작하고 있는데, 그는 하늘의 운행(天行:日月之行)으로 드러나는 하늘의 뜻(天道)를 깨달아, 인간답게 살아갈 수 있는 인격적 삶의 원천이며, 질서인 '책력'(冊曆: calendar)을 만들어 천하 인류에게 선포했던 것이다.(曆象日月星辰 敬授人時). 즉 시간(時)의 법칙을 인간의 삶의 원리로 삼는 데서 부터, 진정한 인류의 역사는 시작(始)된 것이다. '時'야말로 인류 문명(역사)의 '씨'(씨앗)인 것이다. '시'를 강조하여 경음(硬音)으로 발음하면 그것이 우리말의 '씨'인 것이다. 孔子께서 인류 문명의 도덕적 근거를 "씨"(仁)

라고 천명한 것은, 시간의 변화 원리인 역도(易道)를 밝히기 위해 일생에 전념했던 공자로서는 너무도 자연스러운 귀결이었을 것이다. 인격적 삶의 원리가 모두 "時"에 근거하고 있음을 해명한 구체적 작업의 성과가 바로 공자가 직접 엮어낸 노(魯)나라의 역사책 "춘추"(春秋)인 것이다. 실로 역사는 하늘의 시간 원리(天道)를 땅에서의 도덕적 삶(地德)으로 펼쳐낸 문명적 기록. 그 이상도 이하도 아니다.

그런데 그 '보이지 않는 시간'의 기록은 一에서 十까지의 숫자라는 도구가 전적으로 담당하고 있다. 一은 생명적 존재의 始作(씨)을 상징하며, 十은 심겨진 그 씨가 그 생명적 의지(뜻)를 완성시켜(終) 결과로 맺어낸 열매를 대변한다.(열매란 봄에 땅 속에 심어놓은 씨가 여름의 성장과정을 거쳐 가을에 땅 위에 그 뜻이 열려서 완성품으로 맺어진 현상을 이르는 말은 아닐까?) '時'(때)는 '해'(日)가 운행하는 마디(寸: 度數)를 一과 十이라는 數로 나타낸 것이고(時=日+十+一+寸), 一과 十이 합쳐져 하늘의 度數를 규정한 것이 六甲에서의 天干의 '干'이며, 하늘의 뜻은 땅(土)에서 이루어지는 것이니, 土 역시 一과 十이라는 생명적 '始와 終'을 담고 있는 것이다. 유가(儒家)에서의 지식인을 대표하는 선비(선비 사:士) 또한 一과 十으로 표상한 것이며, 본래부터 완성적 의미인 "하늘의 원리 자체(十)"가 땅에서 이루어진 모습을, 사람이 '열'(十)을 손으로 잡고(又) 있다는 의미로서 '地支'의 '支'로 나타낸 것이다. 인간(人)이 믿고 의지할 수 있는 생명적 근거는 '一과 十으로 담아내는 하늘의 운행 마디'(寺: 一+十+寸)인 것이니, 이것이 '믿을 侍(시)'이고, 그 믿음에 대한 인간의 소박하고 원초적인 신탁(神託) 행위(占筮방법)에 활용되는 '풀' 이름이 '蓍'(시: 점칠 때 쓰는 마디가 있는 풀)이다. 인간이 하늘의 뜻에 나아가기 위해 쏘아 올리는 화살이 또한 矢(시)이고, 하늘이 인간에게 보여 주고(보일 시:示) 베풀어 주는(베풀 시: 施) 은덕을, 바라고 올려보는 인간의 모습도 視(볼 시)인 것이다.

참으로 하늘의 운행 법칙인 '時의 질서'에 순응해야 하는 인간의 삶 자체가 '역사와 문명의 본질'인 것이다. 인간에게 시간은 삶의 근본 바탕이기에, 시간에 근거한 역사는 소중한 것이고, 역사가 소중한 만큼 이를 가르치는 교과서 또한 바르게 만들어야 하는 것이다. 오늘 아침. 신문을 펴보면서 나도 모르게 중얼거리게 된다. '지금의 역사 논쟁… 자알 돼야 할 텐데…'

# 새해 소망은 "북녘 땅에도 나무 한 그루 심게 되길"

송재국(청주대 인문대학장. 동양일보. 2015.11.30)

인간에게 주어진 태초적인 동시에 최후적인 관심거리는 '인간 자신의 삶 자체'이다.

인간의 생명적 존엄과 가치에 대한 탐구는, 그러므로 궁극적 진리에 대한 탐구의 대상인 철학적 주제가 되는 것이다. 천지로 대표되는 자연과 만물, 문화로 대변되는 인격적 삶의 방식, 종교로 수렴되는 인간의 영혼과 정신 활동 등은, 오롯이 '인간의 삶 자체'를 위해 기여하고 그러기 위해 존재하는 것이며, 그 어떤 이유로도 인간은, '인간 아닌 그 무엇'을 위한 도구이거나 방편이 될 수는 없는 것이다. 중세 천년 동안 인간을 한낱 신의 장식물로 여겼었기에 오늘날 이성의 밝은 눈으로 그 때를 다시 보면서, 이를 암흑시대라고 규정한 것이고, 20세기 한 시절을 풍미했던 공산 사회제도는 인간을 단순한 물적 가치(노동가치)로만 재단하려고 강제하였기 때문에 21세기 생태적 신문명으로 계승되지 못하고 점차 사라지게 된 것이다.

천하 만물이 모두 인간을 중심으로 그 존재 의의를 발휘해야 한다는 점에서, 인류의 스승 孔子의 인간중심 철학(현세주의 이념)은 동서고금을 관통하여, 이미 그 유용성이 거듭하여 공증되어 왔던 것이다. 이렇게 인간 중심으로 우주 만물의 존재상을 이해하고 설명하는 구도를 보다 단순화시키면 "天道(천지만물의 존재원리)와 人事(인간의 삶의 방식)간의 상호 생명적 관계구조"가 된다. 이 때 사람과 하늘이 서로 관계하는 상호 작용을 '서로간의 만남'이라 할 수 있으며, 그 만남이 질서 있게 잘 이루어지면 인간은 행복하게 살아가는 것이고, 그 만남이 잘못되면(그것이 하늘의 탓이든 인간의 탓이든지를 막론하고) 인간은 불행해 지는 것이다.

그런데 하늘은 눈이 없어 볼 수도 없고, 손발이 없어 움직이지도 못하며, 입이 없어 인간을 부르지도 못한다. 그러기에 인간이 하늘과 만나려면 인간과 하늘을 만나도록 주선하고 상호 교통시켜주는 중매자가 반드시 요청되는 것이니, 이 역할의 담당자가 곧 고대 사회에서의 무당이나 제관(祭官)으로서 이들이 바로 神의 대행자들이었다.

동양의 고전에는 이러한 神과의 만남을 주선해주는 신의 대행자(神意의 전달자)에 해당하는 여러 상징물이 등장하고 있다. 그 중의 대표적 物相이 '바람(風)'과 '나무(木)'이다. 따뜻한 봄바람은 생명의 원천인 곡식을 싹틔우게 하고, 서늘한 가을바람은 곡식을 여물게 하여 인간의 먹거리를 제공한다. 참으로 바람은 하늘의 은총을 전해주는 고마운 神의 나들이지만 눈에 보이지는 않는다. 그러나 신이 행차하고 있음을 증거하는 것은 바람에 흔들리는 나무의 몸짓이다. 실로 하늘을 향해 우뚝 솟아 있으면서, 바람 따라 춤추는 한 그루의 나무는 그대로 하늘의 뜻을 인간에게 전달해주는 통신 중계탑이며 안테나인 것이다. 周易에서 나무(木)와 바람(風)을 상징하는 卦가 손괘(巽卦)인데 손괘와 진괘(震卦는 우레-雷-를 상징한다)가 上下로 이루어진 風雷益卦(풍뢰익괘)에는 '하늘이 베푸시는 은혜로운 뜻이 땅에서 만물의 탄생으로 이루어진다'(天施地生)라는 설명과 더불어, 이를 '木道乃行'(하늘의 뜻이 이에 이루어짐)이라 附言(부언)한 것은 이러한 사례이다.

인류사에 등장하는 위대한 성인은 예외 없이 나무 아래에서 受命(수명)하고 得道(득도)하여 천하 만민과 상통하고 있음은 이런 이유 때문인 것이다. 석가는 보리수(菩提樹) 나무 아래에서 득도하였고, 미래 부처인 미륵도 용화수(龍華樹) 나무로 내려오겠다고 예언하고 있다. 성경에는 감람나무와 포도나무가 그리스도 예수의 상징으로 표현되어 있고, 우리 민족의 시조인 檀君신화에는 천상의 환웅이 신단수(神檀樹:박달나무) 아래로 내려와 신시(神市)를 베풀고 있으며, 孔子는 은행나무 아래에서 제자를 가르쳤다. (공자의 門徒가 공부하는 곳을 杏壇이라 하고, 한국 유학의 본산을 계승한 성균관 대학교의 상징이 은행잎인 所以도 여기에 있다)

수년 전, 북한의 개성에 다녀온 적이 있는데, 연료가 부족한 북한 주민들이 온 산의 나무를 베어다 땔감으로 소진시켜, 온통 민둥산뿐이었다. 나무 한 그루가 없으면, 하느님의 축복이나 조상 신령님의 은덕이 이 땅에 어찌 내려올 수 있을까를 생각하니, 그 안타까움을 풀어낼 수가 없었다. 소식에 의하면 세계평화의 전도사이신 반기문 유엔 사무총장께서 북한을 방문할 계획이라 한다. 평양 방문 기념으로 늠름한 소나무 한 그루 심어놓고 오시면 진정 고마울 것 같다. 얼마 있으면 맞이할 새해 선물로 이보다 더 반가운 소식은 없을 성 싶어서이다.

1. 이 책에 내 놓은 논문의 출처는 다음과 같다.

## 제1부

1. '正易의 四曆變化 原理'. 東西哲學研究 권 66호. 한국동서철학회. 2012
2. '韓國 近代 新宗教에 나타난 後天開闢思想 研究'. 仙道文化 제 22권. 국학연구원. 2017
3. "易學에 있어서의 '先後天'과 '道義之門'", 仙道文化. 제 14권. 국학연구원. 2013

## 제2부

1. "周易 風雷益卦 '天施地生'의 順逆的 理解, 東西哲學研究 제60호, 한국동서철학회 2011
2. '儒家 王道 政治思想의 論理的 構造', 인문과학논집 제 48집.
   清州大學校 韓國文化研究所, 2014
3. '儒家의 人間 規定에 대한 三才的 意味' 東西哲學研究 제77호, 한국동서철학회 2015
4. '儒家 思想에 있어서 命의 問題', 東西哲學研究 제 83호, 한국동서철학회. 2017
5. '基督教 人間觀에 대한 東洋的 解釋', 인문과학논집 제 51호.
   清州大學校 韓國文化研究所, 2015

## 제3부

1. '韓國 思想의 哲學的 特性 -妙合性을 중심으로', 인문과학논집 제 44집.
   清州大學校 韓國文化研究所, 2012
2. '韓國 近代 民族 宗教에 나타난 儒學 思想. 인문과학논집 제 55집.
   清州大學校 韓國文化研究所. 2017
3. '한글(訓民正音)의 製字原理인 三才的 構造의 人類文明史的 意味',
   文字와 文化, 韓中日 학술회의 자료집, 청주시, 2015


2. 표지 그림 [앞표지 역상(易象)]
* 주역 64괘의 배열순서에는 서괘전(序卦傳)의 외형적 문자 해득(解得)만으로는 결코 감통(感通)[感

而遂通]되지 않는 우주적 생명원리가 내함(內含)되어 있는바, 이는 공자께서 역경(易經) 계사(繫辭)의 여러 행간(行間) 속에 비장(祕藏)해 두신 신묘(神妙)하고 내밀(內密)한 서괘(序卦)의 구성원리를 일컬음이다.

소학(小學)의 스승이신 관중(觀中) 유남상(柳南相) 선생님께서는 '주역의 열다섯 번째에 왜 지산겸괘(地山謙卦)가 자리하고 있는가'에 대하여 각별히 유념하라고 이르시면서, 후학(後學)은 마땅히 그 서괘적(序卦的) 오의(奧義)를 체득(體得)함에 진력(盡力)할 것을 당부하여, 때때로 그 '참 뜻'을 여러 번 강설(講說)하신 바 있다. 이에 논자(論者)는 지산겸괘(地山謙卦)에 담겨있는 역리(易理)의 요체(要諦)를 학역사명(學易使命)을 부여받은 선천난세(先天亂世)의 노겸군자상(勞謙君子像)으로 조심스레 집중하게 된다.

역학(易學)에서 15수는 몇 가지의 수리적(數理的) 의미를 가지고 있다.

1) 주역의 괘상(卦象)은 괘효(卦爻)구성원리에 근거한 역리(易理)의 공간적 표상이라 할 수 있는데, 공간성(空間性)에 기초한 괘효구성원리의 배후에는 시간성(時間性)의 존재 원리가 전제되어 있으니, 시간의 구조 원리를 담보하고 있는 역도(易道)의 표상이 곧 하도(河圖)와 낙서(洛書)이며, 그 이면(裏面)에 자리하고 있는 수리(數理)가 곧 도서원리(圖書原理)인 것이다.

그런데 주역(周易)의 경지에서 한걸음 더 나아가 정역(正易)의 자리에서 내다보면 하도낙서의 배후에는 또다시 하도와 낙서의 구분마저 일원(一元)으로 회통(會通). 포괄(包括), 초극(超克)하는 신명적(神明的) 차원의 간지도수원리(干支度數原理)[六甲度數]가 펼쳐져 있는 것이다.

이처럼 역학(易學)의 본래면목(本來面目)을 파지(把持). 탐구(探究). 체인(體認)함에는 그 사유적(思惟的) 차원이 중층적(重層的)이고 동시에 입체적(立體的)으로 활연개안(豁然開眼) 되어 있어야만 비로소 광대실비(廣大悉備)한 역(易)의 문턱에 겨우 당도한 셈이라 할 수 있을 것이다.

2) 하도(河圖) 55수는 낙서(洛書) 45수를 포괄하고 있는데, 하도의 중심본체수는 15로서, 이는 낙서의 중심본체수인 황극수(皇極數) 5와 하도 무극수(无極數) 10을 합체(合體)한 수이다.

정역(正易)에는 우주사와 인류사를 합덕(合德)으로 통관(通貫)하여 해석한 '역수성통'(曆數聖統)을 선포하고 있는데, 공자를 정점으로 하는 선천(先天)의 곤책성인(坤策聖人) 열네 분[14인]과 천지역수(天之曆數)의 변혁으로 새롭게 열리는[開闢되는] 후천을 선포하신, 일부(一夫) 선생으로 화생(化生)된 건책(乾策) 성인(聖人) 한 분[1인]이 합해진, 전체 15성인이 인류 역사에 출현함으로써, 천지만물과 인간이 참된 어른으로 합덕하는 우주적 생명 과정을 완성(完成). 성취(成就)하게 된다는 선언을 말한다.

실로 일부(一夫) 선생의 정역(正易) 선포는 15성인이 모두 인류문명사에 등장하여 그 우주사적 완성에 동반(同伴)함으로써 천지역수(天之曆數)는 드디어 선천윤역(先天閏曆)의 시대를 마감하고[終] 후천정역(後天正曆)의 시대가 시작되는[始] 개벽(開闢)을 맞이하게 된 것이다.

정역(正易) '십오일언(十五一言)'은 바로 15성인께서 하신 말씀은 모두 한 말씀이니, 오로지 후천 개벽의 새 시대를 예비하라는 말씀이며, 더불어 새 날이 오시는 발걸음을 '십오존공(十五尊空)'의 역수변화법칙(曆數變化法則)으로 노래하신 것이다. 부언(附言)하면 존공귀체(尊空歸體)되는 15수는 원역(元曆) 375도수에서 15도수가 귀공(歸空)[脫落]되어, 선천에서 윤역(閏曆)으로 성장하던 천도(天道)를 후천

360정역(正曆)도수로 완성시키는 원리수(原理數)를 말하는 것이다.

3) 돌아보니 오래전에, 우주의 장엄한 율려(律呂)도수에 귀를 열고, 신명한 울림으로 천하 인류에게 뜨거운 생명 사상을 전수해 주시던 시인 김지하 선생께서 [아마도 저자거리에서 논자의 졸고(拙稿)를 보시고는 인연의 소식을 주셨던 것으로 짐작한다] 불초(不肖) 소학(小學)을 학역(學易)의 도반(道伴)으로 친교(親交)해 주시고, 그 정표로 소소반반(昭昭斑斑)한 후천기위난後天己位蘭[禪畵]을 보내주신 바 있다. 그런데 붉은 낙관과 함께 일휘묵필(一揮墨筆)한 아호(雅號)가 다름 아닌 '노겸(勞謙)'임을 보고, 논자(論者)는 일순(一瞬) 전율(戰慄)하였던 기억이 새롭다.

역경(易經)에는 선생의 속내를 위로해 줄만한 곡진(曲盡)하고도 빈빈(彬彬)한 성구(聖句)가 여럿 있었을 터임에도, 선생께서는 굳이 주역(周易) 열다섯 번째 지산겸괘(地山謙卦)의 문사(文辭)에서 '노겸(勞謙)'을 자청(自請)하여 높이 모셨을 것이니, 후학으로서는 그 깊은 내막을 함부로 짐작하기는 어려웠지만, 그래도 무언가 공감되는 바 없지 않아 내심 반갑고 기뻤다. 어쩌면 선생께서는 거우질려(據于蒺藜)하는 선천의 곤난(困難) 속에서도 치명수지(致命遂志)로 칭물평시(稱物平施) 해야 하는 노겸군자(勞謙君子)의 행역(行易) 사명을 스스로 자청하고 감내하시며, 천지갑탁(天地甲坼)의 후천을 예견(豫見)하여 신독자애(愼獨自愛)로 애써 기위지화(己位之畵)를 그리고 계시지는 않았을까?

겸괘(謙卦)에는 참으로 외로운 시대의 수난자(受難者)요 미래의 예언자(豫言者)인 학역군자상(學易君子像)이 위태(危殆)로운 삼효(三爻)자리에 노겸(勞謙)이라는 물감으로 색칠되어 있다.

사위(四圍)에는 온통 소인배(小人輩)들의 시끄러운 잡설(雜說)로 가득한데, 그 가운데에 굳건히 '흰 띠자리'[藉用白茅]를 깔고, 그 소인배들마저도 기꺼이 가슴에 품은 채, 천하만민(天下萬民)의 내일을 염려하여 홀로 땀 흘리며 근로하고 기도하는 참된 일꾼 하나 있을 것이니, 삼효(三爻) 노겸군자(勞謙君子)의 모습이 그 얼마나 성스럽고도 아름다운가?

선천(先天) 차안(此岸)의 절벽 끝자락에 올라 후천(後天) 피안(彼岸) 드넓은 벌판을 내다보며 '지종종지'(知終終之)라는 말씀 하나 두 손으로 부여잡고는, 내 한 몸을 길게 던져 중서만민(衆庶萬民)이 밟고 건너갈[涉] 억센 나무다리가 되겠노라 다짐하며, 백척간두(百尺竿頭)에 표표(飄飄)히 나선 선천(先天) 세속(世俗)의 노겸군자상(勞謙君子像)을 학역동문(學易同門)들은 너나 없이 꿈꾸고 있었으리라.

노겸 선생님의 난향(蘭香)을 맡으면서, 곤궁(困窮)한 선천에 살면서도 후천의 청정(清淨)한 일상을 흠뻑 누릴 수 있는 기개 높은 선비상이 어디에 있을지, 나 홀로 두리번거리며 찾아보고 그려도 보게 된다.

이 암울한 선천의 끝자리에서 어느 누가 있어 벼랑 꼭대기에서 홀로 바람맞는 '노겸군자'의 처연한 심사를 위로해 줄 것인가? 이런 저런 마음 스스로 달래보고 싶어 주역 겸괘(謙卦)의 성상(聖象)을 삼가 관즐(盥櫛) 궤배(跪拜)하여 표제(標題)의 앞자리에 진중히 걸어[掛] 모시게[侍] 된 것이리라.

### 뒷표지 그림

* 노고소사(老姑素士)의 평생 내우(內友), 김애리(金愛利) 화공(畵工)의 제 9회 개인전 출품작. '꽃그림'. 아내의 '꽃잔치 그림'을 마주하고 보니, 우리가 떠나온 곳. 그래서 언젠가는 다시 돌아가야 할 바로 그 곳의 아름다운 정경이 이랬으면 좋겠다 싶어, 화제(畵題)는 저자가 고집하여 칠성(七星)님, 옥황상제(玉皇上帝)님이 계시다는 '자미원(紫微垣)'이라 이름 지었다.

Oil on Canvas, 65.2 x 53.0 cm, (대전 Gallery M, 2014, 5)

* 작가는 소박한 일상의 풍경 속에다 인간의 원초적 성정(性情)을 동화처럼 친근하게 그려 넣음으로써, 세상을 향하여 따뜻한 시선과 위로의 손짓을 내밀고 있다. 그 녀의 화폭에서 자주 만나는 꽃-여인-고향집 풍경-일하는 어머니-노는 아이들-맨드라미와 살구나무' 등은 그래서인지 언제나 마냥 즐겁고 그냥 어디서나 괜히 반갑다. 하여간 난 아내에게 항상 고맙다.

* 김애리

개인전 11회. 한국미술협회, 한국조형미술협회 회원.

2000 제3회 한독미술협회 공모전 입상, 2000 BESETO 미술제 북경전 우수작품상.

2017 올해의 예술가상(충청예술문화협회)


### 뒷표지 괘상(卦象)

군자는 모름지기 선천의 끝자락[周易 上經 序卦30 離卦, 三爻]에 살면서도, '지종종지(知終終之)'하는 심법과 '군자유종(君子有終)'의 대의(大義)를 품고, 곤우질려(困于蒺藜)한 선천(先天)의 세파(世波)에서도 후천적(後天的) 삶[周易 序卦40 解卦, 四爻]을 반갑고[和] 기쁘게[悅] 누릴 것이니[周易 序卦61 中孚卦], 이제 곧 천지정위(天地正位)하고 음양성덕(陰陽成德)한 후천(後天)의 '그 때'가 돌아올 것임에[周易 序卦 53 漸卦: 女歸], 君子는 이를 굳게 믿고[孚] 언제나 '구이종시(懼以終始)'하여, 어디서나 '무구(無咎)'하게 살아 낼, 참다운 역(易)의 길[易道]을 수명(受命)하고 겸행(謙行)해야 할 것이다.

오호, 암소[牝牛]는 벌써부터 흥에 겨워 덩더꿍 춤을 추고, 기러기[鴻]와 두루미[鶴]는 반가움에 얼싸 안고 목청 높이 화창(和唱)하는구나.

바야흐로 천지(天地)에는 따스한 봄비[雷雨]가 축복처럼 내리고, 너른 들녘에는 뭇 새싹이 다투어 힘차게 솟아오르니[甲坼], 오호(嗚呼)라… 다시 보면 옛 땅이 그대로 새 땅인 것을…

시혜(時兮)! 시혜(時兮)!

수재(水哉)! 수재(水哉)!

풍악(風樂)이 만영(滿盈)이로다.

| 癸巳 | 離 | 畜牝牛 | 序卦30, 三爻 |
|---|---|---|---|
| 庚申 | 中孚 | 鳴鶴 | 鶴登和之 |
| 壬子 | 漸 | 女歸 | 鴻得木之 |
| 癸卯 | 解 | 雷雨甲坼 | 序卦40, 四爻 |

[60干支度數와 64序卦原理와의 神妙的 相關 構造에 대하여는 '周·正易經 合編'. (柳南相 편저, 도서출판 研經院, 2011)에 論述되어 있다.]

심야(深夜) 삼경(三更) 독역(讀易) 중에 문득 사괘상(四卦象)이 눈에 들어오니,
태양 빛 환한 이괘(離卦)
삼족오(三足烏)가 깃드는 중부괘(中孚卦)
여인이 돌아오는 점괘(漸卦)
새싹이 움트는 해괘(解卦)를
노고학사(老姑學士)의 동락재(同樂齋) 네 기둥에
삼가 성상(聖象)으로 받들어 높이 모시려 한다.

평생 공자님 초상 앞세워 두고,

그 언저리에서 분주히 발품 팔며 헤매다보니, 해지는 줄도 모르고 여기까지 지내왔다.

이제 날이 저물어 님의 향기 배인 옷자락마저 저만치 멀어지는 듯하여

드문드문 생강 내음 같은 감회가 없지 않다.

못내 아쉬워 이렇게 학역(學易) 소찬(小撰)으로 흔적 한 줌 남긴다.

책으로 엮어내는 과정에 어려움이 있었지만

글로벌콘텐츠에서 기꺼이 출간을 받아주어 비로소 성책(成冊)이 되었다.

인연(因緣)이 되어주신 출판사 여러 선생님들께 진심으로 경의(敬意)를 드리는 바이다.

돌아보니 모든 게 도리향(桃李香) 춘풍(春風)에 멋모르고 즐거웠던 한마당 소꿉놀이 같다.

헛헛한 부끄러움에 홀로 소소음(素笑吟) 한 자락 읊조리며

꿈같이 지나온 한 시절을 기쁘게 마감하려 한다.


明易頌(명역송)

乾道變化曆爲易(건도변화역위역)

各正性命恒一德(각정성명항일덕)

保合大和通神物(보합대화통신물)

坼明天下同舞樂(탁명천하동무락)


하늘 길 가던 수레, 낡은 바퀴 새로 바꾸니

뭇 별들은 제자리를 찾아 어김없이 빛나네

함께 어우러져 바람소리인 듯 물이 흐르고

온 동네 새날 밝아 어화둥둥 춤추고 노래하네

# 송 재 국

- 1953년, 제주도 애월(涯月)에서 출생하여,
  충북 청원(세종시 부강면)에서 성장.

- 부강초, 대전중, 대전고, 한남대, 충남대학원(동양철학 전공), 철학박사.

- 청주대학교 철학과 교수, 인문대학장 역임.

- 청주대학교 명예교수

- 유학의 근본 명제·주역과 정역·한국사상의 본질·
  인류문명사의 현재적 의미·한국적 현실에 대한 역학적 해법·
  동양 정신문화의 종교적 이해 등에 대하여 관심을 가지고,
  저자는 철학적 관점에서 지속적으로 저작·논술해 오고 있다.

  360change@cju.ac.kr